DAS
SCHREINERBUCH

DIE GESAMTE
MÖBELSCHREINEREI

ERSTER BAND: TEXT

ZWEITER BAND: TAFELN

DIE GESAMTE MÖBELSCHREINEREI

MIT BESONDERER BERÜCKSICHTIGUNG

DER KUNSTGEWERBLICHEN FORM

HERAUSGEGEBEN

VON

† THEODOR KRAUTH

ARCHITEKT, GROSSH. PROFESSOR UND REGIERUNGSRAT IN KARLSRUHE

UND

FRANZ SALES MEYER

ARCHITEKT UND PROFESSOR AN DER GROSSH. KUNSTGEWERBESCHULE IN KARLSRUHE

VIERTE DURCHGESEHENE UND VERMEHRTE AUFLAGE

MIT 136 TAFELN UND 276 FIGUREN IM TEXT

ERSTER BAND: TEXT

LEIPZIG

VERLAG VON E. A. SEEMANN

1902.

Das Originalwerk in der 4. Auflage von 1902 hat das Buchformat von 22 × 28,5 cm.

Es besteht aus den Teilen „Die Möbelschreinerei“ (2 Bände) sowie „Die Bauschreinerei“ (2 Bände)

ISBN 3-88746-002-2

Best.-Nr. 1211

Gesamtherstellung

Th. Schäfer Druckerei GmbH, Hannover

24/11/99

ZU DIESEM NACHDRUCK

Über die Möbel aus der zweiten Hälfte des 19. Jahrhunderts gibt es nur wenige gedruckte Quellen; die umfassendste und informativste ist sicherlich das hier im Reprint vorgelegte Schreinerbuch II „Die gesamte Möbelschreinerei". Infolge seiner Abbildungsfülle verbunden mit hoher Detailgenauigkeit und klaren Formulierungen gibt es Fachleute wie Laien umfassende Information über die Vielfalt tischlermäßig gefertigter Möbel.

Obwohl seinerzeit in mehreren Auflagen erschienen, gehört es heute zu den gesuchten Fachbüchern und Nachschlagewerken für einen breiten Interessentenkreis in der holzverabeitenden Industrie, dem Handwerk und allen kunstgewerblich orientierten Kreisen.

Die unwesentliche Verkleinerung des Reprints nimmt dem zweibändigen – hier zu einem Bund zusammengefaßten – Werk nichts von seinem ursprünglichen Charakter.

VORWORT ZUR VIERTEN AUFLAGE.

Im Vergleich mit der dritten Auflage zeigt das Buch einige Änderungen. Der ursprüngliche Abschnitt II „Werkzeuge“ ist ausgefallen. Das Betreffende ist im 1. Teil des Schreinerbuches zu suchen, der die Bauschreinerei behandelt. Neu eingereiht ist Abschnitt X „Das Mobiliar der Moderne“. Von den Tafeln sind 7 ausgefallen und 15 derselben sind Textfiguren geworden. Neu eingereiht sind 21 Tafeln. Von den Figuren sind 31 ausgefallen; neu eingestellt sind 39. Wir glauben damit der neuen Stilrichtung einigermassen Rechnung getragen zu haben und wünschen dem Neudruck eine günstige Aufnahme.

Karlsruhe, 1901.

INHALT.

I. DAS MATERIAL.

Seine Eigenschaften und seine Behandlung.

1. Die Holzarten. — 2. Die Form des zu verwendenden Holzes. — 3. Gebeizte, gefärbte und imitierte Hölzer. — 4. Eigenschaften der Hölzer. — 5. Anstrich des Holzes. — 6. Wachsen und Einlassen. — 7. Das Polieren. — 8. Das Furnieren.

---

1. Die Holzarten.

Der erste Teil des Schreinerbuches ist ebenfalls mit einer Abhandlung über die einzelnen Holzarten eingeleitet worden. Es haben aber an jener Stelle nur diejenigen Hölzer eine Erwähnung gefunden, welche in der Bauschreinerei verwendet werden. Es würde nun eigentlich genügen, jene Aufzählung hier durch Anreihung solcher Holzarten zu erweitern und zu ergänzen, welche nur in der Möbelschreinerei vorkommen. Der Vollständigkeit wegen und einer besseren Uebersicht halber möge jedoch im vorliegenden Bande das gesamte Material besprochen werden, wodurch allerdings eine teilweise Wiederholung bedingt wird.

Die meist verwendeten Hölzer der Bauschreinerei sind auch die meist verwendeten der Möbelschreinerei. Es sind dies die allgemein bekannten einheimischen Nutzhölzer: Tanne, Fichte, Kiefer, Eiche und Nussbaum. Doch ist die Verwendung auf beiden Gebieten eine ungleiche. Das Tannen-, Fichten- und Kiefernholz, in der Bauschreinerei am häufigsten verwendet, wird anderseits nur für die einfachsten und billigsten Möbel benützt, weil für bessere Erzeugnisse dieser Art Nussholz und Eichen bevorzugt sind. In der Bauschreinerei wird das Eichenholz dem Nussholz unbedingt und begründeterweise vorgezogen, wogegen in der Möbelschreinerei beide Holzarten ungefähr in gleichem Masse verwendet werden.

Während die Bauschreinerei die Hölzer der Hauptsache nach nur massiv in Anwendung bringt, so ist für bessere Möbel durchschnittlich das Furnieren im Gebrauch, d. h. das minderwertige Holz (das sog. Blindholz) wird mit dünn geschnittenen Hölzern besserer Art überkleidet. Als Blindholz dienen weiche, wenig arbeitende Holzarten, von denen das Pappelholz besonders bevorzugt ist. Für die Furniere werden sowohl einheimische, als auch ausländische und überseeische Hölzer benützt; von ersteren in erster Reihe: Nussbaum, Eichen, Ahorn, Eschen. Die grössere Billigkeit ist nicht der alleinbestimmende Grund für die Beliebtheit der furnierten Arbeit. Es kommt ausserdem in Betracht, dass die schönsten Furnierhölzer, die gemaserten, sich für eine massive Arbeit wenig eignen würden, und dann wird eben durch das Furnieren dem Werfen und Reissen der Möbel ganz bedeutend entgegengewirkt, was auch nicht zu unterschätzen ist.

Im Betreff der Bevorzugung einzelner Holzarten spielen übrigens ausser ihren technischen Eigenschaften und der Preislage auch andere Umstände mit, so vor allem die Mode und der jeweils herrschende Zeitgeschmack. Eine Zeit, welche polierte Möbel vorzieht, wird nicht genau die nämlichen Hölzer nötig haben, wie eine andere, in welcher gebeizte und gewachste Möbel an der Tagesordnung sind. Jene wird mit Vorliebe schönfarbige und schöngezeichnete Hölzer verwenden und den Aufputz mit Metallbeschlägen bewerkstelligen, wogegen das Beizen zur Einfarbigkeit drängt und Schnitzereien als Schmuck angezeigt erscheinen lässt. Auf diese und ähnliche Weise ergeben sich Abhängigkeiten und Verschiebungen, die anderenfalls nicht erklärlich wären. Wenn wir uns die Vorliebe des Mittelalters und der Renaissance für Eichenholz schliesslich aus der Thatsache erklären könnten, dass dasselbe im Verhältnis zu anderen Hölzern billiger war als heute, so wird damit eine Reihe anderer Fragen jedoch nicht gelöst, wie z. B. die folgende: Warum hat sich das Mahagoniholz bei unseren Vätern einer so grossen Beliebtheit erfreut, und warum kam es späterhin ganz ausser Mode?

Wenn heutzutage ausländische und überseeische Hölzer im ganzen genommen mehr verwendet sind als früher, so entspricht der Umfang dieser Verwendung doch wohl nicht voll dem so sehr erleichterten Bezug und dem Fortschritt in der Herstellung der Furniere. Zu denjenigen Hölzern ausländischer Herkunft, welche eine allgemeinere Verwertung in der Möbelindustrie bei uns gefunden haben, gehören nur die verschiedenen Nusshölzer, die als amerikanische, spanische, italienische etc. im Handel sind, dann der amerikanische Vogelaugenahorn und Ungarisch-Eschen. Im übrigen giebt es eine Anzahl von Mobiliarstücken, welche mit einer gewissen Vorliebe ihre Ausstattung in fremden Hölzern erfahren oder wenigstens in nachgeahmten fremden Hölzern; dazu gehören Billardtische und die übrige Billardeinrichtung, Klaviergehäuse, Schreib- und Nähtische in Bezug auf ihre innere Ausstattung u. a. m.

Die technischen Eigenschaften und Eigentümlichkeiten, sowie die spezielle Verwendung der einzelnen Holzarten werden am besten namhaft gemacht werden bei der Aufzählung derselben.

1. Tanne, Edeltanne, Weisstanne (Abies pectinata *DC.*).

Mittel- und Nordeuropa, Sibirien. — Reifholzbaum*) mit breitem Splint, ausgeprägten Jahresringen und dünnem Mark. Fast harzfrei, leicht, weich, grob, elastisch, gut zu spalten und zu verarbeiten. Von Farbe weisslich bis hellgelb, glänzend. Hauptsächlich in Süddeutschland im Gebrauch. Für einfache Möbel, die gebeizt oder mit Oelfarbe gestrichen werden, vereinzelt auch für polierte Möbel.

2. Fichte, Rottanne (Picea excelsa *Lk.*).

Mittel- und Nordeuropa, Sibirien. Reifholzbaum mit weniger harten Jahresringen und 5 mm dickem Mark. Etwas weniger harzarm, leicht, weich, grob, gut zu spalten und zu verarbeiten. Von Farbe gelblichweiss oder rötlichweiss, glänzend. Im Gebrauche wie das Tannenholz; auch als Blindholz geeignet, da seine Jahresringe weniger hart sind.

3. Kiefer, Forle, Föhre. Gemeine Kiefer (Pinus silvestris *L.*). — Schwarzkiefer (Pinus Laricio austriaca *Endl.*). — Weymutskiefer, Strobe (Pinus Strobus *L.*).

Mittel- und Nordeuropa. Kernholzbaum mit breitem Splint und dünnem Mark. Harzreich, leicht, weich, grob, dauerhaft und weniger gut zu verarbeiten. Von Farbe im Splint gelblichrötlich mit braunroten Herbstholzlinien, im Kern gelbrot. Für Möbel fast kaum im Gebrauch. Zu empfehlen, wenn dieselben im Freien aufgestellt werden. Das Weisskiefernholz ist als Blindholz geeignet.

4. Arve, Zirbelkiefer (Pinus Cembra *L.*).

In den Alpen und anderen Hochgebirgen Europas. Kernholzbaum. Ungefähr die Mitte

*) Bei den Kernbäumen grenzt der Kern unmittelbar an den Splint; das eigentliche Reifholz fehlt. Bei den Reifholzbäumen umschliesst der Splint das festere und trockene Reifholz, während der eigentliche Kern fehlt. Bei den Splintbäumen fehlen Kern und Reifholz; sie behalten durchweg ein gleichartiges Holz. Die Kern-Reifholzbäume schliesslich zeigen alle drei Holzentwickelungen: Kernholz, Reifholz und Splintholz. Das Kernholz ist im allgemeinen das härteste, festeste und dunkelste. Das Splintholz ist das weichste, hellste und öfters unverwendbare Holz. Das Reifholz hält zwischen beiden die Mitte.

haltend zwischen Fichte und Kiefer. Rötlich, wenig glänzend, wohlriechend. Im Gebrauch für Schnitzarbeiten, Kerbschnitt und Aehnliches.

5. Lärche, gemeine Lärche (Larix europaea *DC.*).

Mitteleuropa. Kernholzbaum mit verschieden breitem Splint und unbedeutendem Mark. Leicht, weich, grob, dauerhaft, sehr gut spaltbar. Farbe im Kern rot, im Splint gelblich, auf den Spaltflächen glänzend. Geschätzt als Blindholz.

6. Wachholder, gemeiner Wachholder (Juniperus communis *L.*).

Europa, Sibirien, Nordamerika, Nordafrika. Kernholzbaum, fast ohne Mark. Weich, dauerhaft, schwer spaltbar. Von Farbe im Kern rötlichgelb oder rötlichbraun; im Splint weisslich oder rötlich mit rotbraunen Herbstholzlinien. Von eigentümlichem Geruch. Hin und wieder als Zierholz benützt.

7. Eibe (Taxus baccata *L.*).

Europa, Kaukasus, Himalaya, Kernholzbaum. Schwer, hart, fein, sehr dauerhaft, schwer spaltbar. Im Kern schön rotbraun bis bläulichschwarz, im Splint gelblich, wenig glänzend. Für Drechsler- und Schreinerarbeiten.

8. Eiche. Sommereiche, Stieleiche (Quercus pedunculata *Ehrh.*). — Wintereiche, Traubeneiche (Quercus sessiliflora *Salisb.*). — Zerreiche, türkische Eiche (Qu. Cerris *L.*).

In ganz Europa. Kernholzbaum mit scharf getrenntem, wenig haltbarem Splint, gleichmässigen Jahresringen und den bekannten charakteristischen Markstrahlenspiegeln. Schwer, hart, dauerhaft, langfaserig, leicht spaltbar, zähe, gerbsäurehaltig und in frischem Zustand von eigentümlichem Geruch. Von Farbe gelb, grau- oder bräunlichgelb, im Splint heller. Das Holz der Wintereiche ist etwas dunkler, härter und weniger spaltbar als dasjenige der Sommereiche. Am Holz der Zerreiche treten die Jahresringe schön hervor. In der Möbelschreinerei eines der meist verwendeten Harthölzer. Für massive und furnierte Möbel, besonders für Speisezimmer, Kneipzimmer, Wartesäle, Kirchen etc., für das Innere besserer Möbel und für Schnitzereien. Meist gebeizt und gewachst, seltener naturfarben gewachst oder poliert.

9. Nussbaum, Wallnussbaum (Juglans regia *L.*).

Asien und Europa. Kernholzbaum mit dunkelbraunem, schwärzlich gewässertem Kern, breitem, schmutzig weisslichem Splint und scharf abgegrenzten Jahresringen. Mittelhart und mässig schwer, im Trockenen sehr dauerhaft, zäh und elastisch, gut zu bearbeiten, leicht zu beizen und vorzüglich zu polieren, stark schwindend. Zur Zeit das beliebteste und meist verwendete Möbelholz, sowohl für massive als furnierte, geschnitzte und gedrehte Arbeiten. Dem hellen wird das dunkle Holz vorgezogen, dem schlichten das geflammte und gemaserte, besonders in Bezug auf die Furniere. Meist gebeizt und gewachst oder poliert. Da das einheimische Nussholz immer seltener wird, kommt auch kaukasisches, spanisches und italienisches Holz zur Verwertung.

10. Ahorn. Bergahorn (Acer Pseudo-Platanus *L.*). — Spitzahorn (Acer platanoïdes *L.*).

Europa. Splintbäume mit wenig ausgesprochenen Jahresringen. Mittelschwer, hart, fein, schön spaltbar und sehr gut zu polieren, im Trockenen dauerhaft. Von Farbe weisslich oder gelblich, glänzend. Im Gebrauch für naturfarben polierte Möbel, besonders für Schlafzimmereinrichtungen, für Drechslerarbeiten, für die Inneneinrichtung von Schreib- und Nähtischen, Klavieren etc. Schwarz gebeizt als Ersatz für Ebenholz.

11. Massholder, Feldahorn (Acer campestre *L.*).

Ganz Europa. Reifholzbaum ohne Kern. Aehnlich den anderen Ahornhölzern, aber feiner und schwerer zu bearbeiten, gelblich oder rötlich. Besonders für Drechslerarbeiten.

12. Buche, Rotbuche (Fagus silvatica *L.*).

Europa und Orient. Reifholzbaum ohne Kern, mit sehr dünnem Mark, deutlichen Jahresringen und Markstrahlenspiegeln, welche auf dem Hirn- und Querholz sich hell, mit der Spiegelseite auf dem Langholz sich dunkel abheben. Mittelschwer, hart, fest, grob, stark schwindend und „arbeitend", gut spaltbar, gut zu beizen und zu polieren; dauerhaft, aber nicht im Wechsel von trocken und nass, wobei es stockig wird; im Dampf gut zu biegen. Von Farbe schön rötlich oder licht rötlichbraun. Im Gebrauch für „gebogene Möbel" (System Thonet); für Drechsler- und Schreinerarbeiten, wo es mehr auf Festigkeit als andere Eigenschaften ankommt; für Werkbänke, einfache Hocker und Stühle, für Tischfüsse u. a. m.

13. **Hornbaum,** Weissbuche, Hainbuche, Haine (Carpinus Betulus *L.*).

Ganz Europa. Splintbaum. Schwer, sehr hart, dicht, zäh, elastisch, schwer zu bearbeiten, stark „arbeitend", im Trockenen dauerhaft. Von Farbe fast weiss, weisslichgrau oder grünlich, glänzend. Für Schreiner- und Drechslerarbeiten nur ausnahmsweise im Gebrauch, wo es sich um die grosse Zähigkeit oder die weisse Farbe handelt. Sonst für Wagnerarbeiten, Werkzeuge und Maschinen.

14. **Linde.** Steinlinde, Winterlinde, kleinblätterige Linde (Tilia parvifolia *Ehrh.*). — Sommerlinde, grossblätterige Linde (Tilia grandifolia *Ehrh.*).

Europa. Reifholzbäume mit breitem Splint und dünnem Mark, sichtbaren Jahresringen und Markstrahlen. Leicht, weich, gut aber nicht eben spaltend, gut zu schnitzen, wenig schwindend, im Trockenen dauerhaft. Von Farbe rötlichweiss, im Splint weisslich. Mehr verwendet, weil mehr vorkommend, ist die Steinlinde, deren Holz gröber und dunkler, sowie fester und zäher ist, als dasjenige der Sommerlinde. Im Gebrauch als vorzügliches Blindholz für furnierte Arbeiten, für naturfarbene Schnitzereien, Kerbschnitt, Drechslerarbeiten und Aehnliches, für das Innere von besseren Möbeln.

15. **Esche** (Fraxinus excelsior *L.*).

Europa, Orient. Kernholzbaum mit Reifholz und Splint, mit Markstrahlen und deutlichen Jahresringen, die im Herbstholz dunkler sind. Mittelschwer, hart, fest, sehr zäh und elastisch, schwerspaltig, etwas grobfaserig. Im Trockenen gut, im Wechsel wenig dauerhaft. Von Farbe weisslichgelb, an alten Bäumen etwas dunkler und im Kern braun, mit braunen Jahresringen, die im schrägen Anschnitt stark hervortreten. Auf Reckstangen, Lanzenschäfte, Werkzeugstiele etc. verarbeitet. Der hübsch gezeichnete und gefladerte, in der Form von Furnieren für Füllungen, Intarsien und Säulenschaftumkleidungen neuerdings vielfach verwendete Eschenmaser kommt aus Ungarn, Tirol etc. („Ungarisch-Eschen").

16. **Erle,** Eller, Else. Schwarzerle (Alnus glutinosa *Willd.*). — Weisserle (Alnus incana *Willd.*).

Europa. Splintbäume mit breiten Jahresringen und Markstrahlen. Leicht, weich, grob, gut spaltbar, leicht brüchig, trocken und im Wechsel nicht dauerhaft, stets feucht dagegen sehr; trocken vom Wurm angegriffen. Von Farbe erst hell, später nachdunkelnd, nicht glänzend. Das Holz der Schwarzerle ist rötlich oder hellbraun, dasjenige der Weisserle weisslichgrau. Für gewöhnliche Tischlerarbeiten nicht selten verwendet, auch gefärbt und gebeizt zur Nachahmung von Mahagoni, Palisander und Ebenholz. Gemaserte Stücke von den knorrigen Auswüchsen und den Wurzeln der Erle sind als Zierholz wohl zu verwerten.

17. **Birke** (Betula alba *L.*).

Ganz Europa. Splintbaum. Leicht, weich, fein, schlecht spaltbar, zäh, nicht dauerhaft, stark arbeitend. Von Farbe hell, graurötlich. In der Stuhlfabrikation und für grobe Schnitzereien verwendet. Die Furniere der Wurzelstöcke geben ein hübsches Zierholz (schwedisches und finnisches Maserholz).

18. **Ulme,** Rüster. Feldulme, gemeine Ulme (Ulmus campestris *L.*). — Flatterulme, Traubenrüster (Ulmus effusa *Willd.*). — Bergulme (Ulmus montana *With.*)

Europa und Asien. Kernreifholzbäume mit breitem Splint. Mittelschwer, hart grob, zäh, schwer aber glatt spaltbar, dauerhaft. Von Farbe im Kern braun oder braunrot, im Reifholz graurot, im Splint weisslich. Für die Tischlerei und Drechslerei ist das gut zu polierende Maserholz der Knorren und Auswüchse wohl zu verwerten.

19. Pappel. Kanadische Pappel, Waldpappel (Populus canadensis *Mönch.*) — Silberpappel, Weisspappel (Populus alba *L.*). — Zitterpappel, Aspe, Espe (Populus tremula *L.*). — Schwarzpappel (Populus nigra *L.*). — Pyramidenpappel, italienische Pappel, Chausseepappel (Populus pyramidalis *Rozier.*).

Europa, Asien, Amerika. Teils Splint-, teils Kernbäume ohne ausgesprochene Jahresringe, Markstrahlen und Strukturverschiedenheiten. Leicht, weich, schwammig, porös, glatt spaltbar, aber nicht glatt zu hobeln, nur im Trockenen dauerhaft, wenig schwindend und arbeitend. Von Farbe weiss, gelblichweiss oder grauweiss, seltener bräunlich, geflammt und geadert. Ein vorzügliches und viel verwendetes Blindholz für die Möbelschreinerei, ferner für Reissbretter, Zeichentischplatten und Aehnliches; im übrigen für Koffer, Kisten, Zündhölzer etc. Pappelmaser ist für bestimmte Zwecke seiner hellen Farbe wegen ein wertvolles Zierholz.

20. Weide. Silberweide (Salix alba *L.*). — Salweide, Palmweide (Salix Caprea *L.*) und andere Arten dieser höchst zahlreichen Gattung.

Das Weidenholz ist in vieler Hinsicht dem der Pappel ähnlich und kann dasselbe ersetzen, kommt aber als Schnittware kaum in den Handel, wenigstens nicht unter seinem richtigen Namen. Das Holz der Salweide dient besonders zu Nägeln und Dübeln, weil es besonders zäh, aber weich und gut zu schneiden ist.

21. Platane, Morgenländische und abendländische Platane (Platanus orientalis und Pl. occidentalis *L.*).

Orient und Nordamerika, in Mitteleuropa Zierbäume. Kernholzbäume mit dichten, schmalen Markstrahlen und wenig hervortretenden Jahresringen. Splint rötlich, Kern hellbraun, dem Rotbuchenholz ähnlich, aber schöner, in seinen übrigen Eigenschaften ungefähr dem Ahorn gleichkommend. Weil wenig vorkommend, auch wenig verwendet.

22. Kastanie, Edelkastanie, zahme Kastanie (Castanea vesca *Gaertn.*).

Südeuropa. Kernholzbaum mit schmalem Splint. Im Kern rötlichbraun oder rötlichgrau, poliert von hübscher Farbe in den übrigen Eigenschaften ungefähr dem Eichenholz gleichkommend. Bei uns, weil selten, kaum verwendet. Hie und da für Stühle.

23. Rosskastanie (Aesculus Hippocastanum *L.*).

Orient, bei uns Zierbaum. Leicht, weich, schwammig, gut spaltbar. Von Farbe gelblichweiss. Als Blindholz zu verwenden.

24. Akazie, richtiger **Robinie** (Robinia Pseud-Acacia *L.*).

Nordamerika, bei uns Zierbaum. Kernbaum mit schmalem Splint. Mässig schwer, hart, sehr zäh, elastisch und dauerhaft, schwer spaltbar. Im Splint weiss, im Kern gelb oder gelbgrün bis braun. Sehr geschätztes Drechslerholz.

25. Goldregen, Bohnenbaum, Kleebaum (Cytisus Laburnum *L.*).

Südeuropa, bei uns Zierbaum. Kernbaum mit deutlichen Jahresringen und Markstrahlen. Schwer, hart, elastisch und zäh, schwer spaltbar, wenig dauerhaft, gut zu polieren. Im Splint hellgelb; im Kern grau- bis kaffeebraun. Gutes Drechslerholz; in der Tischlerei gelegentlich, gefärbt für Ebenholz.

26. Sophore (Sophora japonica *L.*).

China und Japan, bei uns Zierbaum. Kernbaum. In seinen Eigenschaften ähnlich der Akazie und dem Goldregen. Im Splint schwefelgelb, im Kern hellbraun. Weil selten, auch selten verwendet.

27. Elzbeerbaum (Sorbus torminalis *Crantz.*).

Mitteleuropa. Reifholzbaum mit breitem Splint. Schwer, hart, fein, schwer und uneben spaltend, gut zu schneiden. Von Farbe ledergelb bis rotbraun. Für feine Tischler- und Drechslerarbeiten gesucht.

28. Speierling, Sperberbaum (Sorbus domestica *L.*).

Mitteleuropa. Kernbaum. Aehnlich dem Holz des Elzbeerbaumes, von Farbe rötlich, fleischfarben.

29. Mehlbeerbaum, Mehlbirn (Sorbus Aria *Crantz.*).

Mittel- und Südeuropa. Kernbaum. Rotbraun gewässert, sonst ähnlich wie 27 und 28.

30. Vogelbeerbaum, Eberesche (Sorbus aucuparia *L.*).

Europa und Nordasien. Kernbaum. Im Kern rotbraun, im Splint weisslich, sonst ähnlich wie 27—29.

31. Haselnuss. Gemeine Hasel (Corylus Avellana *L.*). — Baumhasel, türkische Hasel (C. Colurna *L.*).

Europa, Orient. Splintbaum. Weich, fein, gut zu spalten, wenig dauerhaft. Von Farbe hellrötlich. Als Zierholz seiner hübschen Farbe wegen benützt.

32. Zürgelbaum (Celtis australis *L.*).

Mittelmeerländer, bei uns in Anlagen. Kernbaum. Schwer, hart, schwer spaltend, elastisch, sehr zäh, grobfaserig, glänzend. Splint weisslichgelb, Kern graugelb. Poliert von angenehmer Wirkung und deshalb auch in der Schreinerei verwertbar. Als Triester Holz im Handel.

33. Hartriegel (Cornus sanguinea *L.*).

Europa und Orient. Kernbaum. Schwer, sehr hart, fein, sehr schwer spaltbar. Im Kern dunkelbraunrot, glänzend. Der kleinen Stücke wegen wenig benützt. Gutes Drechslerholz.

34. Kornelkirsche (Cornus mas *L.*).

Mittel- und Südamerika. Wie 33.

35. Spindelbaum, Pfaffenkäppchen (Evonymus europaeus *L.*).

Ganz Europa. Kernreifholz-Baum bezw. -Strauch. Leicht zu schneiden, schwer zu spalten, hart. Kern blassgelb, Splint weisslich. Gutes Drechslerholz.

36. Sauerdorn, Berberitze (Berberis vulgaris *L.*).

Europa, Mittelasien, Nordamerika. Kern-Baum, bezw. -Strauch. Sehr hart, sehr dicht und fein, schwer spaltbar. Dunkelschwefelgelb, im Kern bläulichrot. In der Marqueterie und Galanterietischlerei wohl zu verwenden, aber nur in kleinen Stücken vorkommend.

37. Buchs (Buxus sempervirens *L.*).

Südeuropa, Nordafrika, Kleinasien, bei uns Zierstrauch. Splintbaum mit feinen Jahresringen und Markstrahlen. Schwer, ausserordentlich hart und fein, sehr gleichmässig, schwer spaltbar, sehr dauerhaft. Von Farbe gelblich oder gelb, seltener rötlich, matt, schön zu polieren, wurmfrei bleibend. Ein ganz vorzügliches Material für die Drechslerei, Schnitzerei und Einlegearbeit, sonst für Holzschnittstöcke, Instrumente etc. Das kleinasiatische oder „türkische“ Buchsholz gilt als das beste und kommt in grösseren Stücken in den Handel, als unsere Sträucher es zu liefern vermögen. Neuerdings werden verschiedene exotische Hölzer als Buchsersatz angeboten.

38. Stechpalme, Hülsenpalme (Ilex Aquifolium *L.*).

Mittel- und Südeuropa. Mit fast unsichtbaren Jahresringen, aber deutlichen Markstrahlen. Sehr fein, hart, zäh und elastisch, schlecht spaltbar, stark schwindend. Von Farbe weiss mit einem Stich ins Gelbgrüne. Schönes Zierholz für Einlegearbeiten, sonst zu Peitschenstielen etc.

39. Olivenbaum, Oelbaum (Olea europaea *L.*).

Südeuropa. Kernbaum mit unkenntlichen Jahresringen und Markstrahlen. Hart, fein, ohne ausgesprochene Struktur, gleichmässig. Gelblich, lederfarben, im Kern braun gewässert. Ein seiner Farbe und Härte wegen sehr geschätztes Zierholz für Einlegearbeiten und Aehnliches.

40. **Tulpenbaum,** gelbe Pappel, Weissholzbaum (Liriodendron Tulipifera *L.*).

Nordamerika, bei uns Zierbaum. Kernreifholzbaum mit breitem Splint. Leicht, weich, biegsam, gut spaltbar. Von Farbe im Splint weiss, im Reifholz gelbgrün, im Kern braun. Wie Pappelholz zu verwenden, als Blindholz; neuerdings auch gebeizt und gewachst für Möbel und Täfelungen. Im Handel als „Whitewood".

41. **Birnbaum** (Pirus communis *L.*).

Europa. Reifholzbaum mit sichtbaren Jahresringen und Markstrahlen. Ziemlich schwer, dicht und hart, fein, gleichmässig, schwer zu spalten, aber leicht zu schneiden, im Trockenen dauerhaft. Von Farbe rötlich oder rotbraun, gleichmässig. Ein ausgezeichnetes Holz für Tischler, Drechsler und Holzschnitzer und dementsprechend viel verwendet. Auch gebeizt und gefärbt zur Nachahmung von Ebenholz etc.

42. **Apfelbaum** (Pirus Malus *L.*).

Europa. Kernbaum mit braunem, gewässertem Kern und breitem, hellrotem Splint. Aehnlich dem Birnbaumholz, aber minderwertig, weniger fein, aber härter. Aehnlich wie Birnbaum verwendet. Die wilden Apfel- und Birnbäume liefern besseres Holz als die veredelten, auch ist ihr Holz heller von Farbe.

43. **Kirschbaum.** Süsskirsche, Vogelkirsche (Prunus avium *L.*). — Sauerkirsche, Glaskirsche (Pr. Cerasus *L.*).

Europa und Orient. Kernbaum mit abgegrenzten Jahresringen. Mässig schwer, hart, schwer spaltbar, wenig dauerhaft, im Splint stark schwindend, gut zu polieren. Im Splint rötlich oder gelbrot, im Kern rot oder rotbraun, öfters geflammt und gestreift. Hübsches Möbelholz für minderwertige Sachen, gutes Drechslerholz.

44. **Pflaumenbaum, Zwetschenbaum** (Prunus insititia *L.* und Prunus domestica *L.*).

Mittel- und Südeuropa, Orient. Kernbäume mit rotem, rotbraunem oder blaurötlichem Kernholz und hellerem, rötlichem oder gelblichem Splint. Aehnlich dem Kirschbaumholz, weniger schön, aber feiner, zäher und schwerer spaltbar. Verwendung wie bei 43.

Aehnliche Hölzer liefern die übrigen Arten der Familie Drupaceae, die Weichselkirsche (Prunus Mahaleb *L.*) mit wohlriechendem Holze (St. Lucienholz), die Traubenkirsche (Prunus Padus *L.*), der Mandelbaum (Amygdalus communis *L.*) u. a. Ein in Amerika und auch in England hochgeschätztes Möbelholz liefert der in Amerika heimische schwarze Kirschenbaum (Rumkirschenbaum — Prunus serotina *Ehrh.*).

45. **Maulbeerbaum** (Morus alba *L.* und Morus nigra *L.*).

Europa und Orient. Kernholzbäume mit schmalem, gelblichem Splint und rot- oder gelbbraunem Kern. Schwer, hart, schwerspaltig, dauerhaft, glänzend, nachdunkelnd, dem Robinienholz ähnlich.

Die vorangegangenen 45 Nummern umfassen die hauptsächlichsten europäischen Nutzhölzer, soweit sie für die Schreinerei im Zusammenhang mit der Drechsler- und Schnitzarbeit in Betracht kommen; ausserdem eine Anzahl von Hölzern, welche von ausländischen Gewächsen herstammen, die sich aber längst bei uns als Kultur- und Zierbäume eingebürgert haben.

Wenn einige wenig verwendete Hölzer der zweiten Art, wie diejenigen der Sophore, des Tulpen-, des Maulbeer- und Zürgelbaumes mit aufgeführt wurden, so geschah es, um absichtlich auf ihre Eigenschaften als Nutzholz aufmerksam zu machen, weil derartige Zierbäume häufig nach dem Fällen als Brennholz dienen müssen, während sie einer besseren Verwertung würdig wären.

Eine Anzahl von klein bleibenden, strauchartigen Bäumen, wie Hasel, Hartriegel, Kornelkirsche, Spindelbaum, Stechpalme, Sauerdorn, Massholder, liefern ganz gute Hölzer, die aber keine allgemeinere Verwendung finden können, weil ihre Ausdehnungen zu gering sind. Diese Hölzer wurden für kleine Dinge der Galanterietischlerei früher häufiger benützt, als es heute geschieht, was immerhin zu bedauern ist, wenn man sich andererseits auch nicht wundern darf, dass ihre Verdrängung infolge des leichteren Bezuges ausländischer Zierhölzer naturgemäss eintreten musste.

Anschliessend an die obigen 45 Nummern folgt nun die Aufzählung der meist gebräuchlichen überseeischen Holzarten. Aus naheliegenden Gründen bleiben hier die Angaben über die technischen Eigenschaften weniger ausführlich und in Bezug auf einige Hölzer ist es bisher nicht einmal gelungen, die Gewächse botanisch festzustellen, von welchen sie herrühren. Die überseeischen Hölzer kommen fast ausschliesslich in ihrem Naturzustande in den Handel, das heisst so, wie die jeweiligen Faktoreien es für geeignet erachten, dieselben waldrecht zu bearbeiten und des Transportes halber zu zerkleinern. Die Verarbeitung auf Planken, Bohlen, Dielen, Furniere etc. geschieht gewöhnlich erst in Europa. Die letzteren sind also wohl Handelsartikel, aber keine Handelshölzer vom Standpunkte des Importeurs aus und werden als Halbfabrikate bezeichnet. Soweit diese Halbfabrikate, bevor sie in die Hand des Schreiners, Drechslers etc. gelangen, noch weitere Behandlungen erfahren, wie Färben und Beizen, kann von Fälschungen und Surrogaten nur insofern geredet werden, als dieselben unter falscher Flagge gehen. Alle Hölzer sind als solche echt, wenn sie als das bezeichnet werden, was sie wirklich sind und wenn sie nicht der unberechtigten Eigentümlichkeit gewisser Händler — unbekannte Hölzer zu taufen und bekannte umzutaufen — zum Opfer fallen.

46. **Pitch-Pine,** amerikanische Terpentinkiefer, südliche Gelbkiefer (Pinus australis *Mich.*).

Nordamerika, Georgia und Karolina. Verhältnismässig schwer (0,7) und hart, stark, zäh, grobfaserig, harzreich und dauerhaft. Gelb mit rotbraunen Jahresringen. Seiner hübschen Färbung wegen für Täfelungen, Decken und Aehnliches, seltener für Möbel im Gebrauch. Circa um 25 Proz. teurer als heimisches Kiefernholz.

47. **Virginische Zeder,** virginischer Wachholder, rotes Zedernholz (Juniperus virginiana *L.*).

Nordamerika. Weich, dauerhaft, leicht spaltbar, glänzend. Im Splint gelblich, im Kern braunrot, wohlriechend, bitterschmeckend. Hauptsächlich für Bleistifte, aber auch für die Inneneinrichtung von Schreib- und Nähtischen. Neuerdings von der Firma Faber in Nürnberg probeweise angepflanzt; ausserdem Zierbaum in Parkanlagen.

48. **Bermuda-Zeder** (Juniperus bermudiana *L.*).

Wie 47., aber härter und schwerer.

49. **Zigarrenkisten-Zedernholz,** westindisches, mexikanisches, Kuba-Zedernholz, richtiger: **Cedrelenholz** (Cedrela odorata *L.*).

Leicht, weich, sehr porös, ziemlich spröde, geradfaserig, leicht zu bearbeiten, wenig schwindend. Von Farbe rotbraun, wohlriechend; poliert dem Mahagoni einigermassen ähnlich. Zu Zigarrenkisten, aber auch für die Inneneinrichtung von Klavieren, Nähtischen etc. und seiner Leichtigkeit wegen für sog. Raçeboote, d. s. tragbare Ruderboote.

Die letztgenannten drei Hölzer führen wohl den Namen Zedernholz, sind es aber eigentlich nicht. Die echten Zedernhölzer: Libanonzeder (Cedrus Libani *Barr.*), Atlaszeder (C. atlantica Manetti) und Himalaya-Zeder (C. Deodora *Loud.*) kommen bei uns nur ausnahmsweise zur Verwendung.

50. Thuya-Maser. Von der Sandarak-Cypresse (Callitris quadrivalvis *Vent.*).

Kommt in Knollen aus Nordafrika in den Handel. Die bekannten Furniere werden als Halbfabrikate in Europa hergestellt. Ungleich hart, lederbraun mit schwarzbraunen Augen. Der eigentümlichen hübschen Maserung wegen als Zierholz in der Tischlerei vielfach benützt.

51. Amerikanisch-Nussbaum, Schwarznuss, schwarzer Wallnussbaum (Juglans nigra *L.*).

Nordamerika. Fast in allen Beziehungen unserem Nussholz ähnlich, aber dunkler und gleichmässiger von Farbe, mehr rötlichbraun, schlichter und einheitlicher gestreift. Neuerdings sehr beliebt und viel verwendet, hauptsächlich in den schlichten, nicht geflammten und nicht gemaserten Sorten. In der Form von Blöcken, Bohlen und Furnieren im Handel.

52. Hickory, weisser Nussbaum (Carya alba *Koch.*).

Nordamerika. Schwer, sehr hart und stark, zäh und elastisch, im Wechsel von nass und trocken nicht dauerhaft; gern von Würmern angegangen. Gelblichweiss oder rötlich, an der Luft nachdunkelnd; eng geradstreifig mit kleinen Spiegeln. Unübertroffenes Wagner- und Werkzeugholz; seltener für Tischler- und Drechslerarbeiten.

53. Weisseiche (Quercus alba *L.*).

Nordamerika, von Kanada bis Texas. Aehnlich dem einheimischen Eichenholz. Licht rötlichbraun, schlicht gestreift.

54. Weissesche, Eschenmaser (Fraxinus americana *L.*).

Nordamerika. Aehnlich unserm Eschenholz. Grund gelb; Fladerung rötlich. In ausgesuchten Qualitäten ein schönes Möbelholz und verwendet wie Ungarisch-Eschen zu Füllungen in Schränken, Täfelungen und Decken. Besonders gefällig mit Ahorn und Eichen.

55. Vogelaugenahorn, amerikanischer Ahorn (Acer saccharinum *Wangenh.*).

Dieses hübsche, neuerdings als Furnier vielfach verwendete Holz kommt aus Nordamerika und bildet eine nur zuweilen auftretende Strukturform des im allgemeinen schlichten Holzes vom Zuckerahorn. Gelblich, rötlich bis hellbraun, seidenartig schimmernd, augenartig getupft; schön zu polieren. Zusammen mit dem einheimischen Ahorn für Füllungen etc.

56. Ebenholz, schwarzes Ebenholz. Von verschiedenen Bäumen Südasiens und Afrikas (Diospyros ebenum *Retz.*; D. ebenaster *Retz.*; D. melanoxylon *Roxb.*; D. melanida *Poir.* etc.)

Schwer, sehr hart, fein, gleichmässig, schön zu polieren. Schwarz, schwärzlichbraun oder grau, auch gestreift. Wichtiges Kunsttischlerei- und Drechslerholz. Für Postamente, Kassetten, Einlegearbeiten etc. Im deutschen Handel sind:

Madagascar-Ebenholz, von feiner Struktur und blauschwarzer Farbe. In Stämmen von 1—2 m Länge und 10—40 cm Dicke.

Ceylon-Ebenholz, weniger schön, oft grauschwarz mit grauen Adern, aber zäher und fester und deshalb gleichwertig.

Zanzibar-Ebenholz, braunschwarz, leichter als Madagascar. In Stämmen von 0,8—1 m Länge und 10—20 cm Dicke. Halb so teuer als die vorgenannten.

Gabun-, Old Calabar- und Kamerun-Ebenholz, grob, grauschwarz, mit grauen und weissen Streifen. In Scheiten.

Macassar (Celebes) -Ebenholz, grob, braun mit grauen Streifen, minderwertig. In Stämmen bis zu 2 m Länge und 50 cm Dicke.

57. Coromandelholz, Kalamanderholz, buntes Ebenholz (Diospyros hirsuta *L.*).

Ostindien. Rehbraun bis kaffeebraun mit schwarzen Flecken und Wellen, sonst wie schwarzes Ebenholz. Sehr schönes, aber selten gewordenes Zierholz.

58. Grenadille, echtes; rotes, buntes oder schwarzes Grenadilleholz. Pyramiden-Grenadille.

Sehr schwer, sehr hart, dicht, fein, elastisch, gut spaltend, schön zu polieren, schwer

Wasser ansaugend. Rot, kaffeebraun, stumpf violett bis schwarz, gleichmässig, auch gestreift und gefladert. Wertvolles Kunsttischlerei- und Drechslerholz. Eine Art Mittelding zwischen Ebenholz und Cocusholz. Aus Afrika.

59. **Cocusholz,** Cocus-Grenadille, Cuba-Grenadille.

Westindien, Cuba, Jamaica. Sehr schwer (spez. Gew. = 1.5), ausserordentlich hart, beim Anschlagen klingend, sehr fein und dicht, sehr schön zu drechseln. Splint hellgelb; Kern braungrün, an der Luft dunkelbraun werdend, geradstreifig.

60. **Guajakholz, Pockholz,** Franzosenholz, Heiligenholz (Guajacum officinale *L.*).

Westindien und Mexiko. Sehr schwer, sehr hart, sehr schwer zu spalten, harzreich. Von Farbe dunkel, grünlichbraun, oft gelblich gestreift, angenehm duftend. In der Schreinerei wohl kaum verwendet, ausgenommen zu Tischen für Gerber. In der Drechslerei für Kegelkugeln, Thürdrücker etc. Kommt in Stämmen und Stücken in den Handel. City St. Domingo, Puerto Cabello und Maracaibo.

61. **Palisanderholz,** Polixanderholz, **Jacarandaholz** (Jacaranda brasiliana *Pers.*).

Aus Brasilien über Rio Janeiro, Bahia etc. in runden und halbrunden Stämmen. Schwer, hart, schwer zu spalten, etwas spröde, gut zu bearbeiten und zu polieren. Von Farbe dunkelrotbraun, schwarz geflammt, frisch angenehm riechend. Vorzügliches und viel verwendetes Zierholz für die Schreinerei und Drechslerei; auch für ganze Möbel, Klaviere, Billards etc. Auch das Holz anderer Bäume wird als Palisander verkauft; so giebt es ostindisches, mexikanisches, afrikanisches etc. Jacaranda oder Palisander. Ausserdem wird das Palisanderholz vielfach nachgeahmt und gefälscht.

62. **Blauholz,** Blutholz, Campechenholz (Haematoxylon campechianum *L.*).

Mittel- und Südamerika. Hart, fein, schwer zu schneiden und zu spalten. Blutrot, gestreift und geflammt, frisch nach Veilchen riechend. Hin und wieder in der Marqueterie verwendet, sonst als Farbholz viel benützt.

63. **Amarantholz,** Purpurholz, Luftholz (Copaifera bracteata *Benth.*).

Westindien, Cayenne. Schwer, dicht, hart und spröde. Pfirsichblütenrot, graurot, bis tief purpurrot, auch dunkelbraunrot, gleichmässig. Die Poren erscheinen hell auf Dunkel. Sehr schönes Zierholz für die Tischlerei und Drechslerei, besonders für die Marqueterie. In Blöcken und als Furniere im Handel.

64. **Rosenholz.** Von verschiedenen Bäumen.

Echtes Rosenholz (Tulipwood der Engländer, Bois de rose der Franzosen) (Physocalymna floribunda *Pohl.*).

Brasilien, Bahia. Schwer, hart, schwer spaltend, schön zu polieren. Auf gelblichem Grund rotgestreift und gebändert, zusammen rosenfarbig; nachdunkelnd. Gesuchtes Kunsttischlereiholz, besonders in England.

Westindisches oder Jamaica-Rosenholz (Amyris balsamifera *L.*). Hellfarbig, wohlriechend.

Ostindisches Rosenholz, Blackwood der Engländer (Dalbergia latifolia *Roxb.*) Dunkelbraun, schwarz schattiert und gemasert.

65. **Königsholz, Bois de Violette.**

Jamaica. Schwer, hart. Auf rotem Grunde violett gestreift oder geflammt. Wertvolles Zierholz. In der Form von runden Stämmen im Handel.

66. **Pferdefleisch.**

Südamerika. Dunkel zimtbraun, gleichmässig, schwach gestreift, einigermassen dem Amarantholz ähnlich. Echtes Pferdefleisch von einem anderen Baume für Geigenbögen.

67. Mahagoni. Von verschiedenen Bäumen.

Echtes Mahagoni (Swietenia mahagoni *L.*). Mittelamerika und Westindien. Cuba, Honduras, Laguna, Porto Plata, Puerto Cabello, Tabasco etc.

Schwer, hart, stark, dicht, schwerspaltig, wenig schwindend und reissend, schön zu polieren, wurmfrei, trocken dauerhaft. Splint gelb, Kern gelb- bis rotbraun, kastanienbraun nachdunkelnd, schlicht, gewellt, geflammt, geadert, gefleckt und gemasert. Die Poren als feine dunkle Striche; die kleinen Markstrahlen atlasglänzend. Seit 1724 in grossen Mengen eingeführt. In vierkantigen, abgesetzten Blöcken von 4—10 m Länge und 25—60 cm Seite. Besonders geschätzt: Cubaholz, schönes Maserholz und das geflammte „Pyramidenmahagoni".

Afrikanisches oder Madeiramahagoni, Cailcedraholz (Khaya senegalensis *Guill. et P.*). Senegambien, Sierra Leona.

Aehnlich dem echten Mahagoni, aber härter, etwas heller und rötlicher, mit Fladerlinien von lichterer Farbe.

68. Satinholz, Seidenholz. Atlasholz, Bois d'Espenille. Verschiedene Bäume Ost- und Westindiens.

Schwer, hart, von Farbe gelblich, seidenartig glänzend. In der Form von Blöcken im Handel. Satinholz aus Centralamerika und Westindien wohlriechend, das ostindische ohne Geruch. Hauptsächlich für Bürstenrücken, in England und Frankreich auch in der Tischlerei verwertet; bei uns, weil etwas teuer, seltener; für die Kajütenausstattung der Dampfer, für Intarsien etc.

69. Amboina, Cayabocah (Pterocarpus indicus *Willd.* und andere Bäume).

Indien und Ostasien. Mässig schwer, ungleich hart. Dunkelgelb, rotgelb oder dunkelrot, ausserordentlich schön gemasert. Eines der schönsten Furnierhölzer für Füllungen, Einlagen etc. In der Form von Knollen im Handel. Seiner Unverbrennlichkeit halber zu Pfeifen wie das Bruyèreholz.

70. Sandelholz, richtiger **Santalholz,** gelbes oder weisses (zum Unterschied von dem roten Santal- oder Caliaturholz) (Santalum album *L.*), Indien, Bombay, Macassar.

Schwer, hart, dicht. Von Farbe licht rötlichgelb, stark und angenehm riechend. In der Marqueterie hin und wieder verwendet. Am wertvollsten tiefgelb mit roten Adern.

71. Zebraholz. Aus Brasilien und Venezuela in runden und halbrunden Stämmen.

Schwer, mittelhart, gut zu polieren. Auf fuchsrotem Grunde dunkel gestreift. Dieser Zeichnung wegen als Zierholz.

72. Zitronenholz (Citrus vulgaris *Risso*).

Mittelmeerländer, Südasien. Gelb oder weisslichgelb, auch gewolkt und geadert, poliert mit Seidenschimmer. Ein feines, zähes und sehr hartes Holz mit wenig ausgesprochener Struktur; als Zierholz wohl geeignet.

73. Letterholz, Schlangenholz, Tigerholz, Bois d'amourette, Snakewood (Piratinera guianensis *Aubl.*).

Guyana, Surinam. Schwerer als Wasser, ausserordentlich hart. Gleichmässig braunrot mit grösseren und kleineren dunkelbraunen Flecken, daher die Namen „Schlangenholz" etc. Der eigentümlichen Zeichnung, sowie seiner übrigen Eigenschaften wegen ein wertvolles Kunstholz. Teuer und selten.

74. Korallenholz, Corail; Bois d'Imortel.

Afrika. Mittelschwer und mittelhart, fein mit grossen Poren. Tiefrot mit kleineren hellen und grösseren dunklen Streifen; poliert von ausserordentlich leuchtender Farbe. Aus diesem Grunde wertvolles Kunstholz. In runden Stämmen im Handel, aber selten.

75. Cocoboloholz.

Mexiko. Schwerer als Wasser, sehr hart, äusserst schwer spaltbar. Intensiv gelbbraunrot mit vereinzelten dunklen Streifungen: bearbeitet sehr schön. Drechslerholz, leimt sich schlecht.

76. Amapaholz.

Schwerer als Wasser, ausserordentlich hart, zähe, von hornartiger Struktur. Graubraun, lederfarben. Vorzügliches Holz für bestimmte Zwecke, die eine aussergewöhnliche Härte erfordern.

77. Ziricotaholz.

Mexiko. Sehr schwer, hart, schön zu polieren. Grundfarbe dunkelbraun mit noch dunkleren Streifen und einem eigentümlichen hellbraunen Muster. Das letztere besteht aus querlaufenden Markstrahlenflecken und längslaufenden kurzen Poren. Hübsches Zierholz. Ueber London und Hamburg in der Form von runden Stämmen im Handel.

78. Primaveraholz.

Mexiko. Mittelschwer, mittelhart, gut spaltbar. Hellgelb, etwa wie Eichenholz, aber ohne die Spiegel des letzteren. In der Form von viereckigen Blöcken im Handel.

79. Tampinziranholz.

Mexiko. Mässig hart und dicht, grob, splitterig spaltend, glatt zu hobeln. Gleichmässig rotbraun. Poliert einem dunklen Mahagoni ähnlich.

80. Wacapuholz.

Cayenne. Schwer, hart, glatt zu hobeln, schön zu polieren. Auf dem Querschnitt kettenartig gebändert. Auf dem Längsschnitt ähnlich wie Palmholz gezeichnet, mit rotbraunen Linien und Flammen auf hellerem Grund. Hübsches Zierholz.

81. Veilchenholz, Myallholz (Acacia homalophylla?). Ostaustralien, Queensland.

Sehr schwer (1,2), sehr hart, fein, gleichmässig, gut spaltend, frisch mit Wohlgeruch. Dunkelgelbbraun bis grünlichbraun, gleichmässig, schwach gefladert. Gutes Kunsttischlerei- und Drechslerholz.

82. Kampherholz, von verschiedenen Bäumen.

Das Holz von Laurus Camphora *L.* kommt aus China, Japan und Ostindien. Es ist hart, weiss mit roten Adern und bewahrt den Kamphergeruch dauernd.

Ein anderes Kampherholz stammt von einem Nadelholzbaum, hat einige Aehnlichkeit mit Cigarrenkistenholz, ist schlicht, weich, ziemlich porös und grobfaserig, harzhaltig, leicht zu bearbeiten, schön zu polieren und mahagonifarbig, rotbraun gefladert, goldbraun schimmernd. Diese Hölzer werden ihres Geruches wegen und weil sie die Motten abhalten sollen, gerne für Nähtischeinrichtungen verwendet.

83. Palmholz, Palmyraholz, Stachelschweinholz.

Von verschiedenen Palmen, aus verschiedenen Ländern. Danach auch verschieden von Eigenschaften. Im allgemeinen dreifarbig; im eichenholzfarbigen Grundgewebe heller und dunkler bis schwarz gesprenkelt, oft von sehr schöner Zeichnung. Für kleine Kunsttischlereien.

84. Padoukholz.

Philippinen. Schwerer als Wasser, hart, grossporig. Tief gelbrot, dunkelrot geflammt. Schönes Kunsttischlereiholz.

Zur Vervollständigung des vorstehenden Verzeichnisses und der besseren Uebersicht halber folgen einige tabellarische Zusammenstellungen in alphabetischer Ordnung. Die eine umfasst der Hauptsache nach die inländischen Hölzer unter Angabe der für die Praxis am meisten in Betracht kommenden Eigenschaften und Eigentümlichkeiten. Die zweite bezieht sich auf die vornehmlichsten Handelshölzer, ihre Bezeichnung und Preislage. Da diese Hölzer in verschiedenen Stärken und Qualitäten einen grossen Preisunterschied zeigen, der ausserdem nach den jeweiligen Handelskonjunkturen schwankt, so können die betreffenden Zahlen nur als annähernde Werte aufgefasst werden. Die beiden übrigen Tabellen stellen die Hölzer gruppenweise nach ihren Eigenschaften zusammen.

Tabellarische Zusammenstellung

der hauptsächlich in Betracht kommenden Hölzer unter Angabe ihrer wichtigsten Eigenschaften, alphabetisch geordnet.

Name der Holzart	1 Kubikdezimeter wiegt lufttrocken im Mittel Gramm *)	Härtegrad	Farbe	Schwindung	Eigentümlichkeit
Ahorn	670	ziemlich hart	weisslich	gering	
Akazie (Robinie)	710	ziemlich hart	grünlichgelb	gering	Sehr zähe und elastisch.
Birnbaum	730	mittelhart	rötlich	mittel	Gleichmässig.
Birke	620	weich	graurötlich	mittel	Wenig dauerhaft.
Buche	750	ziemlich hart	rötlich	gross	Billigstes Hartholz.
Buchs	1050	hart	gelb		Gleichmässig.
Ebenholz	1200	sehr hart	schwarz		Elastisch, spröde.
Eibe	840	hart	rotbraun	gering	Trocknet sehr langsam.
Eiche	780	hart	gelb	gering	Breitgespiegelt.
Erle	540	ziemlich weich	rötlichbraun	mittel	Brüchig.
Esche	740	ziemlich hart	gelblich	mittel	Schön gefladert, sehr zähe.
Fichte	475	weich	gelblich	gering	Bestes Resonanzholz.
Hainbuche (Hornbaum)	720	hart	weiss	gross	Sehr zähe.
Kastanie, zahme	660	mittelhart	rötlichbraun	gross	Zum Biegen geeignet.
Kiefer	550	weich	rötlich	gering	Reisst unter dem Hobel leicht ein.
Kirschbaum	650	hart	rotbraun	gering	
Lärche	600	weich	rötlich	gering	Reisst der Länge nach weniger als Fichtenholz.
Linde	450	sehr weich	rötlichweiss	mittel	Bestes Weichholz.
Mahagoni	750	hart	gelbrot		Sehr gut zu polieren.
Nussbaum	690	mittelhart	graubraun	sehr gross	Sehr gut zu polieren.
Oliv	970	sehr hart	gelblich		Schön gemasert, gleichmässig.
Palisander	950	hart	dunkelbraunrot		Gut zu polieren.
Pappel	500	sehr weich	weisslich	gering	Sehr leicht spaltbar.
Platane	640	ziemlich hart	rötlichbraun	mittel	
Rosskastanie	575	weich	gelblichweiss	mittel	
Stechpalme	750	hart	weiss	gross	Zäh und elastisch, leicht zu färben.
Tanne	550	weich	weisslich	gering	Die Aeste fallen weniger leicht aus den Brettern, wie bei der Fichte.
Ulme	700	ziemlich hart	rötlich	gering	Sehr zähe.
Weide	530	weich	weisslich	gering	Sehr leicht spaltbar.

*) Die Dichte des Holzes, d. h. sein Gewicht in Bezug auf die gleiche Menge Wassers (1 Kubikdezimeter = 1000 g), wechselt sehr je nach dem Zustand der grösseren oder geringeren Austrocknung, nach dem Alter des Holzes, nach dem mehr oder minder raschen Wuchs etc., so dass die obigen Zahlen nur als ungefähre Mittelwerte gelten können.

Tabellarische Zusammenstellung

der hauptsächlich in Betracht kommenden Handelshölzer unter deutscher, englischer und französischer Bezeichnung mit Angabe der handelsüblichen Ursprungsbezeichnung und der dermaligen Verkaufspreise.*)

Handelsübliche Benennung	Englisch	Französisch	Handelsübliche Ursprungsbezeichnung	Preis pro 50 Kilo	Preis pro Kubikmeter
				ℳ	ℳ
Ahorn, amerikanischer . . .	Plain Maple	Erable	Nordamerika	15—20	
Amarant- oder Luftholz . .	Purple Wood	Bois d'Amaranth	Surinam, Cayenne	10—15	
Amboina-Maserholz, Knollen für Furniere	Amboyna	—	Amboina	80-150	
Birken-Maserholz, schwedisches	Birch crisp	Bouleau fris	Finnland	4—18	
Bruyère Maserholz	—	—	Corsica	25—35	
Buchsbaumholz, ostindisches .	Boxwood	Buis	Himalaya	10—35	
" persisches . . .	—	—	Persien	12—38	
" türkisches (Abazia)	—	—	Türkei	18—45	
" westindisches . .	—	—	Puerto Cabello	4—12	
Bulletrie oder Pferdefleischholz, echtes	Bullet Tree or Beefwood	Buletrie	Surinam	10—15	
Cocoboloholz	—	—	Mexiko	10—15	
Cocus-Grenadille	Cocuswood	Grenadille	Cuba, Jamaica	8—10	
Ebenholz, Madagascar- . . .	Black Ebony	Bois d'Ebène	Madagascar	10—30	
" Ceylon-	—	—	Ceylon		
" Zanzibar-	—	—	Zanzibar		
" Gabun-, Old Calabar- und Kamerun- . .	—	—	Gabun, Old Calabar, Kamerun	8—20	
" Macassar-	—	—	Macassar	5—15	
Eschenholz, amerikanisches .	Ash Burr	Loupe de Frêne	Nordamerika		100–125
" ungarisches . .	—	—	Ungarn	20—50	
Jacaranda, Rio- und Bahia- .	Rosewood	Palissandre	Rio und Bahia	20—36	
" mexikanisches . .	—	—	Mexiko	18—24	
" Zanzibar- . . .	—	—	Zanzibar	10—24	
Königsholz	Kingwood	Bois de Violette	Jamaica	10-100	
Korallenholz	—	Corail	—	10—12	
Kornelbaumholz	Cornelian wood	Cornouiller	Nordamerika	8—10	
Koromandelholz	Female Ebony	—	Afrika		
Mahagoni, Cuba-	Mahogany	Acajou	Cuba		200–350
" Porto Plata und St. Domingo . . .	—	—	Porto Plata, St. Domingo		150–200
" Tabasco-	—	—	Tabasco		150–300
" mexikanisches . .	—	—	Mexiko		150–200
Nussbaumholz, amerikanisches	Black Walnut	Noyer d'Amerique	Nordamerika		175–300
" italienisches .	—	—	Ancona, Genua		200–375
Olivenholz, spanisches . . .	Olivewood	Olivier	Spanien	10—18	
" italienisches . .	—	—	Italien	6—15	
Padoukholz	—	—	Philippinen	15—20	
Partridgeholz	Partridgewood	Ebène Mexique	Mexiko, Puerto Cabello	12—18	
Pitch-Pine	—	—	Nordamerika		
Pockholz	Lignum vitae	Gaiac	City St. Domingo, Puerto Cabello	10—50	
Primaveraholz	—	—	Mexiko		150–200
Rosenholz, echtes	Tulipwood	Bois de rose	Bahia	12—36	

*) Diese Tabelle ist ein Auszug aus den Drucksachen der rühmlichst bekannten Firma Wedekind & Müller in Hamburg, welche ungefähr 300 verschiedene Holzarten, sowie die aus denselben erstellten Halbfabrikate in den Handel bringt. Da die Hölzer zum Teil nach dem Gewicht, zum Teil nach dem Kubikinhalt berechnet werden, ist die Preiskolumne entsprechend gespalten. Herr Wedekind hatte die Freundlichkeit, diesen Auszug zu gestatten und die Verfasser überhaupt zu unterstützen.

Handelsübliche Benennung	Englisch	Französisch	Handelsübliche Ursprungsbezeichnung	Preis pro 50 Kilo	Preis pro Kubikmeter
				ℳ	ℳ
Sandelholz, gelbes	Sandal Wood	Bois de Sandal	Afrika, Ost- und Westindien	10—15	
Satinholz, echtes	Satinwood	Bois d'Espenille	St. Domingo, Jamaika, Ostindien etc.	12—18	
Schlangen- oder Letterholz .	Snakewood	Bois d'Amourette	Surinam	25-120	
Tampinziran	—	—	Mexiko	6—10	
Vogelaugenahorn	Birds Eye Maple	Erable	Nordamerika	15—20	
Whitewood (Tulpenbaumholz) .	Whitewood	Tulipier	Nordamerika		70–125
Zebraholz	Brazil Zebrawood	Courbaril	Bahia, Puerto Cabello	10—15	
Zedernholz, Bleistift-	Pencil Cedar	Cèdre à crayons	Florida	10—20	
„ mexikanisches . .	Cedar	Cédrat	Mexiko		150–200
Ziricota	Ziricote	—	Mexiko	12—20	

Gruppenweise Zusammenstellung der Hölzer nach ihren verschiedenen Eigenschaften.

Schwer	Leicht	Hart	Weich	Elastisch	Leichtspaltig	Zähe	Gleichmässig
Pockholz	Thuya	Pockholz	Thuya	Ebenholz*)	Tanne	Weide	Ebenholz
Ebenholz	Linde	Ebenholz	Kiefer	Grenadille	Fichte	Hasel	Grenadille
Cocobolo	Fichte	Buchs	Tanne	Robinie	Kiefer	Birke	Buchs
Letterholz	Tanne	Hartriegel	Fichte	Linde	Pappel	Esche	Oliv
Rosenholz	Kiefer	Robinie	Lärche	Birke	Weide	Hainbuche	Birnbaum
Pferdefleisch	Weide	Hainbuche	Zeder	Ulme	Tulpenbaum	Zitterpappel	Hasel
Amarant	Erle	Kirschbaum	Pappel	Nussbaum	Erle	Ulme	Zitron
Violett	Rosskastanie	Platane	Tulpenbaum	Ahorn	Eiche	Robinie	Zeder
Buchs	Pappel	Esche	Weide	Esche	Ahorn	Stechpalme	
Oliv	Tulpenbaum	Eiche	Linde	Buche	Hasel		
Palisander	Platane	Ulme	Birke	Eiche	Esche		
Zebra	Birke	Ahorn	Erle	Fichte	Buche		
Satin	Kastanie	Kastanie	Rosskastanie		Nussbaum		
Eiche	Ahorn	Buche			Rosskastanie		
Hainbuche	Kirschbaum	Nussbaum					
Eibe	Ulme	Birnbaum					
Birnbaum	Esche						
(Spez. Gewicht = 1,4—0,75)	(Spez. Gewicht = 0,45—0,75)						

Gruppenweise Zusammenstellung der Hölzer nach ihrer Farbe etc.

Weisslich und gelblich	Gelb und gelbgrau	Rötlich und rötlichbraun	Gelbrot	Rot	Violett	Graubraun u. dunkelbr.	Schwarz	Gezeichnet	Wohlriechend
Ahorn	Buchs	Birke	Amboina	Amarant	Campechenholz	Nussbaum	Ebenholz	Amboina	Kampherholz
Esche	Zitron	Birnbaum	Hasel	Caliaturholz	Königsholz	Palisander	Grenadille	Esche	Zeder
Fichte	Eiche	Buche	Mahagoni	Cocobolo	Palisander	Palmholz		Königsholz	Cedrela
Hainbuche	Fisetholz	Zeder	Rosenholz	Korallenholz		Pferdefleisch		Letterholz	Myallholz
Linde	Goldregen	Eibe		Padoukholz		Thuya		Nussbaummaser	Sandelholz
Pappel	Gleditschie	Erle		Rosenholz				Oliv	Wachholder
Rosskastanie	Oliv	Kastanie		Virginischer Wachholder				Palmholz	Weichsel
Stechpalme	Perückenstrauch	Kiefer						Rosenholz	Zirbelkiefer
Tanne	Robinie	Kirschbaum						Thuya	
Weide	Sauerdorn	Lärche						Vogelahorn	
		Platane						Wacapu	
		Ulme						Zebraholz	

*) Eine Kritik dieses Buches hat die Elastizität des Ebenholzes angezweifelt. Wir halten an der Behauptung fest unter der Bemerkung, dass ein Holz spröde und gleichzeitig elastisch sein kann. Ein eingespannter Ebenholzstreif federt wie eine Stricknadel. Glas ist spröde und doch elastisch. Blei ist gar nicht spröde und doch nicht elastisch.

2. Die Form des zu verwendenden Holzes.

a) Schnittwaren.

Die meist verwendeten Holzarten der Möbelschreinerei sind dieselben wie diejenigen der Bauschreinerei und befinden sich als sog. Schnittwaren in der Form von Bohlen, Dielen und Brettern im Handel. Um eine Wiederholung zu vermeiden, sei auf die betreffenden Ausführungen der Bauschreinerei verwiesen.

Diejenigen einheimischen Hölzer, welche verhältnismässig selten Anwendung finden, werden wohl noch gelegentlich vom Schreiner in Stämmen gekauft und zum Schneiden in ein Sägewerk gegeben; kleine Stücke werden auch hin und wieder in der Werkstätte selbst aufgeschnitten. Die neuzeitigen Holzhandlungen sind übrigens bestrebt, in dieser Hinsicht dem Schreiner alle Arbeit abzunehmen, indem sie alles liefern, was nur irgend verlangt wird. Es scheint die Zeit überhaupt nicht ferne zu liegen, da alle möglichen Dimensionshölzer für den Schreiner auf Lager sind, so dass er auch in dieser Beziehung wählen und einkaufen kann, wie es jetzt etwa bezüglich der Furniere geschieht.

Die ausländischen Hölzer kommen zum Teil in kantigen oder runden und halbrunden Stämmen, in Scheiten, Stücken und Knollen in den Handel und müssen ebenfalls erst aufgeschnitten oder zum Schneiden gegeben werden. Zum Teil werden sie aber auch schon von den Holzhandlungen entsprechend zugeschnitten geliefert. Es gilt dies zunächst von den meist gebrauchten Hölzern, wie Pitch-Pine, Amerikanisch-Nussbaum, Mahagoni, Amerikanisch-Pappel (Cottonwood), Tulpenbaum (Whitewood) etc.

b) Furniere.

Massive Möbel aus besserem Holz sind zum Unterschied gegen früher eine verhältnismässig seltene Erscheinung, und im allgemeinen findet das massive Holz nur noch da seine Verwendung, wo man nach Lage der Sache nicht furnieren kann, also in Bezug auf geschnitzte Teile, Möbelfüsse, Stühle etc., während Tischplatten, glatte Kastenteile, Füllungen etc. fast ausschliesslich furniert werden. Die Ueberkleidung des minderwertigen Blindholzes mit den Furnieren des besseren Holzes hat verschiedene Gründe. Der nächstliegende ist derjenige der billigeren Herstellung, da das Blindholz nicht nur wohlfeiler ist, sondern auch leichter bearbeitet werden kann. Ferner kann bei Benützung der Furniere in Beziehung auf schön gezeichnete und gemaserte Hölzer viel leichter eine hübsche Wirkung erzielt werden, als dies mit der massiven Arbeit möglich wäre, da gerade die gemaserten Hölzer öfters im Sinne der Konstruktion und Festigkeit als unzulänglich erscheinen müssten. Ausserdem werden furnierte Möbel leichter im Gewicht als die massiv gefertigten, und nicht der letzte Grund ist die grössere Sicherheit gegen das Reissen und Werfen. Bei der Wahl eines geeigneten und richtig behandelten Blindholzes lassen sich diese üblen Eigenschaften des Holzes auf ein Mindestmass verringern.

Während ehedem die Furniere mit der Handsäge geschnitten werden mussten und die Stärke von einigen Millimetern hatten, also eher als dünne Brettchen denn als Furniere im heutigen Sinne gelten konnten, so ist infolge des gesteigerten Furnierverbrauchs und der fortgeschrittenen Technik die Herstellung der Furniere eine ganz andere geworden. Allerorts sind Geschäfte entstanden, welche mit Zuhilfenahme des Wasser- oder Dampfbetriebes die Furniere in Massen herstellen, wobei die durchschnittliche Dicke oder Stärke des Furniers $^1/_2$—1 mm beträgt. Das Schneiden geschieht auf exakt gebauten Maschinen mit stark gespannten, dünnen Sägeblättern, welche sich in einer horizontalen Ebene mit grosser Geschwindigkeit bewegen, wodurch es ermöglicht wird, auch gemaserte Blöcke zu zerteilen, ohne dass die Furniere zerbröckeln. Da beim Sägen ungefähr die Hälfte des Holzes in der Form von Sägemehl verloren geht, so hat man auch Maschinen gebaut, welche ohne Materialverlust die Furniere mit Messern schneiden oder ablösen, wie das Hobeleisen einen Span abhebt. Man heisst derartig hergestellte Furniere zum Unterschied von den gesägten „gemessert". Sie sind durchschnittlich dünner als die gesägten, infolgedessen werden sie aber auch leichter vom Leim durchdrungen, was grosse Vorsicht bei der Verarbeitung nötig macht. Die dünnsten Messerfurniere haben eine Dicke von 0,15 mm.

Auch sog. endlose Furniere werden hergestellt, indem besonders gebaute Maschinen den Stamm, von aussen beginnend, gewissermassen spiralig abschälen. Dieses Verfahren ist besonders im Gebrauch für Hölzer, welche die ihnen eigentümliche Maserung oder Strukturzeichnung nicht im Kern, sondern nur am äusseren Umfang des Stammes zu bilden pflegen.

Für bestimmte Zwecke werden aber auch dickere Furniere sowohl gesägt als gemessert; so kommt zum Beispiel amerikanisches Pappelholz in der Stärke von 5 und mehr Millimeter gemessert in den Handel. Es hat eine grosse Breite und gar keine Aeste, weshalb es trotz des höheren Preises dem einheimischen Pappelholz vorgezogen wird.

Es werden nicht nur die besseren aus- und inländischen Hölzer auf Furniere verarbeitet, sondern auch geringere Holzarten. Diese Furniere dienen zum Teil Zwecken, welche ausserhalb der Möbelschreinerei liegen; in der letzteren werden sie als sog. Unterfurniere verwendet, wenn das Blindholz doppelt furniert wird, was eine besondere Sicherheit gegen das Werfen bietet.

In allen grösseren, gewerbereichen Städten befinden sich heute entweder Furnierfabriken oder wenigstens Furnierhandlungen, so dass es jedem Schreiner bequem gemacht ist, sich das benötigte Material zu erwerben und das gerade Passende selbst auszusuchen. Die Furnierhandlungen führen dann vielfach auch noch andere in die Möbelschreinerei einschlagende Dinge, wie gebeizte und gefärbte Furniere, von denen auch noch zu sprechen sein wird, Elfenbein, Perlmutter, Schildpatt, Metallstreifen (sog. Adern) und ähnliche Waren für die Einlegearbeit.

Die meist verwendeten Furniere sind etwa folgende:

Nussbaum, aus deutschem, amerikanischem, italienischem Holze, schlicht, gestreift, geflammt oder gemasert;
Eichen;
Ahorn, amerikanischer, figuriert, moiriert, mit Vogelaugen etc.;
Ungarisch-Eschen, gefladert;
Pitch-Pine, gefladert;
Birnbaum, schwarz gebeizt;
Kirschbaum;
Amarant;
Amboina, gemasert, rot und gelb;
Ebenholz;
Mahagoni, schlicht und gestreift, Pyramidenmahagoni;
Rosenholz;
Jacaranda oder Palisander;
Thuya, in kleinen Blättern.

Die Preise der Furniere sind selbstredend sehr schwankend je nach der Holzart; sie sind es aber auch in Bezug auf die einzelne Holzart je nach der Musterung und Schönheit der Zeichnung. Auch die Grösse spielt mit, wenigstens in Bezug auf solche Hölzer, die nur in kleinen Dimensionen vorzukommen pflegen, wie Thuya u. a.

Im allgemeinen sind gemesserte Furniere billiger als geschnittene, schlichte billiger als gemaserte.

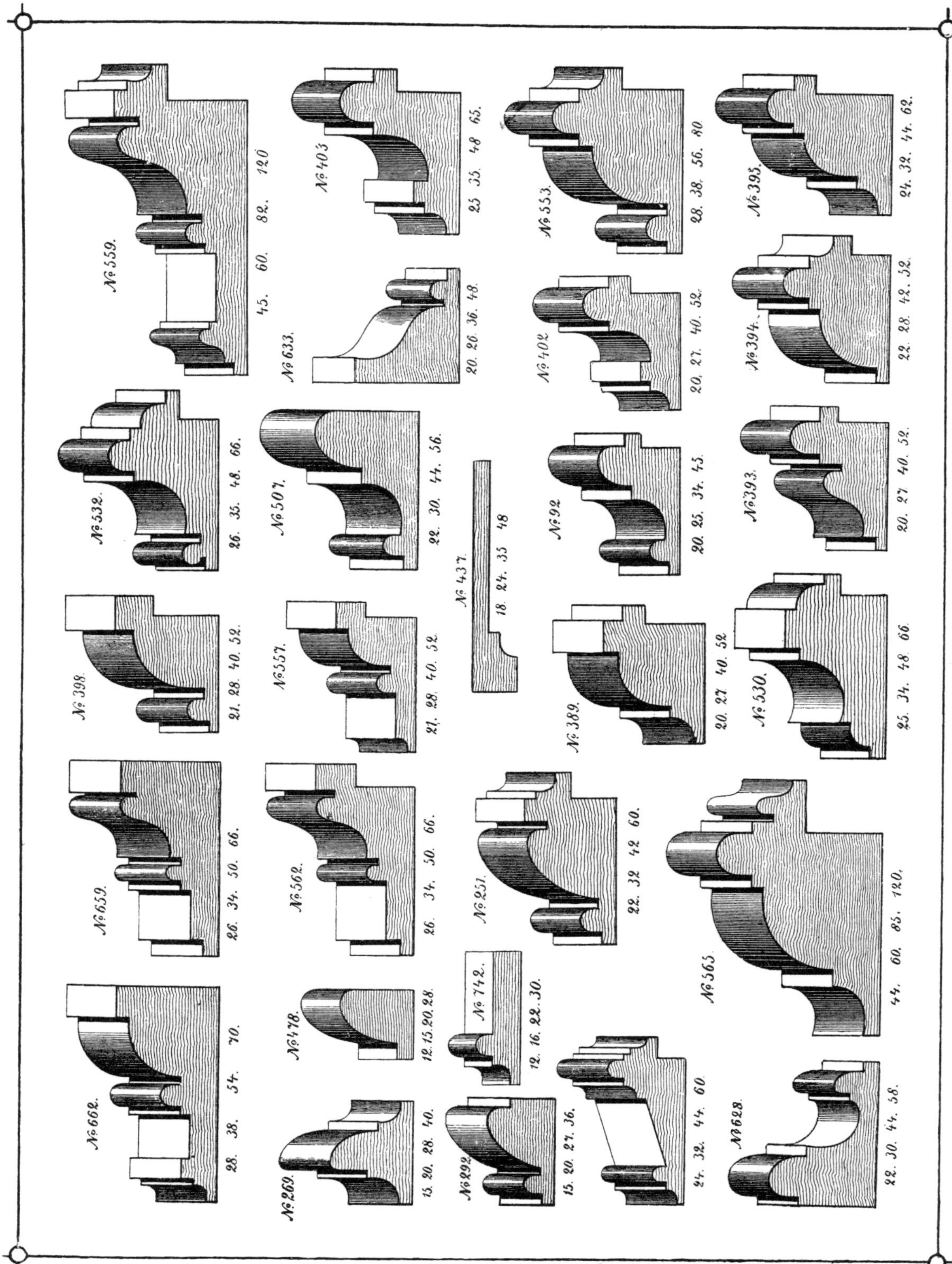

Fig. 1. **Profile der Kehlleistenfabrik von N. Eckel in Kaiserslautern.**

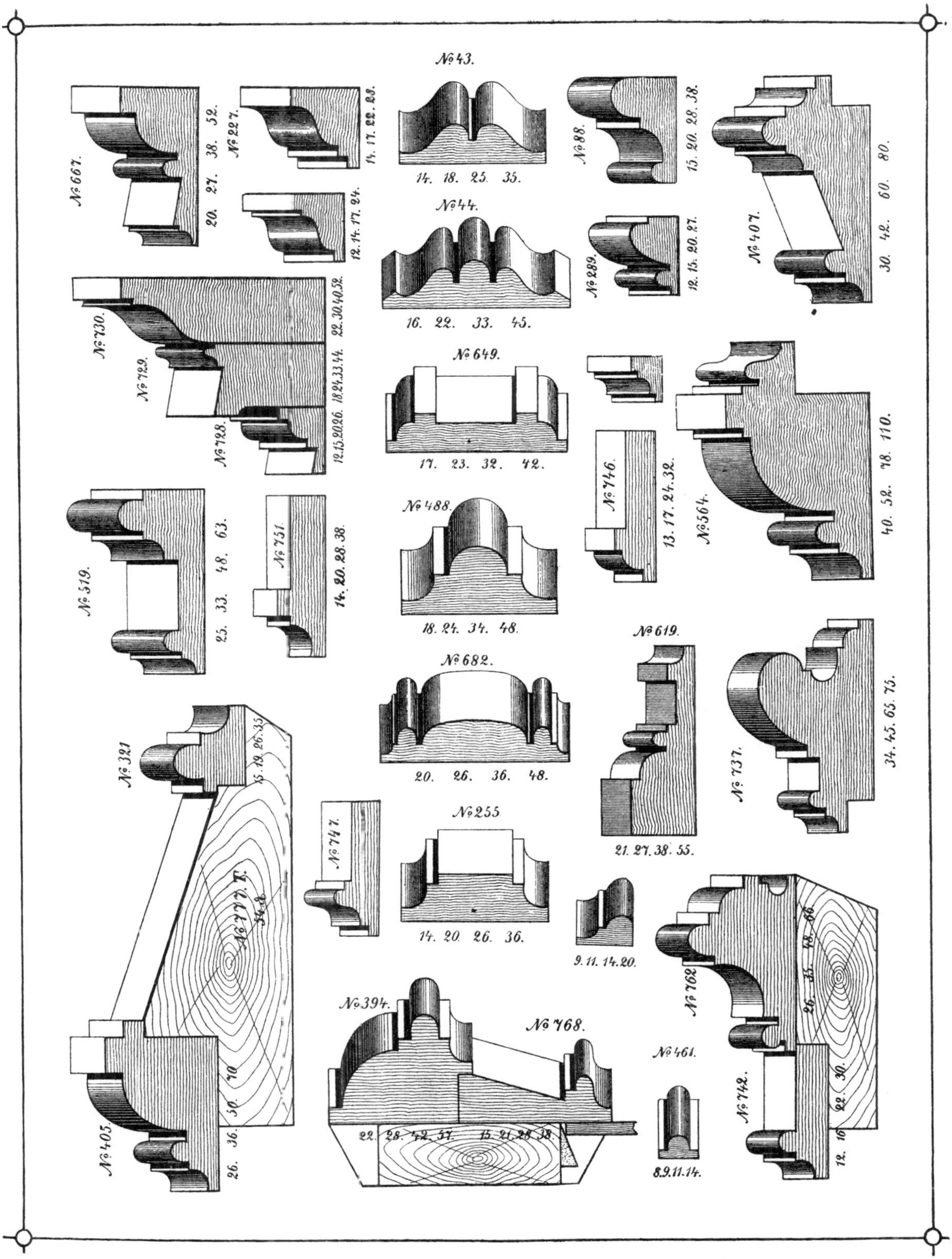

Fig. 2. Profile der Kehlleistenfabrik von N. Eckel in Kaiserslautern.

Eichen- und Nussbaumfurniere in gewöhnlicher Ware kosten zur Zeit 30—80 Pf. pro Quadratmeter. Schön gemaserte Nussbaumfurniere werden bis mit 1 M. 20 Pf. und mehr bezahlt. Schlichte, gemesserte Furniere in Amerikanisch-Nussbaum kosten 35—60 Pf., desgleichen Mahagoni 40—50 Pf., während gesägte Mahagonifurniere 1 M. 20 Pf. bis 2 M. kosten. Amerikanische Vogelaugen werden mit 75 Pf. bis 5 M. bezahlt, während für gesägte Ebenholzfurniere 8—12 M., für Rosenholz 10—15 M. berechnet werden. Amboina-Maser kostet 6—15 M. pro Quadratmeter, und Thuya pro Blatt 30 Pf. bis 1 M.

Welchen Wert ein schöner Stamm gewinnen kann, wenn er auf Furniere verarbeitet wird, erhellt aus folgendem Kuriosum: Die bekannte Pianofortefabrik Broadway hat für einen einzigen

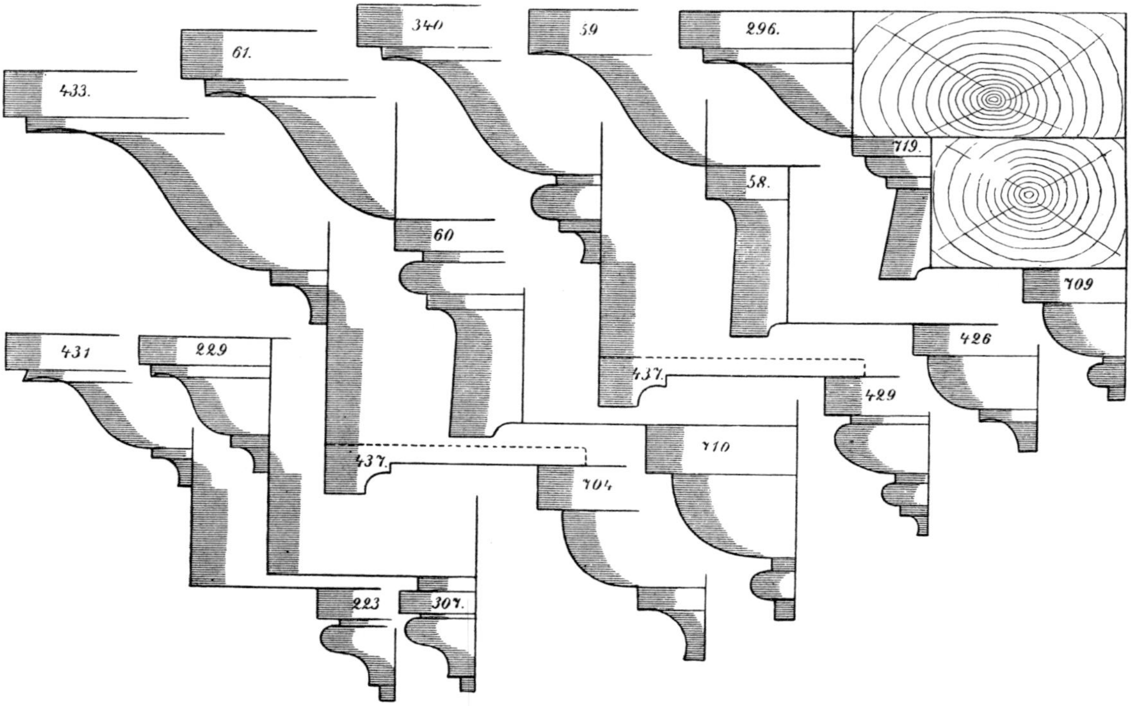

Fig. 3. **Zusammenstellung von Einzelprofilen zu Gesimsen.**

Mahagonistamm in 3 Blöcken, der zu Furnieren bestimmt war, die ganz respektable Summe von 60 000 M. bezahlt.

Der Arbeit des Fournierens wird ein besonderes Kapitel gewidmet werden.

c) Profilierte Stäbe. (Fig. 1 bis 3.)

Ohne diese ist die heutige Möbelschreinerei nicht denkbar. Während früher der Schreiner sich die profilierten Stäbe selbst anfertigen musste, so kann er sie heute fabrikmässig hergestellt beziehen zu einem billigen Preise und in einer Ausführung, die nichts zu wünschen übrig lässt. Es wäre anzustreben, dass im Interesse einer sauberen, tadellosen Arbeit von diesem Bezug allseitig Gebrauch gemacht würde.

Die Kehlleistenfabrik von Nik. Eckel in Kaiserslautern liefert alle für gewöhnlich vorkommenden Profile in kürzester Zeit und hält die meist gebrauchten stets vorrätig. Ausserdem fertigt sie Leisten nach eingesandter Zeichnung und besonderer Vereinbarung. Wir entnehmen dem Musterbuche der Firma (welches als solches unter Musterschutz gestellt ist) in bunter Reihenfolge eine Anzahl von Profilen zu Schlagleisten, Rahmen, Sockel-, Gurt- und Gesimsbildungen und bringen sie durch Figur 1 und 2 in natürlicher Grösse zur Abbildung.

Den Profilen sind ausser der Musterbuchnummer 4 Zahlen beigegeben, welche den Preis pro laufenden Meter in Pfennigen angeben. Die erste Zahl bezieht sich auf Weichholz (Tannen, Fichten und Forlen), die zweite auf Erlenholz, die dritte auf Nussbaum und Eichen, die vierte auf Amerikanisch-Nussbaum und Mahagoni.

Die einzelnen Profile werden in verschiedenen Grössen geliefert. Das Musterbuch enthält über 800 einzelne Nummern und durch zweckmässige Zusammenstellung von Einzelprofilen lassen sich unschwer alle wünschenswerten komplizierten Bildungen erzielen. Wie die Zusammensetzung etwa zu geschehen hat, veranschaulicht Fig. 3.

Auch die Firma Jäger & Söhne in Esslingen a. N. fertigt ähnliche Kehlleisten und andere Holzornamente, naturfarben sowie in gefärbtem und gebeiztem Holz.

3. Gebeizte, gefärbte und nachgeahmte (imitierte) Hölzer.

Das Nächstliegende wird stets sein, die zu verwendenden Holzarten in ihrer Naturfarbe zu belassen, weil dabei die Eigenart am besten gewahrt erscheint. Da jedoch das Holz, wenn es keine weitere Behandlung erfährt, insbesondere in den helleren Farben leicht Schmutz annimmt und dadurch unschön von Aussehen wird, so greift man, von einzelnen Ausnahmen abgesehen, zu den Mitteln des Anstriches, des Wachsens und des Polierens. Von diesen Verfahren wird in besonderen Kapiteln weiter unten die Sprache sein.

Das Wachsen sowohl als das Polieren bildet einen schützenden und verschönernden Ueberzug, der die Eigenart des Holzes sichtbar lässt. Die Farbe wird hierbei durchweg etwas tiefer und leuchtender oder „wärmer", wie man sich auszudrücken pflegt, was für den Gesamteindruck nur von Vorteil sein kann. So sieht z. B. naturfarben poliertes Eichenholz sehr hübsch und freundlich aus, ebenso der naturfarben polierte Ahorn. So kommen z. B. Ungarisch-Eschen, rotes Königsholz, Amboina, Thuya etc. naturfarben gewachst sehr schön zur Geltung.

Viele Holzarten verlangen aber, wenigstens zu bestimmten Zwecken, eine farbliche Nachhilfe, entweder im ganzen, um sie dunkler erscheinen zu lassen, oder auch nur teilweise, um gewisse Ungleichheiten der natürlichen Färbung auszugleichen.

Die allgemein üblichen Mittel der farblichen Aenderung sind das Beizen und das Färben. Beide Begriffe sind nicht streng auseinander zu halten; beide Mittel vereinigen sich oft in eines zur gemeinsamen Wirkung. Im wissenschaftlichen Sinne sind Beizen chemische Mittel, welche eine nachhaltige Färbung vorbereiten. Wird das Holz erst mit Metallsalzlösungen getränkt und hernach mit den Farblösungen, oder umgekehrt oder gleichzeitig, so schlagen sich in der Holzfaser unlösliche Verbindungen nieder, welche dasselbe dauernd und haltbar färben. Unter Färbmitteln versteht man gefärbte Flüssigkeiten organischer oder unorganischer Herkunft, welche das gelöste Pigment, d. h. den Farbstoff, in das Holz einführen und ablagern. Es ist ohne weiteres verständlich, dass die bloss färbenden Mittel weniger tief gehen, als die beizenden. Die heutige Wissenschaft, namentlich die moderne Chemie, hat eine grosse Zahl von Beiz- und Färbmitteln zur Benützung gestellt, während man früher auf eine kleine Auswahl beschränkt war. Man pflegte sich früher die Mittel in der Werkstätte selbst zu bereiten; das geschieht heutzutage kaum noch, weil die Mittel zum Gebrauch fertig überall ohne grosse Kosten zu haben und zu beziehen sind. Selbst das Geschäft des Beizens und Färbens wird häufig überflüssig, da die Hölzer, besonders in der Form von Furnieren, schon gebeizt und gefärbt in den Handel kommen. Während naturfarbige Hölzer im Gebrauch und im Laufe der Jahre tiefer in der Farbe werden oder „nachdunkeln“, wofür der Mahagoni ein bekanntes Beispiel liefert, so verblassen und verbleichen gefärbte Hölzer, sie „verschiessen“. Trotz dieses nachteiligen Umstandes sind gefärbte Hölzer nicht ganz zu vermeiden, wenigstens nicht in der Marqueterie und Intarsiaarbeit, und zwar erstens, weil sie viel billiger sind als die starkfarbigen Naturhölzer, und anderseits, weil die Natur eben gewisse Farben gar nicht bietet, wie z. B. Spangrün, Himmelblau etc. Jedenfalls sollten gefärbte Hölzer nur da Verwendung finden, wo sie nicht zu umgehen sind. Als Material für die Holzfärberei dienen hellfarbige Hölzer, welche die Farbe gut und gleichmässig aufnehmen. Es sind dies Stechpalme, Hainbuche, Ahorn, Birnbaum, Linde etc., also Holzarten von gleichmässigem Gefüge, ohne ausgesprochene Struktur und ohne Harzgehalt. Eine bekannte Adresse für gefärbte Hölzer ist W. Auffermann, Berlin, Luisenufer 3.

Altbekannte Beizmittel sind Aetzkali, Kalilauge, Pottasche, übermangansaures Kali, Eisenvitriol, Gerbsäure, Essigsäure, Alaun u. a., die zum Teil an sich schon das Holz dunkler färben, die zum Teil in Verbindung mit farbigen Extrakten oder mit Pigmenten in Wirkung treten. So ist eine bekannte schwarze Beize das Tränken mit Blauholzabkochung und nachherigem Anstrich mit Eisenschwärze (Eisenfeilspäne in Essigsäure). So entstehen farbige Beizen durch Tränken mit Abkochungen von Campechenholz, Fernambuk, Krapp etc. und nachfolgendem Anstrich von Kalilauge. Die früher übliche Nussbeize bediente sich einer Abkochung der grünen Walnussschalen, an deren Stelle nun längst das Kasseler Braun getreten ist. Galläpfel und Gerberlohe sind ebenfalls durch andere Dinge verdrängt. Ein billiges und intensiv wirkendes Färbmittel bietet die moderne Anilinindustrie in der reichsten Abwechselung. Trotzdem empfehlen sich die Anilinfarben nicht, weil sie eben gar zu wenig lichtbeständig sind. Es mögen zu Schluss des Kapitels einige Rezepte über Beizen und Färben Platz finden, obgleich es sich, wie schon gesagt, empfiehlt, die betreffenden Mittel fertig zu kaufen, sei es in Form von Flüssigkeiten oder von Pulvern, die erst mit Regenwasser anzusetzen sind, um verwendet werden zu können.

Es ist naheliegend, dass heiss aufgetragene Beizen wirkungsvoller sind, als kalt aufgetragene. Wo es sich um ein Färben, beziehungsweise ein Beizen des Holzes in der Masse und in der Form von dickeren Stücken handelt, da muss es unter Anwendung von Dampfdruck geschehen, wozu die Holzfärbereigeschäfte ihre geeigneten Einrichtungen haben, deren Beschreibung jedoch ausserhalb des Rahmens dieses Buches liegt.

Das Färben und Beizen der Hölzer findet aber nicht allein statt, um deren natürliches Aussehen zu verbessern oder ihre etwaige ungleiche Färbung auszugleichen, sondern auch, um bessere Holzarten in minderwertigem Materiale nachzuahmen. Diese Fälschung ist, vom ästhetischen Standpunkt aus betrachtet, eigentlich ein Unfug. Derselbe ist aber so allgemein in Uebung, dass es zwecklos erscheinen muss, sich gegen denselben zu ereifern. Wenn diese Fälschung von Effekt sein soll, so müssen die minderwertigen Hölzer so gewählt werden, dass ihre Strukturverhältnisse und der äusserliche Bau ungefähr dieselben sind, wie bei den Hölzern, die nachgeahmt werden sollen. Die Ungleichheit des Gewichtes und die Härte kommen dabei weniger in Betracht, ebenso andere mehr nebensächliche Eigenschaften und Eigentümlichkeiten.

Wird dann nur die Beize richtig gewählt, so gelingt es immerhin, das Auge so weit zu täuschen, dass es sich mit dem oberflächlich ähnlichen Aussehen zufrieden giebt. Der sachverständige Kenner wird aber unschwer die Imitation feststellen können, ohne zu dem Hilfsmittel der mikroskopischen Untersuchung greifen zu müssen.

Hölzer, die mit einer gewissen Vorliebe nachgeahmt werden, sind Ebenholz, Mahagoni und Palisander. Als Material für die Fälschung dienen Birnbaum, Ahorn, Erle, Buchs etc.

Schlimmer als diese Nachahmung wertvoller Hölzer durch minderwertige ist der Versuch, das natürliche Holz durch künstliches zu ersetzen. Es kommen in den letzten Jahren reich verzierte Einzelheiten in den Handel, welche aus künstlichen Massen erstellt werden, denen dann durch Farbe und Lack das ungefähre Aussehen geschnitzter Holzsachen beigebracht wird. Diese Füllungen, Zierleisten, Kartuschen, Karyatiden etc. sind ein klägliches Surrogat, auf welches die bekannte Bezeichnung „billig und schlecht" wie gemacht erscheint. Schreiner und Möbelfabrikanten, die dem Kunsthandwerk Ehre machen wollen, sollten einen derartigen Kram nicht in ihre Werkstätte lassen. Sie sollten ihren Abnehmern und Bestellern klar zu machen versuchen, dass ein verhältnismässig einfach gehaltenes Mobiliarstück aus gutem, echtem Material ohne allen Zweifel mehr wert ist als ein Prunkstück mit aufgeklebter Dutzendware.

Holz ist Holz und soll Holz bleiben. Es hat seine guten und schlechten Seiten, aber richtig behandelt, lässt es vieles aus sich machen und ist für die kleine, wie die hohe Kunst ein würdiges Material, was die gepresste Masse aus Leim und Sägemehl nie sein kann.

Einige einfache Vorschriften für Holz-Beizen und -Färbemittel.

Schwarz. (Ebenholzbeize.)

1. 8 Teile gestossene Galläpfel,
2 „ geraspeltes Campechenholz (Blauholz),
1 Teil Eisenvitriol,
1 „ destillierter Grünspan,
in Regenwasser gekocht, sofort filtriert und heiss aufgetragen in mehrfacher Wiederholung.

Diesem Auftrag folgen einige weitere mit erwärmter Eisenschwärze, die man erhält, indem man Eisenfeilspäne in Essigsäure oder in Holzessig ansetzt.

2. 1 Teil Blauholzextrakt, gelöst in
5 Teilen heissem Regenwasser.

Mehrmals heiss aufgetragen. Nach dem Trocknen mehrmaliges Bestreichen mit heisser Eisenschwärze.

3. 1 Teil Kupfervitriol, gelöst in
100 Teilen Regenwasser.

Nachdem der Auftrag mit dieser Lösung getrocknet, erfolgt ein weiterer mit einer Lösung von
1 Teil salzsaurem Anilin in
1 „ Alkohol (Spiritus).

Braun-Violett. (Palisanderbeize.)

4. 1 Teil Marron-Anilin, gelöst in
20 Teilen warmem Regenwasser, warm aufgetragen.

5. Doppelchromsaures Kali, in Regenwasser bis zur völligen Sättigung gelöst.

Braun. (Nussbaumbeize, Eichenbeize.)

6. 2 Teile Kasseler Braun,
1 Teil Pottasche, gelöst in
10 Teilen siedendem Regenwasser und heiss aufgetragen.

7. 1 Teil übermangansaures Kali, gelöst in etwa
30 Teilen Wasser, mehrmals aufgetragen.

Rotbraun. (Mahagonibeize.)

8. 1 Teil Curcumae,
1 „ Drachenblut, gelöst in
8 Teilen Alkohol, filtriert und warm aufgetragen.

9. 2 Teile Gelbholz,
1 Teil Krapp, in Regenwasser gekocht, filtriert und warm aufgetragen, so oft als nötig.

10. 12 Teile Rotholzextrakt,
1 Teil Pottasche, gekocht in
12 Teilen Regenwasser; hierauf
$^1/_2$—1 Teil Eosin (Anilinrot) zugefügt und durch Eindampfen verdickt. Warm aufgetragen.

Rot.

11. 4 Teile gepulverte Cochenille, in
70 Teilen Regenwasser mehrere Stunden

gekocht, warm aufgetragen. Nach dem Trocknen erfolgt ein Anstrich von
2 Teilen Chlorzinn,
1 Teil Weinsteinsäure, gelöst in
70 Teilen Wasser.

Gelb. (Satinholzbeize.)

12. 1 Teil Gelbholzextrakt, gekocht in
2 Teilen Regenwasser, filtriert und etwas Pottasche, in Wasser gelöst, zugesetzt. Warm aufgetragen.

Anilinfarben.

13. Dieselben sind ausserordentlich wirksam, das Verfahren ist das denkbar einfachste; aber die geringe Beständigkeit ist ein grosser Nachteil. Man löst bei gelinder Wärme die Farben in Alkohol (oder soweit sie wasserlöslich sind, auch in Wasser). Auf den Liter Alkohol sind 20—40 g Farbe zu nehmen, von den blauen und violetten Farben weniger, von den gelben und roten mehr. Die in Betracht kommenden Farben sind vornehmlich: Nigrosin (schwarz), Anilinviolett, Gentianablau, Wasserblau, Kornblau, Indulin (blau), Fuchsin, Eosin, Anilin-Ponceau, Kirschrot, Granatrot, Kardinalrot, Jodgrün, Methylgrün (meergrün), Pikringelb, Anilinbraun und Anilingrün.

Es ist klar, dass die Wirkungen der verschiedenen Färbe- und Beizmittel verschieden ausfallen, je nach der Eigenfarbe des zu behandelnden Holzes. Weisse und hellgelbliche Hölzer zeigen die beigebrachten Farben ziemlich ungebrochen, während gelbe und braune Hölzer eigentlich bloss einen Stich der betreffenden Farbe annehmen und eine Mischung der eigenen und der künstlichen Farbe zeigen. Die nämliche Beize wird, mehr oder weniger oft oder mehr oder weniger konzentriert aufgetragen, verschiedene Abstufungen erzielen lassen. Kalibeizen sind besonders auf Eichenholz sehr wirksam, während sie Hölzer ohne Gerbsäure viel weniger angreifen. Dass die Beizen, warm aufgetragen, besser eindringen, wurde bereits erwähnt. Dass man eine intensivere Färbung erzielt, wenn man das Holz in der Beize kochen kann (was die Grösse der Stücke nur selten erlaubt), als wenn es bloss bestrichen wird, versteht sich ebenfalls von selbst. Auch liegt es nahe, dass verschiedenfarbige Beizen, nacheinander angewendet, allerlei Zwischenfarben ermöglichen. So wird z. B. gelbgefärbtes Holz grün, wenn es in zweiter Reihe mit Indigokarminlösung behandelt wird. Mit Indigokarmin gefärbtes Holz wird violett, wenn in zweiter Reihe eine Rotbeize verwendet wird.

Das Auftragen der Beizen wird erleichtert, wenn die zu beizenden Hölzer vorher mit Leinöl geschliffen werden. Wenn dies nicht geschieht, so ist Eile und Vorsicht beim Auftragen nötig, damit nicht einzelne Stellen doppelt und mehrfach überfahren werden, wobei Flecken und Ungleichheiten entstehen. Hirnholz lässt die Farbe leichter eindringen, als Langholz. Soll es sich nicht dunkler als letzteres färben, so ist es zunächst mit dem „Porenfüller“ zu behandeln (verdünnte Schellackpolitur, Kleister mit Alaun etc.).

Wenn die gebeizten Hölzer poliert werden sollen, so kann auch eine Verbindung beider Vorgänge gewählt werden, indem man die Politur färbt. Zu diesem Zwecke löst man, bevor der Schellack zugegeben wird, im Spiritus geeignete Farben auf, Curcumae, Drachenblut etc.

Einzelteile von Möbeln und fertige, kleine Stücke, die es ohne Formveränderung vertragen, kann man auch mit Dampf beizen. Man bringt sie zu diesem Zwecke in einen geschlossenen Kasten, in welchem ein Gefäss mit ungelöschtem Kalk aufgestellt wird, den man mit Salmiak übergiesst und mässig erhitzt.

4 Die Eigenschaften des Holzes.

Die allgemeinen Eigenschaften des Holzes sind bereits in der „Bauschreinerei" abgehandelt worden; so finden sich dort besondere Kapitel über gesundes und krankes Holz und dessen Kennzeichen, über das Schwinden und Quellen, über die Zerstörung des Holzes etc. Der Eigentümlichkeiten der einzelnen Holzarten ist dann ferner zu Beginn dieses Abschnittes gedacht worden, so dass an dieser Stelle wenig mehr vorzubringen sein wird.

Die hauptsächlichsten Anforderungen, welche an das Material der Bauschreinerei gestellt werden, sind Festigkeit und Dauerhaftigkeit, die Möglichkeit einer leichten Bearbeitung, eine trockene Beschaffenheit, welche dem Schwinden und Werfen möglichst vorbeugt, und ein tadelloses Aeussere insofern, als das Holz keine Aeste, Verwachsungen, Risse und Harzsäcke enthalten soll. Diese Anforderungen stellt man auch an das Material für die Möbelschreinerei, zum Teil jedoch mit Unterschied.

Die Festigkeit spielt hier eine geringere Rolle, da sie für gewöhnlich nicht sonderlich in Anspruch genommen wird. Es können deshalb auch ohne Schaden Stücke benützt werden, die in dieser Hinsicht der Bauschreinerei nicht genügen würden. Es lässt sich totgemachtes Holz verwenden, wo man mehr Wert darauf legt, dass das Material absolut nicht arbeiten soll, als dass es einem starken Druck widerstehen kann, ohne dass es zerbricht. Gewisse Möbelteile, wie Tisch- und Stuhlfüsse, Vorhangstangen und Aehnliches werden allerdings auch erheblich auf Festigkeit in Anspruch genommen, und in diesen Fällen darf man auch nur ein leistungsfähiges Holz verwenden, Es ist darum nicht selten, dass diese Dinge aus Hartholz gemacht werden, auch wenn die übrigen Teile aus einem weniger festen Material bestehen. Auch in Bezug auf die Lehnen und Sitze der sog. Bretterstühle, und in Bezug auf die Platten von Werk- und Arbeitstischen wird auf genügende Festigkeit Rücksicht zu nehmen sein, so dass massives Eichen-, Buchen- oder Nussholz bester Qualität hier ganz angezeigt scheint.

Der Dauerhaftigkeit wird insofern Rechnung getragen, als eben Hölzer von anerkannt geringer Dauer am besten ausgeschlossen bleiben. Bei einem besseren Mobiliarstück spielt der eigentliche Holzwert so wenig mit, dass man nicht auf das billigste Material angewiesen ist. Gewisse Holzarten zeigen grosse Dauer, wenn sie stets trocken gehalten werden; andere halten sich am besten, wenn sie stets nass sind. Den ständigen Wechsel vertragen die meisten am wenigsten. Da die Möbel diesem Wechsel gewöhnlich nicht ausgesetzt werden, so ist hiermit nur in Ausnahmefällen zu rechnen. Waschtische und ähnliche Dinge, bei denen ein häufiges Bespritzen und Nasswerden nicht zu umgehen ist, sollten stets poliert sein. Der Ueberzug der Schellackpolitur schützt hinreichend gegen das Eindringen der Nässe, was der durch das Wachsen erzielte Ueberzug nicht thut, ganz abgesehen von den unschönen Flecken und dem raschen „Blindwerden". Gewisse Hölzer leiden besonders stark unter Wurm- und Insektenfrass, und dies ist ein Fall, der in der Möbelschreinerei Berücksichtigung verdient. Harzreiche Hölzer und solche mit ätherischem Geruch pflegen verschont zu bleiben, weshalb sie für bestimmte Zwecke gern gewählt werden. Auch sollen die Zeder- und Kampherhölzer, beziehungsweise die aus denselben gefertigten Nähtischeinrichtungen, Truhen etc. die Motten abhalten.

Die Möglichkeit einer leichten Bearbeitung fällt weniger in das Gewicht als das hübsche Aussehen des bearbeiteten Stückes. Der natürliche Glanz des Holzes, die ohne Rauheiten zur Geltung kommende Struktur ist wichtiger als die mehr oder weniger erschwerte Arbeit. Auch die Beiz- und Polierfähigkeit sind ausschlaggebend bei der Wahl. So sind Nussholz, Mahagoni und Palisander hauptsächlich infolge der letzteren Eigenschaften allgemein beliebt und viel verwendet.

Die Gleichmässigkeit des Holzes kommt hauptsächlich in Betracht in Bezug auf geschnitzte Teile; einmal, weil hier Streifungen störend wirken, anderseits, weil eben die gleichmässige Struktur ein Haupterfordernis für die Holzschnitzerei ist, so dass Birnbaum, Linde, Eiche, Nussbaum und Buchs hierfür bevorzugt werden. Für Zeichentischplatten und Reissbretter wird Weichholz von gleichmässigem Gefüge, wie das Pappelholz, vorgezogen, weil es eine weiche und gleichmässige Unterlage bildet, während ein auf dünnem Papier über Tannenholz gemachter Strich sehr ungleich ausfällt.

Die Anforderung einer möglichst guten Austrocknung ist von höchster Wichtigkeit, und zwar weit mehr als in der Bauschreinerei, weil man in Bezug auf eine tadellose Ausführung bezüglich der Mobiliarstücke grössere Ansprüche zu machen pflegt. Je älter das zur Verwendung kommende Holz ist, desto weniger pflegt es zu arbeiten. Deshalb werden alte Kelterbäume, Unterzüge aus alten Bauten und Aehnliches mit Vorliebe gekauft und als Möbelholz verwendet. (Im Interesse der Sägeblätter ist jedoch Vorsicht nötig, da die etwa im Holz steckenden Nägel und Kloben diese ruinieren.) Auch Eichenstämme, die Jahrhunderte im Wasser gelegen haben, geben, wenn sie gelegentlich gefunden werden, ein willkommenes Material, das von Farbe dunkler ist als das gewöhnliche. Alles zu Möbeln verarbeitete Holz sollte einige Jahre aufgeschnitten gelegen haben, was leider in unserer zu hastig arbeitenden Zeit gar oft verabsäumt wird. Auch in Bezug auf die Konstruktion lässt sich in dieser Hinsicht viel thun, wenn sie in verständigen Händen liegt. Man legt mit Unrecht in der Möbelschreinerei viel weniger Gewicht auf diesen Umstand als wie in der Bauschreinerei. Es weiss ja jeder Schreiner, dass man einen Schubladenboden als Querholz und nicht als Langholz einschiebt und was ähnliche naheliegende Dinge sind, aber durchschnittlich wird mit dem Arbeiten des Holzes, das nun einmal nicht ganz zu vermeiden ist, doch zu wenig gerechnet. So wird z. B. bei uns gerne mit zu grossen Füllungen entworfen und konstruiert, während die englische und amerikanische Möbelschreinerei sich mehr an die Konstruktionsweise des Mittelalters halten und den natürlichen Anforderungen des Materials eher gerecht werden als wir. Auch bekannte Korrektivmittel werden leichtsinnigerweise verabsäumt. Wie unschön kommt es an einem gebeizten Möbel zur Geltung, wenn die Füllung schwindet und das vorher verdeckte Holz nun neben dem Einfassungsprofil als helle Linie zu Tage tritt, was doch kaum auffallen würde, wenn die Ränder der Füllung vor dem Einsetzen auch gebeizt worden wären. Wie unschön sind Profilierungen, die im Hirnholz zu Seiten von Tischplatten herumgeführt werden, während es doch die Arbeit nicht wesentlich verteuert, die Profilierung rundum in Langholz zu führen etc.

Entschieden die wichtigste Eigenschaft für das Holz der Möbelschreinerei ist jedoch sein Aussehen, seine Farbe und Struktur. Ein sonst vorzügliches Holz kann unschön gezeichnet sein, was genügen muss, seine Verwendung für ein besseres Möbel am Aeusseren auszuschliessen. In dieser Beziehung muss der Schreiner ein künstlerisches Gefühl und Auge haben; er muss bei Verwendung des gezeichneten Holzes auf die Anforderungen einer gleichmässigen Verteilung, auf symmetrische Wirkung, auf günstige Gegensätze hinarbeiten. In dieser Beziehung sind schwer Regeln festzustellen, wie für alles, was Sache des künstlerischen Geschmackes ist. Der eine kann es, der andere lernt es nie. Im allgemeinen lässt sich etwa betonen, dass für Profile, Leisten, Gesimse, schmale Friese etc. ein schlichtes, parallel gestreiftes Holz am Platze erscheint, während breite Flächen und Füllungen mehr bunt gezeichnete und gemaserte Musterungen erfordern. Hier kommt die Schönheit des Masers am besten zur Geltung. Die Füllung hat nichts zu tragen und nichts auszuhalten, und das Auge verzichtet an dieser Stelle am liebsten auf struktive Linien. Durch symmetrische oder zentralradiale Zusammenstellung gleichgezeichneter Furniere lassen sich prächtige Wirkungen erzielen, aber die Sache darf nicht übertrieben und zur Spielerei werden.

Ein im gleichen Material einheitlich durchgeführtes Stück wird stets von guter Wirkung sein. Die Wirkung kann gesteigert werden durch farbliche Gegensätze, aber sie ist unsicher, weil sie auch ungünstig ausfallen kann. Hauptsächlich ist Vorsicht geboten bei der Verwendung heller Hölzer. Zusammenstellungen von Nussbaum und Schwarz, von Mahagoni und Schwarz werden kaum stören, während Ahorn mit Schwarz oder Hell-Eichen mit Schwarz schon gewagt erscheinen. Eichen- oder Nussholz mit Füllungen von Ungarisch-Eschen geben anerkanntermassen eine gute Wirkung, während an den umgekehrten Fall schon nicht zu denken ist; ein gleiches gilt für Ahorn mit Füllungen von Vogelaugenahorn. Die Verwendung von vielerlei Holzarten an einem Stück ist stets gewagt, weil zu leicht die Wirkung einer Musterkarte erzielt wird. Dies gilt natürlich nicht für eingelegte Stücke Hier treten die einzelnen Farben in kleinen Partieen auf und können viel weniger störend wirken als in grossen Flächen. Aber auch hier ist grosse Vorsicht geboten, um zu harte Wirkungen zu vermeiden. Es wäre noch zu erwähnen, dass zu geringe Unterschiede auch nicht günstig sind, umsomehr, als alle Hölzer, soweit sie nicht gefärbt sind, nachzudunkeln pflegen, wobei dann eine ursprünglich harte Wirkung sich mit der Zeit mildert. Da der Einlegearbeit ein besonderes Kapitel gewidmet sein wird, so mögen diese Andeutungen genügen.

---

5. Der Anstrich des Holzes.

Der Anstrich des Holzes kann verschiedene Zwecke verfolgen. Er kann geschehen aus Gründen des Schutzes und der erhöhten Dauerhaftigkeit, aus Gründen der Verschönerung oder aus beiden gemeinsam. Der Anstrich kann durchsichtig oder undurchsichtig sein, wonach das Firnissen, das Lackieren und das eigentliche Anstreichen zu unterscheiden sind.

Das allgemein benützte Mittel eines durchsichtigen oder wenigstens durchscheinenden Anstriches ist der Firnis. Er lässt die Struktur des Holzes sichtbar und bezweckt in erster Linie einen Schutz gegen die Einwirkung der Feuchtigkeit, der Beschmutzung etc. Der gewöhnlichste und meist gebrauchte Firnis ist der Leinölfirnis, der durch längeres Erhitzen des Leinöls und unter Zusatz von Metalloxyden gewonnen wird. Der aufgetragene Firnis nimmt aus der umgebenden Luft Sauerstoff an und erhärtet dabei mehr und mehr, so dass er schliesslich einen wirksamen Schutz gegen die Einflüsse von Luft und Feuchtigkeit bietet. Möbel werden verhältnismässig seltener gefirnist als Bauschreinereien und durchschnittlich nur, wenn sie aus minderwertigem Material gefertigt sind. Diese hellfarbigen Möbel werden dabei in der Farbe tiefer und wärmer; sie erhalten einen gelblichen Ton und einen gewissen Glanz. Ganz ähnlich verhält es sich, wenn statt des Firnisses durchsichtige Lacke (Harze, gelöst in verdampfbaren Flüssigkeiten, Terpentinöl, Spiritus etc.) oder Lackfirnisse (Verbindungen von Firnissen und Lacken) zur Anwendung kommen.

Das allgemein benützte Mittel für den undurchsichtigen Anstrich ist die Oelfarbe. Sie verdeckt die Struktur des Holzes vollständig, dient zum Schutz und zur Verschönerung von Möbeln aus minderwertigem Holze. Hierbei verschwinden Aeste und Risse, die vor dem Anstreichen ausgekittet werden. Es sind hauptsächlich Küchenmöbel, Bureaumöbel, die Ausstattungen von Schulsälen und ähnlichen Räumen, die in dieser Weise behandelt werden. Der Anstrich erfolgt gewöhnlich in dreimaligem Auftrag mit einem Lacküberzug als Schluss.

Es sind zwei Auffassungen, welche hierbei zur Geltung gebracht werden. Entweder wird erstrebt, irgend ein natürliches besserwertiges Holz, wie Eichen oder Nussbaum, möglich täuschend nachzubilden oder aber der Anstrich bleibt glatt in Tönen, die der Holzfarbe nahe kommen oder ganz verschieden von ihr sind. Beide Auffassungen laufen auf eine Fälschung hinaus, so dass von einer berechtigten Bevorzugung des einen oder anderen Systems nicht wohl die Rede sein kann. Jedenfalls ist es noch natürlicher, die Möbel holzartig zu „maserieren“ als ihnen durch Marmorierung den Charakter des Steines aufzudrängen, was ja auch gelegentlich geschieht. Möbel, die angestrichen werden, sollten stets einfach sein, rein dem Zweck entsprechend. Reichgestaltete Möbel anzustreichen ist ein Unding. Viel näher liegend erscheint es, einfach gehaltene Möbel mit reicher Malerei zu versehen und sie dadurch zu verschönern. Es werden ja verschiedenorts auch darauf abzielende Versuche gemacht. Durch farbiges Auslegen von eingeschnittenen Ornamenten, Abkantungen etc. lässt sich unter Umständen eine hübsche Wirkung erzielen, wobei dann die Füllungen einen weiteren Schmuck durch figürliche oder heraldische Dinge, Spruchbänder mit Inschriften, Blumenstücke etc. erhalten können. Doch wenn das schön sein soll, so erfordert es geübte Hände und eine gute Bezahlung, so dass es schliesslich das beste ist und bleibt, das Möbel in seiner nächstliegenden Gestalt nach alter Väter Sitte auszubilden und auszustatten.

Schablonierte Ornamente als Intarsiennachbildung, auf lithographischem Wege hergestellte Einlegenachahmungen und andere derartige Ersatzmittel für das Echte sind stets bedenklich und nur ausnahms- und bedingungsweise zu empfehlen. Ein wirkliches Kunstwerk, ein anerkennenswertes Stück solider Handarbeit wird ein Möbel selten verunzieren, wenn nur einigermassen bei entsprechendem Material geblieben wird (z. B. Füllungen in Holzbrandtechnik); alles, was den Charakter des Surrogates, der beabsichtigten Täuschung an sich trägt, ist eines besseren Mobiliarstückes nicht würdig. Man soll eine gute, solide Schreinerarbeit, und wenn sie noch so einfach ist, an derartige Dinge nicht wegwerfen. Da das Lackieren, Firnissen und Anstreichen nicht durch den Schreiner, sondern durch den Maler und Lackierer besorgt zu werden pflegt, so wird das Erwähnte genügen.

---

6. Das Wachsen und Einlassen des Holzes.

Da gefirniste Möbel einen unschönen Glanz zeigen und gar nicht vornehm aussehen, und da auch lackierte Stücke nur geniessbar sind, wenn sie keinen grossen Umfang haben, so greift man vielfach zu dem schützenden und gleichzeitig verschönernden Ueberzug des Wachsens und des Einlassens. Das erstere Mittel erfreut sich zur Zeit einer grossen Beliebtheit und Verbreitung, wogegen das letztere von geringer Bedeutung ist, wenn auch mit Unrecht.

Unter Einlassen versteht man den ein- oder mehrmaligen Auftrag von gekochtem Leinöl, das bis zu einer gewissen Tiefe in das Holz eindringt, und zwar um so leichter, wenn es heiss aufgegeben wird. Derartig getränktes Holz wird tiefer und wärmer in der Farbe, erhält unter Umständen etwas mehr Glanz, der jedoch sehr milde ist; es wird gewissermassen geschmeidiger, ist gegen Feuchtigkeit und Beschmutzung besser geschützt und lässt sich besser reinigen. Setzt man dem Leinöl entsprechende Farben bei, so lassen sich die Holztöne gleichzeitig nach Wunsch ändern.

Auf eingelassene Holzflächen in der Form von Füllungen und Friesen lassen sich mit Oelfarbe Ornamente und andere Verzierungen aufmalen, die auf dem naturfarbigen Untergrunde nicht schlecht aussehen, wenn sie an und für sich gut sind.

Als einzulassende Hölzer kommen zunächst in Betracht die verschiedenen Weichhölzer, dann aber auch Buchen, Erlen, Birnbaum u. a.

Das Wachsen ist eigentlich auch ein Einlassen, das allerdings weniger tief geht und fast nur die Oberfläche verändert. Gewöhnliches Wachs wird zerkleinert (gehobelt) und in Terpentinöl gelöst. Die Lösung wird kalt oder warm aufgetragen. Nach dem Auftrocknen, was etwa einen Tag beansprucht, werden die gewachsten Flächen mit einer steifhaarigen Borstenbürste behandelt (gewichst) oder mit einem Wolllappen gerieben. Ersteres empfiehlt sich besonders für Kröpfungen und Schnitzereien, die der Wolllappen nicht an allen Stellen erreichen könnte. Für ebene und leicht zugängliche Flächen genügt das Reiben mit dem Tuche. Je nach der Stärke des Auftrages und der Gründlichkeit der nachfolgenden Behandlung fällt der beabsichtigte Glanz nach Wunsch stärker oder schwächer aus. Immerhin ist der durch das Wachsen erzeugte Glanz ebenfalls ein milder, wenngleich er schon weit lebhafter ist, als er durch blosses Einlassen je erzielt werden könnte. Die Rauhigkeit der Oberfläche verschwindet dadurch, dass das Wachs die Poren des Holzes ausfüllt, wodurch dann eine glatte und nahezu spiegelnde Fläche erzeugt wird.

Das Wachsen kann ja wohl auf alle Hölzer Anwendung finden. Es werden aber mit Vorliebe die naturfarben dunkeln und die gebeizten Hölzer gewachst, Nussbaum, Eichen etc.

Gewachste Möbel haben leider einen grossen Nachteil, der darin besteht, dass Wasser und andere Flüssigkeiten, auf dieselben gebracht, unschöne Flecken erzeugen, wenn sie nicht sofort abgewischt werden. Man kann wohl fleckig gewordene Möbel durch erneutes Wachsen wieder in Ordnung bringen, aber wo es zu oft wiederholt werden müsste, wie z. B. bei Waschtischen, da wird am besten auf das Wachsen überhaupt verzichtet.

Man hat auch allerlei Flüssigkeiten erfunden, die diesem Uebelstand abhelfen sollen, indem man die gewachsten Flächen mit denselben überzieht, oder welche die Wachslösung überhaupt ersetzen sollen. Es hat jedoch den Anschein, als ob die diesbezüglichen Versuche bis jetzt noch nicht zu einem allgemein befriedigenden Ziele geführt hätten. Wenn diese Mittel wirklich schützen, so entwickeln sie gewöhnlich auch wieder einen firnis- oder lackartigen Glanz, der ja gerade umgangen werden soll.

Dieser Glanz ist auch das einzig Störende, was dem Einlassen von Tischlerpolitur (ohne nachfolgendes Polieren) entgegensteht. Die Politurflüssigkeit (Schellack, in Spiritus gelöst) ist eine Art Lack, die in diesem Fall mit dem Lappen eingerieben wird, anstatt sie mit dem Pinsel aufzutragen.

---

7. Das Polieren.

Das Polieren bezweckt ebenfalls den Schutz des Holzes einerseits und die Verschönerung des Aussehens anderseits. Der durch die Schellackpolitur erzielte Schutz ist ein ziemlich weitgehender und viel wirksamer als das blosse Einlassen oder das Wachsen. Infolge des vorausgehenden Schleifens und der Arbeit des Polierens selbst werden die Poren der Oberfläche geschlossen und letztere wird glatt bis zu Spiegelung und Hochglanz. Wird dadurch schon dem Anhaften des Schmutzes entgegengewirkt, so ist ausserdem die Möglichkeit einer gründlichen Reinigung in dem Umstande gegeben, dass das Wasser die Politur nicht angreift, wenigstens nicht insofern es sich um ein gewöhnliches Bespritzen und um ein flüchtiges Abreiben handelt. Der Ueberzug vermittels Polierens kann auch als dauerhaft bezeichnet werden, obgleich es ja vorkommt, dass polierte Flächen „blind“ werden, weil die Holzporen sich aufwerfen und gewissermassen aus der polierten Fläche herauswachsen. In diesem Falle muss durch erneutes, leichtes Abschleifen und Nachpolieren abgeholfen werden. Hat sich dieser Uebelstand einmal verloren, so können die Möbel auf Jahre hinaus sich bei ordentlichem Aussehen erhalten, bevor sie wieder frisch aufpoliert zu werden brauchen.

Ueber das Aussehen polierter Möbel, über die ästhetische Seite lässt sich streiten; es ist dies Sache des Geschmacks. Der eine liebt den Glanz, dem anderen ist er ein Greuel, und ähnlich verhält es sich mit der Geschmacksauffassung ganzer Zeitperioden. Polierte Möbel treiben zur Vereinfachung in den Formen, geschnitzte Möbel schliessen das Polieren aus. Es ist ein stilistischer Unfug, Möbel in den glatten Teilen zu polieren und die geschnitzten Einzelheiten entsprechend zu lackieren. Während grosse Stücke in einheitlicher Farbe leicht protzend und langweilig-einförmig werden wenn sie poliert sind, so sind kleinere Stücke und solche, die einen farblichen Wechsel des Materials zeigen, meist von günstiger Wirkung. Insbesondere ist es diejenige Art der Einlegearbeit, die man als Holzmosaik bezeichnet, welche im polierten Zustande gute Effekte zu geben pflegt.

Einzelne Hölzer sind von Haus aus politurfähiger als andere, was mit ihrer Struktur im Zusammenhang steht. So lassen sich anerkanntermassen gut polieren: Nussbaum, Mahagoni und Palisander. Dunkle Hölzer eignen sich, abgesehen von der Struktur und Politurfähigkeit, durchschnittlich besser als helle, und zwar ungefähr aus demselben Grunde, aus welchem dunkelfarbige Sammtstoffe besser aussehen als hellfarbige. Einzelne Hölzer, wie z. B. das Korallenholz, zeigen poliert eine ausserordentliche Tiefe und Leuchtkraft der Farbe.

Das Polieren ist eine mühsame und zeitraubende Arbeit, welche ausserdem Geschicklichkeit und Uebung erfordert. Der Vorgang beim Polieren ist folgender:

Nachdem die zu polierende Fläche mit dem Verputzhobel fertiggestellt und mit der Ziehklinge sauber abgezogen ist, wird — bei gewöhnlichem Polieren — die Fläche gründlich eingeölt mittels eines wollenen Läppchens, welches in gereinigtes Leinöl getaucht wird. Hierauf wird mit einem Stück natürlichen oder künstlichen Bimsteins quer und schräg zur Holzfaser kräftig und so lange geschliffen, bis die Fläche völlig glatt erscheint und keine rauhen Stellen mehr zeigt. Wie weit dies zu gehen hat, ist schwer zu sagen; doch kann man hierin kaum zu viel thun, während es dagegen wohl vorkommt, dass das Schleifen nicht lange genug fortgesetzt wird. Je besser der Schleifgrund ist, desto schöner wird die Politur und desto leichter das Geschäft des eigentlichen Polierens.

Ist der Schleifgrund fertig, d. h. sind alle Unebenheiten beseitigt und auch die durch das Einölen heraustretenden Poren wieder in die Ebene gebracht, so erfolgt das Polieren. Es ist zu beachten, dass ein zu „nasses" Polieren, d. h. ein zu rasches Aufbringen der Politur die Fläche nicht deckt und glatt macht, sondern dieselbe „aufzieht" und rauh erscheinen lässt, weil hierbei die erwähnten Poren wieder aufstehen und heraustreten. Uebereifer rächt sich in diesem Falle sowohl durch vermehrte Arbeit und Mühe, als durch ein minderwertiges Aussehen. Die Politur wird auf ein wollenes Läppchen aufgebracht und dieses in einen Leinwandlappen — alte, recht abgewaschene, sonst aber reine Leinwand — gehüllt, so dass ein handlicher, kugeliger Bausch entsteht, welcher den ganzen Polierapparat vorstellt.

Der Polierlappen oder Polierballen wird mit seinem kugelförmigen Ende — indem man von Zeit zu Zeit einen Tropfen Leinöl aufgiebt — in bogenförmigen Bewegungen, ohne anzuhalten, auf der Fläche herumgeführt, wobei sich „Wolken" bilden, welche die Porenöffnungen nach und nach schliessen oder ausfüllen. Wird mit dem Ballen auf der Fläche während des Polierens angehalten oder wird derselbe scharf abgezogen, d. h. ruckweise und plötzlich in die Höhe genommen, so klebt die beständig aus dem Lappen austretende Politurflüssigkeit auf der Fläche fest, erhärtet sofort und bildet Rückstände, die sich nur schwer — durch vorsichtiges Abschleifen — oder gar nicht beseitigen lassen und die Schönheit der fertigen Arbeit beeinträchtigen.

Nachdem sämtliche Porenöffnungen geschlossen sind, ist das erste Polieren beendigt, und die Arbeit bleibt auf einige Tage stehen, damit die Politur erhärten kann, worauf zum zweiten Polieren oder Abpolieren geschritten wird. Dies erfolgt in der oben genannten Weise, indem die Politur immer mehr verdünnt wird, so dass schliesslich der reine Spiritus im Lappen verbleibt. Hierbei verlieren sich die erwähnten „Wolken" immer mehr, bis die Fläche endlich in hellem Glanze erstrahlt.

Damit ist die Arbeit beendigt, der Gegenstand ist fertig. Nach Verlauf von 6—12 Monaten und bei schlechter Arbeit viel früher lässt jedoch der Glanz nach, die polierte Fläche wird matt, und das Möbel muss aufpoliert werden. Die Ursache hierfür wird wohl in folgendem Umstande zu suchen sein:

Das beim Schleifen des Holzes aufgegebene Leinöl dringt in die Poren ein und füllt sie teilweise aus, verdunstet aber später nach und nach, wobei dann die Porenöffnungen als Vertiefungen, die umschliessenden Porenwände als Erhöhungen zur Erscheinung kommen. Diese Vertiefungen und Erhöhungen, so unbedeutend sie an und für sich sind, bringen in ihrer Menge das matte Aussehen der Fläche zu stande. Der gleiche Vorgang ist auch zwischen dem ersten und zweiten Polieren vorhanden, nur dass dort in wenigen Tagen sich vollzieht, was nach dem Abpolieren Monate braucht.

Wer Freude an einem schön polierten Mobiliarstück hat und dasselbe auf Jahre hinaus ordentlich erhalten sehen möchte, der muss dasselbe aufpolieren lassen, nachdem das geschilderte matte Aussehen sich eingestellt hat.

Dieses Aufpolieren unterscheidet sich von dem Abpolieren nur dadurch, dass vor der Vornahme desselben eine gründliche Reinigung von Schmutz und ein Entfernen der Unebenheiten durch Abreiben mit einem feuchten Lappen und leichtes und vorsichtiges Abschleifen vor sich zu gehen hat. Mit schwacher Politur wird begonnen und mit reinem Spiritus aufgehört.

Besondere Vorsicht ist in Bezug auf hellfarbige Hölzer insofern geboten, als dieselben leicht ein trübes, schmutziges Aussehen erhalten, wenn das verwendete Material nicht tadellos ist. Man ersetzt hier das gelbe Leinöl besser durch bestgereinigtes Unschlitt oder Paraffin, man verwendet nur ungebrauchtes, reines Schleifmaterial und sucht in jeder Hinsicht das Holz in seiner ursprünglichen Farbe zu erhalten. Selbstredend darf auch die verwendete Politur in diesem Falle keine braune sein; sie muss „weiss" sein, d. h. die beiden Stoffe, welche die Politurflüssigkeit bilden, der Schellack und der Spiritus, müssen an und für sich schon möglichst farblos sein.

Heute sind die Politurflüssigkeiten fertig zu kaufen, und es hat niemand nötig, sich dieselben selbst anzusetzen, so einfach das Rezept dazu auch ist: 1 Teil pulverisierter Schellack auf etwa 4 Teile Alkohol, bei gelinder Wärme unter öfterem Umschütteln gelöst, was etwa 8 Tage braucht. Die Lösung wird durch Stehenlassen abgeklärt, filtriert und in verkorkten Flaschen aufbewahrt.

8. Das Furnieren.

Das Furnieren, d. h. das Ueberkleiden eines Holzes mit einem anderen, meist wertvolleren, erfolgt, wie bereits erwähnt, erstens, um die Holzfläche möglichst eben und unzerrissen zu erhalten, und zweitens, um den Schein hervorzurufen, als ob das Ganze aus edlem Material bestände, also aus Ersparnisgründen.

Das untergelegte Holz, das Blindholz, ist meist ein Weichholz ohne allzu harte Jahresringe, das ausserdem wenig „arbeitet" und „gut stehen bleibt", wie beispielsweise Pappelholz, Amerikanisch-Pappelholz, Tulpenbaumholz, Fichten- und Lärchenholz.

Früher, als die Furniere noch von der Hand mit der sog. Klobsäge geschnitten wurden und eher dünnen Brettchen als den heutigen Maschinenfurnieren ähnlich sahen, war das Geschäft des Furnierens verhältnismässig einfacher als heute. Unsere gemesserten Furniere von kaum mehr als Kartenblattstärke erfordern viel mehr Sorgfalt und Mühe als die gesägte Form, wodurch dem billigeren Bezug der Furniere gewissermassen wieder ein Ausgleich erwächst. Es sind gerade die wertvollsten und schön gemaserten Hölzer, welche am dünnsten geschnitten zu werden pflegen, um das schöne Holz möglichst auszunützen, und während schlichte, glatte Furniere an und für sich schon glatt bleiben und sich leicht verarbeiten, werfen und dehnen sich die dünnen Maserfurniere in einer die Arbeit wesentlich erschwerenden Weise, sie zersplittern und zerbrechen mit Leichtigkeit, ehe man sich's versieht. Sie sind öfters so dünn, dass sie vom Leim durchdrungen werden, weshalb dieser nicht zu schwach genommen werden darf. Aus dem gleichen Grunde überklebt man die Aussenseite der Furniere mit starkem Papier, welches nach der vollendeten Arbeit wieder sorgfältig abgelöst wird.

Der Vorgang beim Furnieren ist folgender:

Nachdem die Furniere und das Blindholz richtig vorgerichtet sind, der Leim und die Furnierböcke zum Einspannen bereit stehen, wird das Blindholz im Wärmeofen gut vorgewärmt und sodann mit dem für diesen Zweck besonders zubereiteten Leim rasch und gleichmässig überstrichen; das Furnier wird aufgelegt und mit Furnierstiftchen leicht geheftet oder befestigt und mit den ebenfalls vorgewärmten „Zulagen“ bedeckt. Als solche benützt man neuerdings starke, glatte Zinkblechtafeln. Das Ganze wird zusammengepackt und in die Furnierböcke geschoben. Die Schrauben der letzteren werden langsam angezogen, von der Mitte ausgehend, damit der überflüssige Leim gut abfliessen kann. Nach 8—10 Stunden kann die Arbeit als vollendet betrachtet werden. Um das Anhaften der Zulagen zu verhindern, dient ein Bestreichen mit Seife oder das Zwischenlegen von Zeitungspapier etc.

Fig. 4. **Furnierbock.**

In Figur 4 ist ein gewöhnlicher hölzerner Furnierbock zur Abbildung gebracht.

An Stelle der hölzernen Schraub- oder Furnierböcke werden neuerdings auch solche aus gewalztem Eisen mit oder ohne Gussteile gebaut. Sie eignen sich besonders zum Furnieren grösserer Arbeitsstücke. Dass sie solider und dauerhafter sind als solche aus Holz, ist selbstredend; allerdings sind sie auch schwerer und nicht so leicht beweglich, wie die Böcke aus Holz. Figur 5 zeigt einen eisernen Furnierbock mit 5 Spindeln.

L. Rossnagel in Stuttgart liefert derartige Böcke mit 3, 4 und 5 Spindeln in lichten Breiten von 70, 85, 100 und 115 cm zu 50, 60, 70 und 75 M. Die eisernen Spindeln (vgl. Fig. 6) werden auch einzeln geliefert, in Längen von 40 cm und Stärken von 35 mm, mit und ohne Druckplatten, in verschiedener Ausstattung zu 3—4 M. Der zugehörige eiserne Schlüssel zum Anziehen kostet 3 M. 80 Pf. Die Preise der schmiedeisernen Böcke sind um etwa 50 Proz. höher als diejenigen der hölzernen Böcke mit eisernen Spindeln.

Eine vervollkommnete, aber auch höher im Preise stehende Form dieser Böcke ist Grünigs Furnier-Spindel-Presse mit Federvorrichtung. (Fig. 7.) Diese gesetzlich geschützte Presse besteht aus Holz und Eisen und wiegt ca. 20—25 Zentner. Die Spindeln sind aus Eisen, und da nur eine, zwei oder drei derselben angezogen werden, so ergiebt sich eine Zeitersparnis. Die obere Zulagtafel hängt an der Mittelspindel, die untere Zulage ruht auf Federn, so dass im Gebrauch der Druck von der Mitte ausgeht. Besonders vorteilhaft ist der Apparat für Massenfurnierung. Das Einschieben der Arbeitsstücke ist ebenfalls bequemer als in die Böcke alter Konstruktion.

Der Hersteller, F. Grünig in Offenbach, bezeichnet als gangbare Grössen:

Presse mit	1 Spindel,	Tafelgrösse	1,10×1,20 m,
„ „	3 Spindeln,	„	1,60×0,60 m,
„ „	3 „	„	2,10×1,10 m,
„ „	3 „	„	2,50×1,25 m.

Als Wärmofen hat sich die in Fig. 8 dargestellte Einrichtung bestens bewährt. Dieselbe ist aus Schwarzblech derart konstruiert, dass die an der einen Stirnseite angebrachte Feuerung zunächst den Leimofen heizt, um sodann den Wärmofen auf der ganzen unteren Fläche zu bestreichen. An der entgegengesetzten Stirnseite, an welcher die zu wärmenden Gegenstände in den Ofen eingeschoben werden, teilt sich die heisse Luft, geht in zwei seitlichen Kanälen bis in die Nähe der Feuerstelle, um von da ab, wieder vereinigt, die Decke des Ofens zu erwärmen und schliesslich an der Einschiebeseite in den Kamin abzuziehen. Der Apparat ist nach Angabe von Möbelfabrikant B. Grothues gebaut, welcher in dankenswerter Weise die Veröffentlichung gestattet hat, so dass die Einrichtung der Allgemeinheit zur freien Benützung gestellt ist.

Bemerkt sei noch, dass Herr Grothues zur Abhaltung einer allzu grossen Hitze nachträglich unter dem Leimkessel eine Eisenplatte eingeschoben hat, welche ihren Zweck sehr gut erfüllt.

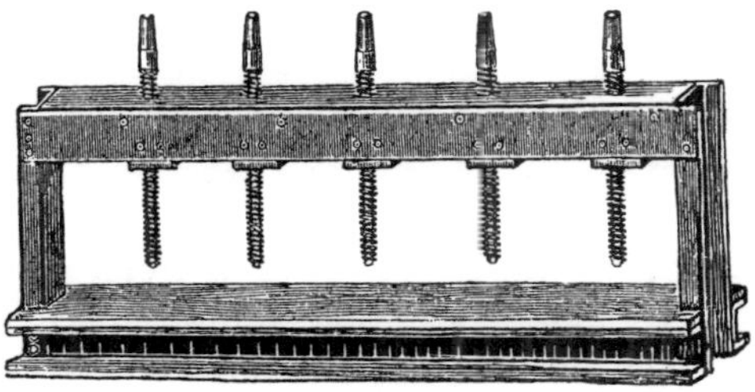

Fig. 5.
Furnierbock aus Schmiedeeisen
von L. Rossnagel in Stuttgart.

Fig. 6.
Eiserne Furnierspindeln.

Fig. 7.
Furnier-Spindel-Presse
von F. Grünig in Offenbach a. M.

Etwas umständlicher gestaltet sich das Furnieren gebogener Flächen, das hiermit ebenfalls in Kürze geschildert werden soll.

Glatte, unverjüngte, zylindrische Säulenschäfte furniert man nach alter Gepflogenheit, indem man zwei oder mehr genau gearbeitete Zulagen anfertigt, welche den Säulenschaft mit dem umgelegten Furnierblatt exakt anliegend als Hohlzylinder umschliessen. Man kann jedoch die Anfertigung besonders gearbeiteter Zulagen ersparen und eine mindestens ebenso gute Arbeit erzielen durch Umwickelung mit Leinengurten oder einer starken Schnur (sog. Sägeschnur). Der Vorgang ist folgender:

Nachdem der Blindholzsäulenschaft sorgfältig mit dem Zahnhobel gerauht und vorher mit Leimwasser getränkt ist, wird das umzulegende Furnier längs der einen Höhenkante geradlinig bestossen und so auf den mit mittelstarkem Leim bestrichenen Schaft aufgelegt, dass das bestossene Ende auf das unbestossene zu liegen kommt und ein wenig über dasselbe weggreift. (Fig. 9 a.) Nachdem man das Furnier auf mittlerer Höhe vorläufig mit einem Schnürchen festgebunden hat, wickelt man, am einen Ende des Schaftes beginnend, in schraubenförmigen Gängen die Schnur oder Gurt auf, bis der ganze Schaft umsponnen ist. Hiernach bringt man die Säule in die Nähe des Wärmofens und befeuchtet die Umwickelung mit warmem Wasser, wobei diese aufquillt, sich zusammenzieht und — während des Wiederwarmwerdens des Leims — das Furnier kräftig und gleichmässig anpresst. Es empfiehlt sich, die Umwickelung von vornherein nicht allzu fest zu machen, weil sie sonst leicht nach dem Anfeuchten eine zu grosse Pressung ausübt und auf der Oberfläche des Schaftes Riefen und Rinnen hinterlässt. Nach 3 oder 4 Stunden, sobald der Leim kalt, aber nicht trocken geworden ist, löst man die Umwickelung ab und schneidet mit dem Schnitzer oder einem scharfen Messer, der bestossenen Kante entlang fahrend, das unbestossene

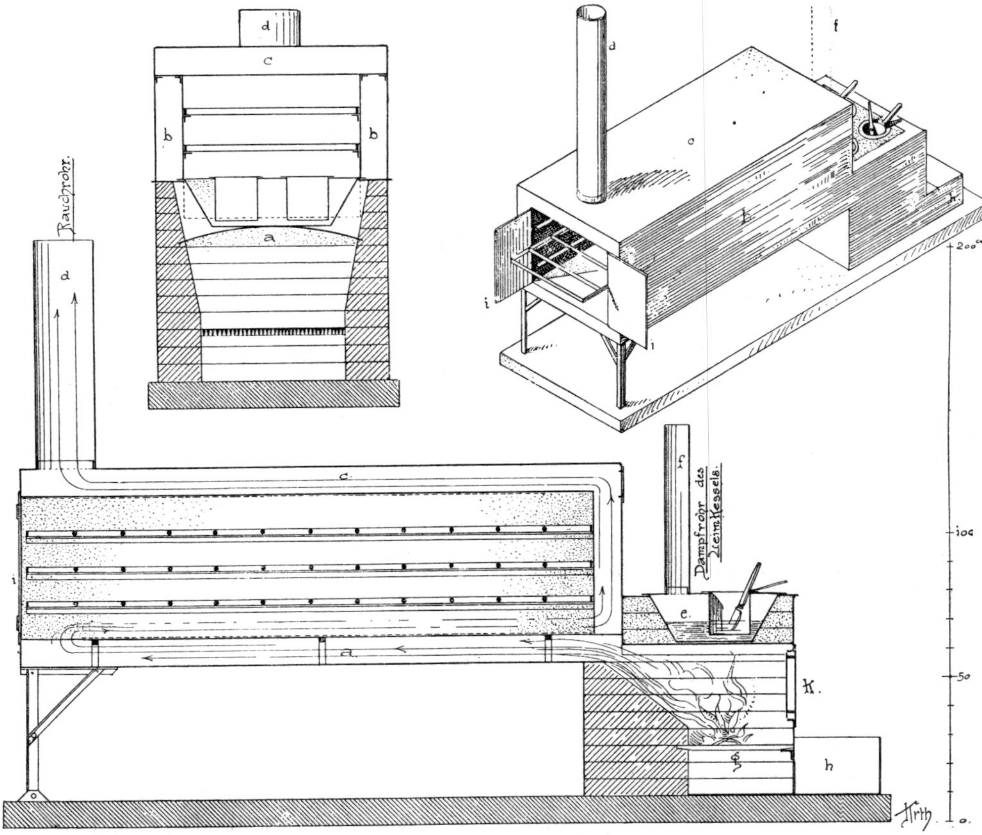

Fig. 8. **Wärmofen nach Grothues.**

Ende durch. Nun erübrigt noch das bestossene Ende etwas aufzuheben, das abgeschnittene unbestossene Ende loszulösen und zu entfernen und die Fuge durch Niederdrücken mit dem Hammer in Ordnung zu bringen. Ein nachträgliches Einspannen zwischen zwei Zulagen vollendet die Sache. Wird diesem Verfahren die nötige Sorgfalt gewidmet, so ist es vorzüglich und Blasen etc. sind sicher vermieden.

Verjüngte und geschwellte Säulenschäfte werden auf dieselbe Weise furniert. Die Furniere müssen sich etwas biegen und nachgeben und legen sich unter der Umwickelung ebenfalls gut an.

Geschweifte Flächen furniert man mit besonders geformten Zulagen, wenn die Anfertigung dieser zweckmässig erscheint, mit anderen Worten, wenn viele gleichartige Stücke zu furnieren sind. Andernfalls verwendet man als Zulage Zinktafeln von 2—3 mm Dicke (Zinkblech No. 22—25), welche man gut gewärmt auflegt und durch Schraubzwingen vermittelst schmaler Holzleisten allseitig festpresst. (Fig. 9 b.) Es erfordert dies allerdings eine grössere Zahl von Schraubzwingen, aber die Arbeit wird bei genügender Sorgfalt gut. Ein drittes Verfahren ist folgendes:

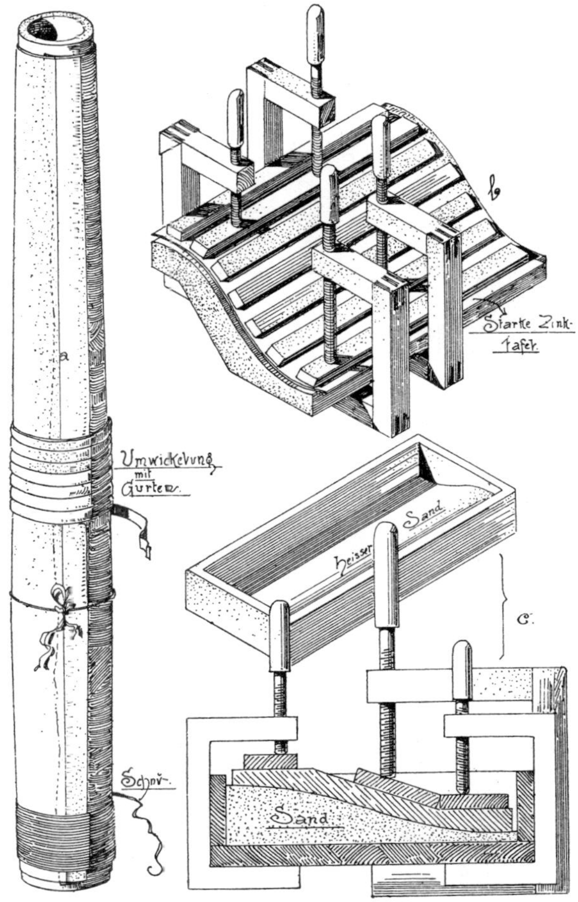

Fig. 9. **Das Furnieren von Säulen und von geschweiften Flächen.**

Man fertigt einen entsprechenden Kasten, füllt denselben unmittelbar vor dem Furnieren mit heissem Sand, in welchen das zu furnierende Stück, mit dem aufgehefteten Furnier nach unten, eingebettet wird. Hierauf erfolgt das Anspannen mit Schraubzwingen, wie es Fig. 9 c zeigt. Das Verfahren ist ebenfalls gut und nach Lage des Falles das einzig richtige. Während der eine Arbeiter das Furnier aufheftet, breitet der andere den Sand zurecht etc.

Es kann hier nicht auf alle in der Praxis vorkommenden Fälle einzeln eingegangen werden. Das Erwähnte dürfte aber ausreichen, um für jeden gegebenen Fall das Richtige zu finden.

Fig. 10. **Verkröpfte Ecken und „Ohren“.**

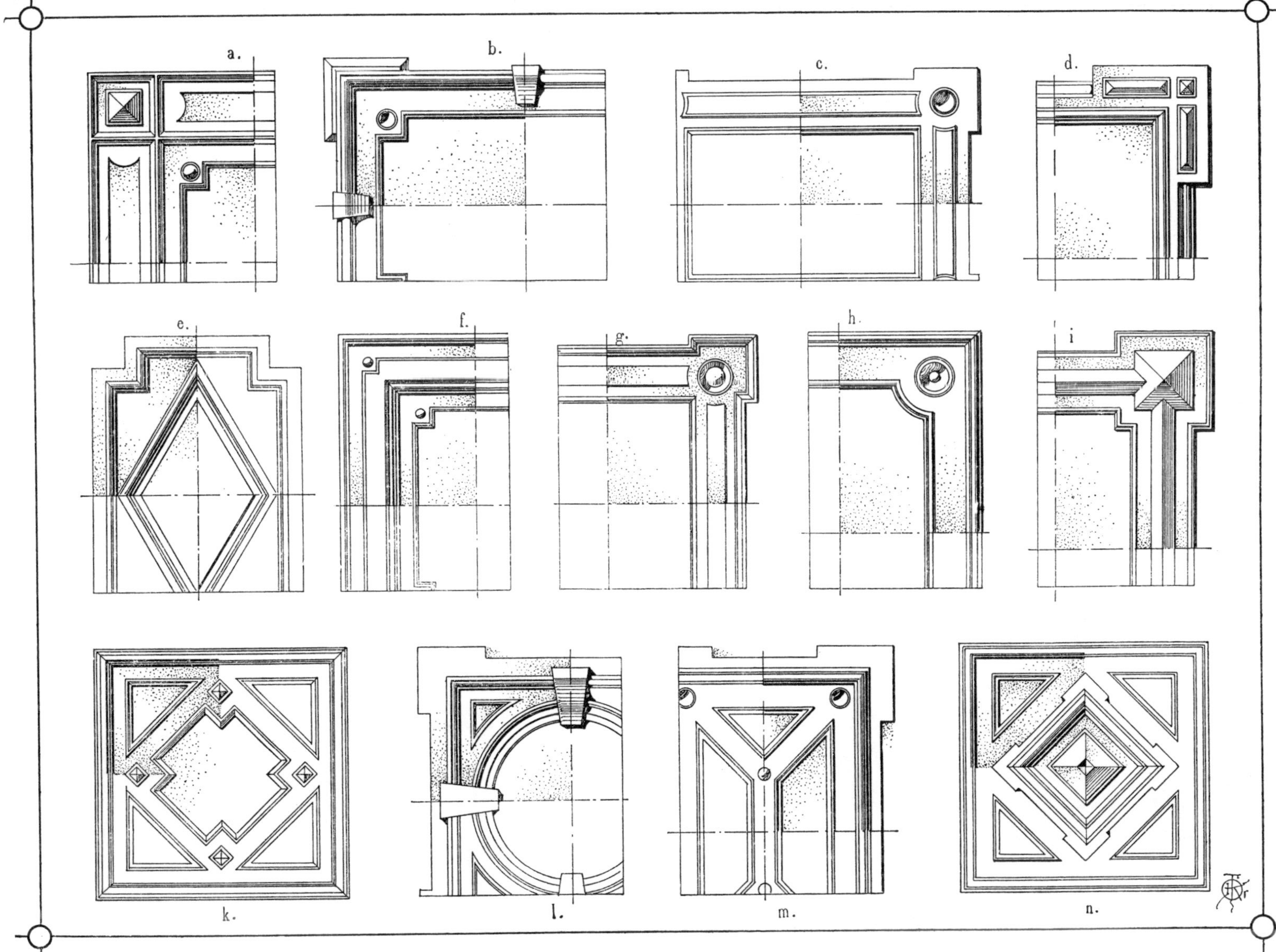

Fig. 11. **Umrahmungen am Mobiliar.**

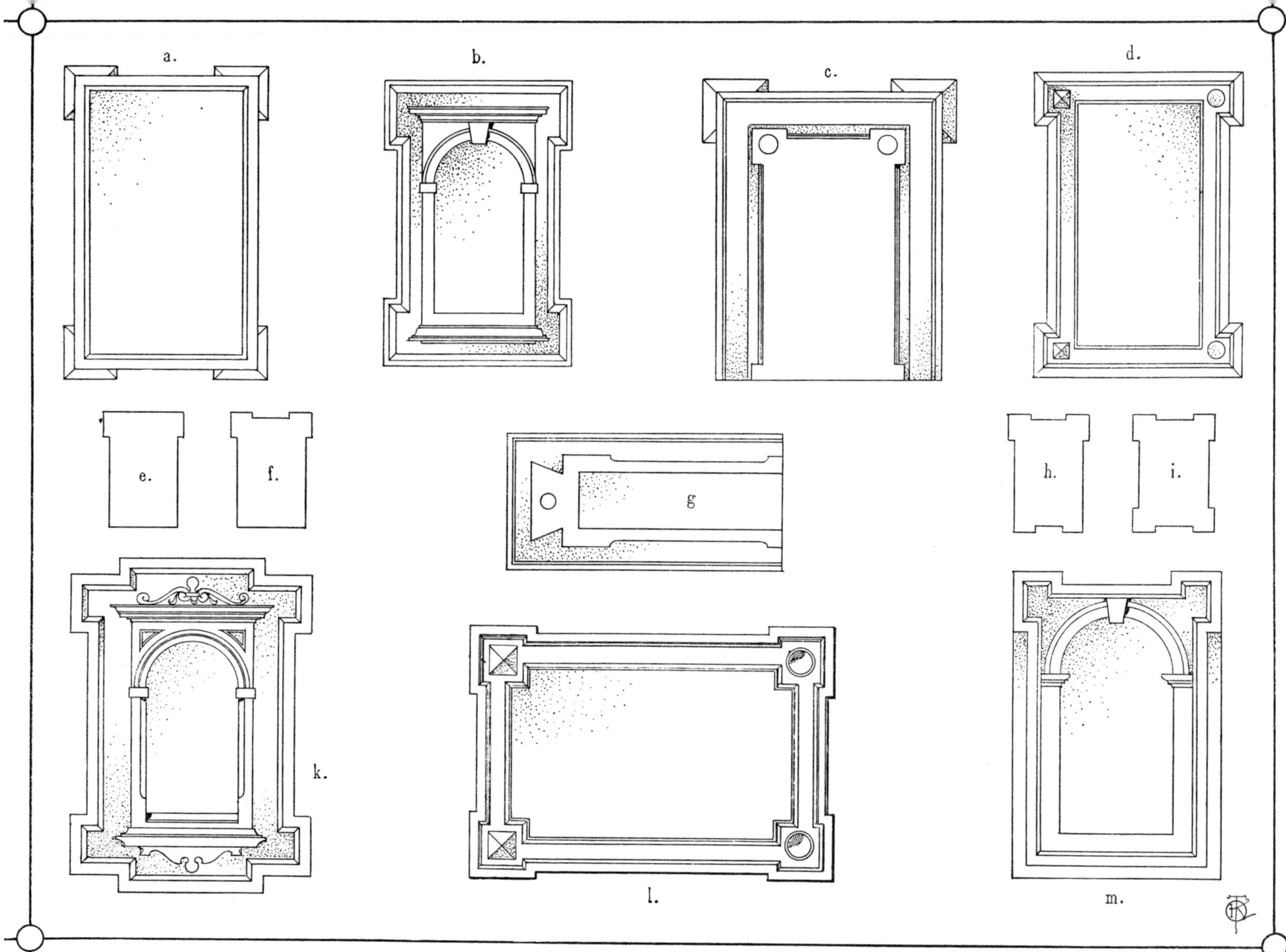

Fig. 12. **Umrahmungen am Mobiliar.**

II. DIE MITTEL DER ÄUSSEREN AUSSTATTUNG UND FORMGEBUNG.

1. Gesimse und Profilierungen. — 2. Verkröpfte Ecken und Ohren. — 3. Rosetten, Knöpfe, Pateren. — 4. Diamantquader. — 5. Schlagleisten. — 6. Säulen, Pilaster, Hermen, Docken, Baluster. — 7. Möbelfüsse. — 8. Kanneluren, Pfeifen, Triglyphen, Abfasungen. — 9. Ausgesägte und aufgelegte Verzierungen. — 10. Bildhauereien. — 11. Kerbschnitt und Flachschnitt. — 12. Einlegearbeiten. — 13. Reliefintarsien. — 14. Holzbrand. — 15. Textilstoffe. — 16. Nägel, Gimpen, Fransen, Quasten — 17. Leder. — 18. Marmor und Fliesen. — 19. Glas und Spiegelglas.

Soweit diese Mittel zusammenfallen mit der äusserlichen Behandlung der Holzoberfläche, sind sie bereits in dem Abschnitt I abgehandelt worden.

Es verbleibt demnach noch die Aufgabe, die allgemein benützten Zierformen zu besprechen, wie sie, aus der Hand des Schreiners, Drechslers, Bildhauers und Einlegekünstlers hervorgehend, den üblichen Aufputz der Konstruktion bilden. Ausserdem wird noch einiger anderer Dinge zu gedenken sein, so z. B. der Marmorplatten, der Gläser und Spiegel. Auch der Textilstoffe und des Lederbezuges der Sitzmöbel wird in Kürze Erwähnung geschehen müssen, wenngleich nach dem Stande der heute üblichen Arbeitsteilung das Polstermöbel schon über den Rahmen eines Schreinerbuches hinausfällt und zum Gebiet der Tapezierarbeit gehört.

Die Arbeitsteilung ist in unserer modernen Zeit weit mehr entwickelt als ehedem. Während früher der Schreiner bis zu einem gewissen Grad auch Arbeiten zu leisten hatte, die unmittelbar nichts mit seinem Handwerk zu thun haben, so kommt man ihm heute von allen Seiten unterstützend entgegen. Eine Menge von Dingen kann er fertig beziehen und eine Reihe anderer fertigen ihm auf Bestellung und nach Angabe die Spezialgeschäfte für Holzbildhauerei, Intarsienarbeit etc. An jedem grösseren Platze finden sich heute derartige Hilfsgeschäfte, die meist schon von sich aus für die Einleitung der Geschäftsverbindung Sorge tragen. Wenn diese Arbeitsteilung auch manche Unzulänglichkeiten mit sich bringt, so ist sie im allgemeinen doch als wertvoll zu begrüssen, da sie auch dem kleinen Schreiner ermöglicht, gelegentlich besser ausgestattete Stücke zu liefern, die andernfalls nur die grösseren Geschäfte, die Möbelfabriken, liefern könnten, welche nach Lage der Sache neben ihrem Arbeiterstand an Schreinern auch Spezialkräfte für Bildhauerei, Drechslerei, Tapezierarbeit u. a. für ständig einstellen können. Das Zentralisationsprinzip dieser grossen Geschäfte ermöglicht in der fabrikmässigen Herstellung zwar eine billigere Massenerzeugung, die aber auch ein grosses Betriebskapital erfordert und ein verhältnismässig grösseres Konto für allgemeine Unkosten zur Folge hat, so dass der kleine Schreiner immerhin sein Fortkommen findet, wenn er eine tadellose Arbeit liefert und sich mit einem mässigen

Fig. 13. **Partie vom Getäfel des sog. Fürsteneckzimmers in Frankfurt a. M.**

Gewinn zufrieden giebt. Es ist für den unbefangenen Beobachter eine leider nur zu oft vorkommende Wahrnehmung, dass die landläufigen Klagen über die heutigen Geschäftsverhältnisse stets auf Aeusserlichkeiten begründet werden, auch da, wo eine genügende Selbsterkenntnis das Grundübel viel näher erscheinen liesse.

---

1. Gesimse und Profilierungen.

Das Mobiliar steht in einem gewissen Zusammenhang mit der jeweiligen Architektur. Das erfordert das ästhetische Prinzip der „Stileinheit“. Man darf dies nun nicht zu strenge nehmen; ausserdem ist es bei der heutigen Lebensweise gar nicht allgemein durchführbar. Leute, die zur Miete wohnen, werden ihre Einrichtungen nicht durch eine neue ersetzen, weil sie nicht zum Stil des Hauses passt. Bekümmert sich doch die Mehrheit nicht einmal um die Wahrung der Stileinheit des Mobiliars in einer und derselben Stube; neben Renaissanceschränken stehen Rohrsessel von rein zwecklicher Form; über gotischen Tischen hängen Rokokorahmen etc. Wir haben uns an dieses bunte Durcheinander so gewöhnt, dass es uns weniger auffällt, als eine regelrecht durchgeführte Einheitlichkeit.

Bis zum Auftreten der allerneusten Stilrichtung, die man als Moderne und auch als Jugendstil zu bezeichnen pflegt, waren Wiederholungen des Mobiliars der deutschen Renaissance vorwiegend an der Tagesordnung. Man hat diesen Renaissancemöbeln vorgeworfen, sie seien zwar hübsch und dekorativ, aber unpraktisch; man zerstosse sich an ihren Kanten und Ecken die Köpfe und die Knochen. Dieser Tadel ist nicht unberechtigt. Die Zeichner und Konstrukteure der Möbel haben gar oft nicht die geringste Rücksicht genommen auf eine bequeme Benützung und Handhabung; sie haben vergessen, dass die erste Anforderung dem Zwecke und erst die zweite der entsprechenden Ausstattung gelten muss. Was soll man dazu sagen, wenn einer an einem Schranke Butzenscheibenthüren anbringt, durch welche man naturgemäss nicht hineinsehen kann und heraus erst recht nicht! Das sind vereinzelte Stilverirrungen, unter denen das ganze System leiden muss. Dem denkenden Entwerfer wird es nicht schwerfallen, unter Beibehaltung der Renaissanceform das Möbel so zu gestalten, dass es bequem und zweckmässig ist. Er darf dann allerdings nicht kurzweg antiquierte Formen abkonterfeien und dem Raritätenhändler ins Handwerk pfuschen. Die geschweiften Möbel des Rokoko, besonders die Sitzmöbel, haben unzweifelhaft etwas für sich; ihre Verallgemeinerung wird sich aber schon aus Gründen des Kostenpunktes nicht durchführen. Das Mobiliar des Rokoko erfordert fürstliche oder wenigstens vornehme Prachträume; in der bürgerlichen Wohnung wird sie stets etwas Exotisches haben. Noch weit eher lässt sich das gotische Mobiliar verallgemeinern, wenn es den heutigen Verhältnissen angepasst wird und wenn man die betreffenden Formen wirklich dem ursprünglichen gotischen Inneneinrichtungssystem entnimmt, anstatt der Monumentalarchitektur des Steines, wie es vielfach irrtümlich geschehen ist. Der englische und zum Teil auch der amerikanische Möbelstil von heute bewegen sich in gotisierenden Formen, und zwar mit Glück. Man hat es verstanden, die modernen Anforderungen in Bezug auf den Zweck der vernünftigen Konstruktionsweise des Mittelalters anzupassen. Die Möbel sind gefällig, praktisch und unschwer herzustellen. Die Verwendung der Ebene und der geraden Linie ist für die Schreinerarbeit naturgemäss das Nächstliegende und Billigste; alle Schweifungen und Kurven erfordern einen grösseren Aufwand und widerstreben dem Material. Gerade die allerneuste Richtung, die mit sehr originellen Formen arbeitet, nimmt hier auch nicht immer Rücksicht, zum Schaden der Sache. Wir befinden uns in einer Uebergangszeit; vieles wird sich noch abklären müssen und das Endresultat lässt sich zunächst noch nicht absehen.

Wenn feststeht, dass das Mobiliar seine Formen der Architektur entlehnt, so ist nicht zu vergessen, dass Holz und Stein zwei verschiedene Dinge sind. Der veränderte Massstab und die veränderte Bearbeitungsart führen sozusagen von selbst auf die nötigen Umformungen. Die Sockelbildung am Mobiliar wird anders, weil das Möbel meist nicht auf der ganzen Grundfläche, sondern mit einzelnen „Füssen" aufsteht. Die Gurtgesimse der Architektur werden am Möbel zu schmalen Leisten. Die Hauptgesimse des Möbels brauchen keine Wassernase, da sie nicht in den Regen kommen. Die Säulen und Pilaster können reich gegliedert und beliebig eingezogen und verdünnt werden, da sie für gewöhnlich keine Lasten tragen. Wenn die Säule in der Architektur 20—24 Kanneluren erhalten muss, so genügen am Mobilar 8—12. Was in der Architektur im Material des Steines „aus dem Stück" zu arbeiten ist, das kann am Mobiliar zusammengestückelt, als „Verdoppelung" behandelt werden etc.

Also alles mit Unterschied! Wir bekommen Möbel zu sehen, welche die reinen Steinarchitekturen im kleinen sind; wir bekommen wieder andere zu Gesicht, die aller Architektur Hohn sprechen; das Richtige ist die goldene Mitte.

Wenn ein Möbel in Hinsicht auf das Aeussere über das rein Zweckliche der Form hinausgeht, so ist die einfachste Art der Verzierung, es anständig zu profilieren, und das ist weniger leicht, als man glauben könnte. Die Profilierung soll elegant und wirksam sein; sie muss in der Form dem Orte der Verwendung entsprechen; sie soll einfach auszuführen sein. Die erste Bedingung erfordert eine künstlerische Hand, die zweite eine architektonische oder kunstgewerbliche Schulung, die dritte Fühlung mit der Praxis. Wer über diese drei Eigenschaften verfügt, der wird den nötigen Anforderungen genügen können. Die Einzelformen der Profilierung sind nur wenige: Viertelskehlen, Hohlkehlen, Viertelstäbe, Rundstäbe, Karniese und Sima-Leisten. Sie geben in Verbindung mit Plättchen und Platten, einzeln und kombiniert einen grossen Reichtum von Gesamtprofilen. Zieht man noch in Betracht, dass die Profilierungen in verschiedenen Grössen gebraucht werden, so wird man sagen können, dass mit etwa zwei

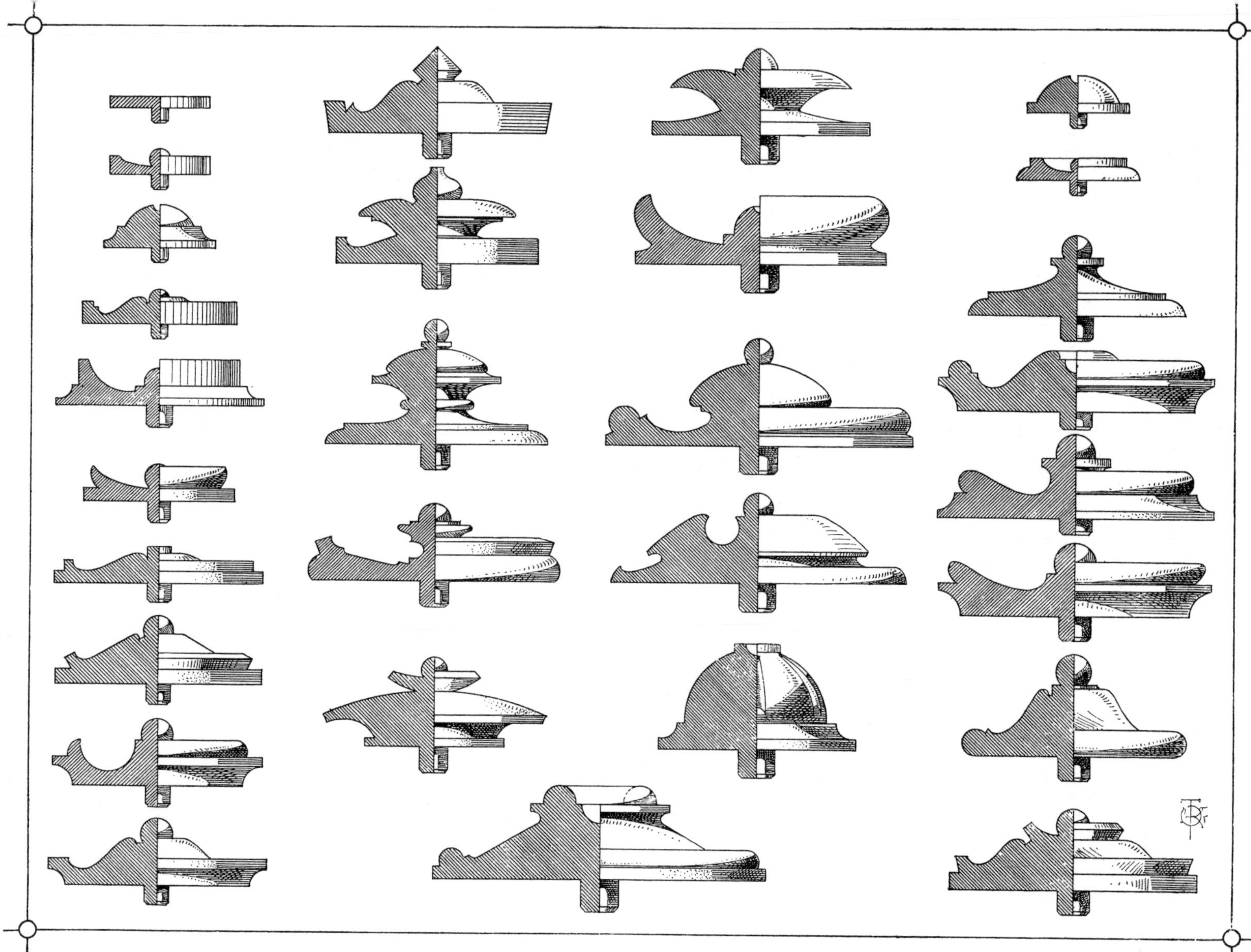

Fig. 14. Rosetten.

Fig. 15. **Knöpfe und Pateren.**

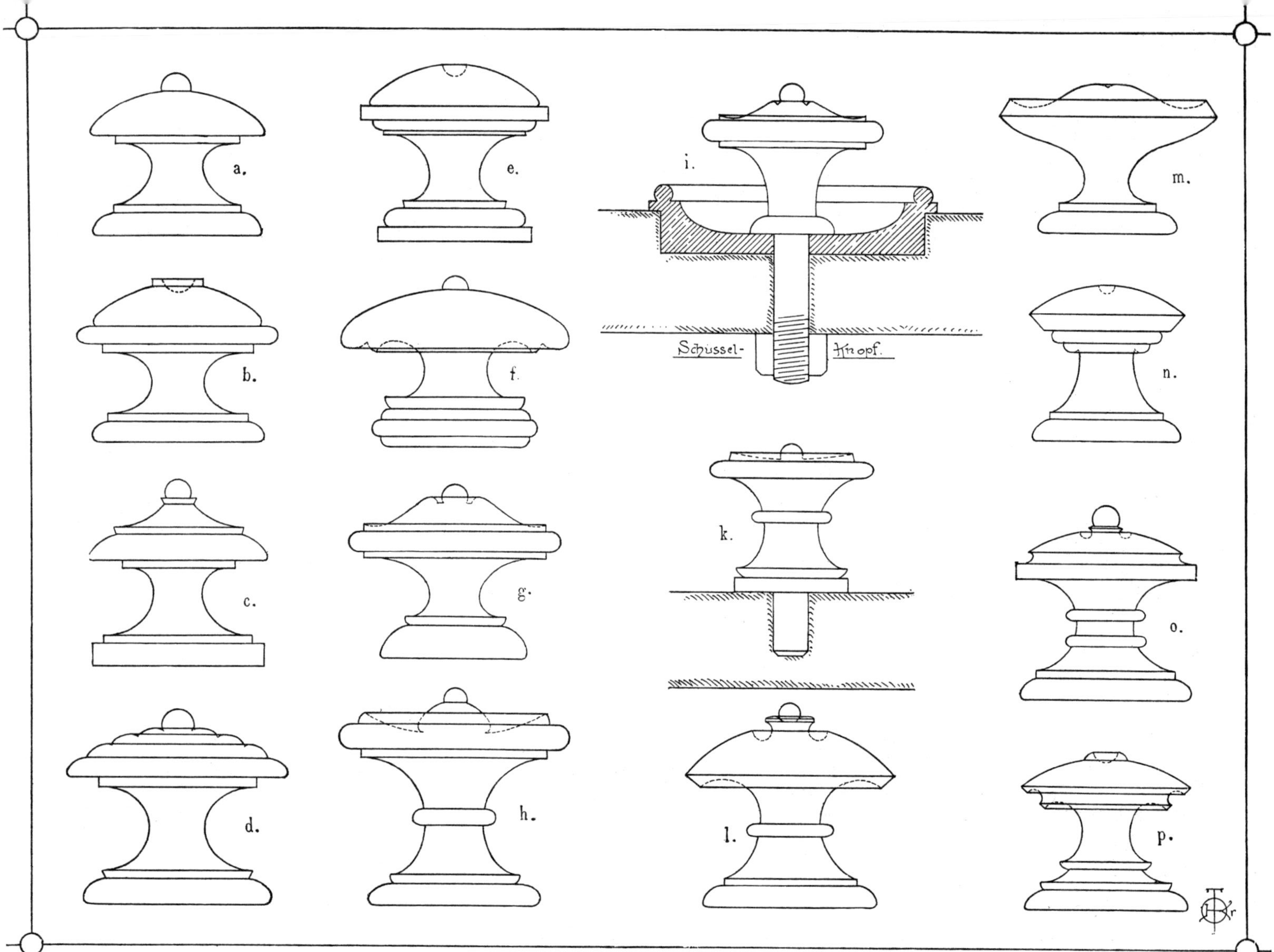

Fig. 16. **Knöpfe für Schubladen.**

Fig. 17. **Diamantquader.**

Fig. 18. **Schlagleisten.**

Dutzend richtig gewählten Eisen alles gemacht werden kann, was durchschnittlich vorkommt. Es kommt hier viel weniger als in der Architektur darauf an, dass ein aufgezeichnetes Profil in der Ausführung genau eingehalten werde.

Profile anzubringen, wo sie nicht gesehen werden, hat keinen Zweck. Man wird die Unterglieder unter weit vorspringenden Tischplatten und die Fussglieder von Aufsätzen über weitausladenden Hauptgesimsen wohl auf der geometrischen Zeichnung, nicht aber in der Ausführung vermissen, wo sie dem Auge verdeckt sind.

Bei der Wahl der Profile ist darauf Rücksicht zu nehmen, ob sie nur in der Vorderansicht oder ob sie auch wirklich „im Profil“ erscheinen.

Wo Profile „auf Gehrung“ zusammenstossen, müssen sie genau aufeinander passen. Ein sauber ausgeführtes Gehrungsprofil ist ein Massstab für die Exaktheit der Arbeit überhaupt. Man hat in Bezug auf Füllungsumrahmungen in früheren Zeiten komplizierte „Verkröpfungen“ mit Vorliebe ausgeführt, wobei die Arbeit allerdings nicht immer im Verhältnis zum erzielten Effekt stand und häufig zur Spielerei wurde.

Auch die „gewellten“ Profile, die man neuerdings wieder einzuführen versucht hat, haben sich seiner Zeit einer gewissen Vorliebe erfreut. Die erzielte Licht- und Schattenwirkung ist zwar nicht übel, kann aber füglich entbehrt werden.

Wird ein Profil auf den Rändern einer Fläche herumgeführt, so dass in der Mitte ein vertieftes Feld bleibt (Vorderstücke von Schubladen etc.), so entsteht die sog. Verdoppelung. Als Verdoppelung im weiten Sinne kann jedes Stück gelten, das seine Verzierung durch Aufsetzen von einzelnen Teilen erhält.

In der Möbelschreinerei ist der Zusammenbau in Hinsicht auf die Gliederungen und Profile viel weniger heikel als in der Bauschreinerei, wo Dinge, die im Wetter stehen, wie z. B. Hausthore, in Rücksicht hierauf zu konstruieren sind. Was man dort mit Ueberschiebungen macht, kann hier meistens aufgeleimt werden, da keine Gefahr gegen das Abfallen vorhanden ist. Dagegen springen Leisten, die auf polierte Flächen geleimt werden (auch wenn die Politur auf den betreffenden Stellen sorgfältig abgekratzt ist), mit Leichtigkeit ab, weshalb dieser

Fig. 19. **Holzsäulen von Renaissancemöbeln.**

Vorgang zu verwerfen ist. Wenn die Sache nicht anders zu machen ist, muss das Aufheften mit versenkten Stiftchen oder Nadeln geschehen, wobei die Oeffnungen mit Schellack verkittet werden.

Was die Herstellung der profilierten Stäbe betrifft, so werden sie, soweit sie vom Schreiner selbst gefertigt werden, entweder gehobelt oder „gekratzt"; ersteres, wenn sie einfach und gross im Massstab sind, letzteres, wenn es sich um kleine, feine Profilierungen handelt. Diese Profile werden mit dem entsprechend profilierten Kratzeisen von der Hand geschabt oder gezogen. Bei der fabrikmässigen Herstellung besorgen besonders konstruierte Maschinen das Geschäft, die in ihrem Prinzip auf das Hobeln, Fräsen oder Ziehen (Kratzen) hinauslaufen.

2. Verkröpfte Ecken und „Ohren".

Umrahmungen am Mobiliar. (Fig. 10—13.)

Der Rahmen tritt sowohl selbständig auf, beispielsweise für Bilder und Spiegel, als auch in der Weise, dass er aus konstruktiven oder dekorativen Gründen einen Bestandteil des Möbels bildet. Vom Rahmen im ersteren Sinne wird später noch die Rede sein. Soweit der Rahmen am Möbel in konstruktiver Beziehung auftritt, wird das Einschlägige anlässlich des Zusammenbaues erwähnt werden, so dass wir uns an dieser Stelle auf das Formale, auf den Rahmen in dekorativer Hinsicht beschränken können.

Die Grundform der dekorativen Umrahmung kann sehr verschieden sein; in den weitaus meisten Fällen ist sie rechteckig. Aber auch quadratische und kreisrunde Formen sind nicht selten, während elliptische und vieleckige Umrisse viel weniger vorkommen, ebenso wie die Grundformen, die sich aus geraden und gebogenen Linien zusammensetzen. Die Bevorzugung der rechteckigen, quadratischen und kreisrunden Form ergiebt sich aus ihrer verhältnismässig leichten Herstellung. Vier Leisten, auf gewöhnliche Gehrung zusammengefügt, bilden den einfachsten viereckigen Rahmen; ein auf der gewöhnlichen Drehbank ausgeführtes Profil bildet den einfachsten runden Rahmen. Elliptische Rahmen erfordern eine besondere Drehvorrichtung oder Drehbank. Vieleckige Rahmen und solche aus Bögen und Geraden erfordern genaue und umständliche Arbeit auf Gehrung. Willkürlich geschwungene Formen können nur von besonders gebauten Fräsmaschinen oder aber auch vom Bildhauer hergestellt werden. Man bleibt deshalb für gewöhnlich bei der einfachen Grundform und sucht die Reichergestaltung durch schmückende Zuthaten (Ohren, Rosetten etc.) oder dadurch zu erreichen, dass man die einfacheren Formen in passender Weise ineinander hineinschiebt, also z. B. den Kreis in das Quadrat etc. Verkröpfte Ecken entstehen. wenn das Profil im Eck nicht einmal, sondern drei-, fünf- und mehrmal auf gewöhnliche Gehrung gestossen wird, wie dies die inneren Partieen der Figur 10 a und c zeigen. Man bezeichnet derartige, ein Vortreten der Eckpartie nach aussen bewirkende Verkröpfungen als „Ohren", Mit dem nämlichen Ausdruck benennt man aber auch vorstehende Ansätze an den Ecken, die nicht durch Verkröpfung (wiederholte Gehrung) gebildet werden. Diese Ansätze können verschiedener Art sein; am gebräuchlichsten sind gleichdicke oder abgeschrägte Ansätze nach Fig. 10 a und c, äussere Partie.

Wie diese Verkröpfungen und Ohren im Zusammenhang stehen mit der Gesamtumrahmung, erläutern die Figuren 11 und 12. Dieselben zeigen auch, wie Rosetten, Diamanten und Abfasungen hiermit in Verbindung gebracht werden können. Es sind übrigens nicht allein die Ecken, sondern häufig auch die Mitten, welche ausgezeichnet werden, sei es durch eine Art Agraffe oder Schlussstein (Fig. 11 b und l), sei es durch voluten- oder palmettenartige Ansätze (Fig. 12 k).

Wie eine reichere Anlage erreicht wird durch Ineinanderschieben verschiedener Grundformen und durch Abteilung in Einzelfelder, wird durch Figur 11 veranschaulicht. Besonders wirksam sind im Quadrat das übereck stehende Quadrat nach Form n und der Kreis nach Form l, wovon dann e und k wieder naheliegende Varianten sind.

Für stehende Füllungen an Schrankthüren etc. wird vielfach das Bogen- oder Nischenmotiv ausgenutzt mit und ohne Sockel, Gesims und Kämpfer, die im Anwendungsfalle der Kleinheit des Massstabes halber sehr einfach zu profilieren sind gegenüber den nämlichen Dingen in der Architektur (Fig. 12 b, k und m). Auch das bekannte Schriftschild der italienischen Renaissance mit den charakteristischen Ohren in Form eines Paralleltrapezes wird häufig dekorativ ausgenützt, ohne eine Schrift aufzunehmen (Fig. 12 g).

Es braucht wohl kaum darauf hingewiesen zu werden, dass diese verschiedenen Bildungen wirksamer in die Erscheinung treten, wenn sie sich statt in einerlei Holzton mit einer gewissen farblichen Abwechselung geben, also in Maser neben Schlichtholz etc.

Das Hauptanwendungsgebiet für den dekorativen Rahmen sind nach Lage der Sache die Thüren und Schubladen der Schrank- oder Kastenmöbel.

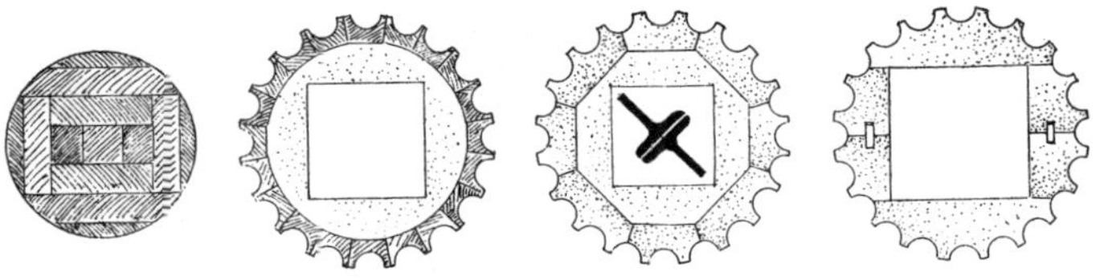

Fig. 20. **Zusammenbau von Säulen.**

Wir geben in Fig. 13 die Abbildung einer Partie vom Getäfel des sog. Fürsteneckzimmers in Frankfurt a. M. (Sammlung des dortigen Kunstgewerbevereins), an welchem sowohl am Sockel, als im mittleren Hauptteil und im Fries des Hauptgesimses verschiedene Arten von verkröpften Ecken und Ohren auftreten, wie sie auch am Mobiliar Verwendung finden können.

---

3. Rosetten, Knöpfe und Pateren.

(Fig. 14, 15 und 16.)

Es kommt gelegentlich vor, dass Rosetten aus technischen Gründen aufgesetzt werden, so z. B. um eine versenkte Schraube zu verdecken; im allgemeinen aber ist ihre Anwendung rein dekorativer Natur. Die Rosette ist ein einfaches und billiges Verzierungsmittel, das sich fast überall anbringen lässt, wo eine Stelle zu leer erscheint, so in Horizontalfriesen für sich allein oder durch Kanneluren und Pfeifen unterbrochen, so in der Mitte von zentralen Füllungen und in den Ecken und Ohren derselben, so in den Augen der Voluten von Kapitälen, Konsolen und Krönungen etc. Die Rosetten werden auf der Drehbank hergestellt und schwanken in der Grösse, je nach dem Ort der Verwendung von etwa 2 bis 20 cm Durchmesser. Die Profilierung ist äusserst mannigfaltig, von der einfachen glatten Scheibe beginnend bis zur vielgliederigen Abwechselung. Die Ausladung der Höhe nach ist gewöhnlich viel geringer als die Durchmesserbreite. Findet die Verwendung an reich geschnitzten Möbeln statt, so werden die Rosetten wohl auch geschnitzt und vom Bildhauer mit Perlstäben, Akanthusblättern, Kanneluren, Schuppen etc. verziert in drei- bis achtfacher regelmässiger Radialteilung. Am einfacheren Mobiliar bleiben die Rosetten glatt. Sie werden aus dem gleichen oder aus Holz von abstechender Farbe gebildet und durch Aufleimen und Einzapfen befestigt. An Stücken kleinsten Massstabes, Kassetten, Schmuckkästchen, Stühlen, Uhren etc. werden die Rosetten wohl auch aus Messing gedreht, weil sie in Holz zu unscheinbar und wirkungslos sein würden; in diesem Falle werden sie eingeschraubt oder aufgenagelt.

Fig. 21. **Geschnitzte Pilasterfüllungen.**

So wirkungsvoll der Rosettenschmuck bei richtiger Verwendung auch ist, so muss man sich anderseits doch vor Uebertreibung hüten, da Rosetten, im Uebermass angebracht, den Gesamteffekt stören und leicht langweilig werden. Figur 14 stellt 29 verschiedene Rosettenprofile dar, die wohl eine genügende Auswahl bieten werden.

Die Knöpfe unterscheiden sich von den Rosetten dadurch, dass ihre Ausladung grösser ist, dass die Höhe den Durchmesser im Mass übertrifft. Kann man die Rosetten als scheiben- und schüsselförmig bezeichnen, so treten hier kugelige, vasen- und zapfenförmige Bildungen auf, wie dies die verschiedenen Profile der Figur 15 zeigen.

Die Knöpfe treten zum Teil an Stelle der Rosetten auf, wobei sie allerdings wirksamer sind als jene, vorausgesetzt, dass die starke Ausladung aus Zweckmässigkeits- und Schönheitsgründen zulässig erscheint. Ihr eigentlicher Ort ist aber an Aufsätzen und Abschlüssen nach unten zu suchen. Die Knöpfe sind im Sinne der Formensprache freie Endigungen, also Krönungen und Hängezapfen, gelegentlich auch Endigungen nach der Seite (für Galeriestangen etc.). Sie treten deshalb hauptsächlich auf inmitten und zu beiden Seiten der Giebelverdachungen, auf den Eckpföstchen der Dockengalerieen, auf den Rücklehnen der Sitzmöbel, an Konsolen und Etagèren. Im übrigen gilt mit den nötigen Aenderungen das über die Rosetten Gesagte.

Fig. 22. **Hermen und Karyatiden.**

Eine besondere Form der Knöpfe sind die Griffe für Schubladen, Thüren etc. Hier muss die Profilierung so gewählt werden, dass der Knopf handlich wird und seinen praktischen Zweck erfüllt, ohne den Händen wehe zu thun. Die Grundform ist deshalb ein wulstförmiges Polster über einer grossen Einkehlung, wie dies sämtliche Beispiele der Fig. 16 darthun. Hier genügt auch unter Umständen die gewöhnliche Befestigungsweise nicht, so dass ein Einschrauben oder die Verwendung einer Mutterschraube erfolgen muss. Schmale Schubladen erhalten einen Griff inmitten des Vorderstücks, breite Schubladen zwei Griffe symmetrisch zur Mitte, welche dann dem Schloss vorbehalten bleibt, während bei der schmalen Schublade der Schlüssel an Stelle des Knopfes tritt, wenn die Schublade überhaupt ein Schloss erhält. Thürgriffe in Form von Knöpfen sind fast nur für Nachttische im Gebrauch; sie sind dann drehbar und mit der Schlussvorrichtung in Verbindung, häufig auch nicht aus Holz, sondern aus Glas, Porzellan, Horn, Elfenbein, Metall etc. Thürgriffe macht man am besten am Mobiliar so klein, als es die zweckmässige Handhabung gestattet.

Knöpfe, Rosetten etc. für polierte Möbel werden vor ihrer Verwendung auf der Drehbank poliert, auf welcher übrigens auch das Wachsen am bequemsten vorgenommen wird.

Es ist eine Thorheit, Rosetten und Knöpfe an Stellen anzubringen, wo sie im Wege sind oder wehe thun, wie dies gelegentlich an Sitzmöbeln vorzukommen pflegt.

Es wurde bereits angedeutet, dass Knöpfe als Endigungen für die Stangen der Vorhänge und Portièren im Gebrauch sind. Auch die sog. Pateren, welche bestimmt sind, die Vorhanghalter, mit welchen die Stoffe gerafft werden, an der Wand zu befestigen, werden heute häufig aus Holz gedreht und haben dann die Form von Knöpfen in grossem Massstabe. Die Profile c, d, g, h und l der Fig. 15 können vergrössert als Paterenprofile gelten. Die Befestigung geschieht vermittels der Paterenstifte, die beiderseits in Holzschrauben endigen oder nur einerseits, wobei dann das zum Einlassen in die Mauer bestimmte Ende nagelförmig zuläuft oder als sog. Steinschraube eingegipst wird. Zweckmässiger ist es übrigens, Haken in die Wand einzulassen und die Pateren einzuhängen, für welchen Fall sie rückwärts mit einem Blechflansch zu versehen sind.

Auch die im ersten Teil des Schreinerbuches (Bauschreinerei, 4. Aufl.) in Fig. 344 dargestellte Befestigungsart ist zu empfehlen.

4. Diamantquader.

(Figur 17.)

Facettierte Quader oder Diamanten spielen am Mobiliar eine ähnliche Rolle wie die Rosetten. Man bringt sie an in den Ecken und in der Mitte der Füllungen, auf Schubladenvorderstücken und in Friesen. Die gewöhnliche Grundform ist diejenige flacher vierseitiger Pyramiden mit oder ohne weitere Profilierung. Die Seitenflächen der Pyramiden sind eben oder geschweift und können durch entsprechende Vertiefungen etwas interessanter gestaltet werden. Die Pyramidenspitzen können gebrochen, abgetreppt, mit Kugeln versehen werden etc.

Wie die Rosette zum Knopfe und Zapfen wird, wenn die Ausladung, die Höhe sich vergrössert, so giebt es auch entsprechende vierkantige Formen, die man im allgemeinen als Obelisken bezeichnen kann. Diese Obelisken können dann die Knöpfe und Zapfen in dekorativem Sinne ebenfalls ersetzen, während sie als Schubladengriffe und Pateren dagegen nicht zu gebrauchen sind und ebensowenig als Endigung von runden Stangen.

5. Schlagleisten.

(Fig. 18.)

Obschon die Schlagleiste am Mobiliar nicht aus dekorativen Gründen angebracht wird, so muss sie doch an einem besseren Möbel eine dekorative Ausstattung erhalten. Der Zweck der Schlagleiste ist, die Flügel einer Doppelthüre in gleicher Ebene zu halten und die Fuge zu verdecken. Der erstere Zweck kann allerdings auch auf anderem Wege erreicht werden, indem z. B. die Thüren oben und unten im Falz oder an kleinen Leisten anschlagen, und den zweiten Zweck könnte man wenigstens teilweise durch Ueberfalzen erreichen. Da die Schlagleiste aber, richtig durchgebildet, nicht stört, sondern eine gute Vertikalgliederung giebt, so erklärt sich ihre

Fig. 23. **Docken oder Baluster.**

allgemeine Benützung. Sie sollte aber immer bleiben, was sie ist, eine Leiste, und sollte nicht ohne zwingenden Grund durch Pilaster und Halbsäulen ersetzt werden. Diese Formen sind Träger im stilistischen Sinne und schliessen — ästhetisch genommen — die Hin- und Herbewegung mitsamt der Thüre aus.

Die Formgebung der Schlagleiste ist gewöhnlich ausserordentlich einfach, schon wegen der geringen Breite. Jeder hübsch profilierte Stab kann eine Schlagleiste vorstellen, wenn sein Durchschnittsprofil symmetrisch ist. Man sollte für bessere Möbel sich aber nicht darauf beschränken, die Stäbe an den Enden bloss quer abzuschneiden, was immer unfertig aussieht und nicht als „gute Lösung" gelten kann. Schräg abgeschnitten macht sich die Sache schon besser (Fig. 18 l); das Richtige ist aber eine ordentlich herumgeführte Endigung, wie sie die Mehrheit der dargestellten Beispiele aufweist. Je nach Art kann dies mit dem Hobel ausgeführt werden oder es bedarf des Nachschneidens mit dem Stecheisen. Breitere Schlagleisten kann man auch als Verdoppelung gestalten, indem man an den Kanten einer flachen Leiste ein kleines Profil herumkröpft. Auch durch Kannelieren und Abfasen lassen sich Schlagleisten verzieren (Form m und q). Für die Ausführung in Schnitzerei empfehlen sich Bandmotive, einfache Pflanzenmotive mit aufsteigender Entwickelung und das Hängemotiv der Münzschnur und der Schuppen (Form n, o und p).

Bei der Gesamtanordnung ist darauf zu achten, dass die Schlagleisten die Friesbreiten nicht unschön verringern, und dass sie in Bezug auf ihre Breite in einem angemessenen Verhältnis zum übrigen stehen. Auch dem Anbringen der Schlösser ist unter Umständen Rechnung zu tragen, wenn die Schlagleiste nicht — wie an den Fenstern — als Unterlage für Stangenverschlüsse ausgenützt wird.

Hin und wieder wird es nötig, blinde Schlagleisten anzuordnen, d. h. sie der Symmetrie wegen auch da anzubringen, wo sie keine praktische Bedeutung haben.

Dass Schlagleisten ordentlich zu befestigen sind, so dass sie im Gebrauch sich nicht ablösen, versteht sich von selbst.

Auch die Fig. 2 mit den Eckel'schen Kehlleisten zeigt verschiedene Profile gewöhnlicher Schlagleisten (No. 43, 44, 649, 488, 682 und 255).

---

6. Säulen, Pilaster, Hermen, Docken und Baluster etc.

(Fig. 19—24.)

Säulen und Säulchen sind sowohl am Wandgetäfel als an reicheren Kastenmöbeln keine seltene Erscheinung; und zwar kommen sie freistehend vor und in der Form von Halb- und Dreiviertelsäulen, wie die technische Bezeichnung lautet, wenn der Schaft nur zum Teil aus der dahinter liegenden Architektur herausragt. Hinter den freistehenden Säulen werden gewöhnlich entsprechend gestaltete Pilaster oder Lisenen angeordnet; wenn das Gleiche in Bezug auf Halbsäulen geschehen soll, so werden die Lisenen zweckmässig breiter gehalten, als es der Säulendicke entsprechen würde, was dann an den Gliederungen des Sockels und der Gesimse Kröpfungen zur Folge hat. Es sind besonders die offenen Teile von Buffettschränken, an denen freistehende Säulchen auftreten, während an geschlossenen Schrankmöbeln die Halbsäulen vorherrschen.

Wie bereits erwähnt, werden die strengen Regeln der architektonischen Ordnungen hier nicht eingehalten. Das Verhältnis der Schafthöhe zum unteren Durchmesser ist hier viel schwankender und ebenso sind es die Höhenverhältnisse der Füsse und Kapitäle. Auch bleiben die Schäfte gewöhnlich nicht glatt von unten bis oben durchlaufend, sondern sie werden durch Profile, Einziehungen und Ausbauchungen gerne reicher gegliedert und in den durchlaufenden Teilen mit Kannelierungen, Intarsien oder Schnitzereien geschmückt. Kurze Säulchen sind wohl gelegentlich im Schaft zylindrisch; hohe Säulen sind fast immer geschwellt, d. h. im Bogen nach oben verjüngt. Der Säulenfuss ist meistens die sog. attische Basis; die Kapitäle sind gewöhnlich dorisch oder korinthisch, seltener ist das ionische Kapitäl.

Wir bilden in Fig. 19 zwei Holzsäulen ab, beide der Renaissancezeit angehörig. Die Säule a hat einen konisch verjüngten, glatten, mit Intarsien verzierten Schaft, als Fuss die sog. attische Basis und ein dorisches Kapitäl mit Halsglied. Die Säule b stammt von einem französischen Betthimmel, zeigt in dem kandelaberartigen Schaft reiche Schnitzerei und schliesst mit einem dorisch-korinthischen Kompositkapitäl mit Halsglied.

Kleine Säulen werden auf der Drehbank aus einem Stück hergestellt oder für die nachfolgende Schnitzerei vorgearbeitet. Grössere Säulen werden aus verschiedenen Gründen kreuzweise verleimt oder hohl konstruiert, wie es die Querschnitte der Fig. 20 zeigen. Ein Kreuzeisen oder ein eisernes Rohr kann hierbei später als Seele dienen und die Säule gegen das Werfen schützen. Kleinere Säulen werden vom Bildhauer kanneliert, an grösseren Stücken stellt man besser und einfacher die Kanneluren als einzelne Leisten her und umkleidet mit denselben den Kern. Bei den aus verschiedenen Hölzern verleimten Stücken ist besonders darauf zu achten, dass das zur Verwendung kommende Holz möglichst einheitlich von Farbe ist, damit man die Verleimung nicht sofort auf den ersten Blick erkennt.

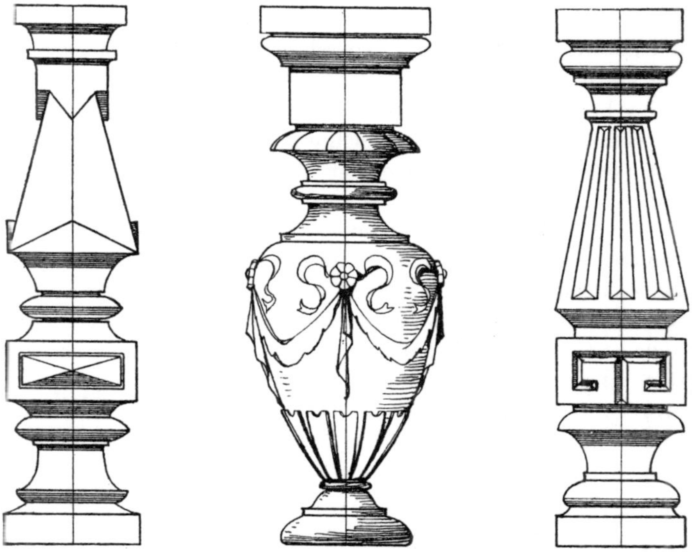

Fig. 24. **Docken von quadratischem und rundem Querschnitt.**

Gewundene Säulen und gerade Säulen mit gewundenen Kanneluren kommen auch hin und wieder vor. Von der ästhetischen Seite aus sind dieselben nicht einwandfrei, sie geben aber unbestreitbar eine gute dekorative Wirkung. Das Winden geschieht unter Benützung besonderer Vorrichtungen auf der Drehbank oder die Herstellung erfolgt durch den Bildhauer. Gerade bei derartigen Säulen macht sich eine ungeschickte Verleimung störend geltend.

Wie furnierte und eingelegte Säulen zu behandeln sind, ist bereits weiter oben ausgeführt worden. (Abschnitt 1.)

Vierkantige Pfeiler sind am Mobiliar eine seltene Erscheinung; sie kommen gewöhnlich nur in der kurzen, gedrungenen Form der Docken vor, von denen später zu reden sein wird.

Der Pilaster verhält sich zum Pfeiler etwa, wie die Halbsäule zur Säule. Der Pilaster ist ein Wandpfeiler, etwa mit dem vierten Teil der Breite aus der dahinter liegenden Fläche heraustretend. Pilaster treten als selbständige Vertikalgliederungen an Stelle von Säulen auf oder hinter den letzteren stehend. An Speiseschränken, Bücherschränken und anderen Schrankmöbeln sind sie eine bekannte Erscheinung. Der Pilaster setzt sich ebenfalls aus Fuss, Schaft und Kapitäl zusammen. Der Fuss ist wieder nach Art der attischen Basis gebildet. Der Schaft ist meist unverjüngt und auf etwa ein Drittel der Höhe durch ein Horizontalglied abgeteilt. Er bleibt glatt oder wird mit 3 bis 7 Kanneluren geziert. Reichere Pilaster werden am Schaft mit Schnitzereien oder Intarsien geschmückt, deren Felder von profilierten Randleisten umschlossen sind. Die Kapitäle sind Uebertragungen der Säulenkapitäle vom Runden in die Ebene; es finden sich sowohl dorische, als ionische und korinthische Formen. In ihrer einfachsten Art können die ersteren als blosse Schreinerarbeit auftreten; für die anderen wird stets die Bildhauerarbeit vorausgesetzt.

Wandpfeiler ohne Fuss und Kapitäl bezeichnet man gewöhnlich nicht als Pilaster, sondern als Lisenen.

In den Beispielen der Fig. 21 sind verschiedene Pilaster-Füllungen dargestellt, wie sie mit ihren reichgeschnitzten, aufstrebenden Pflanzenmotiven insbesondere in der italienischen Renaissance häufig sind. Wo Säulen- oder Pilasteranordnungen übereinander auftreten, pflegt man auch am Mobiliar das Prinzip der Architektur einzuhalten, dass die dorische Ordnung nach unten kommt und die ionische und korinthische darüber, weil die erstere die einfachste, die letztere die zierlichste und leichteste Wirkung erzielt. Selbstredend kommen auch Abweichungen von dieser Regel vor, wie die Kleinkunst sich überhaupt nicht auf die Normen der strengen Architektur verpflichten lässt.

Als Hermen bezeichnet man pfeiler- oder pilasterartige Bildungen, deren Hauptteil sich nach unten verjüngt. Der Name rührt daher, dass schon zur Zeit der Griechen und Römer die Meilensteine diese Form zu haben pflegten und nicht selten nach oben hin mit der Büste des Hermes ihren Abschluss fanden. Freistehende, niedrige Hermen finden sich an Schrankmöbeln wie Speiseschränken gelegentlich an Stelle der Docken und Säulchen. Mehr verwendet aber ist die mit der Rückwand verbundene Herme an Stelle des Pilasters. Ihrer Form nach wirkt sie leichter und lebendiger als der gleichbreite Pilaster. An der Täfelung aus dem Frankfurter Fürsteneckzimmer haben wir in Fig. 13 bereits pilasterartige Hermen vorgeführt, und einige weitere Beispiele geben wir in Fig. 22 a, b und c.

Atlanten und Karyatiden sind Stützen in der Form männlicher und weiblicher Figuren, die nur an ganz besonders reichen Stücken zur Anwendung kommen. Dagegen sind Bildungen nicht selten, welche gewissermassen als ein Mittelding, als eine Verbindung von Karyatiden und Hermen aufgefasst werden können (vergl. Fig. 22 d und e).

Docken oder Baluster sind die tragenden Einzelteile der Balustraden, wie sie im grossen Anwendung für Treppengeländer und Brüstungen finden. Im kleinen sind Dockengalerien gernbenützte Zieraten am Mobiliar.

Der Form nach sind Docken und Baluster kurze, gestauchte Säulchen oder Pfeiler von kreisrundem oder quadratischem Querschnitt. Sie haben wie jene eine Sockel- und Kapitälbildung; der Schaft ist willkürlich, meist vasen- oder hermenartig profiliert, so dass die Hauptmasse sich auf dem unteren oder oberen Drittel breit macht. Uebrigens sind auch Formen in Uebung, die nach oben und unten symmetrisch gebaut sind. Die Docken des Mobiliars sind meist rund, auf der Drehbank herstellbar, selten vierkantig. Sie erhalten gewöhnlich auch keine Schnitzerei, obschon dies nicht ausgeschlossen ist. Da sie meist nur wenige Centimeter hoch sind, so sind sie dementsprechend einfach zu gliedern, wie sich dieses aus Fig. 23 ersehen lässt, welche ein Dutzend Einzelformen zusammenstellt. Sie sind schwerer oder schlanker zu halten, je nach dem Stil des Möbels. In Reihen gestellt, dürfen sie nicht zu weit stehen, meistens werden sie unmittelbar nebeneinander gestellt, so dass sie sich nahezu berühren. Ganz kleine Docken dreht man wohl auch aus Metall; auch halbe und Dreiviertel-Baluster werden benützt, wenn die Galerieen „blind" sind, also nicht durchbrochen erscheinen sollen. Ihren Halt bekommen die Docken durch verbindende Sockel- und Abdeckleisten, die mindestens so breit sein müssen wie die Durchmesser der oberen und unteren Dockenglieder.

Werden Dockengalerieen um das Eck geführt, so bildet man meist vierkantige Eckpföstchen; auch zur Unterbrechung allzu langer Linien werden ähnliche Pföstchen eingeschoben. Die Baluster werden am besten oben und unten eingezapft. Neuerdings sind auch fabrikmässig hergestellte Docken im Handel, die vierkantig gefräst oder nach einem besonderen Verfahren auf der Drehbank hergestellt werden.

Fig. 25. **Stollenschrank.** Kölner Arbeit aus dem 16. Jahrhundert.

Die Hauptplätze zum Anbringen von Dockengalerieen sind die attika-artigen Aufsätze auf Schrankmöbeln, auf Uhrgehäusen etc. Hier laufen sie seitlich und vorn querüber. Auf Schreibtischen, Regalen, Wandschränkchen, Büchergestellen und ähnlichem laufen sie dagegen seitlich und hinten querüber, damit man Bücher etc. aufstellen kann. Hier können an den Rückwänden die Galerieen blind sein, ebenso in Horizontalfriesen von Speiseschränken und derartigen Möbeln. Stühle und Sofas zeigen oft am oberen Ende der Lehne oder zwischen Sitz und Rücklehnpolster Balustradenbildungen. Auch die Umfassungswände der Wiegen und Kinderstühle erhalten diese Ausstattung; ebenso Nipptische, Etagèren und „stumme Diener".

Fig. 26. **Zierschrank mit Intarsien.**

Entworfen von Prof. Seubert in Stuttgart. Ausgeführt von Gerson & Weber daselbst.

Eine von der Regel abweichende Aufstellung ergiebt sich, wenn die Docken abwechselnd aufrecht und umgestürzt gereiht werden. Auch eine abwechselnde Reihung unter 45° nach rechts und links geneigt kommt vor. In diesem Falle müssen die Docken oben und unten prismatische Ansätze haben.

Auch ganze Gitterkomplexe lassen sich nach orientalischem Vorbild anordnen, indem die Docken nach den Linien eines Quadrat- oder Dreiecksnetzes laufen und zu 4 oder zu 6 mit den Enden auf eine Art Rosette oder Mittelstück aufstehen, wie die Speichen eines Rades.

Die Docken finden am Mobiliar auch einzeln Verwendung als Träger für den Oberbau von Kästen, die in der Mitte eine offene Partie zeigen; dann als Stützen zwischen einzelnen Etagenbrettern, an Konsolen, Nipptischen etc. Ihre Anwendung ist zum Teil konstruktiv, zum Teil nur dekorativ. Diese vereinzelten Docken sind selbstredend grösser im Massstab bei sonst gleicher Gestalt und werden nicht selten durch Schnitzerei verziert. Die Fig. 24 zeigt drei einfachere Beispiele.

7. Möbelfüsse.

(Fig. 25—30.)

Es ist zu unterscheiden zwischen hohen und niedrigen Möbelfüssen. Die ersteren werden hauptsächlich an Stühlen und Tischen angebracht, aber auch an den sog. „Stollenschränken“

(vergl. Fig. 25) und überhaupt an Möbeln, die grosse offene Partieen zeigen und an diesen Stellen unterstützt werden müssen (Fig. 26). Diese hohen Füsse sind entweder vier- oder mehrkantige Pfeiler, welche durch Abfasung, Flachschnitzerei etc. verziert werden, oder — und dies ist der überwiegende Fall — sie sind säulen- oder kandelaberartig mit kreisrundem Querschnitt. Diese runden Füsse erhalten ihre Verzierung durch gedrehte Profile, durch Kannelierung und Schnitzarbeit. Häufig wechseln auch kantige Teile mit runden Profilierungen an ein und demselben Fuss. Die Füsse weisen meist eine, wenn auch noch so einfache Kapitälbildung auf. Wenn die Füsse auf dem Boden aufstehen, so fällt die eigentliche Sockelbildung gewöhnlich fort, weil sich dann aus Zweckmässigkeitsgründen der Fuss nach unten am besten zuspitzt. Anders ist es, wenn die Füsse am Möbel selbst aufstehen; dann ist das unterste Glied gewöhnlich eine quadratische Platte wie am Säulenfuss. An Sitzmöbeln endigen die Füsse öfters nach unten in bewegliche Rollen, die ein bequemes Fortbewegen ermöglichen. Die Form dieser Rollen kann als bekannt vorausgesetzt werden. Sie sind in jedem Eisenwarenladen käuflich, werden eingeschraubt oder, wenn sie mit Messinghülsen versehen sind, dem Holze aufgestülpt und mit Stiften oder kleinen Schrauben befestigt. Die Fig. 27 zeigt derartige Rollen in Anwendung auf einen Lehnsessel. Die Möbelfüsse stehen gewöhnlich senkrecht; nur in Bezug auf die Hinterfüsse der Sessel wird gerne eine Schweifung angeordnet, um das Umkippen im Gebrauch zu erschweren. Zur Zeit des Rokoko, dem die gerade Linie überhaupt ungemütlich war, wurden übrigens auch die Tischfüsse geschweift und willkürlich ausgebogen (vergl. Fig. 28). Ausser den vierkantigen und runden Füssen kommen dann gelegentlich solche in Anwendung, welche eine Breit- und eine Schmalseite haben, die also hauptsächlich von vorn gesehen werden sollen, während die Ausbildung der Seitenansicht vernachlässigt wird und nur die Dicke eines starken Brettes vorstellt. Derartige Füsse sind an Schränken aus der Spätrenaissance und Barockzeit nicht selten. Der Tisch Fig. 29 zeigt solche Füsse.

Fig. 27. **Sessel aus Ebenholz.**
Nach Entwurf von J. Storck, ausgeführt von J. Haas & Söhne in Wien. Stoff: violetter Sammet mit Gold. (Wiener Weltausstellung.)

Die reichste Ausbildung der Möbelfüsse ist diejenige in der Form von Hermen, Karyatiden und Atlanten. Sie erscheint nur angezeigt an sehr üppigen, reich geschnitzten Prunkstücken.

Was die **niedrigen** Möbelfüsse anbelangt, so dienen sie als Untersätze von Schrankmöbeln und haben eine durchschnittliche Höhe von 5—15 cm. Man lässt die Möbel nicht gern mit der Sockelunterkante auf dem Boden aufstehen, weil beide oft nicht genau eben sind und weil die Möbel beim Putzen des Bodens beschmutzt würden. Auch will man den Staub unter den Möbeln entfernen können, was durch Anbringen der Füsse erreicht wird. Die niederen Füsse werden am Möbel am besten durch Einzapfen oder Einschrauben befestigt. Dem Verwendungsorte entsprechend ist die Formgebung sehr einfach; man wählt eine kugelige, zylindrische oder konische Grundform und profiliert auf der Drehbank; Schnitzerei wird kaum angebracht. An alten Möbeln, an Boulemöbeln etc. sieht man nicht selten vierkantige Füsse von der Form abgestutzter, umgekehrter Pyramiden. (Fig. 30 unten rechts.) In der heutigen Schreinerei sind vierkantige Füsse selten und meist nur für die allerbilligsten Möbel in Gebrauch, wo dann die ganze Form auf einen

Fig. 28. **Konsoltisch aus dem Schloss zu Schleissheim.**

würfelartigen Klotz hinausläuft. Man hat früher die Füsse auch vorgebaut, so dass sie über den Sockel ausladen. Das sieht nicht schlecht aus; es ist aber zweckmässiger, dieselben etwas zurückzusetzen, wie es jetzt allgemein üblich ist. Man kann bei ihrer Anbringung die senkrechten Axen der Pilaster, Friese, Säulen etc. einhalten; nötig ist es jedoch nicht, da das Gegenteil wohl auf dem Papier, nicht aber in Wirklichkeit auffällt.

Bei Möbeln von grossem Umfang werden auch mehr als vier Füsse angebracht. Wenn thunlich, beschränke man sich auf vier, da dann schon gewöhnlich nicht alle richtig aufstehen. Drei Punkte liegen immer in einer Ebene. Man stelle das Möbel deswegen auf zwei Vorderfüsse und einen Hinterfuss richtig und unterlege den anderen, wenn nötig, mit einem Holzstückchen von passender Dicke.

Schliesslich sei noch auf einen Unfug aufmerksam gemacht, der in Bezug auf hohe Möbelfüsse ganz gebräuchlich ist. Diese Füsse erhalten oft grosse tellerartige Ausladungen, wenn sie auch im übrigen sehr schlank gehalten sind. Diese „schneidige" Profilierung giebt eine gute Wirkung, sie hat aber zur Folge, dass, um Holz zu sparen, an Stelle der grossen Ausladung um den Kern herum einzelne Klötze angeleimt werden. Wenn dies nicht ordentlich regelmässig und mit Berücksichtigung gleicher Holzfarbe und Faserrichtung geschieht, so sieht die fertige Arbeit nach dem Abdrehen schändlich aus, was entschieden vermieden werden sollte und vermieden werden kann.

Was die Stärke der hohen Möbelfüsse betrifft, so richtet sich dieselbe in erster Linie nach dem Verhältnis zum übrigen, nach der formalen Anforderung. Aber auch die konstruktive Seite spricht mit; insbesondere dürfen die Füsse für schwere Möbel in den Kehlungen nicht zu sehr geschwächt werden, weil sonst der Stand ein schwankender wird.

Die Fig. 30 zeigt eine Anzahl von Möbelfüssen, die teils der hohen, teils der niedrigen Art zugehören und Möbeln nach Entwürfen von Boerner, Ziem u. a. entnommen sind.

Fig. 29. **Tisch aus dem Mobilier français.**

8. Kanneluren, Pfeifen, Triglyphen, Abfasungen.

(Fig. 31 und 32.)

Die in der Ueberschrift genannten Dinge sind einfache Zierformen von allgemeinem Vorkommen und teilweise ganz guter Wirkung. Die Kanneluren sind rinnenförmige Auskehlungen, die in der Architektur den einfachsten Schmuck der Säulen- und Pilasterschäfte ausmachen. Während der architektonischen Säule 20—24, dem architektonischen Pilaster 7—9 Kanneluren zukommen, so begnügt man sich in richtiger Erkennung der Sache an den kleineren Formen im Material des Holzes mit 8—12 Kanneluren für die Säule und 3—5 für den Pilaster. Man macht hier auch die Stege, die Zwischenräume zwischen je 2 Kanneluren entsprechend breiter als in der Architektur. Auf verjüngten Säulen verschmälern sich die Kanneluren und die Stege nach oben hin gleichmässig. Verjüngte Pilaster soll man überhaupt nicht kannelieren.

Man bringt aber auch Kanneluren auf Friesen, Konsolen, Schlusssteinen und Agraffen an; sie sind dann viel kürzer und zeigen oft statt des runden Querschnittes einen kantigen. Dieses

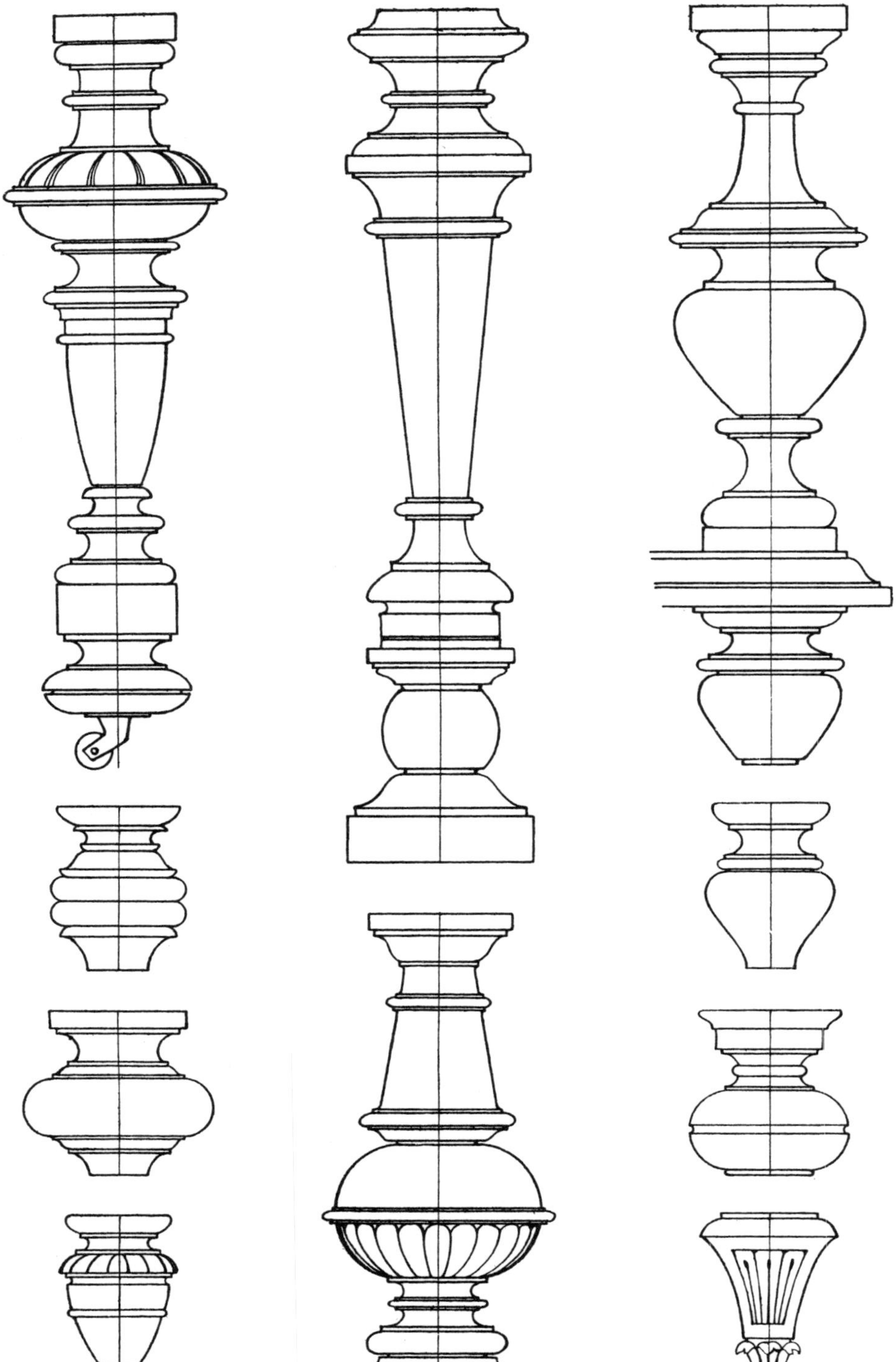

Fig. 30. **Verschiedene Möbelfüsse.**

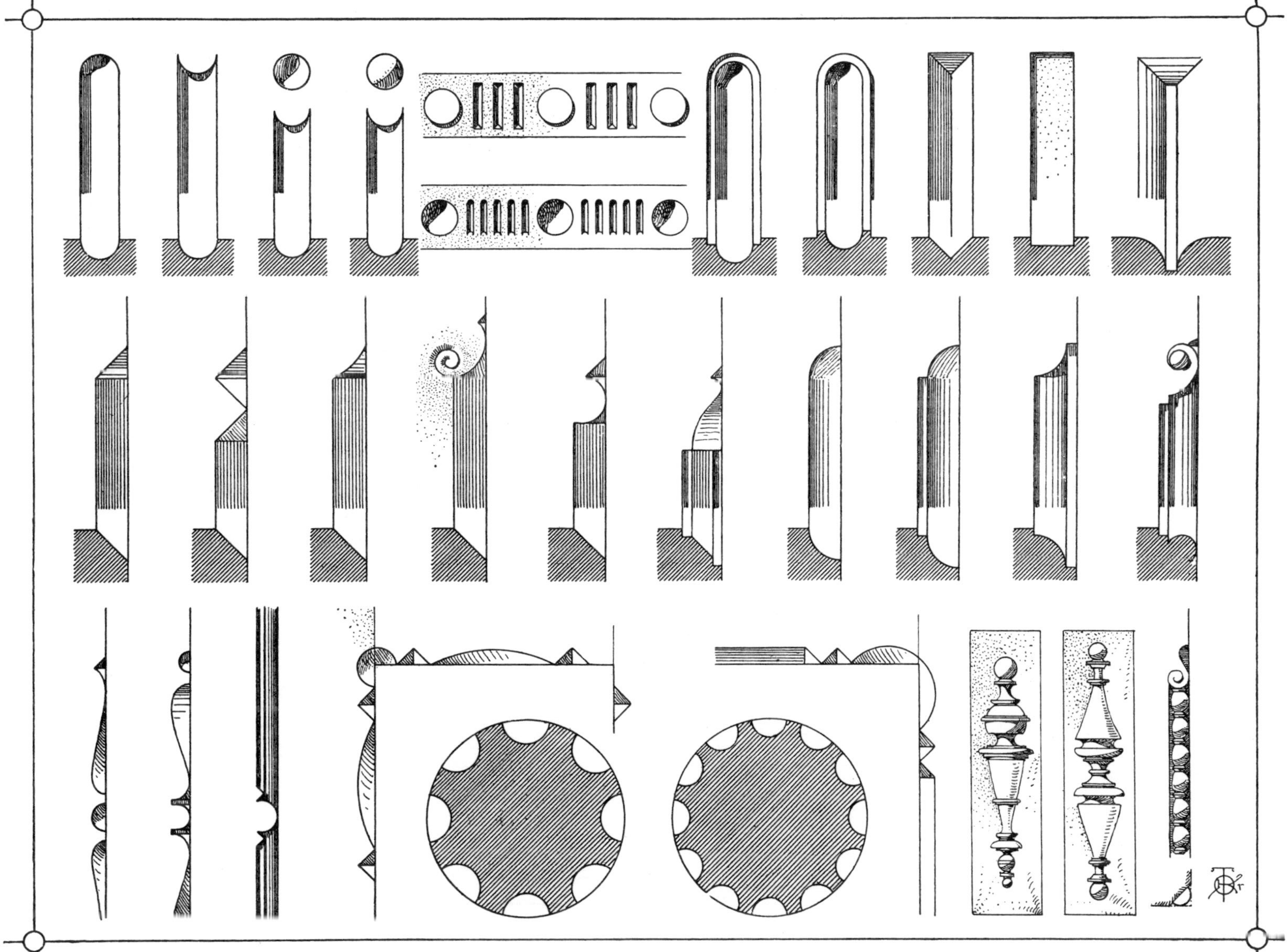

Fig. 31. **Kanneluren, Abfasungen etc.**

sowie die übrige Ausstattung ergiebt sich aus Fig. 31, obere Reihe. Ferner giebt die Fig. 32 einige Arten von reicheren Kannelurenbildungen.

Die Abfasungen, das Brechen der Ecken und Kanten, ist eine harmlose Verzierungsweise, die gewöhnlich vom Schreiner selbst ausgeführt werden kann. Richtig angeordnet und ausgeführt wirkt die Abfasung nicht schlecht. Sie ziemt sich hauptsächlich für einfachere Möbel, da sie an reich gestalteten leicht ihrer Abstammung halber weniger angenehm berührt und zu sehr an den Zimmermannsstil erinnert. Die gebräuchlichsten Formen sind aus Fig. 31 ersichtlich. Dieselbe stellt im rechten Untereck noch eine billige und wirksame Verzierungsmethode dar, welche darauf beruht, dass gedrehte Zapfen und Stäbe hälftig oder zu ein Viertel auf ebene Flächen aufgesetzt oder in rechtwinkelige Kehlen eingepasst werden.

Fig. 32. **Kannelurenbildung.**

9. Ausgesägte und aufgelegte Verzierungen.

(Fig. 33.)

Eine einfache, leicht herzustellende und oft recht wirksame Verzierung am Mobiliar beruht darin, dass entsprechende Ornamente aus dünnen Brettchen sauber ausgesägt und auf die Unterlage aufgeleimt werden. In Verbindung mit Rosetten und Diamantquadern ergeben sich ganz brauchbare Motive, wenn auf einen wirksamen Umriss und eine richtige Verteilung der Massen gesehen wird. Die Oberfläche ist vor dem Aussägen fertig zu bearbeiten, so dass nachträglich nur die Seitenflächen noch sauber nachzuarbeiten sind (mit Rundfeilen, Glaspapier etc.). Für die polierte Arbeit eignet sich das Verfahren allerdings nicht, wohl aber für die gewachste. Es sind hauptsächlich die Partien um die Griffe und Schlüsselschilder der Schubladen, die Umrahmungen und Mittelstücke von Füllungen, sowie Krönungen und Abschlüsse nach unten hin,

Fig. 33. **Thüre aus Schloss Würting.** Deutsche Renaissance.

welche sich am besten in der genannten Weise verzieren lassen. Die Methode ist nicht neu, da bereits die deutsche Renaissance von diesem System den ausgiebigsten Gebrauch gemacht hat. Gerade die Formen dieses Stils, die oft auch im Material des Steins und Holzes an die aufgelegte Schmiedearbeit anklingen, zeigen sich besonders geeignet. (Fig. 33.) Auch Monogramme und Namenszüge lassen sich, wenn sie einfach genug sind, als Verdoppelung aufsetzen, anstatt dieselben mit dem Geisfuss einzuschneiden.

Fig. 34. **Säulenschaft vom Chorgestühl in Wettingen.**

Wenn auch die Wirkung gewissermassen auf Flachschnitzerei hinausläuft, so braucht doch anderseits nicht auf eine Täuschung in diesem Sinne hingearbeitet zu werden, um so mehr nicht, da eine Vollständigkeit derselben doch nicht erzielt wird und jedermann sehen wird, wie die Sache gemacht ist. Es ist deshalb ganz am Platze, dem aufgesetzten Teile eine vom Grunde abstechende Farbe zu geben, wodurch die farbliche Gesamterscheinung für gewöhnlich nur gewinnen wird. In diesem Sinne kann man schlichte Hölzer wohl auf gemaserten Grund bringen, aber nicht wohl umgekehrt; man wird gut thun, im allgemeinen die ausgesägte Partie hell vom dunkleren Grunde abzuheben, obschon auch das Gegenteil nicht ausgeschlossen erscheint. Es liesse sich bei zweifarbigem Material also etwa empfehlen: Amerikanisch Nussholz auf Nussholzmaser, Ahorn auf Vogelahorn, Eichen auf Ungarisch-Eschen, Birnbaum auf Mahagoni, Oliv auf Amboinamaser u. s. w.

Zu dünn dürfen die aufgesetzten Stücke nicht sein, da sie sonst zu wenig wirken; zu dick dürfen sie auch nicht sein, da sich unliebsame Staubwinkel bilden. Im übrigen hängt die Dicke vom Massstab des Ganzen ab, so dass eine Dicke von 3—10 mm durchschnittlich das richtige sein wird. In Bezug auf die Muster hat man sich zu hüten, dass dieselben nicht zu weitschweifend und zu „mager“ ausfallen, was stets eine schlechte Wirkung giebt.

Eine feine Dekoration ist übrigens die aufgelegte Arbeit nie, weshalb man sie nur anbringen soll, wo sie wirklich hinpasst. Auch für stark in Anspruch genommene Möbel empfiehlt sich diese Verzierungsweise nicht, weil die aufgesetzten Stücke schliesslich abgestossen werden.

10. Die Bildhauerarbeit.

(Fig. 34—39.)

Die Bildhauerarbeit, oder besser gesagt, die Holzschnitzerei spielt in der heutigen Möbelschreinerei eine bedeutende Rolle. Wenn als Ueberschrift der erstere Ausdruck gewählt wurde, so geschah es zur Unterscheidung von Kerb- und Flachschnitt, die ja auch zur Holzschnitzerei gehören. In den allerwenigsten Fällen wird der Schreiner in der Lage sein, die Bildhauerarbeit selbst zu fertigen; er ist auf die Hilfsarbeit des Holzschnitzers angewiesen, sei es nun, dass er diesen ständig in seinem Geschäft zur Verfügung hat, sei es, dass er die betreffenden Stücke zur Fertigstellung ausser Haus giebt. In beiden Fällen wird das Holz vom Schreiner zugerichtet, bevor es der Bildhauer in Behandlung nimmt. Ob sich dieser erst ein Thon- oder Gipsmodell

Fig. 35. **Füllungen vom Chorgestühl in Dortrecht.**

Fig. 36. **Thürfüllung aus dem Rathaus zu Brügge.**

anfertigt oder ob er aus freier Faust nach oder ohne Zeichnung die Arbeit fertigt, ist seine Sache und hängt von seinem Talent und seiner Geschicklichkeit ab. Hier liegen eben schon die Grenzen zwischen Handwerk und Kunst, je nachdem was gemacht werden soll. Meterweis fortlaufende Perl- und Eierstäbe zu schnitzen, ist ja schliesslich eine handwerksmässige Arbeit; dagegen gehören Büsten, Karyatiden und freistehende Figuren schon zu den Dingen, welche eine künstlerische Hand erfordern.

Der plastische Schmuck im Material des Holzes, ob er nun rein ornamental oder figürlich sei, gehört zu den ausdrucksvollsten und schönsten Verzierungsweisen, die für das Mobiliar zur Verfügung stehen, und wenn die Intarsia schliesslich auch einheitlicher wirkt und besser bei der Sache bleibt, so hat die Holzbildhauerei doch in Bezug auf Reichtum und Prunk die Palme.

Die Möbelschreinerei hat Zeiten gehabt, in denen sie auf die Holzschnitzerei sozusagen völlig verzichtet hat, ohne dass man deswegen behaupten könnte, dass sie dann nichts Rechtes geleistet habe. Die Glanzzeiten der Möbelschreinerei fallen aber doch zusammen mit der höchsten Leistung der Holzbildhauerei. So ist es hauptsächlich die italienische, deutsche, französische und niederländische Renaissance, die in ihrem späteren Verlaufe wahre Perlen geschnitzter Möbel geschaffen hat. Auch die Spätgotik und die der Renaissance folgenden Stile haben Erhebliches geleistet. Dass unsere neueste Zeit auch diesem Gebiete volle Aufmerksamkeit zuwendet, ist nach anderen Vorgängen nicht zu verwundern, und wenn heute in dieser Hinsicht nicht so viel geschaffen wird, als wohl geschaffen werden könnte, so führt dies hauptsächlich auf den Umstand zurück, dass die Holzbildhauerei zwar eine geschätzte, aber auch eine sehr teure Art der Möbeldekoration ist. Hier gilt eben der Grundsatz: Entweder recht oder lieber gar nicht. Gar keine Bildhauerei ist besser als eine schlechte.

Fig. 37. **Renaissanceschrank.**

Nicht alle Hölzer eignen sich zur Schnitzerei, und verschiedene, die sich hierfür eignen, sind wieder nicht zweckmässig für den Schreiner; so ergeben sich, abgesehen von selbständigen Füllungen und figürlichen Aufsätzen und Zuthaten, als die gebräuchlichsten Hölzer für geschnitzte Möbel: Eichen, Nussbaum und Birnbaum. Geschnitzte Sachen lassen sich wohl beizen und wachsen, aber nicht polieren. Damit ist das Verwendungsgebiet einigermassen eingeschränkt.

Die Schnitzerei eines Möbels kann sich auf untergeordnete Dinge beschränken; es werden die Zierglieder mit Perlstäben, Blattwellen etc. geschmückt; Kanneluren, Pfeifen, Riefelungen, Schuppenmuster, Rosetten, Münzschnüre und ähnliches sind ebenfalls einfache Motive. Reichere Dinge sind kartuschenartige Umrahmungen, Konsolen und Aufsätze, Löwenköpfe, Wappen, geschnitzte Friese, Pilaster, Säulen, Hermen, Docken, Füsse etc. Der Haupteffekt gipfelt in figürlichen Füllungen, freistehenden Figuren für Nischen und als Krönung. Diese Aufzählung lässt sich unschwer erweitern. Es kann so ziemlich jede Stelle eines Möbels, wenn nötig, mit Schnitzerei überzogen werden. Wir sehen hin und wieder alte Möbel — und gelegentlich auch neuere — an denen thatsächlich die Bildhauerei wimmelt. Reich werden diese Möbel stets aussehen, ob

Fig. 38. **Dreiteiliger Setzschirm**, entworfen und geschnitzt von K. Steudler-Hamburg.

sie aber immer schön sind, ist eine andere Frage. Das Weglassen mag ja dem entwerfenden Künstler oft schwerer werden, als das Anbringen, aber das Ideal aller Kunstbestrebung soll eben doch bleiben: mit den möglichst einfachen Mitteln die möglichst beste Wirkung zu erreichen.

Die Art, wie geschnitzt wird, ist sehr verschieden. Wir haben Hochrelief und Flachrelief, stark und wenig oder gar nicht unterschnittene Schnitzereien. Man kann die Sachen „flott und hingehauen“ schnitzen, so dass jeder Schnitt als solcher sichtbar bleibt; das ist sehr schön, wenn es recht gemacht ist. Man kann die Sachen aber auch „geleckt“ ausführen und mit Glaspapier und Schachtelhalm nachhelfen. Eines schickt sich nicht für alles; das gerade Passende für jeden Fall herauszufinden, ist Sache des künstlerischen Geschmacks und Gefühls. Hierauf kann aber

Fig. 39. **Thür eines Schrankes** von Max Schulz & Cie. in Berlin.

an dieser Stelle ebensowenig eingegangen werden, als es möglich erscheint, den verschiedenen Einzelformen, die in der Holzbildhauerei zur Darstellung gelangen, Worte zu leihen.

Es möge noch erwähnt sein, dass dann und wann auch Schnitzereien angebracht werden, wo sie sich aus besonderen Gründen verbieten, so z. B. auf Flächen, die man als Ebene braucht, wie Tischplatten. Auch Klaviere gewinnen für ihren Ton nichts, wenn sie reiche Schnitzereien erhalten, wohl aber können sie dabei verlieren.

Eine Anzahl von Abbildungen mustergültiger Schnitzereien für Möbelzwecke möge auch dieses Kapitel illustrieren.

Fig. 34 zeigt einen verzierten Säulenschaft vom Chorgestühl in Wettingen in der Schweiz. Fig. 35 giebt vier kleinere Füllungen vom Chorgestühl in Dortrecht wieder und Fig. 36 eine Thürfüllung aus dem Rathaus zu Brügge. Fig. 37 bringt einen alten Kabinettschrank, Fig. 38 einen neuen Setzschirm mit reicher Schnitzerei, während Fig. 39 eine Thürfüllung vom Spielschrank des Kaisers Friedrich darstellt.

---

11. Der Kerbschnitt und der Flachschnitt.

(Fig. 40—46.)

Diese beiden Verzierungsweisen gehören nicht zur eigentlichen Schreinerei; sie finden aber immerhin am Mobiliar gelegentlich ihre Verwendung, und da beide Arbeiten nicht gerade schwierig sind, so mag sich auch gelegentlich der Schreiner selbst, wenn es ihm Spass macht, damit befassen. Andernfalls liefern Dilettantenhände, Schnitzerei- und Arbeitsschulen die gewünschten Füllungen oder verzieren nachträglich ein im übrigen fertiges Möbelstück.

Es sind hauptsächlich Tischplatten, Nipptische, Truhen, Kassetten und Bretterstühle, welche sich für diese Verzierung eignen; aber auch an Kastenmöbeln können einzelne Füllungen und Friese derart behandelt werden.

a) Der Kerbschnitt.

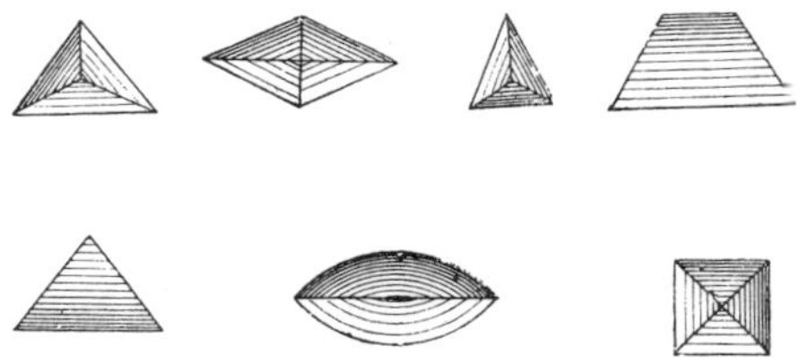

Fig. 40. **Verschiedene Formen von Kerben.**

Die Verzierung von Holzflächen vermittelst des Kerbschnittes ist eine uralte Sache. Sie gehört zu den wenigen Künsten, mit denen die Völker schon auf der niedersten Stufe der Kultur ihre Geräte zu schmücken pflegen, wie dies unsere ethnographischen Sammlungen zeigen. Vielerorts, so im Norden Europas, hat sich aus altersgrauen Zeiten her die Technik als Hausindustrie bis auf den heutigen Tag erhalten. Mit einfachen Mitteln, oft mit einem einzigen Messer, werden in die glatte Holzfläche verschieden gestaltete Vertiefungen, die Kerben, eingeschnitten und zu einem geometrischen Muster zusammengestellt. Das Prinzip des Kerbschnittes ist demnach: Flächenverzierung auf geometrischer Grundlage durch Tieferlegen einzelner Teile. Die Form der einzelnen Kerben beschränkt sich auf wenige Arten, aber durch entsprechende Reihung und Abwechslung lassen sich ungezählte Muster zusammenstellen, sei es in der Form von gemusterten Gründen (endloses Flächenornament), von Streifen und Bordüren (Bänder) oder von Rosetten, Dreiecken, Quadraten, Zwickeln (Füllungen). Werden diese verzierten Elemente in richtigen Wechsel und Gegensatz gestellt, durch glatt bleibende geometrische Trennungen abgeteilt und auseinandergehalten; kommen ferner noch aufgerauhte und gepunzte Flächen und ein markiger, gelungener Umriss des Ganzen hinzu, so lassen sich bei aller Einfachheit ganz herrliche Wirkungen erzielen.

Die einfachsten und häufigsten Formen der Kerben sind der Dreischnitt, der Vierschnitt, der Zweischnitt (Mandelform), der Keilschnitt und der Furchenschnitt. (Fig. 40.) Bedenkt man, dass beim Dreischnitt zwei Schnitte senkrecht und einer schräg, einer senkrecht und zwei schräg oder alle drei schräg erfolgen können und dass Aehnliches für die anderen Schnittarten gilt, so ergiebt sich schon eine grosse Zahl von Einzelformen, da die Dreiecke regelmässig, rechtwinkelig, stumpfwinkelig, gleichschenkelig etc., da die Vierecke Quadrate, Rauten, Rechtecke, Trapeze etc. sein können. Dazu kommen nun noch die Bögen, die Furchen (parallel, radial, längs-, quer-, schräglaufend); dazu die Unterbrechung der Kerben durch stehen bleibende Teile und ein Wechsel im Massstab der einzelnen Formen; dem Mathematiker wird es sofort klar sein, dass die Zahl der möglichen Kombinationen ins Endlose geht.

Als Material dienen weiche und harte Hölzer, vornehmlich Linde, Birnbaum, Nussbaum, Eichen und Buchsbaum, deren Wahl hauptsächlich durch den Massstab bedingt wird. Die Unterlage muss sauber, glatt und eben sein.

Die Zeichnung wird auf dem Gegenstand selbst ausgeführt mit Bleistift oder durch Aufreissen mit spitzen Instrumenten. Das Ueberpausen empfiehlt sich nicht, weil die geometrische Natur der Zeichnungen dabei leicht zu Ungenauigkeiten führt.

Als Instrumente benützt man verschiedenerlei Messer, Stecheisen und sog. Geisfüsse. Das einfachste Instrument, mit dem allein schon bei einer gewissen Beschränkung sich die Arbeit ausführen lässt, ist ein Schnitzmesser nach Fig. 41 a. Kommen dazu noch einige Stecheisen mit

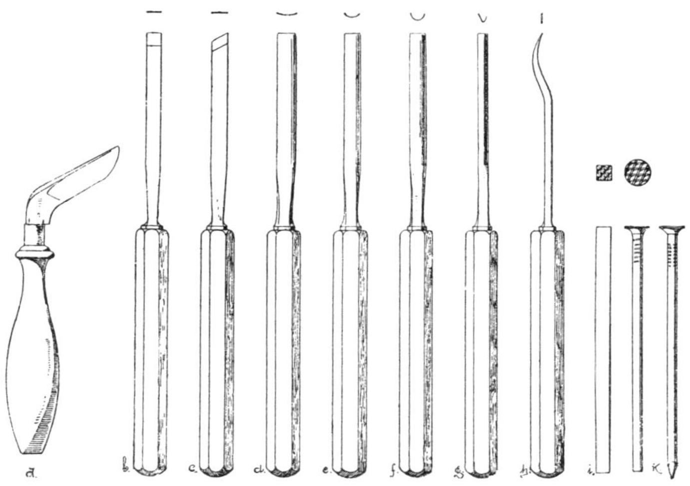

Fig. 41. **Werkzeuge für den Kerbschnitt.**

gerader und gerade abgeschnittener Schneide (gerade Eisen) (Fig. 41 b), mit gerader und schräg abgeschnittener Schneide (Balleisen) (c), mit schwach gebogener Schneide (Flacheisen) (d), mit mehr gebogener Schneide (Flachhohleisen) (e), mit halbkreisförmig gebogener Schneide (Hohleisen) (f), mit Λ förmiger Schneide (Geisfüsse) (g), gekröpfte Eisen (h) und ein oder mehrere Punzen für rauhe Gründe (i), so ist der Apparat in weitreichendstem Sinne bei einander. Als Punzen können zur Not auch grosse Drahtnägel dienen, deren ein oder anderes Ende benützt werden kann.

Eine unbedingte Notwendigkeit für eine tadellose Arbeit ist die gute Beschaffenheit der Werkzeuge und stetes Scharfhalten derselben. Sind dieselben erst einmal ordentlich angeschliffen, so lassen sie sich durch Nachschleifen auf dem Arkansasölstein leicht in Ordnung halten. Die auf das Schleifen zu verwendende Zeit bringt sich reichlich ein, durch schnelleres und genaueres Arbeiten.

Es kann nicht die Aufgabe dieser Zeilen sein, die eigentlichen Handgriffe lehren zu wollen. Wer nicht einen regelrechten Unterrichtskursus an einer Schule mitmachen will oder kann, der suche durch Zuschauen einer geübten Hand das Nötige abzulauschen und dann durch eigene

Versuche und fortgesetzte Uebung den nötigen Grad der Fertigkeit zu erreichen. Im Grunde genommen ist die Sache nicht so schwer, als sie aussieht.

Ein vollständiger Satz von Werkzeugen, mit Holzgriffen versehen und richtig angeschliffen, bestehend aus 17 Stück der oben genannten Eisen (englischer Stahl), kostet bei Heinrich Lange in Karlsruhe 13 M. 10 Pf.

Was die Vorbilder anbetrifft, so sei in erster Linie das folgende Werk empfohlen:

J. Koch, Der Kerbschnitt. 35 Vorlageblätter nebst erläuterndem Text. Karlsruhe, Bielefeldsche Hofbuchhandlung (Liebermann & Cie.) 12 M.

Fig. 42. **Kästchen in Kerbschnitttechnik** von F. Miltenberger.

b) Der Flachschnitt.

Diese Technik ist neueren Datums als der Kerbschnitt, weil sie schon eine entwickelte Pflanzenornamentik voraussetzt. Aus der gotischen Zeit sind uns aber zahlreiche Möbel erhalten, welche ihre Verzierung im Flachschnitt gefunden haben. Die Verzierungsweise ist ausserordentlich einfach, aber sehr wirksam, insbesondere wenn eine farbliche Nachhilfe eintritt, wie dies im Mittelalter und zur Zeit der Renaissance üblich war.

Das Wesen des Flachschnittes besteht darin, dass das eigentliche Ornament in der Ebene des Holzes stehen bleibt, während der Grund herausgestochen wird. Nach dem Aufbringen der Zeichnung werden die Umrisse eingeschnitten, worauf der Grund auf mehrere Millimeter Tiefe abgelöst und weggenommen wird. Da dieser Grund auf seiner Fläche nicht tadellos eben ist, wird er häufig gepunzt, d. h. mit einem entsprechenden Instrument punktiert und aufgeraht. Dieser Grund ist es dann auch, der mit Farbe ausgelegt oder vergoldet wird. Das Verfahren

Fig. 43. **Stuhllehne in Kerbschnitttechnik** von Prof. J. Koch.

bedingt eine lebendige, in den Umrissen wirkende Ornamentik. Spruchbänder und schraubenförmig sich umlegende Blattverzierungen sind die meist begünstigten Motive des Mittelalters. Als Instrument für Flachschnittarbeiten in grösserem Massstabe kann der gewöhnliche Stechbeitel dienen in Verbindung mit dem Schnitzer zum Vorschneiden der Umrisse. Für feinere Arbeiten wird man sich der in Fig. 41 dargestellten Werkzeuge je nach Bedarf bedienen.

Wir geben diesem Kapitel einige Illustrationen bei, die das Vorgebrachte erläutern mögen. Fig. 42 stellt eine Kassette dar, deren Verzierung der Hauptsache nach durch Kerbschnitt bewerkstelligt ist. Fig. 43 zeigt eine Stuhllehne, ebenfalls in dieser Technik ausgeführt.

Die beiden gotischen Flachschnitzereien Fig. 44 und 45 sind dem Paukertschen Werke „Die Zimmergotik in Tirol“ entnommen.

Fig. 44. **Gotische Flachschnitzerei.** Aufgenommen von F. Paukert.

In Bezug auf Kerb- und Flachschnitt siehe auch die Anzeigen zu Schluss des Buches.

Sehr zweckmässig bei der Herstellung von Holzschnitzereien sind die französischen Hobelbankhaken, von welchen Fig. 46 rechts die gewöhnliche Form abbildet. Dieser Haken

Fig. 45. **Gotische Flachschnitzerei.** Aufgenommen von F. Paukert.

ist in französischen Schreiner- und Bildhauerwerkstätten allgemein üblich, war es bis vor kurzem auch bei uns, und es ist schwer zu sagen, warum diese billige und einfache Vorrichtung heute so wenig mehr in Gebrauch ist. Der Werktisch, dessen Platte eine Stärke von mindestens 6 cm haben muss, enthält eine Anzahl zylindrischer Durchbohrungen, die nur wenig weiter sind als der ebenfalls zylindrische Schaft der Haken. Soll nun ein Brett oder Aehnliches auf dem Tisch befestigt werden, so wird es in passender Weise zwischen zwei Durchbohrungen gelegt; die Haken werden in die letzteren eingesteckt und nun genügt ein ordentlicher Schlag mit dem Hammer auf das Winkeleck des Hakens, um die feste Einspannung zu bewirken. Der federnde Arm drückt das Arbeitsstück an und der Schaft des Hakens klemmt sich in der Durchbohrung fest, indem er sich etwas schräg stellt und auf die Wandungen derselben drückt. Ein Schlag von unten her auf den Schaft löst die Verbindung ebenso rasch wieder auf. Der mittlere Haken der Fig. 15 ist mit einem Exzenterhebel versehen, wobei dann das Aufschlagen mit dem Hammer in Wegfall kommt. Die Figur links zeigt einen Haken mit scharnierartig beweglichem Arm, der durch eine Stellschraube angedrückt wird. Diese Vorrichtungen empfehlen sich insbesondere bei Herstellung von Flachschnitzereien etc. Die Haken haben ein Gewicht von 2—4 Kilo und eine Schaftstärke von 20—30 mm. (Von dem Werkzeuggeschäft E. Straub in Konstanz beziehbar.)

12. Die Einlegearbeit (Intarsia).

(Fig. 47—54.)

Die Einlegearbeit ist neben oder mit der Holzschnitzerei die wichtigste Verzierungsart für die Werke der Schreinerei, wenn diese in ihrer Erscheinung über das Gewöhnliche hinausgehen und einen gewissen Reichtum zeigen sollen.

Es lassen sich verschiedene Systeme der Einlegearbeit unterscheiden, von denen jedes seine Eigenheit in Bezug auf Herstellung und Wirkung aufweist.

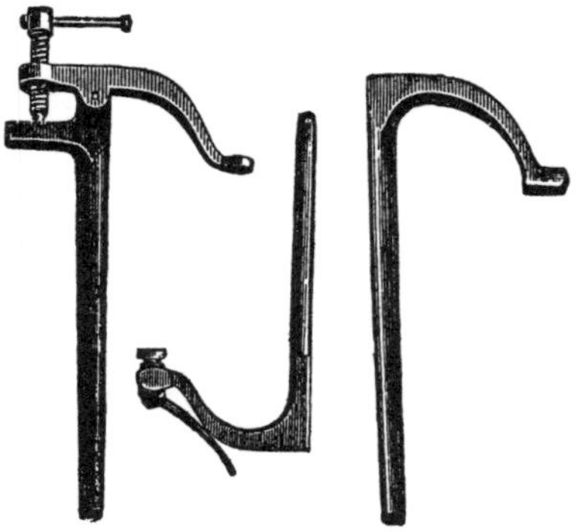

Fig. 46.
Französische Hobelbankhaken verschiedener Konstruktion.

Da haben wir zunächst das System der Inkrustation. Es werden Vertiefungen im Holz angebracht, einzelne Teile der Fläche herausgenommen und durch andere Stoffe wieder ausgefüllt. Dieses System ist bei uns zur Zeit kaum in Uebung, dagegen blüht es noch vereinzelt in Italien und hauptsächlich im Orient, wo es allem Anschein nach auch seine Entstehung hat. Vornehmlich kommen in Betracht geometrische und sternförmige Muster, die entstehen, indem kleine Stückchen von Elfenbein, Perlmutter und ähnlichen Stoffen eingekittet werden. Auch das Einschlagen von Metallstiften und Metalllinien ist hierher zu zählen. Bekannt sind die aus Mailand und Toskana kommenden Certosinermöbel, die nach dem Prinzip der Inkrustation verziert sind, kleine Tische, Stühle etc.

Ein anderes System ist das mosaikartige Zusammensetzen von Holzstückchen zu geometrischen Band- und Flächenmustern. Auch hierbei werden neben dem Holz vielfach andere Stoffe, wie beispielsweise Elfenbein, verwendet. Die Musterung ist meist klein und von guter Wirkung. Das Holzmosaik ist ebenfalls im Orient beliebt, ist auch schon frühzeitig in Europa zur Anwendung gelangt und wird heute noch geübt, besonders für Tischplatten und die Inneneinrichtung von Schränken, Nähtischen, Schreibtischen u. a. Man bezeichnet derartige Arbeiten bei uns gewöhnlich als „Marqueterien“, also mit dem französischen Ausdruck für die Einlegearbeit. Während die Einzelteile bei der gewöhnlichen Art mit dem Hobel bearbeitet und mit dem Messer zugeschnitten werden, bevor man sie zusammenfügt, so sind neuerdings auch fertige, hübsche Muster im Handel, die fabrikmässig hergestellt werden. Es werden behufs ihrer Herstellung kantig zugerichtete Stäbchen zu einem Block verleimt. Dieser Block wird der Quere nach in einzelne Furniere zersägt, welche dann alle das betreffende Muster zeigen.

Bei dieser Art von Arbeiten können, da sie gewöhnlich ein kleines Muster haben, lebhaft kontrastierende Hölzer verwendet werden und auch solche, die gefärbt sind. Auch Elfenbein und Perlmutter, die, sonst mit dunkeln Hölzern verbunden, leicht „schreiend“ wirken, geben in kleinem Massstab eine gute Wirkung, ebenso metallische Linien.

Das dritte System der Einlegearbeit ist die Intarsia. Mit diesem italienischen Ausdruck bezeichnet man speziell das Einlegen verschiedener Hölzer zu Ornamentkomplexen pflanzlicher oder figürlicher Art, da es die italienische Renaissance gewesen ist, welche dieses System zu höchster Blüte entwickelt hat. Die deutsche Renaissance hat sich übrigens dieser Verzierung auch bedient, nur sind ihre Muster gewöhnlich derber. Beide Stile haben auf ihre Art ganz Vor-

Fig. 47. **Italienisches Chorgestühl im Berliner Museum.**

zügliches geleistet, wie es in Italien vor allem die Stuhlwerke der Kirchen, in Deutschland die Täfelungen der Rats- und Innungsstuben, die Einrichtungen der Schlösser und reichen Bürgerhäuser, sowie die Einzelmöbel jener Zeit zeigen. Die italienische Renaissance begnügt sich für

Fig. 48. **Truhe aus Tirol.**

gewöhnlich mit zwei Holzarten, während bei uns mehrfarbige Zusammenstellungen nicht selten sind. Die Abschattierung mittels Anbrennens beschränkt sich in Italien auf die figürlichen, landschaftlichen und architektonischen Mittelstücke, während bei uns auch öfters die ornamentalen Ranken in dieser Weise abgetont und gewissermassen zur plastischen Wirkung gebracht wurden.

Fig. 49. Schrank aus dem Museum zu Köln.

Zwei verschiedenfarbige Furniere werden zusammen befestigt, indem man sie am Rand aufeinanderstiftet oder unter Anwendung einer Zwischenlage von weichem Papier miteinander verleimt. Nach dem Aufbringen der Zeichnung, die aufgepaust oder mitsamt dem Papier aufgeklebt wird, findet ein möglichst genaues, gemeinsames Aussägen statt. Für kleine Arbeiten kann dies mit dem gewöhnlichen Laubsägebogen auf dem aufgeschlitzten Sägebrett geschehen. Grössere Arbeiten werden auf besonders gebauten Sägemaschinen oder Sägetischen gesägt, nachdem die benötigten Löcher zum Einführen des Sägeblattes mit dem Drillbohrer vorgebohrt oder mit einer Ahle vorgestochen sind. Die beim Sägen nach und nach ausfallenden Teile werden sorgfältig gesammelt und, wenn eine Verleimung stattgefunden hat, mit einem breiten, dünnen Messer in die zwei verschiedenen Teile gespalten. Durch richtiges Auswechseln der Einzelteile erhält man zwei Intarsien, die beabsichtigte und die Gegenintarsia. Die eine zeigt das Ornament hell auf dunklem Grunde, die andere umgekehrt. Die erstere war in Italien die weitaus bevorzugte. Oefters lassen sich auch beide benützen; so sind z. B. die Thüren des Berliner Rathauses so gehalten, dass die Innenseite die eine, die Aussenseite die andere Art trägt. Die Verbindung zu einem festen Stück wird erzielt, indem man nach dem Zusammenlegen der Einzelteile ein stark geleimtes Papier aufpresst. Die Sägefugen, die übrigens sehr schmal sind, da die Sägeblätter wie ein vierkantiger Draht aussehen, werden mit einem Kitt ausgestrichen, den man aus Leim und feinstem Sägmehl herstellt und, wenn nötig, mit feingepulverter Holzkohle färbt. Die weitere Behandlung unterscheidet sich von der gewöhnlichen Furnierarbeit kaum mehr.

Fig. 50. **Münzschrank von Boulle.**

Von anerkannt guter Wirkung ist die Zusammenstellung von folgenden Hölzern: Mahagoni mit Schwarz, Nussbaum mit Birnbaum, Palisander mit Oliv, Ungarisch-Eschen mit Nussbaum, Messing mit Schwarz etc.

Wenn die Intarsia mehr als zwei Farben zeigen soll, so sind entweder mehrere Furniere zu verbinden und zusammen auszusägen, oder wenn dies nicht angeht, so wird das Ganze in einzelne Partieen zerlegt von je zwei Blättern. Bei ganz exakter Arbeit kann auch ein Stück für sich gesägt und in das übrige eingelegt werden, was auch geschehen muss, wenn ein Einzelstück verloren gegangen ist. Dass Stücke zerbrechen hat nichts zu sagen, weil nach dem Verleimen gewöhnlich keine Spur des Risses bleibt.

Man kann übrigens auch zwei- und mehrfarbige Intarsien aus einem einzigen Furnier herstellen, wenn man die ausfallenden Einzelteile entsprechend beizt oder färbt, bevor man sie wieder einsetzt.

Gute Verbindungen zu drei Farben sind: Nussbaum, Ungarisch-Eschen und Schwarz; Thuya, Birnbaum und Palisander; Mahagoni, Amboina und Schwarz etc.

In reichere Intarsien, hauptsächlich wenn sie figürlicher Art sind, werden auch Elfenbein, Perlmutter und Metalle eingeführt; ebenso sind gefärbte Hölzer nicht gut zu umgehen. Es ist dann darauf Rücksicht zu nehmen, dass die letzteren zu verschiessen pflegen, während die Naturhölzer nachdunkeln. Grellfarbige Teile müssen in der Ausdehnung beschränkt werden, da sie sonst die Gesamtwirkung stören. Auch ist die ganze Ornamentik der Intarsiatechnik anzupassen, da diese ihren eigenen Stilcharakter beansprucht.

Wenn im allgemeinen die Intarsia ein Flachornament bleiben soll, so können immerhin auch abschattierte Arbeiten einen guten Effekt geben. Das Abschattieren der Einzelteile geschieht durch Anbrennen mit dem Lötrohr und der Spiritus- oder Gasflamme. Oder es erfolgt durch Eintauchen derselben in scharfen Sand, der in einem eisernen Gefäss hochgradig erhitzt wird,

Fig. 51. **Tischplatte aus dem Jahre 1614.**

am Boden stark, oben wenig. Das einfachste Verfahren ist die nachträgliche Abschattierung vermittels der Holzbrandtechnik (vergl. Artikel 14). Metalle, Elfenbein, Perlmutter etc. können graviert und geätzt werden; helle Hölzer kann man mit Höllensteinlösung dunkel ausschraffieren.

Die Herstellung von Mondscheinlandschaften in Perlmutter etc. ist Spielerei, die am Mobiliar keine Verwendung finden sollte.

Als tüchtige Intarsiaschneider können für vorkommende Fälle auf das beste empfohlen werden: H. Maybach in Karlsruhe und Macco in Heidelberg.

Gute Vorbilder finden sich in verschiedenen Sammelwerken, welche die italienischen und deutschen Renaissancearbeiten zusammenstellen, so u. a. bei:

V. Teirich, Ornamente aus der Blütezeit der italienischen Renaissance. Wien, Beck. 25 Tafeln mit Text. 40 M.

M. Meurer, Italienische Flachornamente aus der Zeit der Renaissance. Die Lieferung zu 12 Tafeln 5 M. Karlsruhe, Veith.

Fig. 52. **Adressenschrein** von B. Grothues und H. Maybach in Karlsruhe.

W. Rhenius, Eingelegte Holzornamente der Renaissance in Schlesien. 1550—1650. 20 Tafeln. 16 M. Berlin, Wasmuth.

Ausserdem findet sich manches zerstreut in Hirths Formenschatz, Seemanns deutscher Renaissance, Engelhorns Musterornamenten aller Stile etc.

Sehr schöne moderne Intarsien sind zu finden bei:

L. Caspar, Vorlagen zu Holzintarsien in verschiedenen Stilarten. 20 Tafeln. 20 M. Dresden, Gilbers.

Fig. 53. **Schmuckkästchen.** Entworfen von Dir. H. Götz.

Besondere Formen der Einlegearbeit, die noch zu erwähnen wären, sind die Bouletechnik und die Ebenistenarbeit, die der Zeit nach später sind als die eigentliche Intarsia. Charles André Boule, ein geborener Deutscher, Namens Buhl, gestorben in Paris anno 1732, gilt als Erfinder der nach ihm benannten Technik, welche als ein Einlegen von Schildpatt und Messing oder Kupfer gelten kann, wobei die Metalle durch Gravierung weiter verziert wurden und an Stelle der Bildhauerei Metallapplikaturen traten. Es sind hauptsächlich in Frankreich gefertigte Konsoltische, Postamente und Uhrgehäuse, die diese Technik aufweisen.

Als Ebenistenarbeit bezeichnet man jede feine Einlegearbeit in kleinem Massstabe, besonders aber die gravierten Elfenbeineinlagen, wie sie an den Schäften der Schusswaffen und an anderen Geräten, aber auch für kleinere Möbel beliebt waren. Tischplatten, Schmuckkästchen, Tresorschränke, Hausapotheken und Aehnliches wurden in diesem Sinne ausgeschmückt.

Zur Erläuterung sind dem Texte dieses Kapitels einige Illustrationen beigefügt. Fig. 47 zeigt ein italienisches Chorgestühl von Pantaleone de Marchis, jetzt im Museum zu Berlin. Fig. 48 bringt eine Tiroler Truhe aus Kiefernholz mit Einlagen von Nussbaum und Palisander, Fig. 49 einen Schrank aus dem Museum zu Köln (deutsche Renaissance). Fig. 50 giebt einen von Boule gearbeiteten Münzschrank und Fig. 51 eine mit Elfenbein in Ebenholz zierlich eingelegte Tischplatte aus dem Jahre 1614 wieder. Fig. 52 stellt einen Adressenschrein und Fig. 53 ein reich eingelegtes Schmuckkästchen aus unseren Tagen dar, die von Dir. H. Götz entworfen sind. Die Einlegearbeiten sind ausgeführt von Bildhauer Maybach in Karlsruhe, einem ganz vortrefflichen Intarsiaschneider, der jeder Aufgabe auf diesem Gebiet gewachsen ist. Die diesen Zeilen folgende Abbildung zeigt ein Intarsiaornament, geeignet für einen kleinen Fries oder ein Schubladen-Vorderstück. (Fig. 54.)

Fig. 54. **Intarsiaornament.**

13. Die Reliefintarsia.

(Fig. 55.)

Die Reliefintarsia ist die Vereinigung der Einlegearbeit und der Holzbildhauerei, und da diese beiden zu den wirksamsten Verzierungen des Mobiliars gehören, so ist es nicht zu verwundern, dass ihre Verbindung ein sehr wertvolles Dekorationssystem abgiebt, geeignet, den plastischen Effekt mit dem farblichen gemeinsam zur Geltung zu bringen. Die Anwendung der Reliefintarsia scheint neueren Datums zu sein; wer der Erfinder, der erste Ausübende war, ist den Verfassern nicht bekannt geworden.

Die Technik ergiebt sich aus dem Vorangegangenen eigentlich von selbst. Die zu schnitzenden Hölzer verschiedener Farbe werden nach dem Prinzip des Einlegens aneinandergereiht und miteinander verbunden, wobei die Furniere naturgemäss durch entsprechend dicke Brettchen oder Blöcke zu ersetzen sind. Aus diesem Grunde kann durchschnittlich von einem hohen Relief, wenigstens bei grossen Massstäben, nicht wohl die Rede sein. Die Reliefintarsia wird stets mehr oder weniger den Charakter des Flachreliefs zeigen. Die Herstellung ist keine leichte und erfordert sehr geschickte Hände; schon aus diesem Grunde sind die betreffenden Arbeiten nicht billig, und dementsprechend wird die Reliefintarsia weniger für einfache und wenigfarbige Muster benützt, sondern für reiche, mehrfarbige Füllungen figürlicher Art etc. vorbehalten. Allegorische Darstellungen, Puttengruppen in der Weise Bouchers, heraldische Stücke und Aehnliches sind die bevorzugten Entwürfe,

Fig. 55. **Staffelei mit Albumkasten.**
Entworfen von L. Kaspar, ausgeführt von E. Seeger in Mannheim.

welche auf den Ausstellungen der letzten Jahrzehnte zum Teil in ganz vorzüglicher Ausführung zur Schau gebracht wurden. So haben u. a. die Bildhauer Maybach und Schaupp in Karlsruhe im genannten Sinne zusammen gearbeitet und Stücke von hervorragender Bedeutung geschaffen.

Für nackte Körperteile dient helles Birnbaumholz, welches allerdings etwas zu viel nachdunkelt, aber immerhin am geeignetsten erscheint; für Gewandungen und die übrigen Zuthaten werden die Hölzer je nach Bedarf und in Rücksicht auf eine gute Farbenzusammenstellung gewählt. Selbstredend ist das Nebenhergehen von gewöhnlicher Schnitzerei und gewöhnlicher Intarsia an ein und demselben Möbel nicht ausgeschlossen. Man spart die Reliefintarsia in diesem Falle für die bevorzugten Stellen, für den Haupteffekt auf. Wir glauben dieses Kapitel am besten zu illustrieren, indem wir die Abbildung einer Staffelei beigeben, welche nach dem Entwurf von L. Kaspar von Möbelfabrikant E. Seeger in Mannheim ausgeführt worden ist und von den Frauen dieser Stadt dem Erbgrossherzog von Baden und dessen Gemahlin zur Hochzeitsfeier überreicht wurde. (Fig. 55.)

14. Der Holzbrand.

(Fig. 56—59.)

Die Holzbrandtechnik hat mit der Schreinerei ebenfalls keinen unmittelbaren Zusammenhang. Es werden aber neuerdings vielfach die Arbeiten der Bau- und Möbelschreinerei mittels dieser Technik verziert, so dass ihre Kenntnis für den Schreiner nicht überflüssig erscheint, wenn

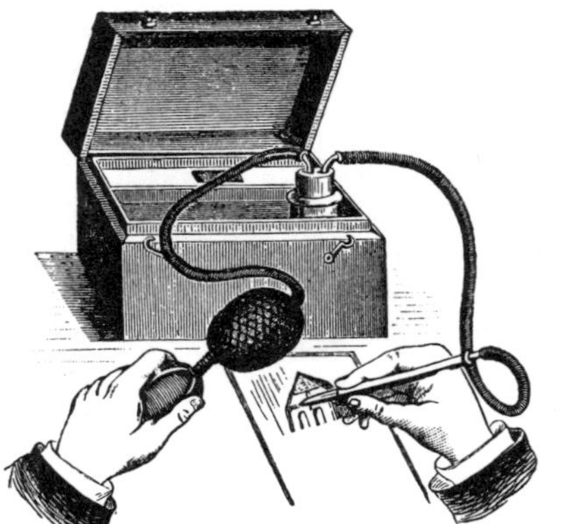

Fig. 56. **Holzbrandapparat für Handbetrieb.**

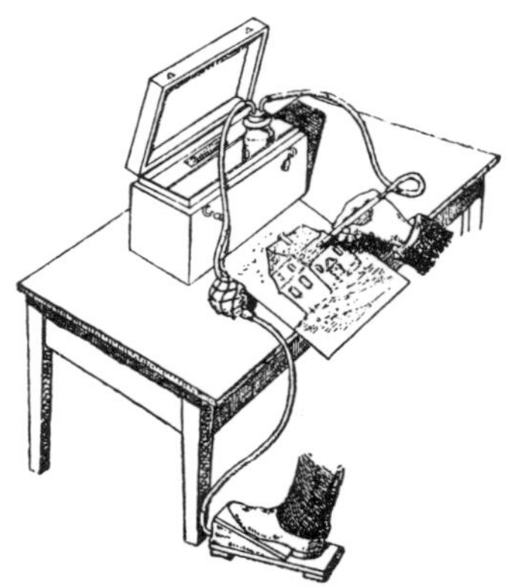

Fig. 57. **Holzbrandapparat für Fussbetrieb.**

er diese Verzierung auch nicht selbst zur Ausführung bringt, sondern durch geübtere Hände besorgen lässt.

Für den Schmuck vermittels Holzbrand sind besonders geeignet die Füllungen im Täfelwerk von Speisezimmern und Kneiplokalen, die Füllungen an Truhen, Kassetten und Büffettschränken. Auch die Rücklehnen der Bretterstühle lassen sich in der genannten Art hübsch dekorieren.

Schon im Altertum und im Mittelalter wurden Holzgegenstände gelegentlich durch Anbrennen mittels glühender Metalle verziert. Auch das Aufpressen gravierter glühender Stempel ist eine längst geübte Sache. Auf diesem Wege werden z. B. die Fässer gezeichnet und numeriert und die Zigarrenkisten mit Schriften und Verzierungen versehen. Von einer allgemeinen, kunstgewerblichen Ausbeutung des Holzbrandes, wie die Technik der Kürze halber fortan benannt sein soll, kann aber erst seit etwa 25 Jahren die Rede sein. Auf der Ausstellung in München im Jahre 1876 machte eine grössere Holztafel Aufsehen, welche vermittels des Holzbrandes reich verziert war.

Die ursprüngliche Methode war etwas umständlich. Eine Anzahl eiserner, in Holzgriffe gefasster Stifte wurde auf einem kleinen Gasherde abwechslungsweise glühend gemacht und zum

Fig. 58. **Wandschränkchen** von R. Oreans. (Bad. Gew.-Ztg.)

Einbrennen der Zeichnung benützt. Späterhin kam ein findiger Kopf auf den Gedanken, zu dem genannten Zwecke einen nach Angabe von Dr. Paquelin-Paris konstruierten Apparat zu benützen, der in der chirurgischen Medizin seine Einführung gefunden hatte. Das Prinzip des Apparates ist folgendes. Der Brennstift ist hohl und enthält fein verteiltes Platin, den sog. Platinschwamm. Wird der Stift einmal angeglüht und dem Platinschwamme hernach fortdauernd Kohlenwasserstoffgas zugeführt, so bleibt der Stift glühend, solange eben diese Zufuhr anhält.

Die Ausstattung des Apparates ist demnach folgendermassen beschaffen. Eine Gebläsevorrichtung — sei es das bekannte gewöhnliche Handgebläse mit dem doppelten Gummiball, sei es ein mit dem Fuss zu tretender Blasebalg oder eine kleine Zentrifuge — wird mittels eines Gummischlauches mit einer halbgefüllten, Benzin enthaltenden Flasche verbunden. Durch einen zweiten Gummischlauch wird das verdunstende Benzin in das Innere des Stiftes über den Platinschwamm geführt, wie dies die beigegebenen Abbildungen näher erklären. (Fig. 56 und 57.)

Für die Zwecke des Holzbrandes muss der Apparat eine Grösse haben, die mit den beabsichtigten Dekorationen im Verhältnis steht. Für kleine Füllungen und Ziergegenstände genügt ein kleiner Apparat; zum Brennen von Wandtäfelungen und Möbeln hat man eine grössere Sorte nötig. Je nachdem der Stift mehr oder weniger erhitzt wird, werden die ausgeführten Striche

Fig. 59. **Zu Fig. 58 gehörig.** (Bad. Gew.-Ztg.)

tiefer, dunkler und kräftiger oder flacher, zarter und heller in der Farbe. Da man nun die Gaszufuhr mit der nötigen Uebung leicht verstärken oder schwächer halten kann, so leistet der Stift, was er je nach Bedarf soll. In der Regel soll er über die Rotglut nicht erhitzt werden. Die Benzinflasche wird nur teilweise gefüllt, damit kein flüssiges Benzin zum Platinschwamm hinübergelangt. Angeglüht wird der Stift über einer Spiritus-, Gas- oder anderen Flamme. Wenn der

Apparat ausser Gebrauch ist, wird die Benzinflasche mit einem gewöhnlichen Pfropf verschlossen um das Verdunsten zu verhüten.

NB. Mit Benzin sei man vorsichtig, da seine Dämpfe am Licht sich leicht entzünden; man fülle die Flasche bei Tage.

Das Fussgebläse, der Tretebalg, hat vor dem Handgebläse den Vorzug, dass beide Hände für die Zeichnerei frei bleiben. Die Paquelinschen Apparate sind in verschiedener Grösse und Ausführung von verschiedenen Seiten aus im Handel, wonach auch die Preise wechseln.

Als Unterlage, als Material für den Holzbrand, kann jede glatte Holzfläche benützt werden; am geeignetsten sind Hölzer mit gleichmässigem Gefüge, die dabei eine gewisse Härte haben, also Birnbaum, Ahorn, Zirbelkiefer etc.

Die Zeichnung wird auf dem Holze selbst entworfen oder in der gewöhnlichen Weise übergepaust.

Die Manier der Darstellung liegt etwa in der Mitte zwischen einer derben, kräftigen Federzeichnung und der Bleistift- oder Kreidestrichmanier, da sich nicht nur scharfe, dunkle, frische, sondern auch weiche, abgetonte Strichlagen herstellen lassen, je nachdem der Stift mehr oder weniger glühend ist und je nachdem ein mehr spitzer oder mehr flacher Stift benützt wird. (Es werden den Apparaten gewöhnlich verschiedene Stifte beigegeben, die abwechselungsweise zu benützen sind.)

Eine gewisse Derbheit ist der Sache stets besser angepasst, als eine pünktliche, kleinliche Ausführung, worauf schon bei der Wahl des Darzustellenden zu achten ist.

Fig. 60. **Sessel im Stile Henri II.**, von Roudillon in Paris. (Wiener Weltausstellung.)

Die Verzierung kann der verschiedensten Art sein, ornamental, figürlich, landschaftlich etc. Heraldische Dinge, skizzenhafte Landschaften, Spruchbänder mit passender Ornamentik sind wohl geeignet.

Soll der Holzbrand mit der Holzmalerei vereinigt werden, so empfiehlt sich ein lasurartiges Bemalen (mit Aquarell- oder Oelfarben) nach oder vor der Aufbringung des Holzbrandes. Auch farbig eingelegte Intarsien lassen sich nachträglich mittels des Holzbrandes wirkungsvoll ausgestalten, wofür Fig. 59 ein Beispiel ist.

Zur Möbelverzierung geeignete Vorbilder für Holzbrand finden sich in dem Werke von J. Tapper, Entwürfe zu praktisch verwendbaren Objekten der Holzbrandtechnik. Waldheim Wien. 40 Tafeln. 36 M.

15. Textilstoffe für Möbel.

(Fig. 60—63.)

Obgleich das Gebiet der Polstermöbel eigentlich mit dem Schreinerbuch wenig zu schaffen hat, so dürfte eine kurze Besprechung der Möbelstoffe doch angezeigt erscheinen, weil sie ein wichtiger Faktor der äusseren Erscheinung des Mobiliars sind. Dabei wollen wir uns auf die Technik des Polsterns, auf die Tapezierarbeit jedoch nicht einlassen.

Fig. 61. **Armsessel** von Roudillon in Paris. (Wiener Weltausstellung.)

Man hat zu gewissen Zeiten die Möbel, besonders Stühle und Tische, auf der gesamten Oberfläche mit Stoff bekleidet und huldigt ausnahmsweise dieser Mode auch heute noch (vergl. Fig. 60). Diese Möbel mögen im Gebrauch etwas Angenehmes haben, aber schön sind sie nicht. Ein anderes Prinzip ist dasjenige des orientalischen Diwans, welcher die nötige Holzkonstruktion überhaupt nicht mehr sichtbar lässt und die Sitz- und Ruhemöbel gewissermassen in eine Kissenanhäufung verwandelt. Darauf beruhen denn auch unsere zweckmässigsten Ruhebetten und Sorgensessel, die völlig überpolstert sind. Die Gestelle liefert die Fabrik: das übrige besorgt der Tapezier. Wo aber die Bequemlichkeit zurücktreten muss zu gunsten eines architektonischen Aufbaues und einer direkten Anpassung an das übrige Mobiliar, da wird dieser Aufbau auch am besten als Holz belassen; er wird zum Rahmen der Polsterung. Unter allen Umständen darf aber der praktische Gebrauch nicht ganz ausser Augen gelassen werden. Man soll kein Sofa bauen, auf dem das Liegen unmöglich, und keine Sessel, auf denen das Sitzen zur Qual wird. Man muss eben Holz und Polsterung so anordnen, dass der Körper wohl mit der letzteren, aber nicht mit dem ersteren in Berührung kommt.

Die Art der üblichen Möbelstoffe ist mannigfaltig. Es giebt glatte, gemusterte und abgepasste Stoffe. Man verwendet Seide, Wolle, Baumwolle, Jute, seltener Leinen und was in diese Richtung fällt. Man benützt Stoffe, die ihre Musterung durch die Webart, und solche, die sie durch Bedrucken und Pressung, durch Stickerei und Applikationsarbeit erhalten.

Das Vornehmste, was wohl als Möbelüberzug verwendet wird, sind abgepasste Gobelins; diesen Luxus leistet man sich in Frankreich, bei uns jedoch nur vereinzelt. Imitierte Gobelinstoffe werden dagegen umsomehr benützt. Seidenstoffe werden selten einfarbig, wohl aber gemustert verwendet. Die zum Teil recht schweren und kostbaren Stoffe stammen aus Lyon, Genua, Paris, Wien etc. und kommen von dort aus in den Handel. Brokatstoffe sind als

Möbelbezug wenig geeignet. Sammetstoffe sind wenig benützt. Dagegen ist der Plüsch, insbesondere der Seidenplüsch, ein Möbelstoff von vorzüglicher Wirkung, hauptsächlich in roten, braunroten, violetten, dunkelblauen und olivgrünen Schattierungen. Gewagter sind hellrote, hellblaue und gelbe Farben. Ein allgemein benützter, einfarbiger Möbelstoff ist der Wollrips in vielen Farben und Schattierungen; der viel kostbarere Seidenrips wird dagegen wenig verwendet. Ein dauerhaftes (abgesehen von den Motten) und empfehlenswertes Material ist Tuch, besonders kommen in Betracht die grauen und rehfarbenen Eisenbahntuche und das rote und blaue französische Militärtuch. An gemusterten Stoffen sind eine Menge von Fabrikaten, aus Seide, Wolle, Baumwolle und Leinen zusammengesetzt, als Möbelstoffe im Handel, die hier nicht einzeln aufgeführt werden können.

Fig. 62. **Sessel von Ebenholz, mit Elfenbein eingelegt.** Nach Entwurf von J. Storck ausgeführt von J. Haas & Söhne in Wien.

Billigere Möbelstoffe sind: der gepresste Plüsch, der Juteplüsch, die gemusterten Jutestoffe, die bedruckten Baumwollstoffe.

Echte orientalische Teppiche kommen auch in Anwendung, vornehmlich die sogenannten Kameltaschen mit ihren abgepassten Mustern. Sie werden vielfach imitiert, wie das orientalische Teppichwesen überhaupt.

Auch Wachstuch, Kalbleder, Rehleder etc. finden gelegentlich Verwendung für Lehnsessel und Polstermöbel überhaupt. Dem gepressten Leder wird übrigens ein besonderes Kapitel gewidmet sein.

Was die Musterung betrifft, so ist dieselbe gewöhnlich in Ordnung in Bezug auf Stoffe, die speziell für Möbelzwecke gefertigt werden. Es kommt aber auch vor, dass andere Stoffe benützt werden, um einen Einklang mit Portieren und Vorhängen zu erzielen, so dass dann der Vorhangstoff als Möbelstoff dienen muss. Da kann es dann sein, dass das Muster viel zu gross oder überhaupt unpassend ist. Ein Gleiches gilt für gewisse Seidentapeten aus Genua und Lyon, die an und für sich sehr schön sind, aber für Möbel sich nicht eignen. Die Figuren 61 und 62 zeigen zwei Polstersessel, von denen der Bezug des ersteren entschieden zu gross im Muster ist, während der des anderen richtig gewählt erscheint. Aber nicht nur zu grosse, sondern auch zu naturalistische und im Muster zu bewegte Motive verbieten sich. Ruhige, eher kleine als grosse Muster ohne grelle Wirkung sind das Richtige.

Muster mit bestimmt ausgesprochener Richtung, aufwachsende Muster, können natürlich nur mit Wahrung dieser Richtung benützt werden; sie dürfen nicht gestürzt werden und auch nicht z. B. auf dem Sofasitz und Sofarücken der Länge nach aufgebracht werden. Es ist dies eigentlich selbstverständlich; die Erfahrung lehrt aber, dass eine derartige Bemerkung nicht überflüssig ist.

Meistens trifft ja nicht der Schreiner oder Fabrikant, sondern der Besteller die Wahl des Stoffes; erstere sollten aber nur solche Stoffe zur Wahl führen, die sich auch wirklich zum Möbelbezug eignen.

Der Möbelüberzug soll zur Tapete passen; das geht aber den Möbelfabrikanten nichts an, wenn er die Tapete nicht kennt. Der Ueberzug soll aber auch zum Holz passen, und das geht ihn wohl an. Es ist gewiss nicht einerlei, ob ich ein und denselben Stoff auf schwarzgebeizte oder auf Ahornmöbel aufbringe. Weniger gross ist der Unterschied in Bezug auf Eichen- und Nussholz. Es lassen sich hierüber keine festen Regeln geben; die Entscheidung ist Sache des

Fig. 63. **Applikaturarbeit,** Frauenerwerbschule Ischl.

Geschmackes. Allgemein lässt sich nur sagen, dass gar zu grosse Kontraste zu vermeiden sind, und die Erfahrung gezeigt hat, dass zu dunkelbraunem Holze olivfarbene und blaue Stoffe wohl passen, dass zu schwarzem Holze alles passt, was nicht gar zu grell absticht, und dass man zu hellfarbigen Hölzern am besten Stoffe nimmt, die etwas dunkler als das Holz sind und annähernd dieselbe Schattierung der Farbe haben oder zu den sog. Komplementärfarben gehören.

Zu schwarzem Holze, zu Palisander, Mahagoni und feinen Hölzern überhaupt passen feine Stoffe, Seide, Seidenrips, Atlas. Zu Eichenholz eignen sich gröbere Stoffe, wie Tuche, Wollrips, Teppichstoffe. Nussbaum hält etwa die Mitte; es steht sehr gut neben Seidenplüsch, der als Van-Dyck bezeichnet wird, vorausgesetzt, dass das Holz nicht zu hell ist.

Stickereien jeglicher Art müssen sich nach dem gegebenen Fall richten. Hübsch sind hell umränderte Applikationen von Atlas auf Tuch, Goldstickereien in zierlichen Ranken auf Seide etc. Derartige Dinge sind im Stile der allerneusten Richtung mit Recht wieder sehr beliebt und werden in originellen stilisierten und naturalistischen Mustern ausgeführt. (Fig. 63.)

Wenn die Möbelstoffe hauptsächlich im künstlichen Licht zur Geltung kommen sollen, in Ballsälen und Gesellschaftsräumen, so muss man in der Wahl der Farben hierauf Rücksicht nehmen. Im Lampenlicht wirken vornehmlich die sog. warmen Farben, also gelb, rot, orange, rotbraun, gelbgrün und spangrün, während die kalten Töne, also rosa, violett, blau und blaugrün, sehr verlieren.

Für den Bezug von Möbelstoffen aller Art seien hier u. a. nachfolgende Firmen empfohlen: Hermann Gerson in Berlin; F. A. Schütz in Leipzig; S. A. Hesslein & Cie. in Nürnberg; B. Ganz in Mainz; Dreyfuss und Siegel in Karlsruhe; Ph. Haas & Söhne in Wien; K. Giani jr. ebenda; G. und R. Hamot in Paris.

16. Nägel, Fransen, Gimpen, Quasten etc.

(Fig. 64.)

Es sieht nicht gut aus, wenn die Möbelstoffe unvermittelt an das Holz stossen. Es ist deshalb allgemein gebräuchlich, eine bandartige Einfassung zwischen beide einzuschieben und dieselbe mit Tapeziernägeln zu befestigen.

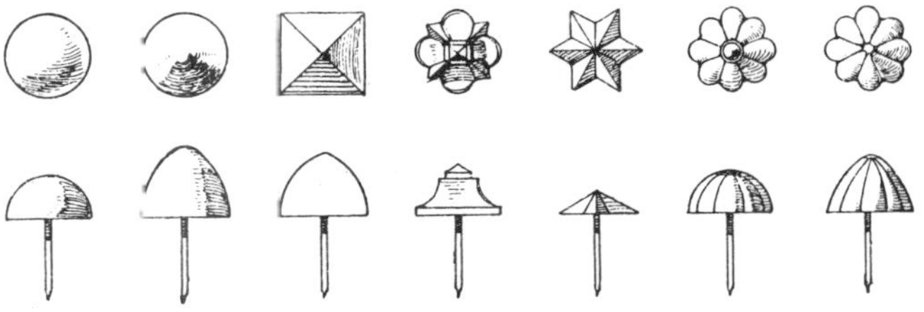

Fig. 64. **Tapeziernägel.**

Die Nägel haben neben dem Zweck der Befestigung zugleich die Bestimmung, dekorativ zu wirken und als Aufputz zu dienen. Die meist zur Anwendung gelangenden Nägel sind aus Messing, und die gangbarsten, einfachen Formen zeigt Fig. 64. Die Farbe des Messings passt zu den meisten Stoffen und Hölzern. Es giebt übrigens auch vernickelte, versilberte und vergoldete Nägel, glänzend und oxydiert, so dass man die Auswahl hat. Die Nägel mit Porzellanköpfen wirken hart und unschön und können an besseren Möbeln keine Verwendung finden. Kleine Nägel werden dichter, grosse in weiteren Abständen in gleichmässiger Verteilung gereiht. Man bezeichnet die band- und schnurartigen Einfassungen als Gimpen. An ihre Stelle treten häufig die Fransen, hauptsächlich horizontallaufend, wobei dann ein hängender Textilabschluss nach unten bewirkt wird (vergl. Fig. 60 bis 62). Während Gimpen und Fransen eine fortlaufende Endigung sind, so beschränkt sich dieselbe in der Quaste gewissermassen auf eine bestimmte Stelle. Quasten werden angebracht an den Stirnseiten von Kissenrollen, an den Ecken von vierseitigen Kissen, an den Enden von Schnurbehang, besonders aber an den Haltern für Vorhänge und Portieren. Die Quasten werden aber auch benützt zur Herstellung reichgebildeter Fransen in geknüpfter Arbeit etc. Es werden in dieser Beziehung heute reizende Passamenterien angefertigt, die von Wien, Paris und anderen Städten aus in den Handel kommen.

Da Gimpen, Fransen und Quasten zum Möbelstoff passen müssen, was am einfachsten erreicht wird unter Anwendung des nämlichen Materials und der nämlichen Farben, so ist es oft schwer, das Passende vorrätig zu finden. Es werden dann in diesem Fall die benötigten Sachen vom Passamentier für den bestimmten Fall besonders angefertigt.

Es empfiehlt sich, dem Aufputz durch Nägel, Gimpen, Fransen und Quasten eine ganz besondere Aufmerksamkeit zu widmen, weil sie, unrichtig gewählt und angebracht, das ganze Mobiliar verunzieren, während sie anderseits bei passender Wahl und geschickter Verwendung das Mobiliar ganz ausserordentlich verschönern und herausheben.

Hinsichtlich des Masshaltens in der Anbringung kann man allgemein sagen: Je mehr sichtbares Holz, desto weniger Textilbehang und umgekehrt.

Da diese Sachen sehr ins Geld laufen, vergesse man nicht, sie beim Voranschlag in Anrechnung zu bringen.

Empfehlenswerte Firmen für den Bezug und die Anfertigung von Möbelpassamenterien sind u. a.:

Kessler in Berlin; Aug. Jäger in Stuttgart; Ph. Langeloth in Mannheim; Luckschanderl & Oualla in Wien; Ph. Schwarz ebenda.

Nägel jeder Art zur Ausstattung der Polstermöbel sind u. a. zu beziehen von:

D. La Porte Söhne in Barmen.

Fig. 65. **Lederpressungen für Möbelzwecke** von Matz & Cie. in Berlin.

17. Gepresstes und geschnittenes Leder.

(Fig. 65—67.)

Da Leder viel dauerhafter ist als Textilstoffe, so kommt es statt dieser als Möbelbezug in Anwendung, wo auf jene Eigenschaft ein besonderes Gewicht gelegt wird. Es gilt dies besonders für Lehnsessel zum alltäglichen Gebrauch. Man benützt gefärbte und naturfarbene Leder verschiedener Art, Kalbleder, Chagrinleder, ausnahmsweise auch Saffian, Schweinsleder und Krokodilhaut bei bescheidenen Dimensionen.

Man verarbeitet aber auch Leder in kunstgewerblichem Sinne zu gemustertem Möbelbezug. So wird endloses Leder (zugeschärft und aufeinandergeklebt) in Rollen geliefert, von denen man dann wie von Stoffen das Nötige abschneidet. Dieses Leder zeigt gewöhnlich kleine einfache Muster in Pressung und macht keine erheblichen Ansprüche in Bezug auf Preis, Festigkeit und Schönheit.

Teurer, besser und schöner sind dagegen die abgepassten Lederpressungen für Sessel und Stühle. Sie werden in starkem Rindsleder, Saffian und Schafleder hergestellt und erhalten hübsche Zeichnungen in Flachrelief mit geperltem Grund. Die Sitz- und Rücklehnstücke sind naturfarben oder braun oder schwarz gebeizt; sie sind steif und fest und gleichen dünnen Brettchen. Von einer Unterpolsterung im gewöhnlichen Sinne kann daher auch nicht die Rede sein; ebenso kann dieses Leder nicht umgekantet werden. Es wird in die Sitze und Rücklehnen eingelassen, indem man diese mit einem Falz von der Stärke des Leders versieht. Bei Verwendung von Polsternägeln müssen diese dann ganz flache Köpfe haben. Wenn ein Behang angebracht werden soll, so muss er aus Lederstreifen geknüpft werden. Derartige Lederpressungen werden u. a. erzeugt von der Tapetenfabrik Engelhard in Mannheim, von Matz & Cie. in Berlin (Fig. 65) und von W. Knoll in Stuttgart, welche hübsche Musterkarten zur Verfügung haben.

Ausnahmsweise wird für besonders wertvolle Möbel auch die neuerdings beliebte Ledertreibarbeit in Anspruch genommen. Leistungsfähige Werkstätten haben Hulbe in Hamburg, Hupp in München etc., die auch die entsprechenden Knüpfarbeiten ausführen. (Vergl. Fig. 66 und 67.)

Sehr feine Möbelbezüge in Leder werden auch mit Goldpressung hergestellt, in ähnlicher Ausstattung und Behandlung wie die alten Bucheinbände.

Von Japan aus werden sehr hübsch gemusterte, weiche Leder eingeführt, die für Ausstattungen in japanischem Stile in Betracht kommen können.

18. Marmorplatten und Fliesen.

(Fig. 68.)

Der Marmor ist in seinen feineren und besseren Qualitäten ein so hübsches Material, dass er am Mobiliar entschieden mehr Verwendung finden sollte, als es zur Zeit der Fall ist. Für die Platten von Gebrauchs-

Fig. 66.

Präsidentenstuhl im deutschen Reichstag.

Von G. Olm in Berlin; Lederarbeit von G. Hulbe in Hamburg.

tischen eignet er sich wenig, weil er als guter Wärmeleiter sich kalt anfühlt, was nicht jedem genehm ist. Dagegen steht seiner Verwendung an Konsoltischen und Pfeilerkommoden nichts im Wege, und für Wasch- und Nachttische ist er aus Zweckmässigkeitsgründen geradezu angezeigt; auf ersteren des Wassers wegen und auf letzteren der Streichhölzer halber, welche das Holz beschädigen, wenn die erforderliche Vorsicht ausser Acht gelassen wird. Bei besseren Stücken der letztgenannten Möbel ist der Marmorbelag auch allgemein üblich.

Die zur Verwendung kommenden Platten haben für Tische und Konsoltische eine durchschnittliche Dicke von 20 mm, für Nachttische von 12—15 mm. Man lässt die Platten entweder überstehen oder legt sie in den Falz. In beiden Fällen sind die Seitenflächen eben oder schwach gebogen und die Kanten und Ecken etwas abgerundet, auch mit einfachen Kehlen und Karniesen profiliert. Geschweifte und reicher profilierte Platten sind besonders anzufertigen, während rechteckige Platten in verschiedenen Abmessungen vorrätig zu haben sind. Die Befestigung geschieht durch blosses Auflegen, wobei Holzklötzchen an die Platte angeleimt werden, oder durch einzugipsende Schrauben. Waschtische erhalten öfters nicht nur Platten, sondern ganze Aufsätze aus Marmor, die dem Material entsprechend möglichst einfach in der Form gehalten werden.

Fig. 67.

Polsterstuhl im Sitzungssaal des deutschen Reichstags. Von Olm-Berlin und Hulbe-Hamburg.

Tischplatten gehen nach dem Quadratmeter, Nachttischplatten und Waschtischaufsätze in den üblichen Grössen nach dem Stück. Der Quadratmeter Tischplatte wird je nach der Marmorart mit 20—60 M. bezahlt. Gewöhnliche Nachttischplatten kosten circa 3 M. und einfache Waschtischaufsätze je nach Grösse und Marmorart 20—60 M. Besondere Abmessungen und Formen, sowie hervorragend schönes Material erhöhen die Preise entsprechend. Mit Ausnahme des weissen Marmors, der auch bloss geschliffen zur Verwendung gelangt, werden die Platten nur poliert verwendet.

Es giebt eine grosse Zahl von Marmorarten, von denen aber nur wenige allgemein für den genannten Zweck benützt werden. Ausser dem weissen Marmor giebt es gelbe, rote, grüne, graue und schwarze Arten. Man unterscheidet Statuenmarmor (kristallinisch im Gefüge, gleichfarbig, weiss oder mit einem Stich in andere Farben), Muschelmarmor (mit eingebackenen Versteinerungen von Muschelschalen, Schneckengehäusen und Krustentieren), Breccienmarmor (mit runden und eckigen Stücken verschiedener Farbe, in die Grundmasse eingebettet) und Architekturmarmor (von ziemlich gleichmässiger Masse mit eingesprengten Aderungen und vereinzelten Flecken und Punkten). Alle vier Arten können am Mobiliar Verwendung finden.

Die meist verwendeten Sorten sind folgende:

Weiss: Blanc P., schön gleichmässig weiss.

Blanc clair, mit schwachgrauen Wolken und Adern.

Gelb: Jaune du Var, gelblichweiss und rötlichgelb mit rotbraunen Adern.

Jaune Lamartine, strohgelb mit roten Linien.

Rot: Rouge belge, bräunlichrot mit grauen und weissen Adern und Wolken.
Rouge de Nassau, graurot, heller und dunkler geflammt, geadert und gefleckt.
Grün: Vert des Alpes, dunkelgrün, schön hellgrün geadert.
Vert de Campan, hellgraugrün mit dunkelgraugrünen Linien und Adern.
Grau: Bleu turquin, bläulichgrau, heller und dunkler geflammt und gestreift.
St. Annen-Marmor, aschgrau gewolkt mit weissen Adern.
Granit belge, braungrauer bis schwarzer Muschelmarmor durch zahlreiche Versteinerungen grösser und kleiner getupft und geringelt.

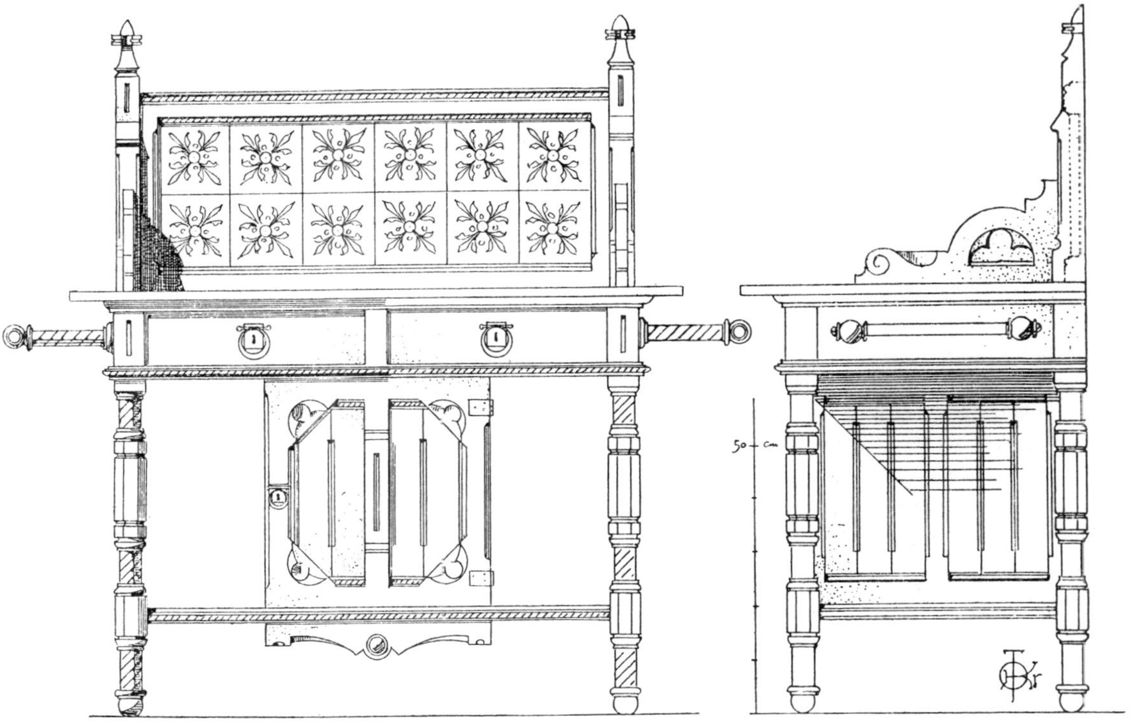

Fig. 68. **Waschtisch mit eingelegten Fliesen.**

Schwarz: Noir fin, schön gleichmässig tiefschwarz.
Bleu belge, schwarz mit vereinzelten weissen Adern, Haarlinien und Flecken.
Portor, grauschwarz, schön gelb und weisslich geadert.

Gelegentlich kommen auch eingelegte, in Italien gefertigte Marmorarbeiten als Tischplatten zur Verwendung; ein Gleiches gilt von den Mosaikarbeiten aus Glasflüssen. Für Waschtische, Küchen- und Vorplatzmöbel werden ausserdem hübsch gemusterte Fayence- und Majolikafliesen gern als Einlagen verwendet. (Vergl. Fig. 68.) Grössere Platten dieser Art sind auch für Nipptische im Gebrauch.

Für Schreibtische kommt es wohl vor, dass die Tischplatten eine Einlage aus geschliffenem Schiefer erhalten, um bequem Notizen machen zu können.

Wo Marmor, andere Steine und Fliesen benützt werden, ist darauf zu achten, dass sie mit der Farbe des Holzes harmonieren. Die farbigen Marmorarten, mit Ausnahme des rotgelben stimmen gewöhnlich zu allen Holzarten. Weisser Marmor mit dunklem Holze wirkt meist zu grell, und es ist eigentlich schwer erfindlich, warum gerade dieser bevorzugt wird. Es müssen da Gründe der Reinlichkeit mitspielen.

An Firmen für den Bezug von Marmor sind u. a. zu nennen:

Gebr. Pfister in München, R. Arnold in Strassburg, Porzelt in Frankfurt a. M., Rupp & Möller in Karlsruhe.

Fliesen in zahlreichen Mustern führt jedes grössere Baumaterialiengeschäft.

19. Gläser und Spiegelgläser.

In der „Bauschreinerei", Abschnitt VII, ist das Glas bereits abgehandelt; es findet sich dort das Wichtigste über seine Herstellung, über seine verschiedenen Arten und deren Beschaffenheit, Stärke, Abmessung und Preisberechnung. Es kann also an dieser Stelle auf jene Ausführungen hingewiesen werden, so dass hier nur noch weniges hinzuzufügen ist.

In der Möbelschreinerei findet das Glas Anwendung für Schränke und Spiegel.

An Schränken kommen in Betracht: Ausstellungsschränke, Silberschränke, Bücherschränke und Küchenschränke; die ersteren sind stets, die drei letzteren meist, aber nicht immer verglast. Die Ausstellungsschränke sollen ihren Inhalt möglichst unverdeckt zur Anschauung bringen. Man beschränkt die Holzkonstruktion auf ein Minimum und macht die Rahmenhölzer möglichst schmal oder ersetzt sie durch Eisen. Wenn es die Mittel erlauben, sollte man nur Spiegelglas verwenden, weil dabei die ausgestellten Gegenstände gewinnen. Ist man auf Tafelglas angewiesen, so empfiehlt sich weisses Doppelglas schon wegen der Grösse der Scheiben, die man nicht gern durch Sprossen unterbricht, ausgenommen, wenn sie mit der Innenabteilung zusammenfallen, wo sie dann weniger stören.

Die Silberschränke, zur Aufstellung des Silberzeuges und anderer wertvoller Gegenstände im Hause bestimmt, haben meist kleine Abmessungen, sind mit geschlossenen Unterkästen zusammengebaut und bilden eine Unterart der Buffetschränke. Da derartige Möbel gewöhnlich reich ausgestattet werden und das Glas dann im Verhältnis keine grosse Rolle in Bezug auf den Gesamtpreis spielt, so sollte man nur Spiegelglas verwenden. Man bringt meist nur eine Thüre an und verglast sie mit einer einzigen Scheibe, die man an den Rändern mit Facetten versehen lassen kann, damit man schon von weitem sieht, dass es sich um Spiegelglas handelt. Da der Silberschrank den Zweck hat, zu prunken, so kann man sich dieses leisten.

Bücherschränke zu verglasen hat weniger den Zweck, mit den Büchern Staat zu machen, als ihr Aufsuchen zu erleichtern. Die Bücher stehen unmittelbar hinter dem Glase; man kann daher, wenn diese Schränke einfach sind und billig sein sollen, auch zu geringeren Gläsern greifen. Da der Bücherschrank zwei Thüren hat, so versieht man jede mit einer Scheibe oder teilt in Einzelscheiben, der Anordnung der Schäfte im Innern entsprechend. An reiche Bücherschränke aber gehört ebenfalls Spiegelglas. Auch geätztes Glas ist hier nicht zu verwerfen, wenn das Ornament leicht gehalten ist und noch eine genügende Durchsicht gestattet. Am Silberschrank ist geätztes Glas ein Widerspruch, und für Ausstellungsschränke ist es nicht zu brauchen.

Küchenschränke, Geschirrschränke etc. sind untergeordnete, minderwertige Möbel, die man möglichst billig zu verglasen pflegt.

Aber nicht nur das durchsichtige, sondern auch das belegte Glas kommt am Mobiliar zur Anwendung, und zwar ausser an den eigentlichen Spiegeln hauptsächlich am Spiegelschrank und an Waschtischen.

Der Spiegelschrank ist ein modernes Möbel von grosser Beliebtheit. Sein Inneres ist Kleiderschrank; seine Thüre wird als Spiegelfassung benützt. Die ganze Einrichtung ist praktisch, da der Spiegel gross genug und vor allem tief genug angebracht ist, um die ganze Person zu zeigen. Man verwendet geschliffene Gläser mit oder ohne Facetten. Da derartige Spiegelscheiben schon ein bedeutendes Gewicht haben, so muss der Rahmen genügend stark gemacht werden und ein solides Beschläge erhalten. Dem Kasten ist eine bedeutende Tiefe zu geben, da ihn sonst, wenn er leicht gebaut ist, die offenstehende Thüre zum Umkippen bringen kann. (Aus dem gleichen Grunde sind auch die erwähnten Silberschränke in dieser Hinsicht zu sichern. Die Oberpartie, die gewöhnlich eine geringe Tiefe hat, ist mit dem Unterbau fest zu verbinden oder aber an der Wand zu befestigen.)

Die Spiegel in Waschtischaufsätzen sind meist nicht gross; für bessere Möbel kann auch nur geschliffenes Glas in Betracht kommen.

Die Verglasungen der Schränke legt man gewöhnlich in den Falz und befestigt sie von hinten, also im Innern der Möbel durch aufgenagelte oder aufgeschraubte Leistchen. Konstruktionen, welche das Auswechseln zerbrochener Scheiben erschweren oder unmöglich machen, sind zu vermeiden. Die schweren Spiegelgläser sind doppelt vorsichtig zu behandeln; man sichert sie am besten durch breite „überbaute“ Leisten, welche mit Messingschrauben befestigt werden. Die belegten Gläser der Spiegelschränke und Waschtische erhalten auf der Rückseite ausserdem den nötigen Schutz gegen Zerkratzen durch Ueberdeckung mit einer gestemmten Rückwand. Man kann schliesslich auch diese aufgeschraubte Rückwand direkt zur Befestigung der Spiegel benützen, wobei dann die Leisten in Wegfall kommen.

Was die eigentlichen Spiegel, die Rahmenspiegel, betrifft, so sind facettierte und nicht facettierte Gläser in Anwendung, hauptsächlich aber die letzteren. Man hat früher eine gewisse Vorliebe für die Facettierung gehegt, von der man heute ziemlich abgekommen ist. Es ist nicht zu bestreiten, dass die Facettierung längs der Kanten die Spiegelfläche durch ihre Lichtwirkung opulenter macht und den Eindruck hervorruft, als sei ein stärkeres Glas benutzt, als thatsächlich der Fall ist. Ein weiterer Vorteil dürfte aber schwer zu entdecken sein; im Bogen laufende Facetten wirken bei mangelhafter Schleifung gelegentlich sogar unschön. Die glatten Gläser sind auch eher vorrätig zu haben, während eine gewünschte Facettierung nach Mass und Zeichnung oft unliebsame Verzögerungen bedingt.

Da man früher die Spiegel aus geblasenem Glas verwenden musste und diese nur geringe Breite hatten, so hat sich dadurch ein Spiegelformat ergeben, dessen Höhe nach unseren heutigen Begriffen zu gross ist. Man hat mehr und mehr eingesehen, dass schmale, bis zur Decke reichende Spiegel eigentlich ein Unsinn seien. Man giebt heute den rechteckigen Spiegeln durchschnittlich das Verhältnis 1 : 2, gleichgiltig, ob sie der Höhe oder Breite nach aufgehangen werden. Aber auch hieran ist niemand gebunden. Da die Spiegelscheiben von 3 zu 3 cm in der Grösse wachsen, sowohl nach Länge als Breite, so ist es zweckmässig, sich an die sich hieraus ergebenden Abmessungen zu halten. Man hängt die Spiegel häufig so, dass ihre Fläche einen Winkel mit der Wand bildet. Das ist auch eine Unsitte, die sich umgehen lässt, wenn man den Spiegel tief genug hängt.

Eine von dem venetianischen Spiegel übernommene Grundform ist diejenige des symmetrischen Paralleltrapezes mit aufgesetztem Bogen (sog. Laternenspiegel). Diese Form ist in entsprechendem Rahmen sehr wirksam, hauptsächlich wenn das Glas facettiert ist. Gegen die Form spricht die teure Herstellung und bei glatten Gläsern der unverwertbare Abfall (der sich übrigens auch ergiebt, wenn der gewöhnliche Spiegelrahmen oben im Halbkreis abschliesst).

Die gewöhnliche Dicke der Spiegelgläser beträgt 4—8 mm. Sie lässt sich auch am gefassten Spiegel leicht abschätzen, wenn man irgend einen Gegenstand hart auf das Glas hält, wobei dann das Spiegelbild um die betreffende Dicke absteht.

Man verwendet Quecksilberspiegel und silberbelegte Gläser. Dem Silberbelag rühmt man nach, dass die Spiegelbilder wärmer in der Farbe sind, also auch die Fleischfarbe weniger blass erscheinen lassen. Dagegen sollen silberbelegte Spiegel leichter fleckig werden.

In Bezug auf die Befestigung im Rahmen und den Schutz von der Rückseite her gilt das oben Erwähnte.

Die Hauptfirma für Spiegelgläser ist der Verein Deutscher Spiegelglasfabriken, Köln a. Rh., Hermannstrasse 1. Direkte Bestellungen überweist die Gesellschaft an ihre betreffenden Filialen. Fast in allen grossen Städten befinden sich Geschäfte, die sich mit dem Belegen, Facettieren oder mit dem Verschleiss der Spiegelgläser befassen und dieselben meist wieder vom oben angeführten Verein beziehen.

Ueber die Abmessungen und die Preise der Spiegelgläser vergleiche Bauschreinerei, 4. Aufl., Abschn. VII, 10.

Die Preise für die Facettierungen werden bis zu 3 cm Breite mit einem Einheitssatz berechnet, der sich prozentweise bis zu 5 cm Breite auf das Doppelte erhöht. Der Umfang der Facetten berechnet sich nach dem laufenden Meter nach der doppelten Höhe und Breite des Glases und steigt mit der Grösse des Glases, wie sich aus nachstehendem ergiebt:

Für den laufenden Meter Umfang für Facetten bis zur Breite von 3 cm, bis zur Höhe der Gläser

	in gewöhnlicher Form	in elliptischer Form
von 120 cm	M. 1.50	M. 2.—
„ 120—150 „	„ 2.—	„ 3.—
„ 150—180 „	„ 2.50	„ 4.—
„ 180—210 „	„ 3.—	„ 5.—
„ 210—240 „	„ 3.50	
„ 240—300 „	„ 4.—	

Facetten in der Breite von 3 —3½ cm	sind um 20 Proz.	teurer,
3½—4 „	„ „ 50 „	„
4 —4½ „	„ „ 75 „	„
4½—5 „	„ „ 100 „	„

Für aussergewöhnliche Formen sind die Preise besonders zu vereinbaren.

Für das „Justieren“ der Kanten werden 80 Pf. bei geraden und 1 M. bei abgerundeten Kanten für den laufenden Meter berechnet.

Für das Polieren der Kanten werden bei rechtwinkeligen Gläsern berechnet für gerade Kanten 2 M., für abgerundete 3 M.; bei runden Gläsern dementsprechend 4 und 5 M. für den laufenden Meter. In Bezug auf „geschweifte“ Gläser sind für Justieren und Polieren der Kanten die Preise zu vereinbaren.

III. DAS BESCHLÄGE.

1. Schlösser. — 2. Schlüsselschilder. — 3. Schlüssel. — 4. Riegel. — 5. Bänder. — 6. Scheinbänder. — 7. Griffe. — 8. Kleiderhaken. — 9. Betthaken. — 10. Rollen und Puffer. — 11. Klavier- und Toilettentischleuchter. — 12. Spiegelschrauben. — 13. Nägel, Stäbe etc. — 14. Verschiedenes.

Seiner Wichtigkeit entsprechend sei hiermit dem Möbelbeschläge ein besonderer Abschnitt eingeräumt, obgleich ein grosser Teil desselben als Mittel zur äusseren Ausstattung auch im vorigen Abschnitt hätte behandelt werden können.

Zunächst wird auf den betreffenden Abschnitt der „Bauschreinerei" verwiesen; das Beschläge der letzteren wird dort eingehend behandelt. Soweit seine Form und Art auch für die Möbelschreinerei Geltung hat, vermeiden wir die Wiederholung und geben im nachfolgenden nur die nötigen Ergänzungen.

Das Beschläge am Mobiliar ist zum Teil durch die Konstruktion bestimmt, also zwecklich notwendig; zum Teil ist es blosse Verzierungssache, die auch fortbleiben kann; in vielen Fällen aber findet sich beides vereint: das zwecklich notwendige Beschläge wird als Verzierungsmittel ausgenützt. Es steht fest, dass ein schönes Beschläge ein Möbelstück ausserordentlich aufputzen kann; anderseits kann ein schlechtes oder unpassendes Beschläge ein sonst hübsches Möbel verunzieren. Daraus ergiebt sich die Lehre, eine gute Wahl zu treffen, an den Kosten des Beschläges nicht zu sparen oder aber es soweit als thunlich fortzulassen. „Etwas Rechtes oder lieber nichts, denn Schlechtes".

Das Mobiliar früherer Jahrhunderte zeigt oft ausserordentlich schönes Beschläge. Diese gravierten, geätzten, niellierten Dinge wurden von Fall zu Fall geschaffen. Heute sind die Luxusstücke selten, die so bezahlt werden, dass man für sie ein besonderes derartiges Beschläge anfertigen lassen kann. Für die Durchschnittserzeugnisse kommt fabrikmässig hergestellte Ware zur Verwendung. Die Fabrikware ist billig, und wenn sie gleichzeitig solid und hübsch ist, so ist die Sache in Ordnung; leider ist dies nicht immer der Fall. Von den verschiedenen deutschen Firmen, welche Möbelbeschläge aller Art erzeugen, ist die bekannteste: D. La Porte Söhne in Barmen. Dem Musterbuch dieser Firma werden wir auch die meisten Abbildungen entnehmen.

Die betreffenden Formen sind der Hauptsache nach dem Stil der deutschen Renaissance angepasst; einige andere gehören dem Barockstil etc. an. Der allerneueste Möbelstil erfordert wieder andere Beschläge, wie sie u. a. von H. Schmid & Cie. in München hergestellt werden. Aus dem Musterbuch der letztgenannten Firma geben die Figuren 69 und 70 eine Auswahl. Als Material erfreut sich einer besonderen Beliebtheit das Messing, welches auch mit dem Namen Cuivre poli bezeichnet zu werden pflegt, weil dies vornehmer klingen soll. Unzweifelhaft steht das Messing von allen Metallen durchschnittlich auch am besten zu den gebräuchlichsten Hölzern wie Eichen und Nussbaum. Versilberte, vergoldete und verkupferte Beschläge (je nach der Oberflächenbehandlung als „alt" oder „neu" bezeichnet) geben unter Umständen eine noch bessere Wirkung, aber gewiss nicht im allgemeinen, da sie nur zu gewissen Holztönen gut stimmen. Eisenfarbige (oxydierte) Beschläge haben fast immer „zu wenig Leben" und vernickelte

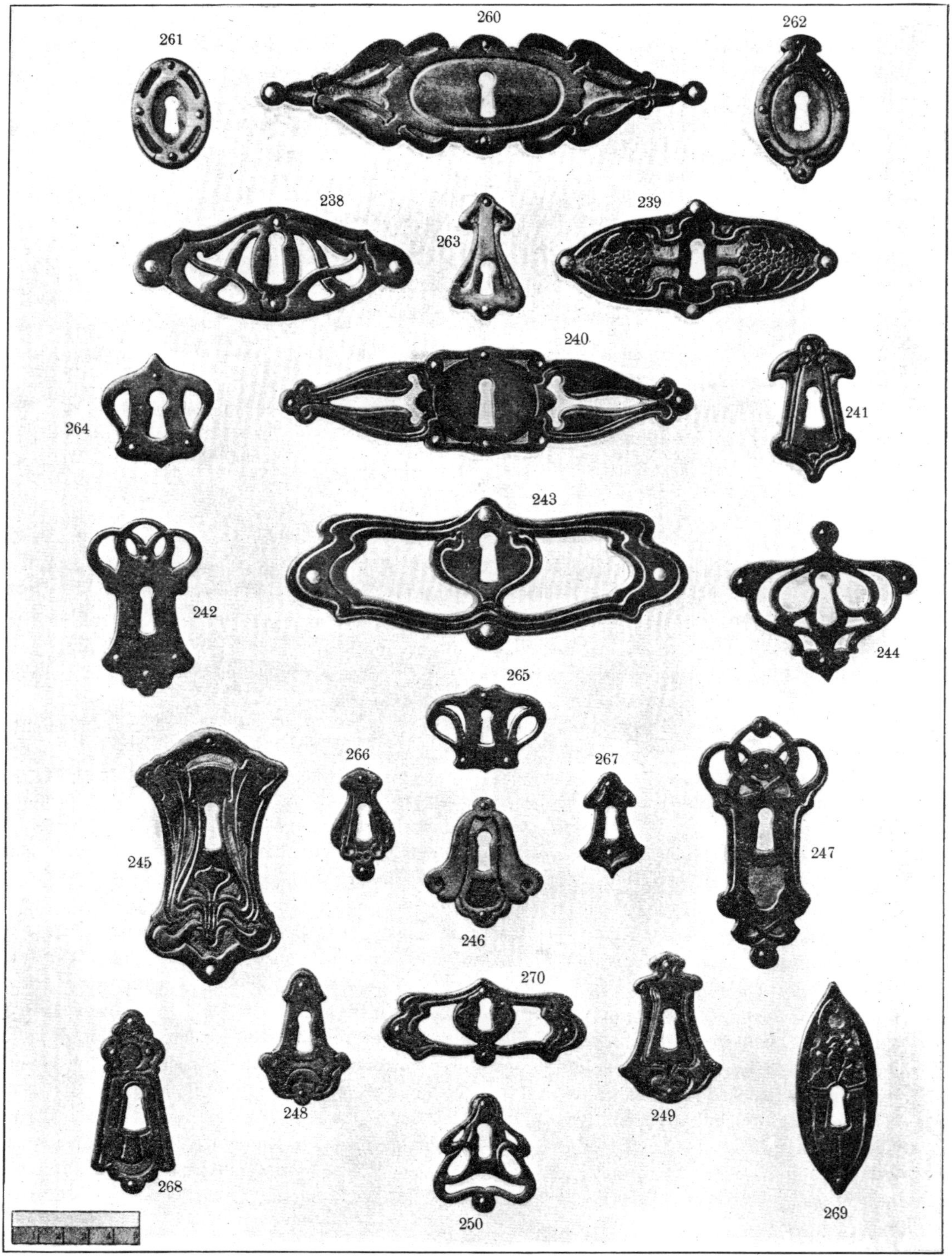

Fig. 69. **Möbelbeschläge** von H. Schmid & Cie., München.

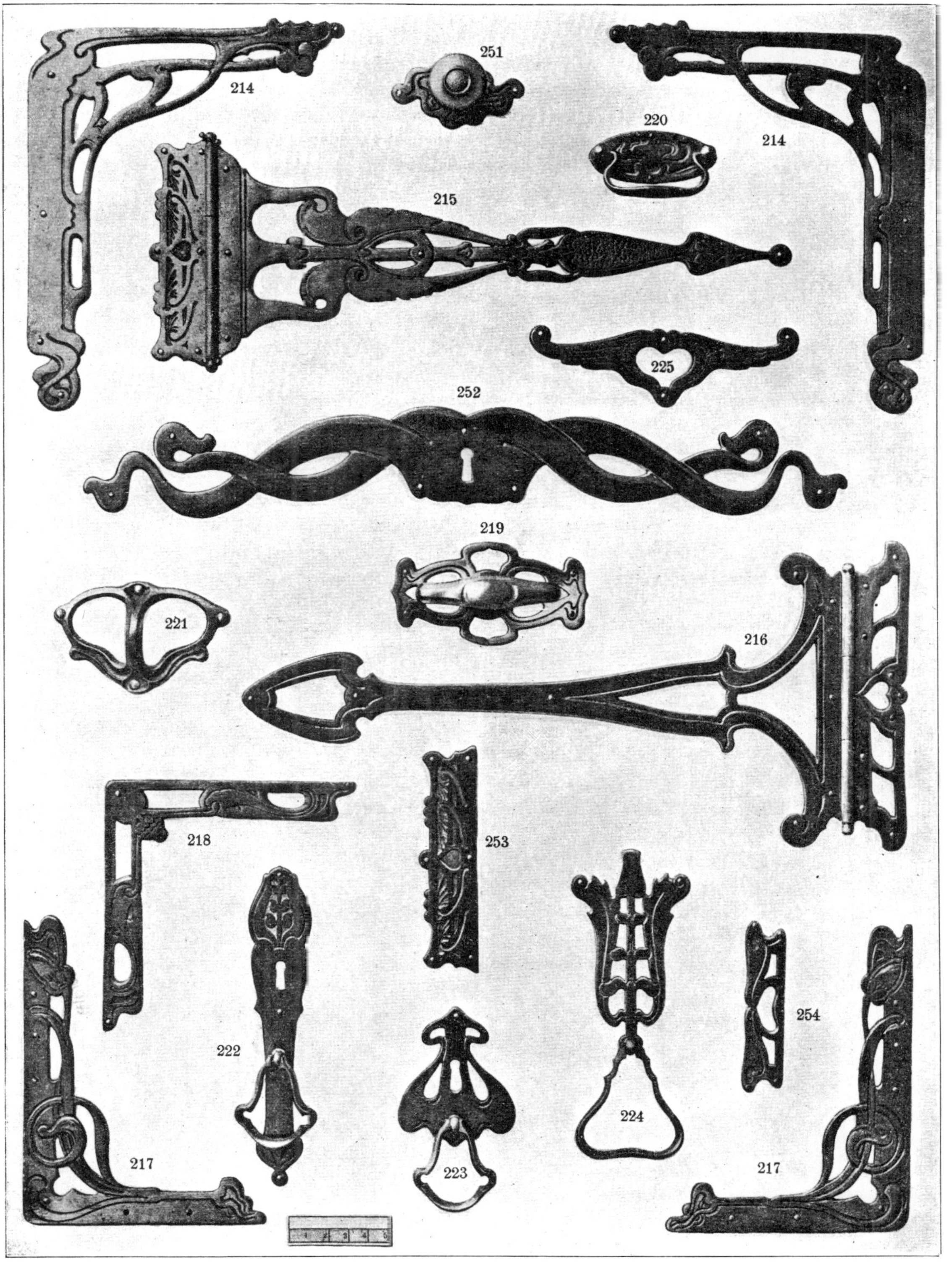

Fig. 70. **Möbelbeschläge** von H. Schmid & Cie., München.

Beschläge haben stets etwas „Schreiendes". Die echte Bronze ist ein gutes, aber teures Material, das sich für besonders anzufertigende Stücke empfiehlt, die nachher durch Ciselieren überarbeitet werden. „Gedrückte" und „getriebene" Beschlägteile wirken leicht „blechern", gegossene leicht „plump". Einfache, geschliffene, abgedrehte Stücke wirken gewöhnlich am besten und vornehmsten. Immerhin wird sich für jeden vorkommenden Fall unter den zahlreichen Beispielen der Musterbücher etwas Passendes finden lassen.

---

1. Schlösser.

Man bezeichnet die Möbelschlösser meist nach ihrer Verwendung. Sie werden entweder mit Schlossblech und Stulp bündig in das Holz eingelassen (Einlassschlösser) oder das zwischen Schlossblech und Schlossdecke sitzende Schloss wird in das Holz eingestemmt, so dass nur der mit dem Holz bündige Stulp sichtbar bleibt (Einsteckschlösser). Die Schlösser werden in verschiedenen Grössen und Nummern geliefert; massgebend ist die Entfernung von Mitte Dorn bis Stulp. Sie sind meist eintourig, mit Zuhaltung, mit oder ohne Schliessblech und Schliesshaken. Auch Schlösser mit mehr Touren, solche mit mehreren Riegeln, Chubbschlösser etc. sind in Anwendung.

Nur für gewöhnliche Arbeiten nimmt man sog. eiserne Schlösser; für bessere Möbel dagegen Schlösser mit Stulp, Schlossblech, Schlüsselrohr und Schliessblech aus Messing.

Die gebräuchlichsten Schlösser sind folgende:

a) Einzulassende Schrank- und Ladenschlösser;
b) Einzusteckende „ „ „
c) Patentschlösser mit losen Decken zum Versetzen für Schrank- und Ladenschloss;
d) Spiegelschrankschlösser mit zwei Riegeln, Schlüsselloch parallel zum Stulp;
e) Sekretärschlösser „ „ „ „ senkrecht „ „
f) Pilasterschlösser, nach zwei Seiten schliessend, zum Einlassen oder zum Einstecken;
g) Schiebthürschlösser, ohne Stulp;
h) Büffet- oder Schreibtischschlösser, ohne Stulp;
i) Bücherschrank- oder Stangenschlösser, nach oben und unten schliessend (Basküle), mit ganz oder teilweise durchgehender Messingplatte;
k) Desgleichen mit drei Riegeln, nach oben, unten und seitwärts schliessend;
l) Cylinder-Bureau-Schlösser, mit Radriegel;
m) Pultschlösser, mit Schliesshaken und geradem oder schrägem Stulp;
n) Kassettenschlösser, mit Schliesshaken;
o) Klavier- und Nähtischschlösser, mit beiderseits vorschiessenden Riegeln oder mit Hakenriegel;
p) Nachttischschlösser, halbtourig, mit Kugelriegel und Feder etc.

u. a. m.

---

2. Schlüsselschilder, Schlüsselbleche.

Es ist immer unschön, wenn das Schlüsselloch aus dem Holz geschnitten wird, ohne eine Schutzvorrichtung und Umrahmung zu erhalten.

Wenn man jegliches Metall vermeiden will, so sollte doch eine kleine Rosette aus Hartholz (Palisander etc.) aufgesetzt werden, welche das Schlüsselloch sauber ausgesägt oder ausgestochen enthält. Will man das Metall auf ein Minimum beschränken, so kann man sog. Schlüsselbüchsen bündig in das Holz einlassen. Besser ist aber jedenfalls die Anbringung eines Schlüsselschildes aus Metall. Die einfachste und die beste Form bieten die glatten

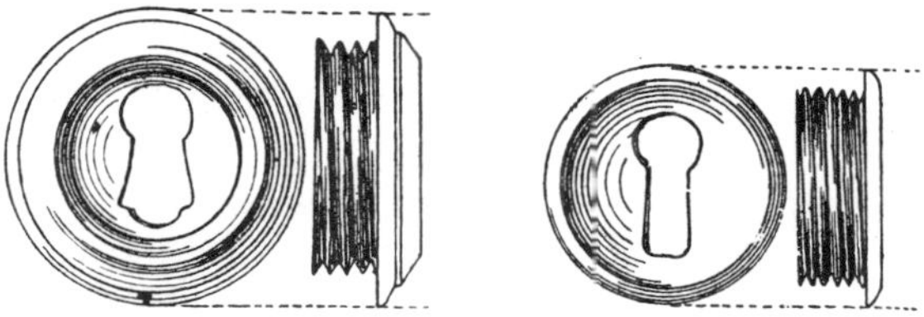

Fig. 71. **Schlüsselschilder aus Messing zum Einschrauben.**

Fig. 72. **Schlüsselschild zum Aufschrauben.**

Fig. 73. **Schlüsselschild für Friese.**

Fig. 74. **Schlüsselschild in Kartuschenform.**

Fig. 75. **Schlüsselschild mit Bügel für Horizontalfriese.**

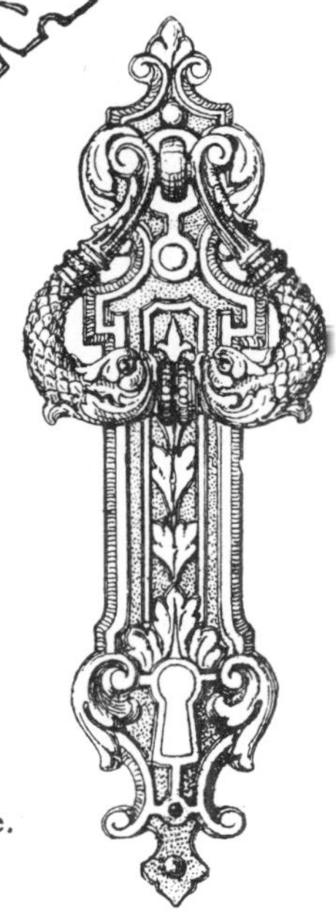

Fig. 76. **Schlüsselschild mit Bügel für senkrechte Friese.**

kreisrunden Schilder zum Einschrauben (Fig. 71). Aehnliche Dienste leisten die kreisrunden Schilder zum Aufschrauben (Fig. 72).

Was die reicheren und verzierten Formen betrifft, die alle aufgenagelt oder besser aufgeschraubt werden, so ist ihre Zahl und Artverschiedenheit sehr gross. Die Schilder kommen für sich allein oder in Verbindung mit Griffen in Anwendung. Die üblichste Ausstattung ist das Kartuschenornament. Die Grundformen passen sich dem Kreis, der Ellipse, dem über Eck stehenden Quadrat, der Raute etc. an. Für Friese werden gerne langgezogene Schilder benützt.

deren Ornamentik entweder zweiaxig oder einaxig-symmetrisch ist. Im ersten Fall können sie sowohl stehend als liegend angebracht werden; andernfalls haben sie ein Oben und Unten, welches berücksichtigt werden muss. Die Schilder sind voll oder durchbrochen, gegossen, gestanzt, getrieben, emailliert etc. Fig. 73 zeigt ein einfaches, langgestrecktes Schild, das hoch oder quer zu verwenden ist, je nachdem das aufgesetzte Mittelstück gedreht wird. Fig. 74 zeigt ein reicheres Schild, welches nur stehend zu verwenden ist, und die Fig. 75 und 76 stellen Schlüsselschilder in Verbindung mit Bügeln dar, das eine quer, das andere hoch zu verwenden. Schlüsselschilder modernster Art bringt die Figur 69.

Die Schlüsselschilder setzt man auf die Axenmitten, bei Schubladen in die Mitte des Vorderstückes, bei Thüren inmitten des Frieses auf halbe Höhe. Ausnahmen macht man nur in besonderen Fällen, z. B. wenn andernfalls der Schlüssel zu hoch oder zu tief zu sitzen käme, so dass die Benützung unbequem würde. Da die Entfernung von Dorn und Stulp von $1^1/_2$ bis zu 10 cm um je 5 mm zunimmt, so finden sich für alle Fälle fertige passende Schlösser.

a b c d

Fig. 77. **Schlüsselgriffe aus Messing oder Bronze.** a. gotisierend, b. Renaissance, c. barock, d. modern.

3. Schlüssel.

Unsere heutigen Schlüssel machen keinen Anspruch auf Formschönheit; sie sind einfach, klein und bequem. Nur in Anwendung auf reiche und teure Möbel sieht man sich veranlasst, auch in Bezug auf die Schlüssel etwas Uebriges zu thun.

Die Schlüssel der gewöhnlichen Möbelschlösser sind gegossen oder geschmiedet, poliert, geschliffen oder vernickelt. Die Griffe sind kreisrund, langrund, drei- oder vierpassförmig etc., rund- oder flachgeschliffen, facettiert oder anderweitig verziert. Es sind aber auch reichere Schlüssel im Handel, deren Griffe aus Messing oder Bronze bestehen und deren Modelle meist älteren Vorbildern entlehnt sind. Fig. 77 stellt vier derartige Griffe dar, dem gotischen Stil, der Renaissance, dem Barockstil und der modernen Zeit angehörig.

Ein Missstand der fabrikmässig hergestellten Schlösser liegt in dem Umstand, dass die gleichen Schlüssel in vieler Leute Hände sind. Anderseits gereicht es zum Vorteil, dass verloren gegangene Schlüssel dieser Art sofort wieder zu beschaffen sind. Die D. La Porte'schen Schlüssel werden nach vier Bärten mit Seiteneinschnitten, von 1—4 numeriert und nach acht verschiedenen Schweifungen angefertigt. Man hat nach Wahl der Schlösser die Möglichkeit, eine ganze Anzahl solcher mit dem nämlichen Schlüssel schliessen zu können, oder jedem Schloss einen besonderen Schlüssel zu geben.

4. Riegel.

Die Riegel sind ein rein konstruktives Beschläge und erfahren keine künstlerische Ausstattung. Sie dienen hauptsächlich dazu, um an Doppelthüren den linken, nicht mit Schloss versehenen Flügel festzuhalten und sind demnach für Kleider-, Bücher-, Speiseschränke und Aehnliches in Anwendung. Sie werden in Eisen und Messing hergestellt und mit besonderen Schliessblechen oder ohne solche benützt.

Die gebräuchlichsten Formen sind folgende:

a) der gewöhnliche, aufliegende Schubriegel. Der Griff ist durch Umbiegen der Riegelstange oder durch Bildung eines Knopfes hergestellt;

b) der einzulassende Kantenriegel mit umgebogenem Griff, mit Knopfgriff oder mit tief gelegter Schiebvorrichtung;

c) der Stangenriegel, wie a) aber mit verlängerter Riegelstange; zu verwenden, wo der gewöhnliche Riegel unbequem zu erreichen wäre;

d) der Hebelriegel, selbstschliessend.

---

5. Bänder.

Die am Mobiliar verwendeten Bänder sind teils nur zwecklich, zum Teil werden sie auch als Verzierungsmittel ausgenützt. Sie dienen zum Befestigen der Thüren, Klappdeckel etc. und werden aus Eisen und Messig gefertigt. Für bessere Möbel benützt man nur die letzteren. Grösse und Form sind je nach dem Zweck sehr verschieden.

Fig. 78. **Verziertes Langband.**

Die gebräuchlichsten Arten sind folgende:

a) Scharnierbänder, aushebend oder nicht aushebend, gegossen oder geschlagen, gewöhnlich oder einseitig (gekröpft), mit oder ohne Knöpfe;
kleine schmale Scharniere heissen Kastenscharniere;
breite, niedrige Scharniere heissen Reisepultscharniere;
Lappenscharniere haben zwei ungleiche Lappen;
durchgehende Scharniere oder Klavierscharniere, in beliebiger Länge abzuschneiden, zum Anschlagen der Klavierdeckel benützt, aber auch sonst sehr zu empfehlen. Die Scharnierbänder werden fast ausnahmslos eingelassen und mit versenkten Schrauben befestigt und zwar, wenn die Scharniere aus Messing sind, mit Messingschrauben;

Fig. 79. **Verziertes Kurzband.**

b) Paravent- oder Doppelscharniere für spanische Wände;

c) Spieltischbänder, „Wiener“, „Holländer“, „Hamburger“, „Pariser“;

d) Schreibkommodenscharniere;

e) Zapfenbänder, gewöhnliche und gekröpfte, „französische“, „belgische“, mit Zirkelgang, mit Arretiervorrichtung etc.;

f) Fischbänder, für Schränke ausnahmsweise in Gebrauch;

g) Zierbänder, aufgesetzte oder aufgelegte, meist in durchbrochener Arbeit als Lang-, Kurz-, Kreuz- oder Winkelbänder durchgeführt. Vergleiche die Figuren 70, 215/216, 78 und 79;

h) Sekretärklappenbänder.

Fig. 80. Fig. 81.
Scheinbänder für Thürfriese.

Fig. 82.
Winkel für Friesecken.

6. Scheinbänder.

So sehr ein hübsches Band dem Möbel zur Zierde gereicht, wenn es konstruktiv bedingt ist, so störend kann es werden, wenn sein Vorhandensein nur dem Scheine gilt, wenn es eine konstruktive Lüge ist. Es ist eine nicht zu billigende, allgemein gebräuchliche Unsitte, am Mobiliar Bänder und Winkel anzubringen, wo es gar nichts zum Zusammenhalten giebt. Man schlägt die Thüren mit Scharnieren an und setzt auf die Friese selbständige Fortsetzungen, als ob es sich um ein wirkliches Zungenband handelte; man schraubt auf die Ecken der Friese schwere Winkel, als ob diese kleinen Thüren sich unter der geringen Eigenlast je einsenken wollten etc. Wenn das Bedürfnis nach metallischem Schmuck einmal vorhanden ist, so wählt man diesen doch besser so, dass er als blosse Verzierung auftritt, in einer Form, in welcher er Berechtigung hat.

Da mit dieser Bemerkung die genannte Unsitte aber offenbar nicht fortdisputiert werden wird, so bringen wir auch einige derartige Scheinbänder zur Abbildung. Vergl. Fig. 80, 81 u. 82, sowie Fig. 70, 214, 217, 218.

7. Griffe.

Die Griffe dienen hauptsächlich zum Ausziehen der Schubladen, seltener zum Oeffnen der Thüren (Nachttische, Schiebthüren), zum Bewegen und Tragen ganzer Möbel und einzelner Teile (Klaviere, Truhen, Kassetten, Serviertische, Brandkasten) und ihrer dekorativen Wirkung wegen auch gelegentlich als Scheinbeschläge.

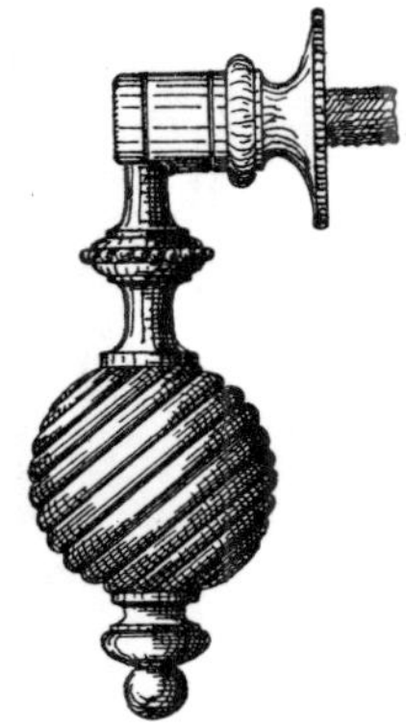

Fig. 83. **Gewöhnlicher Klöppelgriff.**

Die gebräuchlichen Formen sind folgende:

a) der Knopfgriff, aus Metall gedreht, zum Einschrauben, mit oder ohne Verzierung, an Stelle der hölzernen Knöpfe hauptsächlich bei kleinen Dimensionen, für Näh- und Schreibtischschubladen, für Nachttische etc. Vielfach auf rosettenartiger Unterlage aus Holz oder Metall;

b) die Olive, ein langrunder Knopfgriff, seltener zum Ausziehen und meist in Verbindung mit hebender Falle an Thüren von Nachttischen etc.;

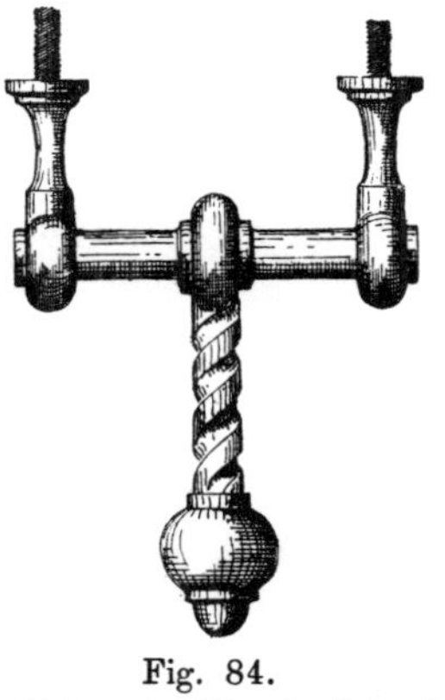

Fig. 84. **Klöppelgriff mit Bügel.**

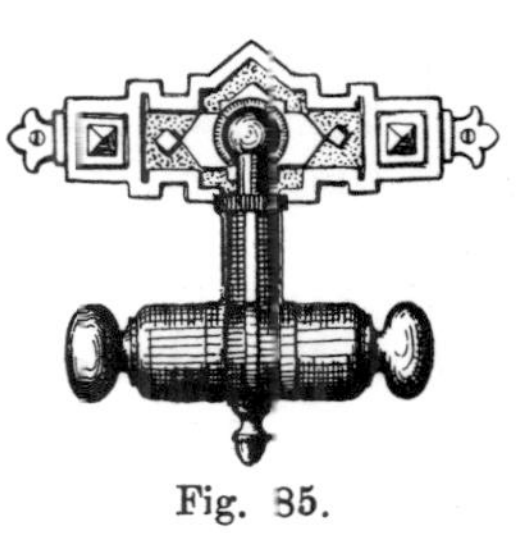

Fig. 85. **Hängender Kreuzgriff.**

Fig. 86. **Ringgriff auf Platte.**

Fig. 87. **Ringgriff mit Rosette.**

c) der Klöppelgriff mit quastenartig hängendem Knopf für Schubladen etc. Fig. 83 u. 84;

d) der Kreuzgriff, Knopf mit Querstange, fest oder hängend. Fig. 85;

e) der Ringgriff, mit festem oder beweglichem Ring, auf Rosetten, an Löwenköpfen, mit flachem oder rundem Ring; für Schubladen aller Art. Fig. 86 u. 87;

f) der Bügelgriff, auf Rosetten, Platten etc. befestigt, einfach oder doppelt aufgehängt; für grössere Schubladen an Speiseschränken etc. Fig. 88 und 89, sowie Fig. 70, 220, 222—224;

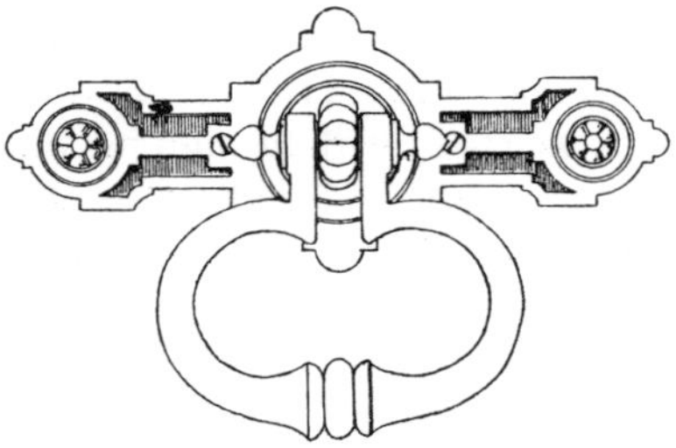

Fig. 88. **Einfacher Bügelgriff.**

Fig. 89. **Reicher Bügelgriff mit Schlüsselschild.**

Fig. 90. **Fester Bügel.**

Fig. 91. **Muffelgriff.**

g) der feste Bügel, für Serviertische und Aehnliches. Fig. 90 u. Fig. 70, 219—221;

h) der Muffelgriff, für Klaviere, Brandkasten, Truhen etc. Fig. 91.

Grössere Griffe für schwere Schubladen sollten stets mit Mutterschrauben befestigt werden, wobei sich das Versenken der Schraubenmutter empfiehlt.

8. Kleiderhaken und Schraubhaken.

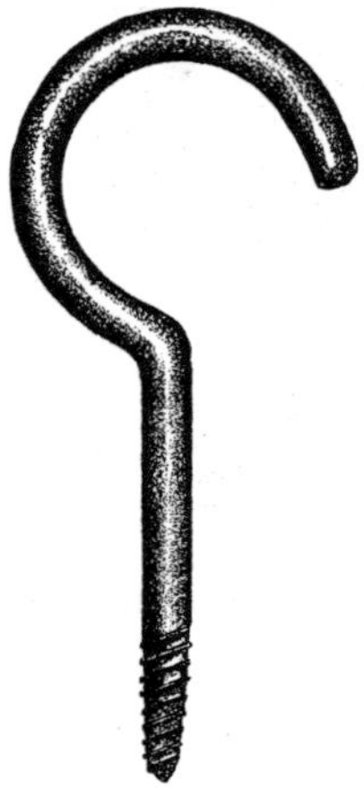

Fig. 92. **Gewöhnlicher Schraubhaken.**

Die Kleiderhaken gehören zur Ausstattung der Garderobeständer, der Garderobewandbretter, werden aber gelegentlich auch an Kasten und Thüren befestigt. Sie werden in Schmiedeisen, Gusseisen, Messing, Bronze, aus starkem Draht etc. gefertigt, sind zum Einschrauben oder Aufschrauben eingerichtet und haben alle erdenklichen Formen. Die schönsten und reichsten sind meist am wenigsten praktisch. Die gegossenen brechen gelegentlich ab, die schmiedeeisernen zerreisen die Kleider und Hüte, die nicht aus einem Stück gefertigten wenden sich hin und wieder um; die besten sind diejenigen aus starkem Draht zum Einschrauben.

Die Schraubhaken finden am Mobiliar hauptsächlich Verwendung im Innern von Kleiderschränken. Sie sind aus Eisen, aus Messing oder aus Messing und Eisen. Form und Grösse wechseln wenig. Wenn sie in dünne Bretter eingeschraubt werden, so empfiehlt es sich, dieselben auf kleine Holzrosetten zu setzen, wodurch sie einen besseren Halt bekommen und auch besser aussehen.

9. Betthaken.

Die Betthaken dienen zum Einhängen der Bettseiten oder Bettzargen in die Stirnwände oder Betthäupter. Sie sind aus Eisen und werden in verschiedenen Stärken und Formen geliefert.

Fig. 93. **Einfacher, gewöhnlicher Betthaken.**

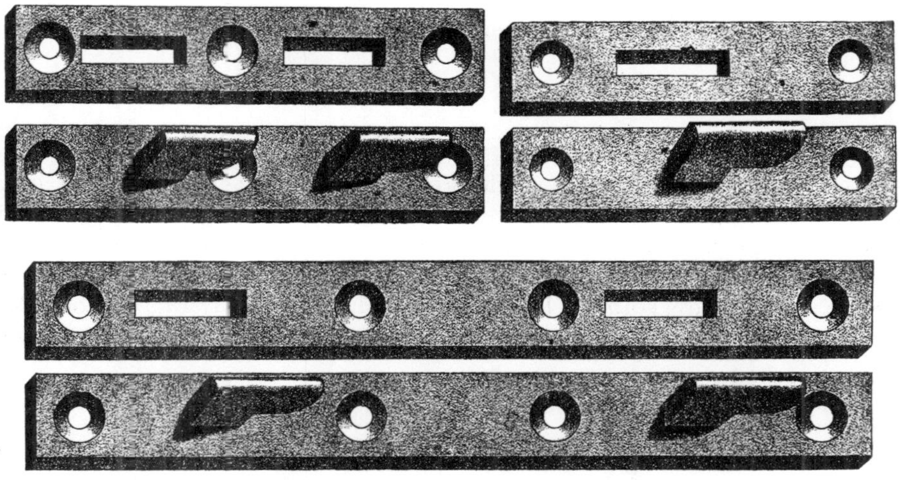

Fig. 94. **„Berliner" Betthaken.**

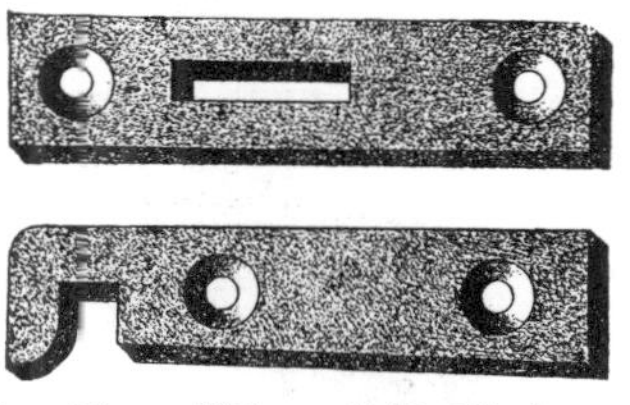

Fig. 95. **„Wiener" Betthaken.**

Fig. 96. **„Barmer" Patentbetthaken.**

Die einfachste Form besteht aus einem starken Schraubhaken, der in das Hirnholz der Bettseite eingeschraubt wird und aus einem starken Einhängeblech, welches in die Pfosten eingelassen und mit zwei Holzschrauben befestigt wird (Fig. 93). Eine andere Form ist diejenige, bei welchem auch der Haken auf einem einzulassenden Blech sitzt. Eine solidere Verbindung giebt die Form mit zwei übereinander angebrachten Haken (Fig. 94). Eine etwas veränderte Form zeigt der „Wiener" Betthaken (Fig. 95). Ausserdem sind neuerdings verschiedenerlei als „Patenthaken" bezeichnete Formen in Gebrauch, so z. B. die gegossenen Barmer Patenthaken (Fig. 96), bei welchen das Einhängen besonders bequem erfolgt.

10. Rollen und Puffer.

Die Rollen dienen dazu, schwere Möbel leichter beweglich zu machen. Man bringt sie an Klavieren, Auszugtischen, Lehnsesseln, Sofas etc. an, seltener an Kastenmöbeln und in veränderter Form an Schiebthüren. Sie haben verschiedene Gestalt und Grösse; sie werden mit eisernen Stiften und Schrauben befestigt und sind um diese Spindel drehbar. Uebrigens giebt es auch nicht drehbare Formen. Die Rädchen sind aus Metall, Horn, Pockholz, Steingut, Gummi etc., das übrige ist aus Messing. Ausser den mit Stiften oder Schrauben zu befestigenden Rollen giebt

Fig. 97. **Gewöhnliche, drehbare Rolle mit Stift.**

Fig. 98. **Drehbare Rolle mit Schraube.**

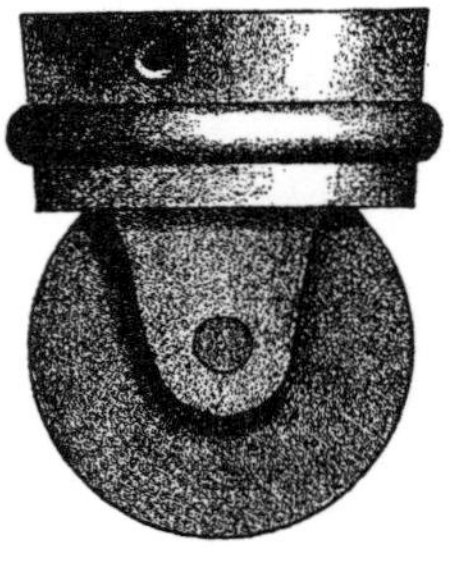

Fig. 99. **Nicht drehbare Rolle mit Schuh.**

es auch solche, welche, mit Hülsen versehen, eingelassen werden, und solche, welche sog. Schuhe haben, in die das Holz der Möbelfüsse eingelassen wird. Wo die eigentlichen Schuhe fehlen, wird ein mit der Rolle nicht zusammenhängender Ring, als „Band" bezeichnet, um das untere Ende des Möbelfusses gelegt. An den „Perry-Patentrollen" ist das Bewegungssystem gegenüber den gewöhnlichen Rollen etwas verbessert. Die Figuren 97 bis 100 veranschaulichen die gebräuchlichsten Formen dieser verschiedenen Rollen.

Die Puffer bestehen aus einem Schuh aus Messing, der am unteren Ende in einen kugeligen Gummipfropf endigt. Sie sind gelegentlich in Anwendung für leichte Möbel, wie kleine Tische etc. Wenn man sich gewöhnen wollte, die Tischfüsse unten kugelig abzurunden, so würden diese Puffer völlig entbehrlich, da sie doch wohl nur den Zweck haben, die Teppiche zu schonen und beim Fortrutschen der Möbel das schnarrende Geräusch zu vermeiden.

11. Klavier- und Toilettetischleuchter.

An Klaviaturen und Toilettemöbeln, seltener an anderen Stücken, werden Leuchter als Wandarme befestigt. Sie werden als Zierstücke ausgenützt und in kunstgewerblicher Ausstattung geliefert. Das Hauptmaterial ist Bronze- oder Messingguss, neuerdings auch das Schmiedeisen und Deltametall. Die Grössen und Formen sind verschieden. Die Befestigung geschieht durch Aufschrauben einer Rosette oder einer Hülse, in welche der Wandarm eingehakt werden kann. Der Arm ist fest oder am Befestigungspunkt beweglich. Ausserdem giebt es zusammenlegbare Arme und solche in Form der Parallelogrammscheren, die man beliebig ausziehen kann. Der Arm endigt in eine Hülse für die Kerze. Es werden aber auch Anordnungen für mehrere Kerzen beliebt. Gegen das Abtropfen findet sich unter der Kerzenhülse eine scheibenartige „Manschette".

Bevor derartige Leuchter angebracht werden, überzeuge man sich erst, ob die brennende Kerze nicht etwa vorstehende Gesimse etc. erreichen und verkohlen kann.

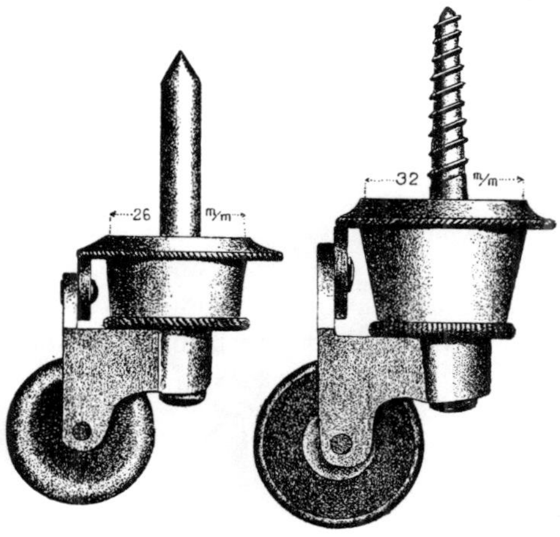

Fig. 100.
Perry-Patentrollen mit Schuh.

12. Spiegelschrauben.

Die Spiegelschrauben wurden früher mehr als heute verwendet. Obgleich sie auch zu anderen Zwecken zu benützen sind, verdanken sie ihren Namen dem Umstande, dass die beweglichen Toilettespiegel mittels derselben im Untergestell befestigt wurden.

Zum Begriff der Spiegelschraube gehört ein Stift mit Gewinde und Mutterschraube, der am anderen Ende in einen Knopf oder schlüsselartigen Griff ausgeht, vermittels dessen die Feststellung bewirkt werden kann. Die Fig. 101 und 102 zeigen zwei Beispiele.

Fig. 101. **Spiegelschraube mit Schlüsselgriff.**

Fig. 102. **Spiegelschraube mit Knopf.**

13. Nägel, Stäbe und fortlaufende Endigungen.

In den französischen Stilen, welche der Renaissance folgten, bis zum Empire einschliesslich, war es gebräuchlich, bessere Möbel mit Metallbeschlägen zu verzieren, die sich nicht nur auf das zwecklich Notwendige, sondern auch auf die blosse Dekoration erstreckten. Eierstäbe, Perlschnüre, Blattwellen, Rinnleisten, Friesornamente, Knöpfe, kleine Vasen, Galerien, Kartuschen, Rosetten etc. waren im Material des Metalles sehr häufig. Für die in diesen Stilen gewünschten Möbel werden diese Dinge auch heute noch fabrikmässig hergestellt. Leider sind sie meist derart mangelhaft, dass sich ihre Verwendung im allgemeinen nicht empfiehlt. Wo das Geld zu einer

Fig. 103. **Verzierte Nägel, Masken etc.**, aus dem Musterbuch von D. la Porte, Söhne, Barmen.

besseren Verzierung fehlt, da sollte man lieber auf jene verzichten. Diese unciselierte Dutzendware verdirbt mehr als sie gut macht. Anders liegt die Sache, wenn der metallische Aufputz für reiche und kostbare Stücke nach dem vorliegenden Fall entworfen, modelliert, gegossen und nachciseliert wird. Aber derartige Dinge sind sehr teuer. Wer sie bedarf, findet leistungsfähige Firmen für die Ausführung. Beispielsweise seien genannt:
Paul Stotz in Stuttgart; F. Harrach & Sohn in München; D. Hollenbachs Neffen, Wien.

Was die Nägel betrifft, so ist der gewöhnlichen Tapeziernägel für die Sitzmöbel bereits an anderer Stelle Erwähnung geschehen. Gewisse reichere Formen, welche fabrikmässig hergestellt werden, können aber gelegentlich auch anderweitig mit Vorteil verwandt werden, besonders an Stelle von Rosetten an kleineren Möbeln. Dem D. La Porte'schen Musterbuche entnehmen wir einige hübsche Ziernägel (Fig. 103).

14. Verschiedenes.

Da es zu weit führen würde, alle Arten des Beschläges, wie es nur gelegentlich und vereinzelt zur Anwendung kommt, besonders abzuhandeln, so möge dieses Schlusskapitel noch in Kürze eine summarische Zusammenstellung des bis jetzt nicht Erwähnten geben.

Schnäpper, Schnappfedern, Sperrfedern, heute wenig gebraucht, früher an Schreibkommoden und zum Zuhalten des linken Flügels an Doppelthüren;

Waschtischbügel, zum Halten der Deckel in aufrechter Lage;

Fig. 104. **Kassette mit Kupferbeschlägen** von A. Ungethüm und Nic. Stadler, Wien.

Büreauscheren, Sekretärbänder;

Gewehrschrankbügel;

Nähtischsteller;

Krankentischbügel;

Klavierstuhlschrauben, Taburettschrauben, mit eiserner Spindel und Messingmutter;

Thürplattenschrauben, zum Aufschrauben der Thürschoner;

Gardinenstangenbeschläge, Gardinenhalter

etc. etc.

IV. TISCHE.

1. Der gewöhnliche Tisch, der Arbeitstisch. — 2. Der Speise- oder Esstisch. — 3. Der Auszugtisch. — 4. Der Wirtshaus- oder Kneiptisch. — 5. Der Anrichtetisch. — 6. Der Salontisch. — 7. Der Pfeilertisch. — 8. Der Konsoltisch. — 9. Der Nipptisch. — 10. Der Staffeltisch. — 11. Der Ecktisch. — 12. Der Spieltisch. — 13. Der Nähtisch. — 14. Der Blumentisch. — 15. Der Sitzungstisch. — 16. Der Gewerbeschultisch. — 17. Unterrichtstisch für weibliche Handarbeit — 18. Der Vorplatztisch. — 19. Der Pulttisch. — 20. Der Frisiertisch. — 21. Der Ladentisch. — 22. Der Klapptisch. — (NB. Ueber Schreibtische vergl. Abschnitt VII, 6.)

Die verschiedenen Einzelmöbel sollen nach ihrer Grundform und ihrem Zwecke in einige grosse Gruppen zusammengefasst werden. Die Tische mögen die Reihe eröffnen.

Der Grundform nach ist für den Tisch bestimmend das Vorhandensein einer horizontalen Platte, die dann auf irgend eine Weise, durch Füsse, Klappvorrichtungen oder Konsolen unterstützt wird. Darnach haben wir bewegliche, teilweise bewegliche und unbewegliche Tische zu unterscheiden. Die ersteren stehen auf dem Boden, die letzteren werden an der Wand befestigt. Dem Zwecke nach kann der Tisch zum Arbeiten, zum Essen, zum Spielen oder zum Aufstellen von Gegenständen dienen. Daraus ergiebt sich dann die zweckmässigste Gestaltung für jeden einzelnen Fall, wobei aber auch die gerade herrschende Stilrichtung und die Mode ein gewaltiges Wort mitreden. Die Völker des Altertums hatten eine Lebensweise, wesentlich verschieden von der unserigen und der Orientale hat sie heute noch, und das kommt sofort an den betreffenden Tischen zur Geltung. Die modernen Kulturvölker aber haben fast überall das nämliche System.

Wenn der Tisch durch Füsse unterstützt wird, so ergeben sich für den Aufbau folgende drei Arten:

1. der Tisch erhält einen Fuss, der sich jedoch am unteren Ende gewöhnlich wieder in mehrere Füsse spaltet. Die Vierteilung ist die gewöhnliche; sie ist auch hübscher von Ansehen als die Dreiteilung, welche ihrerseits den Vorzug hat, unter allen Umständen einen festen Stand zu sichern. Die Verbindung des Fusses mit der Tischplatte erfolgt vermittelst der mit der Platte verleimten Brücke, fest oder lösbar durch Einschrauben (Fig. 105 B). Die Brücke ist aus Hartholz und das Gewinde wird eingeschnitten;
2. der Tisch erhält mehrere, meist vier Füsse, die am oberen Ende durch „Zargen" miteinander verbunden werden und zusammen das Tischgestell bilden (Fig. 104 C). Die Verbindung der Zargen mit den Füssen erfolgt durch Einzapfen oder Verdübeln nach Fig. 106. Erhält der Tisch eine Schublade, so ändert sich die Anordnung nach Fig. 104 D. Die Verbindung der Platte mit dem Gestell geschieht fest oder lösbar. Im letzteren Falle erhält die Tischplatte gewöhnlich zwei Einschubleisten, welche sich von aussen (oder auch von innen) an die Zargen der Stirnseiten oder an die Füsse anlegen und mit denselben durch Schrauben oder Holznägel befestigt werden.

Die Füsse werden häufig auch nach unten hin untereinander durch Stege (schmale Bretter) oder durch Spriegel (zylindrische, kantige oder auf der Drehbank profilierte Stangen) verbunden;

3. der Tisch erhält zwei Füsse, beziehungsweise zwei tragende Stirnwände (Fig. 105 A), die unter sich durch Zargen, Stege oder Spriegel verbunden werden. Die Stirnwände werden als ausgeschnittene starke Bretter behandelt (Fig. 110); sie werden als Andreaskreuz durch zwei überplattete Streben hergestellt (Tafel 7 c u. d), oder es werden auch reichere Bildungen mit Hilfe von Säulen und Hermen zusammengebaut (Tafel 9 a, b u. c). In allen Fällen aber steht der Tisch wieder auf vier Punkten auf. Die Befestigung der Platte geschieht wiederum fest oder lösbar mit Benützung von Einschubleisten etc.

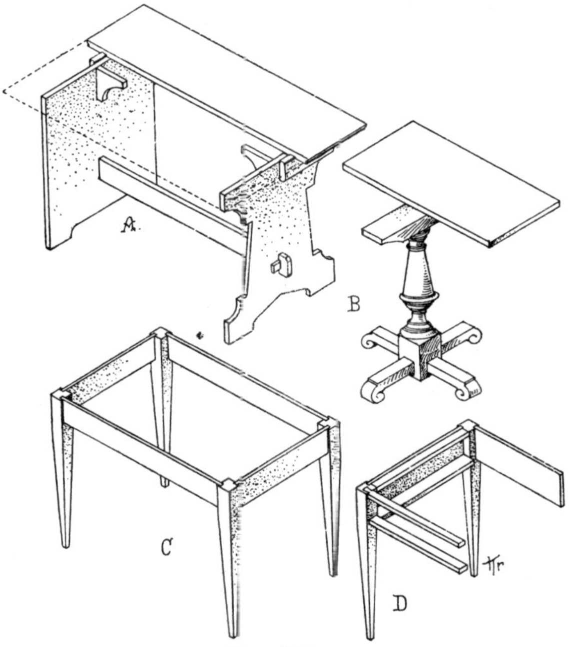

Fig. 105.
Der Aufbau des Tisches nach verschiedenen Arten.

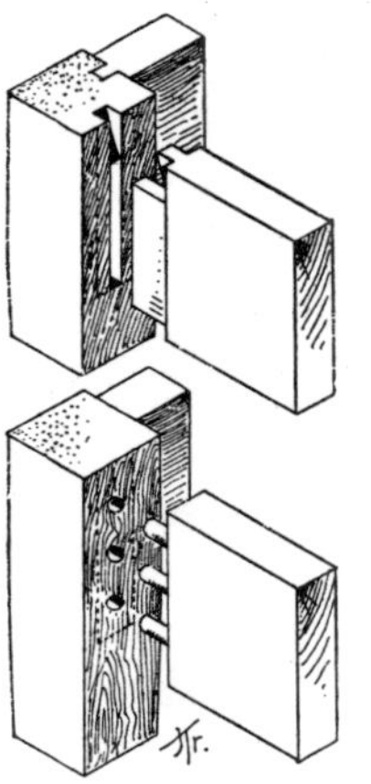

Fig. 106.
Verbindung von Tischfuss und Zarge.

Die Tischplatten sind massiv oder furniert, je nach Bedarf und Zweck. Tischfüsse sind fast immer massiv; dicke gedrehte Füsse und starke Stirnwände werden oft aus einzelnen Hölzern verleimt (Fig. 114).

Die Zargen sind massiv oder furniert, je nach Bedarf. Im Interesse einer soliden Konstruktion sollten sie nicht unter 10 cm hoch sein; zu hoch dürfen sie nicht werden, damit man die Füsse, ohne die Kniee anzuschlagen, noch unter den Tisch bringen kann. Auch ein Brechen der Unterkanten (Abrunden, Abfasen) erscheint aus diesem Grunde angebracht.

Die Schublade besteht aus fünf Teilen. Die Stirnseite heisst „Vorderstück", ist aus starkem Holz und mit den beiden meist schwächeren „Seitenstücken" durch verdeckte Zinkung verbunden. Mit den Seitenstücken ist das „Hinterstück" auf gewöhnliche Art verzinkt. Das Hinterstück ist weniger hoch als die Seitenstücke und das Vorderstück, welche genutet werden, um den Boden einschieben zu können. Das eingeschobene Bodenstück wird mit Stiften befestigt.

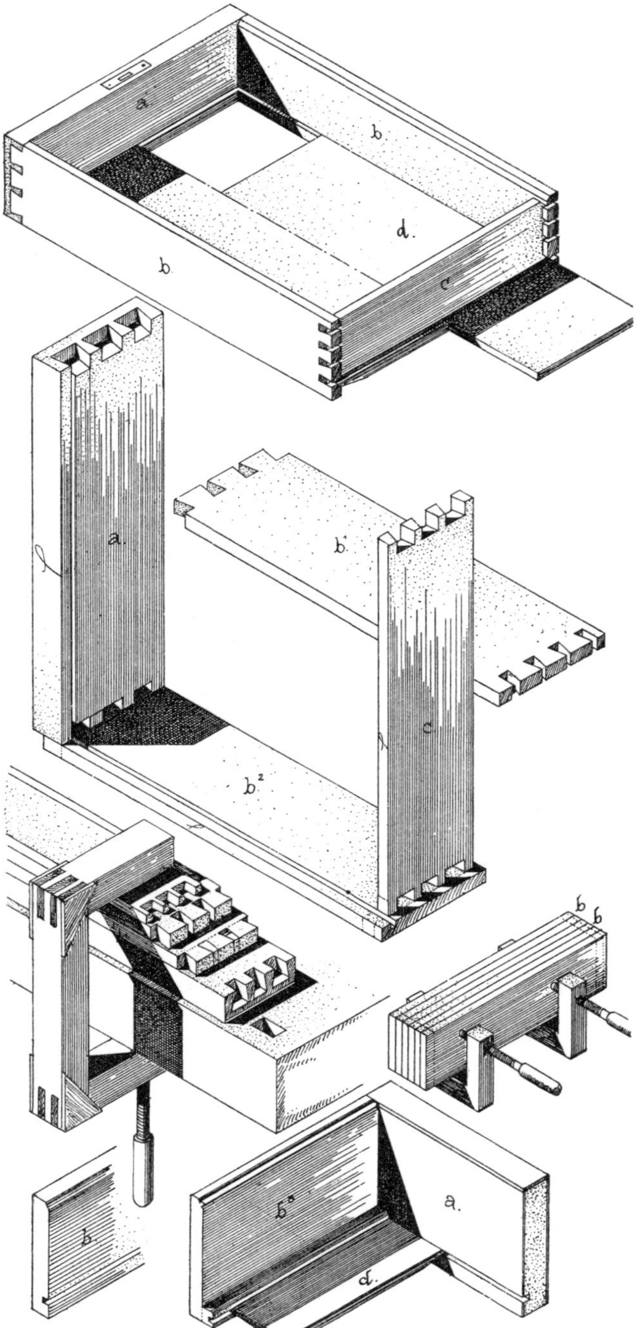

Fig. 107. **Der Zusammenbau der Schubladen.**

Seine Faserrichtung wählt man parallel zu Vorder- und Hinterstück, des Schwindens wegen; absolut erforderlich ist dies jedoch nicht. So werden bei schmalen aber sehr tiefen Schubladen, wie sie zum Beispiel an Schreibtischen vorkommen, die Böden auch als Langholz eingeschoben. Sind die Seitenstücke für die Nutung zu schwach, so kann man besondere Nutenleisten mit ihnen verleimen, was nicht schlecht aussieht. Die Fig. 107 veranschaulicht den Zusammenbau einer Schublade. Nachdem das Vorder- und Hinterstück genau in die Oeffnung eingepasst und die Seitenstücke bestossen sind, werden zunächst an das Vorder- und Hinterstück die Zinken angeschnitten und ausgestemmt. Hierauf werden die Schwalbenschwänze auf den Seitenstükken vorgerissen, ausgesägt und ausgestemmt. Nachdem die Seiten noch genutet sind, wird der Kasten zusammengebaut und verleimt. Späterhin ist noch der Boden von hinten her einzuschieben. Das Vorderstück ist in der Fig. 107 mit a, das Hinterstück mit c, der Boden mit d bezeichnet, während die Seitenstücke die Bezeichnung b tragen. Wenn das Vorderstück an Stelle der Zarge tritt, so werden die Füsse statt durch diese mittels einer beiderseits eingezapften Q u e r l e i s t e (T r a v e r s) verbunden. Wird die Platte nicht fest auf das Untergestell aufgeleimt, so verliert dieses hierdurch an Festigkeit, so dass man auch oben eine zweite Querleiste anbringt. (Vergl. Fig. 108.) Ausserdem sind für die Schublade noch erforderlich zwei L a u f l e i s t e n aus Hartholz, welche unten auf der Innenseite der Zargen angeleimt werden. Auf diesen Leisten läuft die Schublade, und damit sie nicht wackelt und sich nicht zwängt oder sperrt, werden ausserdem oben oder unten zwei seitliche S t r e i c h l e i s t e n angebracht, womit dann die Schublade genügende „Führung" hat (Fig. 105 D und Fig. 108). Das Vorderstück ist furniert oder massiv, je nach Bedarf. Die übrigen Teile sind mit Ausnahme der Laufleisten, die stets aus Hartholz sein sollen, aus solchem oder aus Weichholz, je nach der Art der Innenausstattung überhaupt. Da die Vorderstücke bei geschlossenen Schubladen der einzig sichtbare Teil der letzteren sind, so kommen sie allein bezüglich der äusseren Formgebung in Betracht. Wo dann über die glatte Form hinausgegangen wird, setzt man Zierleisten auf oder dem Rand entlang „Verdoppelungen". Auch die Mittelpartie kann verschiedenartig verdoppelt werden, wie dies alles aus Fig. 109 ersichtlich ist.

Das Gesagte bezieht sich zunächst auf die gewöhnliche, viereckige Tischform, ist aber fast allgemein auch für alle anderen Formen giltig. Wesentliche Abweichungen werden ihre Erwähnung bei Besprechung der verschiedenen Tischarten finden.

1. Der gewöhnliche Tisch, der Arbeitstisch.

(Tafel 1 und 2.)

Der gewöhnliche Tisch, wie er im Wohnzimmer zur Arbeit, zum Essen, zum Lesen, in der Küche, überhaupt zur gewöhnlichen häuslichen Thätigkeit benützt wird, ist rechteckig und hat vier Füsse. Die Platte ist am Rande gerade abgekantet oder an den Oberkanten gebrochen (abgefast) oder einfach profiliert. Das Brechen der Kanten und das Abrunden der Ecken empfiehlt sich aus Zweckmässigkeitsgründen und besonders für Kindertische. Die Platte ist in Anbetracht des täglichen und vielseitigen Gebrauches am besten aus Hartholz und massiv, für untergeordnete Zwecke, für Küchen etc., und wenn er möglichst billig sein soll, auch aus Tannen- oder Fichtenholz, das dann gewöhnlich angestrichen wird. Für Tische, die zum Zeichnen dienen sollen, macht man die Platten aus Pappelholz, für solche, die infolge einer bestimmten Beschäftigung möglichst viel aushalten sollen (Werktische), aus starkem Buchenholz.

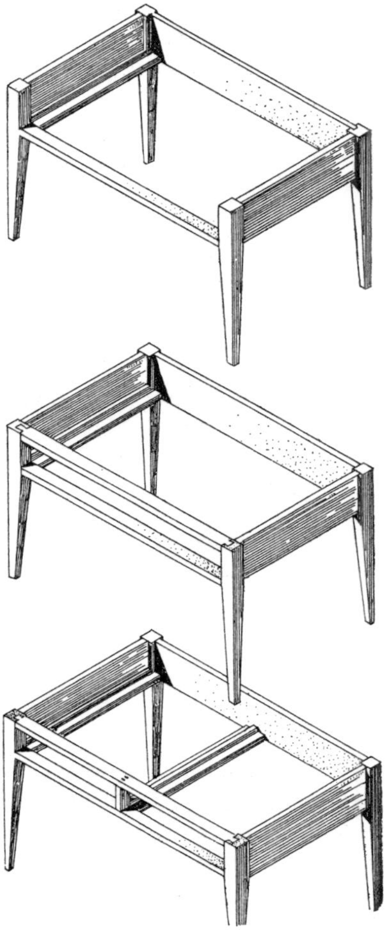

Fig. 108. **Tischgestelle mit Quer-, Lauf- und Streichleisten etc.**

Der Tisch in seiner einfachsten Ausstattung erhält vier prismatische, vierkantige Füsse, oder da diese stets plump aussehen, nach unten verjüngte. Die Verjüngung kann des schönen Aussehens wegen allseitig sein, besser und einfacher erfolgt sie nur auf den Innenseiten der Füsse (Fig. 108). Will man ein weiteres thun, so fast man die Kanten ab, so dass der Fuss im Querschnitt achteckig wird (Taf. 1 a). Eine reichere Fussbildung ergiebt sich durch entsprechende Profilierung auf der Drehbank (Taf. 1 b). Das die Zarge aufnehmende obere Ende bleibt am besten vierkantig. Die Füsse bleiben meist frei und werden nicht durch Stege oder Spriegel verbunden. Ist der Tisch zum Aufstellen an der Wand bestimmt, und soll zur Unterbringung von Gegenständen ein Schaft oder zum Aufstellen der Füsse ein Fussbrett geschaffen werden, so verbindet man die Füsse auf der Schmalseite des Tisches durch eingezapfte, hochkantig gestellte Leisten und benützt diese zum Auflegen der genannten Bretter. Da diese unbequem werden, wenn sie zu weit nach vorn reichen, so werden sie entsprechend zurückgesetzt oder geschweift, d. h. im Bogen ausgeschnitten. (Taf. 1, rechts unten.)

Die einfachste Befestigung der Platte ist die mit Einschubleisten und Holznägeln (Taf. 1 a), andernfalls erfolgt sie vermittels an der Unterseite der Platte angebrachten Klötzen, die hauptsächlich in den Ecken, aber auch anderwärts an passender Stelle angeordnet werden. Ausserdem kann die Verbindung der Platte mit dem Gestell durch Aufleimung erfolgen.

Wird auf Schubladen verzichtet, so gestaltet sich die Sache sehr einfach, und die Zargen brauchen nicht über 10 cm hoch zu sein. Werden Schubladen angebracht, so erfordern sie die bereits erwähnten Quer-, Lauf- und Streichleisten (Fig. 108). Das Vorderstück ist entweder so gross wie die Oeffnung und die Schublade wird auf der Hinterseite „arretiert", d. h. verhindert zu weit einzudringen; oder das Schubladenvorderstück ragt allseitig über und bildet auf diese Weise den „Anschlag" (Taf. 1 a). In diesem Fall kann man die Schublade durch aufgesetzte Leisten verzieren und den Rand an den Kanten abfasen, im anderen Fall verziert man sie durch eine am Rand herumgeführte Verdoppelung (Taf. 1 b). Kleine Schubladen erhalten einen Knopf als Griff, grosse deren zwei. Man kann die Griffe entbehren, wenn man das Vorderstück der

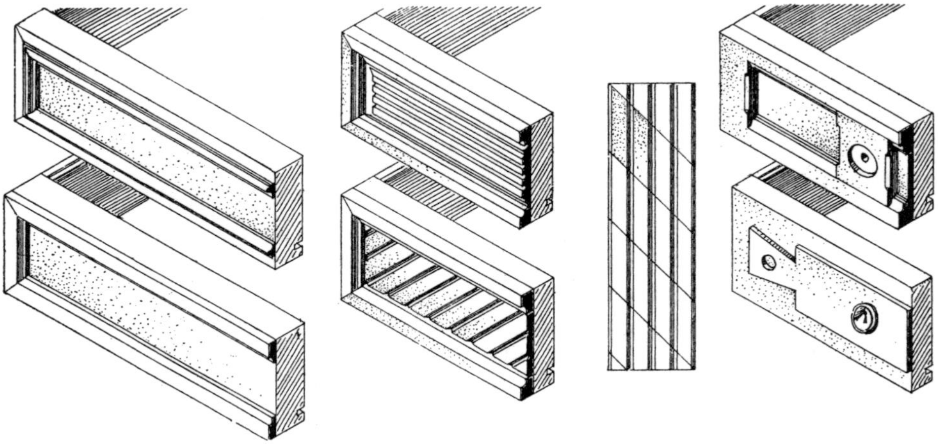

Fig. 109. **Verzierte Schubladen-Vorderstücke.**

Schublade über die untere Querleiste überstehen lässt und sie auf der Rückseite auskehlt. Schubladen über 1,20 m breit macht man für gewöhnlich nicht; man bringt dann besser zwei Schubladen an, von denen eine grösser, die andere kleiner sein kann, wenn man die Zweckmässigkeit höher stellt als die Symmetrie (Taf. 1 b). Die oberen und unteren Quer-Verbindungsleisten deckt man an besseren Tischen durch aufgesetzte Stäbe, und in den Ecken zwischen Fuss und Leiste kann man konsolenartige „Knaggen" anbringen.

Die Stärke des Holzes richtet sich nach der Grösse des Tisches und diese nach dem Zwecke desselben. Für eine Person genügen unter Umständen Tischplatten von 60×80, 70×100, 75×110, 80×120 cm. Gebräuchliche Masse für grössere Tische sind 80×140, 80×160, 90×150, 90×180, 100×150, 100×175, 100×200 cm etc. Die Dicke der Platten beträgt bei kleinen Tischen 20, bei grossen 20—30 mm. Die Stärke der viereckigen Füsse beträgt 4 cm bis 8 cm bei einer Verjüngung auf $^2/_3$ oder $^1/_2$. Die Füsse sollten stets aus Hartholz sein, auch wenn es die Platte und das übrige nicht sind. Man macht sie dann gern aus Buchenholz.

Gedrehte Füsse sind stärker im Holz je nach der gewählten Profilierung; sie laufen nach unten konisch zu. Bei grösseren Dimensionen ist oft ein mehrmaliges Verleimen einzelner Hölzer erforderlich, um das Reissen zu verhüten oder Holz zu sparen. (Fig. 114.)

Der Vorsprung der Tischplatte über das Gestell ist verschieden von etwa 3 bis zu 15 cm. Er ist an den Stirnseiten meist grösser als vorn und hinten.

Der gewöhnliche Tisch hat diese Form nicht immer gehabt. Vom frühen Mittelalter ab finden sich Tische mit Stirnwänden und es lässt sich nicht leugnen, dass diese Form interessanter ist, als die vierbeinige. Es werden deshalb auch neuerdings hin und wieder derartige Tische für den gewöhnlichen Hausgebrauch gebaut, hauptsächlich dann, wenn mit einfachen Mitteln eine altertümliche Ausstattung gewünscht wird (Fig. 110). Die Stirnwände macht man nicht unter 3 cm und selten über 6 cm stark im Holze.

Am Stirnwandtisch lassen sich ohne Schwierigkeit Schubladen anbringen, und die Stegverbindung ergiebt sich von selbst. Am Sägebocktisch mit den gekreuzten Hölzern wurden die Schubladen gewöhnlich in Laufleisten gehängt, sie waren oft nach unten hin verjüngt, muldenartig und von beliebiger Grösse. Obschon diese Einrichtung mehr originell als praktisch erscheint, so wird sie doch auch heute wieder gelegentlich gemacht, besonders in Anwendung auf Nähtische.

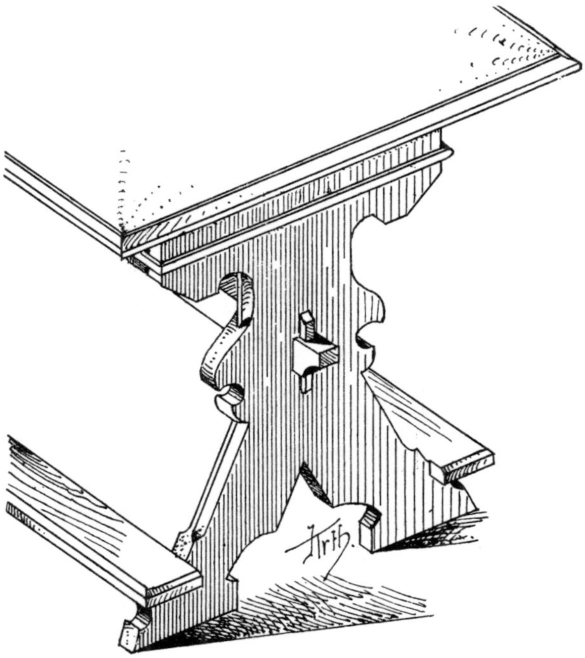

Fig. 110. **Einfacher Stirnwandtisch.**

Für altertümliche Tische der genannten Art empfiehlt sich vor allem Eichenholz als Material. Von Furnieren und Polieren kann natürlich keine Rede sein.

Starke, solide Arbeit, gesundes Holz, eine vernünftige Konstruktion und gut laufende Schubladen sind das Wichtigste für den gewöhnlichen Gebrauchstisch.

Die durchschnittliche Höhe gewöhnlicher Tische beträgt 75—80 cm, im Mittel 78 cm. Tische, an welchen auch stehend gearbeitet wird, wie Küchentische, Bügeltische, Zeichentische, kann man auch etwas höher machen, aber nicht über 90 cm, wenn sie gleichzeitig auch noch zum Sitzen gebraucht werden. Kindertische macht man entsprechend niedriger, aber nicht unter 60 cm; für diese ist es wichtig, dass sie keine scharfen Ecken und Kanten besitzen.

2. Der Speisetisch oder Esstisch.

Im bürgerlichen Wohnhaus ist der gewöhnliche Arbeitstisch meist auch zugleich Speisetisch. Es ist demnach bei seiner Beschaffung darauf Rücksicht zu nehmen, dass er für letzteren Zweck auch genügend gross ist. Ein Esstisch sollte nicht unter 80 cm, aber auch nicht über 120 cm breit sein. Seine Länge richtet sich nach der Anzahl der Speisenden. Unter der Voraussetzung, dass alle vier Seiten besetzt werden, ergeben sich folgende Mindestmasse:

für 4 Personen 80×120 cm,
„ 6 „ 80×150 „
„ 8 „ 80×200 „ oder 100×200 cm,
„ 10 „ 100×250 „ etc.

Stirnwandtische eignen sich als Esstische weniger gut als vierbeinige, weil das Sitzen an der Stirnseite unbequem ist.

Wo es sich um Tische handelt, die nur zum Speisen benützt werden und dann stets mit einer Tischdecke belegt sind, stattet man nur das Gestell oder nur die hervorstehenden Füsse besser aus und macht die Platte aus Tannen- oder Fichtenholz, belässt sie in naturfarbenem Zustande oder streicht sie mit Oelfarbe. Es geschieht dies nicht nur aus Sparsamkeitsgründen, sondern auch, weil heisse Schüsseln etc. eine furnierte Tischplatte doch nur verderben würden. Werden diese Tische nur gelegentlich benützt, so kann man (um sie ausser Gebrauch bequemer unterzubringen)

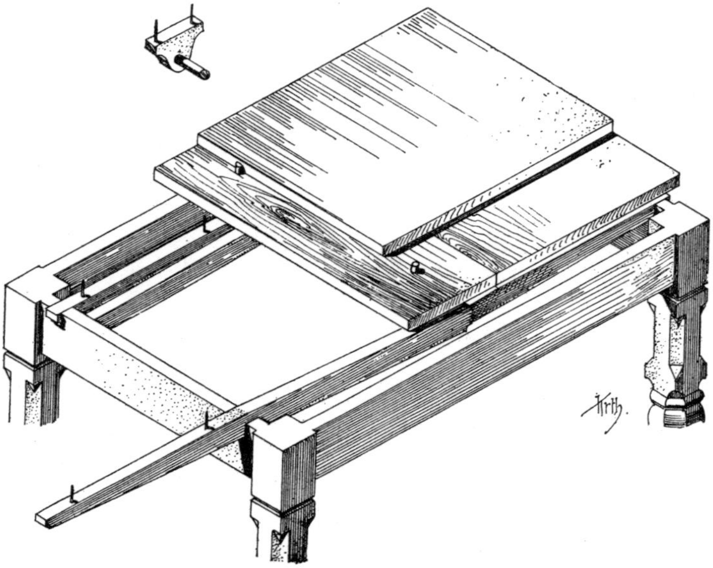

Fig. 111. **Ausziehtisch älterer Konstruktion.**

die Tafel auf einzelne Böcke auflegen (Fig. 113, unten), die man nötigenfalls auch formal durchbilden kann. Auch kann man ausnahmsweise eine grössere Tafel bilden, indem die gewöhnlichen Tische des Hauses aneinander gereiht werden. Dann muss man bei ihrer Beschaffung auf eine einheitliche Breite und Höhe Rücksicht nehmen.

Speisetische, die zu einer regelrechten Ausstattung gehören oder Bestandteile einer selbstständigen Speisezimmereinrichtung besserer Art sind, müssen sich dem Ganzen anpassen. Da es sich dann meist um grössere, massive Tische handelt, so wählt man die Formen der später zu besprechenden Kneiptische oder Salontische auf den Tafeln 6, 9 und 10, je nachdem das Speisezimmer mehr den Charakter einer gemütlichen Stube oder eines eleganten Gesellschaftsraumes an sich trägt.

Wo man den Speisetisch grösser oder kleiner braucht, je nach Anzahl der Gäste, da ist der vergrösserbare Tisch, der Auszugtisch, am Platze.

3. Der vergrösserbare Tisch, der Auszug- oder Ausziehtisch.

(Tafel 3 und 4.)

Das Bedürfnis, vergrösserbare Tische (hauptsächlich zum Speisen) zu haben, hat schon längst zu verschiedenen sinnreichen Konstruktionen geführt. Unsere Grossväter hatten Tische, die man nach Bedarf auf ungefähr die anderthalbfache und die doppelte Grösse bringen konnte. Da derartige Tische auch heute noch hin und wieder bestellt werden, so geben wir die betreffende Beschreibung.

Der früher allgemein übliche Auszugtisch hat das Gestell eines gewöhnlichen viereckigen Tisches ohne Schublade; der Zargenkranz mit den Füssen ist fest und verändert seine Form beim Ausziehen nicht. (Vergl. Fig. 111 und Taf. 3.) Die Tischplatte ist doppelt, aufeinandergelegt. Die obere Platte bleibt beim Ausziehen an ihrem Platz; sie hebt sich nur ein wenig, wobei die Führung durch Zapfen erfolgt, welche in dem mittleren festgeleimten Teil der dreiteiligen unteren Plattenlage befestigt sind. Die beiden Seitenteile der letzteren dagegen, an welche je zwei Leisten angeschraubt sind, lassen sich ausziehen und erhalten ihre Führung und ihr Auflager durch diese Leisten. Die letzteren laufen in entsprechenden Ausschnitten der Zargen und sind anderseits geführt durch horizontale, an dem festen Mittelteil angebrachte Zapfen. Die Feststellung der ausgezogenen Teile geschieht durch besondere „Arretierungsdübel“. Der Vorgang beim Ausziehen ist folgender: Wird einer der ausziehbaren Teile gefasst und gezogen, so gleiten Platte und Leisten auf dem Zargenstück mit den Ausschnitten, und da die Leisten nach hinten verstärkt sind, d. h. an Höhe zunehmen, so wird hierbei die ganze obere Platte gehoben, im übrigen aber durch die schon erwähnten mittleren Dübel in ihrer Lage erhalten. Ist das Ausziehen vollendet, was sich durch die Arretierung von selbst anzeigt, so fällt die obere Platte um die Dicke der unteren herab und legt sich wie diese auch auf die Leisten auf, so dass (bei gleichdicken Platten) eine gemeinsame Ebene gebildet wird. Es verbleibt nach dem Ausziehen zwischen Plattenunterkante und Zargenoberkante ein Zwischenraum, der Plattenstärke entsprechend, der aber nicht stört, da er nicht gesehen wird. Die Vergrösserung des Tisches hängt von der Breite der mittleren festen Partie ab. Ist der Tisch z. B. 1,30 m lang und die Mittelpartie 24 cm breit, so ergiebt sich bei einseitigem Ausziehen eine Länge von $1{,}30 + \frac{1{,}30 - 0{,}24}{2} = 1{,}83$ m und bei beiderseitigem Ausziehen eine Länge von $1{,}30 + 1{,}30 - 0{,}24 = 2{,}36$ m.

Fig. 112. **Gotischer Tisch aus Tirol.**

Der neuzeitige Ausziehtisch ist in seiner äusseren Form dem gewöhnlichen Wohnzimmertisch oder dem Salontisch ähnlich. Man kann ihn aber mit Hilfe seiner Inneneinrichtung auf die drei- bis vierfache Grösse verlängern. Der Tisch ist der Länge nach in zwei gleiche

Teile geteilt. Die Trennung geht durch die Mitte der Platte und der Zargen. Unterhalb der Platte befindet sich das Ausziehsystem (die sog. „Kulissen", daher auch der Name Kulissentisch). Die Kulissen sind bestimmt geformte Hölzer, die nutenartig ineinandergreifen und sich bis zu einem gewissen Mass übereinander hin und wieder zurückschieben lassen. Diese Kulissen, aus je zwei zusammengehörigen Hölzern bestehend, sind zu drei bis sechs und mehr an der Zahl mit dem Tisch in der Weise fest verbunden, dass das erste Paar der Hölzer mit der einen Tischhälfte, das letzte Paar mit der anderen verleimt ist (Taf. 4 e). Zieht man an den Enden des Tisches, so schieben sich die Kulissen auseinander und es entsteht ein in der Mitte offener Tisch, dessen Lücke je nach Bedarf mit den sog. „Einlagen" ausgefüllt wird. Diese Einlagen sind gewöhnlich 30—50 cm breite Bretter oder gestemmte Tafeln aus Tannen- und Fichtenholz, die so lang sind, als die Tischplatte breit ist, und dieselbe Dicke wie diese haben.

Der Kulissentisch ist sehr praktisch, aber nur, wenn er sich bequem handhaben lässt, und dies ist nicht immer der Fall. Nur wenn bei Anfertigung des Kulissensystems die grösste Sorgfalt verwendet wird, und wenn ein schlichtes, völlig trockenes, nicht arbeitendes Holz dazu benützt wird, pflegt die Sache in Ordnung zu sein. Besonders in Neubauten, wo das Holz mit Vorliebe quillt, machen sich die Missstände des Steckenbleibens und mühsamen Herauszerrens geltend. Man ist deshalb von der auf Tafel 4 d dargestellten Konstruktion abgekommen und verwendet statt dem Holz allein dasselbe in Verbindung mit Eisen, wobei die Reibung vermindert und das Quellen minder störend wird. Die Figuren b und c veranschaulichen die Verbindung nach der von Rich. Lottermann in Mainz angegebenen Konstruktionsweise.

Am Ende der einzelnen Kulissen ist eine Festhaltung (Arretierung) angebracht. Dieselbe kann durch die Art der Ausfalzung allein oder durch Aufschrauben einer kleinen Metallplatte bewirkt werden. In ähnlicher Weise ist das Zusammenschieben geregelt. Die beiden Tischhälften werden unter sich durch eine „Schliesse" verbunden, die verschiedenartig beschaffen sein kann.

Zur Unterstützung der Kulissen, beziehungsweise des ausgezogenen Tischgestelles, ist in der Mitte des Systems eine Brücke mit einem fünften Fuss angeordnet, wie dies aus den Figuren a und e ersichtlich ist. Die parallelperspektivische Darstellung (Taf. 4 a) wird überhaupt das Gesagte veranschaulichen.

Man baut übrigens auch Kulissentische von der Form eines Salontisches mit vier leichteren Füssen an den Ecken und einem schweren Mittelfuss, welcher sich beim Ausziehen in zwei Teile trennt, so dass der ausgezogene Tisch sechs symmetrisch verteilte Füsse zeigt.

Um beim Ausziehen den Boden zu schonen und das unangenehme Geräusch zu mindern pflegt man die Füsse auf Rollen laufen zu lassen, was sich wohl empfiehlt.

---

4. Der Wirtshaustisch, der Kneiptisch.

(Tafel 5.)

Der Wirtshaustisch hat zum Teil die Form des gewöhnlichen Tisches, zum Teil erhält er aber auch eine für ihn charakteristische, von der gewöhnlichen abweichende Form. Das letztere ist gerade heutzutage nicht selten, da man allerorts den Kneiplokalen eine reichere und originelle Ausstattung zu geben pflegt.

Zunächst erfordert der Kneiptisch eine starke Konstruktion und solide Durchbildung. Man macht deshalb diese Tische meist massiv und wählt zur Ausführung Eichenholz, Ahorn oder andere Harthölzer, sowohl für das Gestell als für die Platten. Die letzteren werden nicht selten auch im Material des Marmors gefertigt; ebenso sind eiserne Gestelle, besonders für

Terrassen und Gärten an der Tagesordnung. Sie kommen für das Schreinerbuch nicht in Betracht.

Ein Kneiptisch darf eher plump als zierlich aussehen; eine gewisse Derbheit ist hier wohl angebracht. Der Originalität halber wählt man gerne altertümliche Formen, die an das Mittelalter oder an die Renaissance anklingen. Man stellt die Füsse häufig nicht senkrecht, sondern schräg nach unten auseinandergespreizt. Auch werden die Füsse gerne mit Stegen verbunden. Da Schubladen nicht nötig sind, so bleiben sie weg. Die Zargen können statt in der gewöhnlichen Form auch ausgeschnitten oder durchbrochen hergestellt werden; sie werden auch gelegentlich über die Füsse hinaus nach aussen hin knaggen- oder konsolartig fortgesetzt.

Die meist übliche Plattenform ist die des Rechtecks mit dem Verhältnis von 1 : 2; aber auch runde Tische sind nicht selten, ebenso Tische mit gebrochenen Ecken. Die Grösse richtet sich nach den speziellen Verhältnissen.

Da derartige Tische öfters gereinigt werden müssen, überhaupt mehr auszuhalten haben, als die Tische des Wohnhauses, so zieht man vor, sie zu lackieren oder zu firnissen, statt sie zu wachsen oder zu polieren; auch naturfarben belassen und mit Leinöl getränkt entsprechen sie ihrem Zwecke. Aus ähnlichen Gründen werden die Platten mit Wachstuch überzogen; sie können dann aus Weichholz sein und erhalten eine Randeinfassung von Leisten aus Hartholz.

Die Tafel 5 zeigt verschiedene Gestaltungen von Kneiptischen und wird das Vorgebrachte erläutern.

Der in Fig. 110 dargestellte Stirnwandtisch kann ebenfalls als Kneiptisch dienen und der gotische Tisch der Fig. 112 würde einem reicher gehaltenen Kneipzimmer dieses Stils ebenfalls zur Zierde gereichen.

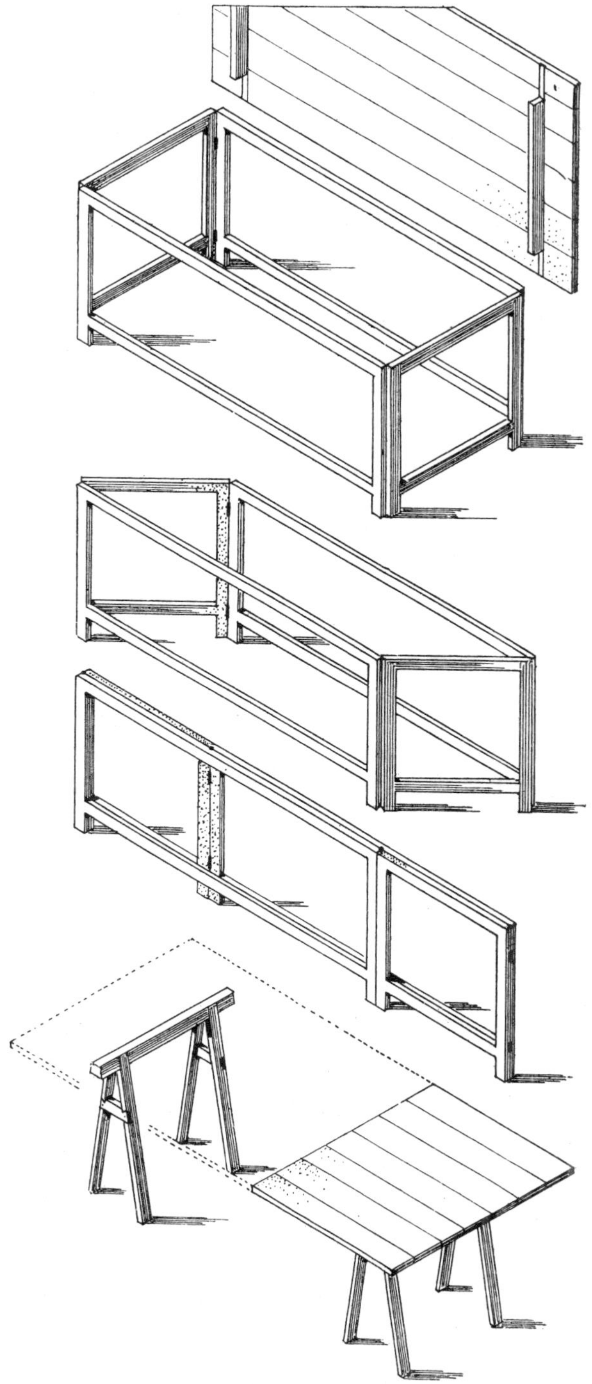

Fig. 113. **Wirtshaustisch mit zusammenlegbarem Gestell und Tisch auf Böcken.**

Selbstredend müssen die Formen dieser Tische mit dem Stil des Raumes, in welchem sie Platz finden, in Uebereinstimmung sein. Da elegante Wirtslokale, feine Restaurationen und Kaffeehäuser neuerdings mit grossem Aufwand und in allen möglichen Stilen ausgestattet werden, so können die dargestellten Beispiele nur als durchschnittlich passend betrachtet werden.

Wo man in Wirtschaftsräumlichkeiten nur gelegentlich bei Festlichkeiten etc. eine grössere Zahl von Tischen braucht, die für die übrige Zeit im Wege sein würden, verwendet man gerne Tische, deren Gestelle zusammenfaltbar gebaut sind (Fig. 113).

Das Gestell wird aus vier Teilen gebildet, die aus gehobelten Latten hergestellt werden und mit Scharnieren derart unter sich verbunden sind, dass sie ausser Gebrauch sich so zusammenfalten lassen, wie es die Figur angiebt. Die Platte ist mit zwei starken Einschubleisten versehen, die so lang sind, als das Gestell im Lichten breit ist und welche sich, wenn die Platte aufgelegt ist, von innen an die Schmalseiten des Gestells anlegen. Dadurch wird das Gestell des aufgeschlagenen Tisches in unveränderlicher Lage gehalten, vorausgesetzt, dass alles recht gemacht ist.

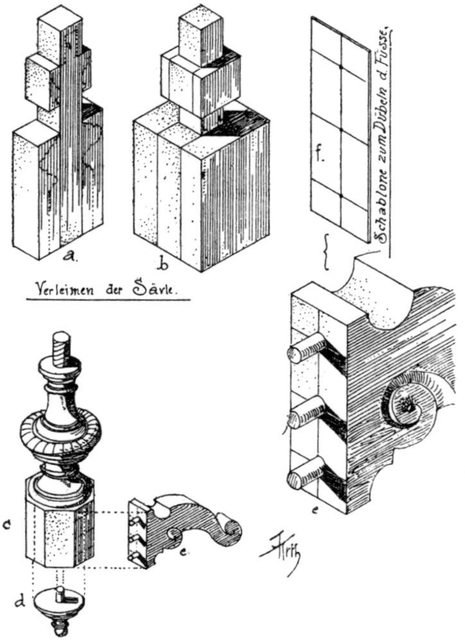

Fig. 114.
Konstruktion des Tischsäulenfusses.

Ein anderes Aushilfsmittel für den gleichen Zweck sind die Tische, bestehend aus Platten mit Einschubleisten, aufzulegen auf besondere Böcke, die übereinandergestülpt beim Aufbewahren schliesslich auch nicht viel Raum beanspruchen. Diese Einrichtung zeigt die nämliche Fig. 113 im unteren Teil.

Beide Arten von Tischen können übrigens auch anderen Zwecken dienen. So sind sie z. B. öfters im Gebrauche auf technischen Bureaux und in Schulen zum Aufzeichnen von Details, Plänen etc.

---

5. Der Serviertisch, der Anrichtetisch, der „stumme Diener“.

(Tafel 6 und 7.)

Sowohl im behaglich eingerichteten Wohnzimmer, als im vollständig ausgestatteten Esszimmer kommen ausser den grossen Tischen auch kleinere zur Verwendung, welche verschiedenen Zwecken zu dienen haben. Zum Aufstellen von Gefässen, Geräten, Flaschen und Speisen vor und während der Mahlzeit benützt man gern kleinere Tische, die man als Serviertische, Anrichtetische, „stumme Diener“ etc. bezeichnet. Sie sind gewöhnlich von rechteckiger Grundform, schmal und verhältnismässig lang. Die Breite der Platten beträgt durchschnittlich 40—60 cm, die Länge ungefähr das Doppelte. Die Platten nehmen öfters die Gestalt der Servierbretter an und erhalten dem ganzen Rand entlang oder nur auf der Rückseite und den beiden Schmalseiten eine Einfassung durch profilierte Leisten oder dünne Brettchen, wie dies aus den Figuren a und b auf Tafel 6 und d auf Tafel 7 ersichtlich. Wenn diese Tischplatten zum Abnehmen eingerichtet sind und dann wie wirkliche Servierbretter gehandhabt werden, so erhalten sie Handhaben in Form ausgeschnittener Oeffnungen oder aufgeschraubter Bügelgriffe. In Anbetracht des Zweckes macht man die Platten massiv.

Schubladen erhalten derartige Tische nicht. Auch die Zargen können je nach der Konstruktion fortfallen. Man pflegt sie nur dann anzubringen, wenn der Tisch vier Füsse im gewöhnlichen Sinne erhält. Werden die Füsse als Stirnwände behandelt, so genügt eine zweimalige Versteifung durch Stege zur Herstellung eines genügend festen Gestelles. Beliebt ist auch für diesen Zweck die Sägebockform. Die beiden Fusspaare werden dann auf der Drehbank profiliert und auf halber Höhe beweglich durch einen Längsspriegel miteinander verbunden (b, c, d Taf. 7). Verbindet man die oberen Enden der Füsse in der Längsrichtung des Tisches durch Leisten und diese unter sich durch Gurten nach Fig. b, so kann man das Gestell bequem zusammenklappen und mit dem abgenommenen Servierbrett leicht unterbringen, wenn der Tisch nur zeitweilig benützt werden soll.

Die Ausstattung und Formgebung richtet sich nach dem übrigen Mobiliar, jedenfalls sind aber schwere Formen zu vermeiden, da solche Tische leicht beweglich sein müssen, weshalb man sie auch auf Rollen stellen kann (Fig. a, Taf. 7).

Für gewöhnlich entspricht die Höhe dieser Tische derjenigen der übrigen, aber nicht immer; je nach dem besonders vorliegenden Zweck werden sie auch höher und niedriger gebaut, jedoch nicht über 90 und nicht unter 60 cm.

Fig. 115. **Aufgerissene Tischplatte mit Randleisten.**

---

6. Der Salontisch.

(Tafel 8, 9 und 10.)

Als Salontische bezeichnet man Tische in reicherer Ausstattung, bestimmt zur Aufstellung in Gesellschaftsräumen, im Besuchszimmer, im besseren Wohnzimmer, im Herrenzimmer, im Damenzimmer etc. Der Salontisch ist also mehr Prunktisch als Gebrauchstisch. Am Salontisch wird die Unterhaltung geführt, und ausser einigen Büchern und Kunstgegenständen hat er meistens nichts zu tragen; trotzdem wird er oft recht schwer und massig gebaut.

Seine Grundformen sind verschieden, kreisrund, quadratisch, elliptisch, rechteckig, seltener vieleckig. Die kreisrunde und die quadratische Form empfehlen sich vornehmlich, wenn der Salontisch vor dem Sofa Platz finden soll. Man giebt ihm dann meist nur einen Fuss, der sich nach unten in vier konsolenartige Träger teilt (a und b, Taf. 8). Die Platte ruht auf einer kreuzförmigen Brücke aus Hartholz, in welche das Gewinde für den Fuss eingeschnitten wird.

Da der säulenartige Fuss stark sein und kräftig ausladende Profile erhalten muss, so erfordert die Konstruktion desselben besondere Sorgfalt. Die Anfertigung der Säule aus einem Stück Ganzholz ist wenig zu empfehlen, da hierbei Herzholz nicht wohl zu vermeiden ist, was ein Aufreissen des Fusses zur späteren Folge hat. Weniger gewissenhafte Meister stossen sich hieran jedoch nicht; sie lassen die zugerichtete Säule auf der „Babelage“ tüchtig ausdörren und verleimen die hierbei auftretenden Risse mit Holzspänen. Die bessere Konstruktion besteht darin, dass man auf einen prismatischen, mässig starken Holzkern zur Erreichung der nötigen Profilstärke besondere Holzstücke, die sog. „Backen“, aufleimt und zwar zunächst auf zwei gegenüberliegenden Seiten. Nachdem das Ganze dann wieder abgerichtet und gezahnt ist, werden die zwei weiteren Backen aufgeleimt (Fig. 114). Im Interesse des guten Aussehens ist auf möglichst gleichmässiges Holz zu halten, was leider nicht immer geschieht. Aus übel angebrachter Sparsamkeit werden oft gerade vorhandene Holzabfälle benützt, deren abweichende Farbe schliesslich keine Beize zu-

zudecken vermag. Vor oder besser nach dem Abdrehen der Säule hobelt man, je nach der Zahl der Füsse, den unteren Teil der Säule vier-, sechs- oder achtkantig und dübelt die Einzelfüsse provisorisch fest. Um Dübel und Dübellöcher genau aufeinanderpassend zu machen, benützt man eine einfache Furnierschablone (Fig. 114), auf welcher die Dübelmittelpunkte durch Kreuzrisse angegeben sind. Werden diese Punkte durch Anlegen der Schablone auf die Säule und die Einzelfüsse mittels des Spitzbohrers genau übertragen, so muss die Sache passen. Nachdem alles provisorisch ordentlich aufeinandergepasst ist, werden die Teile wieder getrennt und endgiltig vom Schreiner und Dreher bis aufs Leimen fertiggestellt.

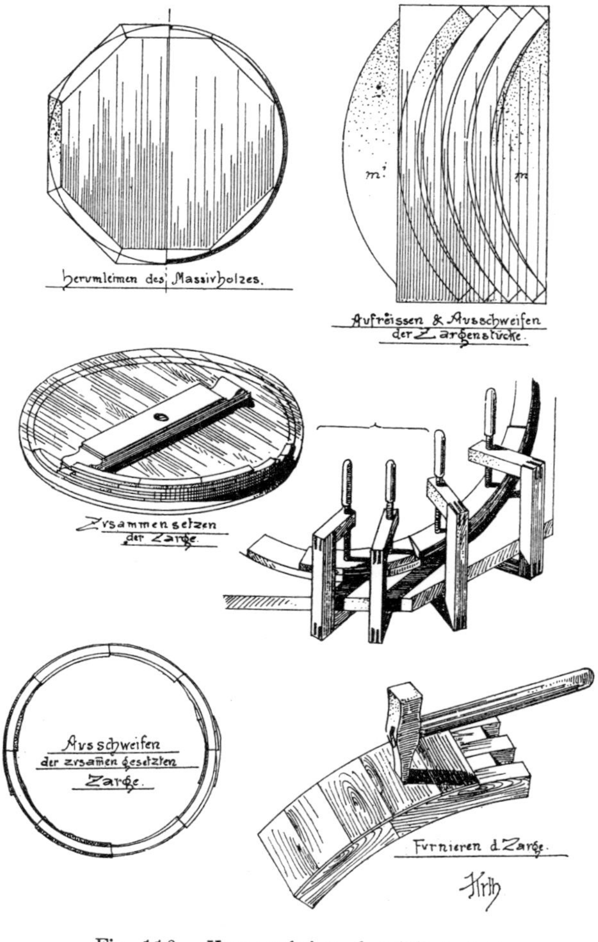

Fig. 116. **Konstruktion der Tischplatte und Zargen.**

Das Gewinde oben an der Säule wird vom Dreher angeschnitten, welcher sodann das Schneidezeug dem Schreiner leihweise überlässt, damit dieser das Muttergewinde in die Brücke einschneiden kann. Die letztere Arbeit erfordert jedoch Sorgfalt und Uebung, damit die Platte sich später nicht schräg, statt wagrecht auf den Fuss aufsetzt. Die Brücke wird nach dem Einschneiden des Gewindes auf die Platte aufgeleimt.

Der furnierten Tischplatte selbst ist ebenfalls die grösste Sorgfalt zu widmen. Das beste, ausgesuchteste und trockenste Holz ohne harte Jahresringe giebt allein die Gewähr, dass die Platte nach dem Furnieren gut stehen bleibt und nicht reisst. Nachdem dieselbe verleimt, abgerichtet und gehobelt ist, werden die Kanten derselben mit Leimwasser getränkt und furniert, indem die quer geschnittenen Furniere unter Anwendung von starkem Leim aufgerieben werden. Soll die Platte am Rand ein Profil aus Hartholz erhalten, so wird das Massivholz in der nötigen Breite, bei runden Platten in Vieleckform (vergl. Fig. 116) angeleimt, worauf dann das Kehlen oder Ausfräsen des Profils erfolgt. Das Anleimen von Massivholz an Hirnholz ist aber nur dann ratsam, wenn das letztere gut trocken ist. Andernfalls wird durch das angeleimte Profil das Holz der Platte am Schwinden gehindert, was zur Folge hat, dass dieselbe in der Mitte aufreisst, wobei der Riss in der Mitte am breitesten ist, wie es in Fig. 115 dargestellt ist. Die abgerichtete und gezahnte Platte wird schliesslich beiderseits einmal oder doppelt furniert. Sollen runde Tische eine Zarge erhalten, so ist der Vorgang folgender: Die Zarge wird zusammengesetzt aus mehreren Schichten ringförmig geschweifter Blindholzstücke. Die letzteren werden nach einer Schablone ausgeschnitten und im Verband übereinandergeleimt, wie es die beiden mittleren Skizzen der Fig. 116 zeigen. Dieselbe Figur zeigt oben rechts das Aufreissen der Bogenstücke. Hierbei wird zweckmässigerweise, um Holz zu sparen, erst das Segment m weggeschnitten und an der Stelle m' wieder aufgeleimt. Man reisst die Zarge auf einer Holztafel auf und leimt den ersten Ring auf unter Anwendung einer Zwischenlage von Zeitungspapier, da die Zarge ja wieder losgelöst werden muss. Nach einigen Stunden werden die Schraubzwingen gelöst und etwaige Unebenheiten ausgeglichen, worauf der zweite Ring im Verband aufgelegt und festgeleimt wird; ebenso folgt der dritte, vierte etc. Ist die nötige Höhe erreicht und die Leimung getrocknet, so wird der Zargenkranz abgelöst; vorstehende Teile werden aussen und

Fig. 117. **Reichgeschnitzter Renaissancetisch aus Burgund** (nach Bonnaffé).

innen sauber weggeschnitten, die äussere Fläche wird gründlich abgeputzt, gezahnt und mit Leimwasser getränkt. Die Furnierung erfolgt unter Anwendung von starkem Leim durch Anreiben mit dem Hammer (vergl. Fig. 116). Schliesslich erübrigt noch die Verleimung der Zarge mit der Platte.

Bei quadratischen Platten ist darauf zu halten, dass sie nach völligem Einschrauben auch regelrecht über dem Fusse stehen, d. h. dass die konsolenartigen Fussteile genau nach den Seitenmitten oder nach den Ecken der Platten gerichtet sind. Der Fuss darf nicht zu weit ausladen, damit man im Sitzen möglichst wenig gestört ist. Man darf aber hierin nicht zu weit gehen, da sonst der Tisch zu wenig stabil werden könnte. Kreisrunde Tische können auch dreiteiligen Fuss erhalten. Man setzt zum Schutz der Böden und Teppiche die Einzelfüsse gern auf gedrehte Scheiben, die unten abgerundet sind.

Der elliptische Tisch, fälschlicherweise Ovaltisch genannt (oval heisst eirund), erfreut sich ebenfalls einer besonderen Beliebtheit. Aufbau und Konstruktion sind ähnlich wie beim kreisrunden Tisch. Der Fuss kann nur vierteilig sein, mit gleichen oder paarweise ungleichlangen Konsolen. Ein gleiches gilt für die Brücke. Brücke und Fuss können mit den Axen der Ellipse korrespondieren oder sie bilden ein Diagonalkreuz mit rechten oder schiefen Winkeln.

In Bezug auf die genannten Tische kann nur vom Furnieren der Tischplatten die Rede sein. Die Füsse schliessen eine derartige Behandlung aus.

Kreisrunde Tische erhalten einen Plattendurchmesser von 1—2 m, gewöhnlich von 1,20 bis 1,40 m. Man sagt ja wohl, dass an einem runden Tische beliebig viel Leute Platz haben. Bis zu

Fig. 118. **Reichgeschnitzte Tischplatte aus dem 17. Jahrhundert.** Museum in Kassel.

einem gewissen Grade ist dies auch richtig, wenn sie weit genug abrücken. Für sechs Personen muss der Tisch aber mindestens 1 m, für acht Personen 1,35 m, für zehn Personen 1,65 m, für zwölf Personen 2 m im Durchmesser haben. Gangbare Axenmasse für elliptische Tischplatten sind: 80×120, 90×130, 100×140, 110×150, 120×160 etc. Die betreffenden Axenverhältnisse schwanken demnach zwischen 2 : 3 und 3 : 4. Zu grosse und zu kleine Exzentrizitäten sind zu vermeiden.

Die Platten quadratischer Tische messen an der Seite 80—150 cm, für gewöhnlich 100×100 bis 120×120.

Die Form des Rechteckes ist aber unstreitig auch für den Salontisch die zweckmässigste, nur darf die Länge die Breite nicht allzusehr übertreffen. 80×120, 90×120, 90×130, 100×140 und 100×150 cm sind das nächstliegende. Der rechteckige Salontisch lässt eine reiche und mannigfaltige Ausstattung zu. Die Platte erhält ein meist nach aussen abfallendes Randprofil. Die Zargen sind gerade oder gebogen und werden gern fortlaufend mit Pfeifen (kurze Kanneluren) und Rosetten geziert; für gebogene Zargen ist die beste Ecklösung ein auf- oder abstrebendes Akanthusblatt (d, Taf. 8). Ueber den Füssen kommen konsolenartige Verdoppelungen zur Anwendung, hauptsächlich wenn Schubladen angebracht sind, was sich im allgemeinen nicht empfiehlt, da der Salontisch meist mit einer hübschen Decke belegt zu werden pflegt. Diese Decke sollte übrigens fortbleiben, wenn die Platte mit schönen Ornamenten oder wertvollen Hölzern eingelegt wird, oder andernfalls sollte man die letzteren nicht anbringen.

Fig. 119. **Barocktisch**, entworfen und ausgeführt von F. A. Schütz (Inhaber Caspar & Herwig) in Leipzig.

Werden vier Füsse angebracht, so erhalten sie ihre Profilierung auf der Drehbank und können nachträglich entsprechend geschnitzt werden; auch vierkantige Füsse in Form von Hermen empfehlen sich wohl (d, Taf. 8). Nicht minder wirksam sind Stirnwandfüsse mit interessantem Umriss oder mit Zuhilfenahme von Säulchen und Pfeilern gebildet, wie dies die Beispiele der Tafel 9 darthun. Wie die Füsse und Stirnwände entsprechend durch Stege und Spriegel verbunden werden können, zeigen die kleinen Grundrissskizzen der beiden Tafeln. Durch Knöpfe, Rosetten, Vasen, Masken, Fratzen, Engelsköpfe, Kartuschen, Wappen, Nischen, Konsolen, Schlusssteine etc. lassen sich gute Wirkungen erzielen, wenn sie an rechter Stelle angeordnet werden. Die Art der Formgebung richtet sich eben nach dem gewählten Stile. Um auch der Neugotik

Rechnung zu tragen, giebt Tafel 10 einige Beispiele, welche sowohl als Salontische dienen können, wie sie auch für gotische Speisezimmer und anderweitige Räume passend erscheinen mögen. Da diese Art von Neugotik ihren Formalismus für das Mobiliar der mittelalterlichen Steinarchitektur entlehnt, die sich dem Material des Holzes ungern anpasst, so sind derartige Möbel gewöhnlich etwas schwer in den Formen und auch nicht billig herzustellen. Der eigentliche gotische Möbelstil aber ist trotz seiner Originalität für den Salon zu primitiv, zu „brettern", wenn dieser Ausdruck erlaubt ist. (Vergl. Fig. 112.)

Es ist hauptsächlich die Renaissancezeit, welche für die Formgebung und äussere Ausstattung der Salontische eine reiche Quelle von Vorbildern bietet. Sie hat, wie auf dem ganzen Gebiete des Mobiliars, so auch in Hinsicht auf Tische wahre Prachtwerke geschaffen. Fig. 117 zeigt eine geschnitzte Tischseitenwand aus Burgund und Fig. 118 eine reich geschnitzte Tischplatte aus dem Museum in Kassel. Wenn der Salontisch keine Decke erhält und überhaupt nichts zu tragen hat, so ist schliesslich auch eine derartige Verzierung gestattet. In allen anderen Fällen aber ist das Flachornament der einzig richtige Schmuck und der natürlichste die Intarsia.

Die Figur 119 bringt einen Salontisch im Barockstil, entworfen und ausgeführt von F. A. Schütz in Leipzig.

---

7. Der Pfeilertisch.

(Tafel 11.)

Dieser Tisch hat seinen Namen nach dem Orte seiner Verwendung, nach dem Pfeiler zwischen zwei Fenstern oder Thüren, an dem er untergebracht zu werden pflegt. Da er bestimmt ist, sich an die Wand anzulegen, so ergiebt sich hieraus eine von den übrigen Tischen abweichende Form. Er hat eine ausgebildete Vorderseite und eine Rückseite, die nie gesehen wird. Seine Breite ist meist gering und schwankt durchschnittlich zwischen 50 und 120 cm, seine Tiefe ist noch geringer und beträgt etwa die Hälfte der Breite, bei kleinen Tischen auch mehr, bei grossen auch weniger als die Hälfte. Die Höhe ist meist grösser als diejenige gewöhnlicher Tische; sie beträgt 80—100 cm. Die Platten sind rechteckig oder sie werden vorn und seitlich geschweift, an den Ecken gebrochen und abgerundet etc. Auch halbkreisförmige und halbelliptische Platten kommen vor. Die Profilierung beschränkt sich auf den sichtbaren Teil. Da die Platte nur zum Aufstellen von Uhren, Vasen und anderen Ziergegenständen benützt zu werden pflegt, so kann sie mit Vorteil aus Marmor gebildet werden.

Unter der Platte wird gewöhnlich eine Schublade angeordnet, oder wenn die Tiefe hierfür zu gering ist, ein entsprechender Zargenkranz. Da breite Schubladen von geringer Tiefe häufig aus Versehen zu weit ausgezogen werden und dann mit Gepolter zum Schrecken und Schaden auf den Boden fallen, so empfiehlt sich die Anbringung einer Sperrvorrichtung, welche das völlige Ausziehen verhindert. Bei halbrunden Tischen können zweckmässigerweise zwei Schubladen von Viertelskreisform angebracht werden, wie dies aus Fig. a, Taf. 11 erhellt. Diese Schubkasten sind dann auf einer der beiden Seiten des Vorderstückes mit Scharnierbändern zu beschlagen, so dass das Ausziehen vermittels einer Drehung erfolgt. Selbstverständlich lassen sich derartige Schubladen auch an anderen Möbeln entsprechender Form anbringen, aber stets nur dann, wenn die Abmessungen keine grossen sind.

Das Gestell des Pfeilertisches kann verschieden gestaltet werden. Vier Füsse sind nicht schön, wenigstens nicht in der gewöhnlichen senkrechten Art. Besser machen sich schon geschweifte Füsse, welche nach unten hin zusammenlaufen und am untersten Ende des sicheren Standes halber wieder ausladen.

Die üblichen Grundformen des Gestelles sind folgende:

Entweder: Der Pfeilertisch erhält einen Fuss, der, säulen- oder pfeilerartig, des Anlehnens an die Wand wegen hälftig oder zu dreiviertel durchgeführt wird. Von diesem Fuss wird dann ein entsprechender Uebergang zur Zarge durch konsolen- oder knaggenartige Träger geschaffen und in ganz ähnlicher Weise erfolgt nach unten hin eine Verbreiterung des Fusses, die meist dreiteilig sein wird. (Fig. a, Taf. 11.)

Oder: Der Pfeilertisch erhält eine Rückwand, welche als gestemmte Arbeit behandelt wird, wobei an grösseren Tischen an Stelle der einen Füllung auch mehrere treten können. Die Unterstützung der Platte, beziehungsweise der Zargen, und die Bildung eines genügend tiefen Fusses geschieht dann durch Seitenwände aus starkem Holze, die durch Ausschneiden in hübschem Umriss, durch Abfasung etc. auf der Schmalseite ihre Verzierung finden. An Stelle dieser ausgeschnittenen Seitenwände können auch beiderseits Säulchen oder vierkantige Pfeiler als Träger vor die Rückwand gestellt werden, welche hinter jenen eine pilasterartige Verdoppelung erhält. Durch Anbringung eines Bogens auf der Vorderseite des Tisches kann dann der nischenartige Charakter dieses Systems noch mehr zum Ausdruck gebracht werden. Gestaltet man den Fuss als geschlossenen Kasten, wie ein kleines Podium, so kann die Nische zum Aufstellen einer Vase oder anderer Gegenstände ausgenützt werden. Diese zweite Art der Gestellbildung wird durch die Figuren b und c der nämlichen Tafel veranschaulicht.

Ueber dem Pfeilertisch findet gewöhnlich der Pfeilerspiegel seinen Platz, der sich in seinen Abmessungen nach der Grösse des Tisches zu richten hat. Man trifft auch wohl die Einrichtung, dass beide — der Tisch und der Spiegel — in ein Gesamtmobiliarstück zusammengebaut werden. Der Tisch kann dann einen Aufsatz mit Schubfach erhalten, auf welchem der Spiegel aufsitzt. Der letztere wird mit dem Tisch fest in eines verbunden oder er ist wegnehmbar, aufgezapft. Im letzteren Falle muss er zur besseren Sicherheit noch ausserdem an der Wand befestigt werden.

---

8. Der Konsoltisch.

(Tafel 12.)

Man bezeichnet auch wohl die gewöhnlichen Pfeilertische als Konsoltische und ebenso Tische mit geschweiften Füssen überhaupt, wie sie im Barock- und Rokokostil vorzukommen pflegen. In Bezug auf dieses Kapitel sollen aber nur solche Tische unter diese Bezeichnung einbegriffen werden, welche wirklich der Form nach das sind, was man sonst in der Kunstsprache als Konsole benennt.

Es ist nämlich nicht unbedingt nötig, dass der Pfeilertisch oder der Wandtisch überhaupt auf dem Boden aufsteht. Er kann auch an der Wand allein befestigt werden, wobei dann der eigentliche Fuss in Wegfall kommt. Die Form verliert dabei nicht viel, da derartige Tische ganz gut zu wirken pflegen. Etwas Missliches hat aber die Befestigung an der Wand stets. Wenn dieselbe nicht völlig solid und dauerhaft bewerkstelligt wird, so fallen diese Tische gelegentlich von der Wand und richten Schaden und Unfug an. Das beste ist, auf der Rückseite des Tisches an passender Stelle starke, schliessblechartige Eisen einzulassen und festzuschrauben, vermittelst welcher der Tisch dann an eiserne Haken angehängt wird, die man in die Mauer eingipst.

Ueber Grösse und Form der Tischplatten, über Zargen und Schubladen gilt, was über den Pfeilertisch gesagt wurde. Der Unterbau (von einem Gestell kann man hier nicht reden)

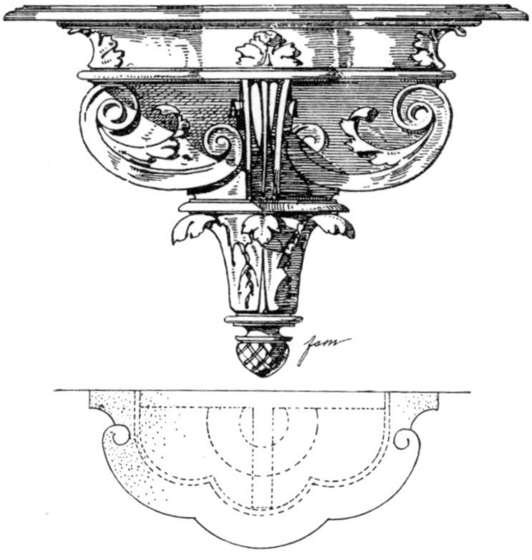

Fig. 120. **Konsoltisch.**

wird als konsolenartiger Träger gestaltet. Die Rückwand wird mehr oder weniger lebhaft ausgeschnitten, durch Abfasungen, Rosetten, Knöpfe etc. geziert. Die Verbindung und Versteifung zwischen Platte (oder Zargenkranz) und Rückwand wird durch einen Träger gebildet, der die Rückwand hälftig wiederholt oder sich in seiner Gestaltung jener anpasst (Fig. b, Tafel 12). Durch Anbringung von Etagenschäften kann eine weitere Querverbindung erzielt werden.

Sind die Konsolentische breit, so können zwei und mehr Träger an Stelle des einen treten. Diese können dann durch Spriegel und Etagenschäfte unter sich verbunden sein; die Rückwand kann gestemmt werden etc. (Fig. a der nämlichen Tafel). Die Trägerwände können auch als durchbrochene Arbeit gebildet sein oder durch schräggestellte Säulchen ersetzt werden u. a. m.

Wird die Holzbildhauerei erheblich mit beigezogen, so bietet der Konsoltisch ein gutes und dankbares Feld für dekorative Ausstattung. Der Schreiner beschränkt sich dann allerdings auf die Herstellung der Platten und das Zurichten des Holzes, während der Bildhauer die Zargen und den Unterbau aus dem Stück herausschnitzt. Die Figuren 120 und 121 mögen hierfür als Beleg dienen.

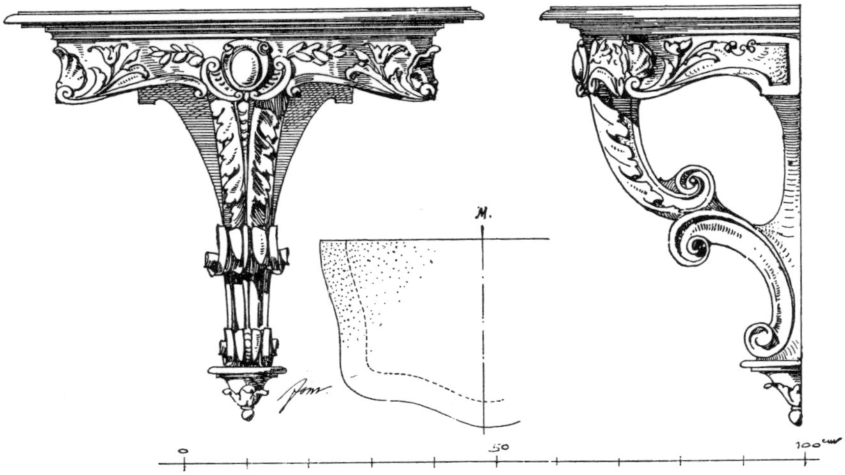

Fig. 121. **Konsoltisch im Barockstil.**

Ein bestimmtes Höhenmass besteht nach dem Gesagten für den Konsoltisch nicht. Man befestigt ihn so, dass die Platte sich 80—100 cm über dem Boden befindet. Unter Umständen ist jedoch bei seiner Anfertigung auf stark ausladende Gesimse der Vertäfelung Rücksicht zu nehmen.

Auch über dem Konsoltisch findet der Spiegel einen geeigneten Platz. Ein Zusammenbauen beider empfiehlt sich in diesem Fall jedoch nicht.

9. Der Visitenkartentisch, der Nipptisch.

(Tafel 13.)

Die Tische, welche für dieses Kapitel in Betracht kommen, gehen unter verschiedenen Namen, von welchen zwei als Ueberschrift vorangestellt wurden. Es handelt sich um jene kleinen, leichtbeweglichen Tische, wie sie im Salon und besseren Wohnzimmer Verwendung finden, um Karten und Papiere, Nippsachen, Blumensträusse, Rauchgeräte und Aehnliches aufzulegen und aufzustellen. Diese Tische sind nicht Gebrauchs-, sondern Luxustische und werden gewöhnlich auch dementsprechend ausgestattet.

Sie haben meist gewöhnliche Höhe. Die Platten sind kreisrund oder regelmässig vieleckig, also auch quadratisch. Der Rand dieser Platten wird gern breit abfallend profiliert und häufig mit Schnitzereien verziert. Die Tischplatte wird in sternförmiger Gruppierung mit Maserfurnieren belegt, mit Holzmosaik und Intarsia geziert, auch in Kerbschnitt- und Flachschnittarbeit gehalten. Oder: das Mittelstück der Platte ist aus anderem Material; Fayence-, Porzellan- und Majolikaplatten, geätzte Steinplatten, gravierte, geätzte oder anderweitig verzierte Metallplatten, Schalen und Teller, Ledertreibarbeiten und andere Erzeugnisse der Liebhaberkünste werden in den Holzrand eingelassen, beweglich oder fest, so dass der ganze Tisch oft nur als die Fassung dieser Kunstsachen zu betrachten ist.

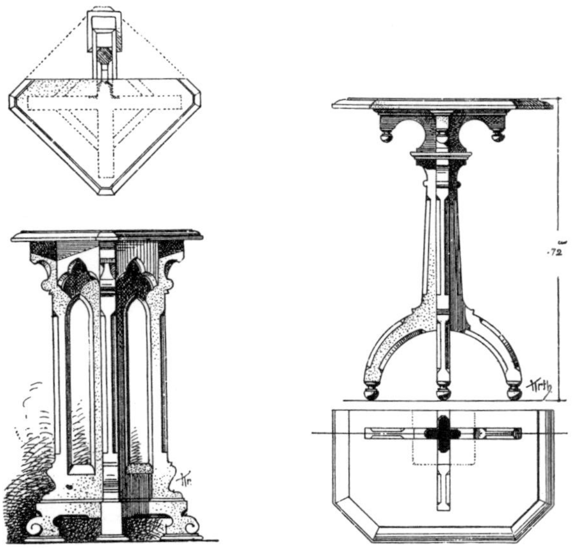

Fig. 122. **Nipptische.**

Der Durchmesser der Platten beträgt durchschnittlich 30—60 cm. Schubladen erhalten diese Tische nicht und meist auch keine Zargen. Unter den Platten wird eine Art Brücke in Kreuzform gebildet oder ein grosses, auf der Drehbank hergestelltes Karnies- oder Kehlenprofil bildet den Uebergang zwischen Platte und Gestell.

Das Gestell besteht aus einem gedrehten oder kantigen Fuss mit oder ohne Schnitzerei, welcher dann nach unten hin sich in drei oder vier knaggen- oder konsolartige Einzelfüsse spaltet. An Stelle des einen Fusses treten auch drei und mehr Füsse, die ziemlich dicht bei einander stehen. Das ganze Gestell ist zierlich und leicht zu gestalten. Ein Aufputz von Metallknöpfen ist nicht übel angebracht: weniger empfiehlt sich der hin und wieder beliebte Kettenbehang, der den Anlass zum Hängenbleiben und Umwerfen bietet. Auf Tafel 13 sind vier derartige Tische dargestellt; zwei weitere Beispiele zeigt Fig. 122. Die beiden letzteren Beispiele haben viereckige Platten mit gebrochenen Ecken; die Gestelle beider sind gebildet, indem ausgeschnittene Bretter zu einem kreuzförmigen Querschnitt zusammengestellt werden. Das gotisierende Tischchen kann auch als Opfertisch für kirchliche Zwecke Verwendung finden, wenn ein entsprechender Behälter im Oberteil angebracht wird.

Auch diese kleinen Tische sollen in einer einheitlichen Ausstattung sich dem übrigen Mobiliar in Hinsicht auf Stil und Ausführung anpassen. Doch ist ein Verstoss in diesem Fall weniger von Bedeutung, weil solche Luxusgegenstände schon als Nebenausstattung des Raumes zu betrachten sind, wie Uhren, Papierkörbe und dergl.

---

10. Der Etagentisch, der Staffeltisch.

(Tafel 14.)

Bringt man an einem Tische ausser der eigentlichen Platte eine zweite, dritte etc. auf verschiedenen Höhen des Gestelles an, so entsteht der Etagen- oder Staffeltisch. Es sind hauptsächlich kleinere, freistehende Tische, die in dieser Art gebaut zu werden pflegen, und gerade in der heutigen Zimmerausstattung erfreuen sich diese Möbel einer besonderen Beliebtheit, sei es, dass sie als Luxustische zum Aufstellen von Nippsachen, Blumen etc. dienen, sei es, dass sie als wirkliche Gebrauchstische beim Arbeiten Verwendung finden. Beim Zeichnen, Malen und in Ausübung verschiedener Liebhaberkünste können sie Material und Werkzeug aufnehmen, auch zur Unterbringung von Büchern, Zeitungen und Noten sind sie nicht unbequem; dabei haben sie eine gefällige Form, welche dem modernen Geschmack zusagt.

Die Höhe dieser Tische ist etwas geringer als die der gewöhnlichen; sie bewegt sich in den Grenzen von 60—80 cm. Die Platten sind meist quadratisch, seltener kreisrund, regelmässig oder halbregelmässig vieleckig, noch seltener rechteckig. Die Abmessungen sind nicht gross. Die Quadratseiten, beziehungsweise die Durchmesser der Platten messen durchschnittlich 40—60 cm. Man versieht die Platten ihrem Zwecke entsprechend am Rand mit profilierten, nach oben vorstehenden Leisten, wie dies auf Tafel 14 a zu ersehen ist. Man macht die Platten meist massiv und kann sie unter Umständen mit bemalten Fliesen belegen oder mit anderen Einlagen versehen.

Das Gestell der quadratischen Tische ist vierbeinig und zwar werden die Füsse schräg gestellt, nach aussen gespreizt, entweder im ganzen oder nur in den unteren Etagen. Ihre obere Verbindung erfolgt durch einen niedrigen Zargenkranz, der auch fortfallen kann, wenn die Verbindung mit der Platte durch ein übereck gelegtes Brückenkreuz erfolgt. Wenn eine Schublade angebracht werden soll, so kann sie nur geringe Höhe haben, weil sonst zu viel Platz für die Etagen verloren geht. Die Füsse werden durch Querleisten verbunden, auf denen die Etagenplatten aufliegen, oder die Etagenplatten werden mit den Ecken in die Füsse eingestemmt (Taf. 14 e, a und b). Da die eigentliche Platte das Gestell um 5—10 cm zu überkragen pflegt, so ist sie immer grösser als die Etagenplatten, welche nur bis zur Mitte der Füsse ausladen, auch schwächer im Holze sind als die Hauptplatte. Die Füsse werden auf der Drehbank profiliert und bleiben am oberen Ende und auf der Höhe der Etagenplatten vierkantig, wodurch sie die bekannte gebräuchliche Form erhalten.

Den runden Etagentisch gestaltet man am besten als Dreifuss, weil er so am besten steht (Taf. 14 c). Die Zargen können kreisförmig geschweift sein oder der Einfachheit halber gerade bleiben. Die Platten können alle rund sein, oder man kann zur Abwechslung die Hauptplatte rund, die Etagenplatten dreiseitig machen.

Den sechseckigen Tischen giebt man ebenfalls drei Füsse, wenn man nicht vorzieht, Stirnwände nach Fig. d anzuordnen.

Die Staffeltische dürfen nicht zu schwer gebaut werden, damit sie sich leicht vom Platze bringen lassen. Man kann in dieser Beziehung ein Uebriges thun, indem man die Füsse mit Rollen versieht (Taf. 14 a) oder an zwei gegenüberliegenden Seitenmitten der Platte Bügelgriffe aus Metall anbringt, wie dies an den Serviertischen gemacht wird. Da diese beiden Arten von Tischen eine gewisse Aehnlichkeit haben, so können sie zur Not im Gebrauch einander ersetzen.

11. Der Ecktisch.

(Tafel 15.)

Der Ecktisch ist ein Wandtisch; was der Pfeilertisch für die Wandmitte ist, ist er für die Wandecke. Die Zwecke und Ausstattungsformen sind ähnlich. Der Ecktisch ist von dekorativer Wirkung; unpraktisch ist er dagegen insofern, als er im Verhältnis zu den Anschaffungskosten wenig Platz zum Aufstellen bietet.

Die Höhe schwankt wie beim Pfeilertisch zwischen 80 und 100 cm. Die Platte erhält die Form eines Viertelkreises, eines rechtwinkeligen Dreieckes mit gebrochenen Spitzen (symmetrisch fünfeckig) oder eine entsprechend andere zusammengesetzte oder geschweifte Form.

Das Gestell besteht wieder aus einem säulen- oder pfeilerartigen Fuss, der sich nach unten hin in zwei oder mehrere Einzelfüsse teilt. Jedenfalls müssen aber immer mindestens drei Stützpunkte vorhanden sein. Man kann das Gestell mit Seitenwänden bilden oder ohne solche. Im ersteren Fall kann die Säule auch fortfallen und durch konsolenartige Träger ersetzt werden. Wird dann noch ein Sockelbrett oder kleines Podium angeordnet, so entsteht wieder eine Art Nische zum Aufstellen von Vasen etc.

Gewöhnlich wird eine Vorderzarge angebracht, unbedingt nötig ist sie jedoch nicht, wie Tafel 15, Figur b zeigt.

Wird eine Schublade gewünscht, so kann nur die bereits früher erwähnte Einrichtung zum Herausdrehen vermittels Scharnierband in Anwendung kommen (Tafel 15 a).

Gerade so gut, wie der Pfeilertisch zum Konsoltisch werden kann, wenn er nicht bis zum Boden reicht, so kann es auch der Ecktisch. Auch in Bezug auf alles übrige sei hiermit auf die früheren Kapitel verwiesen, welche jene Tische besprechen. Selbstredend lassen unter Voraussetzung der nötigen Aenderungen die dort gebrachten Zeichnungen sich auch hier verwenden und umgekehrt.

12. Der Spieltisch.

(Tafel 16 und 17.)

Obgleich jeder Tisch von passender Form und Grösse auch als Spieltisch verwendet werden kann, so sind besondere Spieltische doch keine seltene Erscheinung. Sie finden als Luxustische ihr Unterkommen in Gesellschaftsräumen, im behäbigen Wohnzimmer, im Herrenzimmer und Kneipzimmer.

Grösse und Ausstattung sind meist so gewählt, dass vier Personen an dem Tische bequem Platz finden.

Die Höhe ist die gewöhnliche Tischhöhe, 75—80 cm.

Die Grundform ist quadratisch, kreisrund, regelmässig oder halbregelmässig achtseitig. Die Seitenlängen, beziehungsweise Durchmesser betragen 75—100 cm, meist aber 80—90 cm. Die Platte wird häufig eingelegt, die Mitte erhält dann die Schachbrettteilung in die bekannten 64 Felder, während der übrige Teil ornamental verwertet wird. Dem einzelnen Feld ist eine Grösse von 30×30 bis 50×50 mm zu geben, der ganzen Schachtafel also eine Quadratseite von

24 bis 40 cm. Vielfach wird auch bloss der Rand der Platte im Holz sichtbar gelassen, während das Innere mit grünem Tuch oder Wachstuch bespannt wird. Auch eingelassene Schieferplatten waren früher nicht selten.

Das Gestell des Spieltisches besteht am besten aus einem gedrehten Fuss, der sich unten in vier Einzelfüsse teilt (Tafel 16 a und b). Bei grösseren Tischen kann man vier weitere Säulchen anbringen, die regelmässig um den Mittelfuss verteilt sind (Tafel 16c). Schubladen erhält der Spieltisch nur, wenn es besonders gewünscht wird, um Karten, Schachfiguren etc. unterzubringen. Die Verbindung von Platte und Fuss erfolgt durch ein Brückenkreuz mit oder ohne Zargenkranz.

Eine besondere, nicht unzweckmässige Einrichtung für den Spieltisch besteht in dem Anbringen kleiner Schieber unterhalb der Platte. Sie laufen in kleinen Leisten oder werden schwalbenschwanzförmig eingelassen und müssen gegen völliges Ausziehen arretiert werden. Sie dienen ausgezogen zum Aufstellen von Gläsern und Tassen, für Spielteller, Marken etc. (Vergl. die betreffende Grundrissskizze auf Taf. 16.)

Eine andere Einrichtung besteht im Anbringen von Klapptafeln, die zur Vergrösserung der Tischfläche bestimmt sind.

Entweder: Diese Klapptafeln werden mit Scharnierbändern angeschlagen und hängen ausser Gebrauch senkrecht, während sie im Gebrauch durch ausziehbare Schiebleisten oder durch drehbare Stützen in horizontaler Lage gehalten werden, wie es Fig. a auf Tafel 17 zeigt. Diese Einrichtung eignet sich in erster Linie für Schachtische zu zwei Personen.

Oder: Die Klapptafeln werden mit geeigneten Bändern so an die Platte befestigt, dass sie ausser Gebrauch sich auf die Platte legen, im Gebrauch dagegen der Platte die doppelte Grösse geben, wie dies aus Fig. b ersichtlich ist. In diesem Falle sind die Klappen rechteckig und haben die halbe Grösse der Platte, während sie im vorher erwähnten Falle beliebige Form haben können.

Eine solidere Konstruktionsweise für die Vergrösserung des Spieltisches, die sich mit Recht einer gewissen Beliebtheit erfreut, wird durch Fig. c veranschaulicht. Das Gestell ist dasjenige eines vierfüssigen Zargentisches, berechnet für eine rechteckige Platte von der Form eines halben Quadrates. (Es können übrigens auch andere Verhältnisse gewählt werden.) Die Platte besteht aus zwei gleichgrossen durch Bänder verbundenen Tafeln. Die untere ist auf einer Querleiste des Gestells drehbar befestigt. Dieser Drehpunkt ist nicht willkürlich, wenn sowohl die aufgeschlagene, als die zusammengelegte Platte regelrecht auf dem Gestell sitzen soll. Er wird gefunden, indem man f gleich f macht und dann die beiden Schrägen unter 45° zieht. Ist die aufgeschlagene Platte ein Quadrat, also auch die Hälfte einer Klapptafel ein solches, so liegt der Drehpunkt auf $^1/_4$ der in diesem kleinen Quadrat gezogenen Diagonale. Ist die Platte rechteckig, so kann man allgemein sagen: er liegt auf $^1/_4$ der Linie unter 45°, welche man von der Stossfugenmitte aus durch die ganze Breite der einen Klapptafel zieht.

Misst die geschlossene Platte:	so liegt der Drehpunkt von der Stossfuge entfernt:	und von der Schmalseite der Klapptafel:
40×80 cm,	10 cm,	30 cm,
44×80 „	11 „	29 „
48×80 „	12 „	28 „
44×88 „	11 „	33 „
48×88 „	12 „	32 „
52×88 „	13 „	31 „
48×96 „	12 „	36 „
52×96 „	13 „	35 „
56×96 „	14 „	34 „

13. Der Nähtisch.

(Tafel 18 und 19.)

Der Nähtisch dient der weiblichen Handarbeit und ist in erster Reihe Gebrauchstisch. In diesem Sinne kann jeder gewöhnliche kleinere Arbeitstisch mit vier Füssen als Nähtisch dienen, wenn man ihm eine Schublade mit eingeteiltem Gefach giebt.

In richtiger Würdigung der Wichtigkeit, welche der Nadelarbeit der Frau innewohnt, giebt man aber gern dem Nähtische eine reichere Ausstattung, so dass er im Damenzimmer und im besseren Wohnzimmer auch gleichzeitig als Ziermöbel gelten kann.

Die Höhe des Nähtisches ist die gewöhnliche, 75—80 cm. Die Form der Platte ist recht-

Fig. 123. **Nähtisch mit Stirnwänden.**

eckig. Die üblichen Abmessungen derselben sind 45×60, 45×65, 50×70, 50×75, 55×80, 55×85, 55×90, 60×80, 60×85, 60×90 cm. Als besondere Ausstattung der Platte wäre zu erwähnen, dass man in der Nähe der Vorderkante mit Vorteil das Meter- und Ellenmass in Einlegearbeit anbringen kann. Eine geeignete Stelle hierfür entsteht auch, wenn man die Vorderkante schräg abflacht, anstatt sie zu profilieren.

Am Nähtisch ist die Schublade eine Hauptsache, sie darf also nicht fehlen. Man bringt in derselben zweckmässig eingeteilte Gefache an mit grösseren und kleineren Abteilungen mit beweglichen Schiebern, Klappdeckeln, Polsterdeckeln etc. Man verwendet für das Gefach dünne Harthölzer, wie Ahorn oder seltenere Kunsthölzer, Veilchenholz, Kampherholz etc., die man am besten poliert. Fig. b auf Tafel 18 zeigt ein derartiges Gefach. An grösseren Nähtischen kann man auch mehrere Schubladen anbringen: eine breite und eine schmale, eine breite in der Mitte und zwei schmale zu den Seiten, eine breite in der Mitte und je zwei schmale seitlich übereinander etc. Man giebt den Schubladen eine geringe Höhe, von nicht über 10 cm.

Das Gestell kann ausserordentlich verschieden gestaltet sein.

1. Der Tisch erhält vier Füsse mit einer entsprechenden Stegverbindung zum Aufstellen der Füsse (Tafel 18c).
2. Er erhält zwei durch einen Steg verbundene Füsse, die sich dann unten wieder teilen (Tafel 18a).
3. Er erhält einen Fuss, der sich nach unten in der Form des Andreaskreuzes teilt und durch ein Brückenkreuz mit dem Zargenkranz verbunden wird (Taf. 18 d).
4. Er erhält zwei seitliche Stirnwände, die in ihrer Fortsetzung die Seitenzargen bilden und durch Spriegel oder Stege verbunden werden (Taf. 19, b, c und d).
5. Er erhält zwei Seitenwände und eine Rückwand. Die letztere wird gestemmt; die ersteren werden nach vorn entsprechend ausgeschnitten und bilden mit der Rückwand eine Nische, in welche man unten einen Steg oder ein kleines Podium einsetzen kann (Tafel 19a).
6. Er erhält eine Rückwand mit seitlichen Verdoppelungen nach Pilasterart, vor welche sich nach vorn Säulchen oder Pfeiler stellen etc.

Im übrigen passt man die Formgebung dem Mobiliar an, in welches der Tisch sich einfügt. Die Kleinheit des ganzen Stückes bedingt entsprechend zierliche Formen und Holzstärken. Nur den einfüssigen Nähtisch darf man nicht zu leicht gestalten, da er sonst eine unangenehme, schwankende, bei der Arbeit störende Bewegung annimmt.

Die dem Text beigegebene Figur 123 zeigt einen reicheren Nähtisch mit geschnitzten Seitenwänden.

---

14. Der Blumentisch.

(Tafel 20.)

Dem Blumentisch möge ebenfalls ein Kapitel gewidmet sein, obgleich er im Material des Holzes ein unzweckmässiges Möbel ist. Die Pflanzenpflege im Zimmer hat neben ihren schönen Seiten ausser anderen Misslichkeiten auch die, dass sich mit dem besten Willen ein Abtropfen und Verschütten des Giesswassers nicht verhindern lässt, wodurch dann Schäden auf Teppichen, Böden und am Mobiliar entstehen. Der einzig richtige Blumentisch ist der eiserne; auch derjenige aus Weiden- oder Rohrgeflecht ist immer noch besser, als der vom Schreiner gefertigte. Da aber derartige Dinge sich schlecht in das Gesamtmobiliar eines einheitlich ausgestatteten, eleganten Zimmers einfügen, so verfällt man trotzdem nicht selten auf das Material des Holzes. Dieses Stück kann, wenn die übrigen Möbel gewachst sind, nicht wohl poliert werden, was es doch zum Schutze so nötig hätte. Es verbleibt nur die Vorsicht der Besitzer und das Anbringen von soliden Einsätzen aus Zinkblech (Eisenblech rostet in kurzer Zeit, auch wenn es mit Oelfarbe gestrichen oder lackiert ist). Auf die leichtmögliche Entfernung dieser Einsätze ist bei der Konstruktion Rücksicht zu nehmen.

Der Blumentisch wird mit und ohne Aufsatz gebaut, darnach kann seine Höhe sehr verschieden sein. Man wird über eine Gesamthöhe von 2 m nicht hinausgehen, durchschnittlich beträgt sie mit Aufsatz 1,5 m, ohne solchen 75—90 cm.

Die Platte des Blumentisches unterscheidet sich von derjenigen anderer Tische dadurch, dass sie eine hohe Randeinfassung erhält. Hier sitzt also gewissermassen der Zargenkranz über statt unter der Platte und dadurch entsteht der nötige Raum für den Einsatz, der als niedriger

Zylinder erscheint oder sich nach unten kegelförmig verengt. Die einzig verwendbaren Grundformen sind trotz ihrer Unzweckmässigkeit für die Aufstellung der Pflanzen die kreisrunde und die regelmässig vieleckige. Der Durchmesser richtet sich nach der Grösse des Ganzen und nach der Zahl der aufzustellenden Pflanzen. Er schwankt zwischen 60 und 100 cm, abgesehen von den später zu besprechenden Ständern für einzelne Töpfe. Die Höhe der Platte, also die Ebene, auf welcher die Töpfe aufstehen, soll 65 bis 75 cm betragen, die Höhe der Randeinfassung 10 bis 15 cm.

Die Randeinfassung wird beim runden Tisch als zylindrische oder geschweifte Fläche behandelt mit Sockel- und Krönungsprofil, von denen das letztere am besten nach aussen abfällt. Auch eine Balustergalerie als Randeinfassung ist sehr wirksam (b, Tafel 20), wobei man die einzelnen Docken senkrecht stellen oder oben nach aussen lehnen kann. Damit die unschönen Töpfe nicht durchschauen, empfiehlt sich eine Hinterfütterung aus Holz, Seidenplüsch oder Messingblech. Der Plüsch muss von innen selbstredend noch einmal für sich geschützt werden. Beim vieleckigen Tisch, der am besten achtseitig ist, werden die einzelnen Randteile gerade (Taf. 20 c). Die Platte ist aus Hartholz und genügend stark zu machen. Das Gestell besteht aus einem säulen- oder pfeilerartigen Fuss, der sich unten in drei oder mehr Einzelfüsse teilt und einen genügend sicheren Stand ermöglicht (Taf. 20 b und c). Dem Hauptfuss können weitere Säulchen als Nebenfüsse beigegeben werden (Taf. 20 a). Die Verbindung zwischen Platte und Fuss erfolgt durch ein starkes Brückensystem.

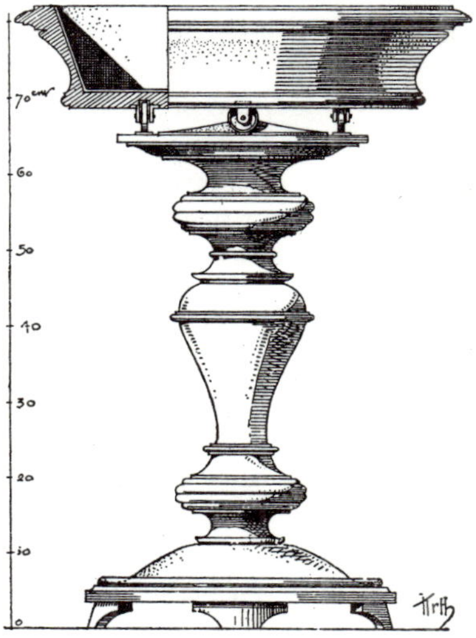

Fig. 124. **Blumentisch.**

Erhält der Tisch einen Aufsatz, so ist dieser die Verlängerung des Hauptfusses. Dieser Teil wird als Säule oder Kandelaber, sich nach oben verjüngend, weiter geführt und schliesst mit einer tellerartigen Platte ab oder mit einer Vase, die bestimmt ist, einen grösseren Topf aufzunehmen. Die obere Weite des Einsatzes hat ca. 15 cm zu betragen. Dem Aufsatz grösserer Tische kann man unter Umständen auf halber Höhe eine tellerartige Etage zufügen zum Aufstellen einiger ganz kleiner Töpfe.

Dem Text ist ein weiterer Entwurf in Fig. 124 beigegeben. An diesem Beispiel ist die empfehlenswerte Einrichtung getroffen, dass die Platte auf Rollen und Laufschiene gedreht werden kann. Dadurch wird es ermöglicht, die aufgestellten Pflanzen abwechselnd dem Lichte zuzudrehen und sie vor einseitigem Auswachsen zu bewahren.

---

15. Der Sitzungstisch.

(Tafel 21.)

In unserer redseligen Zeit mit den vielen Staats- und Gemeindebehörden, Vereinen und Kollegien aller Art spielt der Sitzungstisch eine wichtige Rolle. Da die Sitzungszimmer meist sehr einfach eingerichtet sind, so kann es auch der Sitzungstisch sein. Wo die Ausstattung jener über das Gewöhnliche hinausgeht, da muss auch das Aeussere des Tisches damit im Einklang stehen. Man bezeichnet die Sitzungstische auch mit dem Ausdruck „grüner Tisch“, weil sie öfters mit grünem Tuch bezogen und behangen werden. Warum das Tuch gerade grün sein muss, ist schwer ersichtlich; es entspricht aber einmal dem Herkommen.

Wird die Tischplatte vollständig überzogen und seitlich behangen, so beschränkt sich die formale Ausbildung auf die allein sichtbaren Füsse. Soll der Tisch sich besser präsentieren und mit dem übrigen Mobiliar in Zusammenhang gebracht werden, so lässt man den seitlichen Behang fort, versieht die Tischplatte am Rande mit profilierten, etwa 12 cm breiten Friesen und schlägt nur den Fond mit Tuch aus, oder man lässt den Tuchbezug überhaupt fallen und furniert die Platte oder macht sie massiv aus Hartholz.

Da die Grösse des Sitzungstisches sehr verschieden ist, so sind es auch die Grundformen und die Konstruktion; in allen Fällen aber wird der Tisch als Zargentisch gebaut mit genügend vielen kantigen oder gedrehten Füssen (Tafel 21 f und g). Nur wenn diese Tische ausser Gebrauch anderweitig untergebracht werden sollen, empfiehlt sich das Auflegen der Platte auf einzelne Böcke, die dann leichter unterzubringen sind, als die grossen Gestelle.

Die Grösse der Platte richtet sich nach der Anzahl der Personen, welche am Tische Platz finden sollen. Man rechnet für die Person im Durchschnitt eine beanspruchte Breite von 75 cm. Zur Not und hauptsächlich an runden Tischen kann man sich auch mit 70 cm und noch weniger begnügen. 80 cm gestatten schon ein sehr bequemes Sitzen. Die Grundform des Tisches richtet sich ebenfalls nach der Anzahl der Personen und nach den Massverhältnissen des Sitzungsraumes. Die gebräuchlichsten Formen sind folgende:

1. Man macht den Tisch rechteckig, wobei die Ecken abgerundet werden können (Taf. 21 a). Die Breite bewegt sich zwischen 1 und 1,5 m. Breiter kann man wohl nicht gehen, weil sonst inmitten des Tisches liegende Dinge nicht mehr bequem zu erreichen sind. Die Länge berechnet man nach der Anzahl der Personen; sie beträgt stets das Mehrfache der Breite, im Maximum 6 m, da man den Tisch nicht wohl mehr als viermal so lang wie breit machen kann.

Für	8 Personen sind die üblichen Abmessungen	1,0×2,0	oder	1,0×2,2	m.
„	10 „ „ „ „ „	1,0×2,8	„	1,0×3,0	„
„	12 „ „ „ „ „	1,1×3,5	„	1,2×3,6	„
„	14 „ „ „ „ „	1,2×4,2	„	1,3×4,5	„
„	16 „ „ „ „ „	1,3×5,0	„	1,4×5,2	„
„	18 „ „ „ „ „	1,4×5,6	„	1,5×6,0	„

2. Man rundet den Tisch an beiden Enden halbkreisförmig ab (Taf. 21 b), wobei wieder die obigen Abmessungen gelten.
3. Man giebt dem Tisch die Form einer Ellipse oder des entsprechenden Korbbogens (Taf. 21 c).

Die Ellipse ist eine ihren Krümmungshalbmesser stetig ändernde Kurve; der Korbbogen ist eine Näherungskonstruktion, die mit dem Zirkel beschrieben werden kann. Befassen wir uns zunächst mit der ersteren.

Die Ellipse hat eine grosse und eine kleine Axe, welche zu einander senkrecht stehen; sie entsprechen der grössten und kleinsten Abmessung, der Länge und Breite, welche beliebig sein können. Die Ellipse hat zwei Brennpunkte (Fig. 125 F und F^1), welche auf der grossen Axe gleichweit vom Mittelpunkt M entfernt liegen. Man findet diese Brennpunkte, wenn man mit einer Zirkelöffnung gleich der halben grossen Axe von den Endpunkten der kleinen Axe aus Kreuzungsbogen beschreibt. Das bequemste Verfahren, eine Ellipse im Grossen aufzuzeichnen, besteht darin, dass man in die Brennpunkte Stifte einschlägt und an diesen eine Schnur befestigt, welche so lang ist, als die grosse Axe; fährt man dann mit einem Bleistift der gespannten Schnur entlang, so entsteht der elliptische Umriss, wie dies Figur 125 veranschaulicht.

Sehr excentrische, also schmale und lange Ellipsen sind keine schöne Kunstform, und es ist in Bezug auf Salontische ein Verhältnis angegeben worden von 2 : 3 bis zu 3 : 4. Grossen Sitzungstischen aber kann man eine dementsprechende Breite nicht geben. Man wählt hier Verhältnisse wie 3 : 5, wie 1 : 2 oder wie 2 : 5.

Der Flächeninhalt einer Ellipse wird gefunden, wenn man die grosse Axe mit der kleinen und das Produkt mit 0,785 multipliziert.

Für den Umfang der Ellipse hat die gewöhnliche Mathematik keine allgemein gültige Formel. Die von uns aufgestellte Näherungsformel

$$U = \frac{\pi}{2} \left(\sqrt{2(a^2 + b^2)} + a + b\right),$$

wobei a die halbe grosse, b die halbe kleine Axe bedeutet und $\frac{\pi}{2} = 1{,}5708$ ist, liefert jedoch Werte, die praktisch genügend genau sind, so lange die Excentricität nicht grösser ist als bei den oben angeführten Axenverhältnissen. Die Werte sind etwas zu klein, im ungünstigsten Fall aber (beim Axenverhältnis von 2 : 5) nur um etwa 2 mm pro Meter.*)

Man kann die Umfänge auch nach folgender Formel berechnen:

$$U = \pi (a + b)\, x.$$

Dann ist der veränderliche Faktor x

bei einem Axenverhältnis von	4 : 3	=	1,0053
„ „ „ „	3 : 2	=	1,0100
„ „ „ „	5 : 3	=	1,0154
„ „ „ „	2 : 1	=	1,0278
„ „ „ „	5 : 2	=	1,0460

Aus der umstehenden Tabelle ergiebt sich für die Praxis das Nötige.

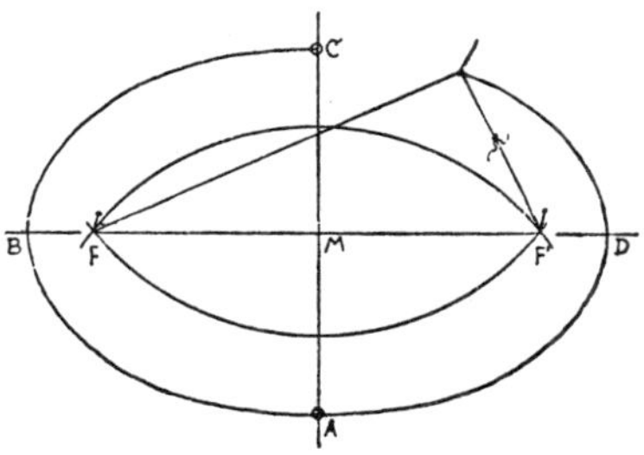

Fig. 125. **Zeichnung einer Ellipse vermittels einer Schnur.**

Was den bereits erwähnten Korbbogen betrifft, so kann derselbe mit dem Zirkel aus einzelnen Bogenstücken (gewöhnlich vier, wovon je zwei gleich) beschrieben werden. Die auf diese Weise entstehende Kurve ist jedoch nicht so schön als die Ellipse, weil sich der Krümmungshalbmesser nicht stetig, sondern viermal ruckweise ändert. Es giebt eine Menge von Korbbogen-Konstruktionen und zwar solche, bei denen man die Axenverhältnisse beliebig wählen kann, und solche, bei welchen die Länge der einen Axe die Länge der anderen bedingt.

Für Sitzungstische in Korbbogenform sei hier nur eine Konstruktion empfohlen, welche annähernd ein Axenverhältnis von 1 : 2 ergiebt und für diesen Zweck unter allen die beste sein dürfte. An der Hand der Figur 126 sei die Aufzeichnung geschildert. Man zieht zwei zu einander senkrechte Linien und trägt von ihrem Schnittpunkt M (dem Mittelpunkt des Korbbogens) die grosse Axe hälftig nach A und B auf. Man teilt die grosse Axe AB in sechs gleiche Teile und vermerkt die Teilpunkte E und F. Auf der kleinen Axe, resp. deren Verlängerung, trägt man von M aus das Doppelte von EM auf und erhält auf diese Weise die Punkte G und H. Die Punkte E, F, G und H sind die Einsatzpunkte für die vier Bogenstücke, welche die ganze Kurve bilden. Die Uebergangsstellen der Bogenstücke ergeben sich durch die Verbindungslinien jener vier Einsatzpunkte. Man zieht erst die kleinen und dann die grossen Bögen.

*) Die in den beiden ersten Auflagen des Buches gegebene Formel liefert weit mehr abweichende, und zwar zu grosse Werte.

	Masse der kleinen und grossen Axe in Meter	Axen-Verhältnis	Entfernung der Brennpunkte vom Mittelpunkt	Schnurlänge in Meter	Flächeninhalt in Quadratmeter	Länge des Umfangs in Meter	Anzahl der Platz findenden Personen
A	1,2×2,0	3 : 5	0,8	2,0	1,88	5,10	6— 7
	1,5×2,5	„	1,0	2,5	2,94	6,38	8— 9
	1,8×3,0	„	1,2	3,0	4,24	7,65	10—11
	2,1×3,5	„	1,4	3,5	5,77	8,93	12—13
	2,4×4,0	„	1,6	4,0	7,54	10,21	14—15
	2,7×4,5	„	1,8	4,5	9,54	11,48	15—16
	3,0×5,0	„	2,0	5,0	11,78	12,76	17—18
	3,3×5,5	„	2,2	5,5	14,25	14,04	19—20
	3,6×6,0	„	2,4	6,0	16,96	15,31	21—22
	3,9×6,5	„	2,6	6,5	19,91	16,59	23—24
	4,2×7,0	„	2,8	7,0	23,09	17,86	25—26
B	1,0×2,0	1 : 2	0,866	2,0	1,57	4,84	6— 7
	1,2×2,4	„	1,039	2,4	2,26	5,81	7— 8
	1,4×2,8	„	1,212	2,8	3,07	6,78	9—10
	1,6×3,2	„	1,385	3,2	4,02	7,75	10—11
	1,8×3,6	„	1,559	3,6	5,09	8,72	11—12
	2,0×4,0	„	1,732	4,0	6,28	9,69	13—14
	2,2×4,4	„	1,905	4,4	7,60	10,65	14—15
	2,4×4,8	„	2,078	4,8	9,05	11,62	16—17
	2,6×5,2	„	2,252	5,2	10,62	12,59	17—18
	2,8×5,6	„	2,425	5,6	12,31	13,56	18—19
	3,0×6,0	„	2,598	6,0	14,14	14,52	20—21
	3,2×6,4	„	2,771	6,4	16,08	15,49	21—22
C	1,0×2,5	2 : 5	1,146	2,5	1,96	5,75	7— 8
	1,2×3,0	„	1,375	3,0	2,83	6,90	9—10
	1,4×3,5	„	1,604	3,5	3,85	8,05	11—12
	1,6×4,0	„	1,833	4,0	5,03	9,20	12—13
	1,8×4,5	„	2,062	4,5	6,36	10,35	14—15
	2,0×5,0	„	2,291	5,0	7,85	11,50	15—16
	2,2×5,5	„	2,520	5,5	9,50	12,65	17—18
	2,4×6,0	„	2,749	6,0	11,32	13,80	19—20
	2,6×6,5	„	2,978	6,5	13,27	14,95	20—21
	2,8×7,0	„	3,208	7,0	15,39	16,10	22—23
	3,0×7,5	„	3,437	7,5	17,67	17,25	24—25
	3,2×8,0	„	3,666	8,0	20,10	18,40	25—26

Die kleine Axe verhält sich zur grossen wie 0,49 : 1. Der Umfang verhält sich zur grossen Axe wie 2,43 : 1 und der Flächeninhalt wird erhalten, wenn man die Länge der grossen Axe mit sich selbst und das Produkt mit 0,388 multipliziert. Bezüglich der Anzahl der Personen, des Flächeninhaltes und des Umfanges kann auch annäherungsweise der Teil B der Tabelle über die Ellipse benützt werden.

4. Man giebt dem Tische die Form eines Hufeisens, bestehend aus einer halben Kreiszone mit geradlinig verlängerten parallelen Armen (Tafel 21 d).

Diese Tische sind insofern zweckmässig, als man der Platte keine grosse Breite zu geben braucht (80—120 cm), und als der in der Mitte verbleibende Gang für die Diener zum Ab- und Zutragen von Akten etc. benützt werden kann. Dieser Gang erhält eine Breite von 80—100 cm.

Sollen an einem hufeisenförmigen Tische sehr viele Personen Platz finden, so kann man ihn auch auf der Innenseite zum Sitzen ausnützen. In diesem Fall muss der Gang aber eine Mindestbreite von 1,5 m haben. In diesem Fall wird der Tisch auch nicht mehr als ein Ganzes gebaut, sondern aus einzelnen Tischen zusammengestellt. Man bildet die Kreiszone für sich und schiebt rechteckige Tische an.

Für 25 Personen würde ein Hufeisentisch, der nur am Aussenrand besetzt ist, genügen, wenn er folgende Masse hätte: Tischbreite 80 cm, Gangbreite 80 cm, Gesamtbreite 2,4 m, Gesamtlänge 7,4 m; für je 2 Personen mehr oder weniger wäre der Tisch um je 70 cm zu verlängern bezw. zu verkürzen.

Für 43 Personen würde ein allseitig besetzter Hufeisentisch genügen mit einer Plattenbreite von 1 m, mit einer Gesamtbreite von 3,5 m und einer Gesamtlänge von 7 m; für je 4 Personen mehr oder weniger wäre der Tisch um je 70 cm zu verlängern bezw. zu verkürzen.

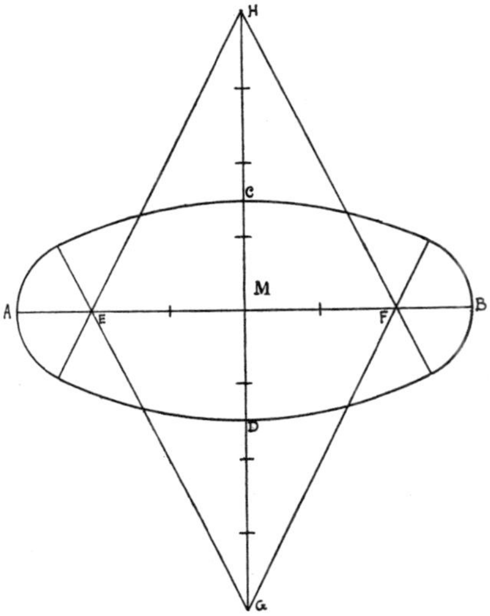

Fig. 126. **Korbbogen-Konstruktion für Sitzungstische.**

Gleichgiltig, welche Form der Tisch hat, werden die Platten aus starken Dielen hergestellt und dadurch gerade gehalten, dass man dieselben abwechselnd mit hochgestellten und flachgelegten Einschubleisten versieht. Grosse und namentlich sehr breite Platten setzt man der besseren Handlichkeit halber aus zwei Hälften zusammen, die man durch passend angebrachte Schliessen miteinander befestigt (Taf. 21 b und c). Es empfiehlt sich, bevor solch grosse Tische gebaut werden, sich den Aufstellungsraum vorher genauer zu betrachten, nicht dass schliesslich der fertige Tisch weder durch Thüren noch Fenster in das Zimmer gebracht werden kann.

Die Gestelle setzen sich zusammen aus starken, durch hohe Zargen verbundenen Füssen. Die Füsse sind so anzuordnen, dass sie im Gebrauch möglichst wenig im Wege sind; man darf also nicht etwa am Stirnende, am Platze des Präsidenten, einen Fuss anbringen etc. Als weiteste Stellung zweier Füsse gilt der Abstand von 2 m; die Gestelle für elliptische und an den Enden abgerundete Tische macht man rechteckig (Taf. 21 b und c) oder symmetrisch vieleckig; die Gestelle für kreiszonenförmige Platten setzt man paralleltrapezförmig zusammen (Taf. 21 d und e). Für besonders grosse Tische bildet man getrennte Einzelgestelle, wie bereits erwähnt.

16. Der Gewerbeschultisch.

(Tafel 22 und 23.)

Für die gewöhnlichen Volks- und Mittelschulen ist das wichtigste Möbel die Schulbank. Die Sitze und Tischflächen werden dabei meist in ein gemeinsames Stück zusammengebaut, welches herkömmlicherweise nicht nach dem Tisch, sondern nach der Bank benannt wird, was schliesslich auch einerlei ist. Aus diesem Grunde haben wir das betreffende Mobiliarstück bei den Sitzmöbeln des folgenden Abschnittes eingereiht.

Für eine Reihe anderer Schulen, an welchen das Zeichnen eine bedeutende Rolle spielt, wie die Gewerbeschulen, gewerblichen Fortbildungsschulen, Lehrerseminarien u. a. genügt die gewöhnliche Schulbank nicht, weil die schmalen Tischflächen eben zum Zeichnen sich als unzureichend erweisen. Für diese Anstalten werden deshalb von den Sitzen getrennte Tische bevorzugt, deren Ausstattung je nach Zweck und örtlicher Gepflogenheit verschieden ist. Wir bezeichnen die in Frage kommende Tischform kurzweg als Gewerbeschultisch und wollen etwas näher auf denselben eingehen.

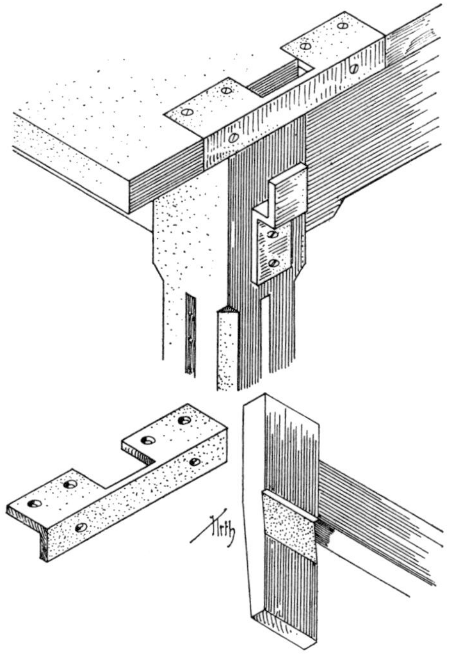

Fig. 127. **Befestigung der Rücklehne des Gewerbeschultisches auf Tafel 22.**

Man bildet den Tisch gewöhnlich zur gleichzeitigen Benützung für zwei oder mehr Personen und rechnet für die Person 75 bis 100 cm Plattenlänge, so dass also ein Tisch für zwei Schüler eine Länge von 1,5 bis 2 m, ein solcher für vier Schüler eine Länge von 3 bis 4 m und einer für sechs Schüler eine Länge von 4,5 bis 6 m erhält. Am zweckmässigsten ist die Anordnung für zwei Schüler. Die Tiefe des Tisches beträgt 60 bis 80 cm. Die Höhe beträgt 75 bis 80 cm oder, wenn hauptsächlich im Stehen gearbeitet werden soll, auch etwas mehr. Die Platten sind entweder horizontal, wie die gewöhnlicher Tische, oder sie erhalten eine pultartige Neigung. (Bezüglich der letzteren Anordnung vergleiche das Betreffende Artikel 19, der Pulttisch.) Das Gestell ist das gewöhnliche, mit vier Füssen für zwei Schüler, mit sechs Füssen für vier Schüler. Jeder Schülerplatz erhält eine Schublade, die gewöhnlich ihren Verschluss durch Anhängen eines Hängeschlosses findet.

Die Füsse macht man am besten aus Hartholz, zweckmässig aus Buchen, die Platte aus Pappelholz, wenn sie auch unmittelbar als Unterlage beim Zeichnen dienen soll. Eine nicht unwesentliche Zubehör derartiger Tische ist die Lehne zum Aufstellen von Vorlagen, Gipsmodellen etc. Diese Lehne ist gewöhnlich ein Rahmenwerk aus Latten, angebracht auf der den Schubladen gegenüberliegenden Langseite. Damit bei anderem Unterricht die Aussicht auf die Wandtafel und den Lehrer nicht gehemmt ist, werden diese Lehnen meist nicht fest, sondern wegnehmbar oder zum Umlegen angeordnet. Unsere Tafel 22 stellt einen Gewerbeschultisch dar, eingerichtet für vier Schüler. Die Zeichnung ist so deutlich, dass eine weitere Beschreibung überflüssig erscheint und ebenso lassen sich die betreffenden Holzstärken mit Hilfe der beigegebenen Massstäbe unschwer ermitteln. Die Rücklehne ist zum Ausheben und hat an den oberen Ecken zwei Haken aus Schmiedeeisen, mit denen sie ausser Gebrauch an die Tischplatte eingehängt werden kann (siehe Tafel 22, unten rechts). Die Befestigungsweise der Rücklehne ist übrigens noch deutlicher in den Figuren 127 und 128 veranschaulicht. Die letztere zeigt überdies in a und b

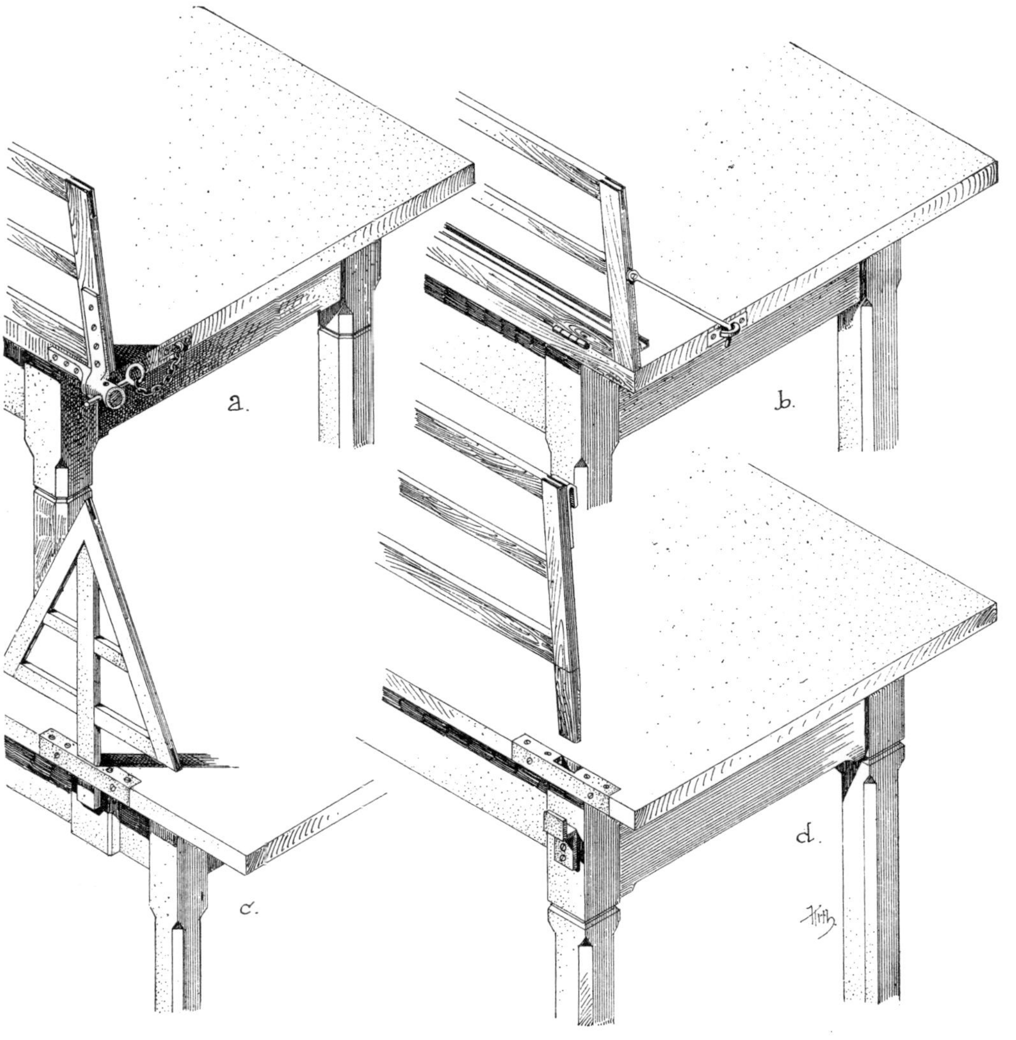

Fig. 128. **Verschiedene Arten von Rücklehnen für den Gewerbeschultisch auf Tafel 22.**

Rücklehnen zum Umklappen, deren Anschlagsweise und Befestigung auch ohne weiteres verständlich sein dürfte. Diese Einrichtungen haben sich in der Praxis jedoch weniger gut bewährt als die in d dargestellte Art. Statt einer durchlaufenden Rücklehne kann man auch für jeden einzelnen Schüler eine Anordnung treffen, wie sie in c dargestellt ist. Die Hauptsache bei all diesen Dingen ist eine gute, solide Arbeit, da erwiesenermassen die Herren Gewerbeschüler nicht allzu schonungsvoll mit den Einrichtungsstücken der Schule umzugehen pflegen.

Die Tafel 23 zeigt einen Zeichentisch mit geneigter Tischfläche und Vorrichtung zum Unterbringen der Reissbretter, sowie zum Aufstellen von Vorlagen, Gipsmodellen etc. Dieser Tisch ist gezeichnet nach einer Skizze, welche nach dem Original in einer Pariser Schule gezeichnet wurde.

---

17. Tisch für den Unterricht in den weiblichen Handarbeiten.

(Tafel 24.)

Derselbe ist ebenfalls für mehrere Schülerinnen gemeinsam. Für gewöhnlich wird er nur auf der einen Langseite besetzt; er ist aber so gehalten, dass bei etwaigem Platzmangel auch beiderseits Schülerinnen sitzen können. Auf beiden Langseiten sind zwischen die Füsse auf einer Höhe von 20 cm schräge Fussbretter zum Aufstellen der Füsse eingeschoben. Auf der Tischplatte finden wegnehmbare, gepolsterte Leisten Platz zum Anheften der Näharbeiten. (Vergl. auch Fig. 129.) Die Tafel 24 zeigt ausserdem einen zugehörigen Stuhl nebst Einzelheiten. Es ist vom Standpunkt der Gesundheitspflege aus unverantwortlich, die Mädchen beim Unterricht in den Handarbeiten auf Hocker oder Taburette zu setzen, wie es oft geschieht, Stühle mit geeigneter Rücklehne sind hier das einzig Richtige; weniger notwendig sind sie beim Zeichnen in der Gewerbeschule, obgleich sie auch dort besser am Platze wären als die Hocker und Taburette.

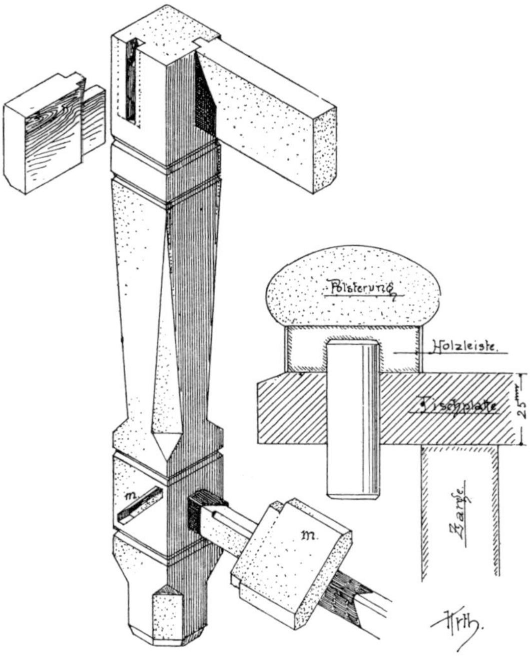

Fig. 129. **Einzelheiten des Tisches für den Unterricht in den weiblichen Handarbeiten auf Tafel 24.**

---

18. Der Vorplatztisch, der Korridortisch.

Es ist im gut ausgestatteten Hause gebräuchlich und erfahrungsgemäss eine praktische Einrichtung, im Vorplatz einen Tisch aufzustellen. Man bildet diesen Tisch als Wandtisch, als Pfeiler- oder Ecktisch mit darüber befindlichem Spiegel, und es kann füglich genügen, auf die Kapitel zurück zu verweisen, welche jene Tische behandelt haben.

Als neu wäre aber noch zu erwähnen, dass man den Aufsatz des Tisches mit metallenen Wandarmen für Kerzen oder mit konsolenartigen Trägern zum Aufstellen von Lampen zu versehen pflegt. Will man ein besonderes Stock- oder Schirmgestell ersparen, so kann man die entsprechende Vorrichtung mit dem Unterteil des Tisches in Verbindung bringen.

Ein hierher gehöriges Mobiliarstück, bei dem der Tisch nur noch einen bescheidenen Teil des Ganzen vorstellt, verzeichnet die Figur 130. Der Tisch hat die Gestalt eines Waschtisches.

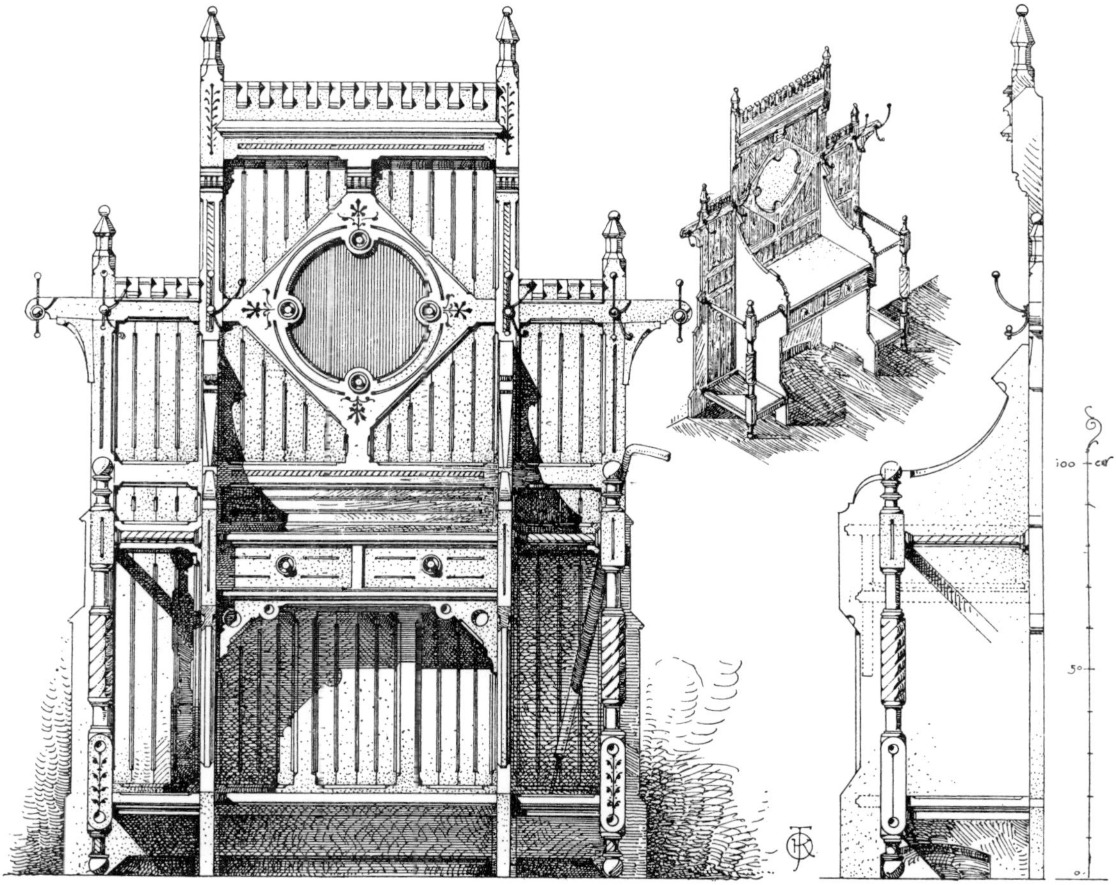

Fig. 130. **Vorplatzmöbel. Toilettentisch.**

Die erhöhte Rückwand enthält einen Spiegel eingelassen und die seitlichen Teile dienen zur Unterbringung von Schirmen, Stöcken, Hüten etc. Für die etwaige Ausführung dürfte sich Pitch-Pine als Material empfehlen.

---

19. Der Pulttisch, das Stehpult.

Die Gepflogenheit, die schriftliche Arbeit stehend oder abwechselnd stehend und sitzend zu verrichten, hat im Pulttisch ein eigenartiges Möbel geschaffen.

Der Pulttisch unterscheidet sich von anderen Tischen durch seine grössere Höhe und die Geneigtheit der Platte.

Die Höhe ist verschieden nach der Grösse der den Tisch benützenden Person. Wenn das Stück von verschiedenen Personen abwechselnd benützt wird, so giebt man ihm das Meistmass und fügt für die kleineren Leute ein kleines bewegliches Podium bei. Die Höhe an der

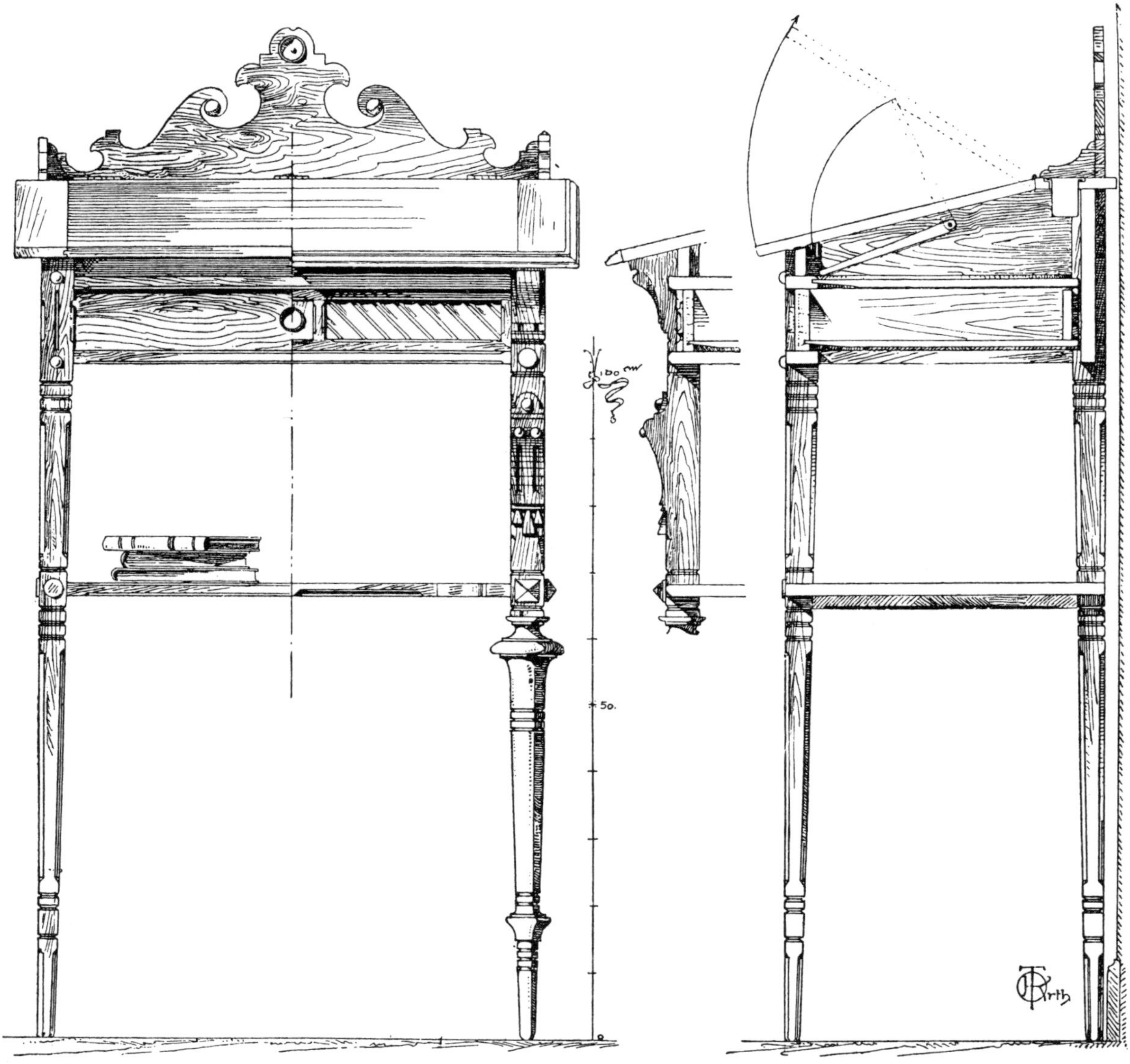

Fig. 131. **Vorderansicht und Querschnitt eines Stehpultes.**

Tischplatten-Vorderkante misst 110 bis 120 cm. Die Neigung der Platte beträgt ungefähr 15° zur horizontalen Ebene, d. h. die Erhebung am hinteren Ende beträgt etwa ein Viertel der Tiefe. Man führt die Steigung meist nicht bis zur Rückwand durch, sondern bringt hinten eine horizontale Partie in der Breite von 10 bis 20 cm an, um dort Gegenstände aufzulegen, die auf der schiefen Ebene ins Rollen kämen. Um das Abrutschen von Papieren etc. zu verhindern, kann man die Vorderseite mit einer nach oben vorspringenden Leiste versehen.

Die Grundform ist rechteckig. Die üblichen Masse für Breite und Tiefe sind: 70×50, 80×60, 90×60, 100×70 cm.

Das Gestell wird gebildet aus vier Füssen, die durchweg kantig oder im unteren Teile rund sind. Die Füsse werden durch einen Zargenkranz verbunden. Durch Einfügen eines Bodens wird der Raum innerhalb des Zargenkranzes als Kasten ausgenützt, der einen Klappdeckel erhält, indem man den geneigten Teil der Platte am horizontalen Teil vermittels Scharnierbändern befestigt. Der geöffnete Deckel wird durch ein drehbares Strebholz in seiner Lage erhalten, indem es in einen der verschiedenen Einschnitte eingreift, welche auf der Unterseite der seitlichen Leisten der Platte eingeschnitten werden. Da der Raum es gestattet, kann man unter diesem Kasten noch eine Schublade anbringen und den übrigen Teil durch Etagenplatten versteifen und zur Unterbringung von allerlei Dingen ausnützen.

Ueber dem horizontalen Teil der Platte ordnet man gerne eine niedrige Rückwand oder ein vollständiges Regal an zur Aufstellung von Büchern, zur Unterbringung von Briefdecken etc. Da der Pulttisch ein Wandtisch ist, so kann die Rückwand auch bis zum Boden geführt werden. Ebenso kann der Tisch seitlich geschlossen werden, was an der Hauptanlage wenig ändert.

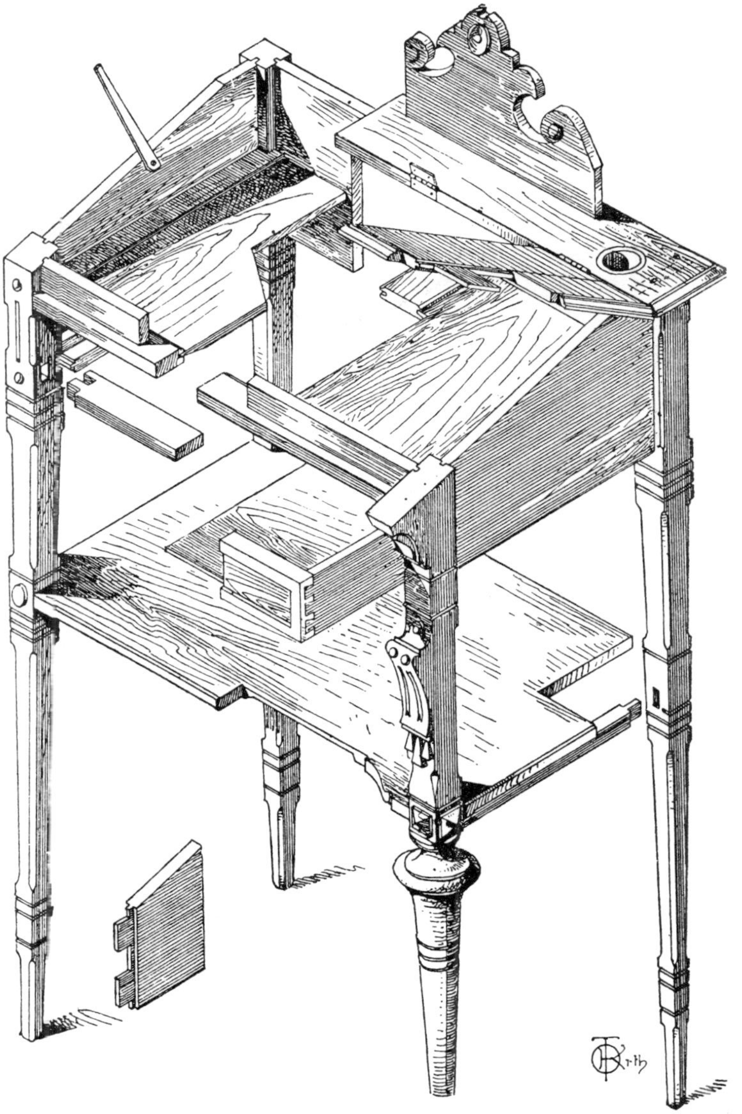

Fig. 132. **Isometrische Darstellung des Aufbaues eines Stehpultes.**

Zur Erläuterung des Vorgebrachten sind die Figuren 131, 132 und 133 eingereiht.

20. Der Frisiertisch.

Der gewöhnliche Frisiertisch, wie er in den Räumen unserer Haarkünstler zu finden ist, ist ein Pfeiler- oder Konsoltisch mit darüber angebrachtem Spiegel. Da diese Tische meist eine geringe Tiefe haben, die Schubladen aber sehr wohl brauchen können, so empfiehlt es sich, die letzteren statt von vorn, von der Seite her einzuschieben. Zwei solcher seitlichen Schubladen sind auch schon deshalb zweckmässiger, als eine nach vorn auszuziehende, weil das vor dieser letzteren sitzende Opfer den Platz versperrt.

Eine eigenartige, unmittelbar dem Zweck angepasste Tischform zeigt unsere Fig. 134. Der Oberteil unterscheidet sich von der Einrichtung des gewöhnlichen Pfeilertisches durch Anbringung der Oeffnung b, in welcher die Hangspiegel bequem untergebracht werden können. Der Unterteil baut sich pultartig nach vorn zum Aufstellen der Füsse des Davorsitzenden. Die schräge Fläche erhält als Einsatz ein Gitter aus Guss- oder Schmiedeeisen. Der von den Stiefeln abfallende Schmutz fällt in den darunter befindlichen Hohlraum, der am besten eine Schublade enthält, die seitlich zum Zwecke des Entleerens ausgezogen werden kann.

Fig. 133. **Schreibpult**, entworfen von Hans Schmauk in Nürnberg.

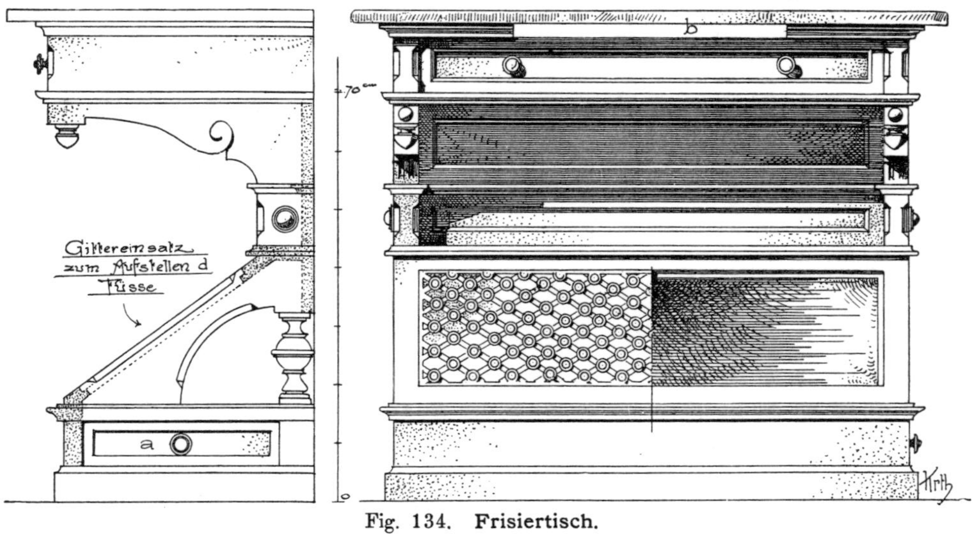

Fig. 134. **Frisiertisch.**

21. Der Ladentisch.

Der Ladentisch unserer Verkaufslokale ist ein Mittelding zwischen Tisch und Schrank. Die Höhe des Tisches ist die gewöhnliche oder bis zu 15 cm grösser als diese. Die Form der Platte ist meist rechteckig. Das Gestell ist ein in gestemmter Arbeit durchgeführter Kasten, dessen Sockel gewöhnlich ohne besondere Füsse auf dem Boden aufsteht. Dieser Kasten ist vorn

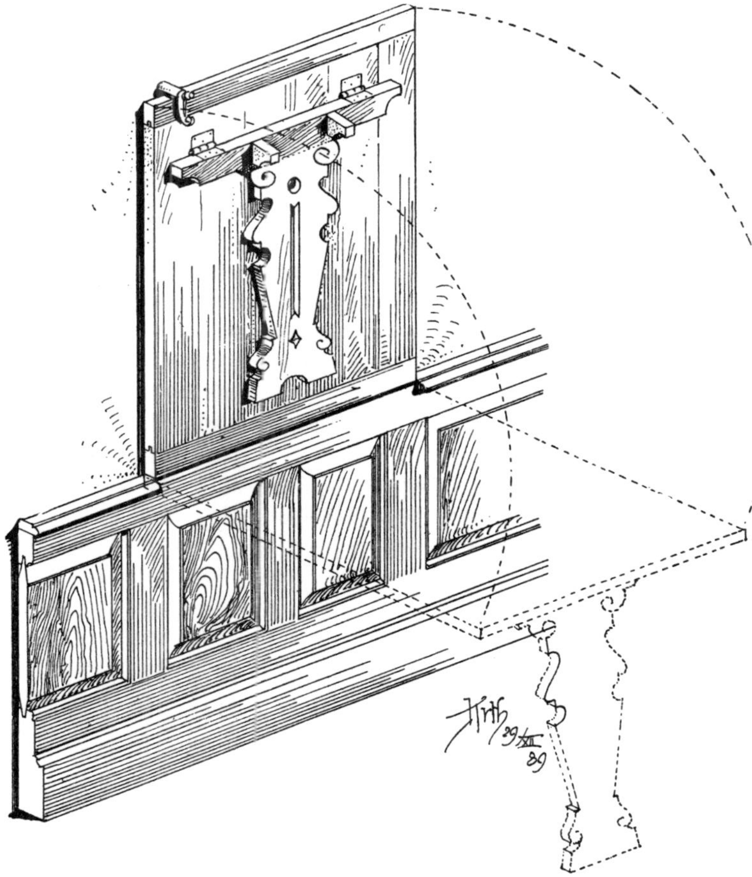

Fig. 135. **Klapptisch.**

und seitlich geschlossen, hinten aber offen oder mit Schubfächern, Etagen, Schubladen oder Thüren versehen, je nach Wunsch und Zweck.

Der Ladentisch wird teils aus Hartholz, teils aus Tannen- oder Fichtenholz hergestellt, welch letzteres dann mit Oelfarbe gestrichen oder lackiert wird.

Wir werden später auf die Form dieses Tisches anlässlich der Theken zurückkommen, so dass dieses Kapitel vorläufig ohne Illustration bleibt.

22. Der Klapptisch.

In Figur 135 hat ein Klapptisch seine Darstellung gefunden.

Der Klapptisch wird angebracht, wo er nur zeitweilig gebraucht wird, im übrigen aber im Wege sein würde, also beispielsweise zwischen Ladentisch und Wand, in Wirtslokalen, um in Notfällen mehr Plätze als gewöhnlich zu erzielen etc.

Die Platte wird mit Scharnierbändern beweglich an der Wand befestigt und ausser Gebrauch durch einen Vorreiber in senkrechter Lage erhalten. Wenn die Platte herabgelassen auf ein entsprechendes Unterlager aufzuliegen kommt, wie z. B. auf den oben erwähnten Ladentisch, so besteht der Tisch einzig aus der Platte. Wenn ein derartiges am Ort bleibendes Auflager fehlt, so erhält der Klapptisch einen beweglichen Fuss zur Unterstützung am freien Ende. Dieser Fuss besteht aus einem ausgeschnittenen Brett oder einem Rahmen, welcher oben ein Querholz als Brücke erhält und durch diese mit Scharnieren an die Platte befestigt wird. An Stelle dieser Füsse benützt man auch Stäbe aus Rundeisen, welche drehbar befestigt und mit dem freien Ende in eine am Boden angebrachte Oese eingesetzt werden.

Auch in den Fensternischen bringt man gelegentlich kleine Klapptische an. Da dieselben in diesem Falle nicht nach oben aufgeklappt werden können, so werden sie derart angeschlagen, dass die Platten ausser Gebrauch nach unten hängen. Der bewegliche Fuss wird dann häufig als schräge Strebe behandelt, die an der Platte drehbar befestigt ist und an der Vertäfelung eingehakt wird oder umgekehrt. Man kann auch einen stützenden Rahmen von der Form eines rechtwinkeligen Dreiecks bilden und diesen Rahmen drehbar um die Vertikalkante an der Lambris befestigen.

Höhe, Form und Grösse der Klapptische richtet sich nach dem gerade vorliegenden Fall. Sehr gross kann der Tisch nicht sein, weil er des mangelnden Gestelles und Zargenkranzes halber sonst der erforderlichen Festigkeit entbehren würde. Die einfachste Befestigung an der Wand ergiebt sich dann, wenn, wie im dargestellten Beispiel, die Wandtäfelung hierzu benützt werden kann.

Ueber Schreibtische vergl. Abschnitt VII, Artikel 6.
Bezüglich moderner Tische vergl. die Tafeln 113, 114, 116 und 117.

V. SITZMÖBEL.

1. Der gewöhnliche Bretterstuhl, der Kneipstuhl. — 2. Der Bretterstuhl mit Seitenwandfüssen. — 3. Der Zargenstuhl. — 4. Aussergewöhnliche Stuhlformen. — 5. Der Rohrstuhl. — 6. Der Polsterstuhl. — 7. Der Lehnstuhl, der Armstuhl, der Schaukelstuhl. — 8. Das Sofa. — 9. Das Taburett. — 10. Der Hocker. — 11. Der Drehstuhl. — 12. Der Klappstuhl, der Faltstuhl. — 13. Die Bank, die Sitzbank. — 14. Die Schulbank. — 15. Die Kirchenbank.

Die Sitzmöbel gehören mit zu den wichtigsten und unentbehrlichsten Mobiliarstücken. Ihre Gestaltung ist mannigfaltig und besonders durch den Zweck bedingt. Das gefällige Aussehen kommt erst in zweiter Reihe in Betracht. Es ist nicht leicht, beiden Anforderungen gleichzeitig vollauf gerecht zu werden, und wer sich mit dem Entwerfen von Sitzmöbeln befasst hat, wird diese Thatsache anerkennen. Die Sitzmöbel sollen sich der Körperform möglichst bequem anpassen; sie sollen stark und dauerhaft und doch möglichst leicht sein, da sie der Mehrzahl nach beweglich sein müssen. Ecken und scharfe Kanten, sowie unzweckmässige Vorsprünge sind thunlichst zu vermeiden. Unter der Voraussetzung eines möglichst bequemen Sitzens reicht das Holz allein als Material nicht aus und es werden Stoffe, Leder, Polsterungen etc. beigezogen. Dies geht unter Umständen so weit, das gar kein Holz mehr sichtbar bleibt. Derartige Möbel fallen jedoch nicht mehr in den Rahmen dieses Buches, da die Gestelle fabrikmässig hergestellt werden und ihre äussere Formgebung durch den Tapezierer bewirkt wird.

Die Grösse der Sitzmöbel ist naturgemäss nicht bedeutend, wenigstens nicht in Bezug auf Einzelsitze; anders ist es in Bezug auf mehrsitzige Möbel und auf solche, welche auch zum Liegen dienen sollen, wie das Sofa. Die Sitzhöhe beträgt durchschnittlich 45 cm. Es war dies nicht immer so; denn aus irgend welchen Gründen hat das Mittelalter und auch die Renaissance die Sitzmöbel höher gebaut, so dass sie nach unseren heutigen Begriffen vielfach recht unbequem sind. Man sitzt eben nicht gerne mit baumelnden Füssen wie Kinder auf gewöhnlichen Stühlen, und um es auch diesen bequem zu machen, giebt man den Kinderstühlen eine Sitzhöhe unter 45, jedoch nicht unter 25 cm.

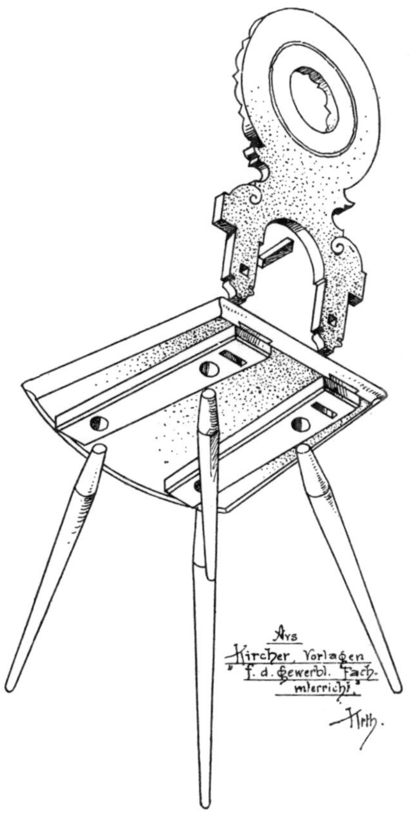

Fig. 136. **Aufbau des gewöhnlichen Kneipstuhles.**

Man kann die Sitzmöbel nach dem Zweck, nach dem Ort ihrer Verwendung, nach dem Herstellungsmaterial oder nach der Grundform einteilen. Da die üblichen Bezeichnungen teils nach der einen, teils nach der anderen Hinsicht gewählt sind, so verzichten wir auf eine bestimmte Gruppierung und behandeln die einzelnen Arten in bunter Reihenfolge.

---

1. Der gewöhnliche Bretterstuhl, der Kneipstuhl.

(Tafel 25.)

Dieser Stuhl ist ganz aus Holz. Er besteht aus Sitz, Rücklehne und vier Füssen. Er ist im Gebrauch in untergeordneten Räumen, in Küchen etc. und seiner Billigkeit wegen in ganz einfachen Einrichtungen überhaupt. Auch in gewöhnlichen Wirtschaftslokalen wird er vielfach benützt, daher der Name

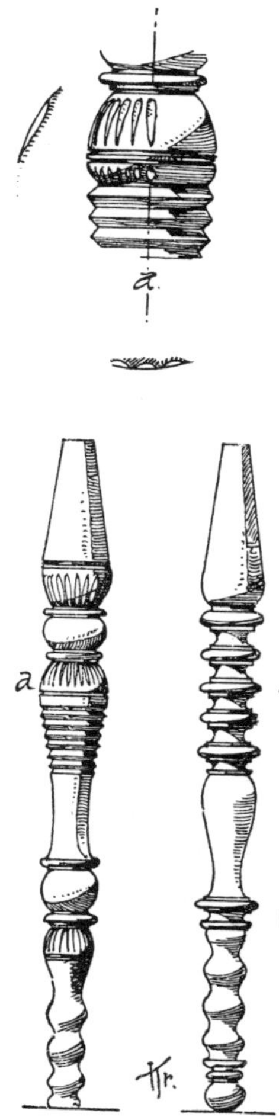

Fig. 137. **Stuhlfüsse aus dem Rosgarten-Museum in Konstanz.**

Fig. 138. **Rücklehnen für Kneipstühle.**

Kneipstuhl. Der Originalität halber findet er sich in besserer Ausstattung auch gelegentlich in den sog. altdeutschen Stuben und in Ateliers.

Als Material empfiehlt sich nur Hartholz: Buche, Eiche oder Nussbaum.

Figur 136 veranschaulicht den Bau des Stuhles. Die Rücklehne ist ein massives, 20—24 mm starkes Brett, nach irgend einem hübschen Umriss ausgeschnitten, nach unten in zwei getrennte

Teile verlaufend, welche durch entsprechende Ausschnitte des Sitzes hindurchgreifen und mit Keilen festgehalten werden. Gewöhnlich erhält die Rücklehne einen Ausschnitt im Oberteil, zum Anfassen und als Handhabe des Stuhles dienend. Im einfachsten Fall wirkt die Lehne durch den Umriss; einfache Verzierungen werden durch Abfasungen, Nutungen und Verdoppelungen bewirkt. Reicher wirken natürlich geschnitzte Lehnen. Aus den letzten Jahrhunderten sind zahlreiche Beispiele dieser Art erhalten und in den Museen aufbewahrt. Die Rücklehne überragt den Sitz um 40 bis 50 cm, so dass der ganze Stuhl 90 bis 100 cm hoch wird.

Der Sitz ist ebenfalls massiv, 24 bis 30 mm stark und mit Einschubleisten versehen. Er hat im allgemeinen die Form eines Paralleltrapezes mit geraden oder geschweiften Seiten, gebrochenen oder abgerundeten Ecken, abgefasten oder profilierten Kanten etc. Die vordere Breite misst im Mittel 40 cm, ebenso gross ist die Tiefe bis zur Lehne. Der Sitz bleibt meist unverziert; dagegen wird er hin und wieder in der Mitte vertieft oder nach hinten zu ausgehöhlt, um ein bequemeres Sitzen zu erzielen. Aus dem gleichen Grund wird die Rücklehne nach hinten geneigt und es empfiehlt

Fig. 139. **Bretterstuhl,**
entworfen von Hans Schmauk in Nürnberg.

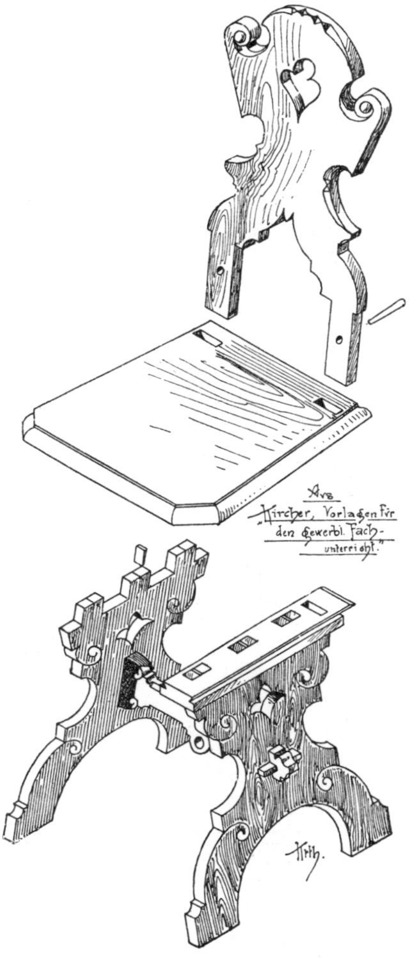

Fig. 140. **Aufbau des Stuhles mit Seitenwandfüssen.**

sich auch das Sitzbrett zu neigen, das heisst die Hinterfüsse kürzer zu machen als die Vorderfüsse.

Die Füsse werden gedreht, sie sind im einfachsten Fall doppelkonisch (Fig. 136). Sie stehen gespreizt und werden in die runden Löcher der Einschubleisten festgekeilt. Die letzteren sollten mindestens 30 mm stark sein, damit die Füsse genügenden Halt haben. Die Füsse auch durch das Sitzbrett durchgreifen zu lassen, wie es vielfach geschieht, empfiehlt sich nicht. Dagegen ist im Interesse der Festigkeit darauf zu achten, dass die unteren Fortsätze der Lehne durch die eingeschobenen Leisten hindurchgreifen. Eine weitere Ausstattung der Füsse geschieht durch Abkantung oder Profilierung auf der Drehbank.

Die Tafel 25 wird das Vorgebrachte näher erläutern. Die Fig. 137 und 138 im Text geben noch einige Lehnen und Füsse. Die Ansätze, mit welchen die Lehnen in die Einschubleisten eingreifen, sind hierbei zu ergänzen.

Fig. 141. **Stühle mit Seitenwandfüssen.**

2. Der Bretterstuhl mit Seitenwandfüssen.

(Tafel 26.)

Er ist eine verhältnismässig seltene Erscheinung und findet weit mehr als Luxusmöbel denn als Gebrauchsstuhl seine Verwendung. Schon die Renaissance kennt die neuerdings wieder eingebürgerte Form.

Von dem im vorigen Kapitel beschriebenen Stuhl unterscheidet er sich nur durch die Füsse. An Stelle der vier gedrehten Beine treten hier zwei durch Stege verbundene Seitenwände, die sich nach unten teilen, so dass der Stuhl wieder in vier Punkten aufsteht. Diese Fusswände entsprechen in Stärke und Ausstattung der Rücklehne, sind aber mit Recht gewöhnlich etwas einfacher. Sie werden entweder vorn und hinten (Fig. 139) oder zu beiden Seiten angebracht (Fig. 140). Das erstere ist gefälliger, das letztere ist für das Unterbringen der Füsse des Sitzenden bequemer. Die Befestigung des Gestelles mit dem Sitzbrett kann auf verschiedene Weise geschehen, am solidesten durch Einschubleisten, in welche die Seitenwände verkeilt werden, wie dies aus Fig. 140 erhellt.

Es kann aber auch ein Zargenkranz gebildet werden, wie dies an den reicheren Beispielen der Fig. 141 und der Tafel 26 veranschaulicht ist. Die Befestigung geschieht dann durch Verleimung und Verschraubung mit Eckklötzen.

Zu den Stühlen dieses Kapitels gehört auch die in Fig. 142 dargestellte Form. Hier sind die Fusswände als Rahmengestelle aus entsprechend starkem Holze gebildet; sie können dann wieder auf den Grat eingelassen werden. Am vorliegenden Beispiel ist dies nicht der Fall, da hier der Sitz aus einzelnen Brettstreifen besteht, welche durch Aufschrauben befestigt werden, wodurch das Ganze genügende Festigkeit erhält. Die ebenfalls als Rahmen gebildete Lehne ist bis zu den Hinterfüssen verlängert und mit diesen verschraubt, wodurch die ganze Konstruktion an Solidität gewinnt.

---

3. Der Zargenstuhl.

(Tafel 27 und 28.)

Die meisten aller Stühle, gleichgiltig welchem Zwecke sie dienen und welche Ausstattung sie im übrigen erfahren, sind als Zargenstühle gebaut. Die Rohr- und Polstersessel zeigen fast durchweg diese Konstruktion. Das durch Fig. 143 veranschaulichte System ist folgendes:

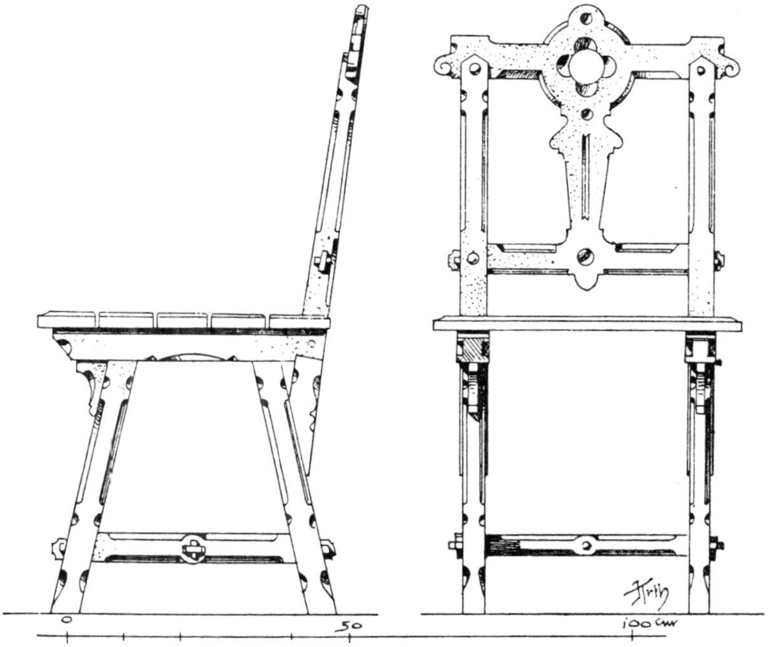

Fig. 142. **Stuhl mit Seitenwandfüssen und Lehne in Rahmenform.**

Die zwei kurzen Vorderfüsse und die zwei nach oben verlängerten Hinterfüsse werden durch die vier Zargen c, auch „Schwingen" genannt, vermittels Dübelung, seltener durch Verzapfung verbunden. Auf den diesermassen entstehenden Zargenkranz wird das Sitzbrett aufgelegt und verleimt. Auf der Rückseite erhält es zwei Ausschnitte, in welche sich die Hinterfüsse f einpassen. Für Rohr- und Lederstühle wird der Sitz als Rahmen gestaltet, dessen Verbindung nach a oder b vollzogen wird, durch gewöhnliche Verdübelung oder solche auf Gehrung, durch Ueberplattung oder Verzapfung. Die nach oben verlängerten Hinterfüsse werden durch Querhölzer g verbunden, wodurch sich die Rücklehne bildet. Die vier Füsse werden oft, aber nicht immer in irgend einer Weise durch Stege oder Spriegel d zur weiteren Versteifung in Zusammenhang gebracht. Eine zweckmässige Stegverbindung zeigt Fig. 144. Sie dient zum bequemen Ausziehen der Stiefel, wobei man sich an der Rücklehne des Stuhles hält. Diese Einrichtung ist besonders dicken Herren zu empfehlen.

Die Vorderfüsse sind gedreht oder kantig und stehen gewöhnlich senkrecht. Die Hinterfüsse sind meist kantig und oben und unten nach rückwärts gebogen, wodurch ein bequemeres

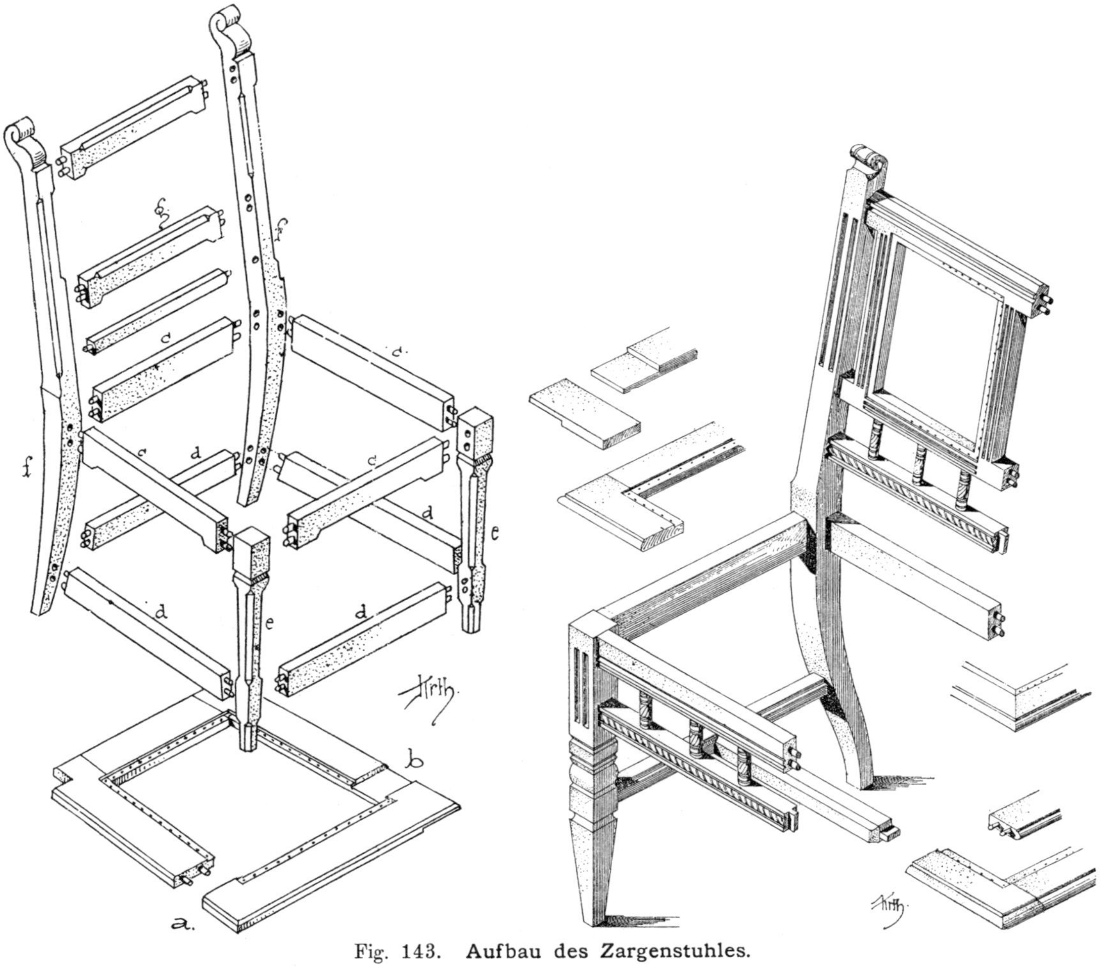

Fig. 143. **Aufbau des Zargenstuhles.**

Sitzen und ein solider Stand erzielt wird. Die Füsse werden nach unten gerne verjüngt, die Hinterfüsse auch nach oben hin. Gedrehte Füsse lässt man auf der Höhe der Zargen, Stege und Querhölzer am besten kantig und ungeschwächt. Die Schwingen haben eine Höhe von 5 oder 6 cm und können durch Abfasung, Schweifung etc. verziert werden. Die Rahmenhölzer des Sitzes sind 15 bis 20 mm stark. Die Stärke der Füsse ist verschieden, ebenso ihre Verzierung. Die Gestaltung der Rücklehne ist ebenfalls sehr mannigfaltig, je nachdem geschweifte Lehnbretter, Rohrgeflechte, Galerien etc. verwendet werden. Die Tafeln 27 und 28 geben einige hierher gehörige Beispiele. Ausserdem bringt Figur 145 u. a. einige elegante, moderne Zargenstühle.

4. Aussergewöhnliche Stuhlformen.

Aus früheren Zeiten und aus dem Mobiliar der Landleute gewisser Gegenden existieren verschiedenerlei Stuhlformen, die ihrer Originalität halber auch gelegentlich einmal nachgebildet werden, obgleich sie sich unserem übrigen Mobiliar fremdartig einreihen. Es liegt keine Veranlassung vor, näher auf die Einzelheiten einzugehen. Wir geben einige Abbildungen, wie wir sie gerade finden.

Figur 146 giebt einen alten Bretterstuhl aus Schloss Tratzberg in Tirol, bei dem die Rücklehne von der heute üblichen in der Bildung abweicht.

Figur 147 bringt einen Zargenstuhl aus dem nämlichen Schlosse, der ein halbrundes Sitzbrett hat und bei dem die Füsse zum Unterschied vom heutigen Gebrauch vorn enger stehen als hinten; die Sitzhöhe beträgt 0,52 m.

Figur 148 bildet drei eigentümliche Stühle aus dem vorigen Jahrhundert ab. Sie stammen aus dem Orte Heimbach in der Eifel und befinden sich im Museum zu Krefeld. Die dreieckige Grundform bedingt hier die abweichende Lehnenbildung.

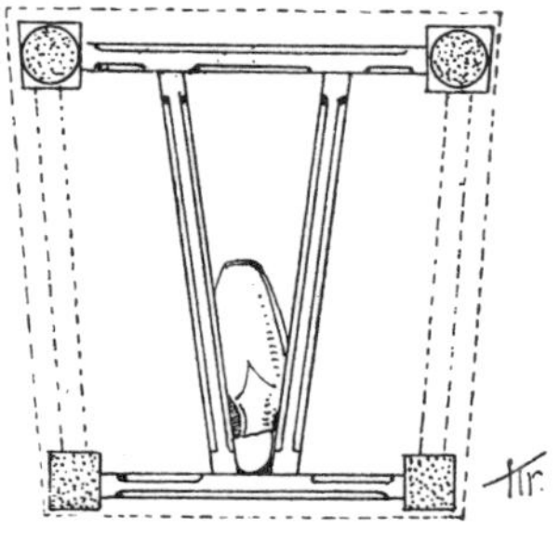

Fig. 144. **Stegverbindung zum Stiefelausziehen.**

Fig. 145. **Moderne Möbel** von G. Bing, Paris.

5. Der Rohrstuhl.

(Tafel 29, 30, 31 und 32.)

Er führt seinen Namen nach dem aus schmalen Streifen spanischen Rohres hergestellten Geflecht, mit welchem der Sitz für sich allein oder der Sitz und die Rücklehne überzogen werden.

Fig. 146. **Stuhl aus Schloss Tratzberg.**

Fig. 147. **Zargenstuhl aus Südtirol.**

(Ausnahmsweise überzieht man auch das ganze Gestell mit Rohr, wie das originelle Beispiel der Fig. 149 zeigt.) Der Rohrstuhl gestattet ein weicheres Sitzen als der Bretterstuhl, und dem Polsterstuhl gegenüber ist er leichter, billiger und weniger warmgebend. Er ist heute das meist gebrauchte Sitzmöbel; er ist der Stuhl des Wohnzimmers, Arbeitszimmers, Speisezimmers, der besseren Wirtschaftslokale etc. Weil er so allgemein gebraucht wird, geschieht seine Herstellung längst fabrikmässig und zwar hauptsächlich in zwei Arten, aus gebogenem Buchenholz nach dem System Thonet, und aus poliertem Nussbaumholz in den bekannten geschweiften Formen

Fig. 148. **Heimbacher Stühle im Museum zu Krefeld.**

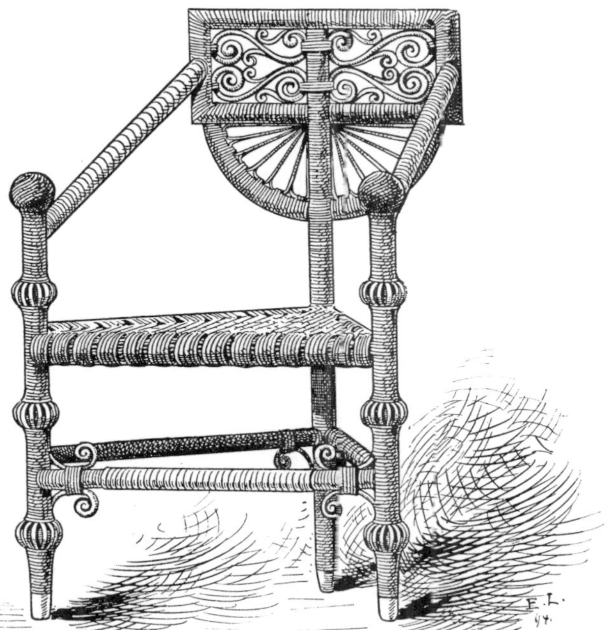

Fig. 149. **Amerikanischer Rohrstuhl.**

Fig. 150. **Amerikanischer Stuhl mit Polsterung.**

Dem Tischler verbleiben zur Herstellung nur die mehr aussergewöhnlichen Rohrstühle besserer Einrichtungen in nicht geschweifter Form, in gebeiztem Nuss- und Eichenholz, die durchschnittlich etwa doppelt so teuer sind als die Fabrikstühle. Der Schreiner fertigt den Stuhl, die Flechtarbeit wird denjenigen Leuten übergeben, die sich speziell damit befassen.

Der Rohrstuhl im letzteren Sinne ist ein Zargenstuhl, wie er in Bezug auf seinen Zusammenbau bereits beschrieben wurde. Die Sitzhöhe beträgt 45 bis 48 cm; die Gesamthöhe beträgt

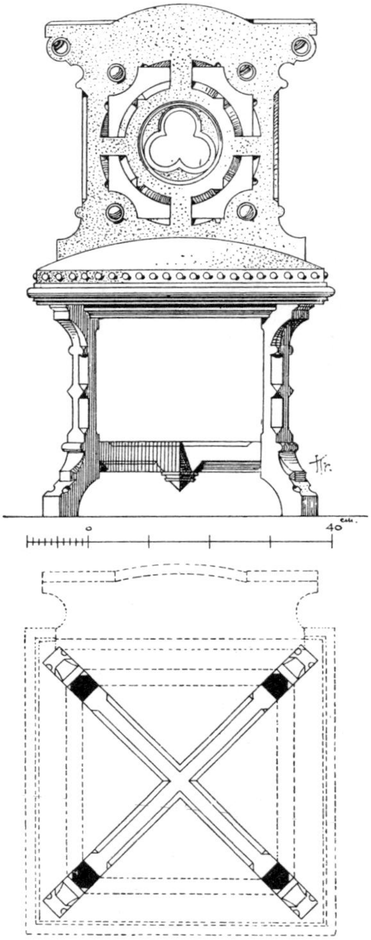

Fig. 151. **Flachgepolsterter Stuhl mit durchbrochener Rücklehne.**

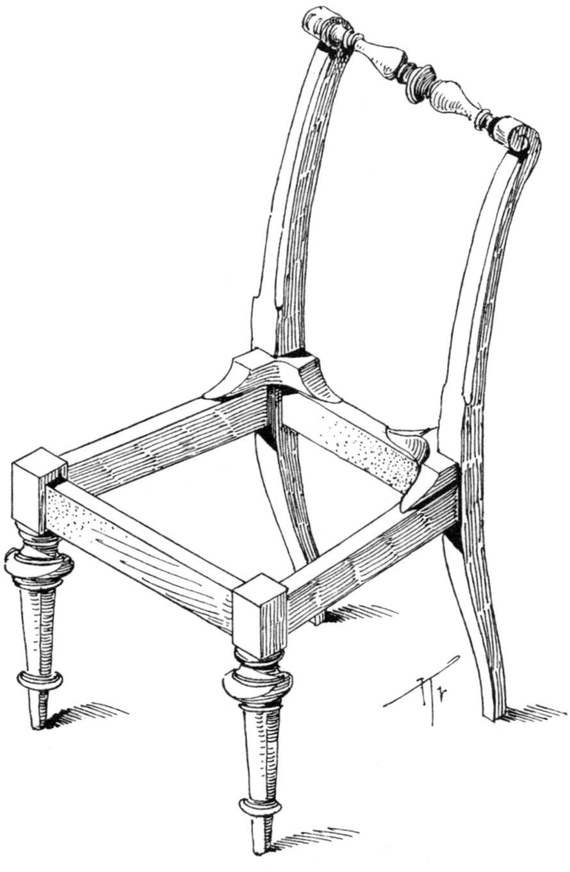

Fig. 152.
Aufbau des hochgepolsterten Stuhles.

90 bis 120 cm. Die hohen Formen sind für Speise- und Sitzungszimmer besonders bevorzugt. Der Sitz ist in der Grundform quadratisch, rechteckig oder als symmetrisches Paralleltrapez gebildet. Die vordere Breite beträgt 40 bis 50 cm, die ganze Tiefe ebenso. Der Sitz wird als durchbrochener Rahmen behandelt bei einer Rahmholzbreite von 5 bis 8 cm. Das Geflecht legt sich in einen Falz von 3 mm Höhe und 15 mm Breite. Für die Rücklehne bilden die verlängerten Hinterfüsse, verbunden durch entsprechende Querhölzer, ebenfalls einen Rahmen, der einen ähnlichen Falz erhält. Oder es wird ein für sich abgeschlossener Rahmen, der dann auch rund sein kann, in den Haupt-

rahmen der Rücklehne eingesetzt. Wie bereits oben bemerkt, kann aber auch der Sitz allein geflochten werden, während die Lehne offen bleibt.

Alles Uebrige ergiebt sich aus unseren vier Tafeln, von denen die letzte einige Rücklehnenformen zusammenstellt, während die ersteren verschiedene Rohrstühle im Gesamten vorführen.

Bezüglich moderner Stuhlformen vergl. auch Tafel 114, 118, 119 und 120.

6. Der Polsterstuhl.

(Tafel 33.)

Beim Polsterstuhle tritt an Stelle des Rohrgeflechtes die Polsterung und der Bezug mit Stoff oder Leder, und zwar meist für Sitz und Rücklehne, da Stühle mit Polstersitz und offener Lehne

Fig. 153. **Tisch und Stuhl** von F. A. Schütz, Leipzig.

nach Figur 150 selten sind. Der Polsterstuhl gestattet das weichste Sitzen; er ist aber zur Arbeit weniger bequem; er ist verhältnismässig schwer und unhandlich und hauptsächlich im Sommer zu warm. Der Polsterstuhl ist das bevorzugte Sitzmöbel für Gesellschaftsräume, für den Salon und für das Schlafzimmer.

Sieht man von den völlig überpolsterten Sitzmöbeln als nicht hierher gehörig ab, so ist der Polsterstuhl ein Zargenstuhl, der vom Schreiner im Material des Eichen- oder Nussholzes hergestellt wird, um schliesslich vom Tapezier vollendet zu werden. Zunächst ist zu unterscheiden zwischen der flachen und hohen Polsterung, die beide ihre Vorteile und Nachteile haben. Bei der flachen Polsterung wird der Sitz als Rahmen mit Falz gebildet. In letzteren legt sich eine straffe Bespannung von kreuzweise durchflochtenen starken Gurten und nach Auftrag des Polstermaterials der Stoff oder in diesem Fall besser das Leder, befestigt durch ganz flache Polsternägel. Das Holz bleibt als umlaufender Fries sichtbar (Fig. 150). Erfolgt die Befestigung auf der Kante

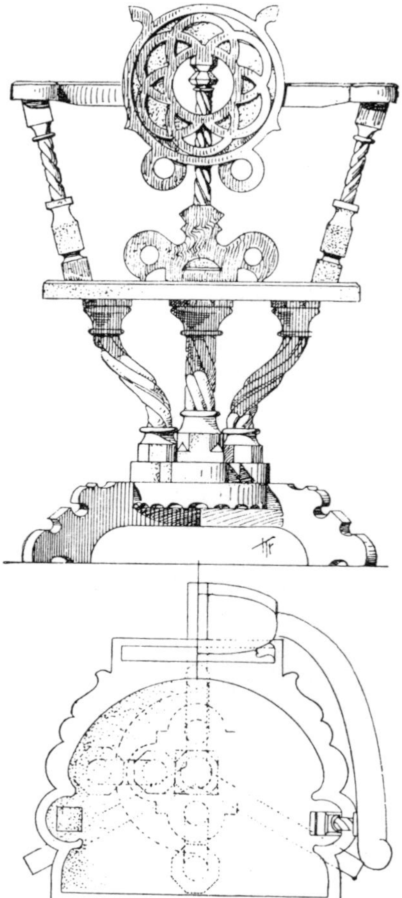

Fig. 154. **Sogenannter Lutherstuhl.**

Fig. 155. **Armsessel** von Levy & Worms, Paris.

des Rahmens, so ergiebt sich das Aussehen, wie es Figur 151 darstellt. Die Behandlung der flach gepolsterten Lehne ist derjenigen des Sitzes entsprechend, nur hat hier eine Ueberkleidung der Rückseite mit glatt gespanntem Stoff hinzuzutreten.

Bei der hohen Polsterung kommt der Sitzbrettrahmen in Wegfall, die Vorderfüsse werden über die Zargen etwas erhöht, und in die hinteren Ecken legen sich, anschliessend an die verlängerten Hinterfüsse und die Zargen, die sog. Polsterklötze (vergl. Fig. 152). Das Polstermaterial wird hier kräftiger aufgetragen. Es erfolgt ein doppelter Bezug, damit das Polstermaterial sich nicht durch den Stoff hindurchschafft. Wenn Metallfedern zur Anwendung kommen, so sitzen sie zwischen zwei gekreuzten Gurtspannungen. Die Befestigung des Ueberzuges erfolgt auf der Unterseite der Polsterkante, gewöhnlich unter Anwendung von Gimpen und Fransen. Aehnlich verhält es sich mit der Rücklehne; hier wird die Polsterung flacher und die Metallfedern bleiben fort. Die Befestigung geschieht an den Aussenkanten der Hinterfüsse und der Querhölzer; der Behang beschränkt sich auf die horizontalen Teile oder auf die untere Partie. Die Polsterung nimmt meist nur einen Teil der Rücklehne in Anspruch, auch in der Weise, dass das Holz als Rahmen sichtbar bleibt oder dass nach oben Knöpfe und ornamentale Endigungen einen krönenden Abschluss bilden. Die gebräuchlichsten Arten der Formgebung sind auf Tafel 33 zusammengestellt. Eine aussergewöhnliche Form zeigt Fig. 153.

Die Abmessungen sind derart zu wählen, dass sich nach Abzug dessen, was die Polsterung aufträgt, beziehungsweise, um was sie sich im Sitzen zusammendrückt, wieder die früher genannten Masse ergeben. Die Gesamthöhen messen wieder 90 bis 120 cm. Die Sitzgrösse wird, da die Polsterstühle durchgehend schwerer gebaut werden als Rohrstühle, etwas grösser, so dass die Breite und Gesamttiefe durchschnittlich mit 50 cm bemessen werden können.

In Bezug auf Möbelstoffe, Gimpen, Fransen, Metallnägel etc. vergleiche auch das Betreffende im Abschnitt III.

Fig. 156. **Armlehnstuhl im nordischen Stil** von F. A. Schütz, Leipzig.

7. Der Lehnstuhl, der Armstuhl, der Schaukelstuhl.

(Tafel 34.)

Der Armstuhl ist ein Bretterstuhl, ein Rohrstuhl oder — wie meist der Fall – ein Polsterstuhl, der durch Hinzufügung von Armlehnen (zum Auflegen der Arme) bequemer gemacht wird. Er ist gewöhnlich ein Ruhemöbel und kommt nur vereinzelt zur Ausführung als Sorgensessel, als Krankensessel, oder auch, gewissermassen zur Auszeichnung von der Umgebung, als Präsidentenstuhl für Sitzungs- und Speisezimmer, als Luxusmöbel im Herren- und Damenzimmer etc.

Der Aufbau ist für gewöhnlich derjenige des Zargenstuhles; die Armlehnen werden in die verlängerten Hinterfüsse eingezapft und legen sich vorn auf die ebenfalls verlängerten Vorderfüsse auf. Sie werden im Material des Holzes belassen oder teilweise überpolstert, je nach dem vorliegenden Fall. Die Oberkante der Armlehne liegt 15 bis 25 cm über der Oberkante des Sitzes. Die mittlere Entfernung zwischen beiden Lehnen im Licht misst ungefähr 50 cm. Die Gesamthöhe geht meist über das Gewöhnliche hinaus. Auch Breite und Tiefe im ganzen sind meist grösser als sonst üblich.

Unsere Figur 154 zeigt den sog. Lutherstuhl, ein originelles Sitzmöbel aus alter Zeit, das, im Material des Eichenholzes wiederholt, häufig zu sehen ist.

Die Tafel 34 bringt zunächst einen gewöhnlichen, flachgepolsterten Lehnstuhl und dann einen im Stil der Antike gehaltenen Damensessel für das Boudoir. Dieser Sessel wurde seinerzeit von den Möbelfabrikanten Ziegler & Weber in Karlsruhe angefertigt. Er war dem Metallcharakter des Entwurfes entsprechend vollständig vergoldet, mit Seide gepolstert und mit einem goldgestickten Streifen behangen.

Einen thronartigen Lehnstuhl, bei dem auch der Raum zwischen Armlehne und Sitz zu gepolstert ist, bringt die Figur 156.

Was man im gewöhnlichen Leben als Fauteuil bezeichnet, ist der Armsessel für den Salon. Es ist gebräuchlich, kleineren Saloneinrichtungen zwei Fauteuils beizugeben, die neben vier oder sechs Sesseln ohne Armlehne das Mobiliar zum Sitzen ausmachen. Der Fauteuil passt sich dann dem Sessel an, wird aber entsprechend höher, breiter und schwerer gehalten (Fig. 155).

Die weitere Fig. 157 zeigt einen amerikanischen Schaukelstuhl, gebildet aus einem gewöhnlichen Lehnstuhl, dessen Füsse in zwei nach hinten verlängerte Felgen eingezapft sind.

Fig. 157. **Amerikanischer Schaukelstuhl.**

8. Das Sofa.

(Tafel 35 und 36.)

Das Sofa ist Sitz- und Ruhemöbel zugleich. Es dient zum Sitzen und gelegentlich auch zum Liegen. Es findet seinen Platz im Wohnzimmer, im Salon, im Besuchszimmer, im Herren- und Damenzimmer, seltener im Schlafzimmer. Da es mindestens zwei Personen Raum zum Sitzen gewähren soll, so erscheint es als ein in die Breite gezogener Armsessel oder Fauteuil. Am zweckentsprechendsten und bequemsten ist es ganz überpolstert, in welcher Form es aber hier nicht in Betracht kommt. Mit sichtbarem Holz passt es sich dem Aeusseren des zugehörigen Mobiliars an, zunächst den übrigen Sitzmöbeln, aber in Bezug auf Pilaster und Aufsätze auch den betreffenden Kastenmöbeln, dem Spiegel etc.

Die Formen des Sofas haben im Lauf der Zeit manche Wandlung erfahren. Für Renaissance-Einrichtungen passen am besten Anordnungen nach Tafel 35 und 36 mit hoher Rücklehne. Der Zusammenbau ist in Fig. 158 veranschaulicht.

Auf vier niedrigen Füssen erhebt sich der nach allen Seiten geschlossene, nach oben und unten offene Unterbau; auf diesen oder in diesen legt sich ein horizontaler Rahmen für die Gurtenspannung, die der Metallfedern halber wieder eine doppelte ist. An der Rückseite des

Unterbaues wird fest oder wegnehmbar das Rahmenwerk der Rücklehne angebracht. Zu beiden Seiten des Unterbaues werden die Gerippe für die Armlehnpolsterung aufgezapft. Wenn die

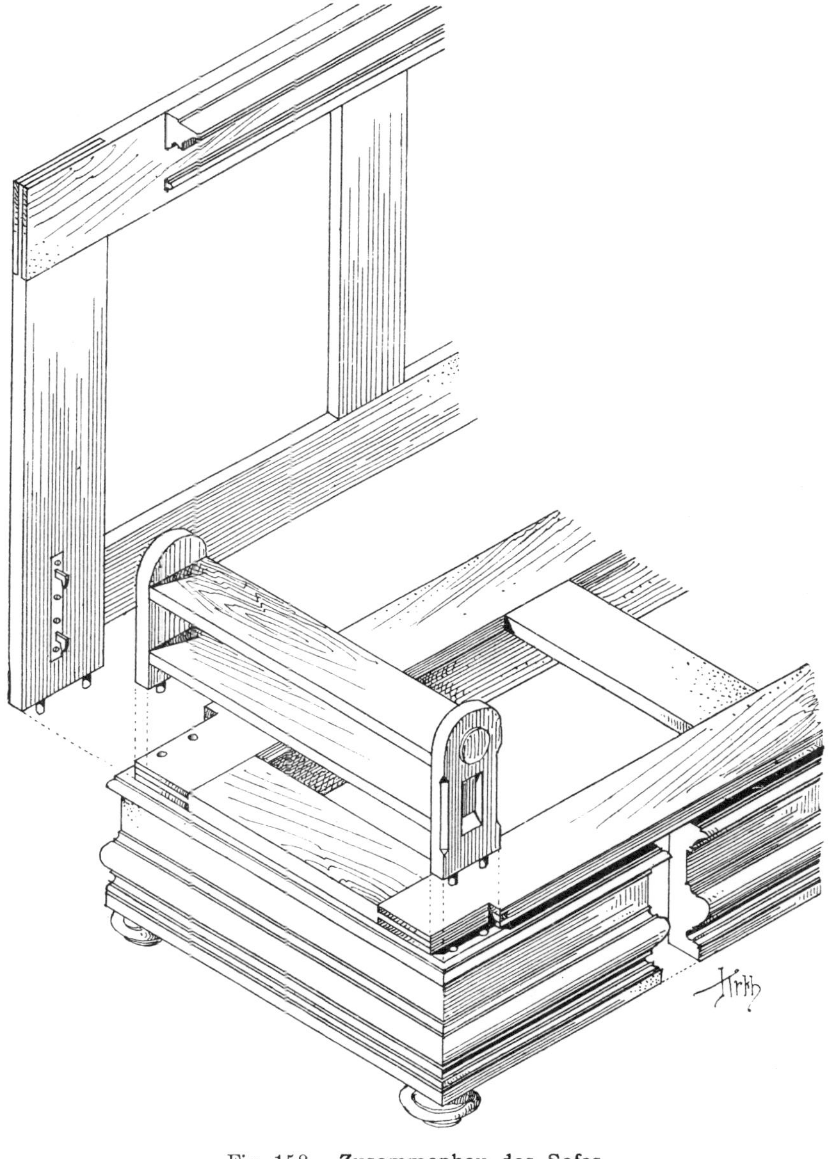

Fig. 158. **Zusammenbau des Sofas.**

Rücklehne zum Wegnehmen eingerichtet wird, so kann man dieselbe mit doppelten Betthaken an den Rahmen der Armlehnen einhängen. Grosse Sockelausladungen sind zu vermeiden und Gesimsausladungen an der Rücklehne wenigstens dann, wenn diese niedrig ist. Gepolstert werden der Sitz, die Armlehnen und die Rücklehne; letztere oft in zwei durch einen Fries getrennten Teilen. Die Rücklehne wird als dekorativer Rahmen behandelt, in welchem das Polster als Füllung sitzt, oder es werden seitlich Pilaster angeordnet, welche die Verdachung tragen. Letztere kann eine Galerie oder Attika erhalten zum Aufstellen von Kunstgegenständen, Büchern etc. Da bei dieser Form des modernen Sofas die Rücklehne senkrecht steht, so lässt man die Polsterung im unteren Teil gerne stärker auftragen, damit eine zum Anlehnen bequemere Schweifung entsteht. Aus dem gleichen Grunde lässt man dann das Sitzpolster nach hinten etwas abfallen. Die Armlehnpolsterung ist so zu gestalten, dass sie im Liegen ein bequemes Kopfpolster vorstellt.

Die Abmessungen sind schwankend. Als übliche Durchschnittsmasse seien genannt: Sitzhöhe 40 bis 50 cm; Gesamthöhe 100 bis 150 cm und noch mehr bei Anbringung von Aufsätzen; Lichtmass zwischen den Armlehnen 130 bis 160 cm, darnach Gesamtbreite 170 bis 210 cm; Gesamttiefe 70 bis 85 cm.

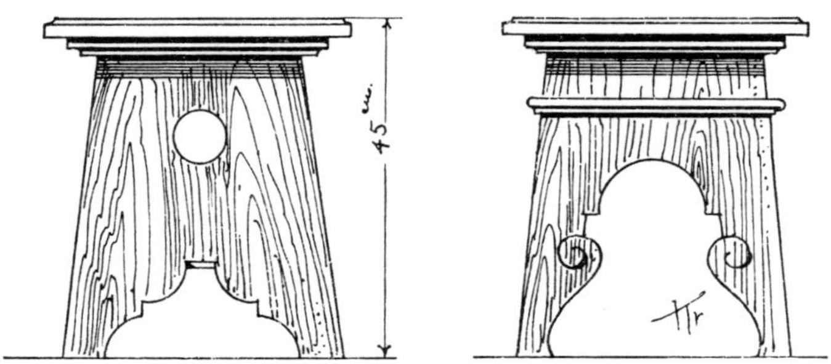

Fig. 159. **Einfache Taburette.**

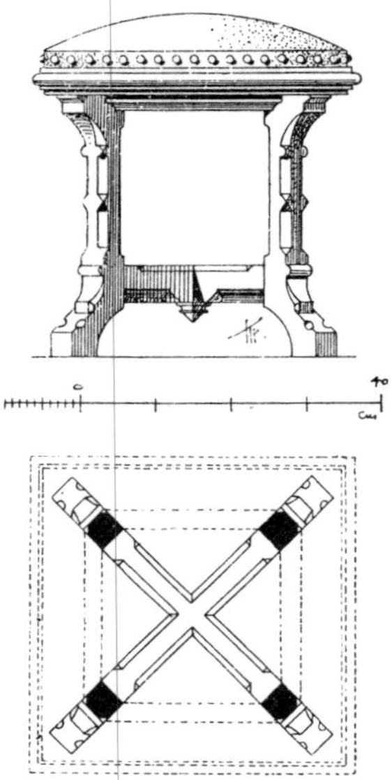

Fig. 160. **Flachgepolstertes, gotisches Taburett.**

9. Das Taburett.

(Tafel 37 und 38.)

Das Taburett ist der Stuhl ohne Lehne. In reichen und in einfachen Gestaltungen findet es in verschiedenen Räumen und zu verschiedenen Zwecken Anwendung, als Arbeitsstuhl, als Klavierstuhl, in Schulräumen etc.

Die einfachste Form ist die eines kleinen Tisches mit vier Füssen, vier Zargen und einer quadratischen Platte als Sitz, der zum bequemeren Anfassen gewöhnlich in seiner Mitte einen handlichen Ausschnitt erhält (Tafel 37 a). Das Durchschnittsmass für den Sitz ist 40×40 cm. Dieselbe Tafel zeigt in b und c diese Form etwas reicher mit Stegverbindung und Etagenbrett. An Stelle der verjüngten vierkantigen Füsse sind bei d gedrehte Beine angewendet mit Kreuzstegverbindung. Aehnlich ist der Fall e; hier ist der Sitz als Flachpolster behandelt. Das Beispiel g unterscheidet sich durch gespreizte Füsse und eine Platte mit gebrochenen Ecken. Das Abfasen der Kanten und das Abrunden der Ecken empfiehlt sich für alle Sitze. Das Beispiel f ist ein Dreifuss mit gedrehten, gespreizten Beinen und kreisrundem, gedrehtem, in der Mitte vertieftem Sitz. Als Arbeits- und Klavierstuhl empfiehlt sich diese Art besonders.

Die Tafel 38 zeigt in den Figuren a, b und d Taburette, deren Gestelle durch Seitenwände gebildet werden, deren Art und Konstruktion anlässlich der Tische bereits besprochen wurde. Das Beispiel c hat ein Gestell aus zwei gekreuzten Brettern gebildet, mit Knaggenversteifung und Brückenkreuz; während bei e eine achteckige Anlage mit geschlossenem Untergestell gewählt ist.

Aehnlich, nur einfacher sind die beiden vierseitigen Beispiele der Figur 159. Die Figur 160 zeigt ein flachgepolstertes Taburett gotischen Stils und das Beispiel der Figur 161 gehört der neuesten Stilrichtung an.

Selbstredend kann das Taburett ein Bretterstuhl, ein Rohr- oder Polsterstuhl sein; in den beiden letzten Fällen wird das Sitzbrett zum Rahmen.

Fig 161. **Taburett** nach Entwurf von H. Schlicht.

Die Taburette sind am besten ganz aus Hartholz, aus Eichen- oder Nussbaum, im einfachen Fall auch aus Buchen, Erlen etc. Die Platten sind 24 bis 30 mm stark, die Seitenwände ebenso oder etwas schwächer, die vierkantigen Füsse haben eine durchschnittliche Stärke von 4 oder 5 cm.

10. Der Hocker.

Das einfachste und billigste Sitzmöbel ist der Hocker. Es wird für Schulräume, Arbeitssäle etc. benützt und gewöhnlich aus Weichholz gefertigt und mit Oelfarbe gestrichen. Er gleicht im Aufbau einer gezinkten Kiste ohne Deckel und erhält einen Leistenkranz als Sockel aufgenagelt. Man kann diesen Sockel auch weglassen, zum Halt und zum Aufstellen der Füsse einen Steg oder ein Querbrett anordnen und die Seitenwände nach unten hin in ihrer Mitte ausschneiden. Die üblichen Masse sind: 40 cm breit, 30 cm tief, 48 bis 50 cm hoch (in besonderen Fällen auch höher).

Eine für Aktsäle gebräuchliche, aber auch sonst zu empfehlende Abänderung besteht darin, dass man die Abmessungen derart wählt, dass der Hocker für verschiedene Sitzhöhen benützt werden kann. So sitzen dann z. B. beim Aktzeichnen die Schüler in der ersten Reihe 30, in der zweiten Reihe 45, in der dritten Reihe 60 cm hoch. (Vergl. Fig. 162.)

11. Der Drehstuhl.

(Tafel 39.)

Der Drehstuhl ist im Gebrauch als Klavierstuhl, als Arbeitsstuhl vor dem Werktisch und Schreibtisch. In Bezug auf das System lassen sich zwei Arten unterscheiden: Drehstühle, an denen der Sitz nur seitlich, und solche, an denen er auch der Höhe nach verschoben werden kann. Im ersteren Fall wird die Drehung bewirkt, indem der Oberteil des Stuhles vermittels Rollen auf einer Schiene läuft und durch einen senkrechten Axenstift am Herabfallen verhindert wird (Tafel 39 b). Im anderen Fall geschieht die Drehung durch ein Schraubengewinde. Der

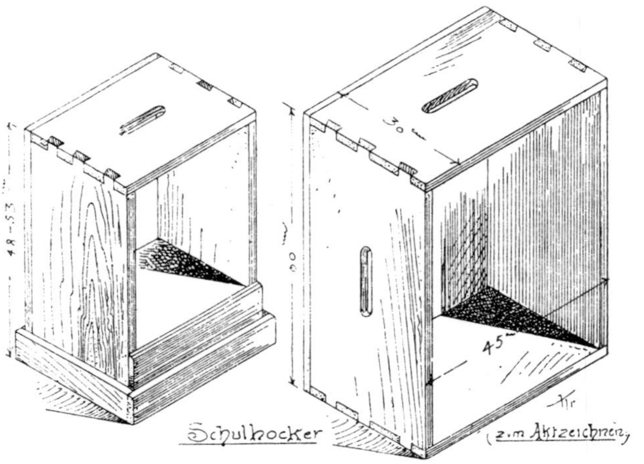

Fig. 162. **Hocker.**

hölzernen Spindel ist die eiserne weitaus vorzuziehen. Sie wird fabrikmässig hergestellt und u. a. von D. La Porte Söhne in Barmen geliefert. Der Stuhl a zeigt eine hölzerne Spindel, die Formen c und d sind mit eisernen Spindeln gedacht. Bei langen Spindeln empfiehlt sich die Anbringung einer Führung der Axe (c); anderenfalls ist das Muttergewinde entsprechend hoch anzunehmen (a und d). Wählt man eine lange Spindel ohne Gewinde, aber mit doppelter Führung, so sind für die bloss seitliche Drehung die Laufrollen entbehrlich.

Der Drehstuhl ist am besten ein Dreifuss, wie bei sämtlichen dargestellten Beispielen. Als Arbeitsstuhl für den Werktisch erhält er die einfache Gestalt c mit kreisrundem, vertieftem Sitz und wird aus Buchenholz gearbeitet.

Als Klavierstuhl bildet man den Sitz als Polster oder in Rohrgeflecht. Die Drehstühle für den Schreibtisch gestaltet man gerne als Armstühle (wie bei a). Diese besseren Möbel werden dann gewöhnlich aus Eichen- oder Nussholz gefertigt und mit Vorliebe poliert.

Nach Lage der Sache wird der Drehstuhl stets ein schweres Möbel sein und kräftige Formen zeigen. Die Sitzhöhe bemisst man so, dass der tiefste Stand 40 bis 45 cm beträgt.

12. Der Klappstuhl, der Faltstuhl.

Schon bei den Völkern des Altertums gebräuchlich und auch im Mittelalter und zur Zeit der Renaissance vielfach verwendet, ist der Klappstuhl heute fast aus der Mode, wenn man von den Jagd- und Feldstühlen absieht, die nicht in den Rahmen dieses Buches fallen.

Wie schon der Name sagt, ist dieser Stuhl zum Zusammenfalten eingerichtet. Das Gestell wird aus zwei Paaren gekreuzter Hölzer gebildet, welche um den Kreuzungspunkt beweglich sind und unter sich durch Stege verbunden werden. Der Sitz wird durch Gurten, Leder oder starken

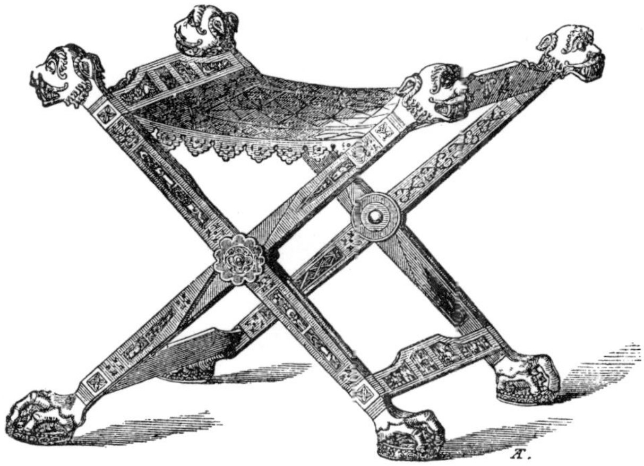

Fig. 163. **Faltstuhl von Holz mit Bronzebeschlägen und Elfenbeinschnitzwerk,** 14. Jahrhundert; Frauenstift auf dem Nonnberge bei Salzburg.

Fig. 164. **Stuhl** von Schmidt & Sugg in Wien.

Stoff gebildet (Fig. 163). Es giebt jedoch auch Faltstühle mit steifem Sitz; dieser ist dann einerseits an Scharnieren beweglich und wird andererseits durch Einhaken befestigt. Auch Faltstühle mit Rücklehnen sind gebaut worden, und diese letztere Form wird auch heute gelegentlich für reichere Sitzmöbel gewählt. Man hat jedoch hierbei bloss das Aeussere beibehalten und auf die Klappkonstruktion und das Zusammenfalten verzichtet. Einen derartigen Stuhl zeigt die Fig. 164.

Ausserdem giebt es Klappstühle, deren Gestell nicht aus zwei Paaren, sondern aus einem ganzen System gekreuzter Hölzer besteht, die dann der Tiefe nach press aufeinander folgen. Derartige Stühle zu bauen, ist eine unnötige Holzverschwendung.

13. Die Bank, die Sitzbank.

(Tafel 40.)

Die Bank dient mehreren Personen gleichzeitig zum Sitzen. Wie das Sofa als ein in die Breite gezogener Fauteuil betrachtet werden kann, so ist sie ein verbreiterter Bretterstuhl. Es giebt zwar auch gepolsterte und berohrte Bänke, da die Bank aber zu den primitiveren Möbeln gehört und hauptsächlich in ländlichen Wirtschaften, auf Veranden und im Freien verwendet wird, so bleibt man meist beim Material des Holzes. Bänke in besserer Ausstattung finden sich dagegen in Wartesälen, in den Vorplätzen öffentlicher Gebäude, in Theatern, Rathäusern und in den sog. altdeutschen Stuben des modernen Hauses. Hier wählt man zur Ausführung Harthölzer, vorzugsweise Eichen, während die gewöhnliche Bank in Weichholz gefertigt und mit Oelfarbe gestrichen wird. Da die für Promenadeplätze und Parkanlagen bestimmten Bänke in be-

Fig. 165. **Armstuhl und Sitzbank nach Chippendale** von Jos. Plail, Königsberg.

quemer Konstruktion und billig im Material des Eisens und Holzes fabrikmässig erzeugt werden, so fällt für den Schreiner nach dieser Richtung wenig mehr ab.

Die einfachste Form zeigt Tafel 40 A. Die Konstruktion ist ähnlich wie beim gewöhnlichen Kneipstuhl. Etwas reicher ist B. An Stelle der eingekeilten gedrehten Füsse tritt hier ein sägebockartiges Gestell mit Steg- und Spriegelversteifung. Die Rücklehne ist als Rahmenwerk gebildet. C veranschaulicht die Verbindung von Bank und Truhe. Das Gestell ist ein allseitig geschlossener Kasten; das Sitzbrett bildet den drehbaren Deckel. Der als Rahmenwerk gebildeten Rücklehne sind hier noch zwei Armlehnen beigegeben. D zeigt das Detail einer Zargenbank mit Armlehnen.

Jede Stuhlform wird zu einer Art von Bank, wenn man die Breite verdoppelt oder verdreifacht. Die Figur 165 zeigt neben einem Zargenstuhl gewöhnlicher Breite dasselbe Motiv verdoppelt.

Die hübsche Bank der Fig. 166 hat eine ledergepolsterte Rücklehne und deren Seitenwände sind mit ornamentalen Malereien geziert. Die Rückwand derartiger Bänke wird gelegentlich auch in die Höhe geführt, um mit irgend einer Krönung oder einem Bücherbrett abzuschliessen. Dafür ist Fig. 167 ein entsprechendes Beispiel.

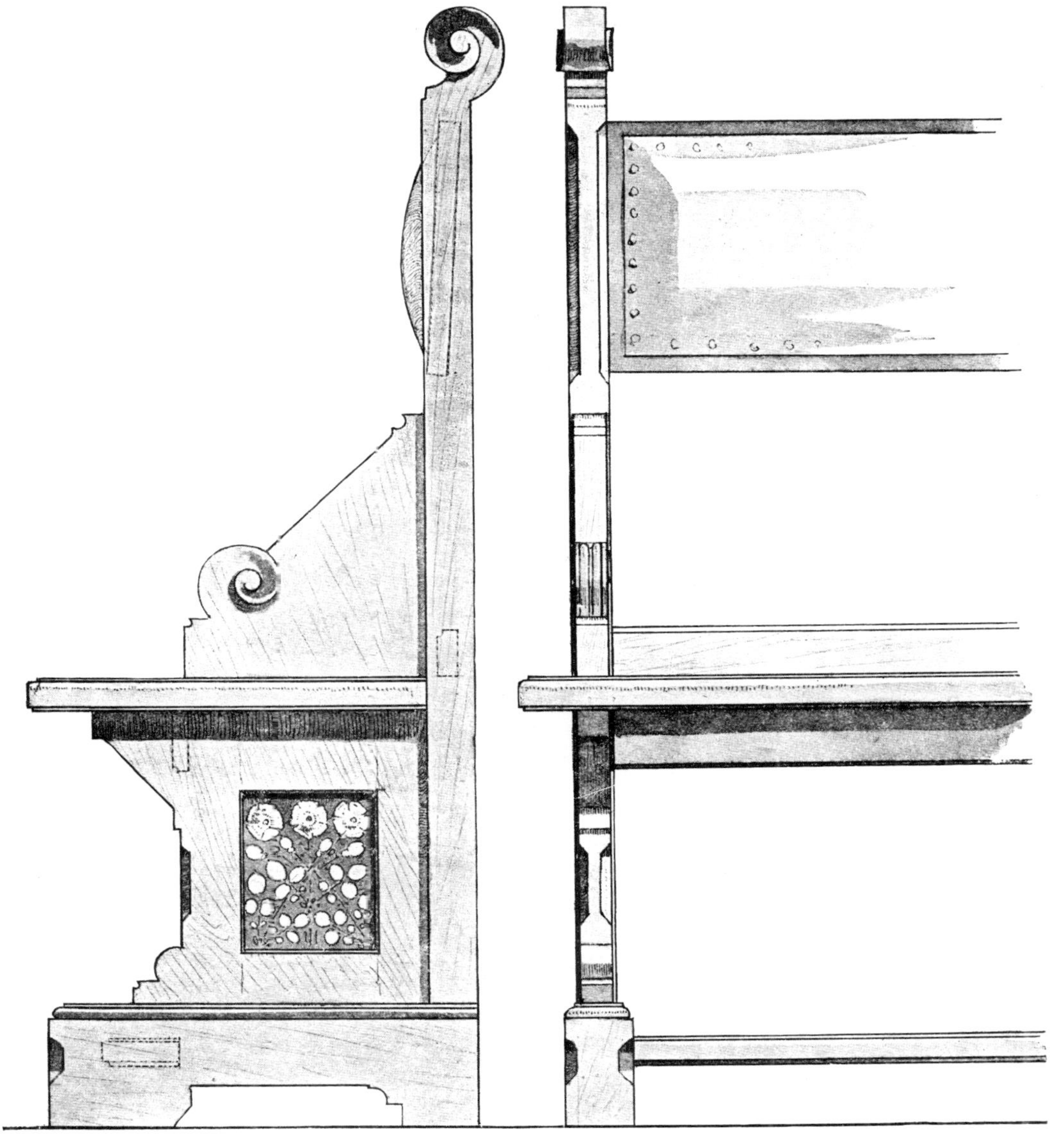

Fig. 166. **Sitzbank mit Polsterlehne,** entworfen von Maler H. Haase in Hamburg.

Die Abmessungen und Holzstärken der Bank sind verschieden, je nach dem gerade vorliegenden Fall, ebensc der Zusammenbau.

14. Die Schulbank.

(Tafel 41.)

Die Schulbank ist eine Verbindung des Tisches mit der Sitzbank. Abgesehen von mehr nebensächlichen Aenderungen in der Form und Konstruktion ergeben sich zwei Systeme, die durch die Figuren 168 und 169 ihre Erklärung finden. Das erstere System ist das ältere, das zweite wird

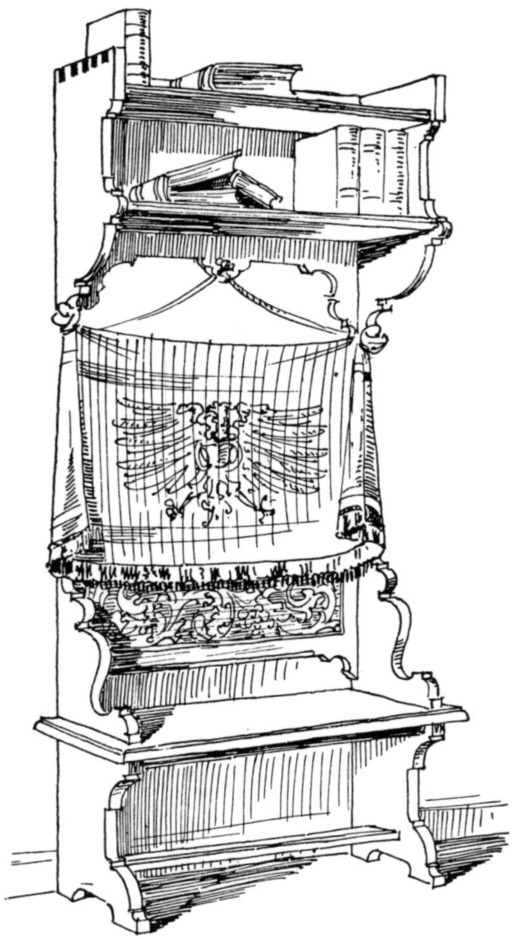

Fig. 167. **Sitzbank mit Bücherbrett,** entworfen von Hans Schmauck in Nürnberg.

neuerdings bevorzugt. Das erstere hat den Vorzug der Platzersparnis und lässt bei der Reihung der Schulbänke einen beliebigen Abstand zwischen Sitz und Tisch zu. Das zweite dagegen gestattet bei genügend weiter Reihung ein Beikommen des Lehrers zu den Kindern von allen Seiten. Die neuen, zum Teil patentierten Konstruktionsweisen, welche als Material ausser dem Holz auch Eisen verwenden, sind meistens nur zweisitzig statt mehrsitzig, was allerdings praktisch ist, aber grosse Räumlichkeiten erfordert.

Als Material dient Tannen- oder Fichtenholz, seltener Hartholz. Die Tischplatten werden pultartig geneigt und an der tiefer liegenden Kante mit einer überstehenden Leiste aus Hartholz versehen. Der horizontale Teil der Platte wird als Rinne gebildet (zum Auflegen von Bleistiften und Federn) und mit Löchern zum Einhängen der Tintenfässer versehen. Dieser Teil kann auch einen Klappdeckel erhalten nach Figur 169. Unter der Tischplatte werden durch Anbringung eines horizontalen Querbrettes offene Gefache gebildet zur Unterbringung der Schultaschen und Bücher. Oder es werden, wie beim Pulttisch, geschlossene Kasten gebildet, wobei die Tischplatte zum beweglichen Deckel wird, der an beiden Seiten durch Hartholzleisten gefasst wird. Der Sitz besteht aus einem einzigen Brett oder aus einzelnen Brettstreifen. Das Gestell besteht aus starken

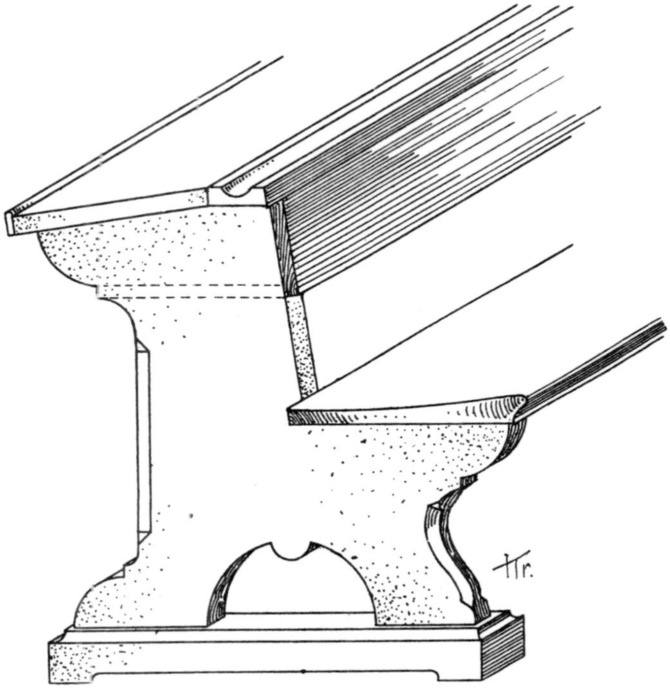

Fig. 168. **Schulbank, älteres System.**

Stirnwänden, die auf Sockelhölzern aus Hartholz ruhen und durch Stege zum Aufstellen der Füsse verbunden werden (Fig. 168). Bei einer Anordnung nach Figur 169 ist das stuhlartige Gestell aus Hartholz herzustellen.

Die Abmessungen sind verschieden nach dem Alter der Kinder. Dies gilt hauptsächlich für die Höhe und Tiefe. Als Sitzbreite rechnet man durchschnittlich 65 cm pro Schüler, wonach sich bei mehrsitzigen Bänken die Gesamtlänge feststellen lässt.

Heutzutage, da die Jugend einen weit grösseren Teil des Tages auf der Schulbank verbringt, als früher, legt man mit Recht einen grösseren Wert auf richtig gebaute Schulbänke, welche die Körperhaltung und das normale Wachstum nicht beeinträchtigen. Die moderne Gesundheitspflege hat sich eingehend mit diesem Gegenstand befasst; sie unterscheidet bezüglich der Schulbänke:

1. solche mit Plusdistanz, wobei zwischen Sitz und Tischkante, in horizontaler Projektion gemessen, noch ein gewisser Abstand verbleibt;
2. solche mit Nulldistanz, wobei Sitz- und Tischkante senkrecht übereinanderliegen, und
3. solche mit Minusdistanz, wobei die Tischkante über die Sitzkante zurückgreift.

Nun wird, um einer schlechten Körperhaltung vorzubeugen, Nulldistanz oder Minusdistanz von einigen Centimetern verlangt. Das liesse sich nun sowohl nach dem in Figur 168 als bei dem in Figur 169 dargestellten System ohne weiteres erzielen, wenn eben nicht die weitere Anforderung dazu käme, dass die Schüler auch in der Bank bequem aufstehen und dieselbe ohne Schwierigkeit verlassen können. Das hat man zu erreichen gesucht durch Verwendung von Schulbänken für

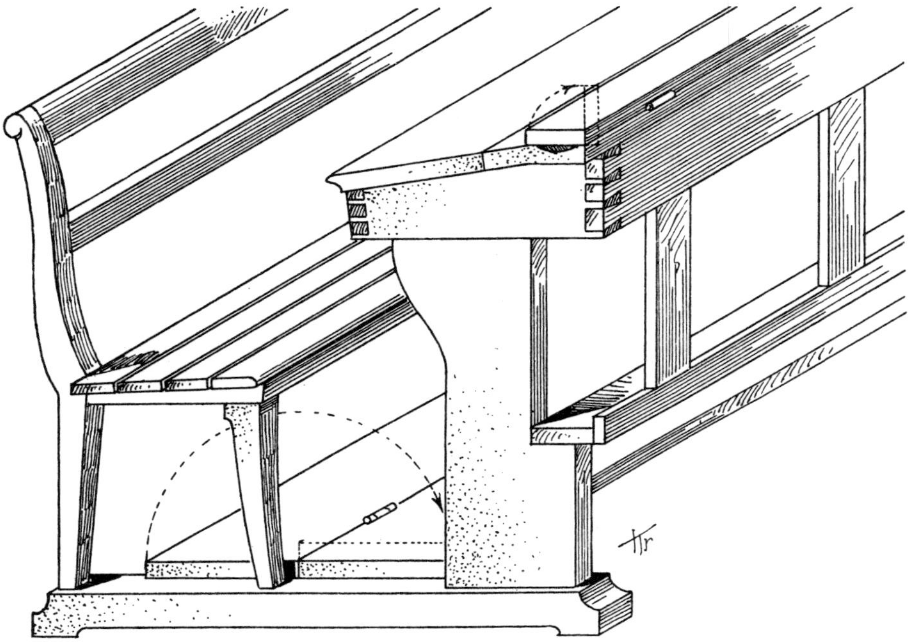

Fig. 169. **Schulbank, neueres System.**

nur je zwei Kinder, wobei die Kinder beim Stehen sich neben die Bank in den Gang stellen können. Derartige Bänke beanspruchen aber viel Raum und sind teurer als mehrsitzige. Man war deshalb seit längerer Zeit bemüht, durch bewegliche Tischplatten oder Sitze beiden Anforderungen gerecht zu werden. Von den verschiedenen Versuchen zu diesem Ziele sind die wenigsten befriedigend ausgefallen. Die zweckmässigste Lösung dürfte wohl die Firma Ramminger & Stetter in Tauberbischofsheim mit ihrer Schulbank „Columbus" gefunden haben. Wir bringen diese patentierte Bank auf Tafel 41 und durch Figur 170 zur Anschauung.

Diese Bank hat beim Sitzen 2 bis 3 cm Minusdistanz, welche beim Aufstehen in eine Plusdistanz von ca. 12 cm übergeht, so dass also Bänke zu vier oder mehr Sitzen gebaut werden können. Der Sitz besteht aus zwei, durch eine starke Lederfeder beweglich miteinander verbundenen Brettern, welche beim Sitzen eine Ebene bilden. Das hintere Brett ist mit Scharnieren an die Bank angeschlagen und von unten her drückt auf dasselbe eine starke Feder, so dass es in unbenütztem Zustande auf der nicht angeschlagenen Seite sich etwas in die Höhe hebt. Steht der Schüler auf, so wird das vordere Brett durch die Füsse nach rückwärts geschoben und der ganze Sitz hebt sich, eine dachförmige Gestalt annehmend. Jeder Sitz ist für sich abgeteilt und durch die rinnenförmigen Träger ist Vorkehrung getroffen, dass ein Einklemmen der Kleider etc. vermieden wird.

Wir haben diese Schulbank beschrieben und abgebildet, obgleich sie patentiert ist, weil die Firma ausser den fertigen Bänken auch die einzelnen Sitze liefert, so dass dieselben auf bereits vorhandenen oder zu fertigenden Schulbänken angebracht werden können.

Neuerdings hat sich ein Techniker von Ruf — Oberbaurat W. Rettig — der Schulbankfrage angenommen und sie in durchweg befriedigender Weise gelöst. Rettigs Schulbank (Fig. 171) ist zweisitzig (wo es die Raumausnützung verlangt, auch einsitzig). Sie hat eine Minusdistanz

Fig. 170. **Schulbank** von Ramminger & Stetter in Tauberbischofsheim. (D. R.-P. Nr. 59846.)

von 2 cm und die Schüler treten beim Aufstehen in die Zwischengänge. Da die Bankreihen verschränkt oder staffelförmig, wie der Prospekt sich ausdrückt, gestellt werden, so genügt eine Gangbreite von 40 cm und die Schulzimmer brauchen nicht grösser zu sein, als sie bei Verwendung von mehrsitzigen Bänken sein müssten. Rettigs Schulbank ist dauerhaft und höchst einfach konstruiert, somit auch verhältnismässig billig herzustellen. Neu dabei ist folgendes: Die Bänke werden auf einer Seite mittels „Klemmfüssen" an einer dem Boden aufzuschraubenden Walzeisenschiene drehbar befestigt. Sie erhalten damit einen unverrückbaren Platz, lassen sich aber zum Zwecke der täglichen Schulzimmerreinigung seitlich umlegen, wobei das sinnreich geformte Tintenfass nicht entfernt zu werden braucht. Der Länge nach greifen die Bänke falzartig übereinander, so dass ein einziger, am Kopf der Bankreihe angebrachter „Verschlussständer" die ganze Reihe gegen unbefugtes Umlegen absperrt, wo dies nötig erscheint. Ein gerilltes Fussbrett befindet sich 16 cm über dem Fussboden, erhöht demnach die Bank um dieses Mass, so dass der nachsehende Lehrer sich um ebensoviel weniger zu bücken braucht. Da die Füsse der Schüler auf diesem Fussbrett warm und trocken stehen, so kann der Schulzimmerboden auch feuersicher aus Eisen, Cement etc. hergestellt werden.

Die Rettigbank, wie sie auch kurzweg heisst, ist patentiert. Patentinhaber und Fabrikanten sind P. Johs. Mueller & Cie., Berlin SO., Skalitzer Str. 95 a. Von ihnen wird die zweisitzige Bank nach vier verschiedenen Typen und in neun Grössen zum Preise von 18 bis 22,50 Mk. geliefert.

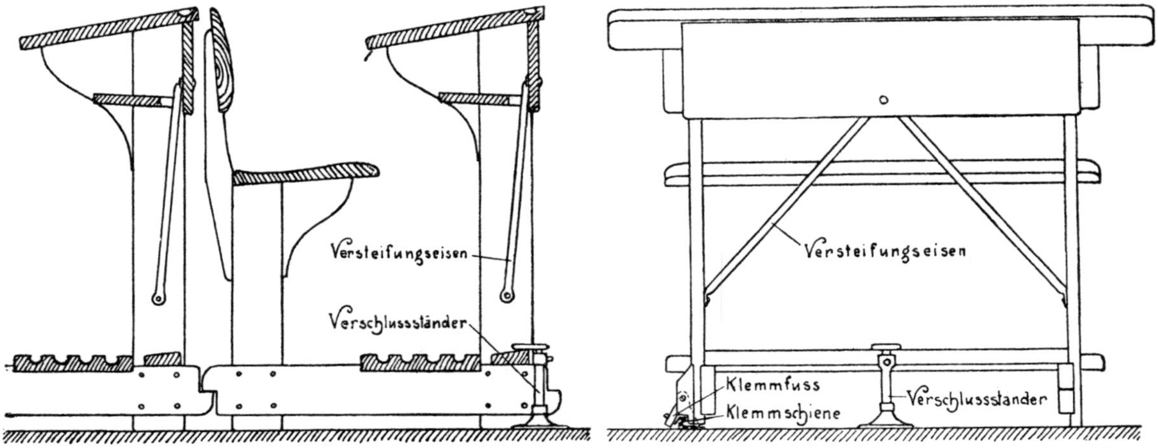

Fig. 171.
Rettigs Schulbank von P. Johs. Mueller & Cie., Berlin.

Für den Schreiner und für die vergebenden Behörden ist von Wichtigkeit, dass die genannte Firma auch die Beschläge allein zum Preise von 6 Mk. pro Bank liefert, womit ohne weitere Lizenzgebühr die Berechtigung zur Selbstanfertigung der Holzteile erworben wird Zu diesem Beschlage gehören: zwei Klemmfüsse, der betreffende Klemmschienenanteil, ein Tintenfass nebst verzinntem Klappdeckel und die Eisenversteifung samt den zugehörigen Schrauben (Verschlussständer und Stellschlüssel auf besondere Bestellung). Ausserdem ist die Firma zur Lieferung von Musterbänken, deren Werkzeichnungen und von Verteilungsplänen nach eingesandten Grundrissen erbötig. Die von ihr ausgegebenen Drucksachen, deren Einholung wir hiermit angelegentlich empfehlen, sind nebenbei bemerkt ein Muster von Ausführlichkeit, Klarheit und Deutlichkeit in Bezug auf Text und Abbildungen, die patentierten Eisenteile ausgenommen.

15. Die Kirchenbank.

(Tafel 42.)

Aehnlich der Schulbank älteren Systems ist die Kirchenbank. Nur wird der Tisch hier höher und schmäler; seine Platte ist geneigt und hat eine Tiefe von etwa 20 cm. Die Höhe beträgt im Mittel 100 cm, wenn die Bank nur im Sitzen und Stehen, dagegen 80 bis 90 cm, wenn sie, wie in katholischen Kirchen, auch zum Knieen benützt wird. Die Vorderkante des ebenfalls geneigten Kniebrettes liegt etwa 20 cm vom Boden ab. Im übrigen ergeben sich Konstruktion und Aufbau aus Figur 172 und 173, sowie aus Tafel 42. Das in Figur 172 dargestellte Beispiel ist für eine katholische, das auf Tafel 42 und in Figur 173 wiedergegebene Gestühl dagegen für eine evangelische Kirche bestimmt.

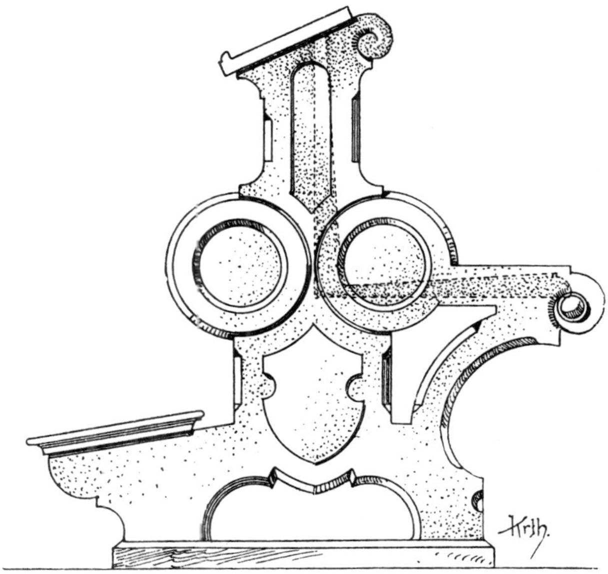

Fig. 172. **Gestühl für eine katholische Kirche.**

Die Kirchenbänke werden meist aus Eichenholz hergestellt in mehr als genügender Holzstärke, da ein schwerer, ernster Charakter dem Zwecke am besten angepasst erscheint. Heute werden diese Kirchenmöbel verhältnismässig einfach durchgeführt, während sich in alten Kirchen wahre Prachtstücke mit reichgeschnittenen Seitenwänden vorfinden.

Die Kirchenbänke sind teils beweglich, teils mit dem podiumartigen Bodenbelag in festem Zusammenhang. Im letzteren Fall kommt es auch vor, dass die hinteren Reihen höher gelegt werden als die vorderen (vergl. Tafel 42). Die vorderste und die letzte Reihe unterscheiden sich von den dazwischenliegenden gewöhnlich auch dadurch, dass die erstere nach vorn mit einer sogenannten Vorbrüstung (Tafel 42), die letztere mit einer geschlossenen Rückwand abschliesst, welche in gestemmter oder gespundeter Arbeit hergestellt werden. Ohne Kniebrett rechnet man als Entfernung von einer Bank zur anderen 85, mit Kniebrett dagegen 96 bis 100 cm. In Bezug auf die Länge der Bank berechnet man den Einzelplatz für Erwachsene mit 60 cm, für Kinder etwas weniger. Selbstredend sind die Kinderbänke auch in den übrigen Massen kleiner zu halten. Die Bänke laufen entweder ohne besondere Abteilung durch, so dass die Anzahl der

Fig. 173. **Gestühl für eine evangelische Kirche** (zu Tafel 42 gehörig).

Platzfindenden schwankt und von ihrem Ermessen abhängt; oder es wird in irgend einer Weise eine Abteilung in Einzelsitze thatsächlich vollzogen oder wenigstens angedeutet, um einer Ueberfüllung vorzubeugen.

VI. SCHRÄNKE.

Mit einer Einleitung über den Aufbau der Kastenmöbel überhaupt.

(Tafel 43 und 44.)

1. Der gewöhnliche Schrank, der Kleiderschrank. — 2. Der Spiegelschrank, der Toilettenschrank. — 3. Der Bücherschrank. — 4. Der Speiseschrank, der Kredenzschrank, das Buffet — 5. Der Zierschrank, der Kabinettschrank. — 6. Der Silberschrank. — 7. Der Küchenschrank. — 8. Ausstellungsschränke etc. — 9. Der Paramentenschrank. — 10. Altertümliche Schränke. — 11. Atelierschränke. — 12. Andere moderne Schränke.

Als Kastenmöbel bezeichnet man allgemein diejenigen Stücke, welche einen grösseren, durch Holzwände eingeschlossenen Raum oder mehrere solcher Räume zur Aufbewahrung von Gegenständen aufweisen und dadurch ein kastenartiges Aussehen erhalten. Zu den Kastenmöbeln zählen ausser den verschiedenen Schränken auch die Kommoden, Brandkisten und Theken, sowie die Waschtische, Schreibtische und Nachttische, wenigstens in ihren neueren, geschlossenen Formen. Diese Einleitung gilt also für die Abschnitte VI und VII zugleich.

Es giebt Kastenmöbel, welche aus einem einzigen Kasten bestehen, und solche, bei denen mehrere Einzelkasten aufeinander oder nebeneinander Platz finden. Zu den ersteren gehören die gewöhnlichen Kleiderschränke, Kommoden, Waschtische und Nachttische; zu den letzteren zählen die Brandkasten, die Schreibtische, Speiseschränke etc. Die Zusammensetzung aus mehreren Einzelkasten hat zum Teil ihren Grund in der zwecklichen Anforderung und einer reichen formalen Gliederung, zum Teil aber auch in der Möglichkeit einer leichteren Herstellung, in der Platzersparnis bei der Bearbeitung und in der bequemeren Transportierung der fertigen Möbel. Die beiden vorletzten Gründe haben auch veranlasst, die ehemals übliche sog. Mainzer Art des Zusammenbaues durch die neuere „französische“ Art zu ersetzen.

Die alte Art des Aufbaues bestand darin, dass man z. B. eine Kommode so fertigte, dass zunächst der eigentliche Kasten, bestehend aus zwei Seiten und dem Boden, zusammengezinkt wurde. Hierauf wurde von hinten her die Rückwand aufgeleimt und von vorn das Lesinen- und Tragleisten- (Travers-) Gestell eingesetzt, um schliesslich den für sich gefertigten Sockel und die Platte anzufügen und zu befestigen. Auf diese Weise entstand von Anfang an ein Kasten, welcher — bei der üblichen Anfertigung mehrerer gleicher Stücke zusammen — in der Werkstätte so viel Platz beanspruchte, dass man auf Abhilfe bedacht war.

Bis zu einem gewissen Grade gewährt sie der französische Aufbau, nach welchem alles zusammengedübelt wird und das endgültige Zusammenstecken erst erfolgt, nachdem die Einzelteile fertig sind, wobei dann die Werkstätte wenigstens länger als früher frei bleibt. Da das Zerlegen in viele kleine Teile keinen Nachteil, sondern sogar Vorteile in Bezug auf die Genauigkeit der Arbeit bedingt, so ist diese Aenderung im Zusammenbau nur zu begrüssen.

Die beiden Systeme sind auf Tafel 43 einander gegenübergestellt.

Ueber die einzelnen Teile der Kastenmöbel, abgesehen von den Füssen, die bereits besprochen sind, ist folgendes zu erwähnen:

a) Der Sockel. Er wird im allgemeinen aus Dielen gefertigt, an den Ecken am besten auf Gehrung zusammengezinkt (Fig. 174 a) und sodann furniert. Schlitzt man ihn nach alter Art zusammen oder verzinkt ihn in gewöhnlicher Weise, so ist zur Beseitigung der Hirnholzzapfen, welche sich unter dem Furnier sichtbar machen, das schräge Abschneiden der Ecken und das Anleimen eines Langholzklotzes erforderlich (Fig. 174 b und c). Das Hinterstück des Sockels wird mittels verdeckter Zinkung (Fig. 174 e) mit den beiden Seitenteilen verbunden. In die vier Ecken des Sockels werden zur Verstärkung starke Eckklötze eingeleimt, welche ausserdem zur Befestigung der Möbelfüsse dienen. Im einfachsten Fall schneidet man die Sockelstücke nur auf stumpfe Gehrung zusammen (Fig. 174 d) und verleimt sie mit dem Eckklotz, eine Konstruktion, die jedoch wenig empfehlenswert ist. Die Verbindung des Sockels mit dem Boden des Kastens und die Befestigung der Möbelfüsse ist in Fig. 175 d anschaulich gemacht. Etwaige Profilstäbe werden nach Fertigung des Uebrigen aufgeleimt.

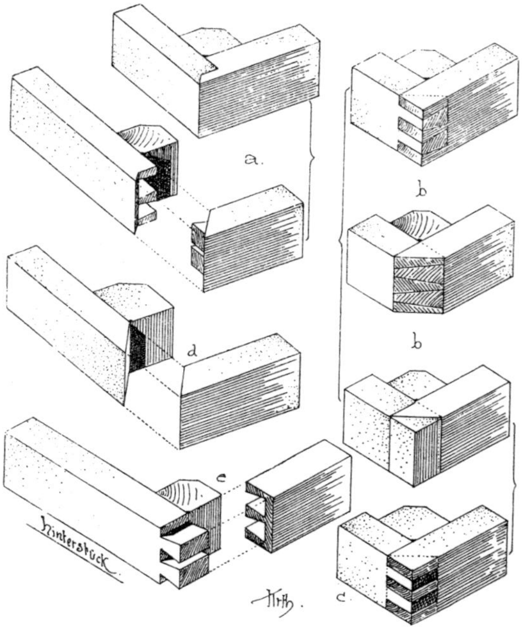

Fig. 174.
Konstruktion des Sockels für Schrankmöbel etc.

b) Der Boden. Er wird gewöhnlich glatt verleimt und ist 24 mm stark. Beträgt die Breite über 60 cm oder ist eine Formveränderung unzulässig, so kann man ihn auch bündig stemmen, so dass Friese und Füllungen gleichstark sind. Für Möbel mit Thüren fälzt man den Boden an der Vorderkante etwas aus, damit die Thüren einen guten Anschlag erhalten. Der letztere kann übrigens auch durch aufgesetzte Anschlagleistchen erzielt werden.

c) Die Seiten. Sie bestehen an besseren Möbeln aus 24 mm starkem Blindholz, das einerseits oder beiderseits furniert wird. Bei einer Breite unter 60 cm bleiben sie gewöhnlich glatt, während sie bei grösserer Breite gestemmt werden. Im letzteren Fall wird der Rahmen zusammengeschlitzt und furniert, der Profilstab eingeleimt und schliesslich die fertige Füllung von innen her mit Holzleistchen und Stiftchen befestigt. Im Interesse einer soliden Arbeit sollten gestemmte Seiten stets den glatten vorgezogen werden, ganz geringe Tiefen ausgenommen.

Der Boden wird mit den Seiten durch verdeckte Zinkung (Fig. 175 a), durch gewöhnliche Zinkung (Fig. 175 b) oder durch Aufdübeln verbunden (Fig. 175 c). Die beiden letzteren Verfahren empfehlen sich nur dann, wenn das Hirnholz später durch aufgesetzte Profilstäbe gedeckt wird.

d) Die Rückwand. Sie bleibt nur bei kleinen Möbeln, wie Nachttischen, glatt, anderenfalls wird sie stumpf gestemmt mit geschlitzten Ecken im Rahmenholz. Die Friesstärke beträgt 24 mm im Rauhen, die Stärke der Füllungen 15 mm. Die Rückwand wird in den an die Seiten angehobelten oder durch Anleimen besonderer Leisten (auch als Zahnleisten verwendbar) gebildeten

Falz eingelegt, verleimt, mit Holznägeln verbohrt und bildet auf diese Weise den Schluss des Kastens nach hinten. Zweckmässiger und in besseren Geschäften üblich ist es, die Rückwand mit Holzschrauben zu befestigen, anstatt sie festzuleimen. Die Verbindung mit dem Boden geschieht auf dieselbe Weise oder durch Aufdübeln. Bezüglich des unter a) bis i) Aufgeführten vergleiche auch die Figur 176.

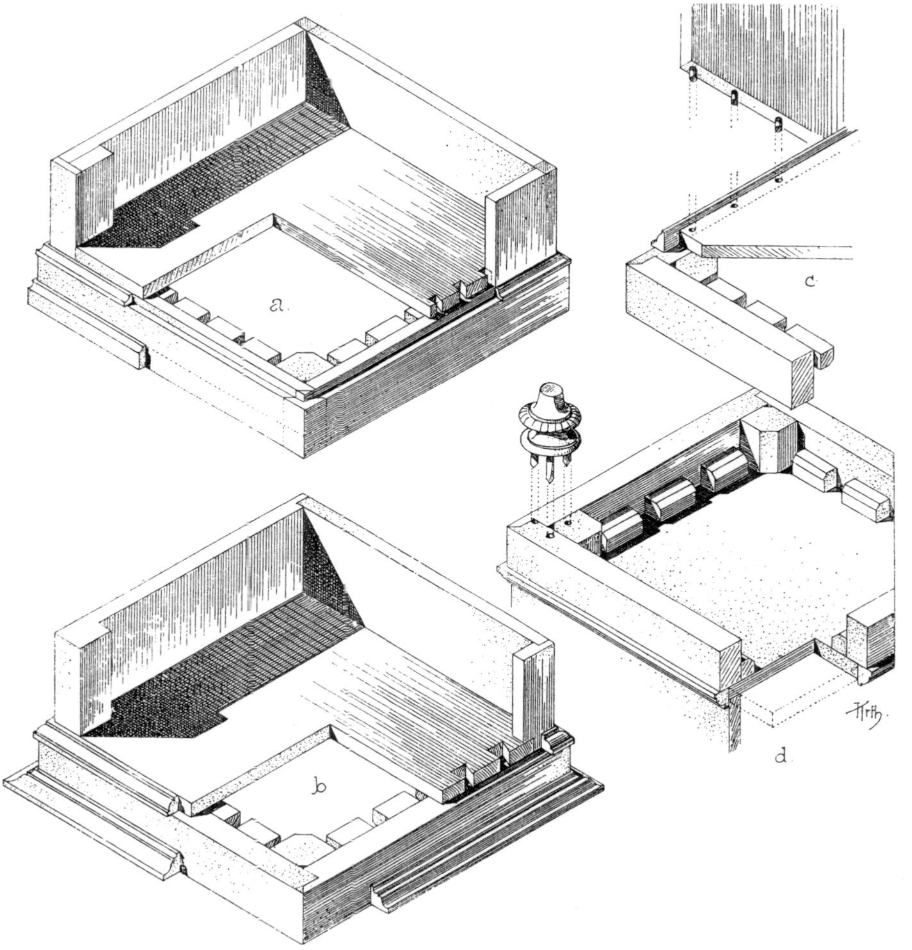

Fig. 175.

Verbindung des Bodens mit den Seiten, des Sockels mit dem Boden und die Befestigung der Möbelfüsse.

e) Die Lesinen (Lisenen oder Pilasterleisten). Unter diesen versteht man an Kastenmöbeln die Leisten, welche an die Vorderkanten der Seiten angeleimt werden, um dieselben zu verbreitern und zu verstärken. In diese Lesinen greifen die Traghölzer (Querleisten oder Travers) mittels Zapfen ein. Die Stärke, Breite und Form der Lesinen ist verschieden. Bei Anwendung von Schubladen meist schmal und glatt, werden sie bei Verwendung von Thüren breiter und erhalten nach innen einen Falz bezw. Anschlag, in den sich die Thüre legt, so dass die Fuge gedeckt wird. Neuerdings schlägt man jedoch die Thüren gerne an den Seiten selbst

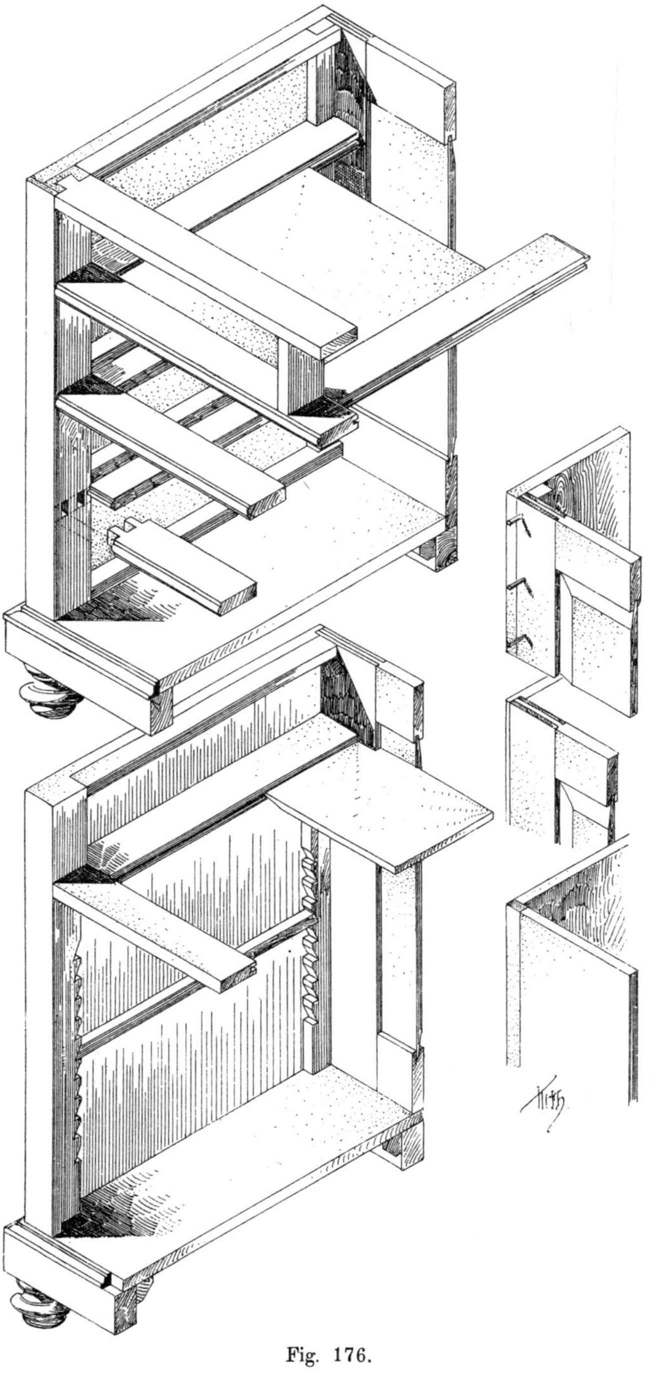

Fig. 176.

Zusammenbau von Kommode und Pfeilerschränkchen.

an, weil die Thüren sich weiter öffnen lassen und bei geöffneten Thüren der ganze Innenraum frei liegt (Tafel 43, rechts). Bei der alten Bauweise wurden Lesinen und Tragleisten zu einem Rahmengestell zusammengezapft, welches in den zusammengezinkten Kasten eingeleimt wurde (Tafel 43, linke Figur).

f) Die Tragleisten (Querhölzer, Querleisten, Travers). Sie bilden, wie bereits angedeutet, die horizontale Trennung zwischen den einzelnen Schubladen etc. Ihre Stärke und Breite, bezw. Tiefe ist verschieden, je nach Grösse des Möbels etc. (Fig. 176 und Taf. 43.)

g) Die Laufleisten. Sie sind aus Hartholz, laufen der Tiefe nach horizontal, sind mit den Seiten verleimt, vorn in die Tragleisten und hinten in die Rückwand eingezapft; auf ihnen läuft die Schublade. Man kann die Laufleisten auch mit Nuten versehen und einen Boden einschieben. Hierdurch wird verhindert, dass eine geschlossene Schublade dadurch zugänglich gemacht wird, dass man die darüber befindliche völlig auszieht (Fig. 176 und Taf. 43).

h) Die Streichleisten. Sie sind aus Weichholz oder besser aus Hartholz, laufen hochgestellt der Tiefe nach horizontal und haben den Zweck, den Vorsprung der Lesinen über die Seiten nach innen auszugleichen und gleichzeitig der Schublade als seitliche Führung zu dienen (Taf. 43, mittlere Figur unten). Sie werden erst nach Zusammenbau des Kastens und dem Einpassen der Schubladen eingeleimt. Wenn an Kommoden und ähnlich gebauten Möbeln die Lisenen fortgelassen werden, so fallen naturgemäss auch die Streichleisten fort und die Seiten selbst bilden die Führung der Schubladen.

i) Die Zahnleisten (Tafel 43 rechts, sowie Fig. 176 und 177). Sie sind aus Weich- oder Hartholz, laufen vorn und hinten senkrecht, gehören paarweise zusammen und sind einerseits gezahnt. Zwei gleiche Paare mit gleichstarken, eingepassten, wegnehmbaren Querleistchen bilden den Apparat zur Anbringung von horizontalen Abteilungsbrettern oder Schäften. Die Leistchen dienen diesen zum Auflager und ermöglichen ihre Anbringung in beliebiger Höhe. Obgleich allgemein üblich, ist die Konstruktion unschön und unzweckmässig. Bei Besprechung des Bücherschrankes wird ein besseres System empfohlen werden.

Wenn die Abteilungsbretter stets an derselben Stelle bleiben sollen, so fallen die Zahnleisten fort und die als Auflager dienenden Leistchen werden den Seiten aufgeschraubt.

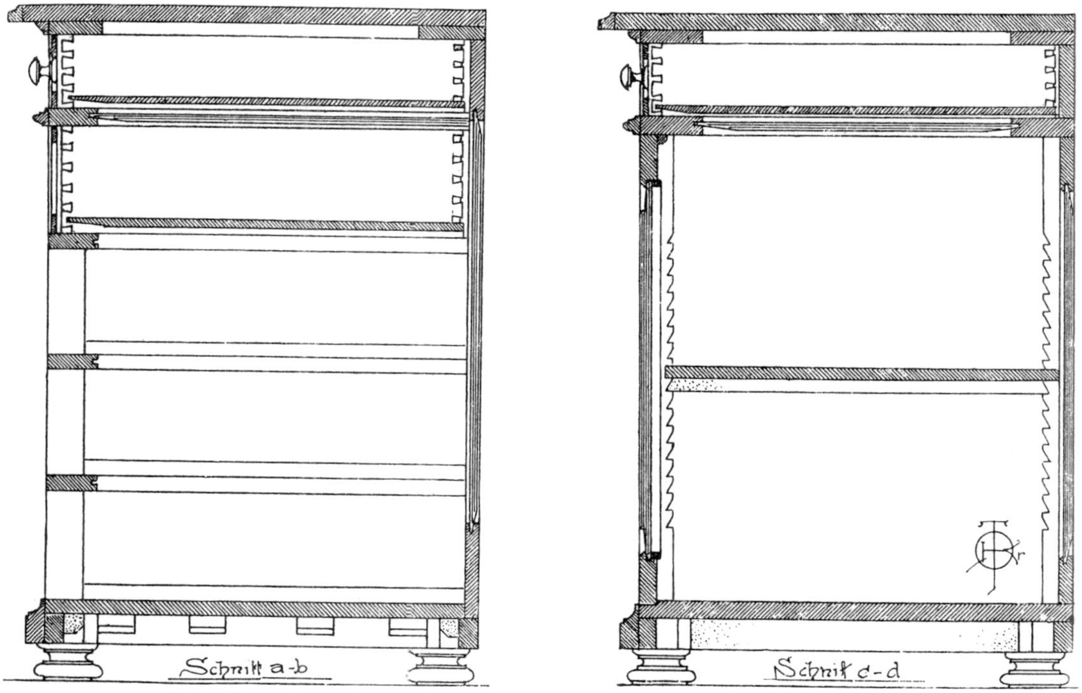

Fig. 177. **Schnitt durch eine Kommode und ein Pfeilerschränkchen.**

k) Die Platte (das „Blatt"). Sie ist aus Holz oder auch aus Marmor und schliesst den Kasten nach oben ab, soweit es sich um Pfeilerkästchen, Kommoden, Wasch- und Nachttische etc. handelt.

Für Marmorplatten fertigt man als Auflager einen Blindrahmen, der in der Ansicht als Unterglied der Platte zur Geltung kommt. Die Verbindung geschieht vermittels Leimklötzen. Das Blindrahmensystem empfiehlt sich jedoch auch für hölzerne Platten, obschon es nicht gerade nötig ist.

Für die hölzernen Platten, die aus nächster Nähe gesehen werden, wobei dann auch die kleinsten Schäden und Unsauberkeiten sich bemerklich machen, empfiehlt sich doppelte Vorsicht bei der Herstellung. Bestes, trockenes Blindholz mit senkrechten Jahresringen ohne Herz, be-

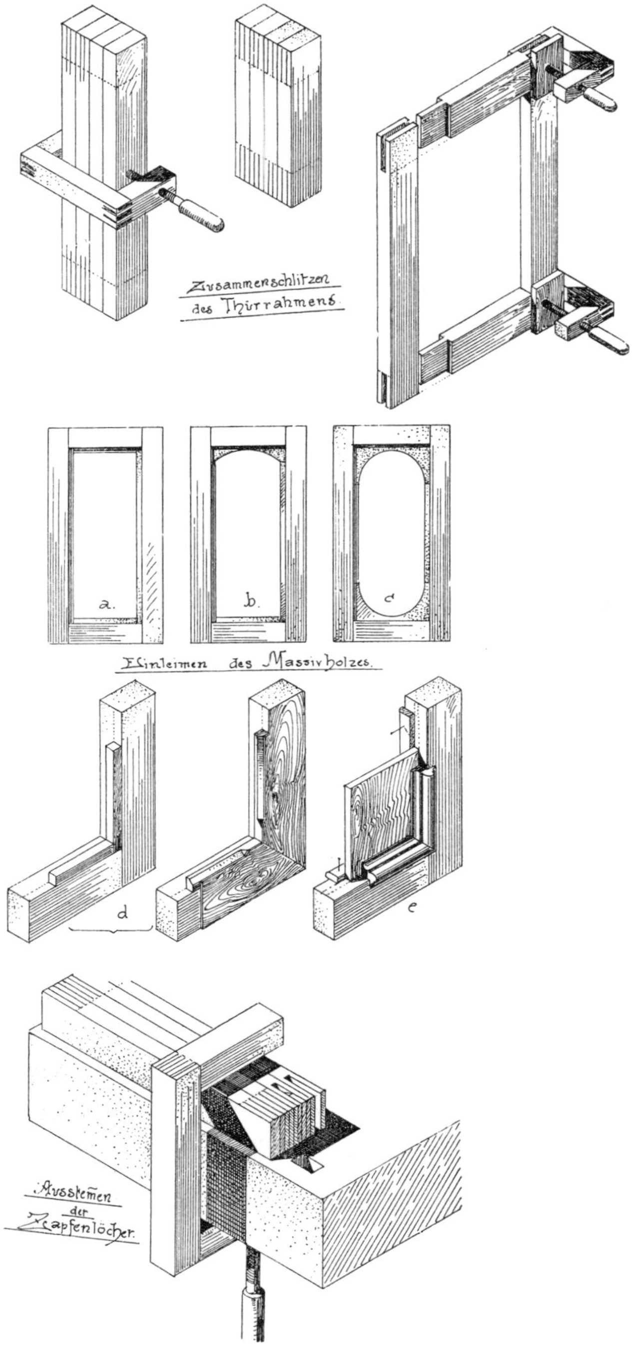

Fig. 178.
Der Zusammenbau der Möbelthüren.

sonders sauberes Pappelholz, öfters geschlitzt, gestürzt und wieder verleimt, giebt gute Platten, die nun beiderseits furniert werden. Will man ein Uebriges thun, so kann man die obere Seite doppelt furnieren, wie es in Klavierfabriken üblich ist. Quer oder parallel laufend unter das sichtbare Furnier kommt dann ein stärkeres, gesägtes Furnier zu liegen.

Vor dem Furnieren wird das massive Holz für die Einfassung oder die bereits gekehlten Profilstäbe mit den Kanten der Blindholzplatte verleimt, jedoch nur unter der Voraussetzung, dass das Blindholz völlig trocken ist, damit die Platte nicht reisst.

Die Verbindung der Platte mit dem Kasten geschieht durch vollständige feste Verleimung oder zweckmässiger, indem man nur hinten und vorn auf etwa 10 cm nach innen verleimt, während die Befestigung in der Mitte mittels Leimklötzchen erfolgt. Dieses Verfahren gewährt der Platte einigermassen Spielraum zum „Arbeiten". Noch besser ist es, die Platte nur vorn zu verleimen und hinten mit Spielraum zu verschrauben.

l) Die Decke, die Kastendecke. Was die Platte als sichtbarer, oberer Abschluss für Kommoden und niedrige Kasten ist, das ist die Decke für hohe Kasten, auf welche für gewöhnlich das Auge nicht sehen kann. Das Furnieren fällt also hier weg. Die Decken werden glatt gehobelt oder bei grosser Breite, wie die Böden, bündig gestemmt. Die Verbindung mit dem Kasten kann auf verschiedene Weise geschehen: durch stumpfes Einleimen oder Aufleimen, durch Einlegen in den Falz, durch Einschieben in Nuten etc. Wo man auf Schrankmöbel oben noch Gegenstände aufstellen will, da empfiehlt sich ein völlig ebener Abschluss.

Ob die horizontale Scheidewand

zwischen zwei Einzelkasten, die bestimmt sind, aufeinandergesetzt zu werden, als Platte oder als Decke zu konstruieren ist, richtet sich nach der Art des vorliegenden Falles.

m) Die Schubladen, Schiebladen, Schubkasten. Vergleiche das Betreffende in der Einleitung zu Abschnitt IV, Tische.

n) Die Thüren. Sie sind je nach Art und Grösse 25 bis 30 mm stark, massiv oder furniert. Das Rahmenholz wird an den Ecken geschlitzt und gut verleimt; hierauf werden die Profilstäbe eingeleimt und an diese von hinten die fertigen Füllungen angelegt. Die Befestigung der Füllung geschieht durch Aufstiften kleiner Holzleistchen an das Rahmenholz (Fig. 178 e). Um Beschädigungen möglichst zu verhüten, wird das Einstiften bis zum Schluss der ganzen Arbeit aufgespart. Ueber das Befestigen von Gläsern vergleiche den Artikel 19, Abschnitt II.

Wo keine Profilleisten zur Verwendung kommen, leimt man zur Bildung des Falzes Massivholz an, furniert hierauf das Ganze und fast später die Kanten ab (Fig. 178 d). Die nämliche Figur zeigt den Zusammenbau der Möbelthüren überhaupt, das Zusammenschlitzen des Thürrahmens, das Ausstemmen der Zapfenlöcher etc. Ferner sind in Fig. 179 verschiedene Thürbildungen veranschaulicht; die einzelnen Abbildungen erklären sich ohne weiteres.

Die Thüren einfacher Möbel aus Weichholz werden auch als gestemmte Arbeit behandelt, wobei dann die Profile den Friesen angehobelt sind.

Die Thüren werden mit Zapfenbändern, Fischbändern, Scharnierbändern oder Klavierscharnieren angeschlagen, wie es durch die Zeichnungen der Figur 180 genügend ersichtlich gemacht ist. Das Anschlagen mit Fischbändern ermöglicht das Aushängen der Thüren; es war früher allgemein üblich, ist aber heute wenig mehr in Anwendung, fast nur noch für Küchenschränke und Aehnliches. Doppelthüren stossen in der Mitte stumpf zusammen. Die Fuge — ein kleiner Spielraum muss immer gelassen werden — wird durch die Schlagleiste gedeckt, welche auf dem rechten Flügel befestigt ist. Den richtigen Anschlag oben und unten finden die Thüren durch besondere Leistchen, durch Ausfalzung des Bodens etc.

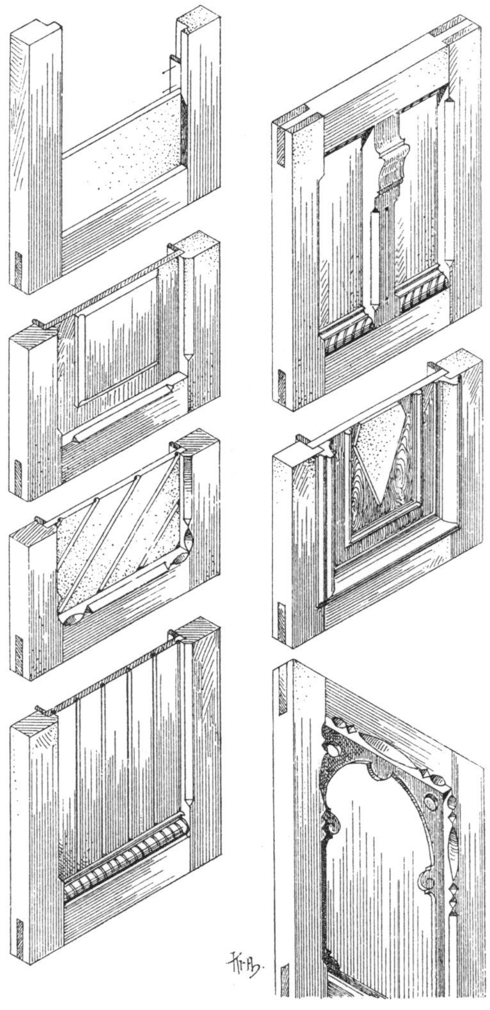

Fig. 179.

Verschiedene Arten der Bildung von Möbelthüren.

o) Der Kranz. Die hohen Kasten, die Schränke, werden entweder fest oder zerlegbar gebaut. Im ersteren Fall ist der Aufbau der bis jetzt beschriebene, und es wäre nur noch das Gesims zu erwähnen, welches in Form profilierter Stäbe dem Kasten am oberen Ende aufgeleimt wird.

24*

Im anderen Fall, wenn der Kasten zum Auseinandernehmen gebaut wird, besteht er aus dem unteren und oberen Kranz (Sockel- und Gesimspartie), aus den beiden Seiten, den beiden Thüren und der Rückwand, die auch wieder aus zwei Teilen bestehen kann. Die beiden Seiten werden mit den beiden Kränzen durch „Schliessen“ aus Hartholz verbunden oder, was besser und

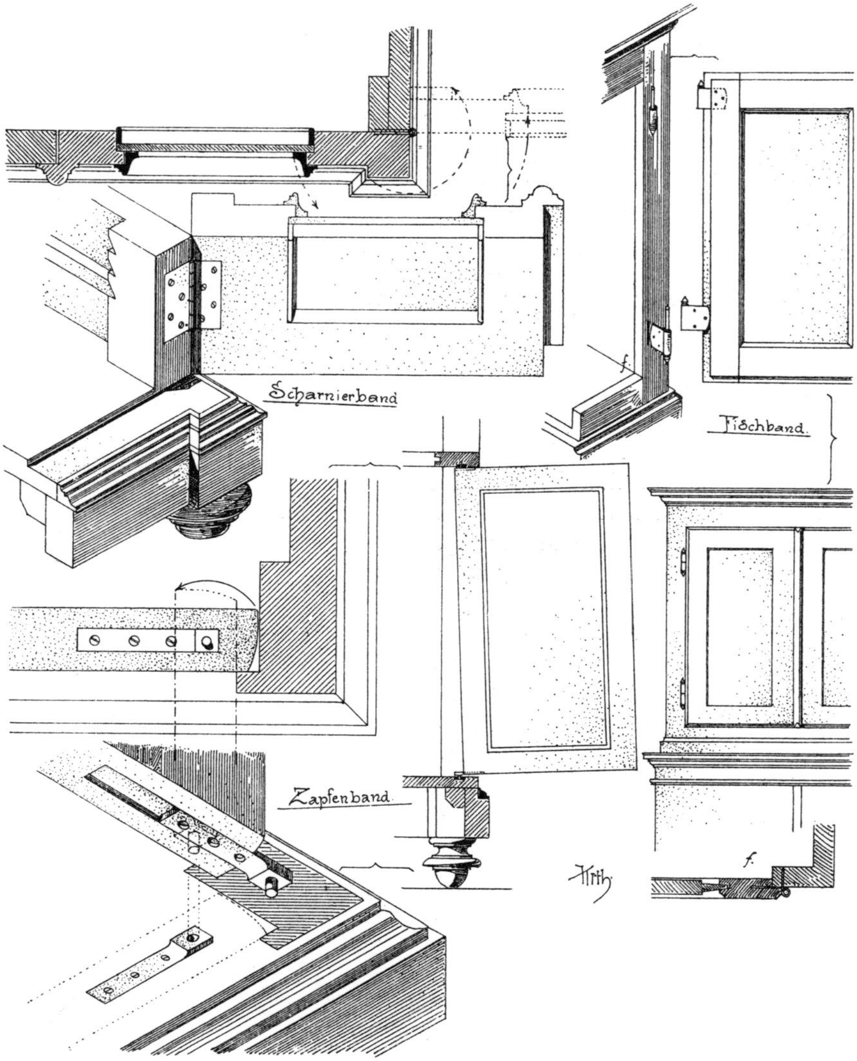

Fig. 180. **Das Anschlagen der Möbelthüren mit Zapfen-, Fisch- und Scharnierbändern.**

neuerdings üblich ist, durch besondere Schrankschrauben, wie dies aus den Figuren 181 und 182, sowie auf Tafel 44 ersichtlich ist, wo auch alles übrige ersehen werden kann. Der rechte Teil dieser Tafel stellt den Aufbau nach französischer Art dar, der sich für nicht zerlegbare Schränke besonders empfiehlt.

Fig. 181. **Der Zusammenbau des Kleiderschrankes.**

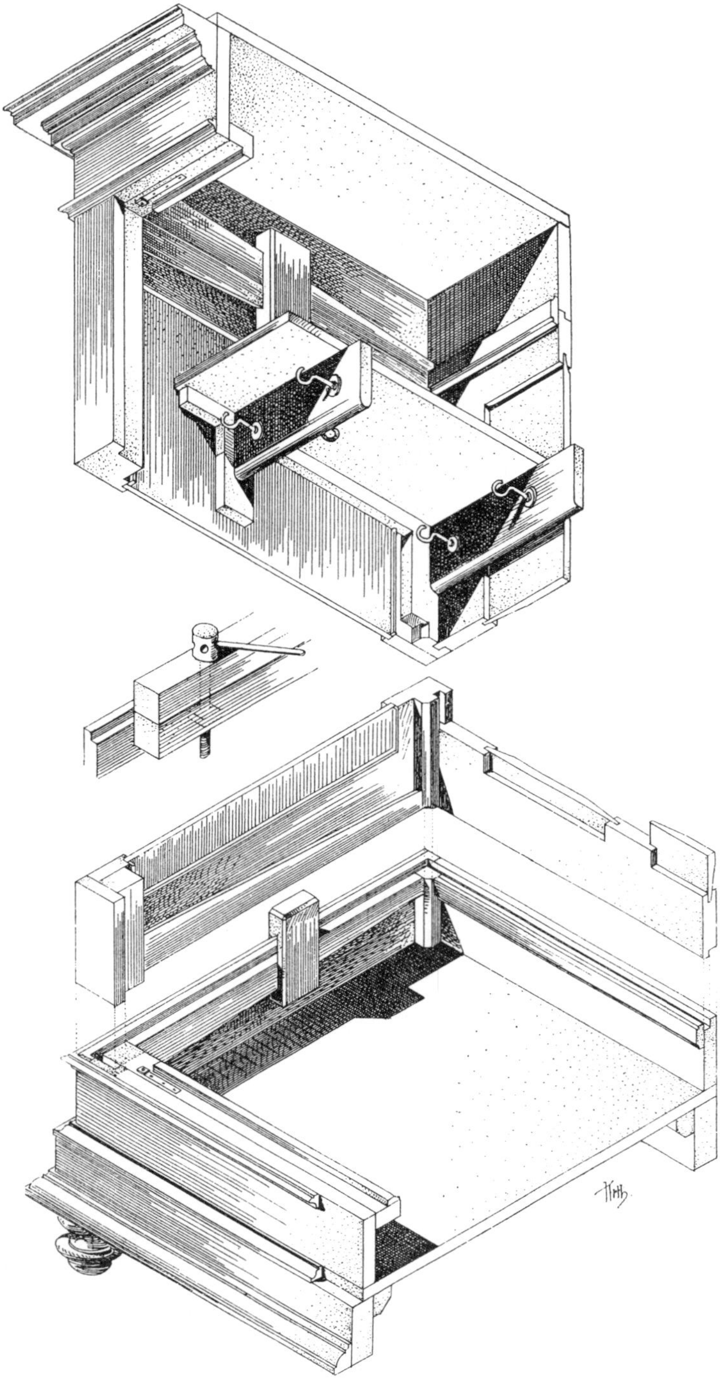

Fig. 182. **Die Bildung des oberen und unteren Kranzes. Schliessen, Schrankschrauben etc.**

Kästen, die breiter sind als 110 cm, sollte man stets zerlegbar bauen in Anbetracht der Schwierigkeit, welche grosse Möbel beim Transport auf Treppen verursachen.

Dagegen empfiehlt sich die früher übliche Gepflogenheit, die Kasten von unten bis oben, also auch in den Kränzen zu halbieren, gar nicht, da ein Einsacken in der Mitte nicht zu vermeiden ist und zu Unzuträglichkeiten aller Art führt.

In den Figuren 177 und 183 sind die Schnitte verschiedener niedriger und hoher Kastenmöbel beigegeben, die das Vorgebrachte ebenfalls bildlich erläutern mögen.

1. Der gewöhnliche Schrank, der Kleiderschrank.

(Tafel 45 und 46.)

Der gewöhnliche ein- oder zweithürige Schrank ist ein ganz allgemein benütztes Möbel; er dient vornehmlich zur Aufbewahrung von Kleidern, kann aber selbstredend auch für andere Dinge benützt werden, wenn man ihn im Innern entsprechend anders einteilt, für Wäsche, Bücher, Akten, Werkzeuge etc. Er wird in einfacher und reicher Ausstattung, in Weich- und Hartholz, massiv und furniert, gestrichen, gewachst und poliert ausgeführt.

Die üblichen Abmessungen sind: Breite 0,9 bis 1,5 m, Höhe 1,7 bis 2,2 m, Tiefe 0,4 bis 0,6 m (für Akten 0,4).

Er erhält vier niedrige Füsse und einen einfachen Sockel, so dass die Thürenunterkante 15 bis 20 cm vom Boden abliegt. Das Gesims ist ebenfalls einfacher Art. Man sollte ihm stets einen Fries beigeben, da dies zum hübschen Aussehen wesentlich beiträgt. Die Thüren werden an den Seiten angeschlagen oder legen sich hinter Lesinen. Kleinen Thüren giebt man eine Füllung grossen zwei, drei und mehr Füllungen. Eine hübsche Einteilung und ein gutes Verhältnis sind, hier wesentlich, auch in Bezug auf die Friesbreite zur Füllung Der rechte Thürflügel nimmt das Schloss auf, der linke öfters ein blindes, symmetrisch zur Schlagleiste angebrachtes Schlüsselschild. Der linke Flügel erhält oben und unten oder wenigstens am einen Ende aufliegende Schubriegel, Stangenriegel, eingelassene Kantenriegel oder selbstschliessende Schrankhebelriegel. Das früher übliche Anbringen von Knöpfen oder Bügeln auf der Mitte der Thüren ist nicht mehr Mode.

Will man dem Kasten eine Horizontalgliederung geben, so kann man zwischen Sockel und Thüren eine querdurchlaufende Schublade anbringen (oder unter jedem Thürflügel eine solche) mit Knöpfen oder Bügelhenkeln zum Ausziehen.

Kleine Schränke erhalten oft innen keine Teilung; grosse teilt man nach Wunsch und Bedarf durch horizontale und senkrechte Abteilungsbretter, die für Bücher und andere schwere Dinge nicht zu leicht im Holz sein dürfen. Die kleineren Abteilungsbretter können schwächer im Holz sein als die langdurchlaufenden (10 bis 20 mm). Auf Tafel 45 sind verschiedene Einteilungen

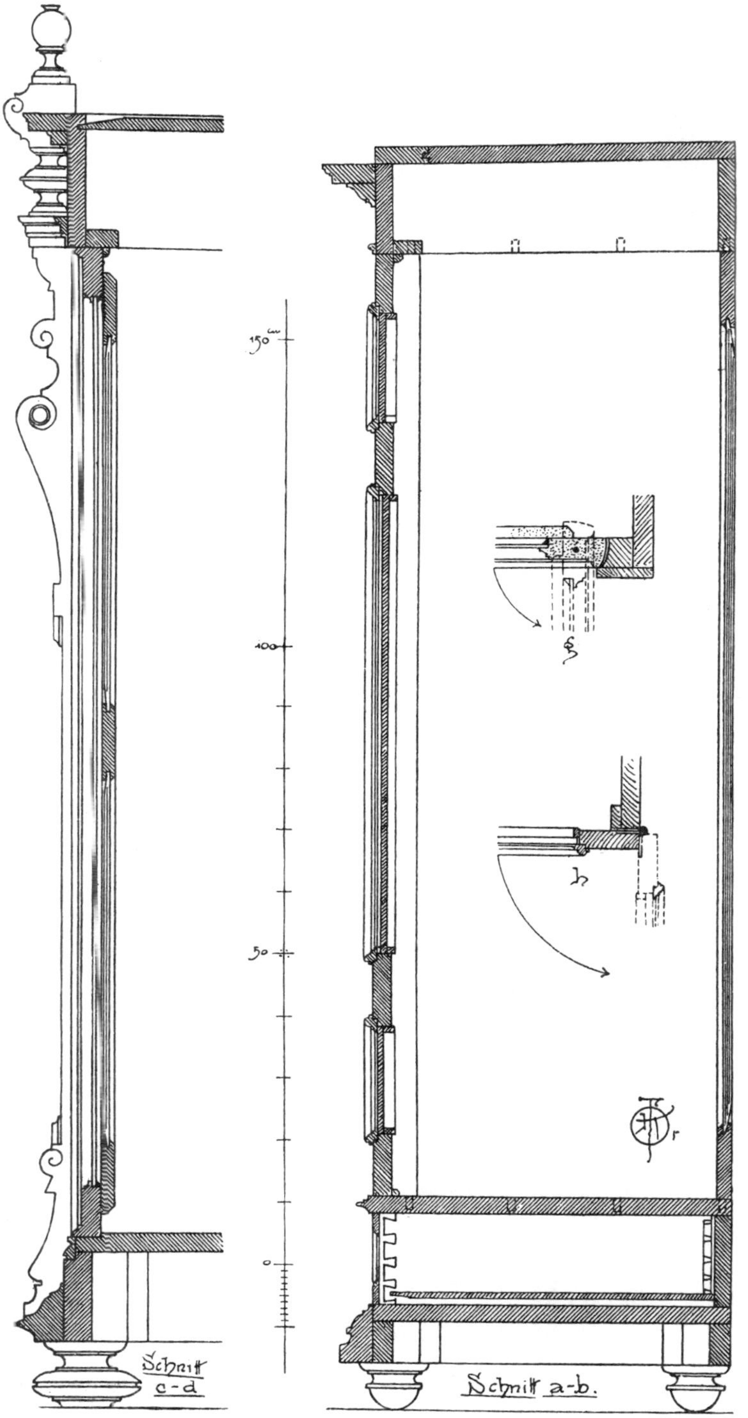

Fig. 183. **Schnitt von Schrankmöbeln.** Vergl. Tafel 46 und 48.

Fig. 184.

Kleiderschränke.

Fig. 185.

angegeben. Im Inneren der Kleiderschränke werden in ordentlicher Verteilung Schraubhaken angebracht. Besser als das übliche Einschrauben von unten ist das seitliche Einschrauben, wobei dann aber ein rostartiger Rahmen einzusetzen ist und die Haken durch Messingknöpfe ersetzt werden können. Selbstverständlich kann man in einzelne Abteilungsfächer auch Schubladen anordnen, was sich besonders für Werkzeuge und andere kleine Dinge empfiehlt.

Auf unseren Tafeln 45 und 46 sind drei derartige Schränke dargestellt, beziehungsweise fünf solche, wenn man die Varianten mit berücksichtigt. Figur 183 im Text giebt den Schnitt des einen nach der Linie a—b. Zwei weitere Beispiele sind in den Figuren 184 und 185 aufgezeichnet.

---

2. Der Spiegelschrank, der Toilettenschrank.

(Tafel 47, 48 und 49.)

Der Spiegelschrank findet seine Aufstellung im Schlafzimmer oder Damenzimmer und wird, trotzdem er zu den nicht billigen Einrichtungsstücken gehört, gern gekauft. Als eine Verbindung des Angenehmen mit dem Nützlichen dient er als Kleiderschrank und als Toilettenspiegel zugleich. In seiner gewöhnlichen Form ist er einthürig, und die grosse Füllung der Thüre ist ein Spiegel (Taf. 47 a).

Da der einthürige Spiegelschrank schmäler ist als die gewöhnlichen zweithürigen Schränke, und da die Thüre, die auch im Rahmen stärker wird, durch das Spiegelglas ein grosses Gewicht erhält, so muss man die Tiefe verhältnismässig gross machen, damit der Schrank bei offener Thüre nicht etwa umkippt. Die üblichen Abmessungen sind demnach: Breite 0,85 bis 1,0 m, Höhe 1,75 bis 2,0 m, Tiefe 0,65 bis 0,75 m.

Die Thüre, unter welcher man noch eine Schublade anbringen kann, wird am besten an der Seite mit gewöhnlichen oder Klavierscharnieren angeschlagen. Als Schloss wählt man eine starke nach dem Spiegelschrank benannte Art mit Schliesshaken. (Bei Verwendung von Lesinen mit Schliessblech.) Die Friese sind stark und breit, und da die Profilstäbe als Rahmen des Spiegels wirken, nimmt man sie auch breiter als gewöhnlich. Das eingesetzte Glas wird von der Innenseite durch eine aufgeschraubte, gestemmte Rückwand gedeckt. Der grossen Tiefe halber werden auch die Seiten am besten gestemmt und mit Füllungen gebildet.

Zieht man einen breiten und weniger tiefen Schrank vor, so bildet man denselben zweithürig und verlegt den Spiegel in den linken Thürflügel (weil dieser weniger geöffnet wird als der rechte), während der andere Holzfüllungen erhält (Taf. 47 b). Ein derartiger Spiegelschrank sieht etwas merkwürdig und ungewohnt aus, ist vom praktischen Standpunkt aus aber dem gegewöhnlichen vorzuziehen.

Legt man jedoch besonderen Wert auf symmetrische Gestaltung, so kann man den Schrank auch dreiteilig bauen. Man nimmt den eigentlichen Spiegelschrank als Mittelpartie und setzt zu beiden Seiten schmälere Kasten mit je einer Thüre oder mit Schubkasten an. Macht man die Seitenkasten niedriger und weniger tief als die Mittelpartie, so ergiebt sich eine gute Gesamtgliederung (Taf. 48). Zu diesem Beispiel giebt die Figur 183 den Schnitt nach der Linie c—d. Durch die Anbauten wird ein derartiger Kasten schwer genug, um gegen das Umkippen geschützt zu sein. Ein ähnlicher dreiteiliger Spiegelschrank ist auf Tafel 49 zur Darstellung gebracht. Die Schubladen und Kästchen der Seitenteile, sowie die offenen Partien des Möbels können zur Unterbringung von allerlei Toilettengerät und von Nippsachen dienen. Während dieser Schrank ein Luxusmöbel ist, so hebt derjenige der Figur 186 mehr auf den praktischen Gebrauch ab. Er ist im übrigen eine Variante des auf Tafel 47 b dargestellten.

Fig. 186. Toilettenschrank.

Fig. 187. Modellschrank für Schulen.

3. Der Bücherschrank.

(Tafel 50 und 51.)

Der Bücherschrank findet sein Unterkommen im Herrenzimmer, im Damenzimmer, im Wohnzimmer, im Salon, wonach auch Grösse und Ausstattung veränderlich sind. Man baut ihn meist in Eichen- oder Nussholz und verglast ihn mit unbelegtem Spiegelglas oder mit Tafelglas.

Fig. 188. **Buffetschrank** von Patriz Huber.

Im einfachsten Fall besteht der Schrank aus einem von oben bis unten durchlaufenden Kasten mit zwei Thüren, unterscheidet sich also vom Kleiderschrank nur durch die Verglasung und die geringere Tiefe, die 30 bis 40 cm beträgt. Da die Bücher aus dem unteren Teil unbequem herauszuholen sind, so zieht man meist vor, den Schrank aus zwei übereinanderstehenden Kasten zusammenzusetzen. Man giebt dann dem Unterteil eine grössere Tiefe und behandelt ihn wie ein Pfeilerschränkchen, wie eine Kommode oder auch wie einen Pfeilertisch mit Rückwand und Etagenbrettern (Taf. 50). Man schiebt dann zwischen Ober- und Unterteil Schubladen ein (Taf. 50 a und c) oder bringt dort ein offenes Gefach an (Taf. 51 c und d). Für die Aufbewahrung von Zeichnungen, Photographien und Atlanten giebt man dem Unterkasten die Einrichtung, wie sie Tafel 51 b zeigt. Die Schieber laufen auf seitlichen Leisten; die Innenseiten der Thüren haben ähnliche Leisten, auf denen die Schieber bei geöffneten Thüren laufen; man schlägt die Thüren derart an, dass sie sich nicht weiter als um 90^0 öffnen. Für kleinere Dinge kann man im Zwischengefach kleine Schubkasten anordnen und diese Partie durch einen Klappdeckel schliessen, der heruntergeklappt als Tisch zum Ausbreiten jener Dinge dient.

Die Seiten des Oberkastens bleiben der geringen Tiefe halber glatt. Die Thüren sollte man nur an den Seiten anschlagen und die Friese derselben thunlichst schmal halten. Die alte Einrichtung, die Abteilungsbretter auf Zahnleisten zu verstellen (Taf. 51 e), sollte man aufgeben zu Gunsten der Einrichtung, die durch die Figur f derselben Tafel veranschaulicht ist. Kleine Messingträger mit excentrischen Stiften (auf zwei Arten einsteckbar) nach Figur d, Taf. 60 empfehlen sich bestens. Man braucht für jedes Brett vier Stück (auf jeder Stirnseite ein Paar). An Stelle der Zahnleisten treten cylindrische Löcher im Abstand von 3 cm. Man kann dann die Bretter von $1^1/_2$ zu $1^1/_2$ cm verstellen; die Bretter sind ohne Umstände einzusetzen und fortzunehmen, und der Missstand, dass das letzte Buch sich hinter die Zahnleiste verkriecht, fällt ebenfalls fort.

Da das Innere der Bücherschränke sichtbar ist, so halte man auf ordentliche Arbeit im Inneren und verwende nur gutes und sauberes Material.

Das Uebrige ergiebt sich aus den Darstellungen der beiden Tafeln. Ausserdem vergleiche Abschnitt II, Artikel 19.

Fig. 189. **Speiseschrank.** Entworfen von F. Hammelmann.

Auch für andere Zwecke können Möbel nötig werden, die dem Bücherschrank ähnlich sind. So zeigt die Figur 187 einen Modellschrank für Schulen. Aehnlich gestalten sich die Gewehrschränke der Jagdliebhaber, wobei die Inneneinteilung sich nach dem gegebenen Fall zu richten hat.

4. Der Speiseschrank, der Kredenzschrank, das Buffet.

(Tafel 52, 53, 54, 55, 56 und 57.)

Zur Unterbringung und Aufstellung des Ess- und Trinkgerätes etc. dienend, ist dieser Schrank heute gewissermassen das Hauptausstattungsstück des Wohn- und Esszimmers, sowohl bezüglich seiner Grösse als seiner formalen Durchbildung.

Dass ein derartig wichtiges Stück nur in besserem Holz gefertigt wird, ist selbstverständlich, wie die beliebte Anbringung von Schnitzereien, Intarsien und reichem Beschläge.

Ueber die Abmessungen lassen sich kaum feste Regeln geben, da die Grösse ausserordentlich schwankt. Als Meistmasse für die Tiefe und Höhe können 0,8 und 2,5 m gelten. Ueber das letztere Mass geht auch die Breite selten hinaus.

Man setzt diesen Schrank fast immer aus Unter- und Oberbau zusammen und giebt dem ersteren eine Höhe von 0,90 bis 1,10 m. Zwischen Ober- und Unterbau kann man Schubkasten und offene Gefache anordnen. Ueber dem Oberbau kann man Aufsätze und Galerien anbringen, so dass der Horizontalgliederung sich ein weites Feld bietet. In Bezug auf die Vertikalgliederung ergiebt sich für den einfachsten Fall die Zweiteilung mit Doppelthüren. Für reichere Anlagen wählt man die Dreiteilung, indem man den Hauptkasten in die Mitte nimmt und seitlich kleinere Kasten, Schubladen, Nischen oder Gefache ansetzt, oder: man bildet die Mittelpartie als Nische und verlegt die Hauptkasten zur Seite. Durch einen zweckmässigen Wechsel, wobei der Unterbau zweiteilig, der Oberbau dreiteilig wird oder umgekehrt, lassen sich zahlreiche Varianten bilden. Es würde zu weit führen, alle möglichen Fälle einzeln aufzuführen. Auf den Tafeln 52 bis 57 sind zahlreiche Beispiele dargestellt, die wohl genügend für sich selbst sprechen. Drei weitere Beispiele sind in den Text eingereiht. Zunächst bringt die Figur 188 ein Buffet, dessen Formgebung dem neuesten Stile angehört; wegen eines weiteren Beispiels vergl. Tafel 121. Der durch Figur 189 vorgeführte Speiseschrank ist mit seinem verschiedenfarbigen Material in der Ausführung jedenfalls sehr wirksam. Als eigentliches Prunkmöbel entworfen, bietet er aber nur verhältnismässig kleine verschliessbare Räume. Diese beiden Beispiele zeigen recht anschaulich, wie verschieden die Auffassung in Bezug auf ein bestimmtes Möbel sein kann.

Fig. 190.
Kabinettschrank von Paul Schirmer in Berlin.

In vielen Fällen wird der Besteller bloss ein möglichst dekoratives Schaustück wünschen

Fig. 191. **Renaissance-Schränkchen aus Bozen.** Aufgenommen von F. Paukert.

und weniger Wert auf die praktische Verwendung legen. Wenn aber das letztere der Fall ist, so erkundige man sich genau nach den Anforderungen, so dass das ausgeführte Stück dann auch leistet, was es soll und was von ihm erwartet wird.

Ein weiterer guter Rat geht dahin, die einzelnen aufeinanderstehenden Kasten, anstatt sie aufeinander zu dübeln (wobei dann beim Umzug die Dübel die Platten zu verkratzen pflegen), die Verbindung so herzustellen, dass zwei oder mehrere starke Leisten mit den einzelnen Rückwänden, von oben bis unten durchgehend, fest verschraubt werden.

5. Der Zierschrank, der Kabinettschrank.

(Tafel 58.)

Jeder schön und reich ausgestattete Schrank ist schliesslich ein Zierschrank, also, wie bereits erwähnt, auch der Speiseschrank. Im Herrenzimmer, im Damenzimmer, in Gesellschaftsräumen finden aber auch Schränke Unterkunft, die mit dem Essen und dem zugehörigen Gerät nichts zu thun haben, die zur Aufbewahrung von Kostbarkeiten, Kunstsachen, Sammlungen etc. dienen. Man bezeichnet derartige Zierschränke, die meist bescheidenere Abmessungen haben, gewöhnlich als Kabinettschränke, als Tresorschränke, als „Vertikow". (Die letztere Bezeichnung soll dem Eigennamen des ersten Verfertigers, eines Berliner Fabrikanten, entsprechen.)

Die durchschnittlichen Abmessungen dieser Schränke sind: für die Breite 1,0 m, für die Höhe 1,5 bis 2,0 m, für die Tiefe 0,50 bis 0,60 m.

Fig. 192. **Zierschränkchen oder Silberschränkchen** von J. L. Peter in Mannheim.

Die beliebteste Grundform ist der ein- oder zweithürige Kasten über einem offenen Unterbau. Im Oberteil des Unterbaues oder im Unterteil des Oberbaues werden gerne Schubkasten angeordnet, und als Abschluss des Ganzen wird der Oberbau von einem Aufsatz, einem offenen Gefach, einer Galerie oder Art Kuppel gekrönt.

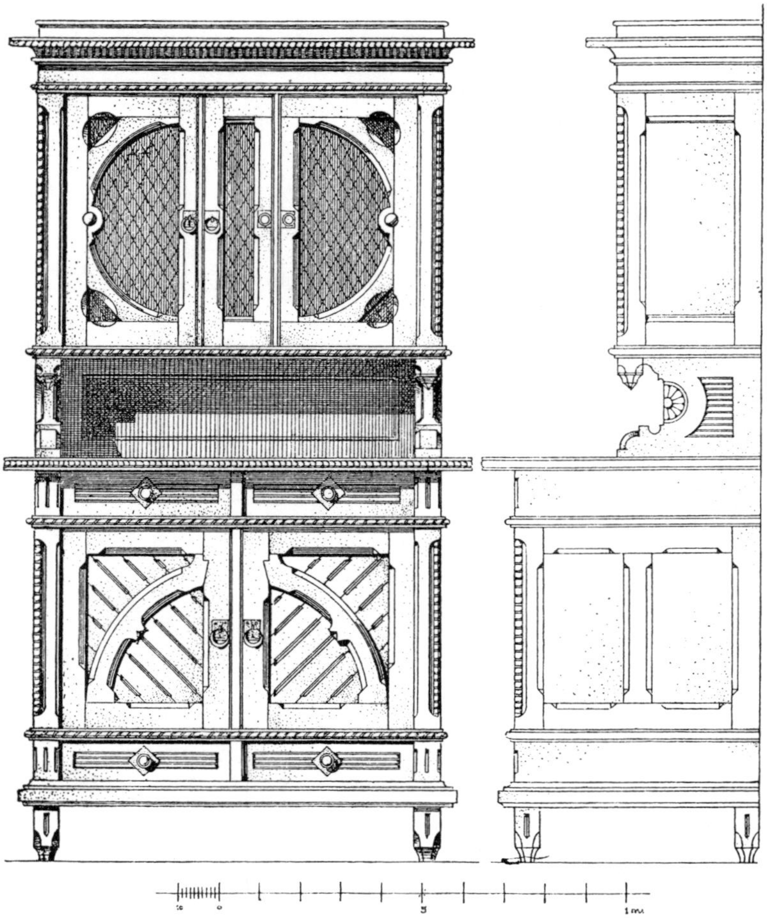

Fig. 193. **Küchenschrank in besserer Ausstattung.**

Die Inneneinrichtung richtet sich nach dem Zweck. Für Schmucksachen, Münzen etc. ordnet man kleine, zierliche Schubkasten an, verwendet ausländische und wertvolle Hölzer etc. Derartige Möbel können bei richtiger Gestaltung wahre Kabinettstücke sein. Bei bescheidenen Abmessungen eignen sie sich vorzüglich zur Aufstellung vor breiten Wandpfeilern an Stelle der Pfeilertische und Pfeilerkommoden.

Unsere Tafeln 58 und 122 zeigen fünf hierher gehörige Stücke. Ein weiteres Beispiel wird durch die Figur 190 vorgeführt. Es stellt die feste Verbindung eines Pfeilertisches mit einem einthürigen Schranke vor. Ferner möge hier das Renaissance-Kästchen der Figur 191 eingereiht werden, das bei bescheidenen Abmessungen durch Bügelhenkel leicht transportabel gemacht ist.

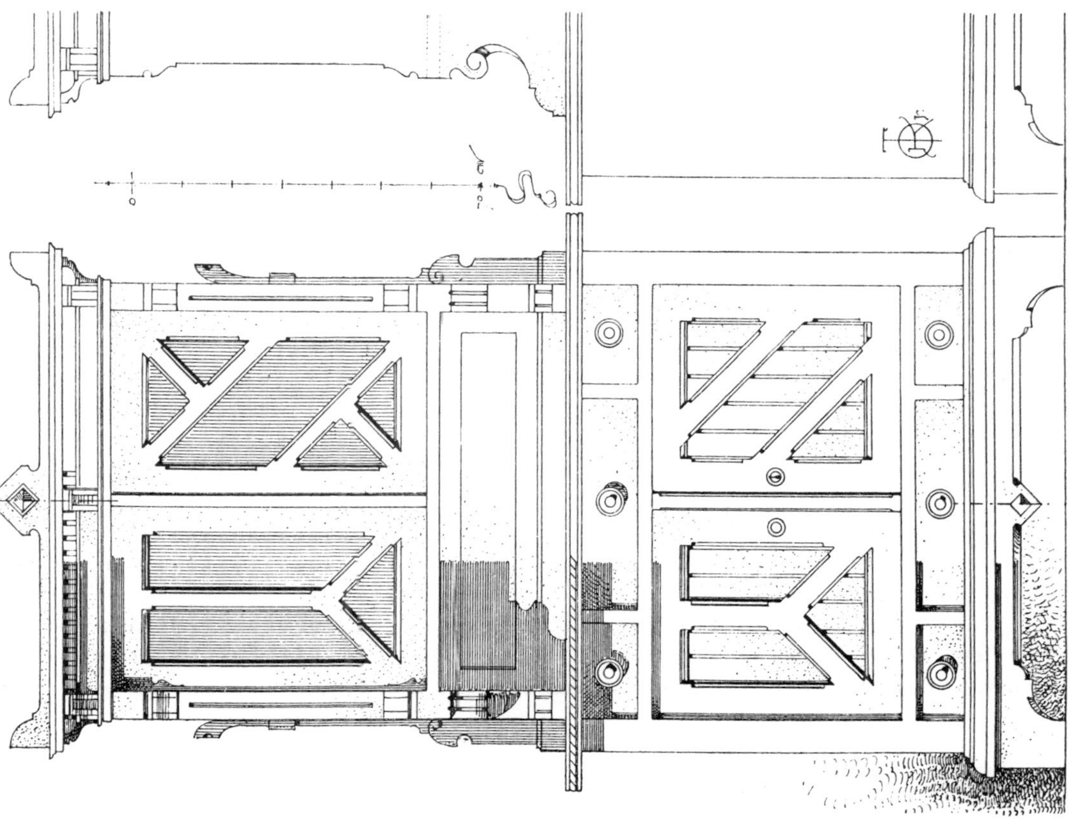

Fig. 194.

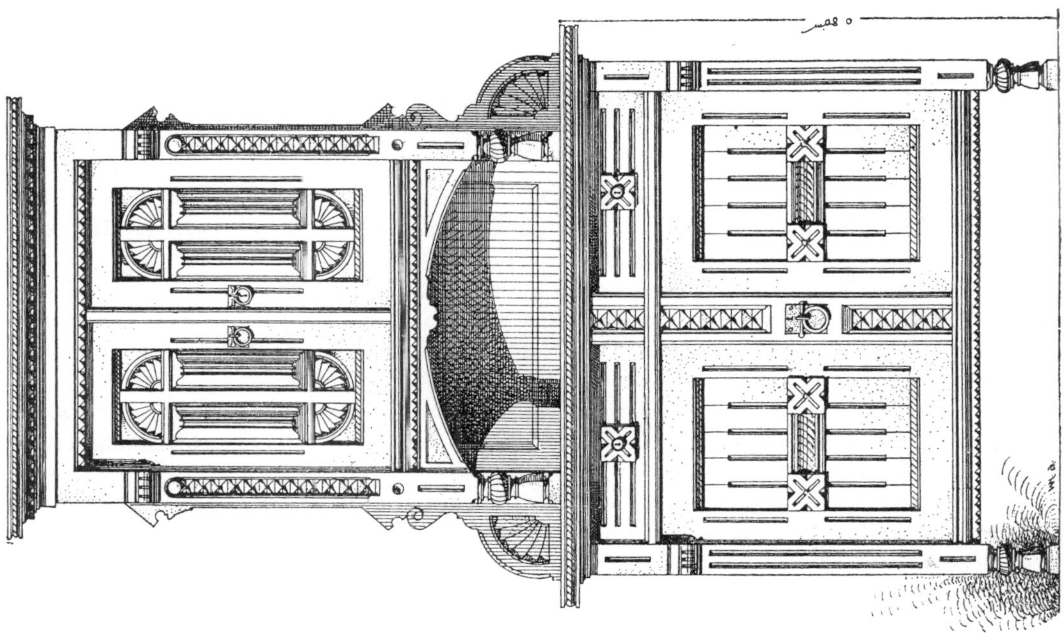

Fig. 195.

Schränke für vornehme Küchen und Speisekammern.

6. Der Silberschrank.

(Tafel 59.)

Dieser Schrank hat die Gestalt eines Zierschrankes oder eines kleinen Speiseschrankes. Da er zur Unterbringung von Gegenständen bestimmt ist, die gesehen werden sollen, so wird er gewissermassen zum Ausstellungsschrank.

Man baut den Silberschrank meist aus Unter- und Oberbau zusammen. Der Unterbau bleibt offen oder erhält zwei Thüren. Der Oberbau erhält gewöhnlich nur eine Thüre, die mit einer facettierten, unbelegten Spiegelscheibe verglast wird. Da das Innere gesehen wird, so empfiehlt sich bestes Material und tadellose Arbeit auch für das Innere.

Da die Thüre sehr schwer zu sein pflegt, ist Vorsicht gegen das Umkippen des Oberteiles nötig und empfiehlt sich wieder ganz besonders die bereits erwähnte Verschraubung vermittels starker Leisten, die von oben bis unten an der Rückwand durchlaufen.

Man kann den Silberschrank auch dreiteilig bauen, wobei der verglaste Teil dann kleiner wird, wie es die Taf. 59 links zeigt. An dem Beispiel der Fig. 192, das als Silberschränkchen, aber ebensowohl auch anderen Zwecken dienen kann, sind die beiden Seitenteile verglast. Das Schränkchen der Taf. 59, rechte Seite, dagegen ist unsymmetrisch gebaut, einerseits offen, anderseits verglast.

---

7. Der Küchenschrank.

(Tafel 60.)

Dem Ort seiner Verwendung entsprechend ist er gewöhnlich sehr einfach, aus Weichholz hergestellt und angestrichen. Für bessere Küchen empfiehlt sich eine Ausstattung, wie sie die beiden Beispiele der Tafel 60 zeigen, und eine Ausführung in poliertem Tannenholz, Eichenholz oder Ahornholz.

Die üblichen Abmessungen sind: Breite 1,0 m, Höhe 1,8 bis 2,0 m, Tiefe 0,5 bis 0,6 m im Unterbau, 0,3 bis 0,4 m im Oberbau. Man macht den Unterbau zweithürig (Taf. 60b) oder ordnet eine Thür und eine Anzahl Schubladen an (Taf. 60a). Will man die Schubladen verschliessbar haben und die Schlösser sparen, so kann man die Schlagleiste der Thüre zum Absperren der Schubladen benützen. Weitere Schubladen lassen sich im oberen Teil des Unterbaues oder im Unterteil des Oberbaues anbringen, wenn man die letztere Stelle nicht als offenes Gefach vorzieht.

Der Oberbau erhält wieder zwei Thüren, die man verglast, Abteilungsbretter und Querleisten zum Aufstellen von Tellern etc. Ist der Unterbau unsymmetrisch, so kann man auch den Oberbau derart halten (Taf. 60 a).

Für vornehm ausgestattete Küchen und Speisekammern nehmen die betreffenden Schränke Formen an, wie sie durch die Figuren 193, 194 und 195 vorgeführt sind. Mit diesen Formen geht der Küchenschrank in den Speiseschrank oder das Buffet über.

---

8. Ausstellungsschränke etc.

(Tafel 61, 62 und 63.)

In unserer ausstellungsreichen Zeit spielen die Ausstellungsschränke eine nicht unwichtige Rolle. Aber nicht nur für vorübergehende Ausstellungen, sondern auch für ständige Sammlungen sind sie unentbehrlich. Die Grösse, Gestalt und Ausführung ist je nach Zweck und Anforderung ausserordentlich verschieden, so dass sich bestimmte Regeln nicht geben lassen.

Baut man für vorübergehende Ausstellungen diese Möbel im allgemeinen möglichst einfach und aus Weichholz, so hat man doch gefunden, dass in einem schönen Gehäuse die ausgestellten Gegenstände sich ganz anders geben, und wenn man einen derartigen Schrank später wieder benützen will, so ist eine solide Ausführung umsomehr geboten. Für Schränke, die oft transportiert werden müssen, empfiehlt sich grösste Sorgfalt in der Konstruktion und eine zweckmässige Zerlegbarkeit. Wo möglichst grosse Glasflächen erwünscht sind, verwendet man Hartholz für die Rahmen, um sie schwächer halten zu können. Auch Winkel-, Sprossen- und Karnies-Eisen können mit Vorteil Verwendung finden.

Ein vornehme, aber doch einfache Ausstattung ist anzustreben, weil der Kasten die Nebensache ist und weil auf Ausstellungen Staub und Schmutz unvermeidliche Zugaben sind.

Das man die Ausstellungsschränke mit Vorliebe schwarz hält, erklärt sich dadurch, dass ein derartiges Aeussere die Farben der ausgestellten Dinge am wenigsten stört.

Wenn das Innere nicht mit Samt oder anderen Stoffen ausgeschlagen, sondern als Holz belassen wird, so muss natürlich auch dieser Teil sich würdig geben. Dass man nur tadellose Gläser verwende, erscheint im Interesse des auszustellenden Inhaltes ebenfalls angezeigt. Auch dem Beschläge und den Schlössern ist aus Gründen der Sicherheit ein genügendes Augenmerk zu widmen.

So vielgestaltig die Ausstellungsschränke auch auftreten, gewisse Grundformen kehren stets wieder. Wir können unterscheiden zwischen freihstehenden, zentral gebauten Schränken und solchen, die an die Wand gestellt werden; zwischen hohen Schränken mit senkrechten Glaswänden und niedrigen, pultartigen Kasten mit schräger Verglasung (Vitrinen). Auch können Verbindungen von Vitrinen und hohen Kasten gebaut werden, und dem geschlossenen Kasten können noch offene, zur Aufstellung zu benützende Teile angereiht werden, wie es schliesslich auch Ausstellungsschränke ohne Verglasung giebt. Im Innern können nischen-, treppen- und stufenartige Einrichtungen nötig werden; im Unterbau kann der Raum zur Unterbringung von nicht sichtbaren Dingen ausgenützt werden oder er kann tischartig offen sein etc. etc.

Für die Formgebung kommen in Betracht: die Grösse des verfügbaren Raumes, die Grösse der auszustellenden Dinge, die Art, wie sie am besten gesehen werden und nicht zum letzten die Umgebung, welcher der Kasten sich anpassen soll. Für die Konstruktion kommen in Betracht ausser der nötigen Solidität, die möglichst günstige Zugänglichkeit der Innenteile und die Möglichkeit einer Anpassung für eine etwaige spätere Verwendung.

Die Tafeln 61, 62 und 63 führen eine Anzahl gebräuchlicher Typen vor, die das Vorgebrachte illustrieren mögen.

---

9. Der Paramentenschrank.

In den Sakristeien der Kirchen finden sich Schränke zur Unterbringung der Paramente und kirchlichen Geräte, meist von bedeutender Grösse und hübscher Ausstattung, wenigstens soweit es sich um alte Stücke handelt.

Die Form und Einteilung kann je nach dem vorliegenden Bedürfnis sehr verschieden sein. Für Kelche, Gefässe Bücher etc. dienen kleinere Kastenabteilungen und Schubkasten; für Messgewänder, Rauchmäntel etc. wird eine Einrichtung nötig, wie sie etwa ein Kleiderschrank hat.

Da uns eine hübsche Konstruktion eines derartigen Kastens zur Verfügung steht, so bringen wir dieselbe zur Abbildung (Fig. 196 und 197). Aus dem Horizontalschnitte ist ersichtlich, wie

Fig. 196. **Paramentenschrank, Vorderansicht.**

die betreffenden Lattengestelle zum Aufhängen der Gewänder aus dem Kasten herausgedreht werden können, um einzeln bequemer zugänglich zu werden. Dieser Paramentenschrank wurde vom † Baurat A. Kerler entworfen und für die Kapelle in Heiligenberg ausgeführt.

---

10. Altertümliche Schränke.

Wo man heute noch den neusten Stil verschmäht und sog. altdeutsche Stuben einrichtet, kann an den Schreiner die Aufgabe herantreten, Möbel im Sinne der Alten herzustellen.

Gewöhnlich sind einige alte Originalmöbel vorhanden, an welche dann das neu zu beschaffende angepasst werden muss. Wenn die vorhandenen Stücke im Stil zusammenpassen, so geht das auch ohne grosse Schwierigkeit. Wenn sie unter sich verschieden sind, so braucht man es in Bezug auf das Anpassen überhaupt nicht genau zu nehmen, da ja eine völlige Einheit doch nicht möglich ist.

Man hält sich überhaupt mehr an die Aeusserlichkeiten, an den dekorativen Teil, und

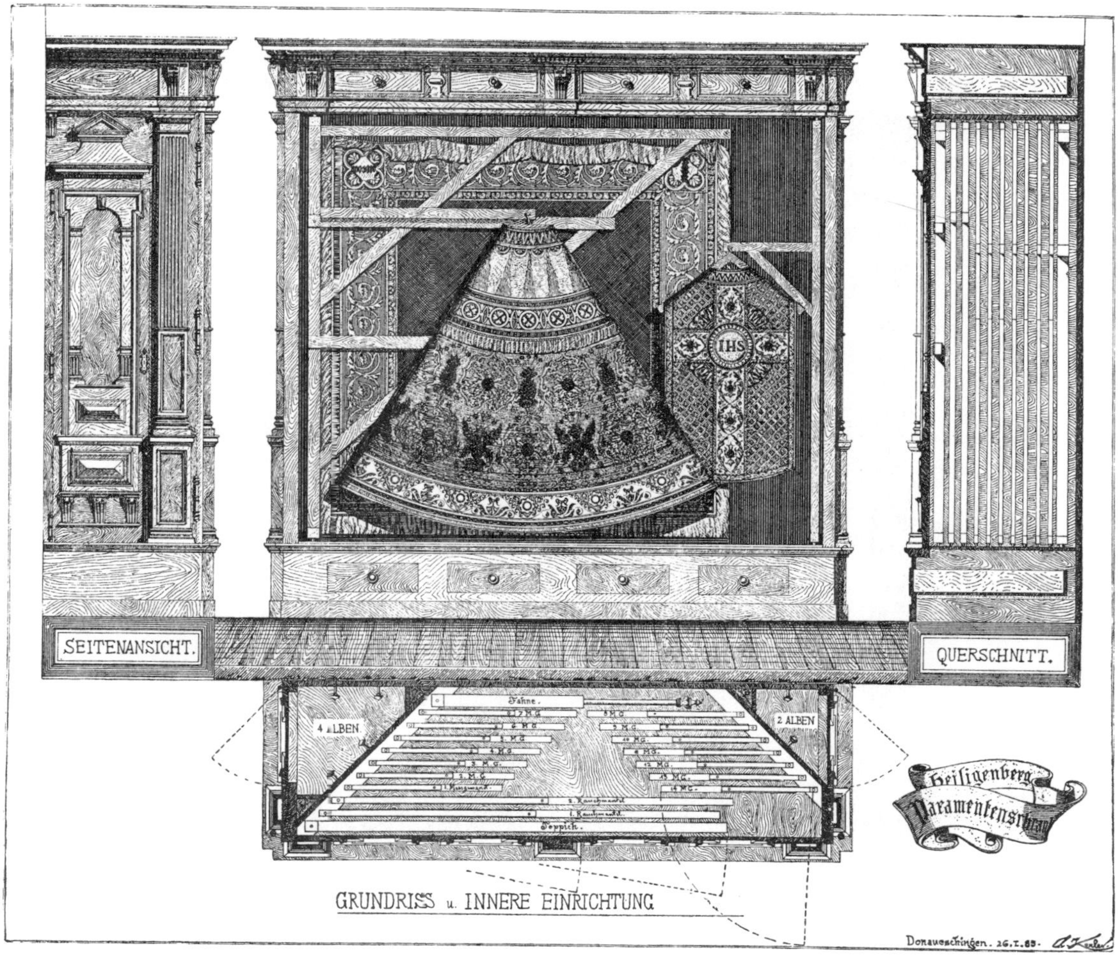

Fig. 197. **Paramentenschrank** von † Baurat A. Kerler.

bringt diesen, so gut es angeht, in Einklang mit der modernen Weise des Zusammenbaues. Aehnlich verhält es sich, wenn alte Möbelteile zu ganzen Möbeln zu ergänzen sind.

Die Renaissance-, Barock- und Rokokomöbel sind in Bezug auf ihre Konstruktionsweise von den heutigen viel weniger verschieden, als die Möbel aus der gotischen Zeit mit ihren merkwürdigen Beschlägen und Verzierungen.

Es kann nicht die Aufgabe des Schreinerbuches sein, näher auf diese Konstruktions- und

Ausstattungsarten einzugehen. Wir können nur den Rat erteilen, nötigenfalls echte, in Museen und Sammlungen vorhandene Stücke gründlich zu studieren und darnach die Anpassung zu versuchen.

Wir haben in den Abschnitten, welche die Sitze und Tische behandeln, einige altertümliche Formen gebracht, so dass es angezeigt sein dürfte, auch hier Schränke aus früherer Zeit zur Abbildung zu bringen.

Fig. 198. **Gotischer Schrank aus dem 15. Jahrhundert.**

Figur 198 zeigt einen gotischen Schrank von Jörg Syrlin aus dem Jahre 1465. Figur 199 bringt einen Renaissanceschrank mit 4 Füllungsthüren zur Darstellung.

Im übrigen sei auch auf den Stollenschrank der Figur 25 und die in den Figuren 37 und 49 dargestellten Schränke verwiesen.

Fig. 199. Renaissanceschrank im Kunstgewerbemuseum zu Köln.

Fig. 200. **Atelierschrank,** entworfen von R. Oreans.

Fig. 201. **Atelierschrank,** entworfen von H. Billing.

11. Atelierschränke.

Dass Maler und andere Künstler ihre Werkstätte, das Atelier, interessant und eigenartig auszustatten pflegen, ist bekannt und naheliegend. Die landläufigen Ansichten über Zimmereinrichtung gelten hierbei nicht. Altes und Neues an Mobiliar, Teppichen und Kuriositäten ver-

Fig. 202. **Speisezimmerschrank,** entworfen von Gaillard, Paris.

einigt und gruppiert sich unter den Händen des Künstlers unschwer zu malerischen Bildern. Um eine vorhandene Lücke auszufüllen, greift er gelegentlich auch selber zum Stift und entwirft ein Mobiliarstück nach eigenem Gusto. Dabei pflegen höchst originelle Ideen zum Vorschein zu kommen, die sich leicht verwirklichen lassen, wenn dem Künstler die Holztechnik nicht fremd ist. Andernfalls kann es sich ereignen, dass der Schreiner den Kopf schüttelt und sich kaum zu raten weiss. Er muss sich abmühen, dem Idealgebilde zunächst eine konstruktive Seele einzuhauchen, damit es existenzfähig wird.

Fig. 203. **Kleiderschrank** von B. Pankok.

Im Atelier liegen hundert Sachen umher, Malkasten, Paletten, Skizzen, Mappen, Schädel, Gliederpuppen, Präparate u. s. w. Ein geeigneter Schrank zu ihrer Unterbringung ist sehr nötig. Das ist eben der Atelierschrank und für ihn giebt es weder Mode noch Regel. Er baut sich nach den Bedürfnissen und der Willkür seines künftigen Besitzers. Er soll kein Prunkmöbel sein und nicht viel kosten. Nehmen wir für die Ausführung ein schönes Weichholz und beizen

Fig. 204. **Herrenzimmerschrank**, entworfen von R. Hammel, ausgeführt von Ungethüm, Wien.

es rot oder grün. Auch dunkles Pitch-pine wäre nicht übel. Eiche ist dauerhaft, wenn auch etwas teuer. Zirbelkiefer und Lindenholz lassen sich gut schnitzen; den ausgestochenen Grund können wir eigenhändig farbig auslegen. Die fabrikmässig hergestellten Beschläge sind Dutzendware; unter Umständen fertigt uns der Schlosser nach eigenem Entwurf einfache Originalbeschläge um nicht viel höheren Preis. Das will alles überlegt sein.

Die Figuren 200 und 201 bringen zwei Atelierschränke.

12. Andere moderne Schränke.

Während der drei letzten Jahrzehnte des vergangenen Jahrhunderts waren für unser Mobiliar der Reihe nach und zum Teil nebeneinandergehend die Stile der Renaissance, des Barock, des Rokoko, Louis XVI. und Empire massgebend und vorbildlich. Man hat diese Zeit deshalb auch mit dem Namen „Repetitionszeit" belegt. Heute macht sich mehr und mehr eine neue Richtung geltend, die von der unmittelbaren Wiederholung alter Stile nichts wissen will und möglichst selbständig entwirft und erfindet. Das kann nur freudig begrüsst werden, wenngleich der Drang, originell zu sein, mitunter wunderliche Früchte reift.

Die Entwerfer neuzeitiger Möbel erreichen ihre Absicht auf verschiedenen Wegen, was sich u. a. auch an den Schränken konstatieren lässt. Der eine behält die herkömmlichen Grundformen bei und modernisiert nur die Ornamente. Andere ersetzen auch die üblichen Profile und Gesimse durch geschweifte und geschnitzte Formen (Fig. 202). Neue Grundformen können erzielt werden durch Kombination verschiedener Einzelmöbel. So vereinigt Figur 203 beispielsweise den Schrank mit der Kommode.

Fig. 205. **Schrank**, entworfen von K. Gross, ausgeführt von Udluft & Hartmann, Dresden.

In der neuzeitigen Architektur treten die akademischen Entwürfe zurück zu Gunsten von symmetrielosen, malerisch wirkenden Anlagen. Ähnliches gilt bezüglich des Mobiliars. Dabei lässt sich oft schwer sagen, ob die Anpassung an den Zweck des Möbels massgebend war, oder malerisches Gefühl und Laune. Die Ornamente werden gerne von den Plätzen abgerückt, auf denen sie lange Zeit sesshaft waren. So ist z. B. an dem schönen Schrank der Figur 204 der Fries verziert, wogegen die Füllungen vernachlässigt sind.

Man hält auf freie glatte Flächen; deshalb bleiben an den Füllungen die bisher üblichen Absätze fort (Fig. 204). Die Thüren werden auch häufig, besonders wenn sie klein sind, wie Tischplatten voll aus dem Stück gearbeitet, also nicht gestemmt. Diese Errungenschaft ist zweifelhaften Wesens und setzt ein sehr gut getrocknetes Holz voraus (Fig. 205).

Das Beschläge wird in vielen Fällen speziell für das betreffende Möbel entworfen und ausgeführt.

VII. DIE ÜBRIGEN KASTENMÖBEL.

1. Die Kommode. — 2. Das Pfeilerschränkchen. — 3. Brandkisten. — 4. Wandschränkchen. — 5. Schlüsselschränkchen. — 6. Der Schreibtisch. — 7. Der Kanzleischreibtisch, das Bureau. — 8. Der Stehpultkasten. — 9. Der Sekretär. — 10. Das Cylinderbureau. — 11. Der Wasch- und Toilettentisch. — 12. Der Nachttisch. — 13. Der Ladentisch, der Schenktisch, die Theke. — 14. Die Ladeneinrichtung.

---

1. Die Kommode.

(Tafel 64.)

Die Frauen behaupten, die Kommode sei das kommodeste Möbel, und sie mögen von ihrem Standpunkt aus recht haben. Aus diesem Grunde ist es zu bedauern, dass dieses Einrichtungsstück zu Gunsten des Pfeilerschrankes zurücktreten musste. Das Aeussere des Pfeilerschränkchens lässt sich zweifelsohne in formaler Hinsicht besser verwerten, als die etwas langweilige Kommode mit gleichmässig übereinander liegenden Schubladen. Zur Aufbewahrung von Weisszeug und Wäschestücken ist die Kommode aber entschieden bequemer als das Pfeilerschränkchen, über dessen Inhalt man eigentlich nur knieend verfügen kann.

Die Kommoden der Rokokozeit mit ihren geschweiften Formen waren allerdings weniger langweilig, als die gerade prismatische Grundform der heutigen Zeit. Auch waren sie praktischer insofern, als sie auf hohen Füssen standen, während jetzt die Schubkasten bis zum Boden reichen.

Die Kommode findet Unterkunft in den verschiedensten Räumen und gelangt mit Vorliebe an Wandpfeilern zur Aufstellung, so dass sie ganz wohl den Pfeilertisch ersetzen kann, der eigentlich wenig praktischen Nutzen hat.

Der Aufbau der Kommode ist bereits in Wort und Bild geschildert worden, so dass hier wenig beizufügen ist. Die gewöhnlichen Abmessungen sind für die Breite 0,8 bis 1,2 m, für die Höhe 0,9 bis 1,1 m, für die Tiefe 0,6 bis 0,75 m.

Man stellt die Kommode auf niedrige Füsse und giebt ihr einen profilierten Sockel, dann folgen einige (meist drei) gleiche Schubladen mit je einem Schloss in der Mitte und zwei Griffen in Form von Knöpfen oder Bügeln symmetrisch zu derselben; hierauf folgt gewöhnlich ein Halsprofil und zwischen diesem und der Platte nochmals eine niedrige Schublade. Die Platte lässt man einige Centimeter überstehen und giebt ihr ein hübsches Furnier und eine entsprechende Randprofilierung. Auch Platten aus farbigem Marmor sind hier ganz am Orte. Wenn die Grösse der Schubladenvorderstücke es zulässt, so kann man dieselben stemmen, andernfalls verdoppelt man sie am Rande, um die Einförmigkeit zu verbessern.

Die Tafel 64 zeigt in Figur a eine Kommode. Im übrigen vergleiche auch die Figuren 176 u. 177.

---

2. Das Pfeilerschränkchen.

(Tafel 64.)

Es unterscheidet sich von der eben beschriebenen Kommode dadurch, dass an Stelle der unteren drei Schubladen ein Kasten mit zwei Thüren tritt, während im Inneren zwei oder mehrere Abteilungen geschaffen werden. Man kann übrigens auch hinter den Thüren die Einrichtung einfacher Schubkasten beibehalten oder Schieber ohne Vorderstücke (sog. englische Schubladen) anordnen, die auf Leisten laufen.

Auf Tafel 64 b ist das Aeussere eines einfachen Pfeilerschränkchens hälftig dargestellt. Reichere Bildungen für diesen Fall wolle man den übrigen Schrankmöbeln, speziell den Speiseschränken entnehmen. Die linke Hälfte der Figur zeigt wieder Schubladen und kann als Muster für eine Kommode gelten, welche zwei Reihen kleinerer Schubladen aufweist, getrennt durch eine Mittelwand.

Wenn das unsymmetrische Aeussere nicht beanstandet wird, so kann das Möbel auch halb als Kommode, halb als Schränkchen gebaut werden, so wie es in der Darstellung zur Geltung kommt.

Die Pfeilerschränkchen macht man durchschnittlich weniger tief als die Kommoden, also 50 bis 60 cm. Bezüglich des Aufbaues vergleiche die Figuren 176 und 177.

3. Brandkisten.

(Tafel 65.)

Die Brandkisten oder Brandkasten sind zwar eine nicht schöne, aber zweckmässige und empfehlenswerte Einrichtung. Sie werden gebildet durch Aufeinanderstellen verschiedener für sich bestehender zweithüriger Kasten und dienen zur Aufnahme von Wäsche, Kleidern, Büchern etc. Sie gewähren den Vorteil einer bequemen Transportierung beim Umzug und in Brandfällen, daher der Name.

Da die Brandkisten gewöhnlich in untergeordnete Räume, auf Vorplätze und Gänge zu stehen kommen, werden sie meist aus Weichholz, seltener aus Hartholz gebaut. Des schweren Inhaltes halber empfiehlt sich starkes Holz und solide Konstruktion. Sehr wichtig sind die an den Seiten jedes Einzelkastens anzubringenden Bügelgriffe. Da es sich hierbei nicht um einen Schmuck, sondern nur um bequemes Tragen handelt, so treffe man darnach die Wahl dieses Beschläges.

Dem untersten Kasten giebt man den Sockel, dem obersten ein Gesimse bei in fester Verbindung oder in der Form für sich bestehender Kränze.

Die Breite, Höhe und Tiefe richten sich nach den Wünschen des Bestellers. Eine zweckmässige Grösse giebt die Abbildung unserer Tafel.

4. Wandschränkchen.

(Tafel 66.)

Als solche bezeichnet man die zum Aufhängen an die Wand bestimmten Kastenmöbel. Sie dienen zur Unterbringung von Büchern, Hausapotheken, Werkzeugen, Spiel- und Rauchgeräten etc. Da sie in erster Linie Ziermöbel sind, so kommen sie hauptsächlich in Hartholz und besserer Ausstattung vor. Die Abmessungen sind naturgemäss keine grossen. Die Tiefe beträgt etwa 25 bis 50 cm, die Breite bei einer Thür 40 bis 70 cm, bei zwei Thüren 60 bis 120 cm; die Höhe ist schwankend, da man diesen Schränken sowohl Hoch- als Querformat geben kann.

Ein eigentlicher Sockel ist nicht vorhanden, höchstens eine sockelartige Gliederung. Der untere Abschluss ist konsolenartig in irgend einer Weise und kann auch als Regal oder als Handtuchhalter ausgenützt werden (Taf. 66 c und d).

Die Thüren werden an den Seiten angeschlagen oder sitzen zwischen Lesinen. Der obere Abschluss wird als Giebel, als Galerie oder kuppelartig gebaut.

Unter oder über den Thüren kann man auch Schubkasten und offene Gefache einschieben. Die innere Einrichtung richtet sich nach dem vorliegenden Zweck. Die Rückwand lässt sich mit Vorteil seitlich dekorativ verbreitern; auch kann man dann zu beiden Seiten des Kastens Eckbrettchen zugeben, indem man die Platte seitlich übergreifen lässt (Tafel 66 c).

Fig. 206.
Renaissance-Wandschränkchen im Berliner Kunstgewerbe-Museum.

Die Befestigung an der Wand geschieht durch starke, eingegipste Haken, welche in durchlochte, starke Bleche eingreifen, die man auf die Rückwand aufschraubt.

An derartigen kleinen Möbeln sind metallische Zieraten gut angebracht, ebenso Intarsien und anderweitige Füllungen.

In Figur 206 geben wir ein Renaissance-Wandschränkchen mit reicher Schnitzerei. Die Anlage auf dem Grundriss eines halben Achtecks ist allerdings mehr originell als praktisch.

Eine ganz gute Wirkung machen auch die für die einspringende Wandecke bestimmten Schränkchen, wie zwei solche in Figur 207 dargestellt sind. Der gewonnene Raum ist hierbei allerdings gering im Verhältnis zu den Kosten des Möbels.

Ein reiches und hübsches Rokoko-Wandschränkchen entnehmen wir den Entwürfen und ausgeführten Arbeiten des Vereins „Ornament“ in Berlin (Fig. 208). Im übrigen vergleiche auch die früher gebrachten Figuren 52 und 58, sowie die Tafel 123.

5. Das Schlüsselschränkchen.

(Tafel 67.)

Eine besondere Art des Wandschrankes ist das Schlüsselschränkchen. Es hat bescheidene Abmessungen, und da es nur Schlüssel und die zugehörigen Haken aufzunehmen hat, so erhält es nur eine Tiefe von etwa 8 bis 15 cm.

Das Schlüsselschränkchen hat fast immer Hochformat und nur eine Thüre, die verglast werden kann oder eine zierliche Gitterfüllung aufnimmt.

Will man eine Schublade anbringen, so muss sie der geringen Tiefe halber mit Scharnier angeschlagen werden, um seitlich ausgedreht werden zu können.

Den konsolenartigen Unterteil benützt man gerne zur Anbringung weiterer Schlüsselhaken.

6. Der Schreibtisch.

(Tafel 68, 69, 70 und 71.)

Der Schreibtisch erhielt seinen Namen zu einer Zeit, da er wirklich noch ein Tisch war; heute hat er vorwiegend die Form eines Kastenmöbels. Nächst dem Speiseschrank kann er die vielseitigsten Formen und Gestaltungen aufweisen. Thüren, Schubladen, Regale und offene Gefache gestatten eine grosse Abwechselung der Anlage. Der Schreibtisch des Herren- und Damenzimmers wird fast nur in besserem Material ausgeführt. Der Schreibtisch des Damenzimmers ist meist kleiner als der Herrenschreibtisch. Die Plattenhöhe beträgt stets 75 bis 80 cm. Die Platten werden hin und wieder so eingerichtet, dass sie sich nach vorn ausziehen lassen, oder unter der Platte wird ein ausziehbarer Schieber angeordnet. Die Platte wird hin und wieder mit grünem Tuch oder farbigem Leder bespannt. Weniger zweckmässig als Einlage sind die Schieferplatten (ihrer Kälte wegen). Für die Füsse des Schreibenden muss stets ein Raum bleiben von 60 cm Höhe und 55 cm Breite im Mindestmass. Es giebt Schreibtische, die an die Wand zu stehen kommen, und solche, die freigestellt werden. Bei letzteren muss auch die Rückseite formal berücksichtigt werden.

Im übrigen sind die gangbarsten Grundformen folgende:

a) der Schreibtisch besteht aus einem Tisch nach gewöhnlicher Art, auf welchen ein Regal aufgesetzt wird (Tafel 68 b). Dieses Regal kann durchweg offenes Gefach sein oder in der Mitte eine Nische bilden, zu deren Seiten Schubladen oder kleine Kasten mit Thüren sich anschliessen.

Fig. 207. **Wandschränkchen.**

Diese Form ist für den Damentisch die gewöhnliche. Die Platte misst dann 75×100 bis 80×120 cm, die Höhe des Regals etwa 50 cm;

Fig. 208. **Wandschrank mit verglastem Mittelteil.** Entworfen und ausgeführt von G. Gummig in Berlin.

b) der Schreibtisch besteht aus einem Tisch nach gewöhnlicher Art, auf welchem zunächst eine offene Partie und darüber ein ein- oder zweithüriges Schränkchen für Bücher etc. Platz findet (Taf. 68 a). Auch diese Form ist als Damentisch beliebt;

c) der Unterbau bleibt mitten offen für die Füsse des Sitzenden und erhält zu beiden Seiten schmale, tiefe Kasten mit Thüren, Schubladen oder offenen Gefachen. Der Unterbau steht auf acht niedrigen Füssen, die Mittelpartie erhält eine Rückwand oder auch nicht. Zwischen den Kasten und der Platte werden eine breitere und zwei schmale Schubladen eingereiht. Der Oberbau besteht aus einem Regal mit seitlichen Kasten oder ohne solche (Taf. 69 a und Fig. 209).

Fig. 209. **Herrenschreibtisch in zwei Varianten.**

Dies ist die meist gebräuchliche Form des Herrenschreibtisches. Die Abmessungen betragen im Mittel für die Platte 75×150 oder 80×160 cm, für die Höhe des Oberbaues 50 cm, für die Tiefe desselben 40 cm. Werden die Unterkasten mit Thüren versehen, so empfehlen sich für das Innere Schubladen ohne Vorderstück mit Muffel- oder festen Bügelgriffen.

Da diese seitlichen Kasten schmal und tief sind, so kann man die Thüren auch seitlich statt vorn anbringen und dann den Kasten Säulen oder Pfeiler voranstellen (Fig. 210).

d) ein Mittelding der unter a) und c) genannten Form ergiebt sich, wenn man dem Tisch acht hohe oder mittelhohe Füsse giebt und die Schubladen oder Kasten nicht bis unten durchführt (Taf. 69 b, linke Hälfte, Taf. 70 und 71);

e) auch die Formen b) und c) lassen sich vereinigen, wie Fig. 211 zeigt. Vom ge-

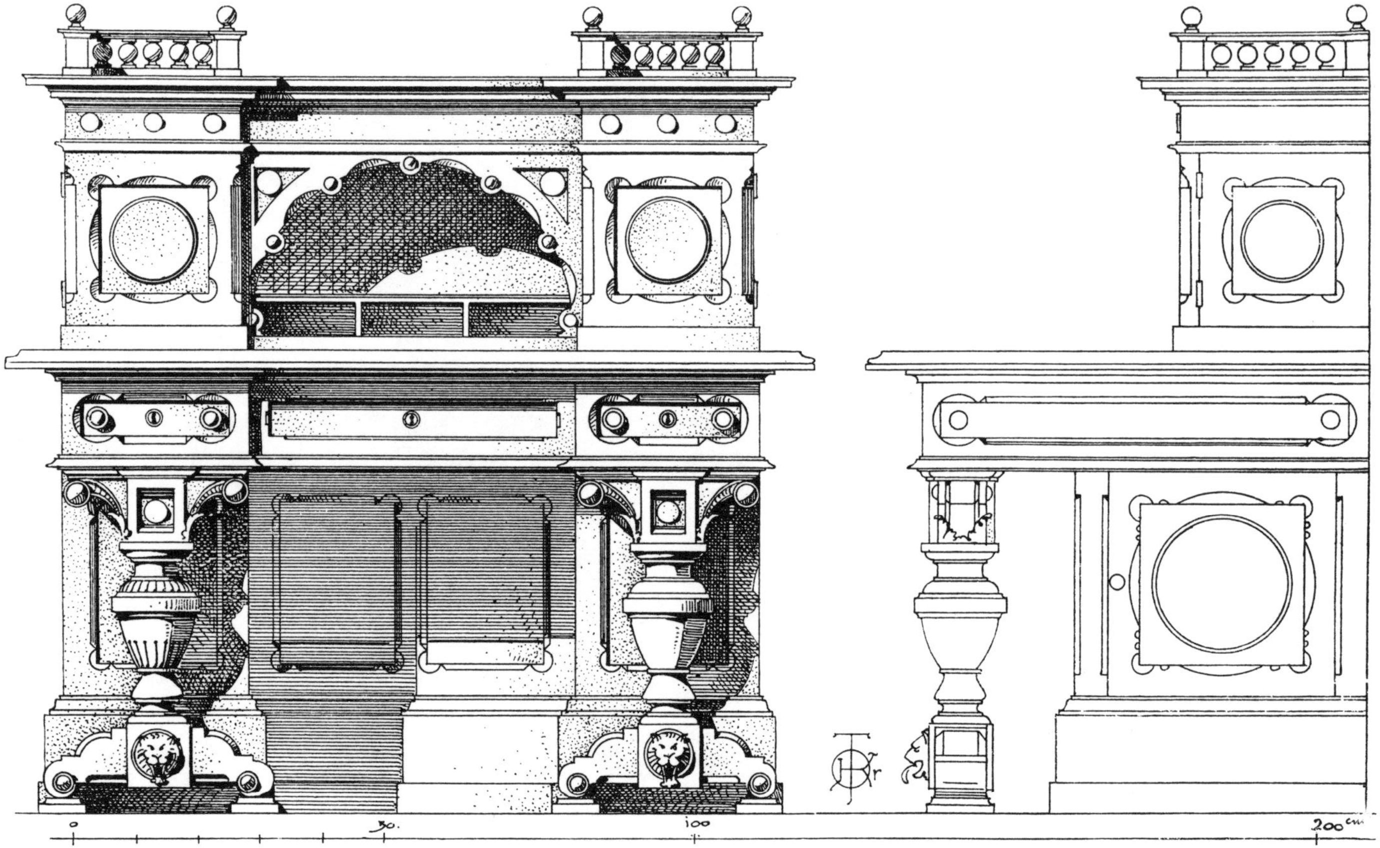

Fig. 210. Schreibtisch mit seitlichen Thüren im Unterbau.

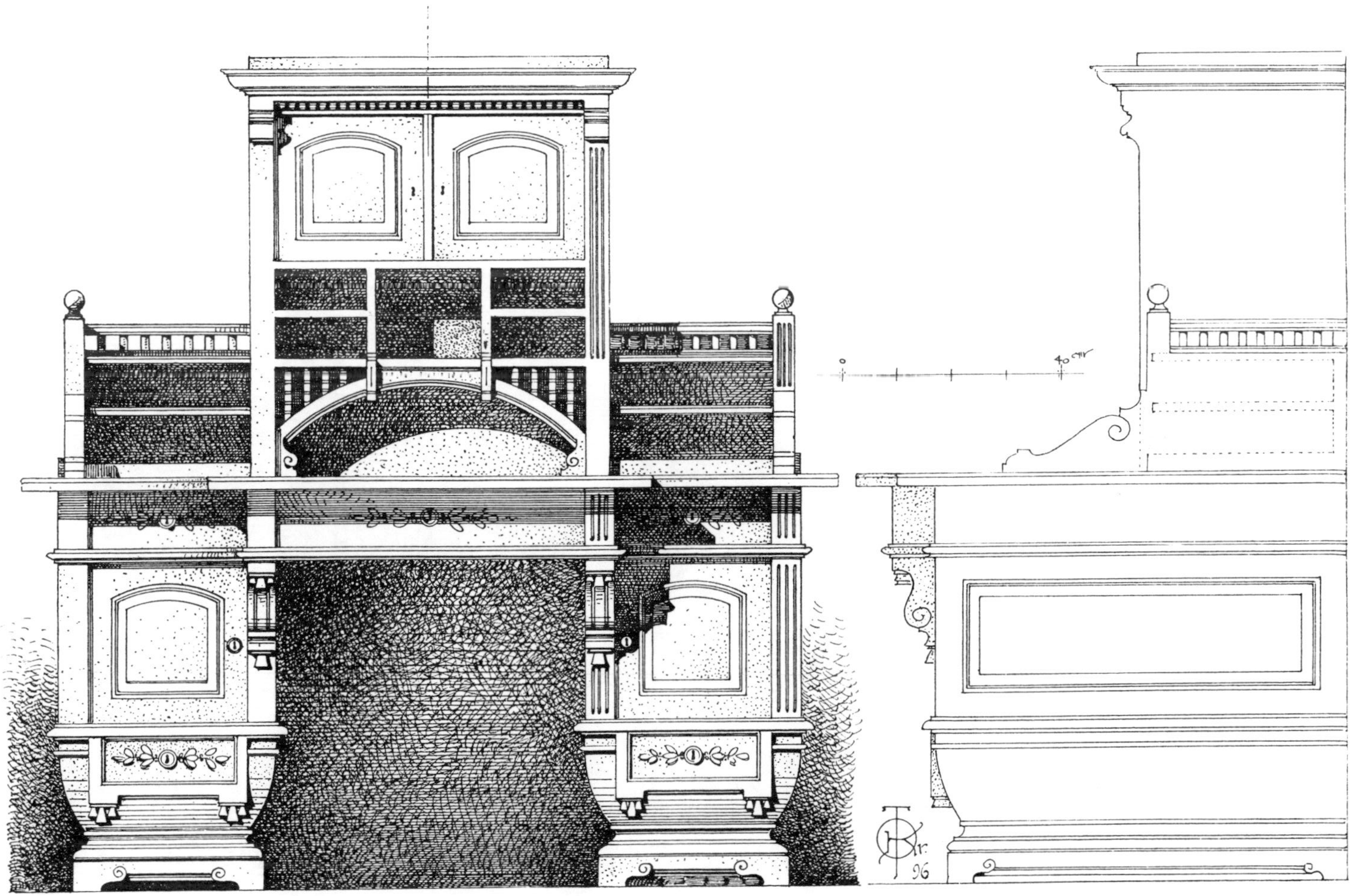

Fig. 211. Schreibtisch.

wöhnlichen abweichend sind an diesem Beispiel die Sockel der Unterbauten und die Platte, welche in der Mittelpartie vorgebaut ist.

f) man baut den Schreibtisch unsymmetrisch und schliesst die offene Partie des Unterbaues einerseits mit einem Kasten, andererseits aber mit einer Stirnwand ab (Fig. 212 im Text). Man hat diesem originellen Möbel den Namen „Lokomotiv-Schreibtisch" beigelegt.

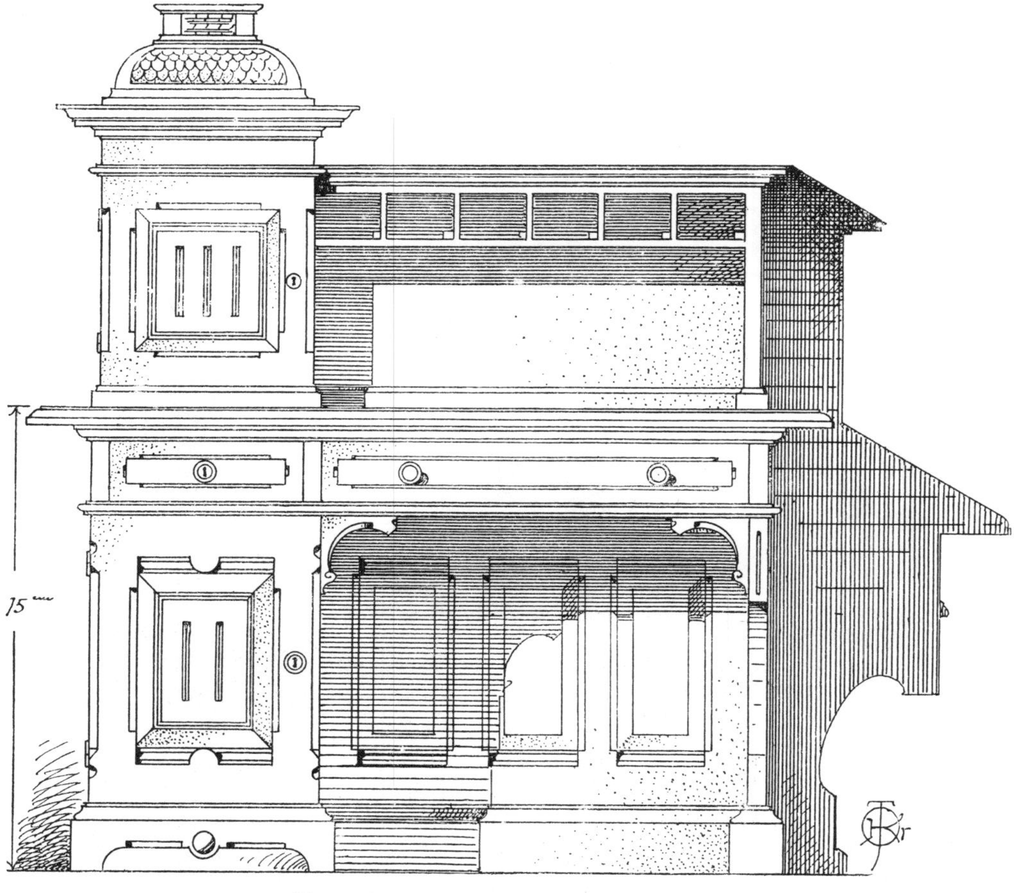

Fig. 212. **Sog. Lokomotiv-Schreibtisch.**

g) verzichtet man auf Schubladen und verschliessbare Kasten, so nimmt der Schreibtisch Formen nach Fig. 213 an, und er ist dann wieder, was er ursprünglich war, ein Tisch.

7. Der Kanzleischreibtisch, das Bureau.

(Tafel 72.)

Der Schreibtisch der Kanzleien und geschäftlichen Bureauräume erhält eine verhältnismässig einfache Form und wird gewöhnlich in Weichholz ausgeführt. Man baut ihn für zwei Personen und giebt ihm eine freistehende Aufstellung.

Die Abmessungen sind zweckentsprechend grosse; auch die Höhe ist bedeutender, da die Sitzenden auf Drehstühlen Platz zu nehmen pflegen.

Der Unterbau wird als Tisch mit Füssen oder Seitenwänden gebildet oder bleibt mitten offen zwischen seitlichen Kasten mit Thüren oder Schubkasten. An Stelle der festen Platten

Fig. 213. **Schreibtisch mit Lederschnittarbeit** von G. Hulbe, Hamburg.

treten schräge Pultflächen mit beweglichen Klappdeckeln. Der Mitte entlang verbleibt dann eine horizontale Partie zur Aufstellung der Tintenzeuge etc.

Das Gesagte wird durch die Darstellungen der Tafel 72 genügend erklärt.

Die Klappdeckel streicht man gewöhnlich schwarz, damit Tintenflecke nicht sichtbar werden.

8. Der Stehpultkasten.

In dem von den Tischen handelnden Abschnitt wurde bereits der Stehpulttisch eingereiht und besprochen. Der Stehpultkasten unterscheidet sich von jenem Möbel dadurch, dass die untere Partie statt der Form eines Tisches mit Abteilungsbrettern, diejenige eines ein- oder

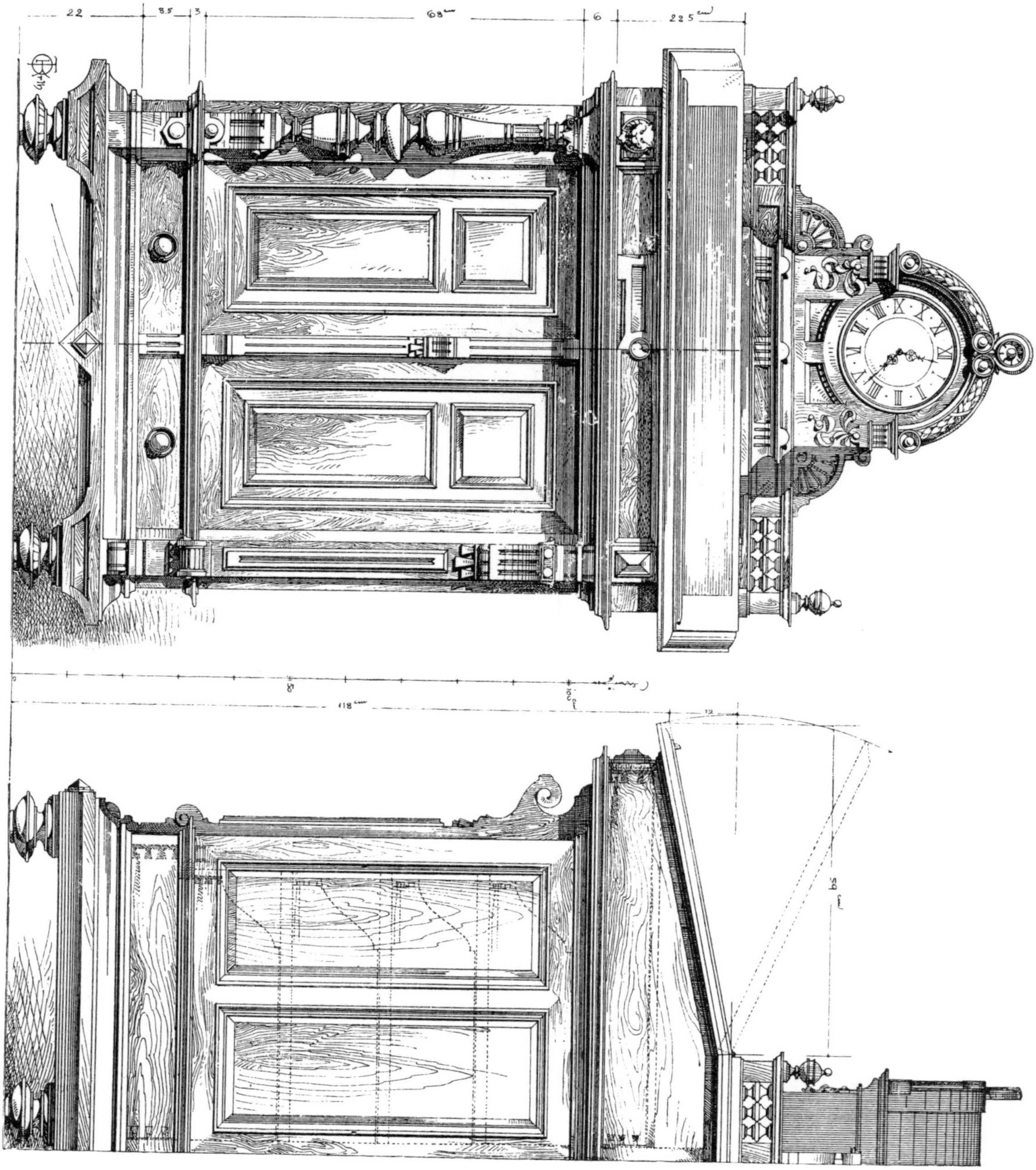

Fig. 214. **Stehpultkasten mit Uhr.**

zweithürigen Kastens hat. Die Inneneinrichtung dieses Schränkchens gestaltet sich nach dem gerade vorliegenden Zweck und wird durch Abteilungen, Schubkästen oder Schieber ohne Vorderstück etc. gebildet.

Wir geben in Figur 214 ein derartiges Möbel in besserer Ausstattung. Sein Aufbau wird durch die Figur 215 isometrisch dargestellt.

Die Mitte des Pultaufsatzes ist zur Anbringung einer Uhr ausgenützt. In ähnlicher Weise kann man Uhren mit Schreibtischen und anderen Kastenmöbeln in Zusammenhang bringen.

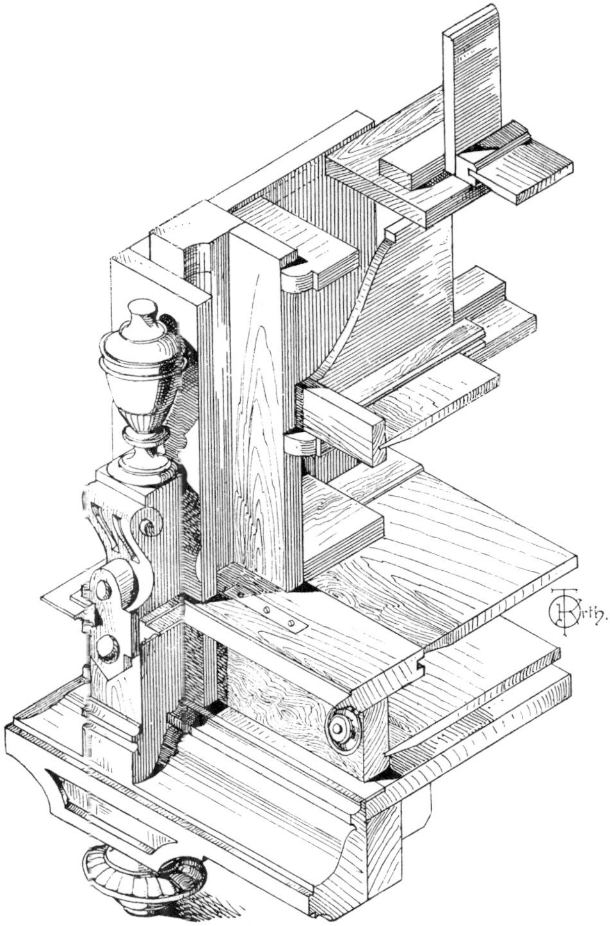

Fig. 215. **Isometrisches Detail zu Fig. 214.**

9. Der Sekretär.

Der Sekretär und das Cylinderbureau sind veraltete Schreibtischformen, die heute auf den Aussterbe-Etat gesetzt erscheinen. In gewissem Sinne ist dies zu bedauern. Wenn in unserer schreibseligen Zeit der moderne Schreibtisch auch sicherlich besser am Platze ist und sich praktischer erweist als die genannten älteren Formen, so gilt dies doch nicht allgemein. Für den kleinen Mann, der nur hin und wieder zu schreiben und zu rechnen hat, waren jene Möbel

Fig. 216. **Sekretär.**

genügend und vorzüglich. Sie waren gleichzeitig für ihn die Tresorschränke, in denen die Kostbarkeiten und kleinen Heiligtümer des Hauses aufbewahrt wurden. Der Unverstand der Mode hat diese Möbel abgeschafft, ohne nach dieser Richtung etwas Besseres zu bieten. Nun schreibt derjenige, der zu wenig zu schreiben hat, um sich einen modernen Schreibtisch zulegen zu müssen, am gewöhnlichen Tisch. Dort oder auf dem Pfeilerschrank vertrocknet dann auch die Tinte im Tintenfass, wenn es nicht vorher umgeworfen wird.

Der Sekretär ist ein Kastenmöbel mittlerer Höhe. Die üblichen Masse sind für die Höhe 1,50 bis 1,60 m, für die Breite 1,0 m, für die Tiefe 0,5 bis 0,6 m. Inmitten der Höhe ist der Kasten geteilt. Der untere Teil erhält Schubladen (gewöhnlich drei), kann aber auch mit zwei Thüren versehen werden. Der obere Teil erhält eine reiche Inneneinrichtung mit grösseren und kleineren Schubkästen und offenen Gefachen. In der Mitte bleibt gewöhnlich eine grössere Nische zur Unterbringung des Tintenfasses. Diese Inneneinrichtung wird abgeschlossen durch eine starke, 60 cm hohe, um die untere Horizontalkante drehbare Klappe, welche herabgelassen als Schreibtischplatte dient (Fig. 216).

Die Inneneinrichtung, der sog. Einsatz, wird für sich gebaut und fertig eingeschoben. Die Art, wie die Klappe mit Klappenbändern angeschlagen wird, ist aus der Figur ersichtlich. Das Klappenband kann auch ein Gegengewicht erhalten, für welches hinter den Lesinen genügend Platz vorhanden ist. Zwischen der herabgelassenen Klappe und der darunter hinlaufenden Querleiste (Travers) muss ein Spielraum von etwa 5 mm verbleiben, damit die Platte durch Aufliegen nicht beschädigt wird.

Ueber der Klappe kann man des besseren Aussehens halber nochmals eine niedrige Schublade anbringen.

Ein älteres Möbel dieser Art zeigt die Fig. 217.

Fig. 217. Sekretär aus dem Ende des 18. Jahrhunderts.

10. Das Zylinderbureau.

Dieses Möbel hat seinen Namen von der eigentümlichen Form der Klappe.

Der Unterbau hat die Gestalt eines Tisches mit Schubladen, kann aber auch als offener Kasten mit ausgeschnittenen Seitenwänden gebildet werden (Fig. 218).

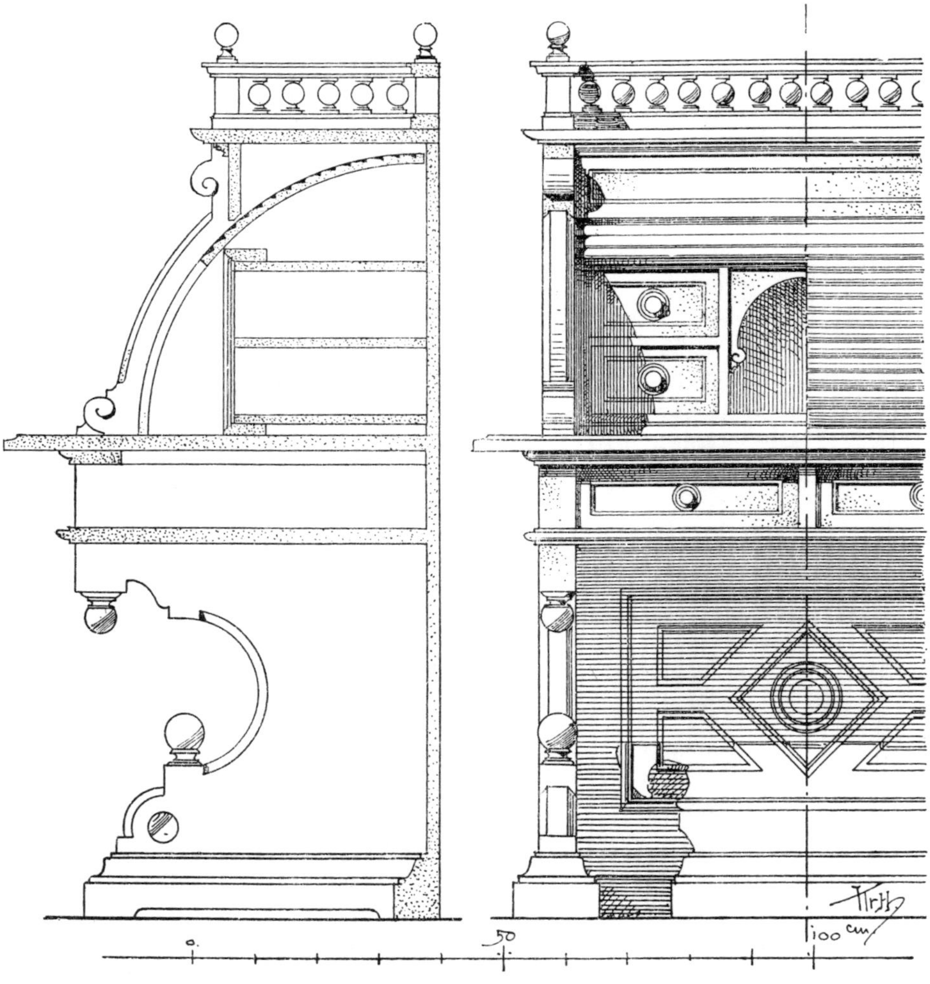

Fig. 218. **Zylinderbureau.**

Eigenartig ist der obere Teil gestaltet. Zwischen den Seiten des Oberkastens ist die zylindrische Klappe verschiebbar. Heruntergelassen sperrt sie den dahinterliegenden „Einsatz“ ab, der in diesem Fall niedriger ist als beim Sekretär. Zurückgeschoben legt sie sich in den Raum zwischen dem Einsatz und dem galerieartigen, oberen Abschluss. So entsteht dann für den Schreibenden der nötige Raum auf der Platte.

Die Platte wird aus einzelnen Hölzern zusammengesetzt und muss mit grösster Sorgfalt verleimt werden. Die Laufnuten der Seiten sind sauber auf der Drehbank auszudrehen, damit die Klappe sich leicht und anstandslos bewegen kann. Da für jede Seite nur ein Viertelskreis nötig ist, so wird die Nutung für zwei Möbel zugleich ausgeführt.

Ein schönes Zylinderbureau, jetzt im Louvre in Paris, zeigt Figur 219.

Für den Sekretär und das Zylinderbureau sind die nötigen Schlösser und Beschläge im Handel. (D. La Porte, Söhne, Barmen.)

Fig. 219. **Zylinderbureau aus dem Ende des 18. Jahrhunderts.**

11. Der Waschtisch, der Toilettentisch.

(Tafel 73, 74, 75, 76, 77 und 78).

Dieses für das Schlafzimmer unentbehrliche, aber auch gelegentlich in anderen Räumen aufgestellte Möbel war, wie der Name sagt, ursprünglich ein Tisch; heute ist die übliche Grundform diejenige eines Kastenmöbels, so dass man besser von Waschkommoden oder Waschschränken sprechen würde.

Wie der Speiseschrank und der Schreibtisch gestattet es eine grosse Verschiedenheit und Mannigfaltigkeit des Aufbaues, wonach dann auch die Grössenverhältnisse wesentlich schwanken. Für den gewöhnlichen Waschtisch genügt eine Breite von 1,0 m bei einer Tiefe von 0,6 m und einer Höhe der Platte von 0,8 m. Man sollte Waschtische nur in poliertem Holz ausführen und ganz einfache aus Weichholz mit Oelfarbe streichen. Die Platten sind am besten aus Marmor. (Vergl. Abschnitt II, Artikel 18.) Auch niedrige Aufsätze werden heute gerne in diesem Material gehalten und sind mit den Platten verbunden fertig zu haben. Man nützt den Unterbau zur

Fig. 220. **Waschtisch mit Spiegel.**

Unterbringung von Wassereimern, von Wäsche, Stiefeln etc. aus. Mit dem Oberbau kann man zweckmässig einen Spiegel oder einen Toilettenkasten mit kleinen Schubladen in Verbindung bringen. Auch die sog. Handtuchhalter lassen sich mit dem Möbel vereinigen, indem man seitlich die betreffenden Tragstangen anbringt. Da man heute mit Recht auf grosse Waschschüsseln hält, so versenkt man diese am besten wegnehmbar in die Platten, wobei dann die Schüsseln einen entsprechenden Rand zum Anfassen haben müssen.

Verbindungen des Waschtisches mit grossen Toilettenspiegeln bezeichnet man richtiger als Toilettentische, da das Waschen nicht mehr die Hauptsache ist.

Waschtische, die für andere Räume als für Schlafzimmer bestimmt sind, baut man gerne mit Klappdeckeln, die geschlossen werden, wenn das Möbel ausser Gebrauch steht.

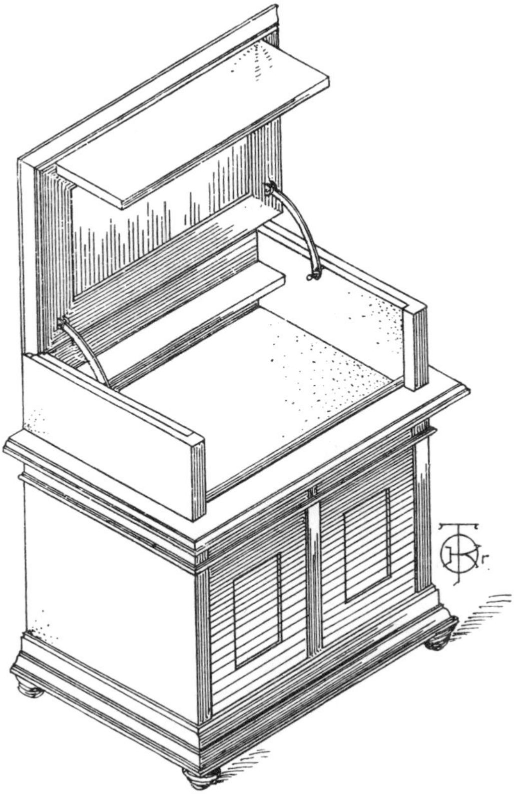

Fig. 221. **Waschtisch mit Klappdeckel.**

Einige andere Wascheinrichtungen werden wir in Abschnitt IX zur Sprache bringen.

Man sollte allgemein darauf halten, einem Schlafzimmer mit zwei Betten auch zwei Waschtische beizugeben, wie dies in Bezug auf die Nachttische längst jeder Mensch für selbstverständlich hält.

Die verschiedenen Arten der Waschtischanordnung lassen sich in folgende Gruppen bringen:

a) die Grundform ist diejenige des vierfüssigen Tisches mit Schubladen, Etagenbrettern, Rückwand und Handtuchhalter. Der niedrige Aufsatz ist regalartig (Taf. 73 b);
b) diese Form wird dahin abgeändert, dass an Stelle der Schubladen ein niedriger zweithüriger Kasten tritt, der auf mittelhohen Füssen steht (Taf. 73 a);
c) der Unterbau ist ein Kasten auf vier niedrigen Füssen, der wie eine Kommode oder wie ein Pfeilerschränkchen beschaffen ist (Taf. 74 a);
d) der Kasten ist nur im unteren Teil als Kommode oder mit kleinen Thüren vorhanden, während unter der Platte mit ihrer Schublade ein offenes Gefach bleibt (Taf. 74 b);
e) der Unterbau wird wie ein Herrenschreibtisch mit zwei seitlichen Kasten und einer offenen Mittelnische gebaut, die durch einen Vorhang abgeschlossen werden kann. Der Sockel läuft hier am besten durch, da ein Grund zum Gegenteil nicht vorliegt. Das Möbel steht auf vier oder acht niedrigen Füssen (Taf. 75 a);
f) man baut den Tisch unsymmetrisch, bringt nur einen Seitenkasten an und schliesst andererseits mit einer Seitenwand;
g) man macht den Unterbau in der Weise dreiteilig, dass der ein- oder zweithürige Kasten in die Mitte kommt, während sich seitlich Nischen oder ähnliche Anbauten

anlehnen (Taf. 75 b und 76 a). Hier kann man dann höhere Aufsätze mit Spiegeln beigeben (Fig. 220);

h) statt des offenen Aufsatzes bringt man eine Klappdeckelvorrichtung an mit Stellbügel. Der Klappdeckel nimmt auf der Innenseite den Spiegel auf. An ihm ist auch das Vorderstück befestigt, während die Seiten als Fortsetzung des Unterbaues auftreten (Taf. 76 b und Fig. 221);

i) man legt in die Mitte einen grossen bis in die Nähe des Bodens reichenden Toilettenspiegel und bringt rechts und links desselben zwei schmale, selbständige Waschtische an (Taf. 77). Bei genügender Grösse kann ein derartiger Toilettentisch zwei einzelne Waschtische ersetzen.

Vergl. auch Tafel 124.

12. Der Nachttisch.

(Tafel 78 und 79.)

Dieses unentbehrliche Möbel hat, nach dem Namen zu schliessen, früher ebenfalls die Form eines Tisches gehabt, während es heute allgemein als Kasten gebaut wird. Der geringen Abmessungen wegen werden Seiten- und Rückwand gewöhnlich nicht gestemmt. Die Ausführung richtet sich im Holz und in der Form nach den übrigen Schlafzimmermöbeln.

Die üblichen Abmessungen sind: für die Höhe 80 cm (ohne Aufsatz), für die Breite 40 bis 50 cm, für die Tiefe 32 bis 40 cm.

Man stellt den Nachttisch auf vier niedrige Füsse oder lässt ihn mit dem Sockel direkt auf dem Boden aufstehen. Man verwendet Lesinen oder schlägt die Thür an den Seiten an, wonach sich auch das Beschläge ändert. Man verwendet als Platte fast ausschliesslich Marmor und bringt unter derselben zweckmässig einen Schieber an in Form eines dünnen Brettchens aus Hartholz. Aufsätze sind nicht nötig, werden aber an reicheren Stücken aus formalen und praktischen Gründen nicht selten angebracht. Da die Nachttische gewöhnlich frei stehen, so ist auch die Rückwand dem Uebrigen entsprechend zu behandeln, zu polieren etc. Eine Hauptsache für das Innere ist, dass der den Nachttopf aufzunehmende Raum nach allen Seiten dicht abschliesst, um üble Gerüche vom Zimmer fernzuhalten. Da der Nachttisch häufig verstellt wird, also leicht beweglich sein muss, empfiehlt es sich, ihn nicht zu schwer zu bauen. Aus dem gleichen Grunde wäre es zweckmässig, die beiden Seiten in bequemer Höhe mit Muffelgriffen zu versehen. Die Griffe der Thüren und Schubladen sind am Nachttisch besser aus Holz, Horn, Hartgummi etc., statt aus Metall.

Die Grundformen, nach welchen der Nachttisch gebaut wird, sind etwa folgende:

a) der eigentliche Kasten wird mit einer Thür geschlossen und erhält inwendig ein Abteilungsbrett auf halber Höhe. Darüber kommen die Schublade, der Schieber und die Platte (Taf. 78 a und 79 b);

b) der Kasten erhält den beiden Abteilungen entsprechend zwei Thüren (Taf. 78 b);

c) der Sockel wird weggelassen und der Kasten kommt auf mittelhohe Füsse zu stehen (Taf. 79 d);

d) der Kasten erhält unten eine Thür, die obere Hälfte bleibt offen als Nische oder Gefach (Taf. 79 a und 78 c);

e) der Kasten erhält im oberen Teil eine Thür, während der untere Teil offen bleibt (Taf. 79 c);

f) man giebt den unter a bis e erwähnten Arten einen Aufsatz in irgend einer Form, wie sie die Taf. 78 in den Figuren c bis f zeigt.

Vergl. auch Tafel 124.

13. Der Ladentisch, der Schenktisch, die Theke.

(Tafel 80.)

Die Ladentische besserer Verkaufslokale und die Schenktische in Wirtschaftsräumlichkeiten werden als Kastenmöbel gebaut, mehr oder weniger reich ausgestattet und in Weich- oder Hartholz, hauptsächlich in Eichen gefertigt.

Der Kasten bleibt nach der Rückseite gewöhnlich offen, erhält unter der Platte Schubkasten und nach unten hin Abteilungsbretter und Gefache, wohl auch am Boden einen Tritt zum Aufstellen der Füsse für die dahinter Sitzenden. Man lässt den Sockel meist ohne Füsse auf dem Boden aufstehen. Die Schenktische baut man etwas höher als die Ladentische oder stellt sie auf besondere Podien. Dem Ladentisch giebt man eine Höhe von 80 bis 85 cm, dem Schenktisch eine solche von 90 bis 100 cm. Die Tiefe beträgt im Mittel 70 bis 75 cm, die Breite ist sehr verschieden. Grössere Tische macht man der äusseren Form nach gerne dreiteilig und baut unter Umständen die Mittelpartie oder die Seitenteile vor. In der Mitte, auf einer Seite oder zu beiden Seiten bringt man nicht selten Aufsätze an, ähnlich wie ein Rednerpult (zum Schreiben und Notieren) oder in Gestalt von treppenartigen Gestellen (zum Aufstellen von Flaschen, Speisen etc.) oder kleiner Glaskasten (zur Unterbringung von Flaschen in Apotheken etc.). Die Platten werden am Aussenrand hin und wieder mit Dockengalerien abgeschlossen; öfters sind sie auch aus Marmor (für Wirtslokale, Wurstereien und ähnliches).

Da die Anforderungen je nach dem vorliegenden Fall wesentlich verschieden sind, so lassen sich genaue Vorschriften nicht geben; man suche den Wünschen des Bestellers möglichst nachzukommen.

Unsere Tafel 80 giebt einige Beispiele in Bezug auf Gesamtanlage und Ausstattung.

---

14. Die Ladeneinrichtung.

(Tafel 81.)

Für Kaufläden, Droguerien und Apotheken sind grosse Wandschränke erforderlich zur Unterbringung der verschiedenen Stoffe und Materialien. Ob es sich hauptsächlich um offene Gefache, um Schubkasten oder Glasschränke handelt, hängt vom gerade vorliegenden Fall ab, ebenso wie die betreffenden Abmessungen. Derartige Einrichtungen werden meist im Zusammenhang (nicht als einzelne Kastenmöbel) gebaut, sind speziell den vorhandenen Räumlichkeiten angepasst und verbleiben meist auch dort als niet- und nagelfestes Zubehör.

Die Herstellung geschieht für gewöhnlich in Weichholz und gehört eigentlich mehr zur Bau- als zur Möbelschreinerei. Es werden aber für Apotheken, Konditoreien und reiche Verkaufslokale auch Einrichtungen in besserem Material und künstlerischer Ausstattung verlangt, deren Ausführung dann dem Möbelschreiner zufallen kann.

Die Tafel 81 giebt ein hierher zu rechnendes Detail der Wandeinrichtung samt dem davor befindlichen Ladentisch.

VIII. BETTEN UND WIEGEN.

1. Die Bettstatt, Bettstelle oder Bettlade. — 2. Die Wiege.

Die Bettstatt, Bettstelle oder Bettlade hat im Lauf der Zeiten mancherlei Wandlungen durchgemacht. Im Mittelalter und zur Zeit der Renaissance hat man wahre Riesendinge von Bettstatten geschaffen, vollständig eingebaute Kasten, die man treppenartig ersteigen musste, die einer ganzen Familie Platz gewährt hätten, und die eher einem Alkov als einer heutigen Bettlade ähnlich waren (Fig. 223). Die Zeiten des Barockstils und des Rokoko gewährten zwar dem Bett etwas mehr Luft, behielten aber, wenigstens in Bezug auf die beliebten Prunkbetten, den baldachinartigen „Betthimmel“ bei, der in Frankreich und Italien heute noch üblich ist, bei uns aber kaum mehr verwendet wird. (Vergl. Fig. 224.)

Fig. 222. **Wiege aus den Vierlanden.**
Kunstgewerbemuseum Hamburg.

Heute gestaltet man das Bett einfach und den Anforderungen der Gesundheit und Bequemlichkeit entsprechend; man macht es niedriger, luftiger, und erhöht aus Gründen eines besseren Aussehens höchstens die Kopfwand.

Die Wiege war früher in jedem Hause zu finden. Heute ist sie ausser Mode. Von ärztlicher Seite wurde die Schaukelbewegung als wenig zuträglich für das Kindergehirn erachtet, so dass jetzt der fahrbare Kinderstuhl, der Kinderwagen und die Kinderbettstatt jenes Möbel ersetzen. Wenn heute noch Wiegen gebaut werden, so geschieht es auf Grund besonderer Liebhaberei oder um ein derartiges originelles Möbel mehr als Schaustück als zum wirklichen Gebrauch aufzustellen, wie man in unseren Zimmern mit altdeutscher Ausstattung auch Spinnräder trifft, an denen niemals gesponnen wird.

1. Die Bettstatt, Bettstelle oder Bettlade.

(Tafel 82 und 83.)

Die moderne Bettstatt besteht aus den zwei Häuptern und den zwei Seiten. Die Häupter sind nur bei einfachster Konstruktion glatt verleimt, sonst gestemmt und bestehen dann aus den

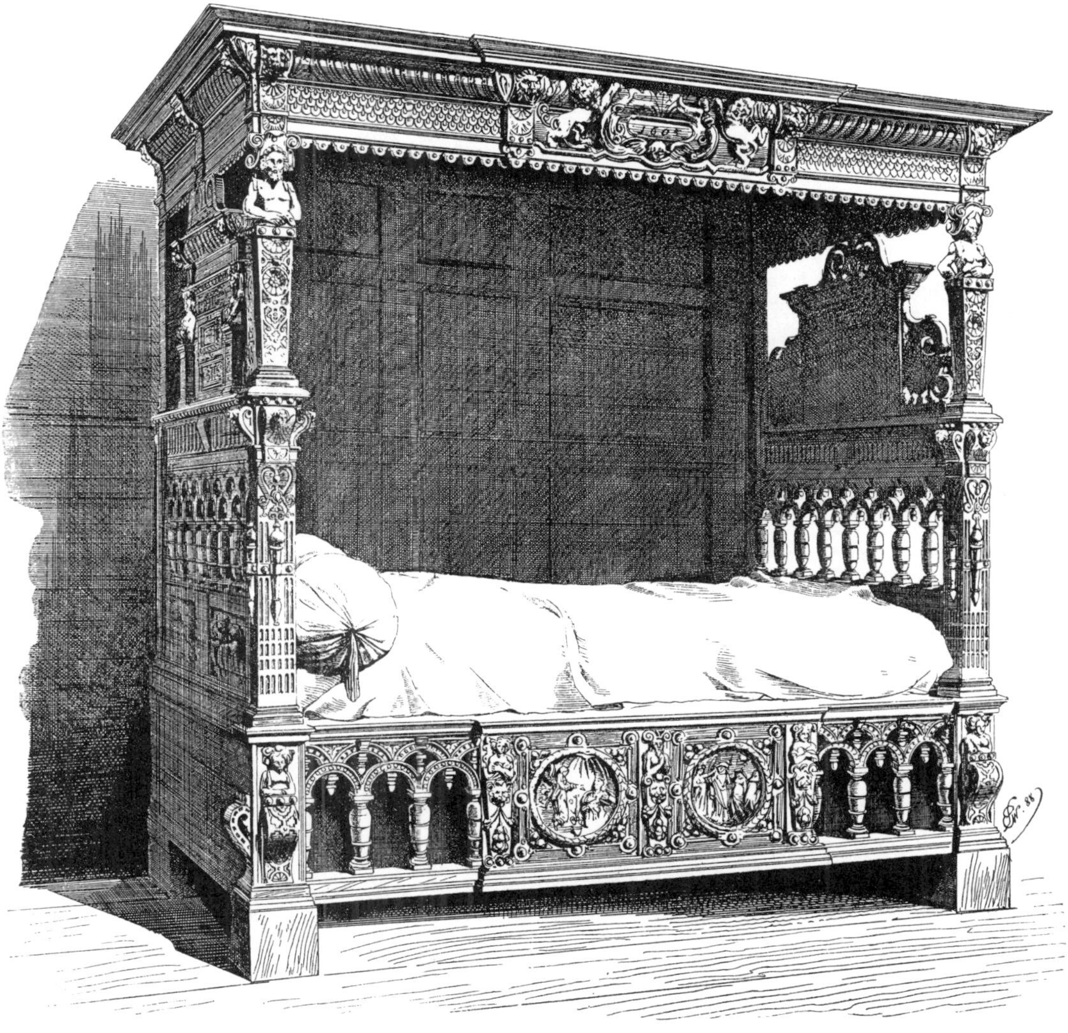

Fig. 223. **Renaissancebettstatt aus Gent,** aufgenommen von F. Ewerbeck.

beiden Bettfüssen, dem unteren und oberen Fries, welche mit jenen zusammengedübelt werden, und der Füllung, welche in die Nuten der Friese und der Füsse eingeschoben wird (Fig. 225). Bei reicheren Häuptern werden auch drei Friese statt zwei solcher angeordnet, unter Umständen auch senkrechte Friese, so dass sich zwei und mehr Füllungen ergeben. Die alte „Mainzer" Art mit gleichseitig vierkantigen, an einer Kante abgerundeten und unten gedrehten

Fig. 224. **Prachtbett mit Betthimmel** von Hassa & Sohn in Wien.

Füssen ist fast nur noch auf dem Lande gebräuchlich; in den Städten ist sie von der „französischen“ Bettlade verdrängt. Die Füsse der letzteren sind im Querschnitt rechteckig, die Langseite des Rechtecks läuft mit der Langseite des Bettes; die übrige Konstruktion ist dieselbe

(Fig. 225). Reiche und schwere Bettladen werden übrigens auch heute mit Füssen gebaut, die im Querschnitt quadratisch sind und nach unten in gedrehte Ansätze mit Rollen endigen. Das obere Ende der Füsse rundet man am zweckmässigsten in irgend einer Art ab als freie Endigung

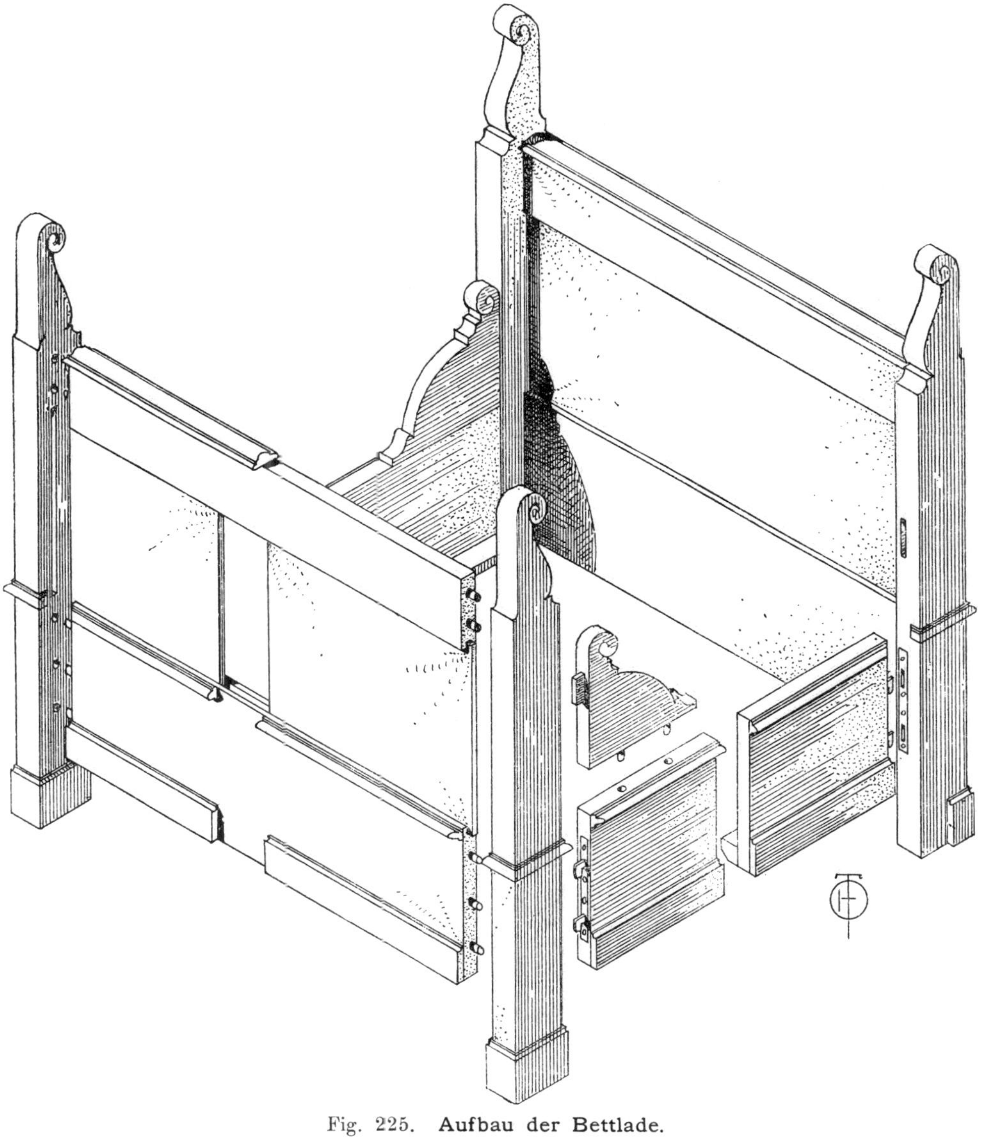

Fig. 225. **Aufbau der Bettlade.**

(Fig. 226). Zweckmässig und gut aussehend ist auch die Verbindung der oberen Enden durch eine Stange oder einen Spriegel (Taf. 82 b).

An reicheren Bettstatten erhöht man gerne das Kopfhaupt und verwendet Galerien, Giebel, Nischen etc. als Abschluss. Die niedrigeren Fusshäupter schliessen nach oben mit einer Leiste ab (Taf. 83 a und b) oder endigen mit geschweiften Formen.

Die Seiten bestehen aus der eigentlichen Seite und den beiden Backen. Die letzteren wurden früher mit den Seiten zu einem Stück verleimt; neuerdings werden sie meistens für sich eingedübelt und eingehakt (Fig. 225). Auf der Innenseite der Seiten sind die Rosttragleisten angeleimt, wozu am besten noch ein Verschrauben tritt. Das Weglassen und Ersetzen derselben durch einzelne Klötze ist ein Unfug.

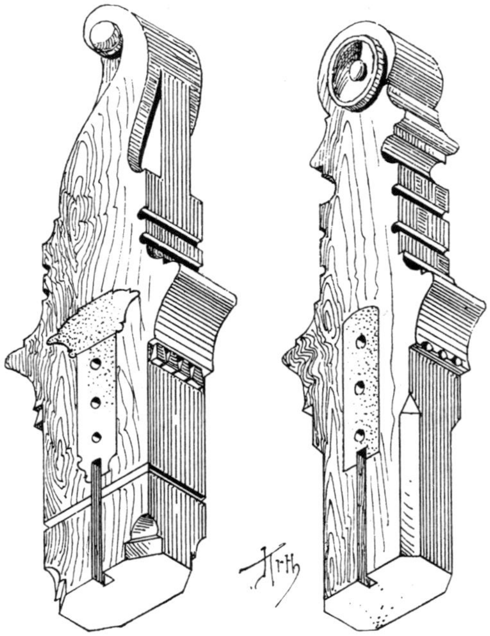

Fig. 226. **Obere Endigungen von Bettfüssen.**

Der Bettrost selbst ist in Fig. 227 abgebildet.

Die Bettseiten können durch Verdoppelungen und aufgesetzte Stäbe und Rosetten eine reichere Ausstattung erhalten. Wenn zwei Bettstatten bestimmt sind, nebeneinander gestellt zu werden, so bleiben an den inneren Seiten alle Gliederungen und Verzierungen am besten weg. Aehnlich kann man es halten in Bezug auf einzelne Betten, wenn sie mit der Langseite an die Wand zu stehen kommen. Viele Leute klagen über das Liegen an kalten Wänden und bringen zwischen Bett und Wand lose Schutzbretter auf Lattenfüssen an. In solchen Fällen wäre es viel vernünftiger, die Bettstatt von vornherein so zu bauen, dass diejenige Seite, welche an die Wand kommt, erhöht oder so hoch als das Fusshaupt gemacht wird. Vielleicht geben diese Zeilen Veranlassung, dieser Neuerung Bahn zu brechen.

Die üblichen Abmessungen einer gewöhnlichen Bettstatt sind folgende: Breite im Licht 85 cm und mehr; Länge im Licht 1,80 cm und mehr; Höhe der Häupter 100 cm und mehr; Höhe der Seite 30 cm (die Unterkante 15 cm, die

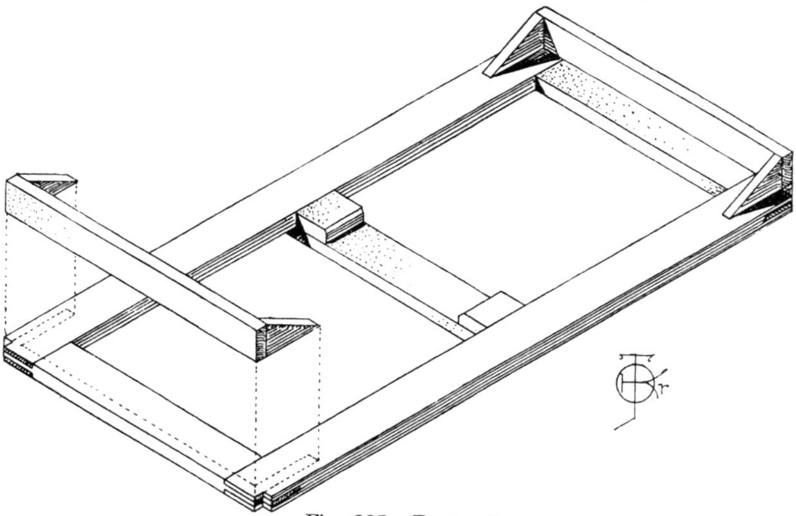

Fig. 227. **Bettrost.**

Oberkante 45 cm vom Boden); Stärke der Seiten 3 cm; Stärke der Füsse 5×10 oder 6×12 cm. Kinderbettstatten sind je nach dem betreffenden Alter in den Dimensionen entsprechend kleiner zu halten. Für Doppelbetten, die in eins zusammengebaut werden, ist das Mindestmass der lichten Breite 140 cm.

Bettstatten erfordern eine sorgfältige Arbeit und insbesondere ein genaues Anpassen der Seiten an die Häupter, da eine bei jeder Bewegung stöhnende und krächzende Bettlade auch den sanftesten Menschen in Aufregnng versetzen kann.

Fig. 228. **Bettstatt.**

Figur 228 giebt eine ziemlich einfache, Figur 229 eine etwas reichere Bettlade und Figur 230 zeigt ein Doppelbett in den Formen der neuesten Stilrichtung, entworfen von Gaillard, Paris. (L'art nouveau Bing, Weltausstellung 1900.) Für ein derartiges Bett richtet sich die Rostkonstruktion am besten nach der Matratzeneinteilung. Bei bescheidenen Abmessungen verwendet man eine gemeinsame Matratze, bei grossen Massen legt man zwei Matratzen der Länge nach oder drei der Quere nach.

Vergl. auch Tafel 124.

2. Die Wiege.

(Tafel 84.)

Für die Wiege ergeben sich zwei Systeme nach Art der früher üblichen Bewegungsweise. Entweder erfolgt das Schaukeln dadurch, dass die Wiege auf entsprechend geschweifte Fusshölzer (Läufe oder Schwellen) aufgesetzt wird (Taf. 84 a, wovon Figur b derselben Tafel nur eine Variante ist, indem hier Schwelle und Haupt in eins vereinigt sind). Oder der muldenartige Wiegenkasten wird in ein festes Gestell eingehängt, in welchem er dann an Zapfen beweglich

Fig. 229. **Bettstatt.**

ist (Taf. 84 c). Im übrigen lässt die Formgebung und äussere Ausstattung einen weiten Spielraum. Man kann das Kopfhaupt erhöhen und zur Anbringung eines Himmels ausnützen etc. Auch die Abmessungen sind verschieden; für die Länge im Licht wird man durchschnittlich 1 m rechnen können.

Die Anordnung von Balustergalerien, wie sie a und c zeigen, empfiehlt sich auch für die festen Bettstellen kleiner Kinder. An beiden Möbeln vermeidet man am besten alle scharfen Kanten und Ecken.

Die Wiege, das erste Ruhemöbel des Menschen, erinnert uns unwillkürlich an sein letztes, in welchem er für immer zur Ruhe gebettet wird, an den Sarg. Wenn wir den acht Brettern,

Fig. 230. **Doppelbett,** entworfen von Gaillard, Paris. (L'art nouveau Bing, Weltausstellung 1900.)

die ihn bilden, kein Kapitel widmen, so rührt dies daher, weil unsere realistische Zeit dem Schreiner in dieser Hinsicht einen Teil seiner früheren Thätigkeit abgenommen hat, um sie dem Sargfabrikanten als „Spezialität“ in die Hände zu geben.

IX. VERSCHIEDENES.

1. Uhrgehäuse. — 2. Waschschränkchen. — 3. Noten- und Bücherständer. — 4. Büstenständer. — 5. Topfständer. — 6. Mappenständer. — 7. Staffeleien. — 8. Kleider- und Schirmständer. — 9. Handtuchhalter. — 10. Notenpulte. — 11. Regale, Repositorien. — 12. Kassetten und Truhen. — 13. Blumenkasten, Jardinièren. — 14. Konsolen, Tragbrettchen. — 15. Vorhanggalerien. — 16. Spiegel- und Bilderrahmen. — 17. Schemel. — 18. Der Betschemel. — 19. Repositorien für Billardstöcke. 20. Die Zimmerleiter und der Treppenstuhl.

Nachdem in den vorangegangenen Abschnitten die gebräuchlichsten Möbel gruppenweise abgehandelt sind, sollen nun alle diejenigen Stücke, die sich dort nicht unterbringen liessen, hier besprochen werden. Der Abschnitt IX macht also keinen Anspruch auf systematische Zusammenstellung und bringt die verschiedenen Dinge in bunter Reihenfolge. Aus diesem Grunde ist auch in Bezug auf die Konstruktion keine allgemeine Vorbemerkung zu machen. Dieselbe lehnt sich zum Teil an diejenige der Kastenmöbel, der Tische etc. an, so dass in dieser Hinsicht auf die vorangegangenen Ausführungen zu verweisen ist; wo etwas Neues auftritt, wird es jedoch besonders erwähnt werden.

---

1. Uhrgehäuse.

(Tafel 85 und 86.)

Die Unterbringung einer grösseren Uhr in vielbenützten Räumen ist heute allgemein üblich. Die moderne Uhrenfabrikation ist hoch entwickelt und liefert nebst den Werken auch gleichzeitig die entsprechenden Gehäuse mit, so dass der Möbelschreiner nur ausnahmsweise in die Lage kommt, Uhrenkasten anfertigen zu müssen. Es ist dies hauptsächlich dann der Fall, wenn die fabrikmässig hergestellten Gehäuse nicht genügen und sich der übrigen Ausstattung nicht ordentlich anpassen, also im Zusammenhang mit besonders reichen und eigenartigen Einrichtungen. Es sind meistens niedrige oder hohe Standuhren, welche in Betracht kommen.

a) Die niedrige Standuhr nimmt ein Werk mit Federzug in sich auf, mit oder ohne Pendel; Gewichte sind also nicht vorhanden. Für das Innere des Kastens kommen in Betracht die Grösse des Werkes und die Länge des Pendels. Die Tiefe beansprucht im Licht für gewöhnlich nicht über 10 cm. Die Grösse des Zifferblattes kann verschieden sein. Wenn es nicht besonders hergestellt wird, ist den üblichen Grössen in Bezug auf das Aeussere des Kastens Rechnung zu tragen. Die niedrige Standuhr ist bestimmt, an Stelle der früher üblichen Pendulen auf Pfeilertischen, Ständern (Gueridons) und Kommoden aufgestellt zu werden, wenn nicht vorgezogen wird, dieselbe an geeigneter Stelle an einer Wand unterzubringen und sie zu diesem Zwecke auf einen konsolartigen Träger zu setzen. Entsprechende Konsolen finden sich auf den Tafeln 104 und 105. Selbstredend kann man auch die Standuhr und den Träger in eins zusammenbauen.

Der Kasten hat prismatische Grundform, erhält einen Sockel mit Füssen oder ohne solche, ein Hauptgesims mit oder ohne Aufsatz. Wo der letztere vorhanden ist, wird er als Attika, als Dockengalerie, als Bogen- oder Dreiecksgiebel, als ganze oder hälftige Kuppel oder irgend andersartig gebildet. Als Vertikalgliederung der Vorderseite lassen sich Lesinen, Pilaster und Säulchen anbringen. Die Rückwand kann durch Voluten und ähnliche freie Endigungen verbreitert werden. Werden Werk und Zifferblatt in die Vorderseite eingelassen, so liegen dieselben in einem Falz und sind von einem kreisrunden Profil umrahmt. Die Rückwand des geschlossenen Kastens muss dann wegnehmbar sein, damit das Werk zugänglich bleibt. Wird das Werk mit Zifferblatt aber an der Rückwand befestigt, so erhält der Kasten eine Thür mit Glasscheibe, durch welche das Zifferblatt sichtbar bleibt. In diesem Fall muss der Tiefe des Werkes genau Rechnung getragen werden. Wenn ein Pendel vorhanden ist, so kann man die Vorderseite auf der Höhe der Pendelscheibe ebenfalls ausschneiden und verglasen. Man kann sich dann jederzeit ohne weiteres vergewissern, ob die Uhr im Gang ist oder nicht. Auch Seitenthürchen oder wegnehmbare Seitenfüllungen empfehlen sich im Interesse des Uhrmachers. Hat die Uhr ein Schlagwerk, so ordnet man die Seitenfüllungen am besten durchbrochen an und hinterfüttert sie mit farbiger Seide. Die Grösse des ganzen Gehäuses ändert sich nach der Grösse des gewählten Werkes, beziehungsweise Zifferblattes und nach der Art des Ausstattungsmotives.

Fig. 231 zeigt ein einfaches kleines Standuhrgehäuse, welches mit dem Träger in eins zusammengebaut ist, und Figur 232 giebt ein reicheres Beispiel, bestimmt, auf einen Pfeilertisch oder auf eine Wandkonsole aufgestellt zu werden.

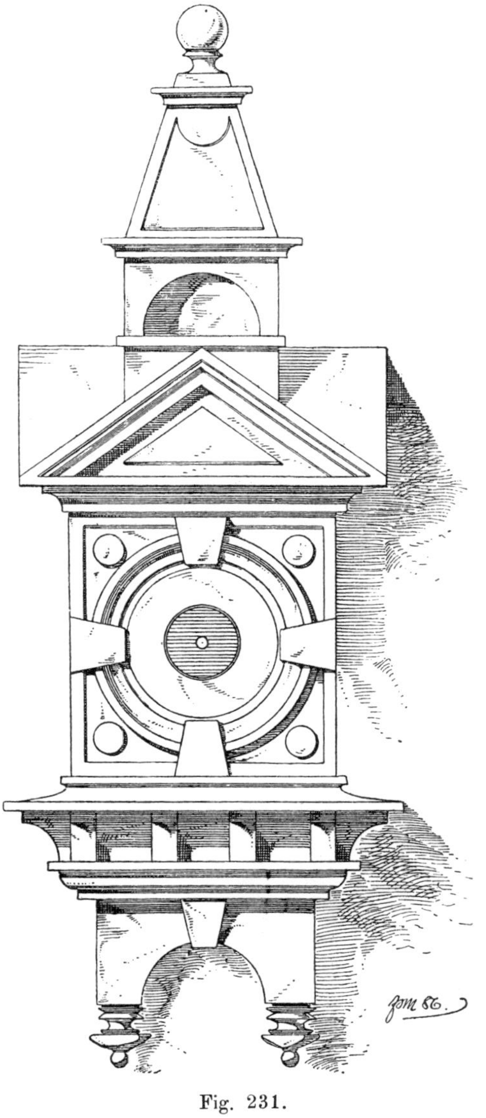

Fig. 231.
Einfaches Gehäuse einer Wanduhr.

b) Die hohe Standuhr nimmt eine Gewichtuhr auf, weshalb bei Anfertigung des Gehäuses nicht nur die Grösse des Werkes und die Länge des Pendels, sondern auch die Länge des Gewichtsablaufes zu berücksichtigen ist. Die hohe Standuhr findet mit Vorliebe Aufstellung auf Gängen und Vorplätzen, in Sitzungssälen, Schulräumen etc., sie steht auf dem Fussboden auf, daher der Name „Stehkasten“. Der obere Teil entspricht demjenigen der niedrigen Standuhr. Der untere Teil ist meist ein schmaler hoher Kasten mit verglaster Thüre, der dem Pendel und

Fig. 232. Standuhrgehäuse.

Fig. 233. **Standuhren.** Entworfen von Direktor Götz. Fig. 234.

dem Gewichtsablauf Raum gewährt. Der Sockel steht entweder unmittelbar auf dem Boden auf oder sitzt auf niedrigen gedrehten Füssen.

Da gleichdick von oben nach unten durchlaufende Kasten eine langweilige Form ergeben, so verbreitert man den unteren Teil postamentartig (Taf. 85 a und c) oder man zieht die Mittelpartie ein (Taf. 85 b), wodurch die Form sich verbessert. Der Stehkasten wird also je nachdem eine Thür, oder deren zwei oder drei erhalten, abgesehen von den kleinen Seitenthürchen auf der Höhe des Werkes, die sich auch hier wieder empfehlen. Man lässt gelegentlich auch die Mittelpartie unverglast und offen (Taf. 85 d), was sich jedoch wenig empfiehlt, da der untere Teil dann ein Staubansammler wird.

Die Art der etwaigen formalen Ausstattung erhellt zur Genüge aus den beiden Tafeln 85 und 86, deren letztere auch ein gotisierendes Beispiel bringt. Die dem Text eingereihte Figur 233 stellt einen reichen Stehkasten mit Malereien dar, ein Geschenk des badischen Fürstenpaares an Kaiser Wilhelm I. zum 90. Geburtstage. Wie die Abbildung ergiebt, ist diese Uhr keine Wanduhr, sondern zum Freistellen gebaut.

Die Standuhr der Fig. 234 ist wie die vorige von Dir. Götz in Karlsruhe entworfen und von Gebr. Himmelheber daselbst ausgeführt.

Nussholz und Eichen sind für Uhrgehäuse das bevorzugte Herstellungsmaterial. Die Uhrgehäuse eignen sich zur Anbringung von metallischem Aufputz in Bezug auf Zifferblattring, Knöpfe, Zwickel, durchbrochene Füllungen etc. Ein Haupterfordernis, welches die Praxis stellt, ist in Anbetracht etwaiger Reparaturen am Werk die leichte Zugänglichkeit aller Teile. In allen Fällen wird man daher gut thun, vor Aufzeichnung und Ausführung der Gehäuse mit dem Uhrmacher das Nötige zu besprechen und zu vereinbaren. Dem letzteren verbleibt so wie so die Montierung sowie die Aufmachung.

---

2. Waschschränkchen.

(Tafel 87 und 88.)

Für das Wohnzimmer, das Herren-, das Speise- und Billardzimmer werden nicht selten Waschschränkchen beansprucht und ebenso, wenn auch in anderer Form, für Arbeits- und Schulräume. Im ersteren Fall wählt man Möbel nach Art derjenigen, wie sie zur Zeit der Renaissance für diesen Zweck gebaut wurden, im letzteren Fall greift man zur bekannten modernen Form mit dem grünen Blechkasten. Die erste Art ist mehr schön als praktisch, die letztere mehr praktisch als schön. Tafel 87 stellt die erste, Tafel 88 die zweite Art dar.

Die Waschschränkchen im Sinne der Renaissance sind schmale und wenig tiefe, aber hohe Kasten. In mittlerer Höhe wird eine Nische gebildet, welche das Wasserbecken aufnimmt; unter diesem, in den Unterkasten eingelassen, befindet sich die Waschschüssel. Der unten und oben verbleibende Teil wird für Schubkasten oder Kasten mit Thüren, sowie für offene Gefache ausgenützt. Das Ganze erhält einen entsprechenden Sockel und ein Gesims mit Galerie, Giebel, Kuppelverdachung etc. An den Seiten des Schränkchens kann man Handtuchhalter aus Holz oder Metall anbringen.

Da diese Stücke dem Bespritzen mit Wasser ausgesetzt sind, sollte man sie polieren oder anderweitig entsprechend schützen.

Als Abmessungen im Mittel können gelten: für die Tiefe 30 bis 40 cm (man kann die Waschschüssel vorbauen (Taf. 87 b), für die Breite 50 bis 60 cm, für die Höhe etwa 2 m.

Hat das Zimmer hohe Täfelung oder Brustlambris, so kann man die Schränkchen mit Vorteil diesen anpassen. Man kann sie auch wandkastenartig tief legen, also in die Wand einbauen, wie Fig. 235 zeigt.

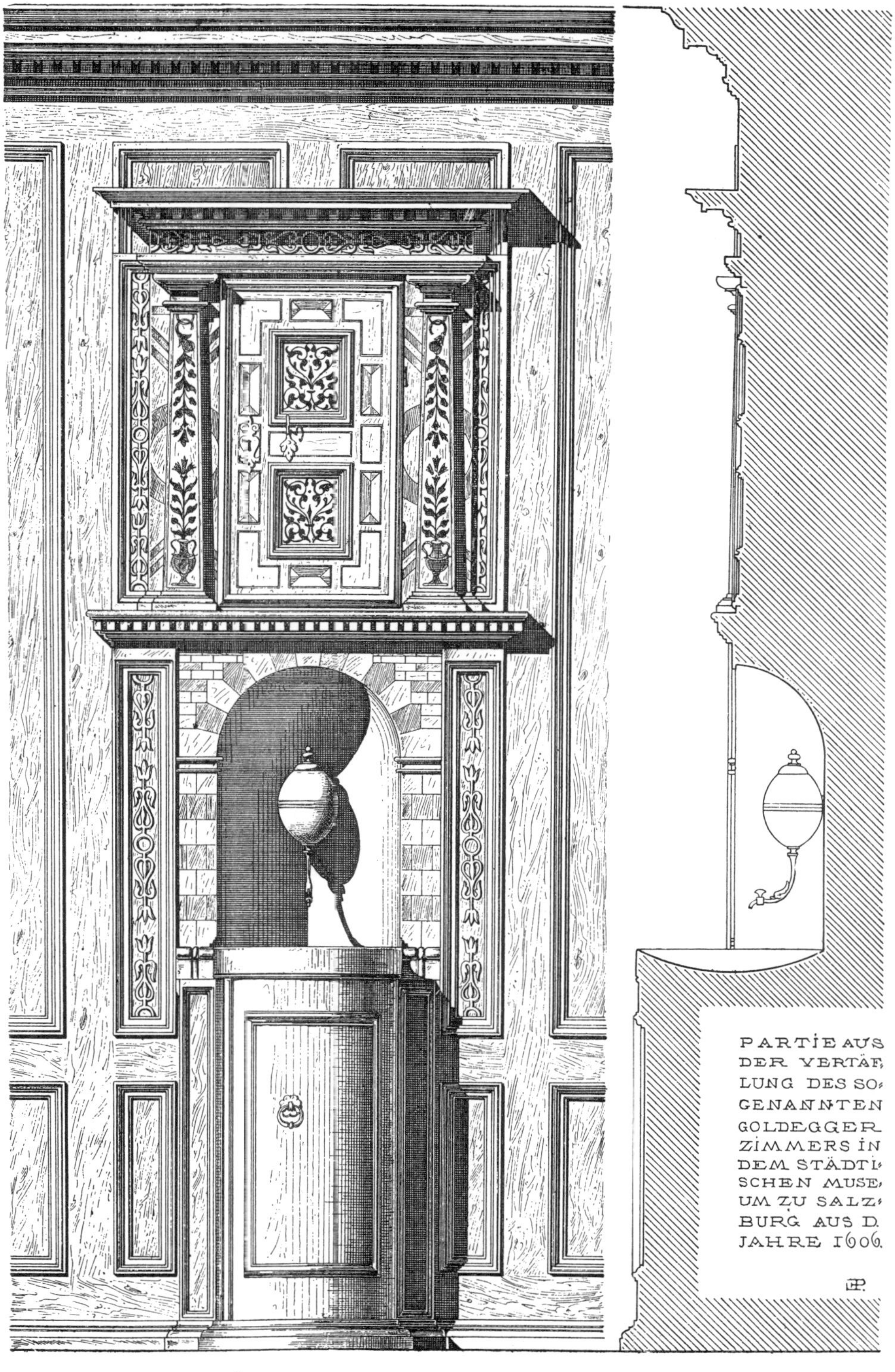

Fig. 235. **Waschschränkchen von der Täfelung des Goldegger-Zimmers im Museum zu Salzburg.**

Die gewöhnlichen, modernen Waschkasten sind im Unterteil offen oder mit Vorhang oder Thüren abgeschlossen, mit Schubladen versehen und mit Handtuchhaltern in Verbindung. Ueber die tischartige Platte wird die Rückwand nach oben fortgesetzt, und auf dieser hängt der blecherne Wasserkasten, während die Waschschüssel (häufig auch ein viereckiger Blechkasten) auf der Platte steht. Selbstredend kann man an der erhöhten Rückwand kleine Schäftchen für Seifenteller etc. anbringen (Taf. 88 a). Auch kann man den Oberteil als flache Nische ausbilden (Taf. 88 b). Diese Möbel sind meist aus Weichholz und mit Oelfarbe gestrichen. Gewöhnliche Breite 60 cm, Tiefe 40 cm, Höhe des Unterteils 80 cm, Gesamthöhe 160 bis 180 cm.

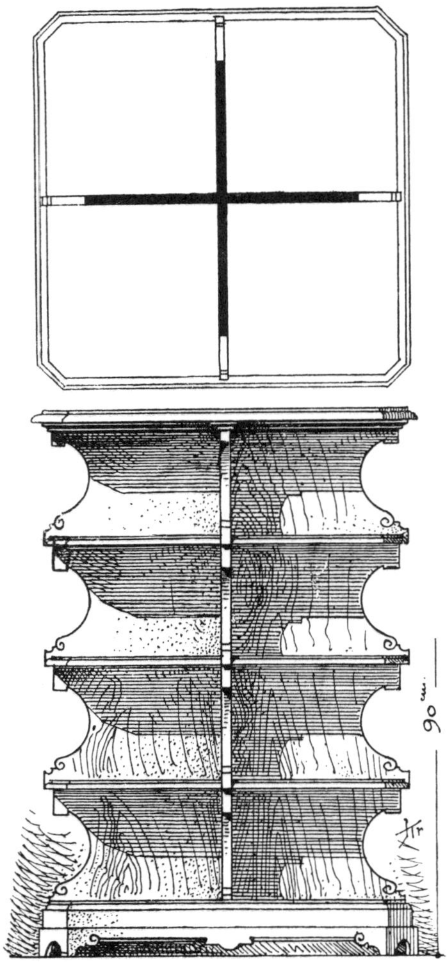

Fig. 236.
Ständer für Noten und Bücher.

3. Noten- und Bücherständer.

(Tafel 89.)

Zur Unterbringung der Noten und der Bücher für den gewöhnlichen Handgebrauch benützt man gerne offene Gestelle und Ständer. Sie finden ihre Aufstellung an der Wand oder frei im Zimmer in der Nähe des Klaviers, des Arbeitstisches, des Sofas etc. Man fertigt diese Stücke nur in besserem Holz, und da sie bis zu einem gewissen Grad beweglich sein müssen, so giebt man ihnen bescheidene Abmessungen. Die Masse für den rechteckigen oder quadratischen Grundriss sind 50×75, 40×60, 30×60, 50×50, 60×60 cm; die durchschnittliche Höhe schwankt zwischen 90 und 150 cm. Für bestimmte Fälle richtet man sich jedoch am besten nach der Zahl und dem Format der betreffenden Noten und Bücher.

Im übrigen baut man diese Ständer nach folgenden Systemen:

a) zwischen vier Füssen, Pfosten oder Säulchen werden in passenden Abständen horizontale Abteilungsbretter eingeschaltet; nach oben schliesst man mit einer tischartigen Platte ab, die sich auf niedrige Zargen legen kann (Taf. 89 b). Die Füsse kann man auf Rollen stellen;

b) man giebt dem sonst dem vorigen ähnlichen Ständer einen Sockel und ein Gesims bei (oberer und unterer Kranz, Taf. 89 d);

c) für die Wand bestimmte Ständer versieht man mit Seiten- und Rückwand und lässt sie nur nach vorn hin offen. Grössere Stücke kann man dann auch mit senkrechten Abteilungen versehen (Taf. 89 c und e);

d) freistehende Ständer dieser Art erhalten in der Mitte eine senkrechte Scheidewand mit offenen Seiten und Säulchen an den Ecken oder mit Stirnwandseiten (Taf. 89 a);

e) man ordnet zwei in der Mitte sich kreuzende Scheidewände an und erhält auf diese Art vier nach den Ecken offene Gefachreihen (Fig. 236 im Text);

f) derartige oder ähnliche Gestelle kann man in der Weise bauen, dass der Ständer auf einem festen Fuss drehbar ist. Man kann dies durch Laufschienen und Rollen oder durch Aufhängen auf einen eisernen Dorn erreichen (Taf. 125). Die obere Partie all dieser Ständer kann man mit Dockengalerien, Regalen etc. versehen.

Vgl. auch Tafel 126.

Fig. 237. **Ständer für Büsten, Vasen und Lampen.**

4. Büstenständer.

(Tafel 90.)

Zur Aufstellung von Büsten, aber auch von Vasen und Lampen benützt man säulen- oder postamentartige Ständer. Sie bilden einen hübschen Schmuck für den Salon, das Wohnzimmer und andere Räume, wo sie dann in Ecken und Nischen einzeln oder paarweise aufgestellt werden. Die Abmessungen sind je nach der Grösse des aufzunehmenden Gegenstandes verschieden. Die Höhe beträgt 1,0 bis 1,5 m.

Die runden Ständer werden auf der Drehbank hergestellt und vom Bildhauer mit Kanneluren und anderen Verzierungen versehen (Taf. 90 a, b und c). Vierkantige Ständer setzt man aus einzelnen Kasten und Kränzen zusammen, die man miteinander verdübelt. Im einfachsten Fall läuft der prismatische Kasten von unten bis oben durch und schliesst oben mit einer Platte ab, während Sockel, Gurten und Gesimse als Verdoppelungen aufgeleimt werden. Bei genügender Grösse können die Seiten gestemmt werden und Füllungen aus Holz, Metall, etc. aufnehmen (Taf. 90d).

Besser als die prismatische Form wirkt die hermenartige, nach unten verjüngte Anlage (Taf. 90 e, f und h).

Die Figur 237 im Text giebt drei Beispiele von runden Ständern und die Figur 239 zeigt ein vierkantiges, im grünen Gewölbe in Dresden befindliches Postament in Boule-Arbeit.

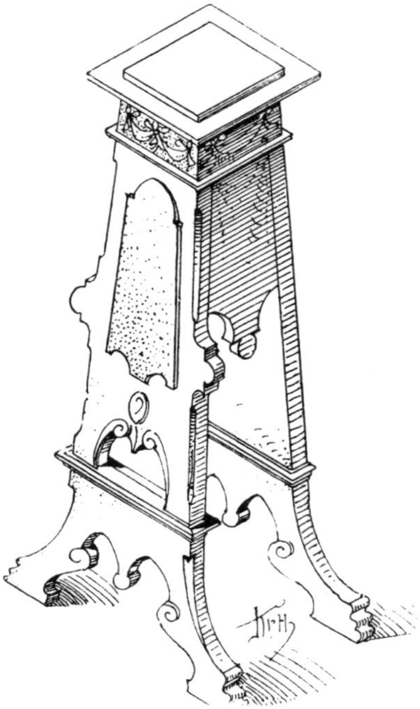

Fig. 238.
Ständer für Büsten etc.

Fig. 239.
Postament in Boule-Arbeit.
Grünes Gewölbe in Dresden.

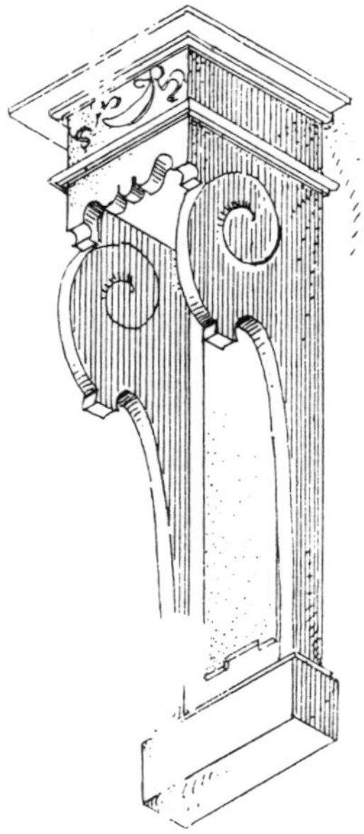

Fig. 240.
Ständer für Büsten etc.

Ein originelles Beispiel eines Ständers mit Stirnwänden bringt die Figur 238 zur Anschauung, während Figur 240 zeigt, wie die Sache etwa zu lösen ist, wenn es sich nicht um einen freistehenden Ständer, sondern um einen solchen handelt, der mit der Wand in Verbindung gebracht wird. Beispiele im Formalismus der neusten Stilrichtung finden sich auf Tafel 126.

5. Topfständer.

(Tafel 91.)

Die Ständer für Blumentöpfe und Einzelpflanzen, die ja stets einen guten Zimmerschmuck abgeben, sind ein Mittelding zwischen den runden Büstenständern und dem Visitenkartentisch. Der Schaft ist schlanker als bei ersteren, der Fuss muss entsprechend verbreitert werden und kann sich in Einzelfüsse spalten. An Stelle der Platte kann eine vasen- oder kandelaberkelchartige Hülle treten, welche einen Zinkeinsatz aufnimmt, der dann den Blumentopf umgiebt.

Die runden Formen (Taf. 91 a, b, c und d) sind die gewöhnlichen, seltener sind Anordnungen, wie sie e und f zeigen.

Die Höhe derartiger Ständer wählt man zwischen 70 und 120 cm.

---

6. Mappenständer.

(Tafel 92.)

Im Herrenzimmer und Studierzimmer, in Ateliers und Schulen werden hin und wieder Ständer für Mappen und Vorlagen nötig, die leicht und bequem zugänglich sind. Grösse und Ausstattung sind verschieden, je nach Zweck und Bestimmungsort. Hauptsache ist ein guter, sicherer Stand, wodurch die Stücke gegen etwaiges Umfallen geschützt werden.

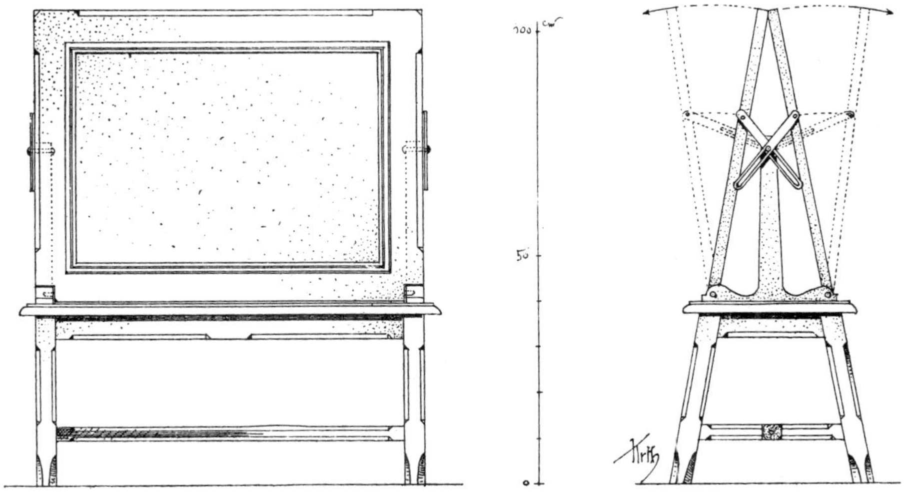

Fig. 241. **Mappenständer.**

Die gebräuchliche Bauart besteht darin, dass man zwei Stirnwände bildet, welche durch Stege und Spriegel miteinander verbunden werden, sowie durch den Boden des eigentlichen Mappengestelles. Drei Langseiten, als Rahmenwerk oder gestemmte Arbeit gehalten, bilden dann zwei nach oben offene Gefache zum Einsetzen der Mappen. Die äusseren Langseiten kann man an der unteren Horizontalkante mit Scharnieren anschlagen und als bewegliche Klappdeckel gestalten. Herabgelassen dienen sie dann als Tisch zum Ausbreiten des Inhaltes der Gefache (Taf. 92 c). Ein ähnliches Beispiel stellt Fig. 241 im Text dar. Infolge der Anordnung von Messingscheren kann die obere Partie mehr oder weniger geöffnet werden. Das Uebrige ergiebt sich aus den Abbildungen.

---

7. Staffeleien.

(Tafel 93, 94 und 95.)

Für den Zeichner, Maler und Modelleur ist die Staffelei ein Gebrauchsgerät, das auf seine einfachste und zweckmässigste Form beschränkt und im naturfarbenen Holz belassen wird. Derartige Staffeleien werden auch fabrikmässig hergestellt und sind zu Preisen im Handel, welche die Anfertigung für den Schreiner kaum mehr lohnen. Im reich ausgestatteten Wohnhaus finden aber auch Staffeleien Verwendung zur Aufstellung von Gemälden, Diplomen, Adressen und anderen Kunsterzeugnissen. Die Staffelei wird in diesem Falle zum Prunkmöbel, erhält eine bessere Ausstattung und wird im Material des Eichen- oder Nussholzes etc. angefertigt.

Die Grösse des Ganzen und die Stärke im Einzelnen richten sich nach dem Zweck. Für Gebrauchsstaffeleien ist die Verstellbarkeit des Auflagers nötig, bei der Prunkstaffelei kann dasselbe fest angeordnet werden.

Wir geben in den Tafeln 93 bis 95 eine Anzahl von Staffeleien, die teils der einen, teils der anderen Art angehören.

Tafel 93 a zeigt die ganz einfache Form. Das Auflager ist ein schmales Brettchen mit zwei seitlichen, nach oben vorspringenden Leisten. Das Verstellen wird durch zwei Bolzen bewirkt, welche schwach konisch sind und in die in bestimmten Abständen symmetrisch zur Mitte eingebohrten Löcher eingreifen. Die Strebe ist mit einem Querholz aus Hartholz verzapft. Das letztere endigt seitlich in zwei Zapfen, welche sich in eisernen Lagern bewegen, die dem Vorderteil der Staffelei aufgeschraubt sind. Auf diese Weise kann die Staffelei eine mehr oder weniger gespreizte Stellung einnehmen. Für schwere Arbeiten, wie sie beim Modellieren vorkommen, ist diese einfache Form die beste.

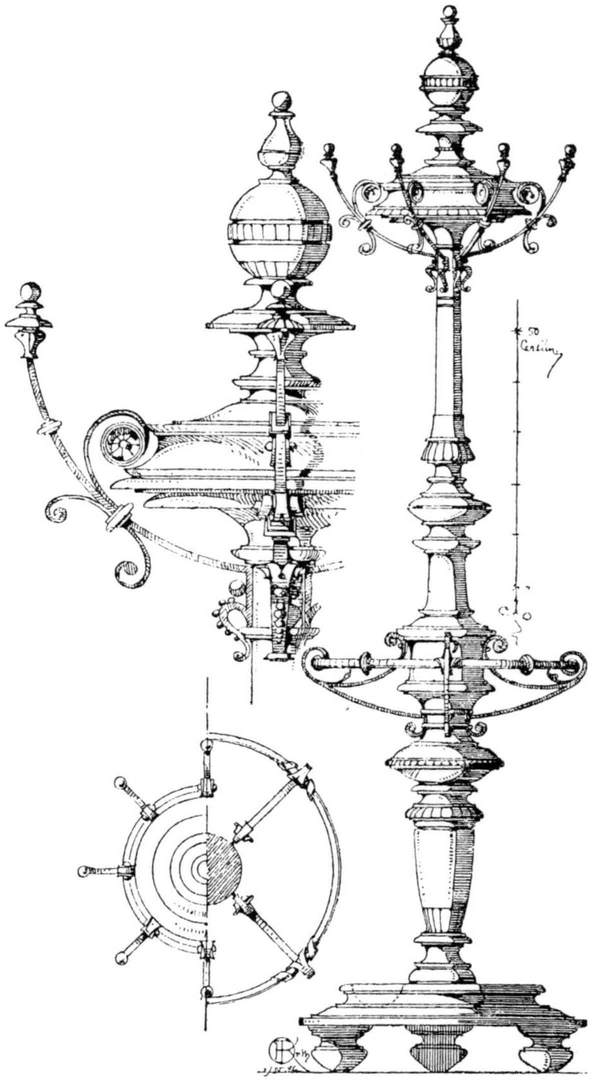

Fig. 242. **Runder Kleiderständer mit Beschläge aus Schmiedeeisen oder Messing.**

Tafel 93 b zeigt ein Beispiel, an dem inmitten des Vorderteils eine Laufleiste angebracht ist mit schwalbenschwanzförmigem Querschnitt. Auf dieser Leiste ist das Auflager beweglich; im vorliegenden Fall ist das tragende Brettchen mit einem Rahmen versehen, der den aufzustellenden Bildern etc. zum Anlehnen dient. Zum Verstellen sind in die Laufleiste

Vertiefungen eingeschnitten, in welche eine Feder mit Griff und Sperrhaken eingreift, wie dies das beigegebene Detail veranschaulicht.

Eine ähnliche Einrichtung zeigt 94 a. Hier ist jedoch die Strebe fortgelassen. Der Stand wird durch ein besonderes Sockelstück gesichert. Die Schraube y dient zum Einstellen auf unebenem Boden. An Stelle der schrägen Neigung der Staffelei tritt hier die Stellung in senkrechter Ebene. Um die aufgestellten Bilder oder Rahmen am Umfallen zu verhindern, ist ein ebenfalls verstellbarer Schieber angebracht, welcher den Rahmen oben in der Mitte festhält. Eiserne Winkel oder hölzerne Knaggen verbinden den Sockel mit dem Oberteil zu einem festen Ganzen. Die Beispiele 94 b und 95 a, b und c sind Prunkstaffeleien, die in konstruktiver Hinsicht nichts Neues mehr bieten. Sie haben feste, nicht verstellbare Auflager.

Auch die früher gebrachte Abbildung Fig. 55 giebt eine reiche Prunkstaffelei wieder.

8. Kleiderständer, Schirmständer.

(Tafel 96.)

Zum Aufhängen der Kleider und Hüte, auch gleichzeitig zum Unterbringen der Schirme und Stöcke braucht man Ständer, die ihre Aufstellung in Gängen und Vorplätzen, in Wirtschaftslokalen, Schulen, Wartezimmern etc. finden. Die runden, aus Guss- oder Schmiedeisen hergestellten Apparate kommen hier nicht in Betracht und eigentlich auch die runden Ständer aus Holz nicht, wie Fig. 242 einen solchen darstellt, da ihre Anfertigung nicht in das Gebiet der Schreinerei, sondern in dasjenige der Drechslerei gehört.

Fig. 243. **Handtuchhalter** von C. L. Sand in München.

Es giebt jedoch auch Kleiderständer, welche der Schreiner fertigt; Tafel 96 giebt einige derartige Beispiele. Auf einem Fussgestell erheben sich senkrechte Pfosten oder Säulchen, die durch Stege oder Spriegel und oben durch ein Längsbrett verbunden werden, auf welches die Kleiderhaken aufzuschrauben sind. Dienen diese Ständer auch gleichzeitig für Stöcke und Schirme, so kommt unten ein offener Kasten mit Zinkblech-Einsatz hinzu und auf passender Höhe eine weitere Längsverbindung mit Ausschnitten für die Schirm- und Stockgriffe (Taf. 96 a). Eine etwas abweichende Form giebt die Figur b derselben Tafel. Hier sind die Pfosten durch Stirnwände ersetzt, welche als Rahmenwerk gebildet sind.

Tafel 96 c endlich zeigt ein Gestell, das nur für Schirme und Stöcke eingerichtet ist.

Als Abstand vom Boden des Zinkblech-Einsatzes bis zur Stelle, an welcher die Schirmgriffe anlehnen, sind 75 cm zu rechnen. Als Höhe, auf welcher die Kleider- und Huthaken zu befestigen sind, rechnet man vom Boden 180 cm. Die Länge der Ständer richtet sich nach dem gegebenen Fall.

Derartige Ständer werden meistens in Tannenholz gefertigt und nachträglich mit Oelfarbe gestrichen.

9. Handtuchhalter.

(Tafel 97 und 98.)

Ausser den Handtuchhaltern, welche, wie bereits erwähnt, im Zusammenhang mit Waschtischen und Waschschränkchen auftreten, sind auch selbständige Anordnungen dieser Art im Gebrauch, die dann allerdings wieder ihren Platz in der Nähe der eben genannten Möbel finden.

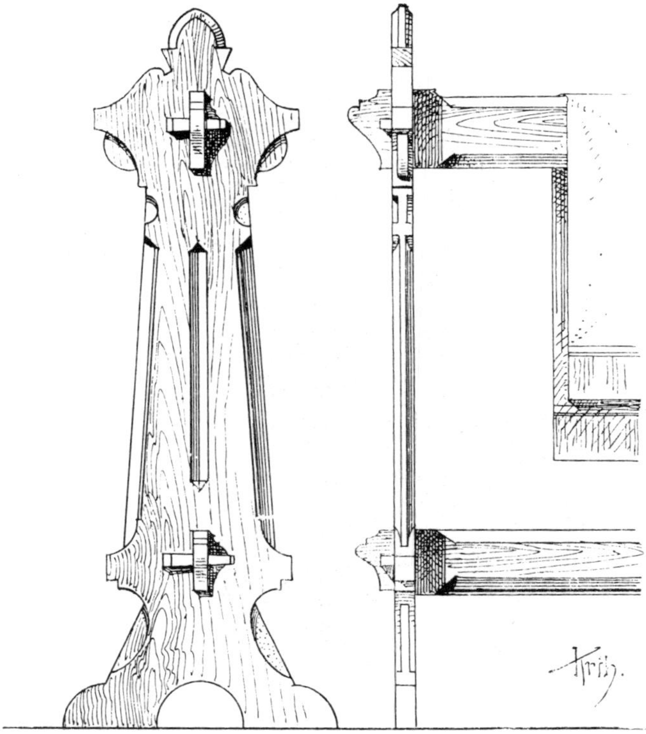

Fig. 244. **Handtuchständer.**

Die Handtuchhalter, so verschieden sie im übrigen auch sein mögen, sind entweder auf dem Boden aufzustellende Ständer oder sie werden in entsprechender Höhe an der Wand befestigt. Die Handtuchhalter sind in erster Linie Gebrauchsstücke, die das Wasser vertragen und deshalb stets aus poliertem Holz sein sollten. Nur dann, wenn diese Stücke rein dekorativ sind und die aufgehängten Handtücher auch bloss zur Schau dienen, ist man hieran nicht gebunden. Fig. 243 zeigt ein solches reichgeschnitztes Stück, ein „Handtuchweibchen" von C. L. Sand in München.

Was die Handtuchständer betrifft, so ist ein einfaches Beispiel, aus zwei Stirnwänden und zwei Stegen gebildet, in Fig. 244 abgebildet. Weitere Beispiele giebt die Tafel 97 in a, b und c. Die letztere Figur zeigt aus Stangen und Kugeln zu bildende Gestelle, wie sie vom Drechsler hergestellt werden. Die beiden anderen sind etwas reicher und nehmen nächst dem Drechsler auch den Schreiner und Bildhauer in Anspruch. — Man giebt derartigen Ständern eine Länge von 60 bis 80 cm und eine Höhe von 80 bis 90 cm.

Die Wand-Handtuchhalter bestehen aus horizontalen Stangen, die in kugelige Knöpfe endigen und auf Kartuschen und Wandbrettchen in der Mitte oder an den Enden befestigt werden (Taf. 97 d, e und 98 a, b, c, d, g und h). Man giebt den Stangen eine Länge von 60 und mehr cm.

Man kann die Stangen auch mit Konsolen und Etageren verbinden und diese gleichzeitig zum Aufstellen kleinerer Gegenstände, wie Seifenschalen, benützen (Taf. 98 e und f.)

10. Notenpulte.

(Tafel 99, 100 und 101.)

Der oder das Notenpult dient beim Musizieren mit Streich- oder Blasinstrumenten. Aber auch die Lesepulte für kirchliche Zwecke haben die nämliche Form, und die Lesepulte für das Krankenlager unterscheiden sich meist nur dadurch, dass die Pultfläche nicht unmittelbar über dem Ständer, sondern seitlich desselben angebracht wird, um sie über das Bett schieben zu können.

Wir können zwei Formen des Pultes unterscheiden, die niedrige und die hohe. Die niedrige Form, bestimmt, auf dem Tische aufgestellt zu werden, wird neuerdings meist aus Metallstäben gebaut, die ein Zusammenfalten und das Unterbringen in der Tasche gestatten. Holzpulte niedriger Art bildet man am besten aus zwei Rahmen, die man am oberen Ende scharnierartig und zusammenklappbar verbindet. Feste Pulte dieser Art gestalten sich etwa, wie es das gotische Beispiel in Figur 245 zeigt.

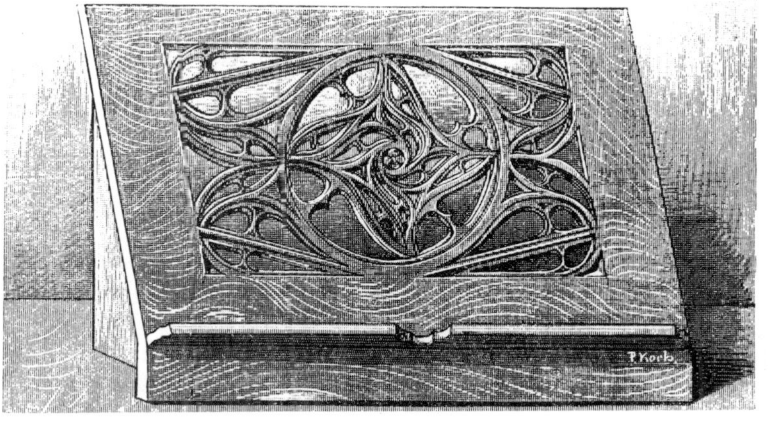

Fig. 245. **Gotisches Pult aus dem 15. Jahrhundert.** Köln.

Das hohe Pult besteht aus einem Ständer, dessen Höhe wechselt je nachdem es im Stehen oder Sitzen gebraucht werden, oder je nachdem es für Knaben oder Erwachsene dienen soll. Man kann auch allen Fällen zugleich gerecht werden, indem man den Ständer aus zwei Teilen bildet und eine Stellvorrichtung anbringt (Tafel 99 c). Die Pultfläche selbst, meist ein gestemmter Rahmen mit oder ohne Füllungen, wird mit dem Ständer fest verbunden. Das gewöhnliche Pult hat eine Pultfläche, das Doppelpult hat deren zwei (Taf. 99 a und c). Pulte für mehrere Personen zugleich bildet man mit zwei Füssen, die man durch Stege versteift (Taf. 99 b). Ein Pult in besserer Ausstattung, für ein Quartett bestimmt, zeigt Tafel 99 d. Dasselbe hat an den Ecken tellerartige Ansätze für die aufzusteckenden Kerzen. Ausserdem kann auf der oberen, quadratischen Horizontalfläche eine Lampe aufgestellt werden. Ein reicheres Pult, für mehrere Personen zugleich dienend, zeigt auch Figur 246.

In einfachster Ausstattung werden die Pulte aus Weichholz, in besserer Durchführung aus Hartholz gefertigt.

Was die Tafeln 100 und 101 darstellen, ist eigentlich kein Pult sondern ein Quartetttisch, der, wenn er nicht zum Musizieren dient, auch anderweitig verwendet werden kann. Er ist von uns konstruiert auf Grundlage von Wünschen und Vorschlägen, die Herr **Seemann** jun. als zweckentsprechend geltend gemacht hat, und bietet gegenüber dem Beispiel der Tafel 99 d jedenfalls verschiedene Vorteile. Der Unterteil gleicht einem gewöhnlichen Salontisch mit quadratischer Platte. Auf der Unterseite der letzteren sind vier Schieber zum Aufstellen der Kerzen oder Lampen angebracht (siehe Grundriss Taf. 100). Auf der Oberseite der Platte liegen als kleinere quadratische Platten die vier Pulte und bilden zusammengeklappt eine Art Verdoppelung.

Fig. 246. **Pult für mehrere Personen.**

Ihre Befestigung mit der Hauptplatte erfolgt an den Kanten mit Scharnieren. Die Pulte lassen sich aufrichten, wie die Skizze auf Tafel 101 es zeigt und wie es ausserdem aus dem Aufriss, Tafel 100 unten, ersichtlich wird. Der Unterteil der Pultflächen enthält vier ausklappbare Lättchen, an Scharnieren um 90° beweglich, zum Aufstellen der Noten dienend. Je nachdem das eine oder andere der Lättchen benützt wird, stehen die Noten tiefer oder höher, wie es der betreffende Spieler gerade haben will. Der Oberteil der Pultfläche ist vorn glatt und enthält eingelassen auf der Rückseite, drehbar um Scharniere auf halber Pulthöhe, die brettchenartige Strebe, welche sich mit den beiden freien Enden in entsprechende Rinnen der Tischplatte stemmt. Diese Rinnen sind in dreifacher Anordnung vorhanden, so dass die Noten steil oder weniger steil gestellt werden können. Zwischen den Pulten verbleibt genügend Raum zum Aufstellen von Biergläsern

Fig. 247. **Hängeregal mit Uhr.**

und Spielrequisiten. Stellt man den Quartetttisch, wie es zweckmässig ist, unter einen Kronleuchter, dann werden auch die Schieber für diese Dinge frei. Will man den Tisch nicht fest in einem Stück bauen, so genügt es, die Platte mit den Klapppulten als ein Stück für sich zu fertigen und dieses dann beim Musizieren auf einen gewöhnlichen Tisch aufzulegen.

11. Regale, Repositorien.

(Tafel 102 und 103.)

Unter Regalen (von regal, d. h. königlich, auf königliche Rechnungen etc. Bezug habend) oder Repositorien (von reponieren, d. h. wieder hinlegen, zur Seite legen) versteht man Gestelle mit offenen Gefachen für Papiere, Drucksachen, Bücher etc. Sie sind notwendige Ausstattungsstücke für Schreibstuben und Arbeitszimmer im öffentlichen und privaten Verkehr. Sie kommen in einfacher und reicher Form, in Weich- und Hartholz gefertigt vor, selbständig für sich oder im Zusammenbau mit Tischen und Schränken. Darnach haben wir zu unterscheiden zwischen Hänge- und Steh-Regalen.

Die Stehregale bildet man mit oder ohne Fussplatte, mit oder ohne Rückwand (letzteres ist stets eine mangelhafte Einrichtung), mit oder ohne Galerie und Aufsatz. Die Grösse im Ganzen, die Grösse der einzelnen Abteilungen, die Art ihrer Einteilung und die Stärke des Holzes richten sich nach Zweck und Bedarf. Für Akten und Schreibpapiere richtet man sich nach dem Papierformat (lichte Tiefe 35 cm, lichte Breite 24 cm). Die Tafel 102 zeigt verschiedene Stehregale.

Fig. 248. **Truhe aus den Vierlanden,** aufgenommen von H. Haase.

Die Hängeregale zeigen im allgemeinen die nämliche Einrichtung, schliessen nach unten jedoch konsolenartig ab und können in diesem Teile zum Aufhängen von Schlüsseln (Taf. 103 a) oder von Handtüchern ausgenützt werden (Taf. 103 c und d).

Die Befestigung an der Wand geschieht, indem man der Rückwand des Regals schliessblechartige Eisen aufschraubt und diese in Haken einhängt, die in die Wand eingegipst werden. Verschiedene Hängeregale sind auf Tafel 103 abgebildet und ein reiches Beispiel dieser Art in Verbindung mit einer Uhr giebt Figur 247.

12. Kassetten und Truhen.

Kassetten und Truhen unterscheiden sich nur durch ihre Grösse. Sie dienen zur Aufbewahrung von Schmuck- und Wertsachen, von Schriften und Urkunden, von Handschuhen, Tüchern, Wäsche etc. Bekannt, aber ausser Gebrauch sind die alten Zunftladen, die der Grösse nach etwa die Mitte hielten zwischen Kassetten und Truhen.

Die Kassetten und Truhen sind wohl geeignet zur Anbringung einer feinen Arbeit, zur Verzierung mit Intarsien, Schnitzereien und reichen Beschlägen. Im Innern werden sie hübsch furniert oder mit Samt oder Atlas ausgelegt, unter Umständen auch mit Gefachen und Einsätzen abgeteilt.

Man stellt diese Stücke auf niedrige Füsse, die bei kleinen Abmessungen aus Metall gedreht werden. Der eigentliche Kasten oder die Lade ist ein verdeckt gezinkter Kranz, der unten durch einen Boden geschlossen und mit Sockelprofilen versehen wird. An grösseren Stücken werden die Seiten gestemmt, an kleineren durch Verdoppelungen und aufgesetze Leisten gegliedert. Reichere Stücke kann man mit Ecksäulchen und Pilastern ausstatten. Der Deckel wird mit Scharnieren angeschlagen und mit einem Schatullen- oder Klavierschloss geschlossen. Die Innenseite des Deckels wird gerne mit einem kleinen facettierten Spiegelglas versehen. Der Deckel ist flach oder kuppelartig gewölbt und am äusseren Rand mit Profilleisten versehen, die das Gesims der Kassette bilden. Der Deckel liegt dem Unterteil gewöhnlich stumpf auf, kann sich aber auch in den Falz legen. Wenn die Truhen, wie früher üblich, als Sitzmöbel dienen, so erhalten sie eine Höhe von 45 bis 50 cm, und der Deckel ist in diesem Fall ein massives Brett oder wird in genügender Stärke mit bündigen Füllungen gestemmt. Kleineren Stücken giebt man inmitten des Deckels gerne einen Bügelhenkel, grösseren Stücken deren zwei, die an zwei gegenüberliegenden Seiten wie die Henkel eines Koffers befestigt werden.

Fig. 249. **Tisch mit Kassette,** entworfen von Dir. H. Götz.

Eine Hauptsache für die gute Wirkung ist ein hübsches Verhältnis von Breite, Länge und Höhe.

Die Figur 248 bringt eine Truhe aus den Vierlanden, Figur 249 eine Kassette nebst Tisch zum Aufstellen derselben, ausgeführt nach dem Entwurf von Direktor H. Götz.

13. Blumenkasten, Jardinièren.

Vor hohen Pfeilerspiegeln, in flachen Nischen, im Schaufenster sind derartige Stücke, mit schönen und passenden Pflanzen besetzt, eine sehr wirksame Dekoration. Man hat aber dabei stets dem Lichtbedürfnis der Pflanzen Rechnung zu tragen.

Der Aufbau und die Ausstattung sind derart, dass sie eine Kassette oder Truhe ohne Deckel vorstellen. Die Grösse richtet sich in Bezug auf die Breite nach dem Ort der Aufstellung,

Fig. 250. **Blumenkasten, Jardinièren.**

in Bezug auf Tiefe und Höhe nach der Grösse der Pflanzen, beziehungsweise ihrer Töpfe. Nur in die allergewöhnlichsten Blumenkasten wird die Erde unmittelbar eingefüllt. Bessere Stücke erhalten einen Zinkblech-Einsatz, in welchen die Töpfe (auf Untersatzteller) gestellt werden.

Da es beim Giessen der Pflanzen ohne ein Bespritzen der Jardinièren nicht abgeht, so werden sie am besten aus poliertem Hartholz hergestellt.

Wird die Jardinière an die Wand gestellt, so kann die Rückseite sehr einfach sein. Die Vorderseite kann in der Mitte oder zu beiden Seiten vorgebaut werden (Fig. 250).

14. Konsolen und Tragbrettchen.

(Tafel 104 und 105.)

Sie dienen zur Aufstellung von Büsten Figuren, Gefässen, Uhren und Pflanzen und bilden bei hübscher Form und Anordnung einen schönen Zimmerschmuck. Grösse und Grundform wechseln nach dem Zweck, darnach ist auch die Stärke des Holzes verschieden. Die Befestigung an der Wand geschieht durch Einhängen schliessblechartiger Oesen in eingegipste Haken.

Die formale Durchbildung gestattet eine grosse Mannigfaltigkeit, wie dies die Tafeln 104 und 105 mit ihren 15 Beispielen zeigen.

a) die Konsole ist die Hälfte eines Rotationskörpers und wird auf der Drehbank hergestellt (Taf. 104 k). Eine ähnliche kantige Form giebt Taf. 104 h. (Hauptsächlich für kleine Abmessungen);

b) die Konsole bildet sich aus drei Brettchen, einem Wandbrett, der Platte und einer Stütze oder Strebe (Taf. 104 b, c, d, f und i);

Fig. 251. **Wandbrett im bayr. Gewerbemuseum zu Nürnberg**, aufgenommen von C. Bethäuser.

c) die Konsole bildet sich aus Wandbrett, Platte und zwei (oder mehr) Stützen oder Streben (Taf. 104 a, 105 a, b, c, d und e und Fig. 251). Dabei können die Stützen das Motiv der Rückwand wiederholen oder selbständige Formen aufweisen.

Die Form der Platte ist im Falle a) ein Halbkreis, ein halbes Vieleck oder etwas mehr; im Fall b) das gleiche oder ein Rechteck; im Fall c) ein Rechteck. Man kann die Platten schweifen, an den Ecken abrunden, mit abfallenden oder aufsteigenden Randprofilen versehen, ihnen Unterglieder beigeben etc.

Platten und Streben darf man schon des Aussehens wegen nicht zu schwach im Holze nehmen, während die Rückwandbrettchen dünner sein können.

Auch die Bildung von Eckkonsolen bietet ein dankbares Feld. Hierbei wird die Platte zum Viertelkreis (Taf. 104 i).

Die beigesetzten Massstäbe gelten nur als ungefährer Anhalt.

Beispiele im Formalismus des neusten Stils bringt die Tafel 127.

---

15. Vorhanggalerien.

(Tafel 106.)

Zur Aufmachung der Vorhänge und Lambrequins braucht man sog. Galerien, die hauptsächlich nach zwei Arten gebildet werden.

Man schafft eine Art Kranz mit einer langen und zwei kurzen Seiten und bildet ihn als

Gesims mit Fries und Untergliedern aus (Taf. 106 a, b und c). Die drei Teile werden miteinander durch verdeckte Zinkung verbunden oder vermittels Eckklötzen auf Gehrung verleimt. Derartigen

Fig. 252. **Vorhanggalerie.**

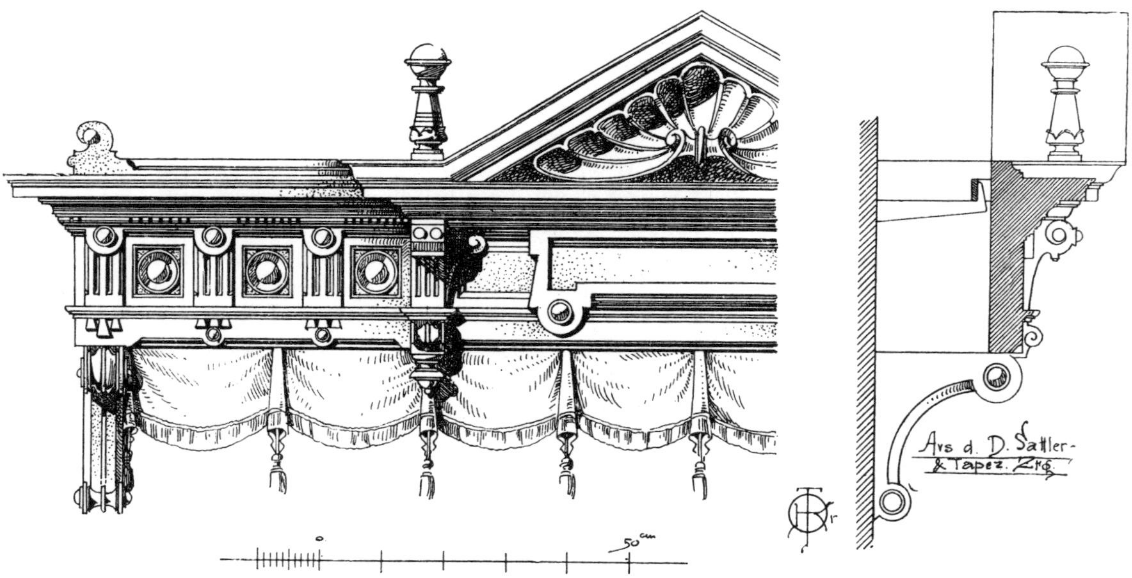

Fig 253. **Vorhanggalerie.**

Galerien kann man eine ausgeschnittene Krönung geben (Taf. 106 d) oder besondere Aufsätze aufdübeln (Taf. 106 h und i). Die Verbindung des Vorhanges mit der Galerie geschieht durch Festnageln des Stoffes auf der Innenseite, wenn man nicht vorzieht, hinter der Galerie Rundeisen anzubringen und an diesen mittels Ringen den Vorhang verschiebbar zu machen. Die Befestigung der Galerie an der Wand geschieht durch Einhängen von Ringschrauben oder ähnlichem in lange, eiserne Haken, die in die Wand eingeschlagen oder besser eingegipst werden (Taf. 106 a).

Fig. 254. **Florentiner Rahmen.** 16. Jahrhundert.

Die zweite Art von Galerien besteht aus Stangen, die beiderseits in Knöpfe endigen und durch konsolenartige Träger gehalten werden. An den Stangen sind die Vorhänge mit grossen Ringen verschiebbar (Tafel 106 e, f und g).

Die Figuren 252 und 253 im Text bringen zwei reich ausgestattete Galerien für Lambrequins, geeignet für gekuppelte Fenster, für breite Nischen und Durchgänge.

---

16. Spiegel- und Bilderrahmen.

(Tafel 107 und 108.)

Die Herstellung der Spiegel- und Bilderrahmen ist nur noch zum Teil Sache des Schreiners, da die Vergoldergeschäfte und Kunsthandlungen das Einrahmen zu besorgen pflegen und fertige Rahmen und Leisten vorrätig führen. Der Möbelschreiner wird gewöhnlich nur für grössere Rahmen und für solche beansprucht, die sich dem übrigen Mobiliar genau anpassen sollen.

Die Grösse des Rahmenprofils muss zum einzurahmenden Gegenstand im Verhältnis stehen. Genaue Regeln lassen sich hierfür jedoch nicht geben, da auch die Form und Ausladung des Profils mitspielen, sowie das Format des Bildes oder Spiegels. Allgemein kann man für die Profilbreite $^1/_4$ bis $^1/_8$ der kleinsten Ausdehnung des Bildes rechnen.

Auf Tafel 107 sind verschiedene Rahmenprofile abgebildet. Die mehr erwähnte Eckel'sche

Leistenfabrik in Kaiserslautern fertigt eine Anzahl sehr hübscher Stäbe, die für sich allein oder bei grösseren Breiten in passender Zusammenstellung benutzt werden können. Die Profile können der Hauptsache nach parallel mit der Ebene der Wand sein (a und c), gegen die Wand (i, m, n, o, p) oder gegen das Bild abfallen (f, k).

Die gewöhnliche Form des Rahmens ist rechteckig. Kleinere Rahmen werden stumpf auf Gehrung verleimt, wobei eine erhöhte Festigkeit durch Einlegen von sog. Federn, durch Nageln oder Verschauben erzielt werden kann. Für grössere Rahmen, besonders für schwere Spiegel, genügt diese Verbindung nicht. Man bildet dann gewöhnlich einen geschlitzten Rahmen aus Weichholz und verkleidet denselben mit den Hartholzprofilen, die auf Gehrung verleimt werden.

Fig. 255. **Florentiner Rahmen.** 16. Jahrhundert.

Die Bilder und Gläser kommen in einen Falz zu liegen, der genügend tief sein muss. Kleine Bilder erhalten einen starken Pappdeckel als Rückwand, grössere Bilder und Spiegel ein Brettchen oder eine gestemmte Einlage. Das Befestigen geschieht im ersteren Fall durch einzuschlagende Stiften, im letzteren Fall durch aufzunagelnde Leistchen oder durch Aufschrauben der Rückwand auf das Rahmenholz. Zum Aufhängen der Rahmen dienen Bilderringe (für kleine Rahmen) und schliessblechartige Eisenplättchen für grössere Rahmen. Für Querformat sollte man stets zwei Aufhänger anbringen.

Bilder, abgesehen von Oelgemälden, sind vor dem Einsetzen mit dem Glas auf den Kanten durch Papierstreifen zu verkleben, damit kein Staub zwischen Glas und Bild dringen kann. Die Befestigung der Rückwände ist stets so zu machen, das sie wieder ohne Schwierigkeit gelöst werden kann. Bilder, die auf feuchte Wände zu hängen kommen, schützt man gewöhnlich dadurch, dass man sie 1 bis 2 cm von der Wand abhängt. Man schraubt zu diesem Zweck auf die Ecken der Rückseite niedrige Korkpfropfen. Entsprechend vorstehende Ringschrauben leisten dieselben Dienste.

Reichere Rahmen werden geschnitzt (Taf. 107 g) oder mit Intarsienstreifen verziert. Man gestaltet die Rahmen kartuschenartig (Taf. 108 a und d), oder versieht sie mit Ohren, Aufsätzen und freien Endigungen nach unten. Diese Dinge werden dem Rahmen gewöhnlich aufgedübelt. Man hüte sich dann aber, die Aufhänger an den Aufsätzen anstatt am Rahmen selbst anzubringen. Sog. Laternenspiegel, abwechselnd von der gewöhnlichen rechteckigen Form, zeigt Tafel 108 in a, d und f.

In den Fig. 254 und 255 geben wir zwei alte Florentiner Rahmen. Figur 256 bringt zwei der neusten Stilrichtung angehörende Rahmen.

Fig. 256. **Bilderrahmen,** entworfen von O. Rastätter.

17. Der Schemel.

(Tafel 109.)

Der Fussschemel ist ein unbedeutendes, aber darum doch nicht zu verachtendes Ausstattungsstück, welches gewöhnlich als Zugabe zu Sorgen- oder Krankensesseln, zu Nähtischen etc. auftritt. Grösse und Ausstattung sind wenig veränderlich. Die Höhe beträgt 15 bis 20 cm; die Länge verhält sich zur Breite wie 20×30 cm, 25×40 cm, 30×50 cm oder ähnlich.

Die Platte ist ein massives Brettchen, welches in der Mitte gewöhnlich einen Ausschnitt als Handgriff erhält. Man giebt der Platte ein Gestell, gebildet aus vier Füssen, verbunden durch kleine Zargen, oder zwei Stirnwände, verbunden durch Stege und Spriegel. Für Schemel mit schräger Platte baut man das Gestell auch als Kranz mit ausgeschnittenen Seiten. Auch runde und gepolsterte Schemel sind in Anwendung.

Der Zusammenbau geschieht je nach Art, wie bei den Tischen, Sitzmöbeln etc., er wird im übrigen durch die Figuren unserer Tafel genügend erklärt.

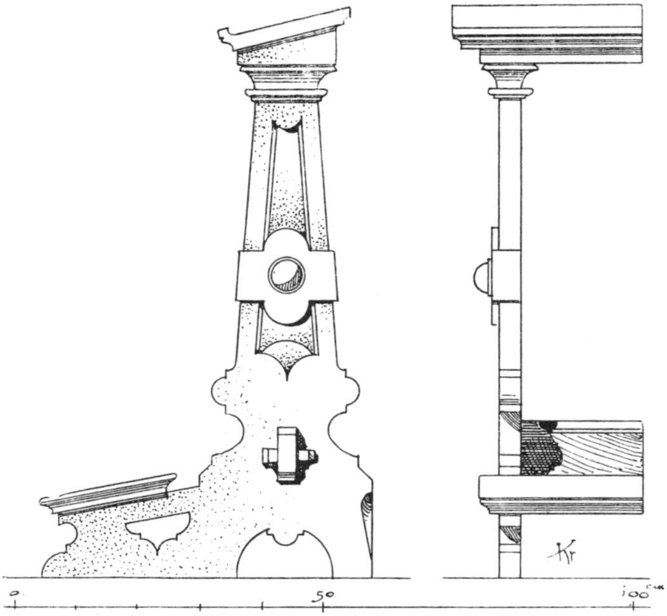

Fig. 257. **Betschemel.**

18. Der Betschemel.

Der Betschemel, auch irrtümlicherweise Betstuhl genannt, ist für die Hausandacht und für den kirchlichen Gebrauch hin und wieder anzufertigen, weshalb seiner hier gedacht werden soll. Fig. 257 zeigt ein derartiges Stück. Es wird im Knieen benützt und ist gewissermassen die Verbindung eines Schemels mit einem schmalen Tischchen zum Auflegen der Arme. Man bildet zwei durch Stege verbundene Seitenwände, die der Knieplatte und der Armplatte (beide schräg) zum Auflager dienen. Die Breite bemisst man mit 70 bis 100 cm, die Tiefe mit 50 bis 60 cm, die Höhe der Fussplatte mit 15 bis 20 cm; die Höhe der Armplatte mit 80 bis 90 cm; die Breite der Platten mit 20 cm und mehr. Die Platten kann man auch flach polstern.

19. Repositorien für Billardstöcke.

(Tafel 110 und 111.)

Die Billardfabriken liefern mit den Billardtischen und Billardstöcken auch diese Einrichtungen. Immerhin aber kann der Möbelschreiner gelegentlich in die Lage kommen, ein derartiges Stück fertigen zu müssen und für das, was er am seltensten macht, hat er dann auch die wenigsten Anhaltspunkte.

Es handelt sich um offene Kasten oder Gestelle, die an die Wand oder in die Wandecke aufgehängt zu werden pflegen. Die Höhe ist durch die Höhe der Billardstöcke bedingt, die übrige Grösse ergiebt sich nach der Zahl der unterzubringenden Stöcke. Der offene Kasten besteht aus einem Sockel, der nach unten einen passenden Abschluss als freie Endigung erhält und mit kreisförmigen Vertiefungen versehen wird zum Aufstellen des unteren Endes der Stöcke (die Vertiefungen haben eine Höhe von 1 cm und einen Durchmesser von 4 bis 5 cm); aus zwei Seiten von 10 cm Breite und 145 bis 150 cm Höhe; aus einer nach oben abschliessenden Gesimsplatte und einem durchlochten Querbrettchen, in welches die oberen Enden der Stöcke von unten her eingeschoben werden. Die kreisförmigen Löcher korrespondieren mit den unteren und sind etwa 4 cm weit. Das Querbrettchen hat vom Sockel einen Abstand von 130 bis 135 cm.

Sollen die Stöcke unter Verschluss kommen, so wird unten ein weiteres Querbrettchen nötig, das vom Sockel ungefähr 20 cm absteht. Die Ausschnitte dieses Brettchens sind nach vorn offen und erhalten eine Schliessvorrichtung, wie sie auf Tafel 110 b und f ersichtlich ist.

Man kann für Kreide, Fischhaut, Raspeln etc. über dem Sockel Schubladen einschieben. Der geringen Tiefe halber sind sie zum Herausdrehen anzuordnen und mit Scharnieren anzuschlagen (Taf. 110 b).

Für eine kleine Anzahl von Stöcken wählt man besser eine Form wie sie die Taf. 111 a zeigt. Die ausgeschnittene Rückwand erhält ein Sockel- und ein Halsbrett, in der Weise, dass die eingestellten Stöcke einen Zylinder oder einen Kegel bilden; das letztere macht sich besser.

Das Beispiel 111 b zeigt die Einrichtung für die einspringende Wandecke und einen Verschluss für sämtliche Stöcke im Ganzen, wobei ein metallener Bügel einerseits scharnierartig angeschlagen und andererseits durch ein Anhängeschloss festgehalten wird.

20. Die Zimmerleiter und der Treppenstuhl.

(Tafel 112.)

Wir schliessen die Reihe der Einrichtungsstücke mit der Zimmerleiter, die in jeder geordneten Haushaltung vorhanden ist. Allerdings wird sie heute fabrikmässig hergestellt in den verschiedensten patentierten und nicht patentierten Formen, so dass der Schreiner wenig mehr mit ihrer Beschaffung befasst werden wird.

Tafel 112 a zeigt die gewöhnliche Doppelleiter, bestehend aus zwei zusammenfaltbaren Teilen, von denen der eine die Leiter, der andere einen entsprechend versteiften Rahmen als Strebe bildet.

Die in Tafel 112 b abgebildete Form gestattet ebenfalls ein Zusammenfalten, ist bequemer und sicherer für Leute, die zum Schwindel geneigt sind.

In Tafel 112 c ist eine niedrige Leiter mit wenigen Stufen dargestellt, nicht zusammenlegbar, zum Waschen der Fenster etc. dienend.

Eine originelle Einrichtung schliesslich ist der Treppenstuhl Tafel 112 d. Zusammengeklappt kann er als gewöhnlicher Stuhl dienen und nimmt nicht mehr Platz ein, als ein solcher. Auseinandergeklappt hat er eine Höhe von etwa 90 cm und bildet eine Treppe mit fünf Stufen. Der Zusammenbau ist aus den Abbildungen genügend ersichtlich.

Für alle diese Stücke ist ein gesundes tragfähiges Holz erforderlich. Die Holzstärken sind genau abzuwägen, da einerseits eine völlige Sicherheit, andererseits aber thunlichste Leichtigkeit angefordert wird.

X. DAS MOBILIAR DER MODERNE.

(Tafel 113 bis 136.)

(Figur 58, 59, 69, 70, 104, 133, 153, 156, 161, 165, 188, 193, 194, 200 bis 205, 213, 230, 249, 256 und 258 bis 272.)

Seit das Schreinerbuch in erster Auflage erschienen ist, hat sich eine Stiländerung geltend gemacht, von der diese Neuausgabe Notiz nehmen muss. Zu diesem Zwecke sind dem Text an verschiedenen Stellen Abbildungen moderner Möbel eingereiht worden. Die betreffenden Figurennummern sind über diesen Zeilen vermerkt. Ausserdem beziehen sich auf die neueste Stilrichtung die Tafeln 113 bis 136 sowie die Illustrationen dieses Abschnittes. Zusammen wird dies genügen, ein Bild davon zu geben, wie die neue Richtung das Mobiliar gestaltet und behandelt.

Fig. 258. **Wandschirm in Birnbaumholz** von Sigmund Jaray, Wien.

Fig. 259. **Ecksitz,** entworfen von R. Riemerschmid.

Fig. 260. **Setzschirm,** entworfen von W. Lang, Karlsruhe.

Fig. 261. **Wohnzimmer,** ausgeführt von Sigmund Jaray, Wien.

Fig. 262. **Damensalon,** ausgeführt von F. Schönthaler & Söhne, Wien.

Fig. 263. **Speisezimmer** von Architekt M. Dülfer, München.

Fig. 264. **Ecke einer Zimmereinrichtung** von K. Gross, Dresden 1899.

Fig. 265. **Ecke einer Zimmereinrichtung** von Architekt M. Dülfer, München 1898.

Fig. 266. **Wandsitz,** ausgeführt von L. J. Peter, Mannheim.

Fig. 267. **Kücheneinrichtung**, entworfen von Patriz Huber.

Fig. 268. **Zimmer**, entworfen von Patriz Huber.

Fig. 269. **Schreibzimmer,** entworfen von Patriz Huber.

Fig. 270. **Schlafzimmer,** entworfen von Patriz Huber.

Fig. 271. **Zimmerecke,** entworfen von Architekt H. von Berlepsch, München.

Fig. 272. **Zimmer**, entworfen von Architekt Th. Fischer, München.

Vorläufig gehen die ältere und die neue Richtung noch nebeneinander her. Der Sieg wird der neuen Richtung gehören. Wie die Sache sich auswachsen wird, lässt sich zur Zeit nicht mit Sicherheit sagen. Einig ist man offenbar in der Anschauung, dass an Stelle des bisherigen Mobiliars etwas anderes treten soll. Der Ersatz wird aber auf verschiedene Weise gesucht. Während die einen mittelalterliche und nordische Formen frei umzugestalten versuchen (Taf. 113 bis 115; Fig. 133, 153, 156, 249), verwerten andere die praktisch gestalteten Möbelformen der Amerikaner und Engländer für ihre Entwürfe (Fig. 165, 193, 194, 213). Manche der neuen Zimmereinrichtungen bevorzugen geschweifte, gebogene und geschnitzte Formen, die hin und wieder an japanischen Einfluss erinnern (Fig. 202, 230). Die betreffenden Möbel wirken bei Verwendung schöner Harthölzer in tadelloser Ausführung sehr gut. Die teure Herstellung wird aber der allgemeinen Einbürgerung im Wege stehen. Holz ist nun einmal ein geradfaseriges Material und die Werkzeuge des Schreiners sind in erster Linie für die Ebene und die Gerade geschaffen.

Auf dem versprechendsten Wege sind wohl diejenigen, welche den Zweck des Mobiliars im Auge behalten, eine einfache und solide Konstruktion zu Grunde legen, überflüssige Profilierungen und Gesimse fortlassen und im übrigen die neue Auffassung am Ornament und am Beschläg zum Ausdruck bringen. Als glückliche Lösungen in diesem Sinne erscheinen uns u. a. die Beispiele der Figuren 200, 204, 263, 266 bis 272.

Von neuen Techniken ist hauptsächlich zu erwähnen das Aetzen des Holzes (Fig. 271). Das Färben, gewöhnlich als Beizen bezeichnet, hat insofern eine Aenderung erfahren, als auch bisher nicht übliche Farben, wie Grün in verschiedenen Schattierungen, zur Verwendung kommen. Ueber das Beschläge ist an anderer Stelle bereits das Nötige vorgebracht (Seite 100).

Wie sich mit der Ausbreitung des neuen Stils auch die Art der zeichnerischen Darstellung zum Teil geändert hat, wird aus den Figuren 267 bis 270 ersichtlich.

Die Tafeln 129 bis 136 sind von R. Rücklin auf Wunsch der Verlagshandlung nach vorhandenen Abbildungen der ausgeführten Entwürfe verschiedener Künstler des In- und Auslandes für dieses Buch aufgezeichnet worden.

XI. DIE AUFSTELLUNG UND VERTEILUNG DES MOBILIARS IN DEN WOHNRÄUMEN.

(Figur 274, 275 und 276.)

Im Grunde genommen ist es nicht die Sache des Schreiners für die Anordnung und Verteilung des Mobiliars in den Wohnräumen zu sorgen, da in den meisten Fällen der Besteller sich dieser Aufgabe unterziehen wird. Wo der letztere sich aber dieser Aufgabe nicht gewachsen zeigt, wird er gerne den Rat des Schreiners annehmen; auch giebt es Besteller, die bequem genug sind, sich in die fertige Einrichtung hineinzusetzen, ohne sich vorher um die Einzelfragen viel zu bekümmern.

Jedenfalls kann es dem Schreiner nicht einerlei sein, in welcher Weise seine Erzeugnisse untergebracht werden; denn eine unzweckmässige und unschöne Aufstellung schadet der Wirkung der Stücke ganz bedeutend, während die Erzielung eines gelungenen Gesamtbildes den Effekt der einzelnen Ausstattungsstücke ungemein zu heben vermag. Im eigenen Interesse kann also dem Möbelschreiner nur dringend geraten werden, sich auch um diesen Teil zu bekümmern. In ihrem vollen Umfange stellt diese Aufgabe allerdings Anforderungen, denen mancher Schreiner nicht gewachsen sein wird und kann. Lässt man jedoch die dekorativen Zuthaten aus dem Spiele, so wird er bei gutem Willen immerhin auf dem Wege der Uebung in die Lage gelangen, die richtigen Dispositionen im Ganzen geben zu können.

Da die fragliche Aufgabe bis zu einem gewissen Grade jedoch Sache des Geschmackes und künstlerischen Gefühls ist, und die Gestaltung und Grösse der auszustattenden Räume ebenso sehr wechselt, wie diejenige des Mobiliars, so lassen sich bestimmte Regeln für alle vorkommenden Fälle nicht geben, und es wäre zu viel von uns verlangt, sie geben zu sollen. Wir haben uns aber bemüht, wenigstens in Bezug auf die allgemein vorkommenden Räume passende Grundrissanordnungen zu geben unter Zugrundelegung des für gewöhnlich beanspruchten Mobiliars und der üblichen Formen und Abmessungen der Zimmer. An der Hand dieser Grundrissskizzen wird es möglich sein, die Abänderungen für die gerade vorliegenden Fälle zu machen.

Gewisse Grundsätze treten stets als festbleibend und massgebend aus der willkürlichen Regellosigkeit der Kunst hervor — und ein Zimmer hübsch einzurichten ist auch eine Kunst —;

es sind dies die Anforderungen auf Symmetrie, auf Axeneinhaltung, auf Massenverteilung, auf günstige Gegensätze etc. Dazu kommen dann die unumgänglichen Anforderungen, welche die möglichst bequeme Benützung macht. Zusammen im Vereine bilden sie die greifbaren Normen,

Fig. 273. **Dekorations-Skizze** von Ludwig Ziegler in Köln.

nach denen der Vernünftige sich richtet, soweit es sich mit den besonderen Wünschen seiner Eigenart verträgt.

Vieles, was hier füglich vorgebracht werden könnte, findet sich bereits im vorausgegangenen Texte zerstreut. Im übrigen sei der Versuch gewagt, einige Sätze als Anhalt festzulegen, die sich zum Teil auf die stilistische Anforderung, zum Teil auf die praktische Seite beziehen.

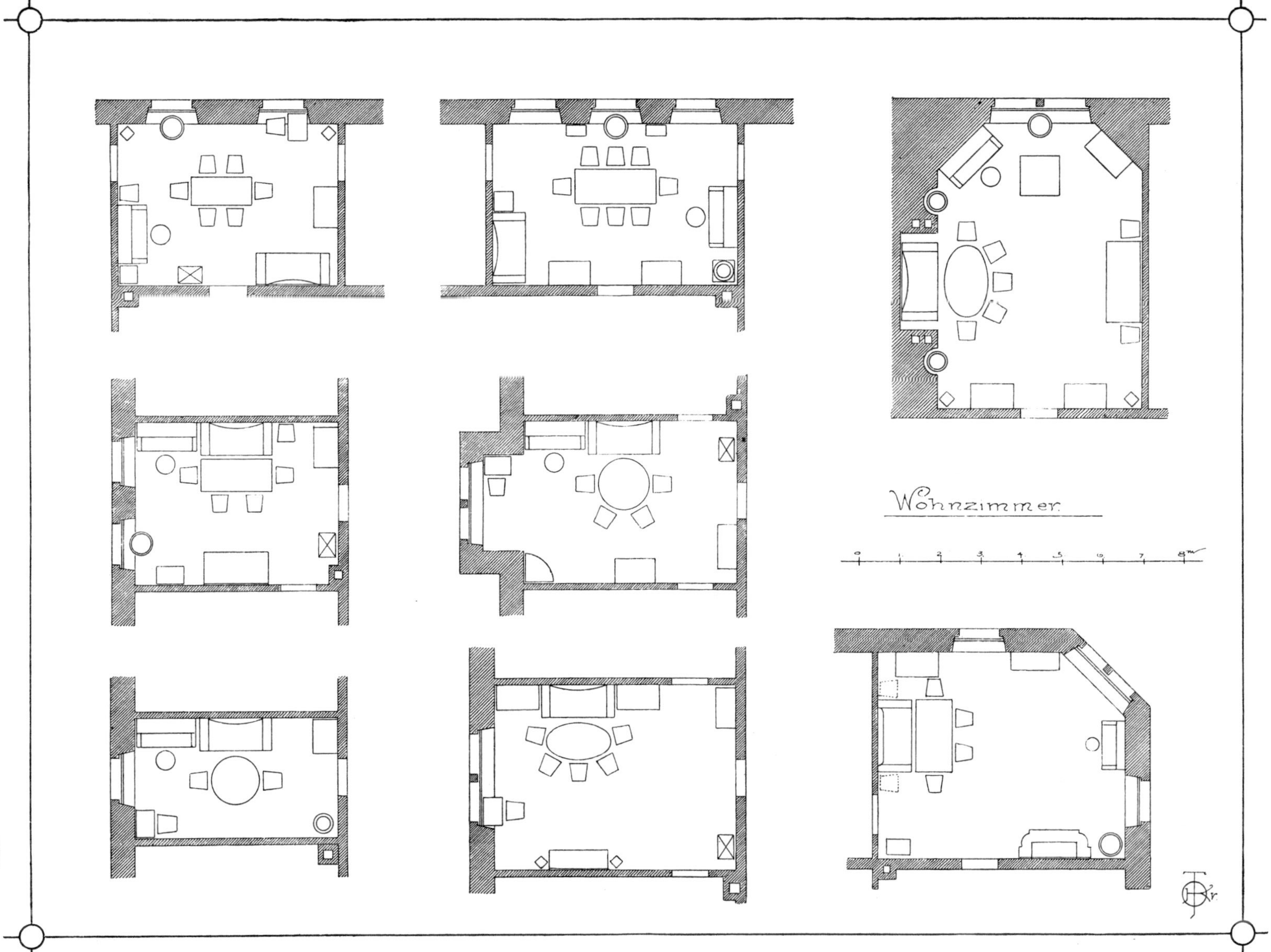

Fig. 274. **Die Möbelverteilung im Wohnzimmer.**

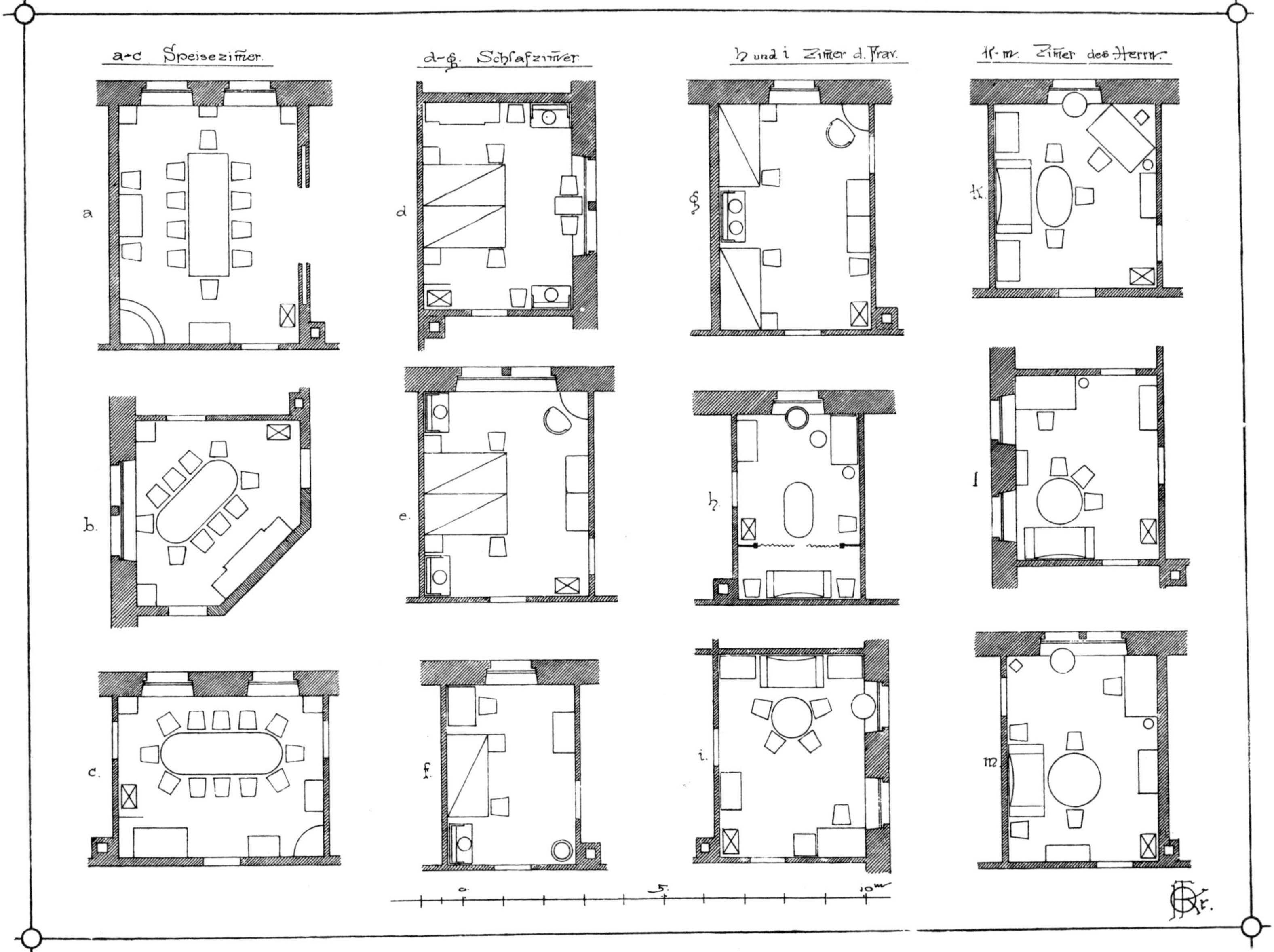

Fig. 275. Die Möbelverteilung im Speisezimmer, Schlafzimmer etc.

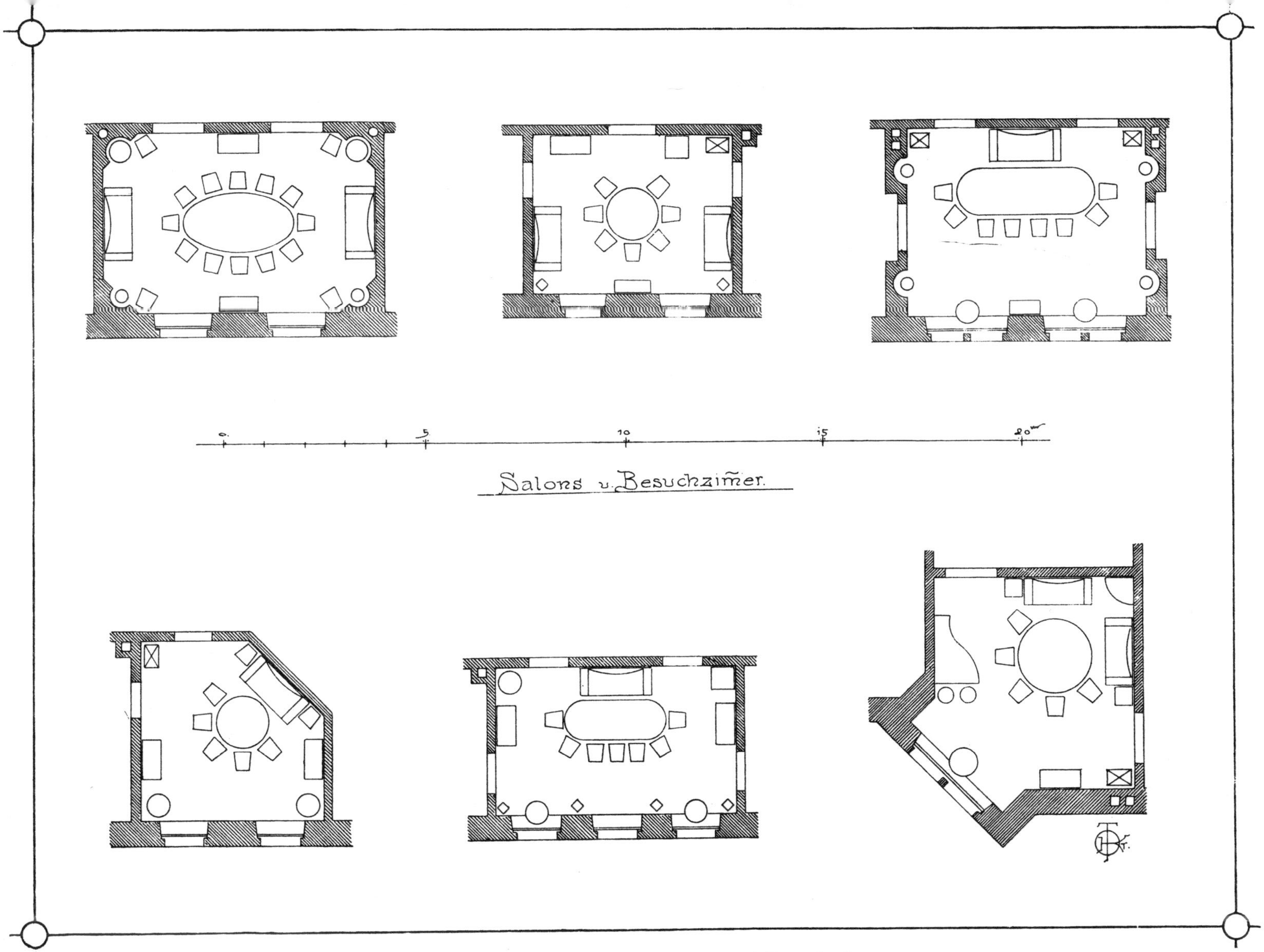

Fig. 276. **Die Möbelverteilung im Salon und Besuchszimmer.**

1. Möbel, welche durch ihre Grösse oder Ausstattung vorherrschen, wie Speiseschränke, Zierschränke, stelle man auf hervorragende Plätze, an die Hauptwand, auf die Wandmitte, auf die Mitte zwischen zwei Thüren, einer Thürmitte gegenüber etc.

2. Bettenpaare können in diesem Sinne als ein grosses Einzelmöbel gelten.

3. Auf die Wandpfeiler zwischen zwei Fenstern bringe man Pfeilertische, Spiegel, Uhren, Konsolen etc.

4. Kleinere Möbel bringe man an bescheidenen Plätzen unter; sie machen weniger Anspruch auf Einhaltung der Axen. Wenn sie paarweise vorhanden sind, verteile man sie gleichmässig zu den Seiten eines grösseren Stückes.

5. In die Ecken stelle man Ecktische, Eckschränkchen, Büstenständer, Vasenständer, Kleiderständer, Etageren etc.

6. Auch die Anordnung paarweiser Möbel symmetrisch zur Ecke empfiehlt sich unter Umständen.

7. Tische stelle man mitten vor das Sofa, inmitten des Zimmers, vor eine Wand- oder Fenstermitte.

8. Stühle gruppiere man in geschickter Verteilung um die Tische, zu beiden Seiten grösserer Möbel, in die Ecken etc.

9. Stühle gebe man in gerader Zahl (zu vier oder sechs Stühlen zwei Armstühle, zu Stühlen um Sitzungs- und Studentenkneiptische einen Präsidentenstuhl etc.).

10. Bilder, Spiegel, Konsolen, Etageren hänge man über die Mitten von Sofas, Kommoden, Schreibtischen, Wandtischen oder paarweise symmetrisch zu deren Axen.

11. In Zimmern, welche durch Wandpfeiler, Unterzüge oder Nischen eine Teilung des Raumes aufweisen, richte man sich nach den Axen der Einzelfelder.

12. Alkove, Erkeranbauten etc. behandle man als Räume für sich und sorge für geeignete Abschlüsse durch Portieren, Gitter, Balustraden etc. Sofas und Ruhemöbel stehen in Alkoven und Nischen besonders gut.

13. Bei grossgemusterten Tapeten von ausgesprochener Vertikalrichtung stelle man die Wandmöbel so, dass ihre Axe mit einer Axe des Musters zusammenfällt.

14. Bei Tapeten mit lebhaft abstechenden Friesen rechne man von Fries zu Fries.

15. Man vermeide einseitig abfallende Linien, d. h. man ordne die Möbel nicht vom grössten zum kleinsten, sondern halte auf passende Abwechselung. Dies gilt nicht nur in Bezug auf die Höhe, sondern auch auf die Ausladung nach der Tiefe.

16. Man häufe die Möbel an einzelnen Stellen nicht zu sehr, so dass andere Plätze zu leer erscheinen.

17. Man hüte sich aber auch vor allzu gleichmässiger Verteilung, die leicht langweilig wird.

18. Die allzu grosse Regelmässigkeit unterbreche man durch willkürliche Aufstellung von Einzelmöbeln, wozu sich hauptsächlich Flügel, Ruhebetten, Blumentreppen etc. eignen.

19. Salons, Besuchszimmer und andere Gesellschaftsräume überfülle man nicht, besonders nicht mit Kleinigkeiten; dagegen mache man das Wohnzimmer, das Herren- und Damenzimmer durch gedrängtere Ausstattung behaglich.

20. In unregelmässigen Grundrissen lassen sich meist gute Zusammenstellungen bilden, wenn man statt der Mittellinien auch die Diagonalen berücksichtigt und passende Möbel in die Ecken stellt symmetrisch zur Winkelhalbierungslinie.

21. Arbeitstische und Schreibtische stelle man so, dass der Sitzende das Licht von links hat. Kleine Nähtische stellt man gerne in die Fensternischen.

22. Tische stelle man überhaupt nicht zu weit vom Lichte ab, unter die Mitte der Gas- oder Lampenbeleuchtung.

23. Blumentische können nur in der Fensternische oder in nächster Nähe des Fensters stehen, wenn die Blumen gedeihen sollen.

24. An die schlechtbeleuchteten Stellen setze man die untergeordneten Möbel.

25. Klaviere stelle man so, dass der Spielende keinen Schatten auf die Noten wirft.

Zu nahe am Fenster verstimmen die Instrumente gerne.

26. Notenständer gehören in die Nähe der Instrumente.

27. Anrichtetische gehören in die Nähe des Buffets oder der zur Küche führenden Thüre.

28. Bücher- und Zierschränke sind so zu stellen, dass man den Inhalt leicht erkennen kann.

29. Spiegelschränke stehen am besten, wenn der Beschauer im Licht steht.

30. Bettstellen stehen gut, wenn der Schlafende nicht direkt ins Licht sieht. Nachttische stehen am Kopfende, Stühle am Fussende.

31. Büstenständer sind so zu stellen, dass die Büste richtig beleuchtet ist.

32. Spiegel hänge man nicht zu hoch.

33. Grosse Bilder hänge man höher, kleine niedriger.

34. Uhren hänge man möglichst so, dass man sie ohne Stuhl und Leiter aufziehen kann. (Da die alten Gewichtsuhren des Ablaufs halber hoch hängen mussten, hängt man aus unverständiger Gewohnheit auch die Regulatoren und Federzuguhren hoch, die es gar nicht nötig haben.)

35. Man halte überall auf freien Durchgang, insbesondere von Thür zu Thür.

36. Man berücksichtige das Aufgehen der Thüren und sorge, dass diese nicht an die Möbel anschlagen.

37. Auch das Oeffnen der Möbelthüren und das Ausziehen der Schubladen soll in keiner Weise behindert sein.

38. Möbel stelle man nicht zu nahe an den Ofen.

39. Möbel stelle man nicht derart zusammen, dass unzugängliche Staubwinkel entstehen.

40. Wer diese Anleitungen nicht nötig hat, der mache die Sache wie er will, und es wird besser sein.

XII. SCHLUSSWORT.

Die Verfasser sind mit ihrer Aufgabe zu Ende. Sie haben diese mit einer gewissen Liebe zu lösen versucht, die sie dem Handwerk entgegenbringen. Die Wiege des einen stand neben der Schreinerwerkstätte und die des anderen neben der Schulstube seines Vaters. Die technische Hochschule zu Karlsruhe war später ihre gemeinsame alma mater und heute stehen sie beide im öffentlichen Dienste des gewerblichen Unterrichts.*) Es hat ihnen eine grosse Freude gemacht, als der Altmeister, Oberbaurat von Leins, behauptete, es sei ganz der Holz- und Werkstattgeruch einer tüchtigen Schreinerei, der einem aus dem Schreinerbuch entgegenkomme.

Die Verfasser können es sich nicht versagen, ihre Arbeit mit einigen wohlgemeinten Ratschlägen zu schliessen, welche in erster Reihe der Jugend gelten, der ja die Zukunft des Handwerks gehört.

Lerne, könne, leiste was, dann hast du was.

Ausser deinem Handwerk lerne vor allem rechnen und zeichnen.

Wenn du nicht rechnen kannst, so ist es ein Zufall, wenn du es zu etwas bringst.

Wenn du nicht zeichnen kannst, so wirst du auch keine Zeichnung richtig verstehen. Dann bist du von der Hilfe anderer abhängig und passest nicht in die heutige Zeit.

Gehe mit der Zeit; denn wer aus der Zeit tritt, wird ihr fremd.

Halte Haus mit deiner Zeit. Vergeude sie nicht an zwecklose Dinge; aber achte der kleinsten Kleinigkeit, wenn sie dir einmal von Nutzen sein kann.

Halte die Augen offen und nütze jede Gelegenheit zum besten. Wer weiss, ob sie wiederkehrt.

Thue nichts halb. Alle Halbheit ist vom Uebel.

Arbeite genau. Genauigkeit kann nicht hoch genug angeschlagen werden.

Mache lieber ein leichtes Stück recht, als ein schweres schlecht.

Arbeite stets so, als ob ein Fachkenner neben dir stände.

Halte auf ein ordentliches Werkzeug. Wie der Herr, so das Geschirr.

Halte auf trockenes Holz. Es ist die Grundbedingung einer guten Arbeit.

---

*) Leider hat, seit dies geschrieben wurde, der Tod meinen Freund und Mitarbeiter abberufen. Regierungsrat Krauth ist am 15. August 1900 in Wattwyl gestorben. F. S. M.

Hast du dein redliches Tagewerk gethan, dann raste.

Raste, aber roste nicht.

Sehe auf gute geistige und leibliche Kost. Sie müssen Leib und Seele in Ordnung halten.

Suche diejenigen zur Gesellschaft, die mehr können als du.

Versprich nicht mehr als du halten kannst, aber halte, was du versprochen hast. Es ist eine alte, unverzeihliche Untugend der Schreiner, ihre Kunden anzulügen.

Mache alles sofort, und wenn es nicht sein kann, in der richtigen Reihenfolge.

Spare dir das Schwerste nicht auf zuletzt auf.

Vernachlässige kleine Aufträge nicht. Dem Auftraggeber sind sie oft wichtiger, als dir die grossen.

Halte auf anständige Preise und bedenke, dass du Zeit und Holz nicht gestohlen hast.

Sei vorsichtig in der Annahme deiner Kunden. Wenige, die zahlen, sind besser als viele, die es nur zum Teil thun.

Wenn du eine Sache besser weisst als deine Kunden, dann belehre sie.

Wenn du Arbeiter hast, so gehe ihnen mit gutem Beispiel voran.

Lieber wenige gute Arbeiter bei kleinem Betrieb, als ein grosses Geschäft mit unzuverlässigen Leuten.

Lasse deine Arbeiter nicht allein und lass andere für dich die Frühschoppen trinken.

Verabscheue das „Billig und schlecht“.

Was du von anderen besser und billiger haben kannst, das mache nicht selbst.

Führe ein Buch, aber nicht nur pro forma.

Schicke die Rechnungen zu rechter Zeit, sonst haben die Leute kein Geld.

Lass nichts verjähren.

Zahle bar und halte auf Barzahlung. Schulden sind Sorgen.

Auf Gegenrechnungen falle nicht herein.

Submittiere mit Verstand oder gar nicht.

Sieh dir die Pläne an und rechne die Voranschläge nach.

Wolle nicht der Niederste sein. Es giebt ja Dumme genug.

Bevor du dir eine Maschine kaufst, überlege es dreimal. Ueberlege, ob du auch genügend Arbeit für sie hast und was sie noch wert ist, wenn eine bessere auf den Markt kommt.

Sieh dich um und thue etwas für deine allgemeine Bildung.

Wenn du Fachschriften hältst, so lese sie auch.

Sehe dir Sammlungen und Ausstellungen an.

Selber stelle nur aus, wenn du wirklich etwas Sehenswertes hast.

Schaffe keine Ausstellungsstücke, bevor du einen Abnehmer hast.

Schaffe nicht auf Vorrat, bevor du weisst, wie du ihn absetzen kannst.

Lege dir kein unnötiges Material zu und weise zudringlichen Reisenden die Thüre.

Ueberhebe dich nicht, denn Hochmut kommt vor dem Fall. Wirf dich nicht weg, denn „nur Lumpen sind bescheiden“.

Sei höflich. Mit dem Hute in der Hand kommt man durch's ganze Land. Aber auf einen groben Klotz gehört ein grober Keil.

Schilt nicht auf deine Wettbewerber. Sei besser als sie.

Schilt nicht auf die Fabriken. Lerne von ihnen.

Stimme nicht ein in den alten Gesang von den gegenwärtigen schlechten Zeiten. Seit es Menschen giebt, wird gejammert, und wenn es wirklich immer schlimmer geworden wäre, so könnte es längst niemand mehr auf Erden aushalten.

Wenn es dir schlecht geht, so suche den Grund hierfür nicht ausser dir. Selbst ist der Mann und jeder seines Glückes Schmied.

Halte auf Handwerksehre in jeder Hinsicht.

Befolge diese Ratschläge, und du wirst dich überzeugen, dass das Handwerk auch heute noch einen goldenen Boden hat.

Predige nicht Moral, wenn dich die Aussicht, ausgelacht zu werden, nicht kalt lässt, wie uns.

DIE GESAMTE MÖBELSCHREINEREI

MIT BESONDERER BERÜCKSICHTIGUNG

DER KUNSTGEWERBLICHEN FORM

HERAUSGEGEBEN

VON

† THEODOR KRAUTH

ARCHITEKT GROSSH. PROFESSOR UND REGIERUNGSRAT IN KARLSRUHE

UND

FRANZ SALES MEYER

ARCHITEKT UND PROFESSOR AN DER GROSSH. KUNSTGEWERBESCHULE IN KARLSRUHE

VIERTE DURCHGESEHENE UND VERMEHRTE AUFLAGE

MIT 136 TAFELN UND 276 FIGUREN IM TEXT

ZWEITER BAND: TAFELN

LEIPZIG

VERLAG VON E. A. SEEMANN

1902.

VERZEICHNIS DER TAFELN.

(Vergleiche auch jeweils die beiden letzten Abteilungen dieses Verzeichnisses.)

Verschiedenes.

85. Standuhren.
86. „
87. Waschschränkchen.
88. „
89. Noten- und Bücherständer.
90. Ständer für Bürsten, Vasen und Lampen.
91. Topfständer.
92. Mappenständer.
93. Staffeleien.
94. „
95. „
96. Kleiderständer.
97. Handtuchhalter.
98. „
99. Notenpulte.
100. Quartetttisch mit zusammenfaltbaren Pulten.
101. Notenpult für ein Quartett, zu Taf. 100 gehörig.
102. Stehregale.
103. Hängeregale.
104. Konsolen.
105. „
106. Vorhanggalerien.
107. Rahmenprofile.
108. Rahmen.
109. Schemel.
110. Repositorien für Billardstöcke.
111. „ „ „
112. Zimmerleitern und Treppenstühle.

Moderne Möbel mit mittelalterlichen Anklängen.

113. Sofa und Salontisch von Arch. Bichweiler.
114. Pfeilerschränkchen, Tisch u. Stühle, von demselben.
115. Pfeilerschränkchen mit Spiegel, Waschtisch, von demselben.

Möbel im Stile der neusten Richtung.

116. Tische.
117. Tische, Nipp- und Konsoltische.
118. Bretter- und Zargenstühle.
119. Zargenstühle, Rohrstühle.
120. „ „
121. Speiseschrank (Buffet).
122. Kabinettschränke.
123. Wandschränkchen u. Hängeregal.
124. Waschtisch, Bettstatt u. Nachttisch.
125. Drehbares Büchergestell.
126. Büstenständer, Mappenständer etc.
127. Konsolen.
128. Tische und Sitzmöbel von W. Michael.
129. Waschtisch, Sekretär u. Sitzmöbel von H. van de Velde.
130. Schränke, Ecktisch, Sofa und Armsessel von B. Pankok.
131. Waschtisch, Kredenzschrank, Flügel und Armstuhl von R. Riemerschmid.
132. Buffet und Schlafzimmermöbel von Patriz Huber.
133. Schrankmöbel, Sofa, Tisch und Stühle von J. Hoffmann.
134. Toilettetisch, Schränkchen, Garderobeständer und Stühle von Ch. Plumet u. P. Schmersheim.
135. Salon-, Schreib- und Kredenztisch nebst Sitzmöbeln von C. Majorelle.
136. Schränke, Standuhr und Sitzmöbel von C. R. Ashbee.

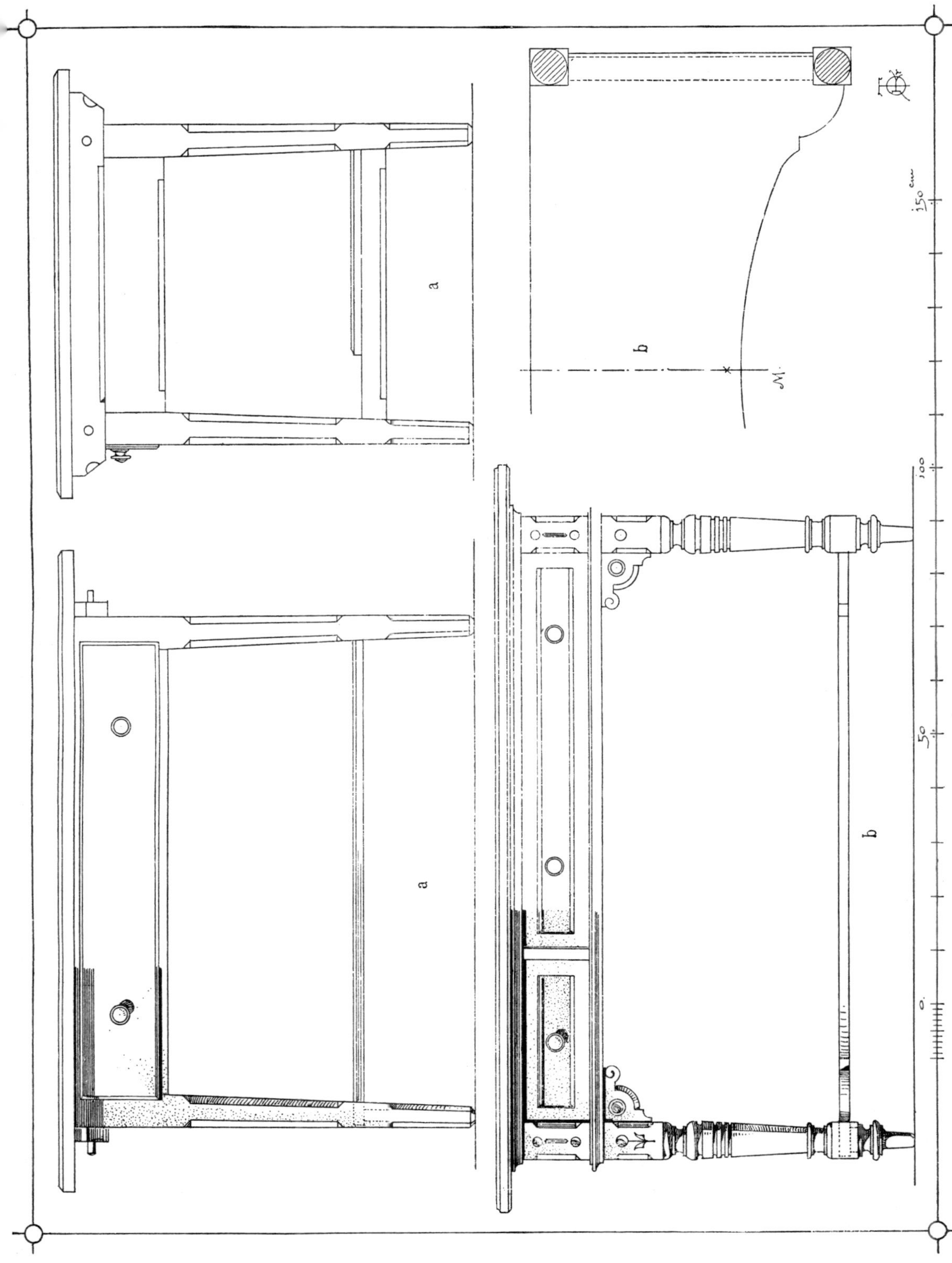

Gewöhnliche Tische für Küche, Wohnzimmer etc.

Tafel 2.

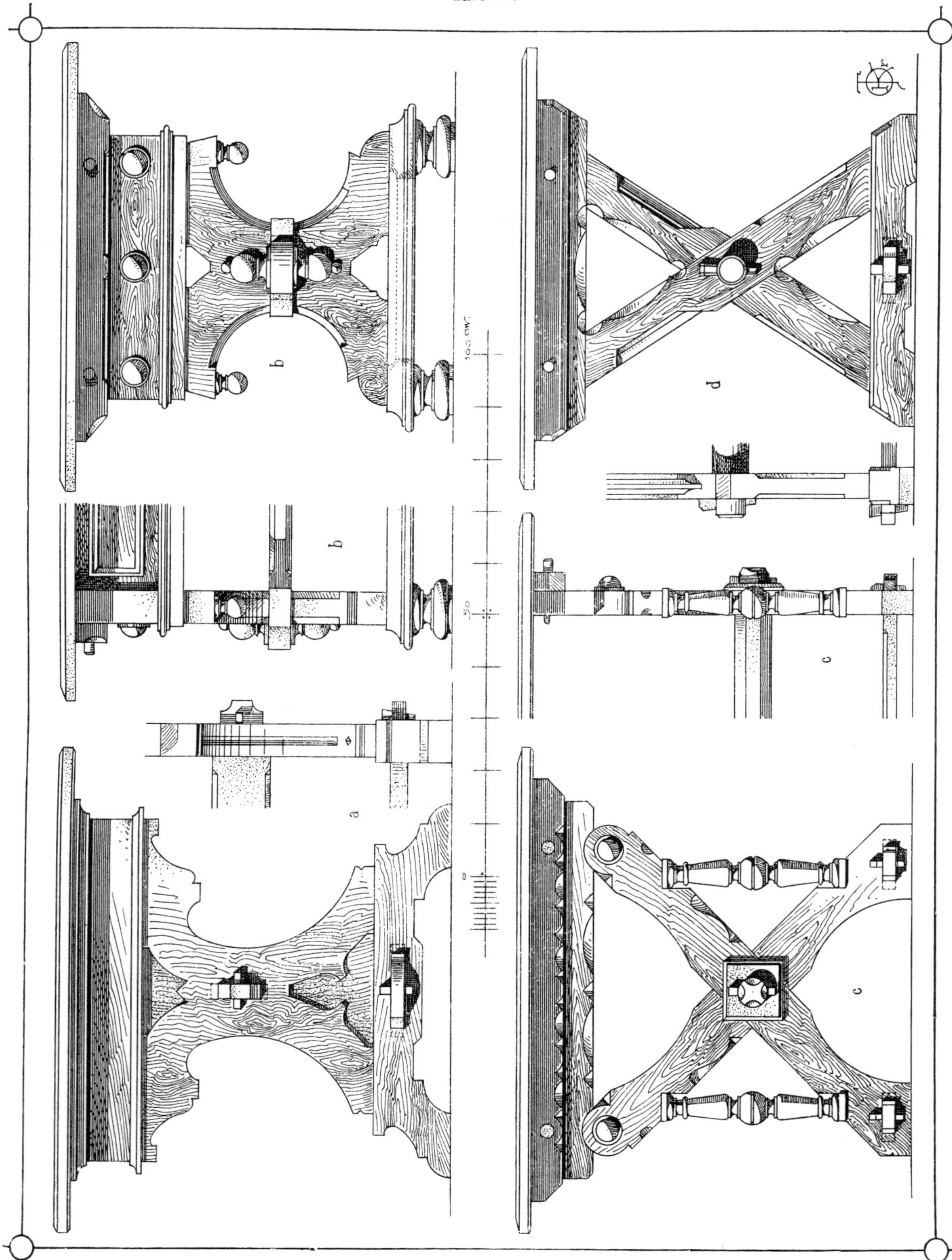

Stirnwand- und Sägebock-Tische.

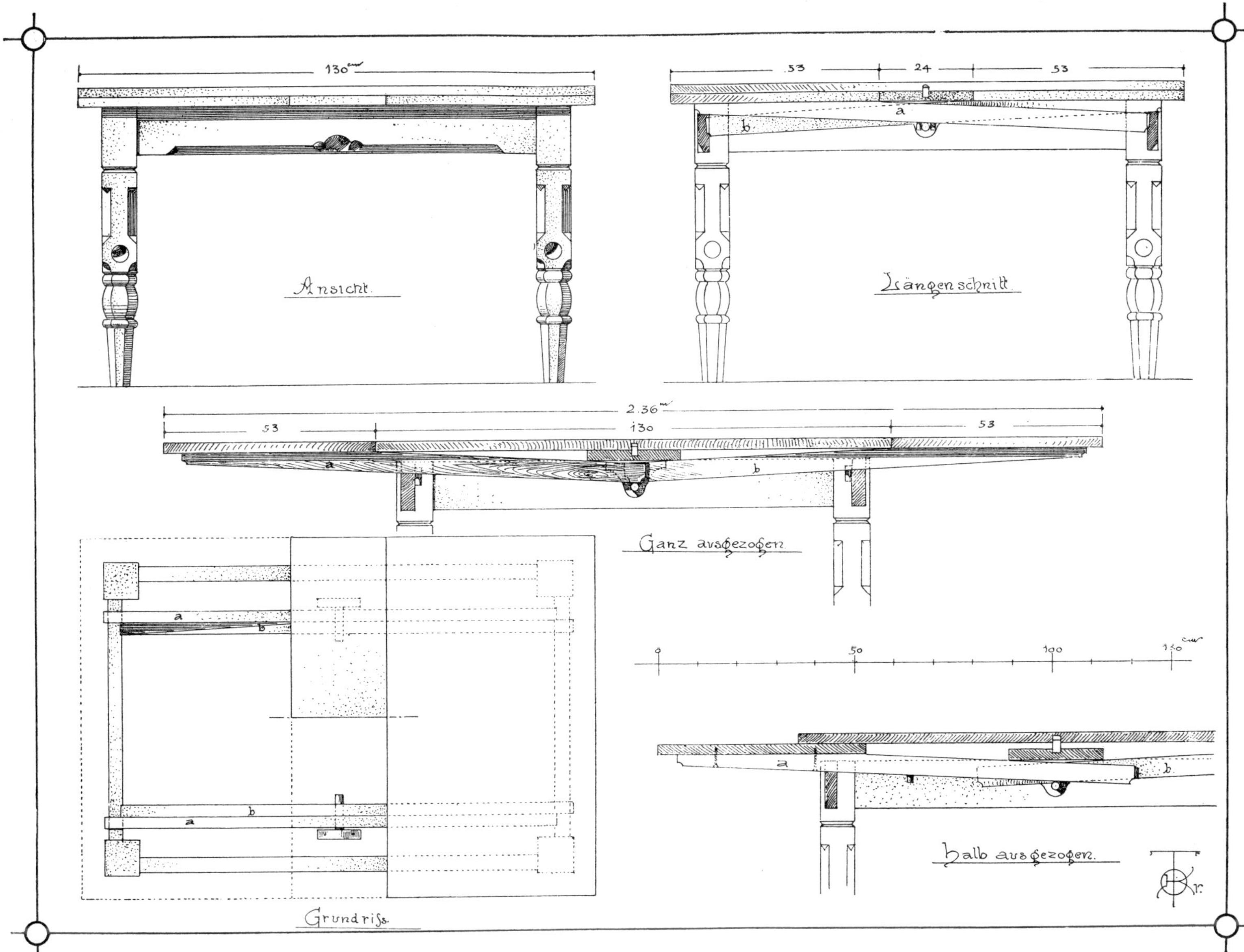

Ausziehtisch älterer Konstruktion.

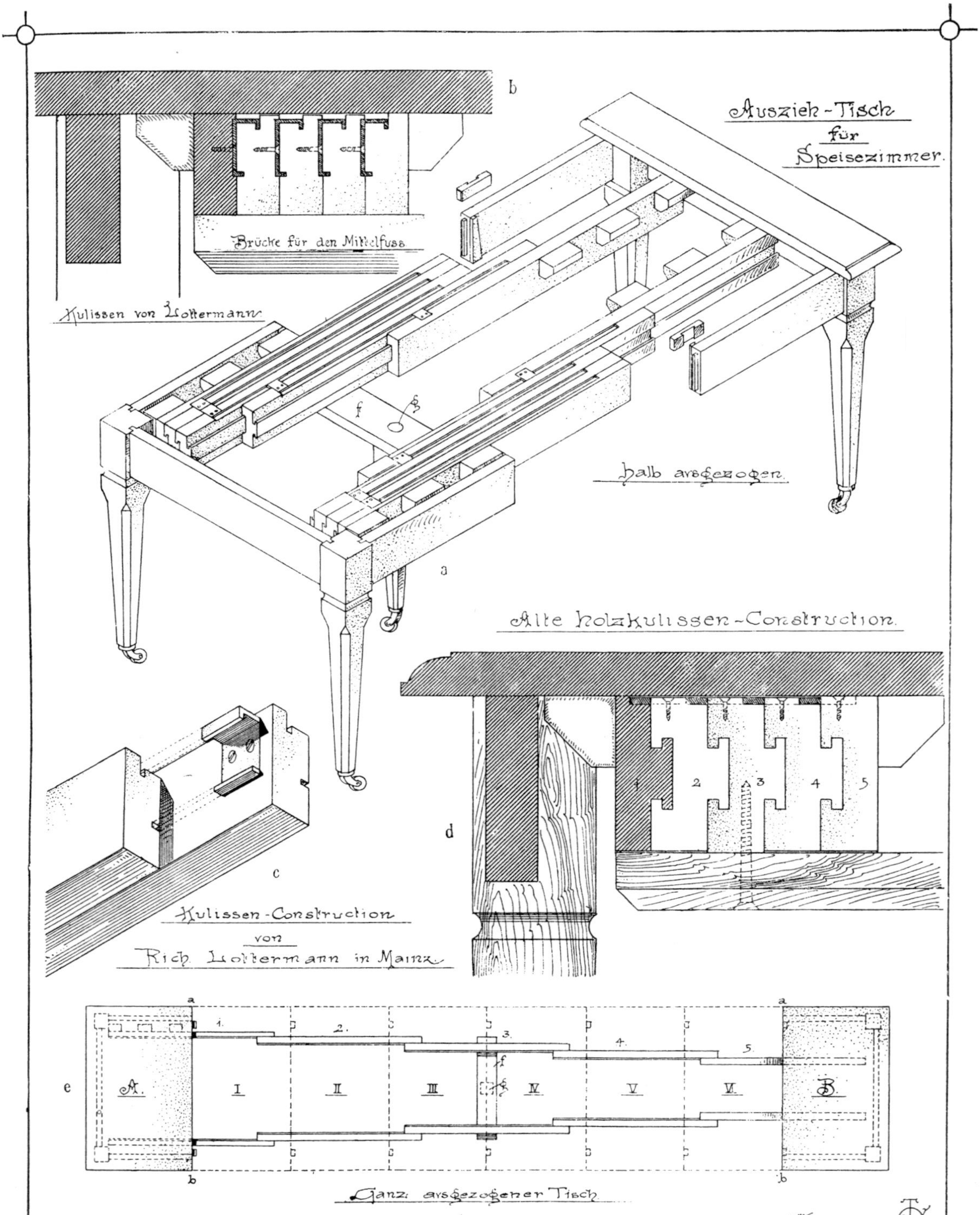

Ausziehtische.

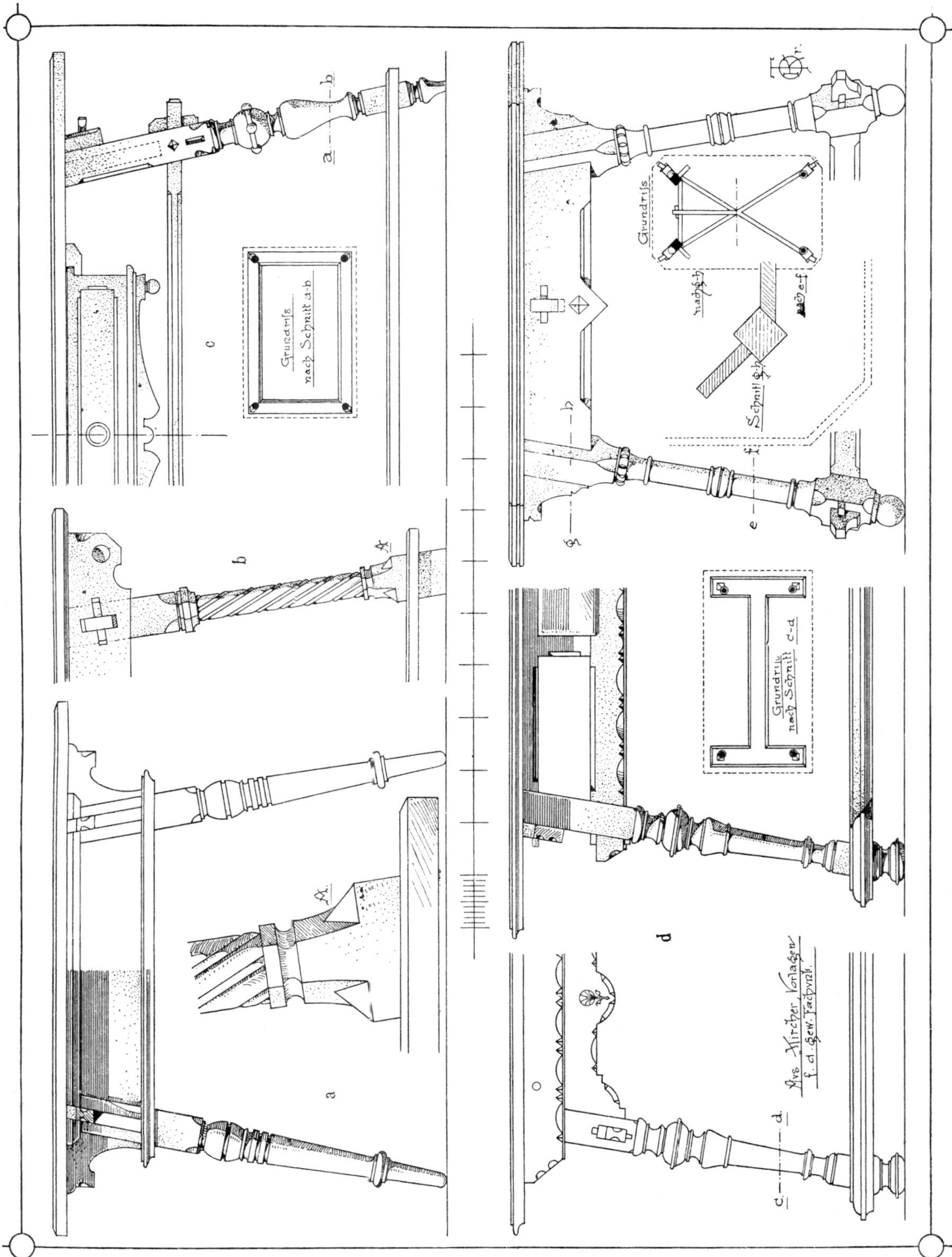

Wirtshaustische, Kneiptische.

Tafel 6.

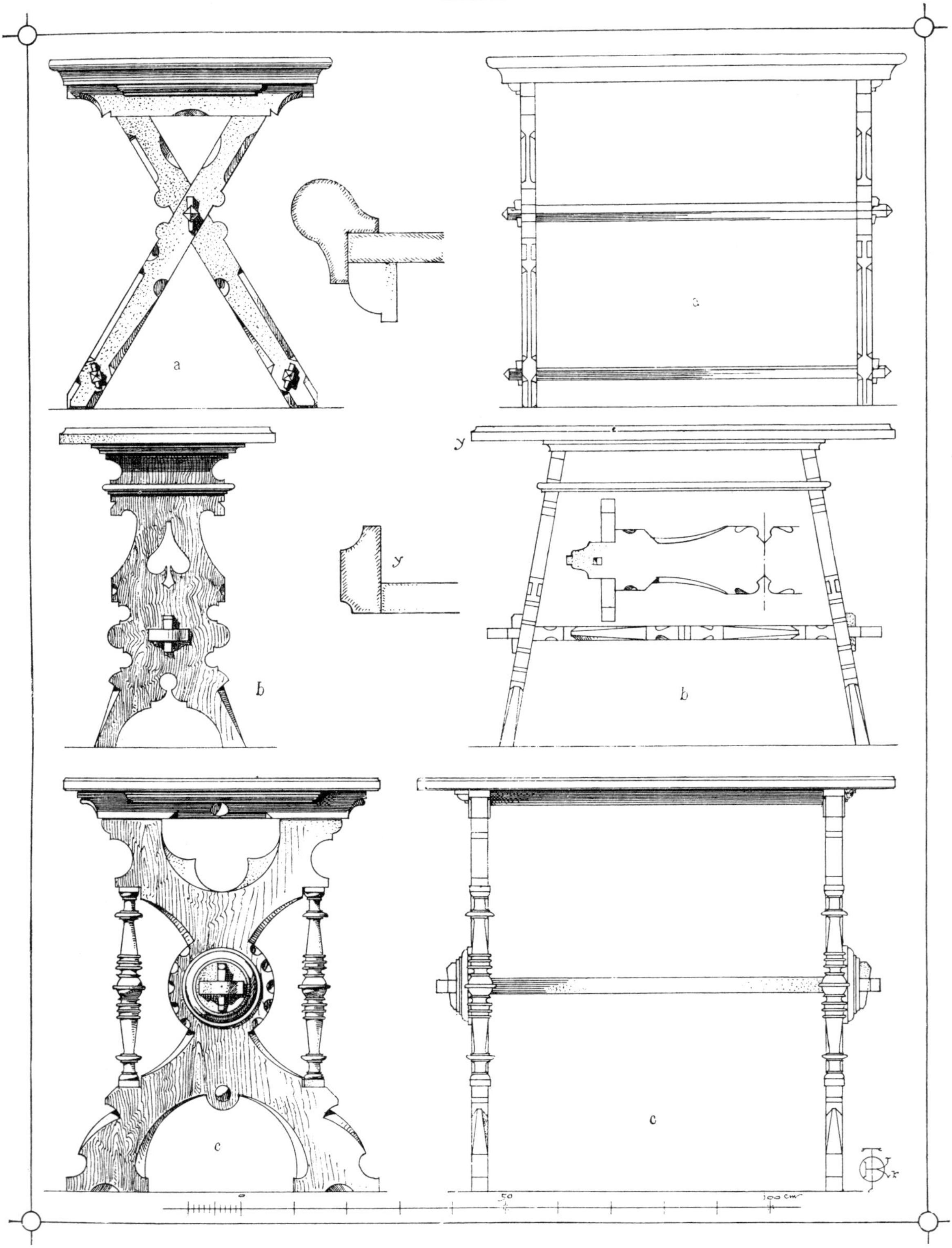

Servier- und Anrichte-Tische.

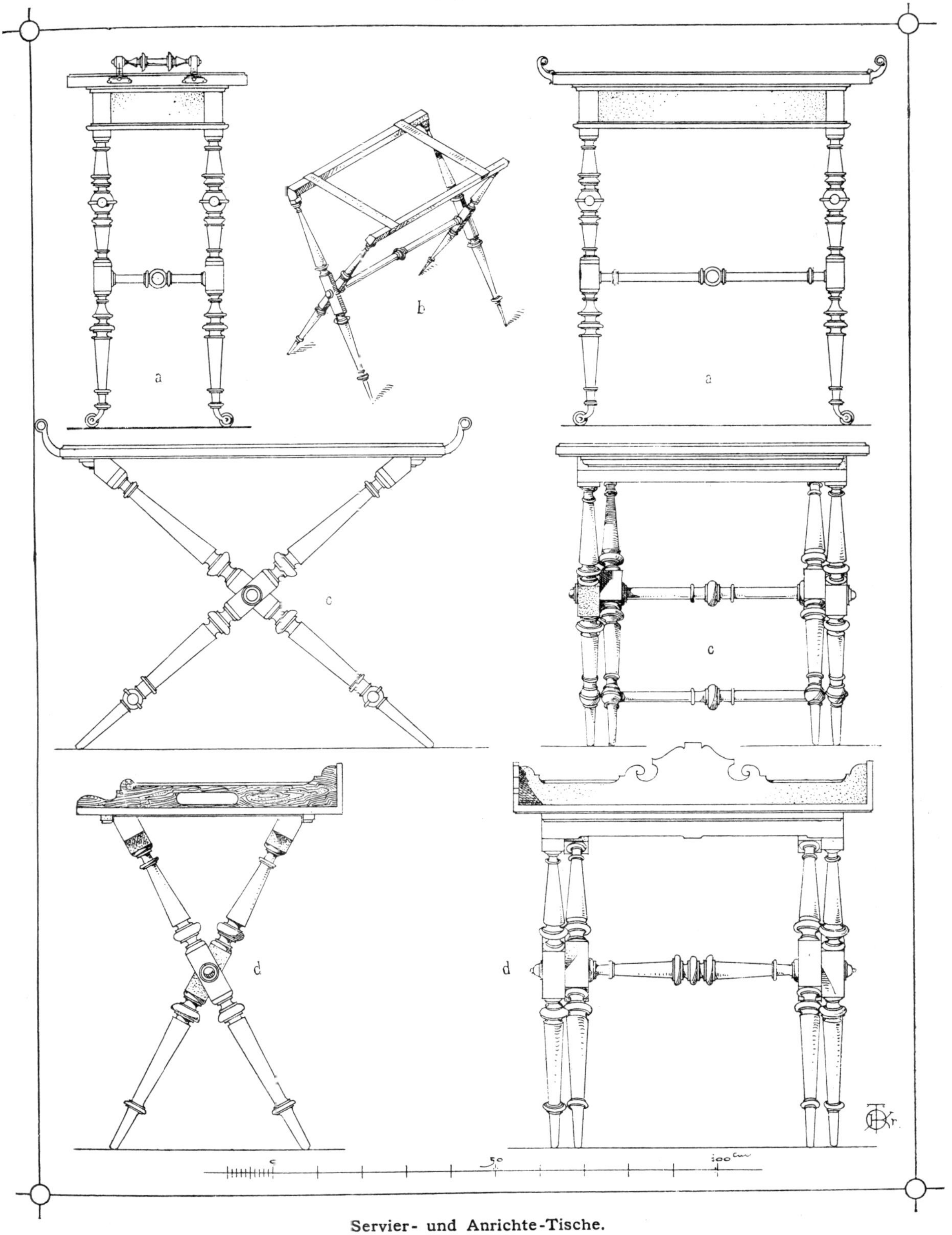

Servier- und Anrichte-Tische.

Tafel 8.

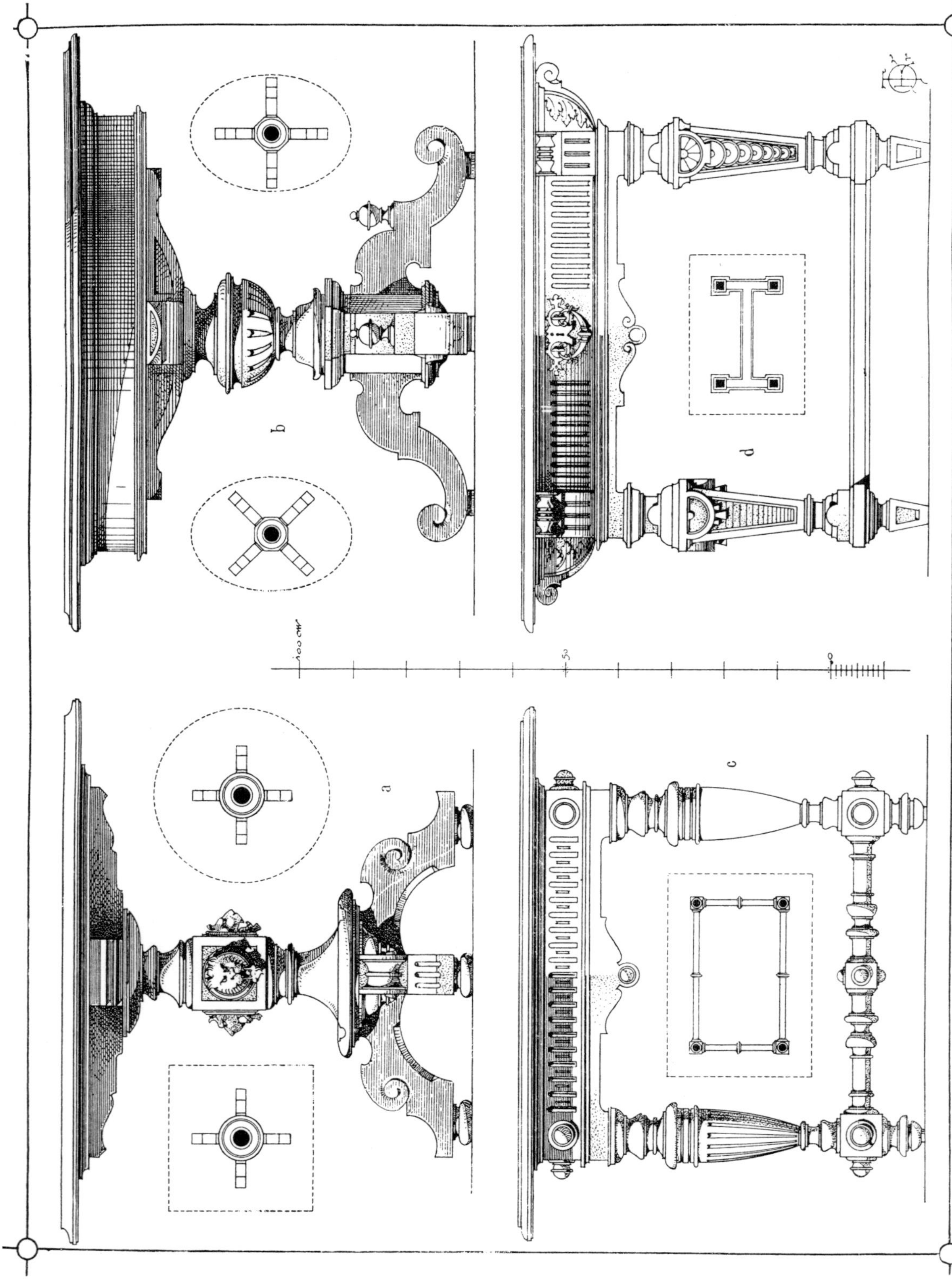

Salontische.

Tafel 9.

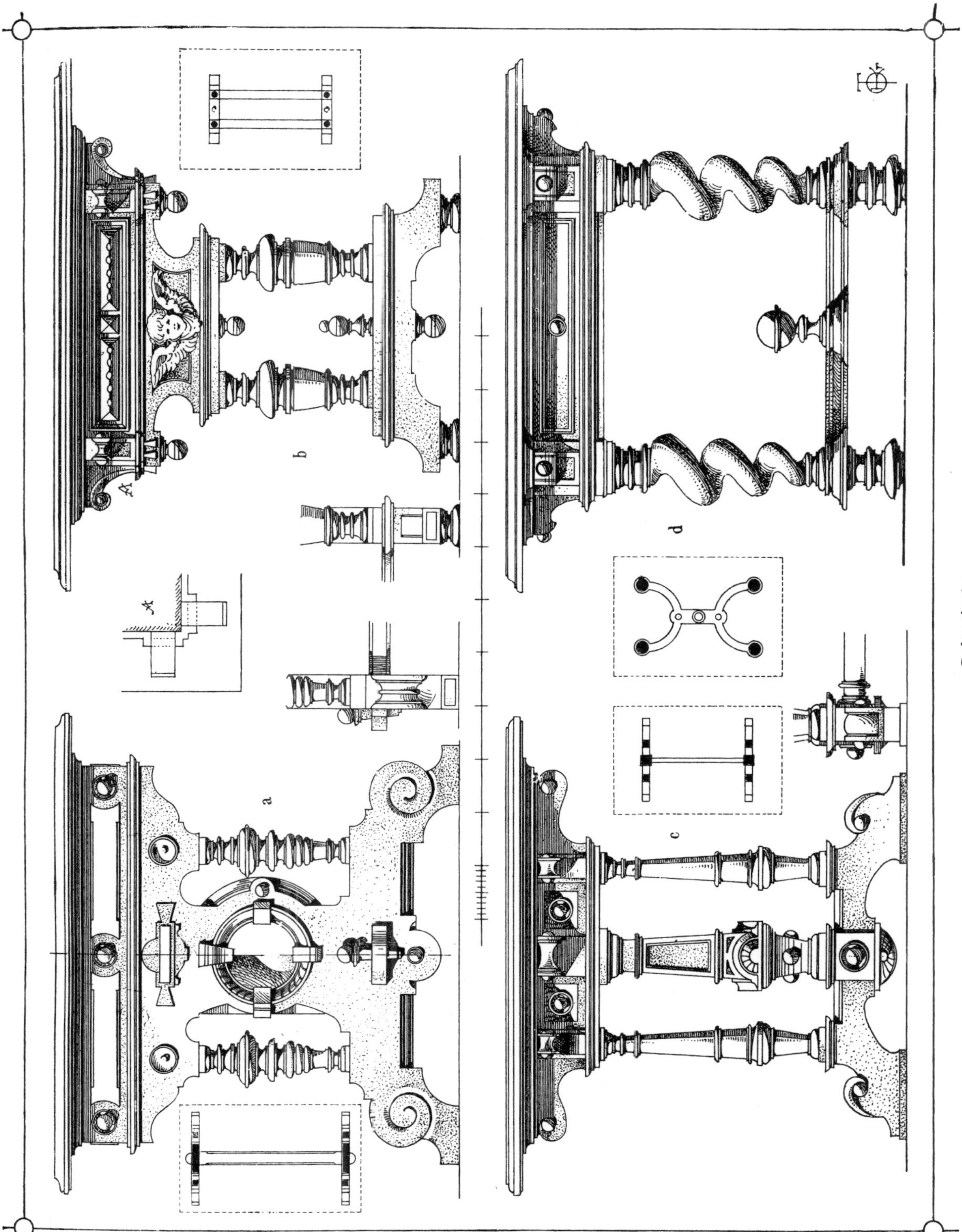

Salontische.

Tafel 10.

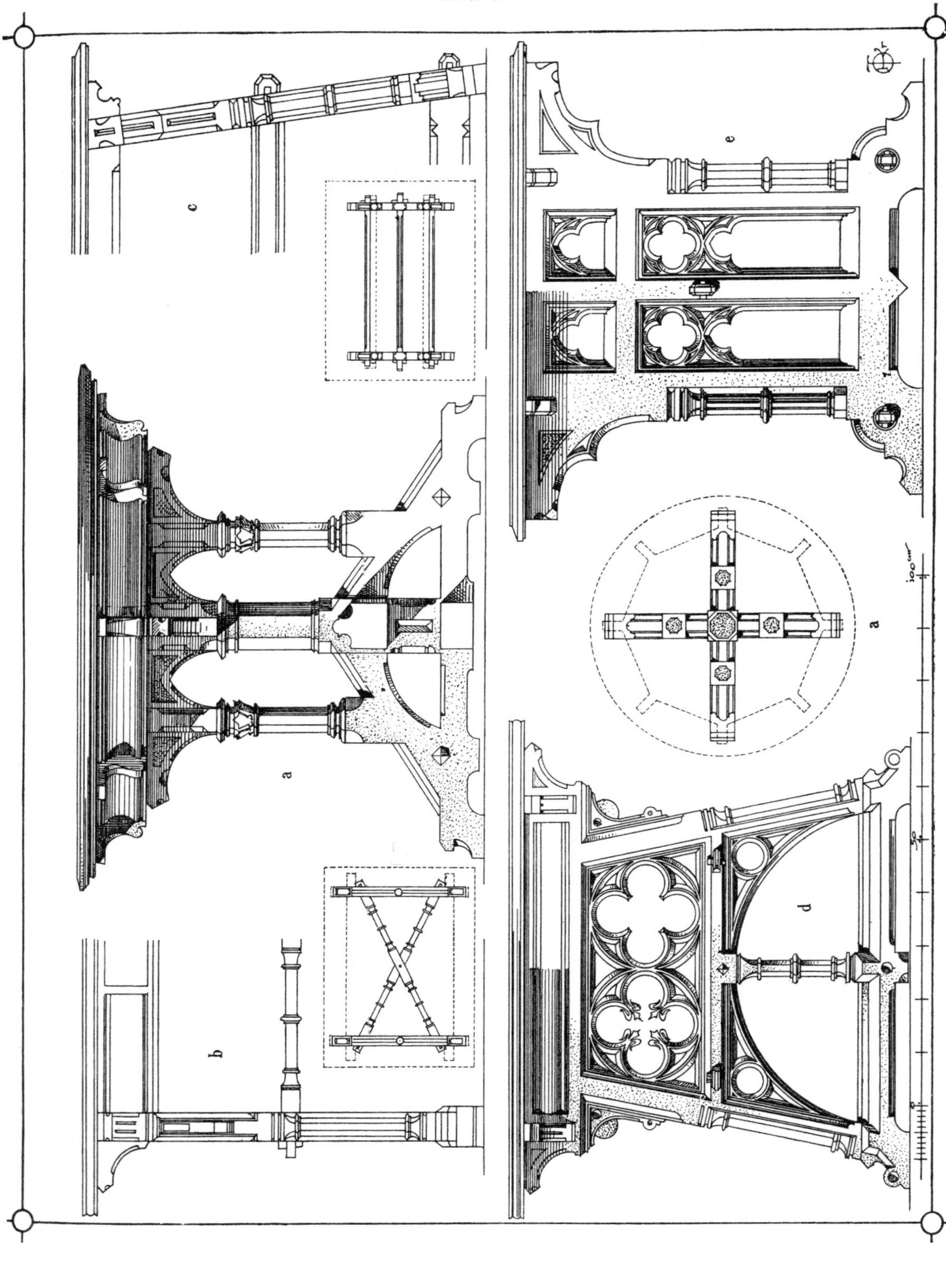

Tische in neugotischem Stil.

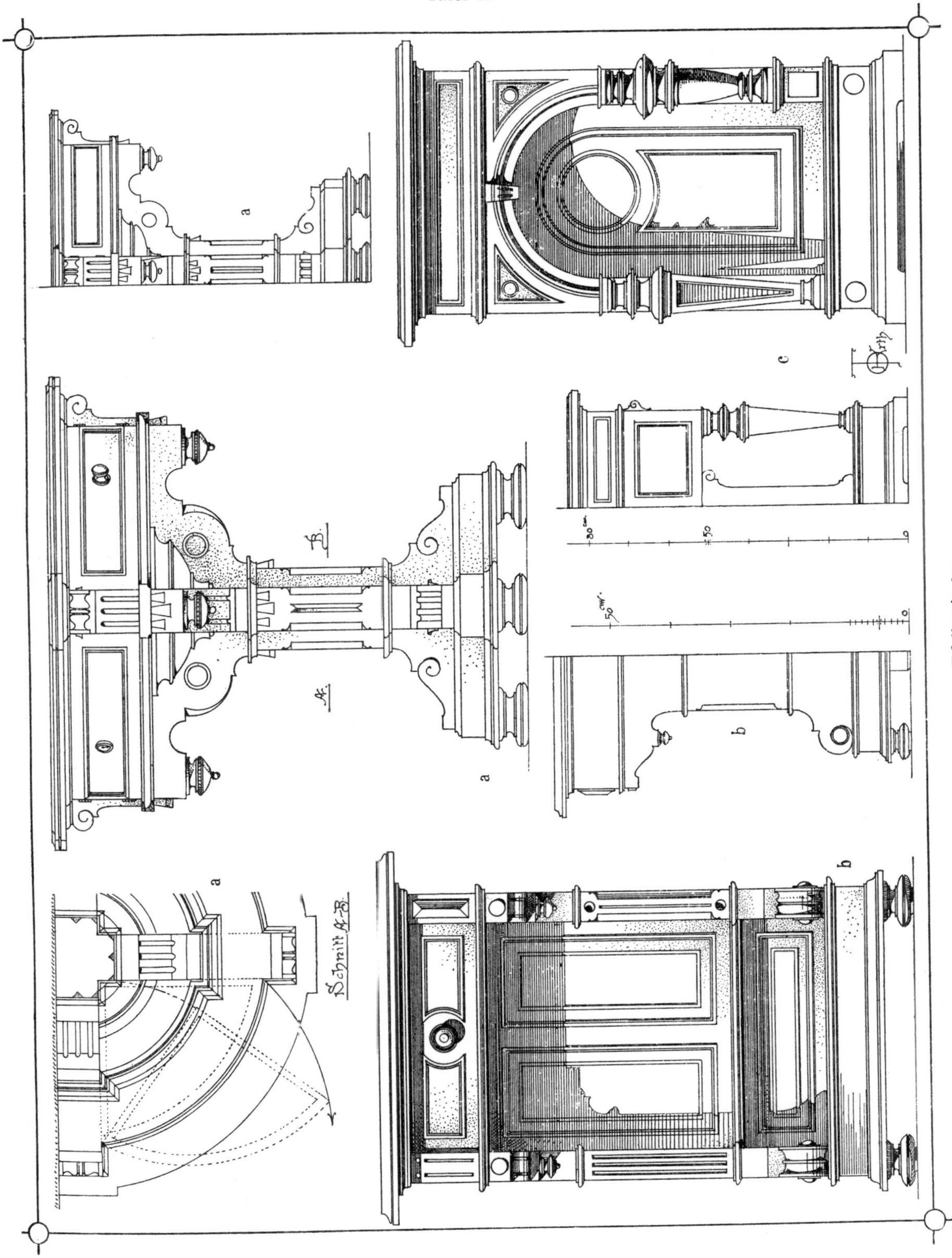

Pfeilertische.

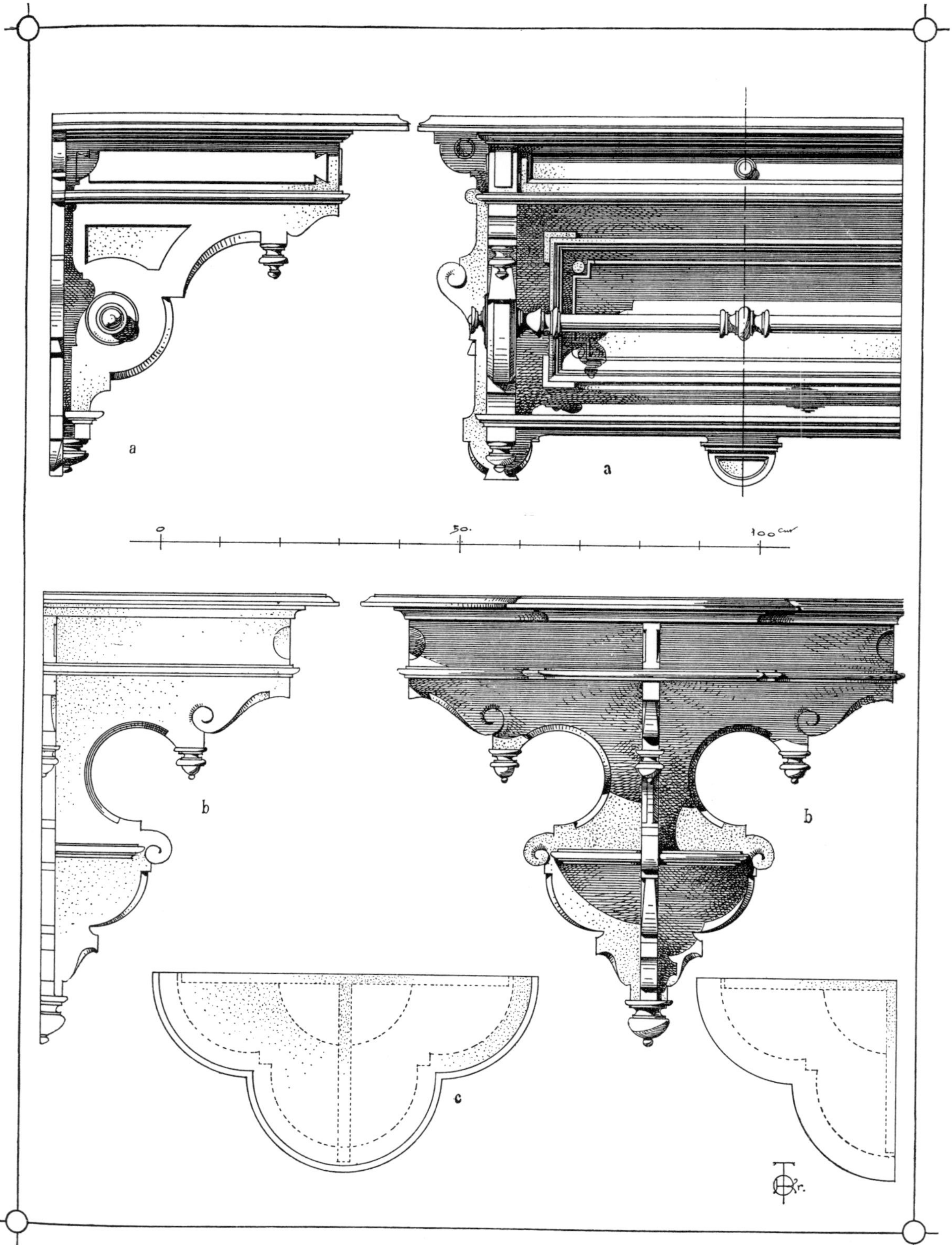

Konsoltische.

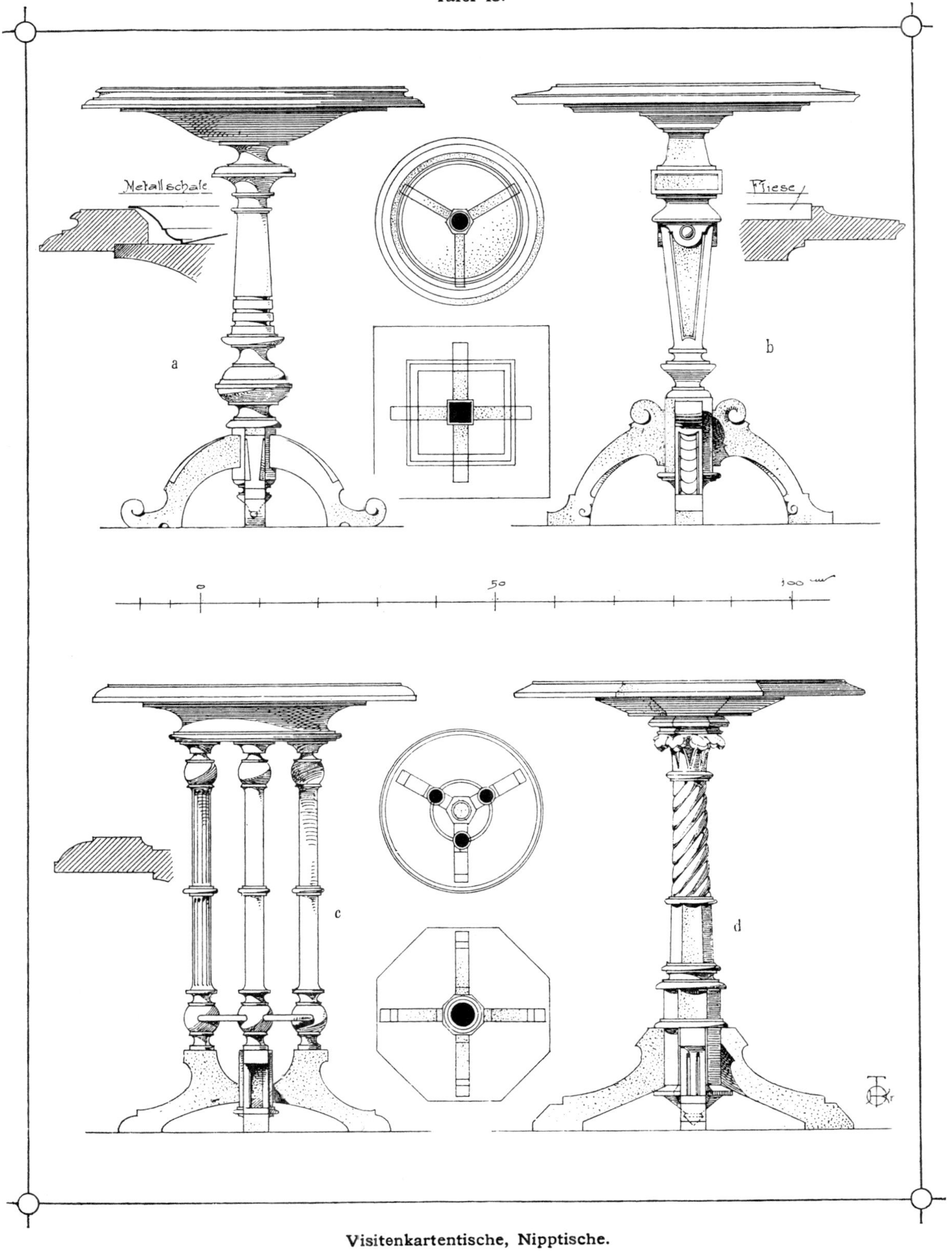

Visitenkartentische, Nipptische.

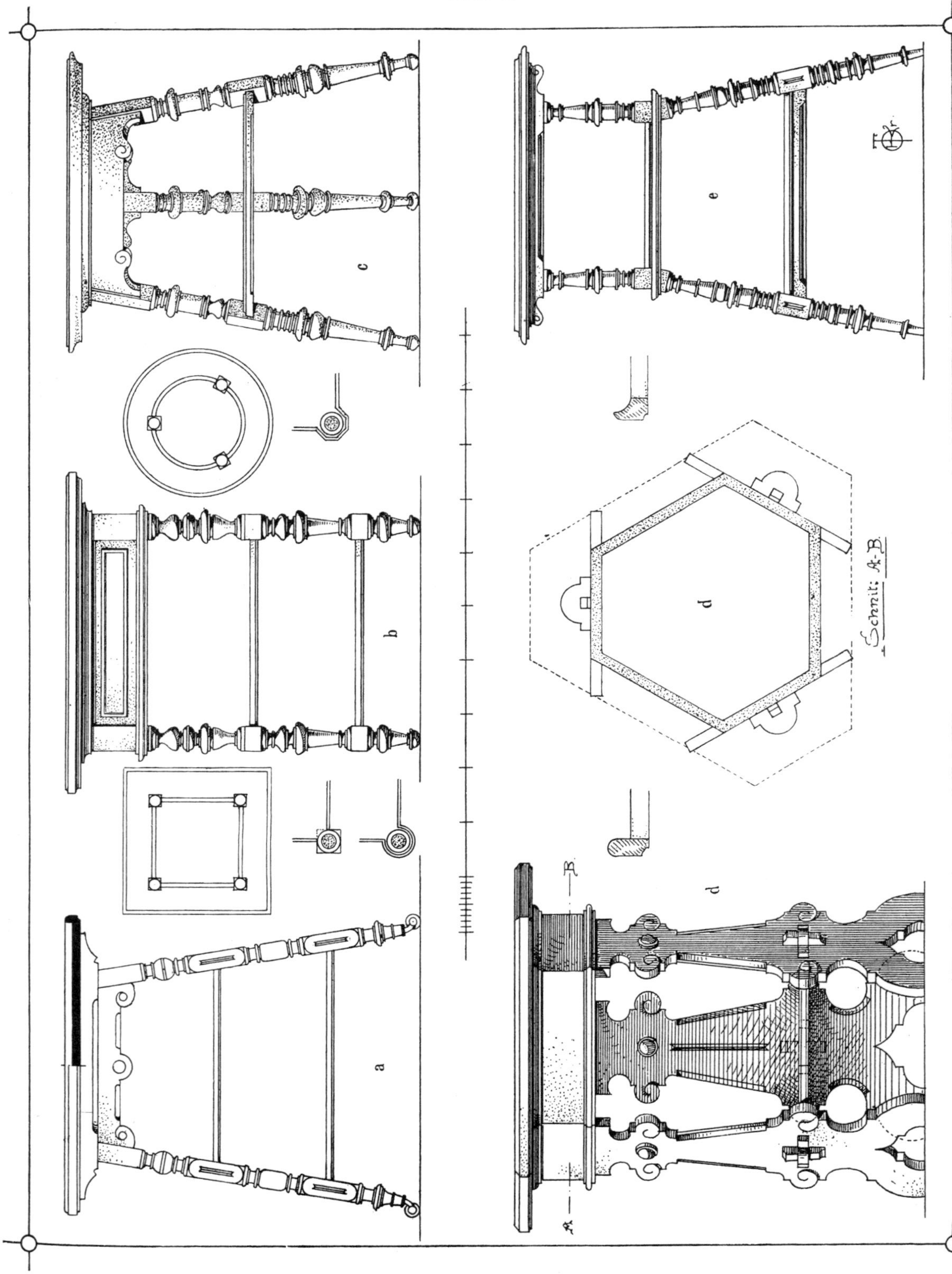

Staffeltische, Etagentische.

Ecktische.

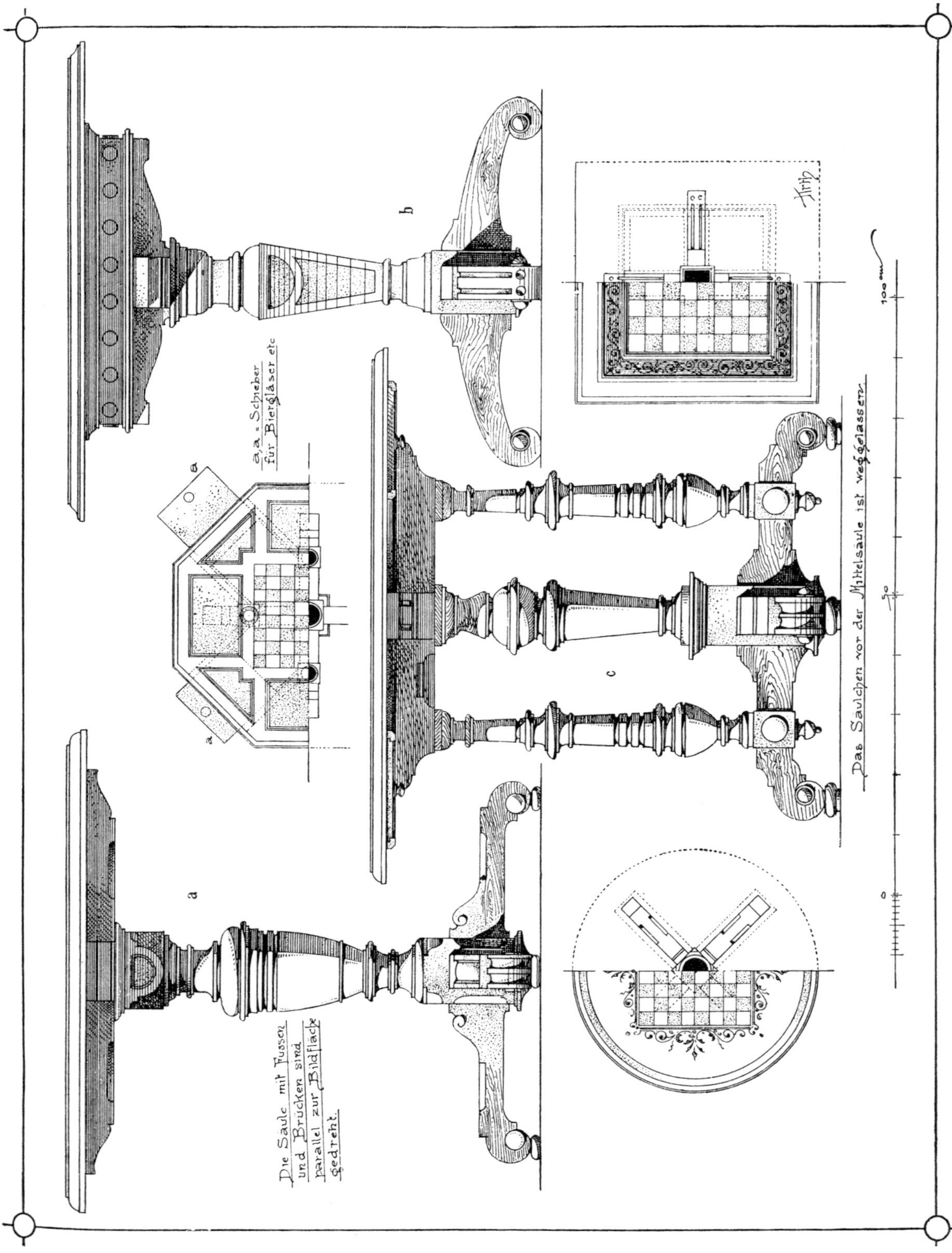

Spieltische.

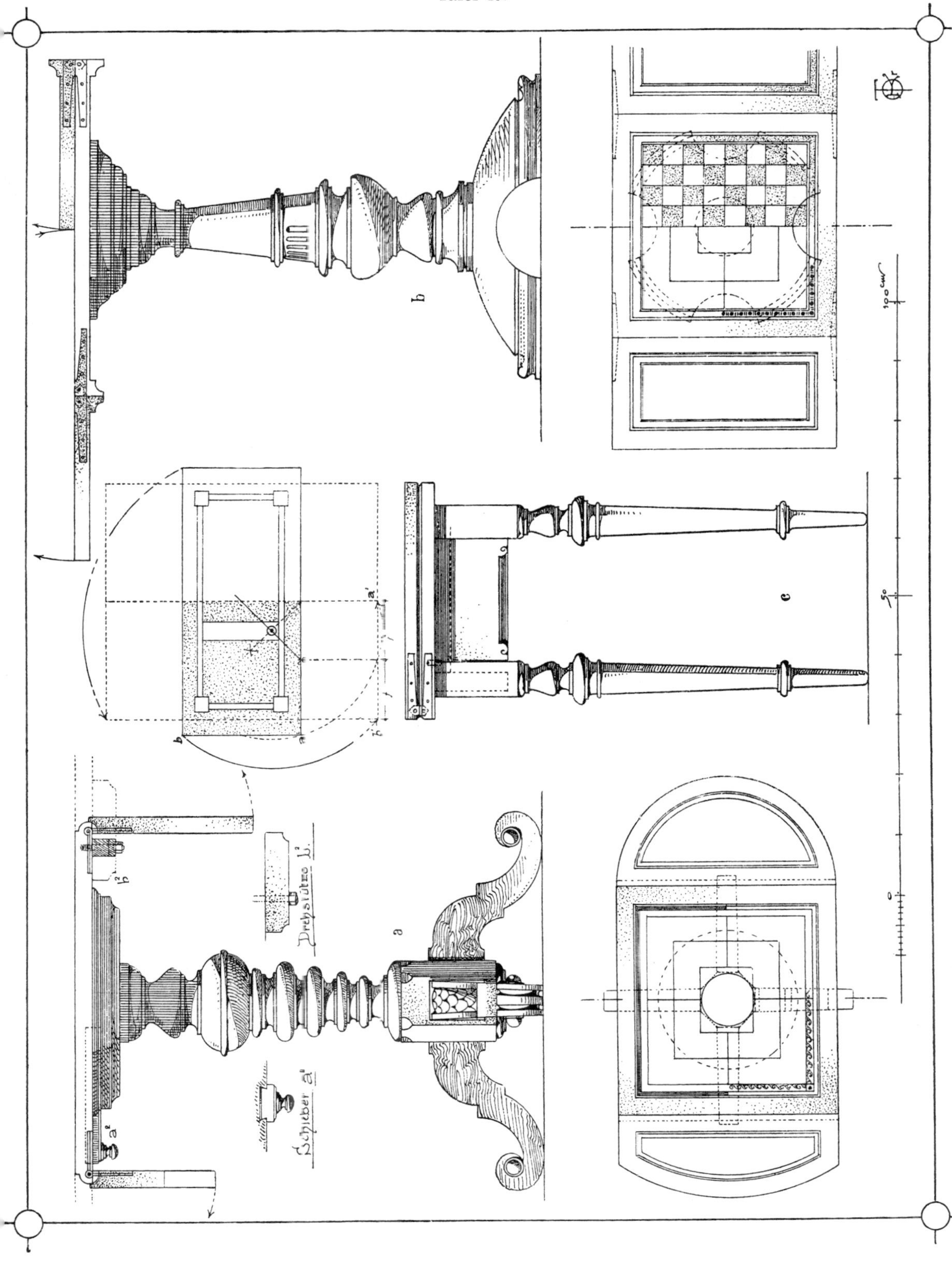

Spieltische.

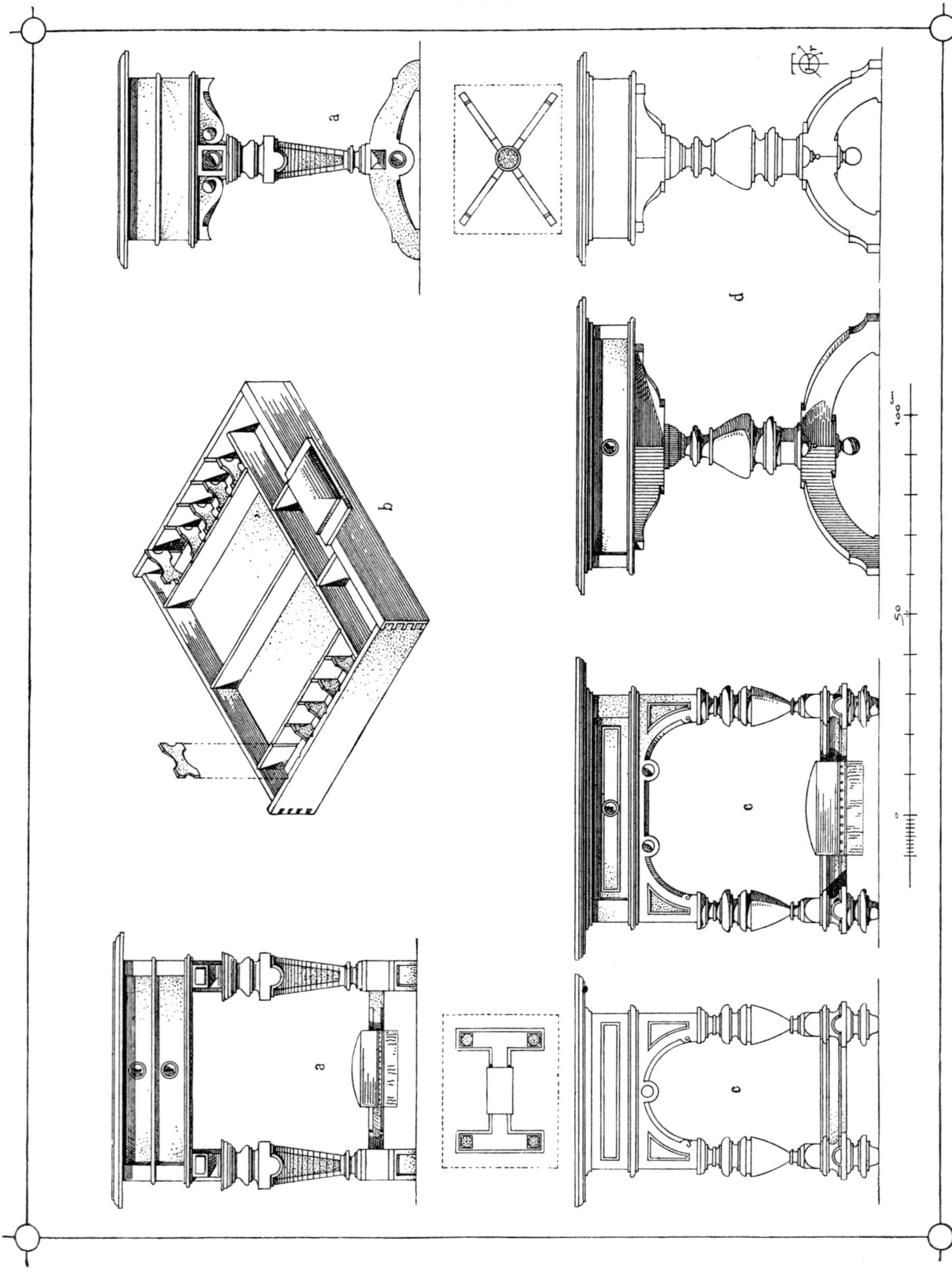

Nähtische.

Tafel 19.

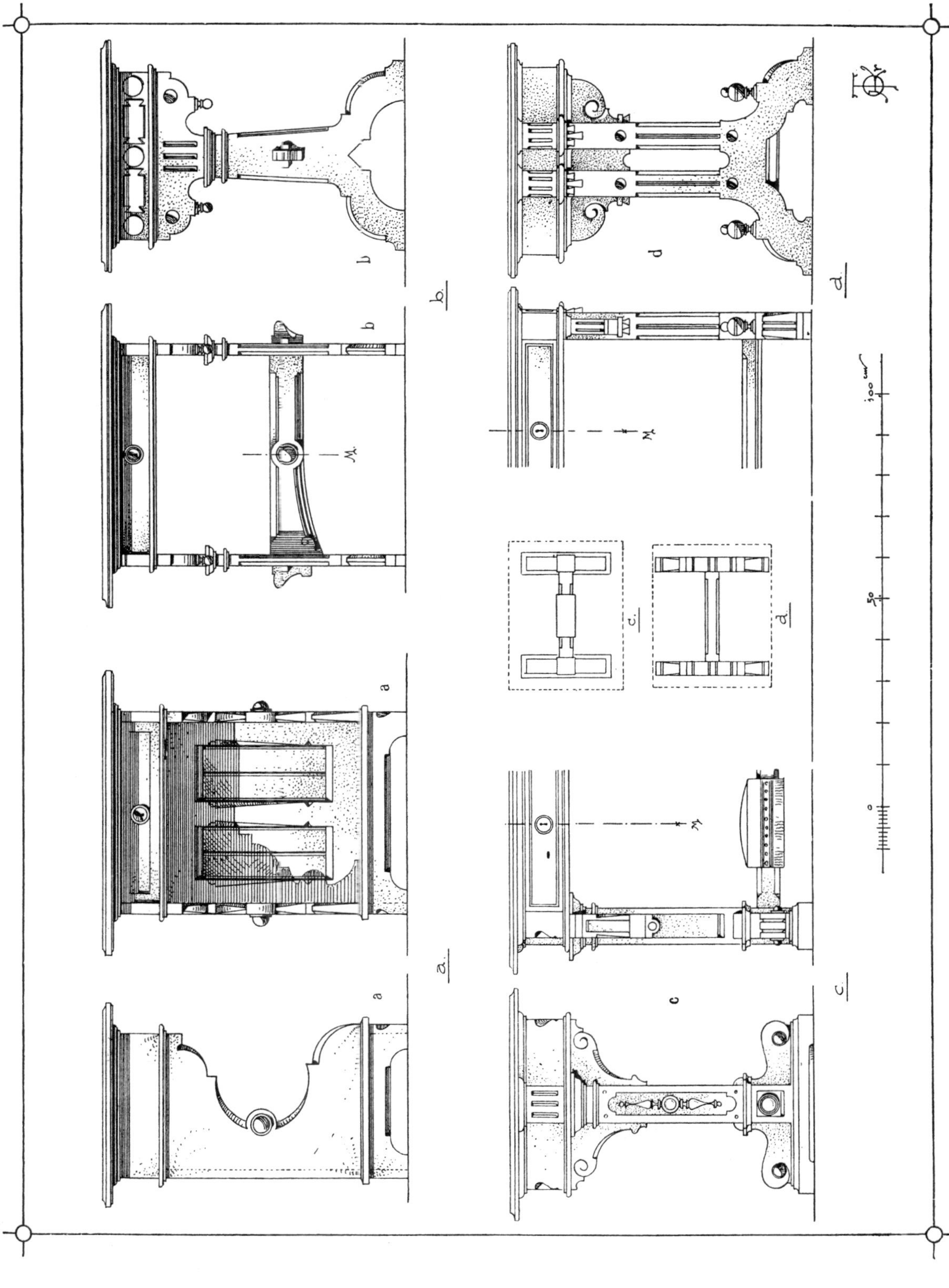

Nähtische.

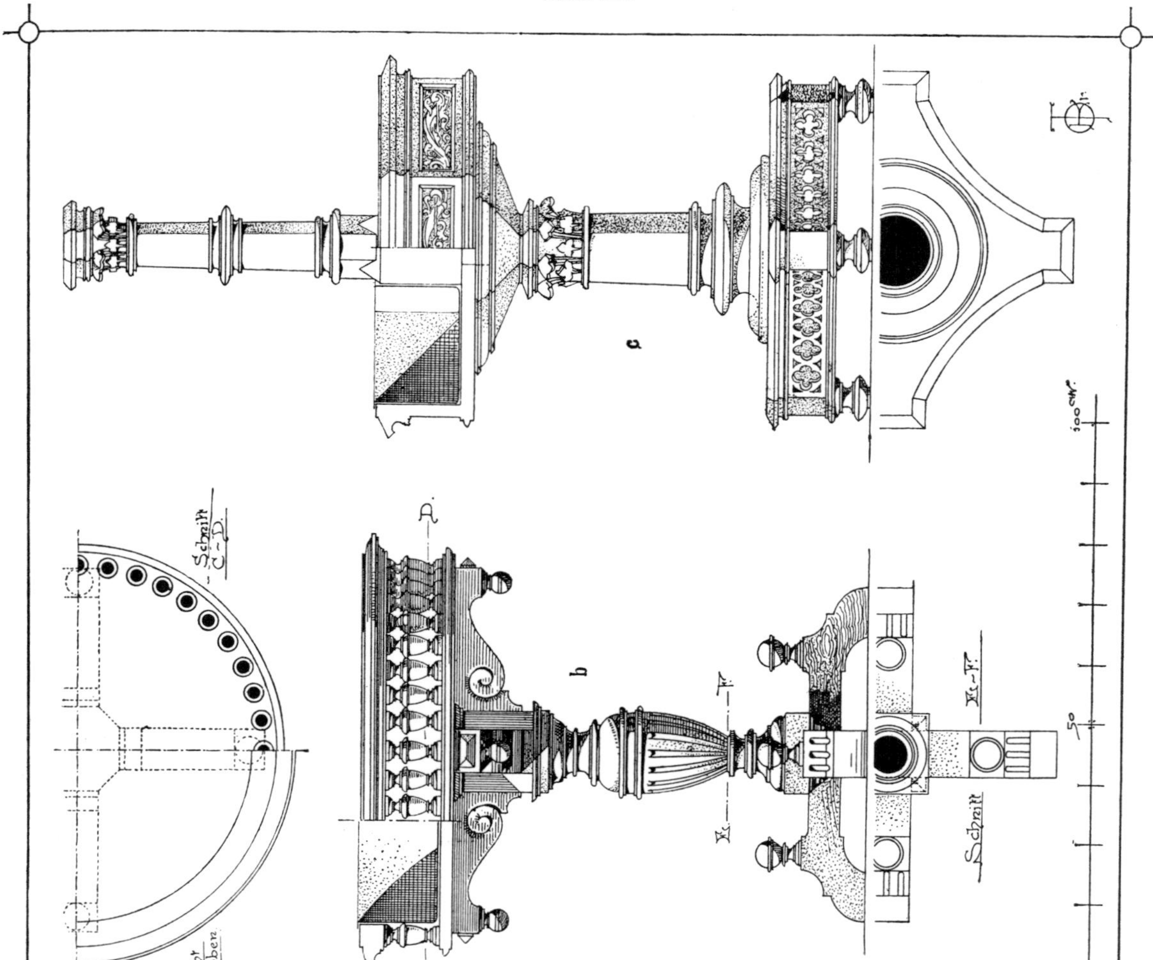

Blumentische.

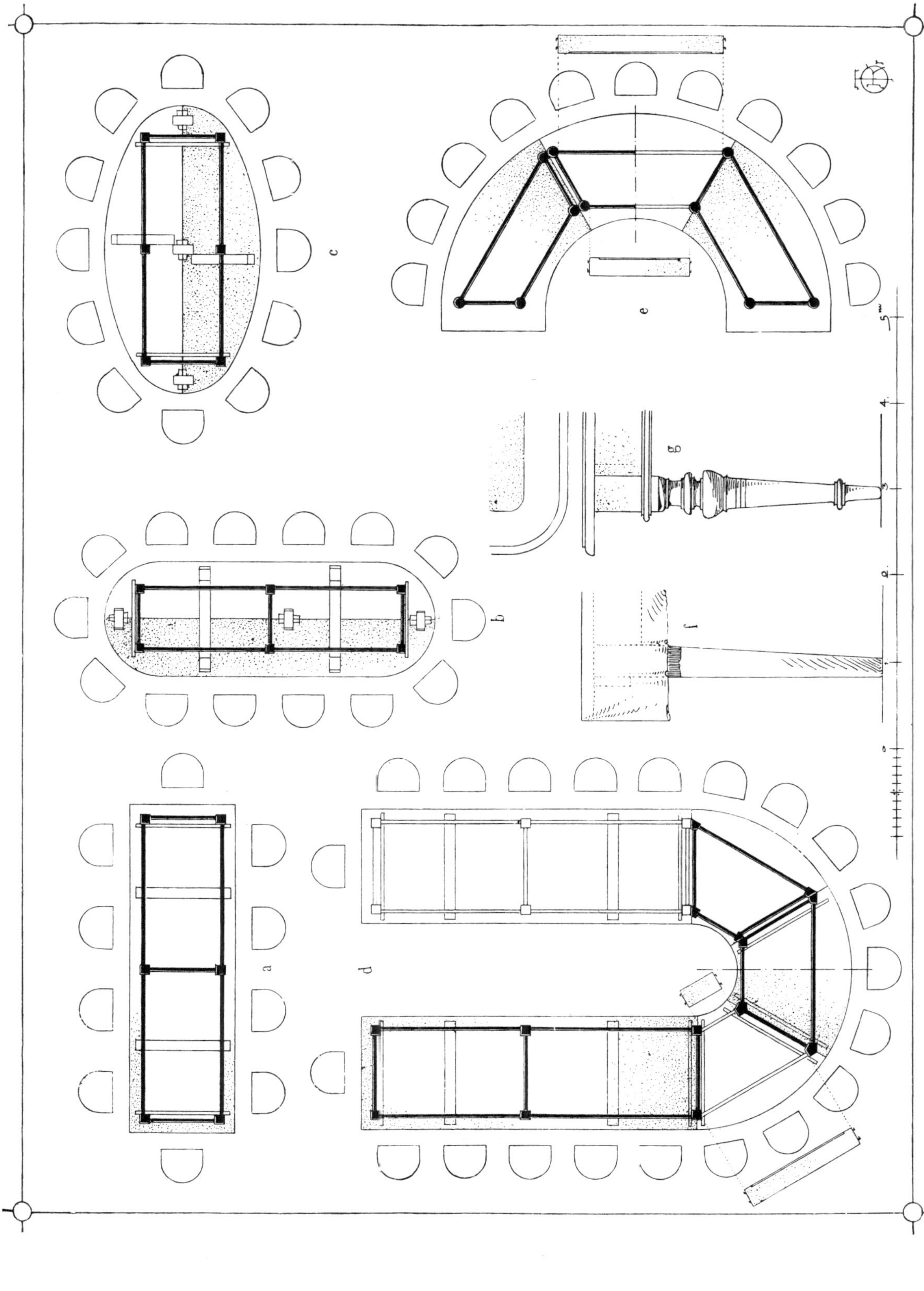

Sitzungstische.

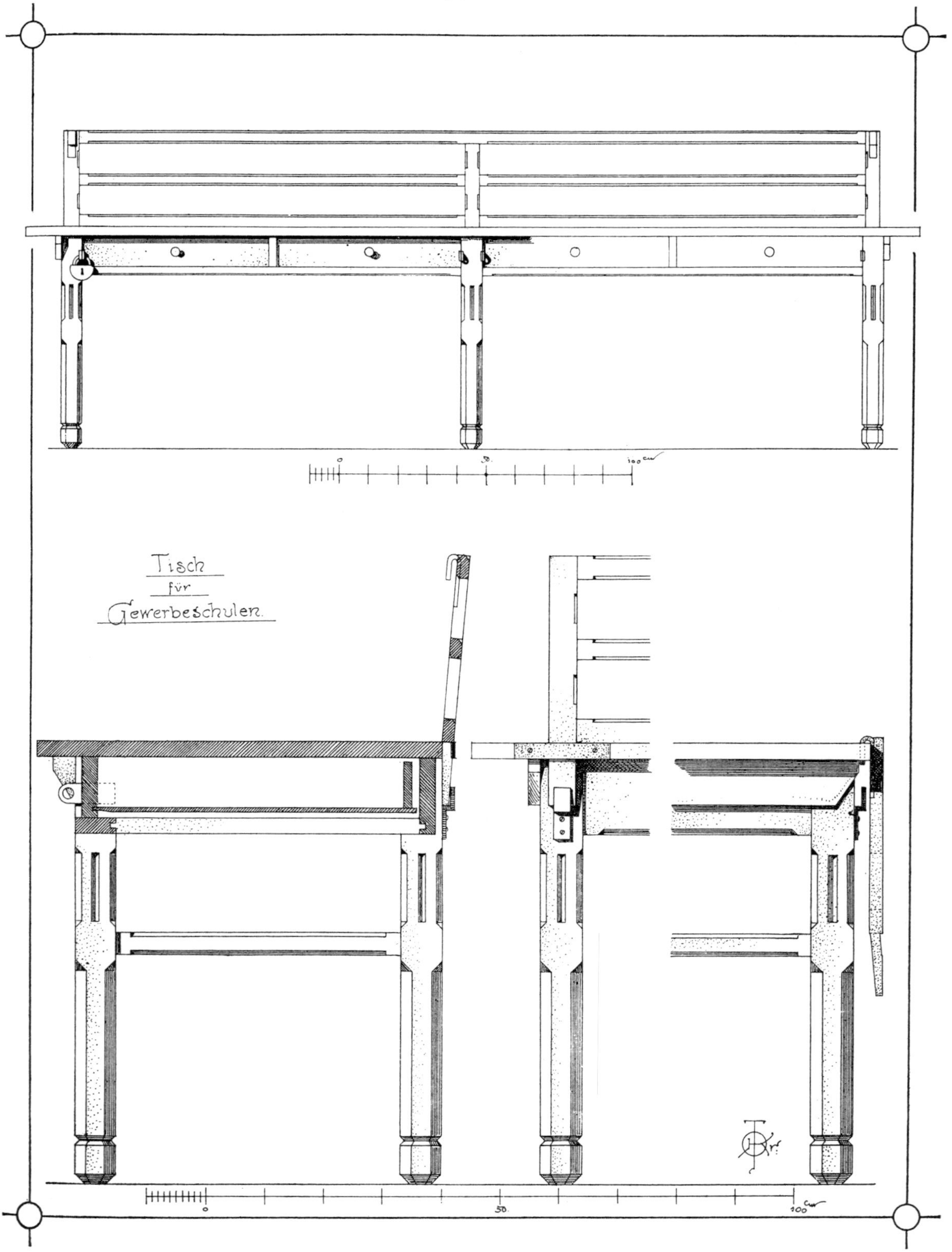

Tisch für Gewerbeschulen.

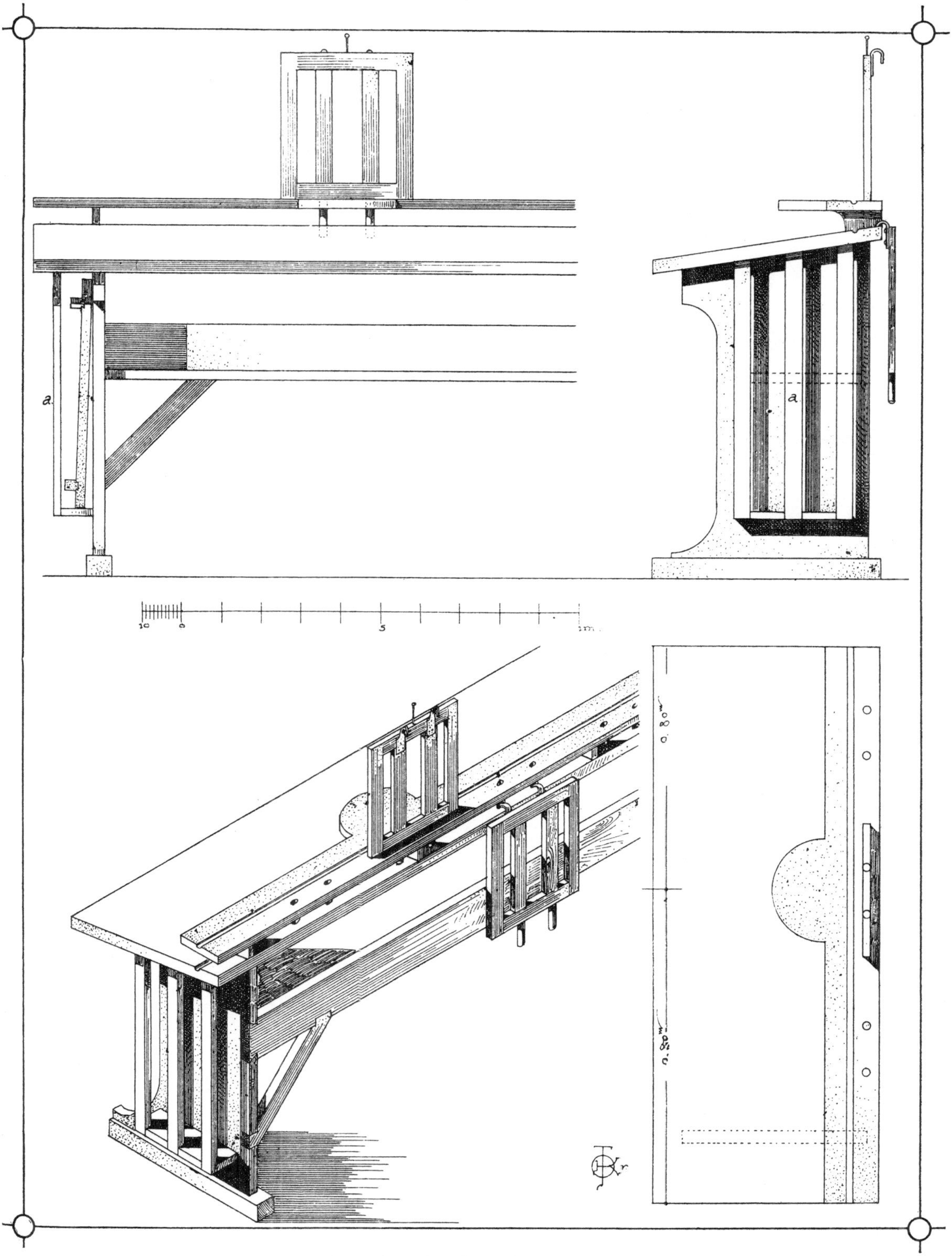

Zeichentisch für Gewerbeschulen etc.

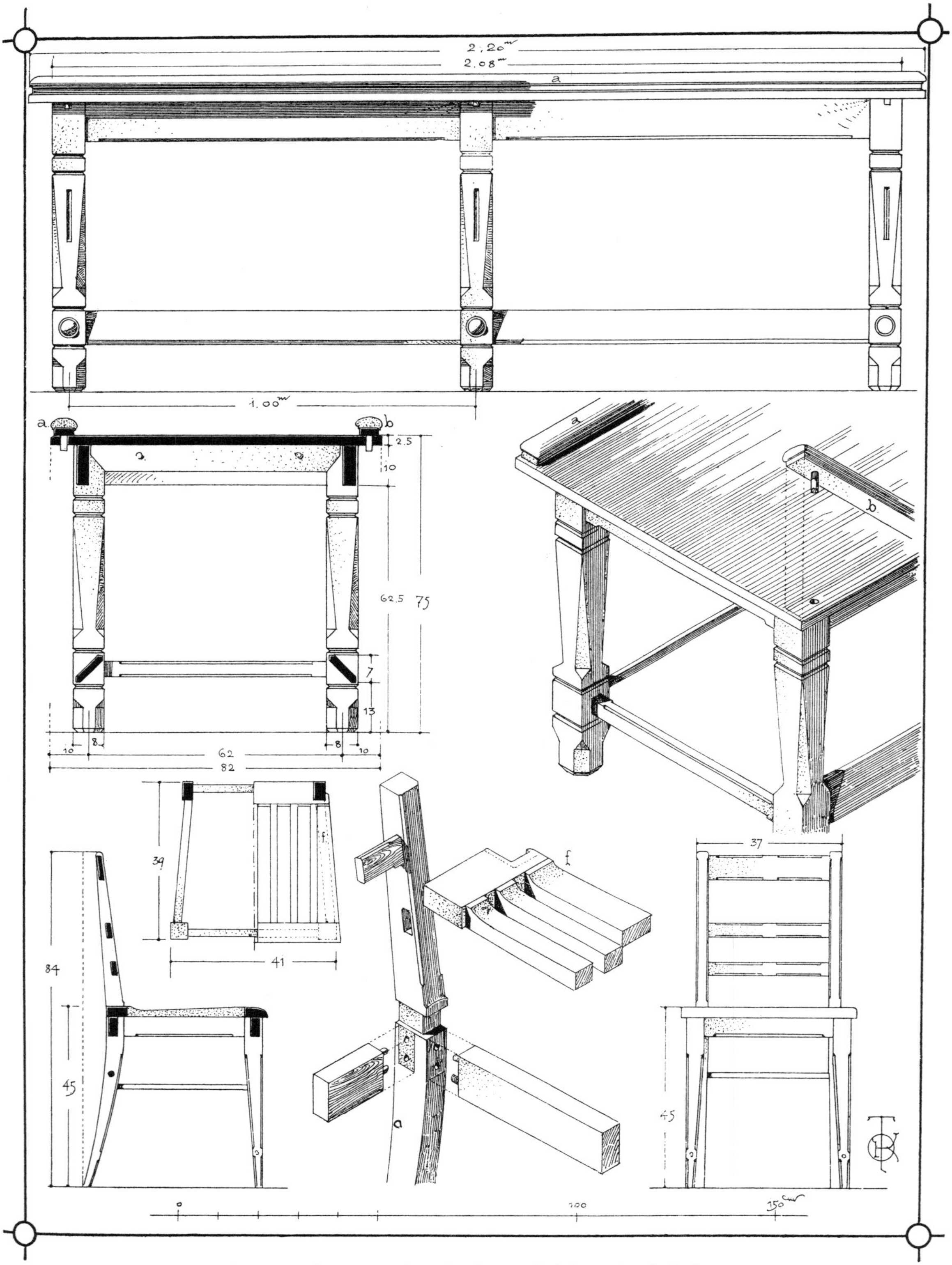

Tisch für den Unterricht in den weiblichen Handarbeiten.

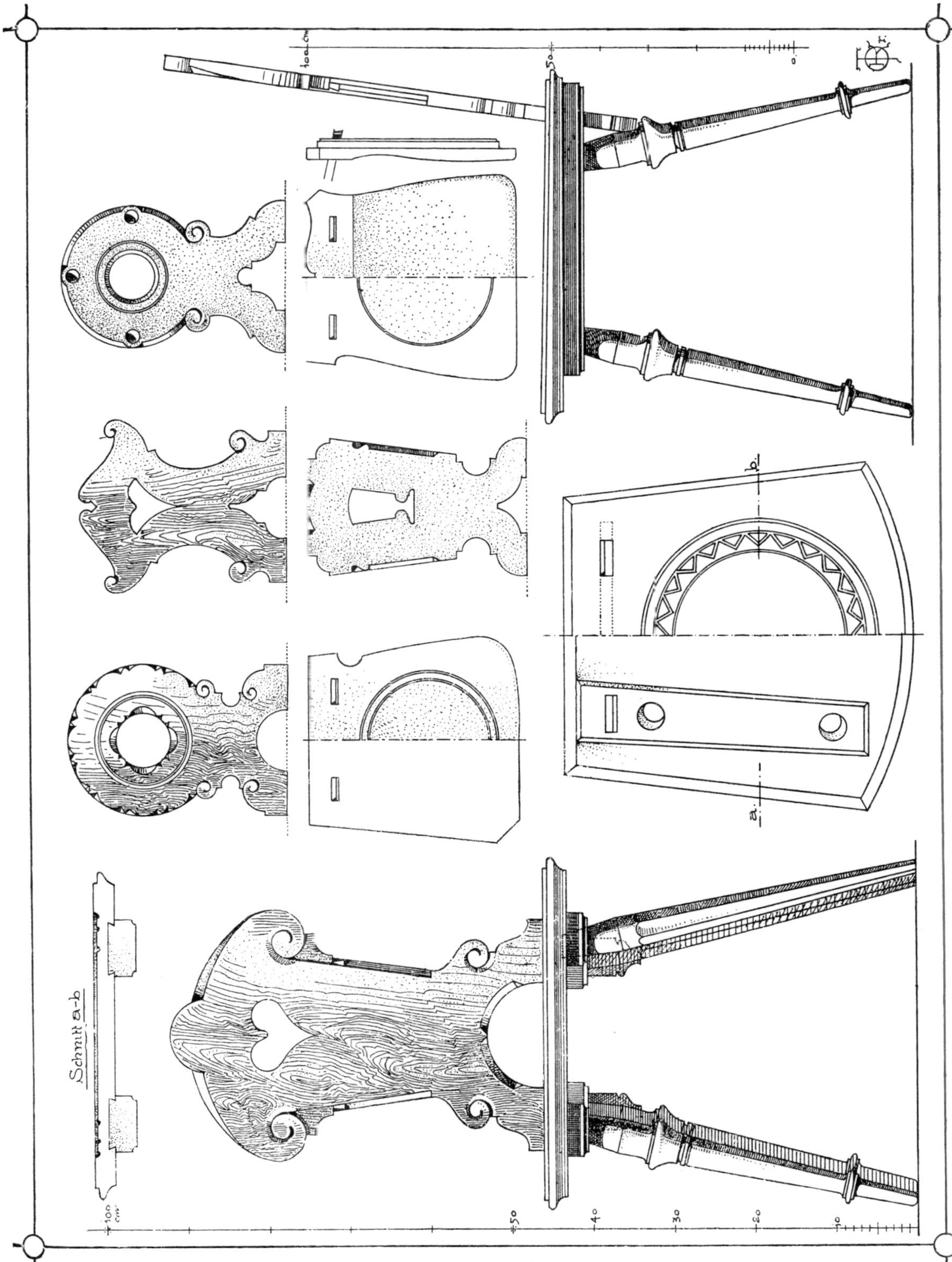

Gewöhnliche Bretterstühle, Kneipstühle.

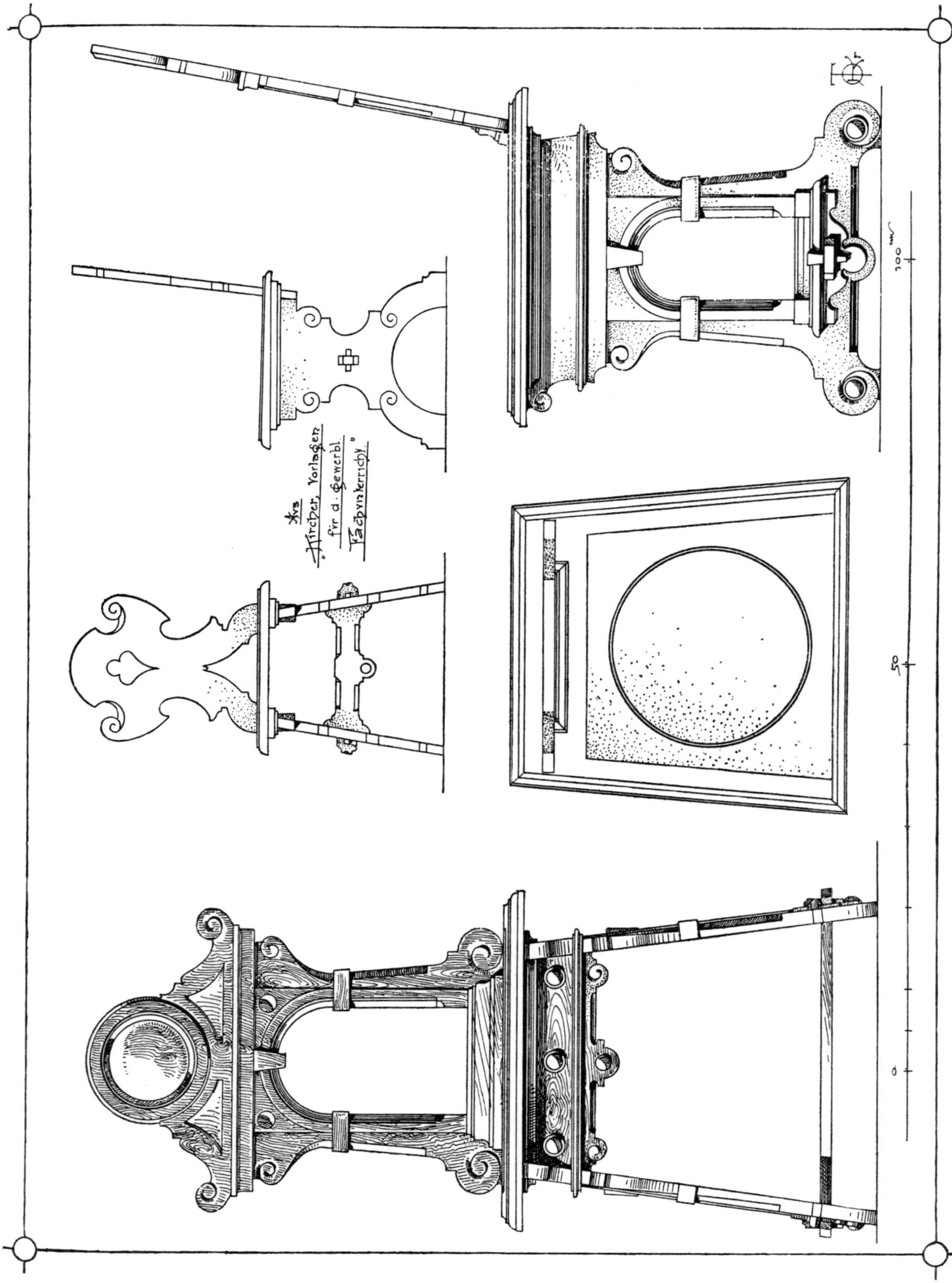

Bretterstühle mit Seitenwandfüssen.

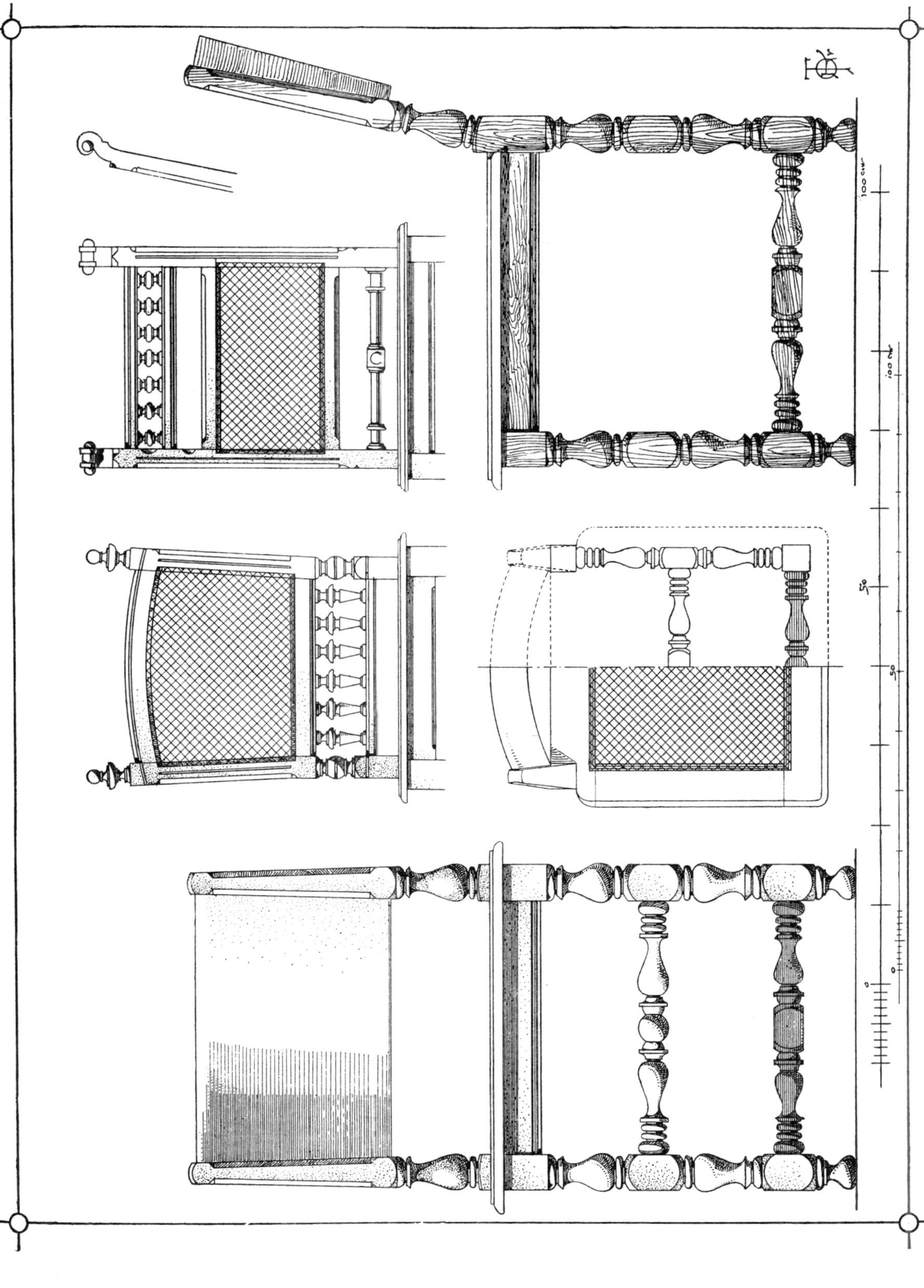

Zargenstühle.

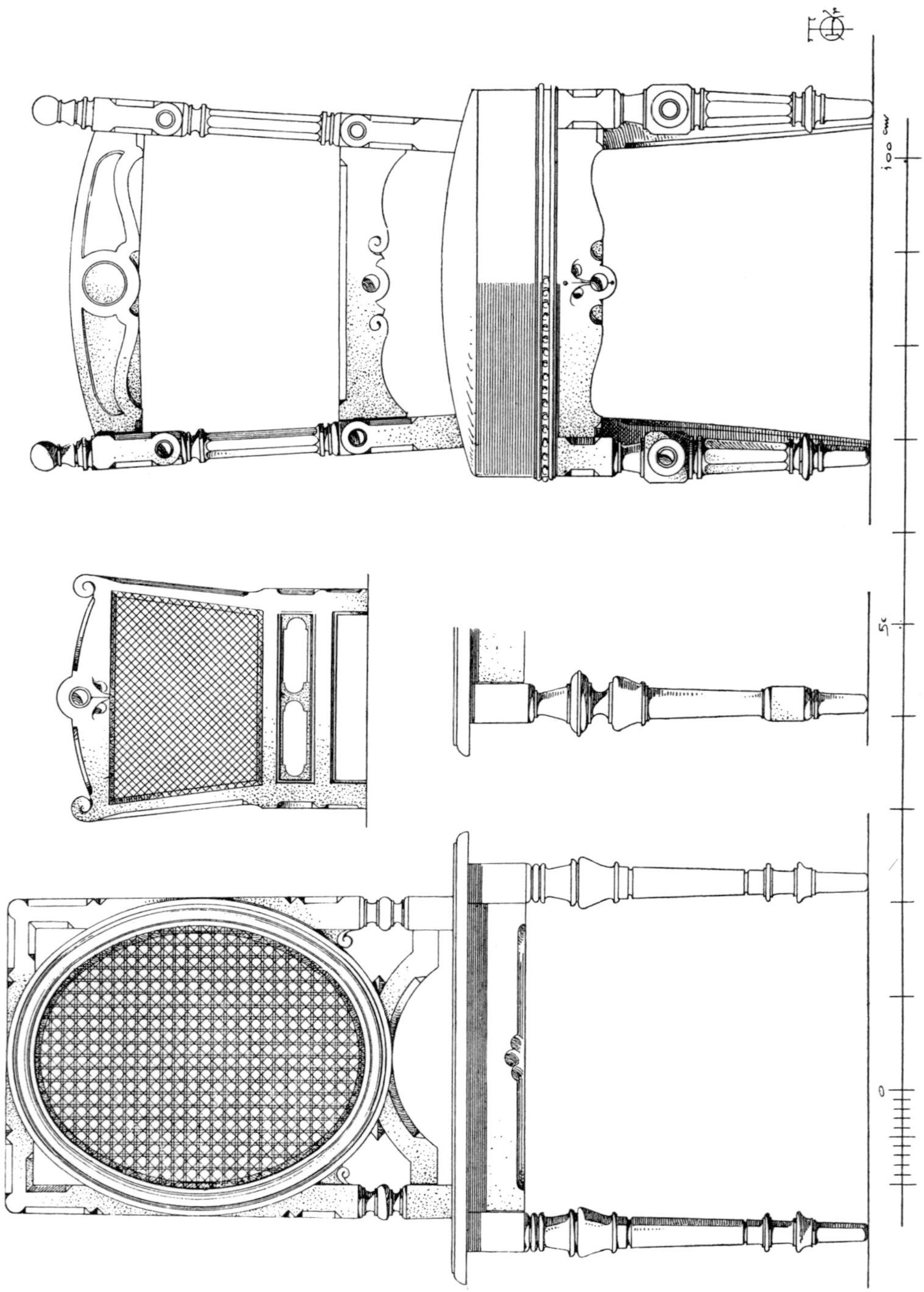

Zargenstühle.

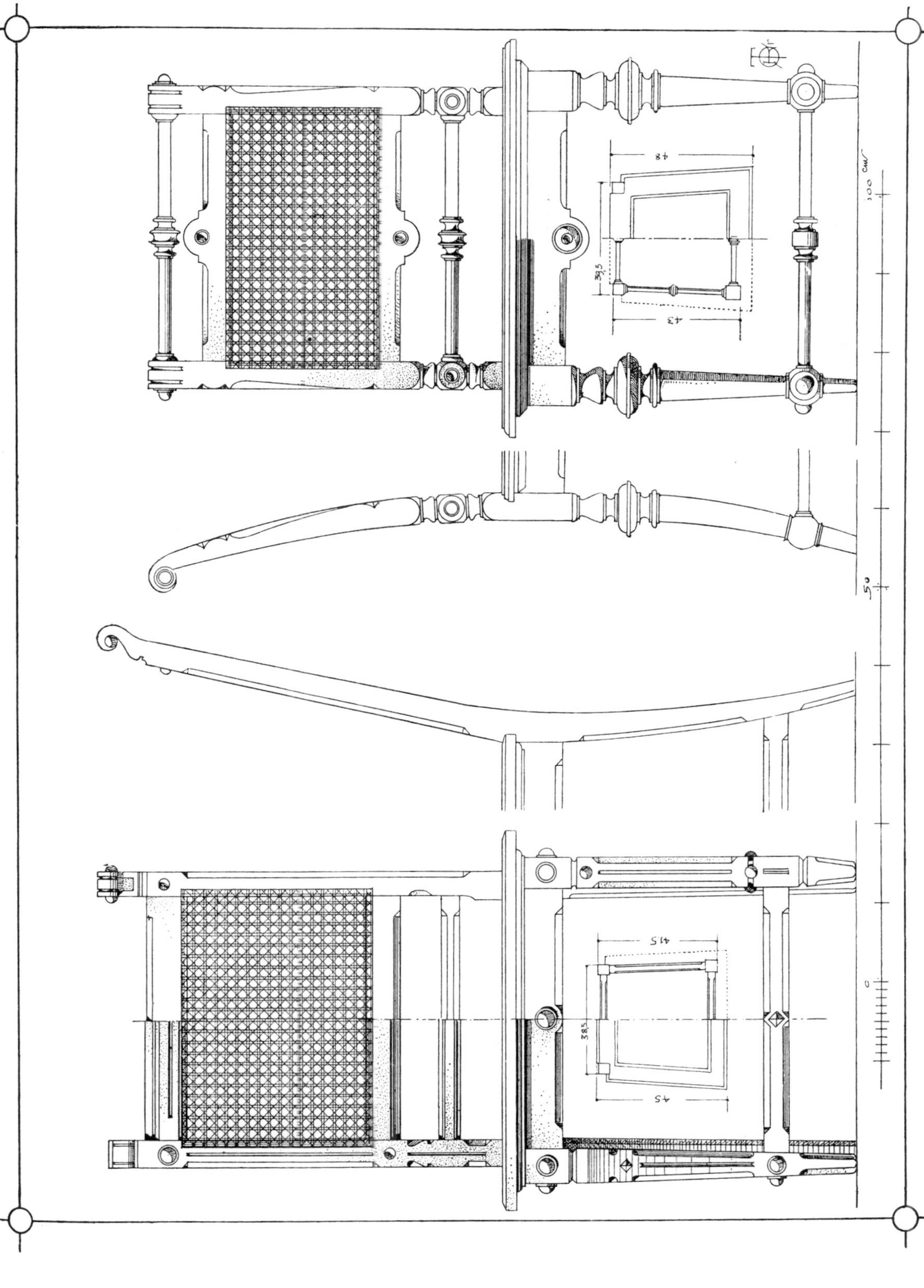

Rohrstühle.

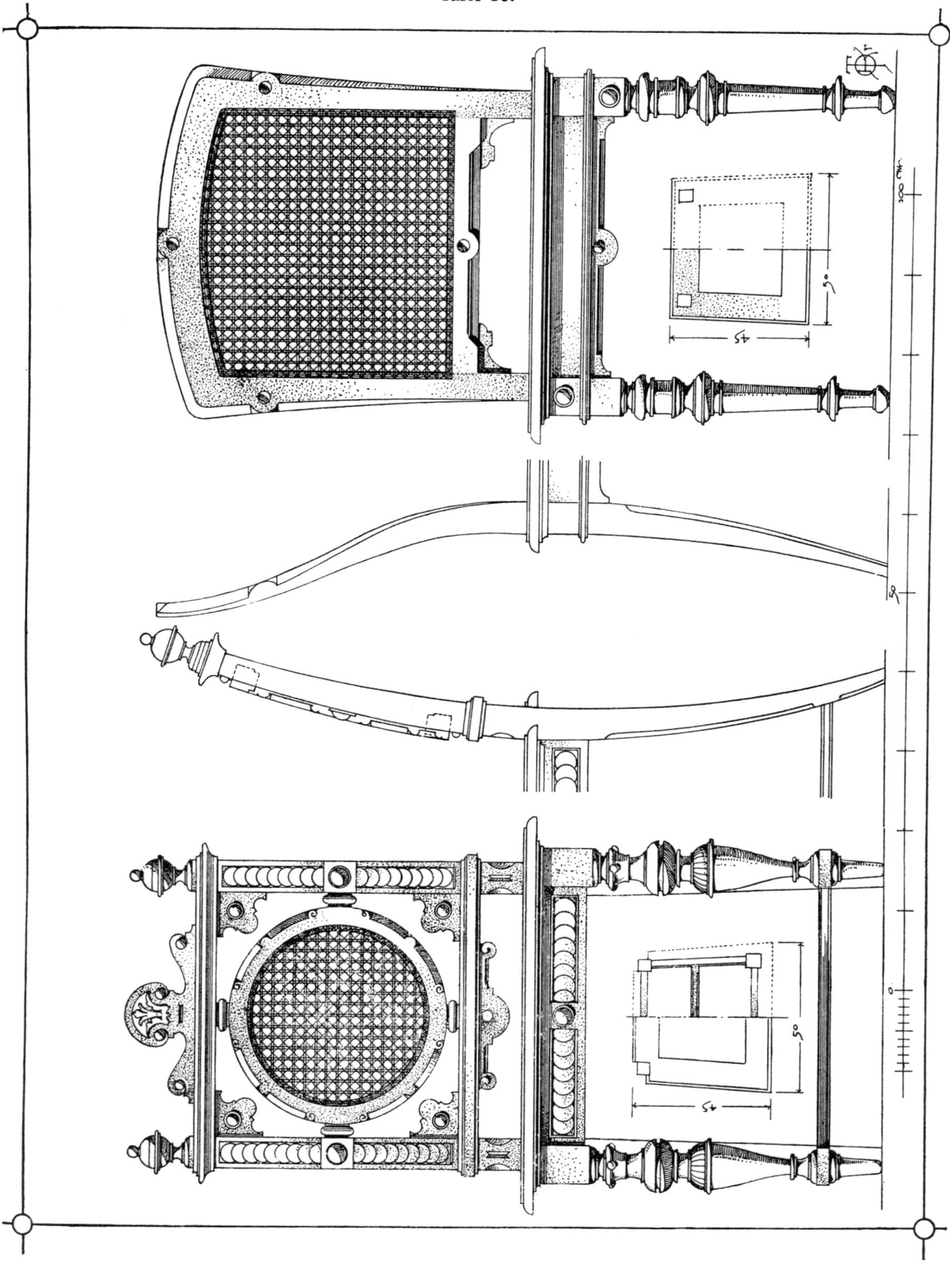

Rohrstühle.

Tafel 31.

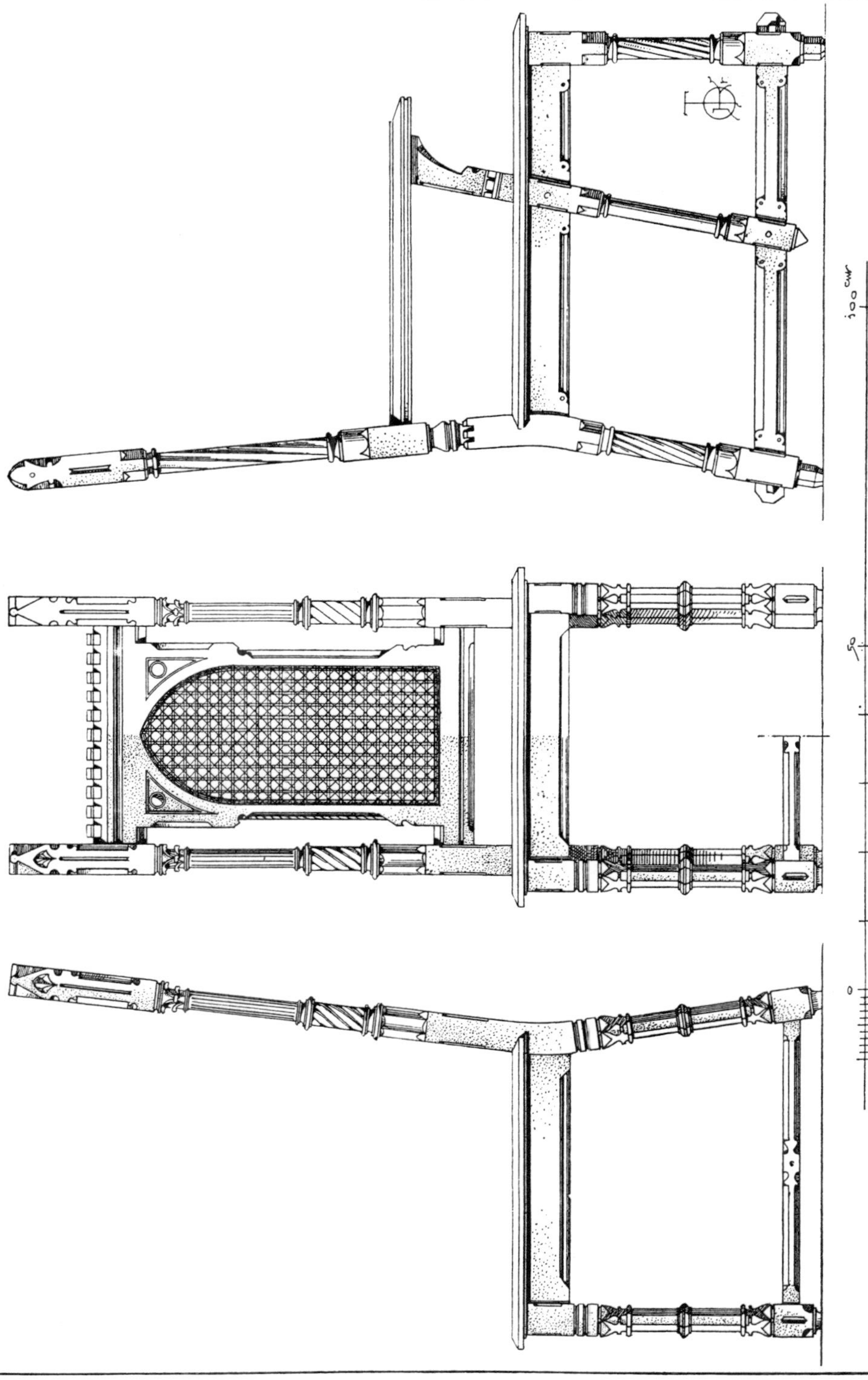

Gotische Rohrstühle.

Rohrstuhllehnen.

Tafel 33.

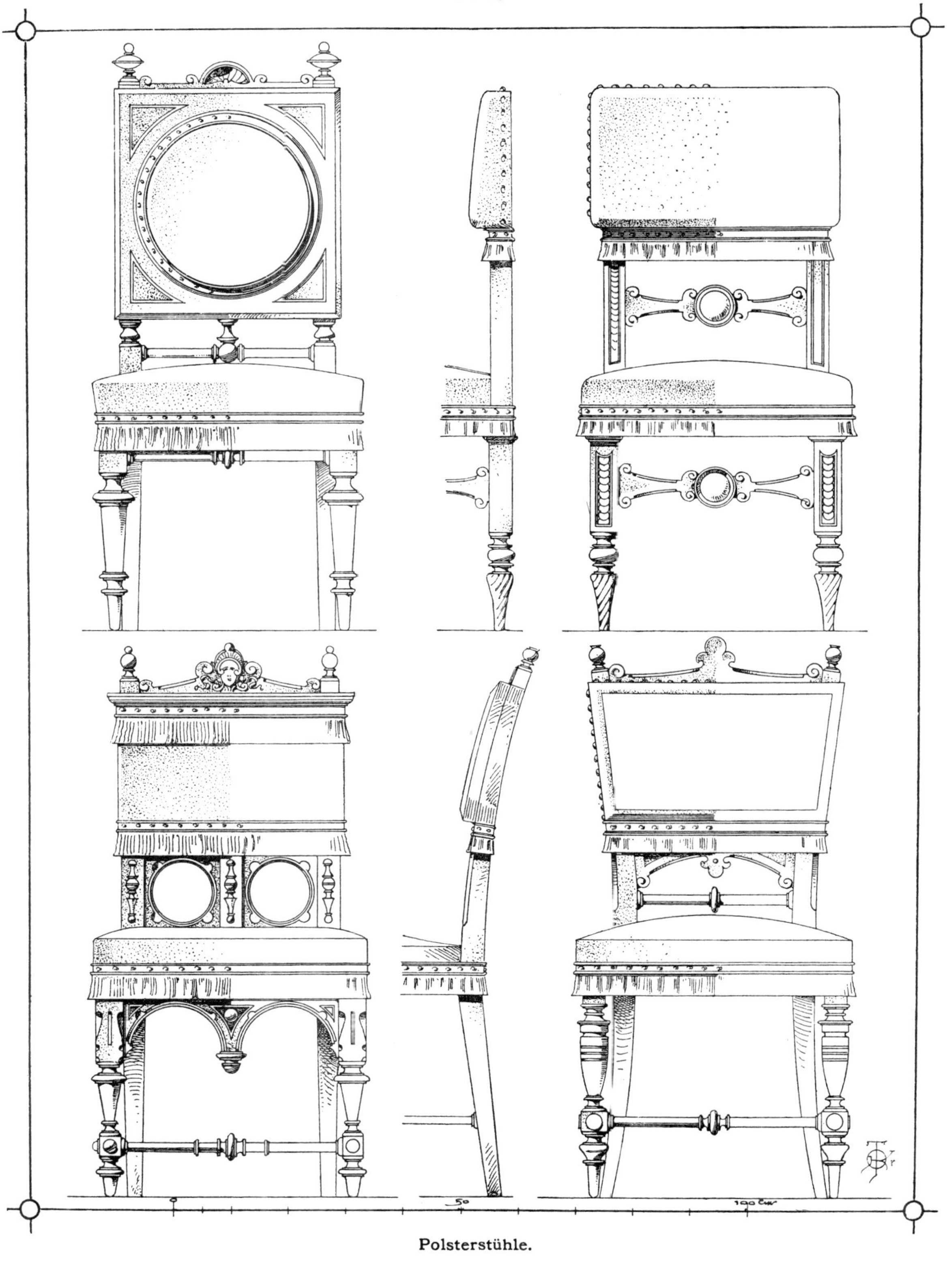

Polsterstühle.

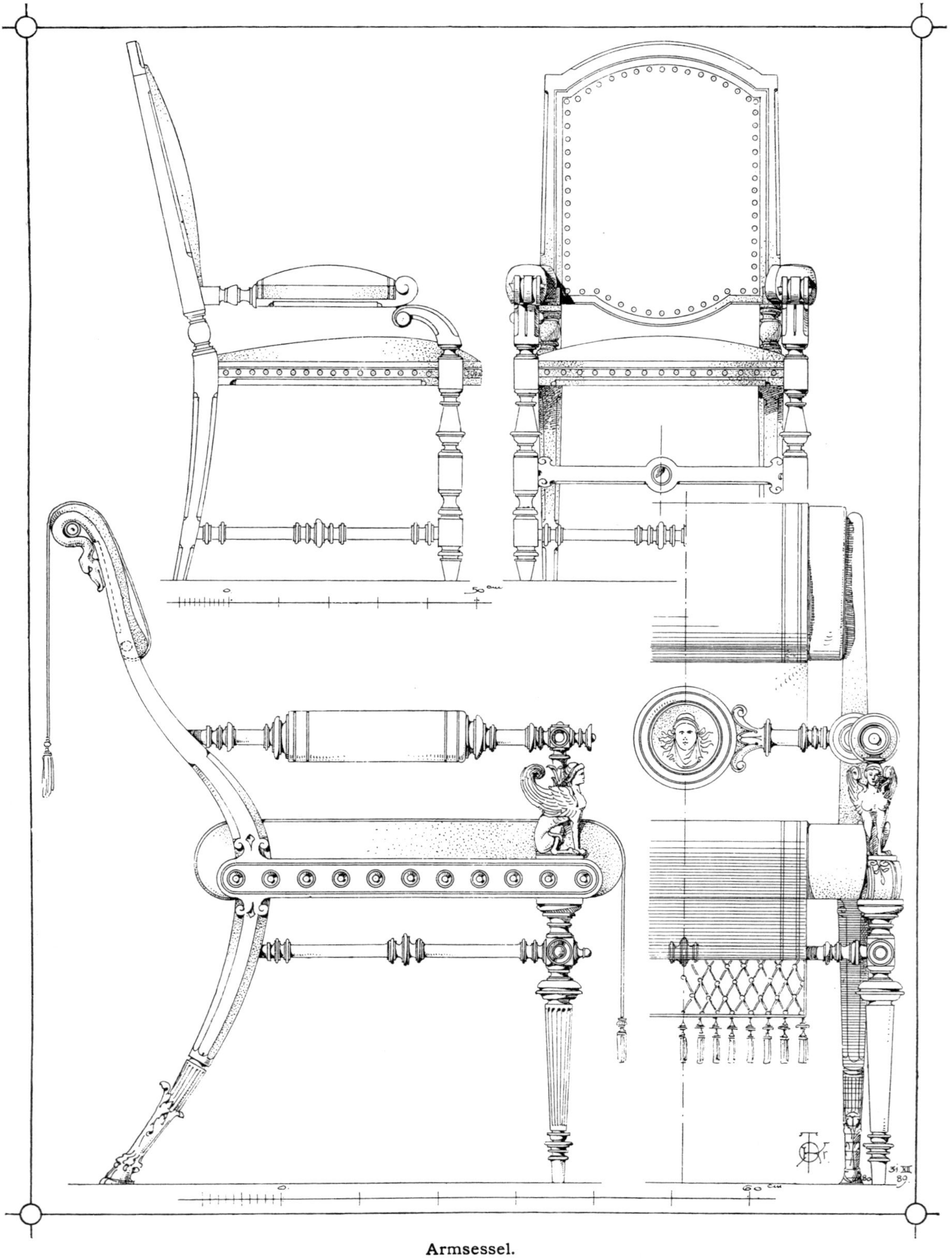

Armsessel.

Sofa.

Sofa.

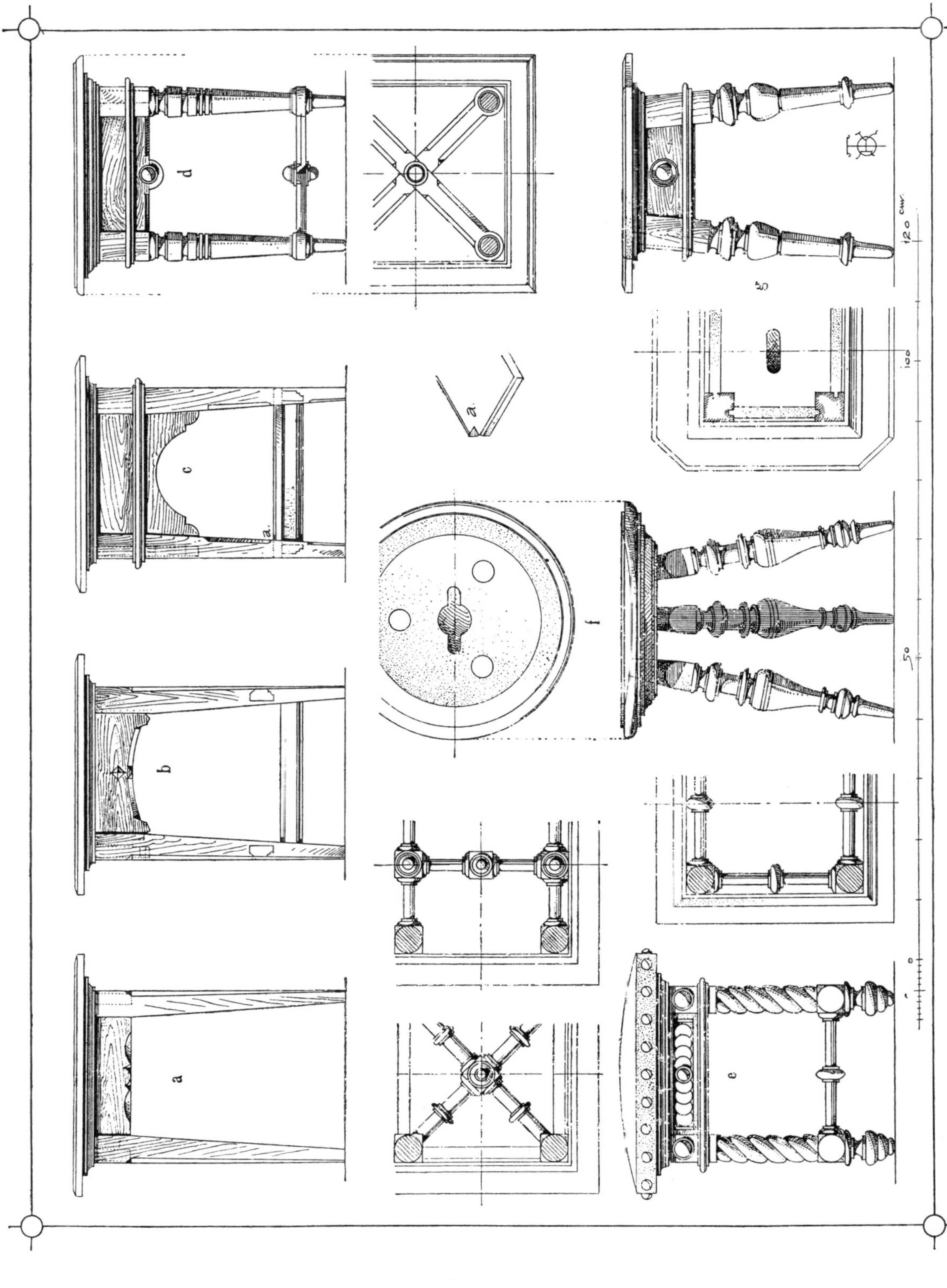

Taburette.

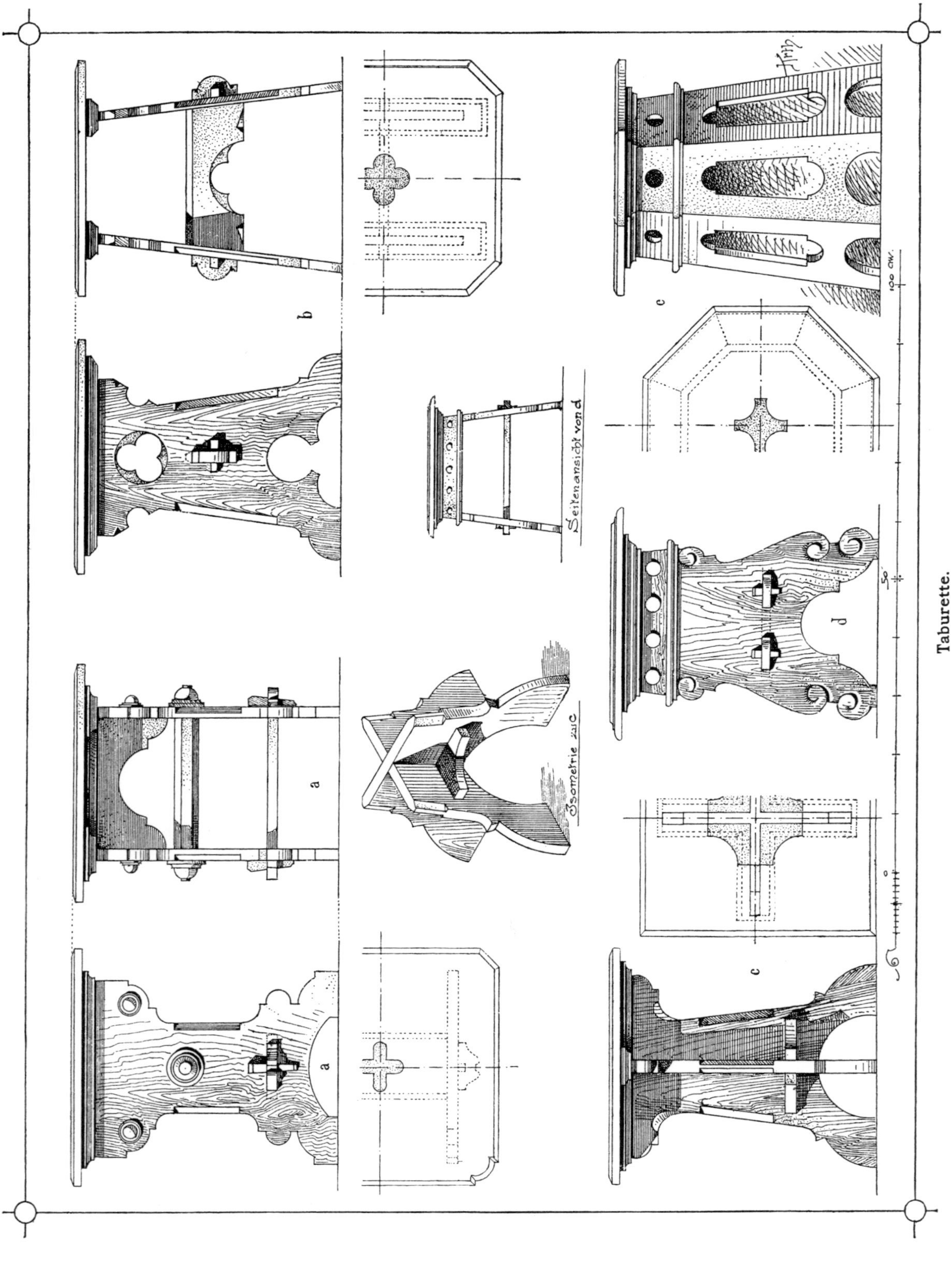

Taburette.

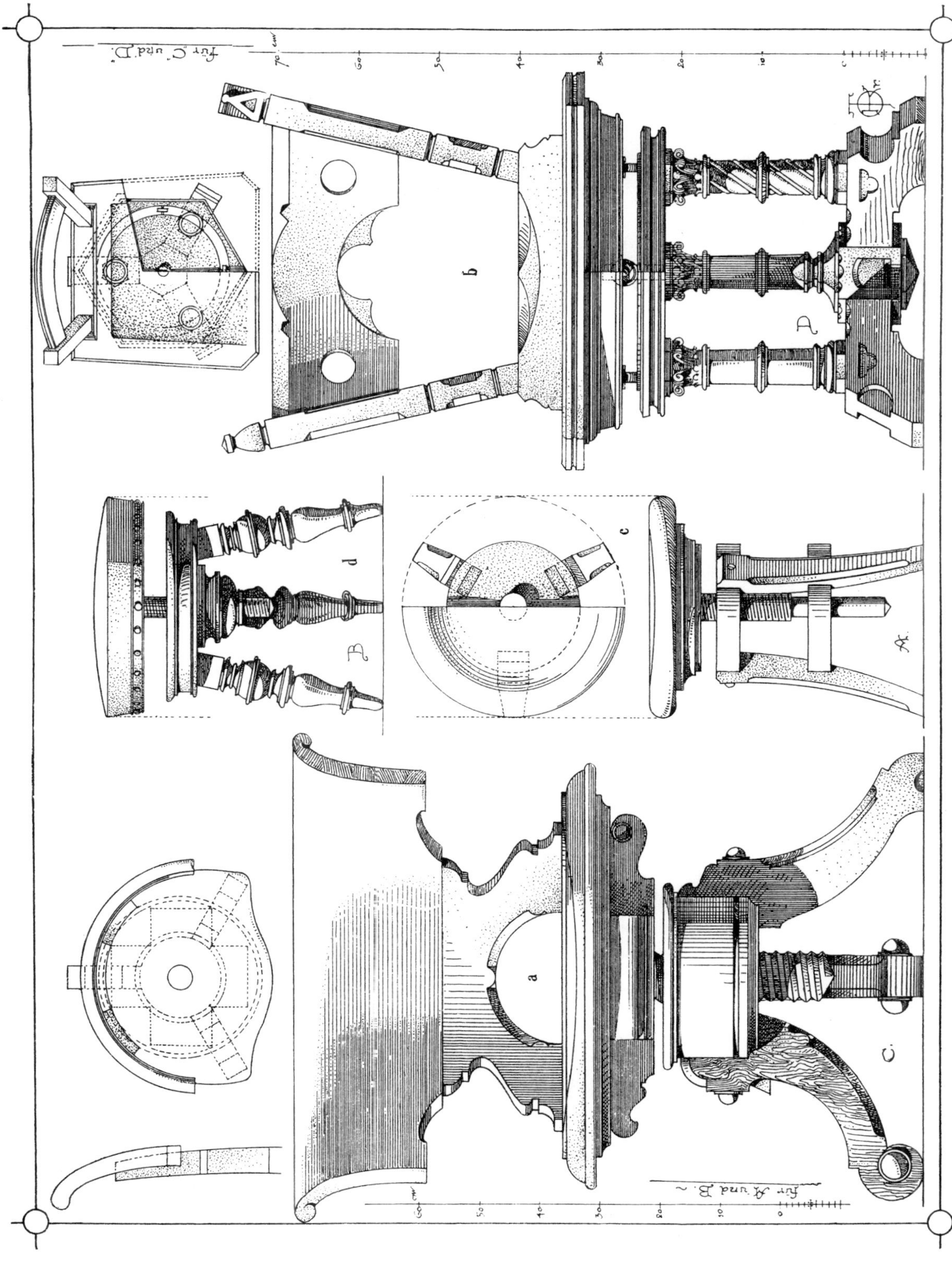

Drehstühle.

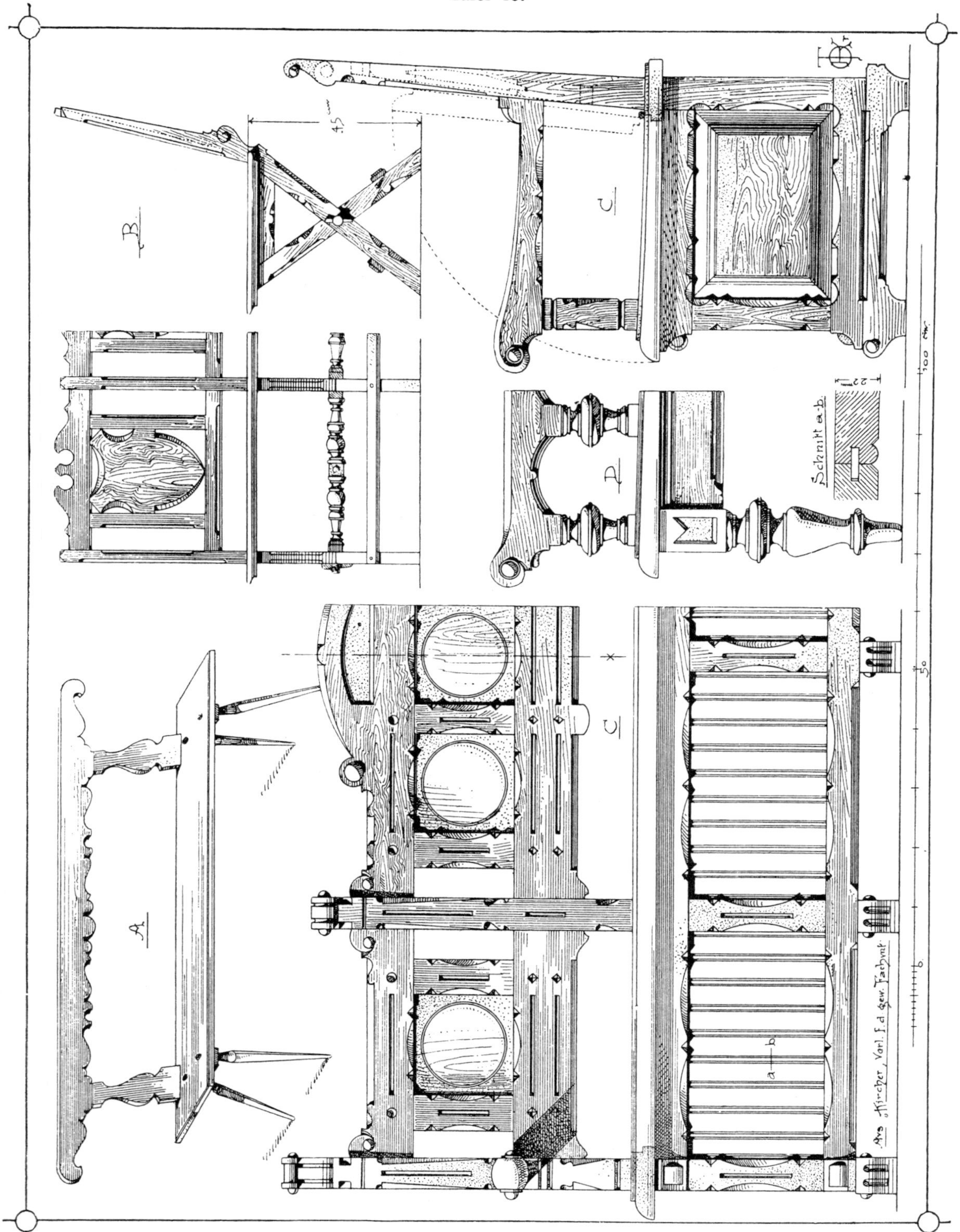

Sitzbänke.

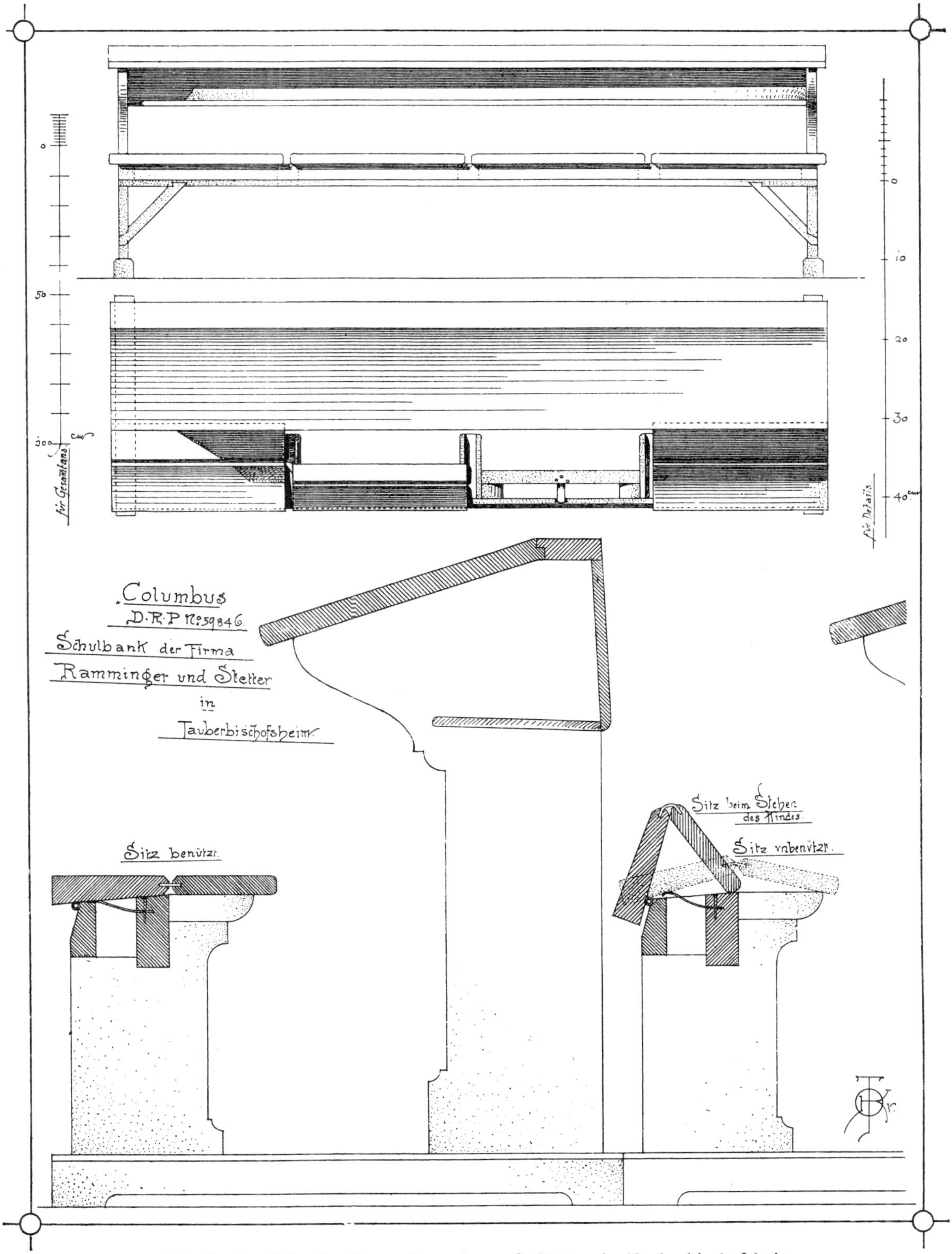

Schulbank „Columbus" von Ramminger & Stetter in Tauberbischofsheim.

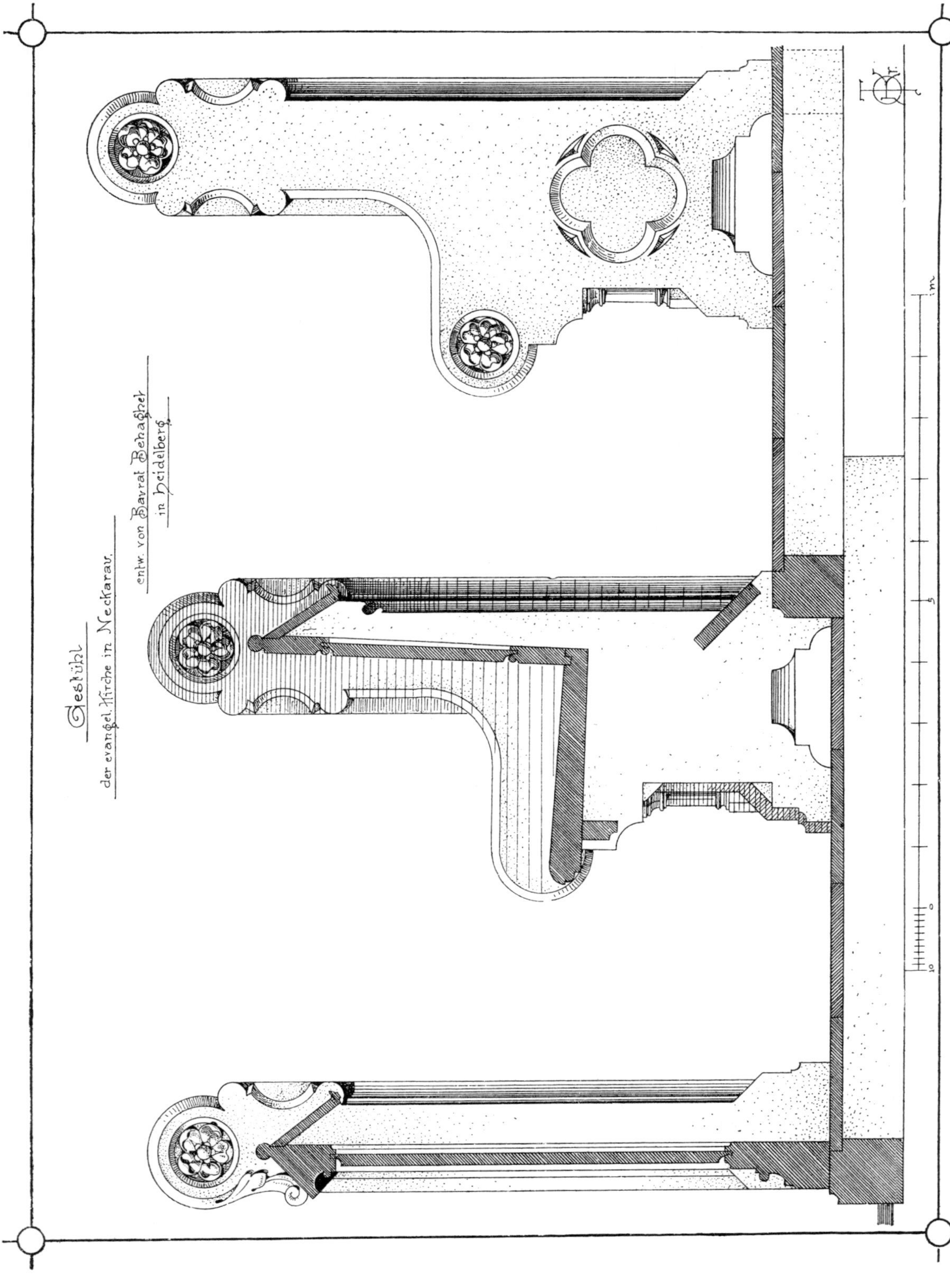

Gestühl für eine evangelische Kirche.

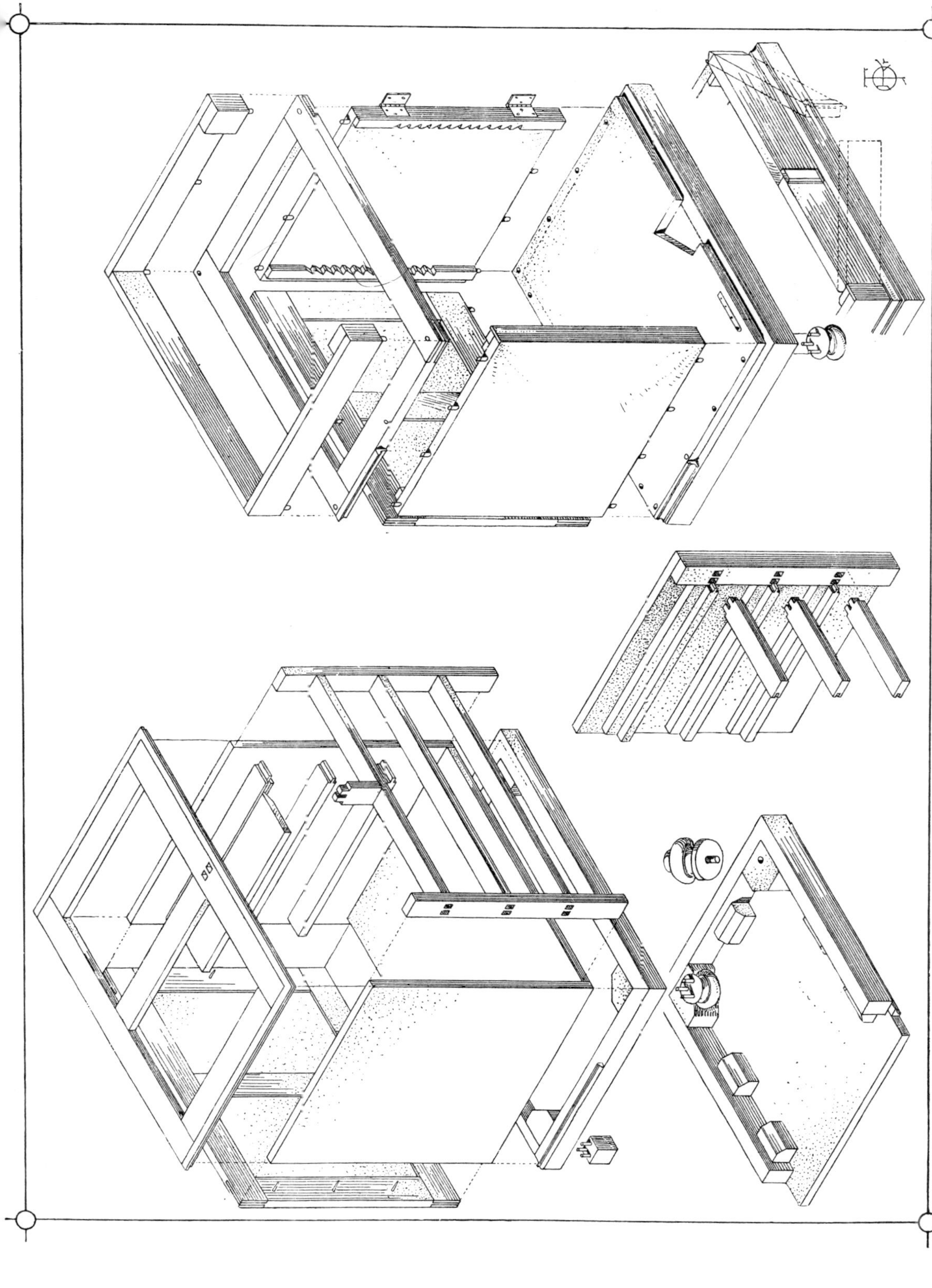

Zusammenbau der Kastenmöbel nach alter und neuer Art.

Tafel 44.

Zusammenbau eines zerlegbaren und eines festen Schrankes.

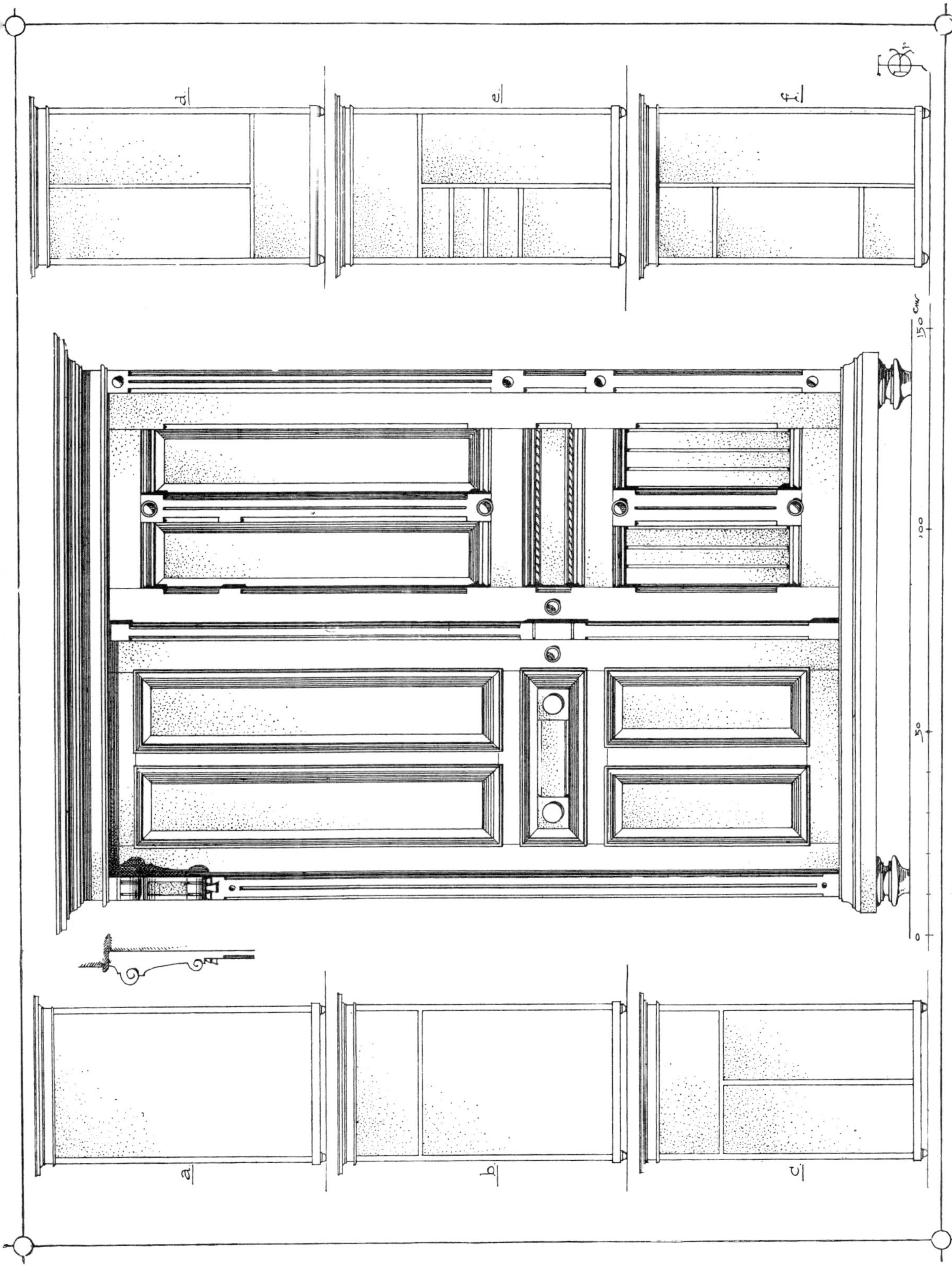

Zweithüriger Schrank und verschiedene Inneneinteilungen.

Tafel 46.

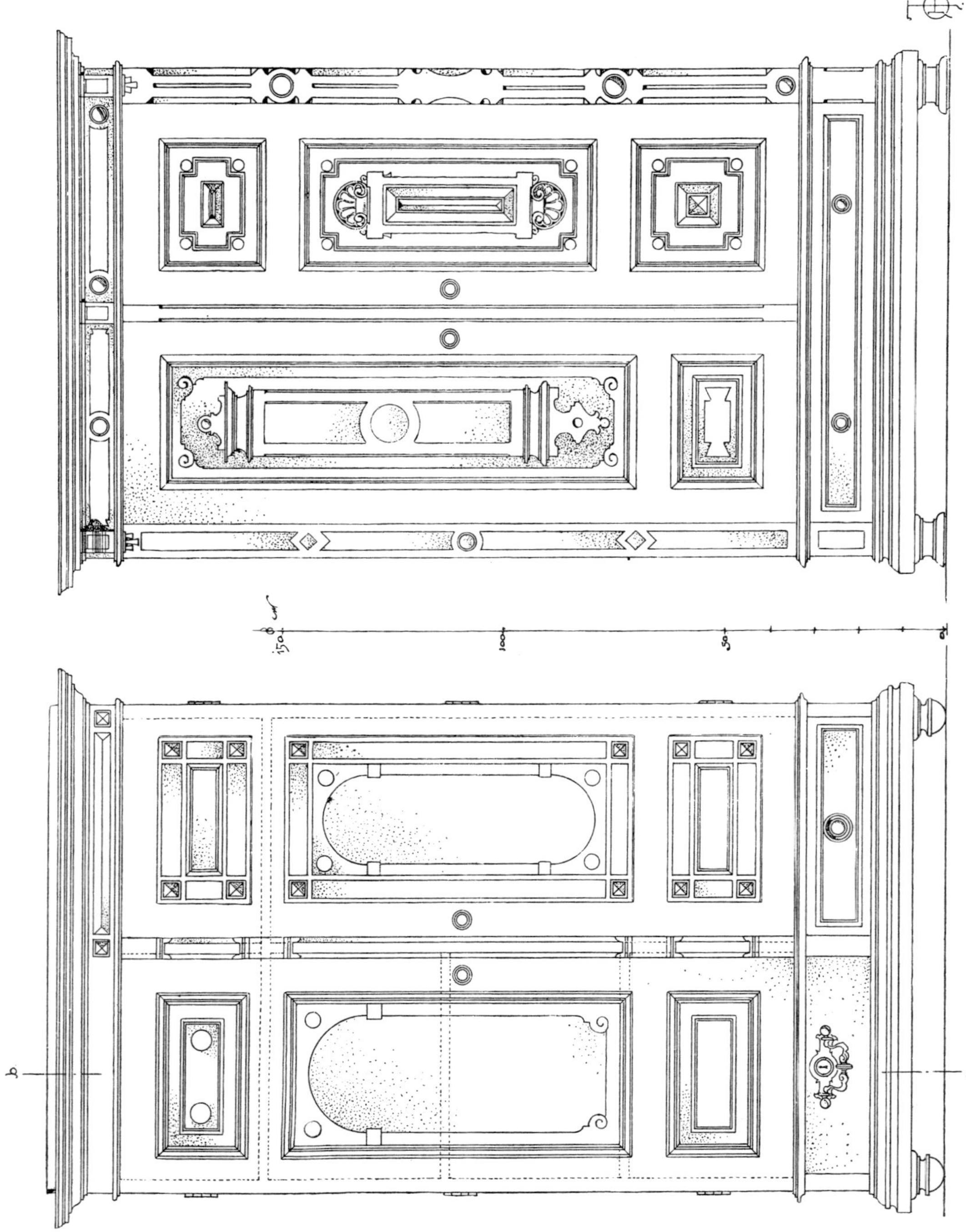

Zweithürige Schränke mit Schubladen.

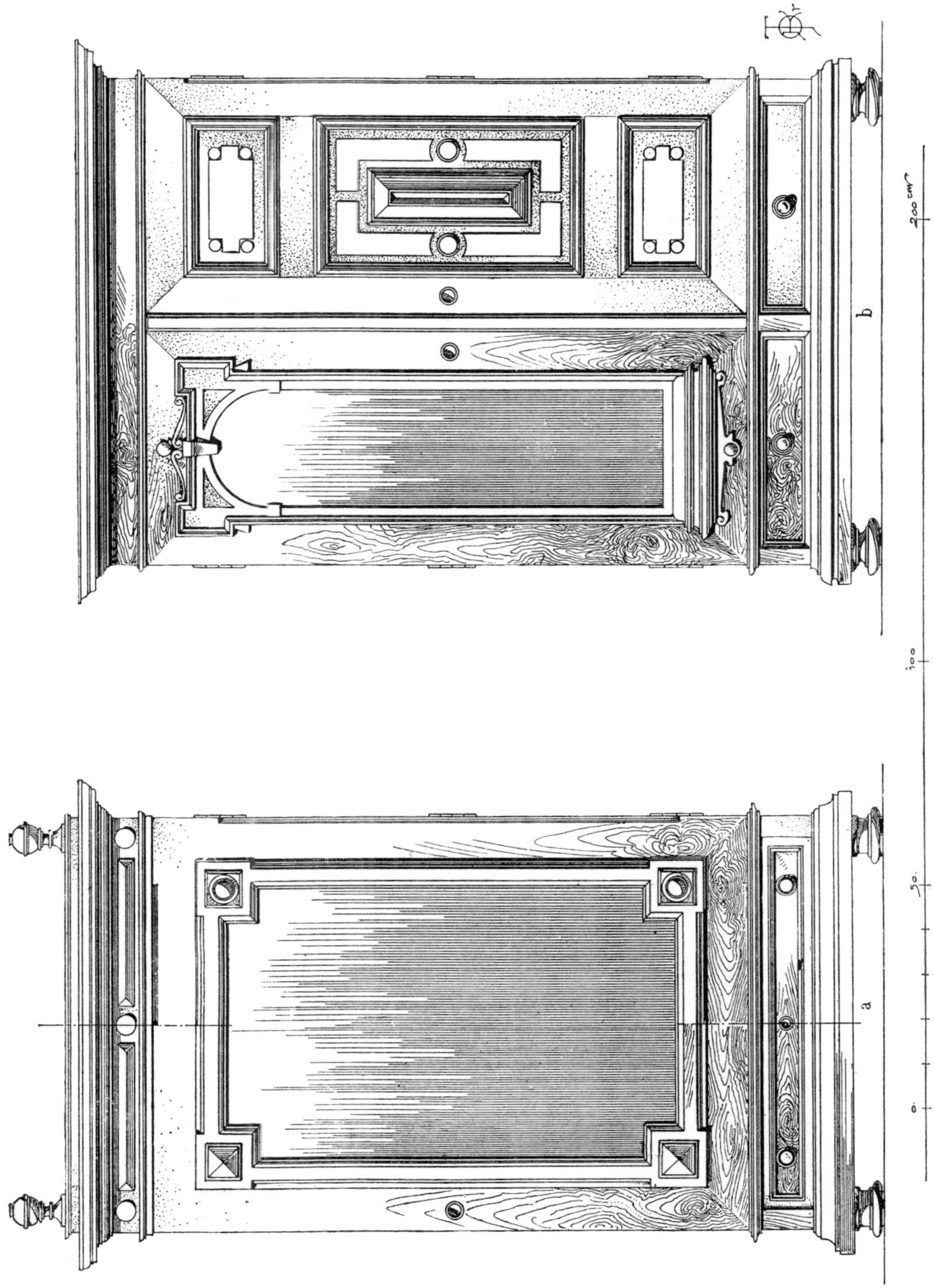

Spiegelschränke, ein- und zweithürig.

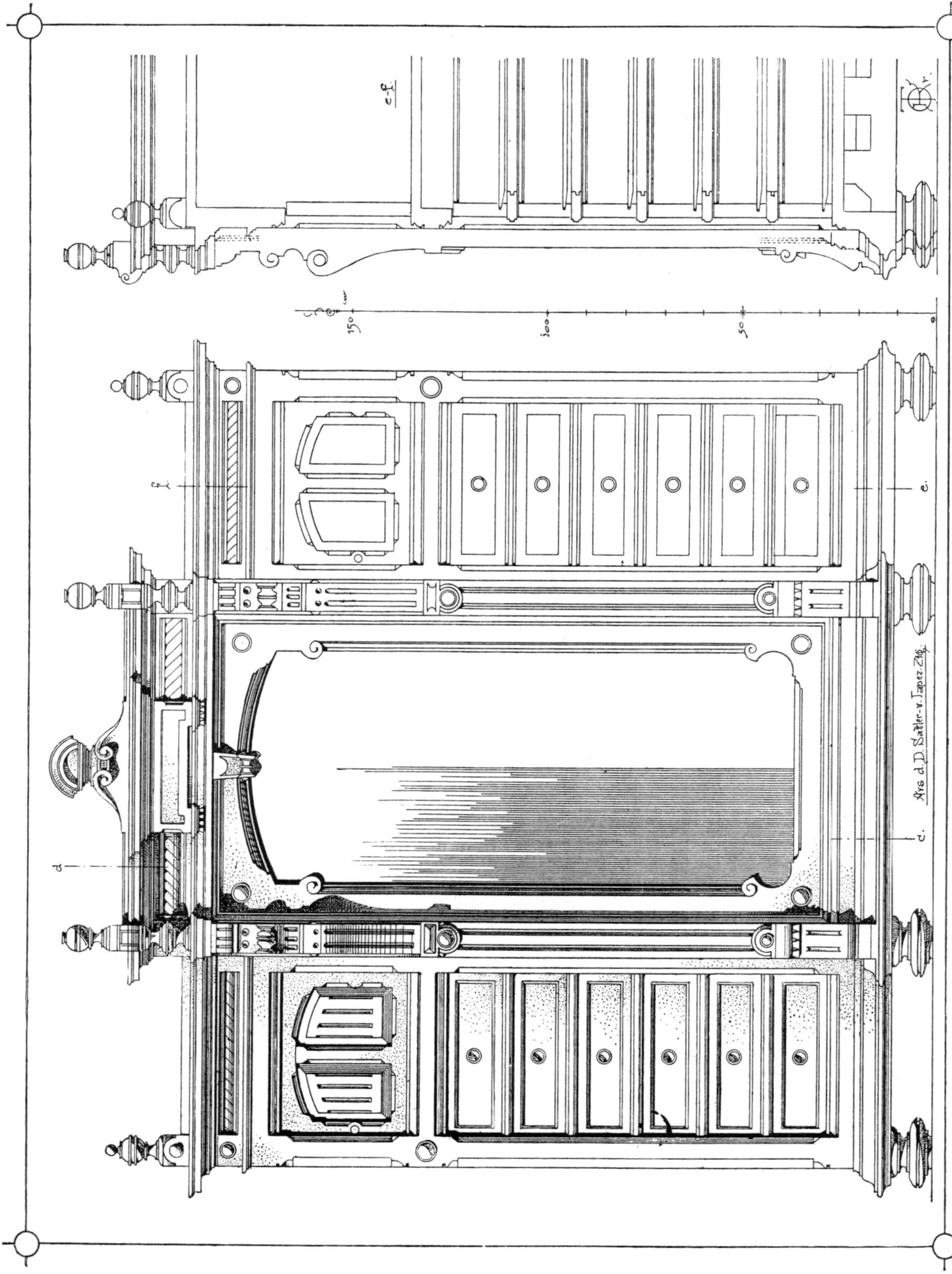

Spiegelschrank mit seitlichen Anbauten.

Tafel 49.

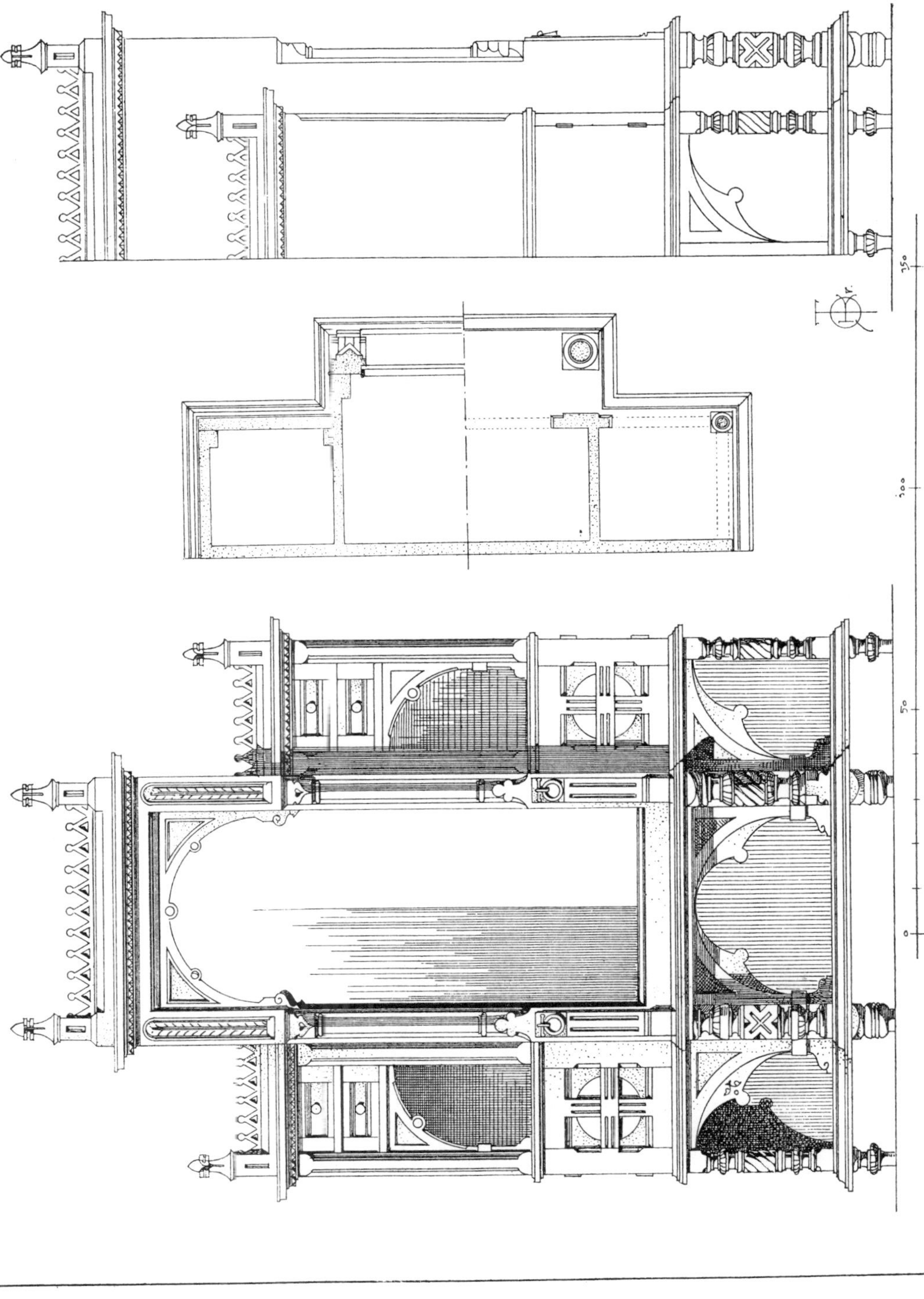

Spiegelschrank, Toilettenschrank.

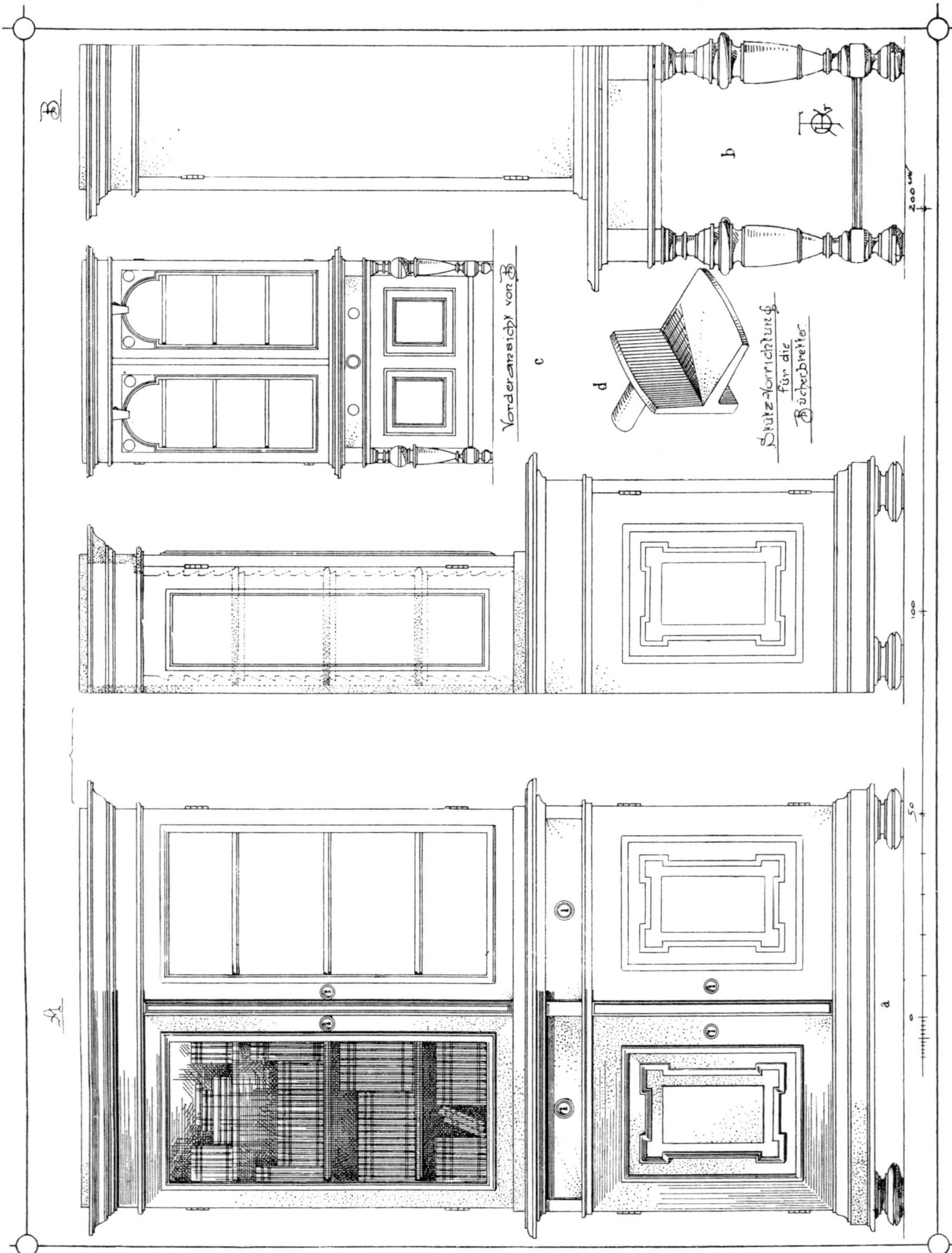

Bücherschränke.

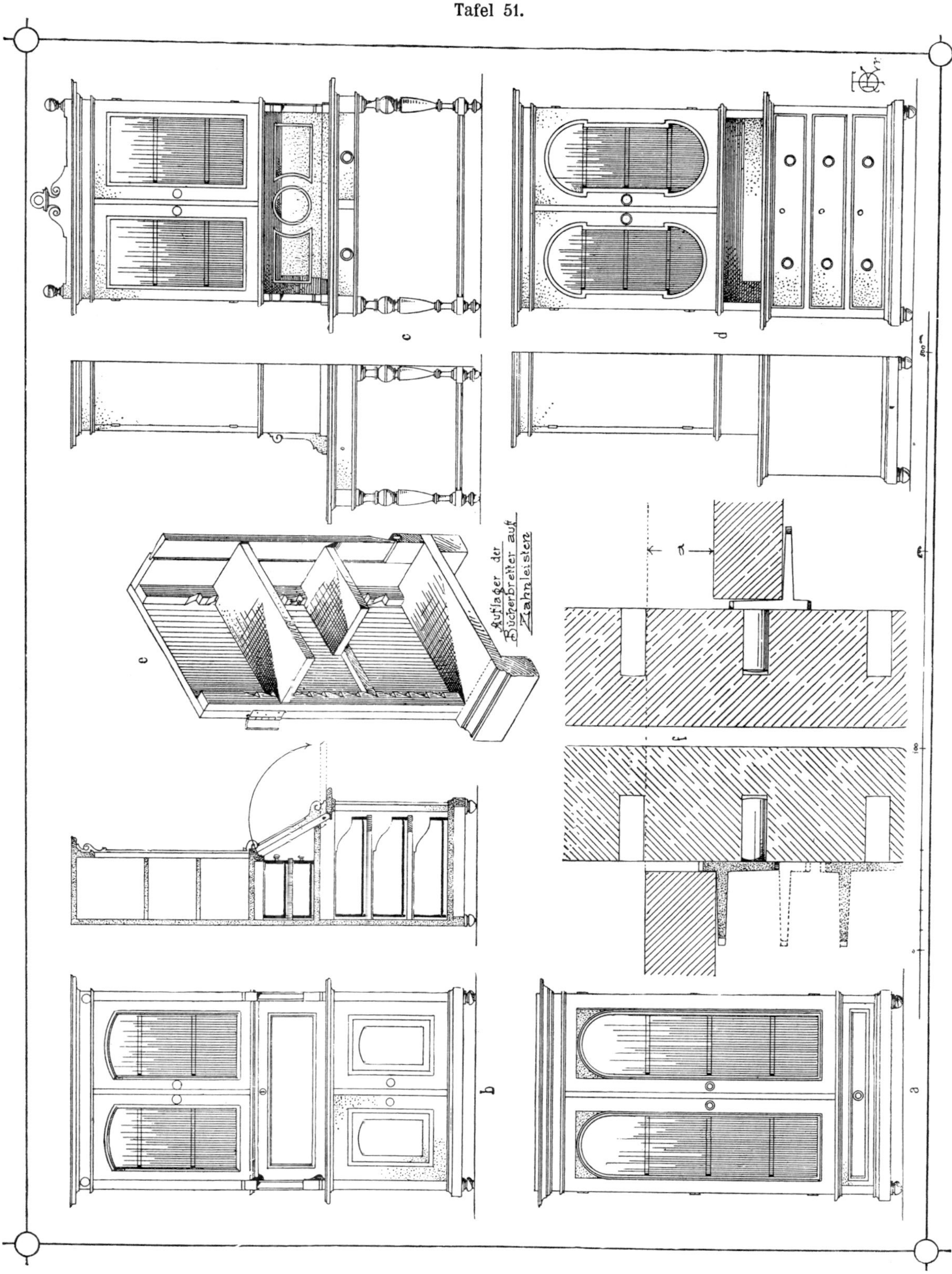

Bücherschränke.

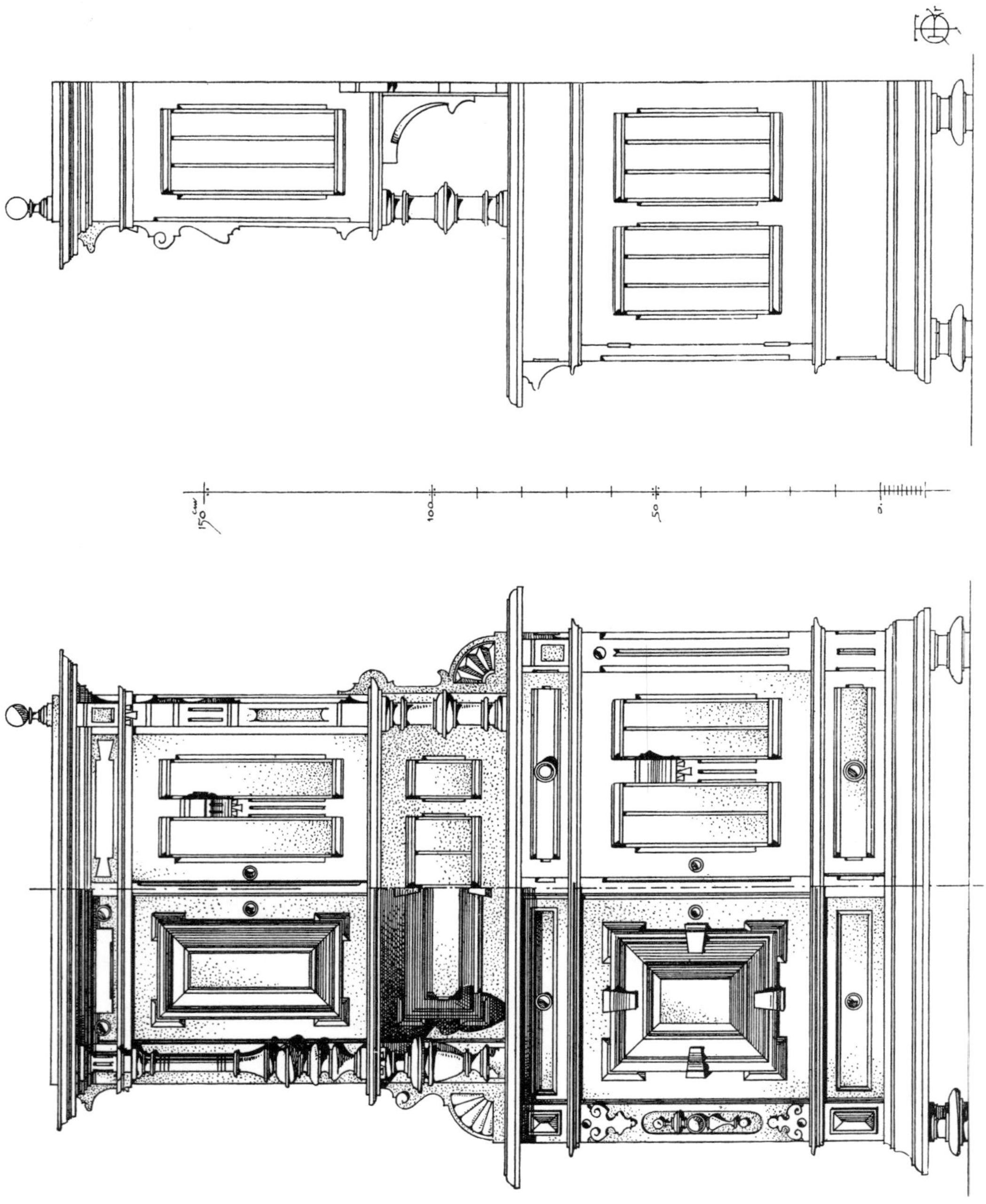

Speiseschränke (Buffets).

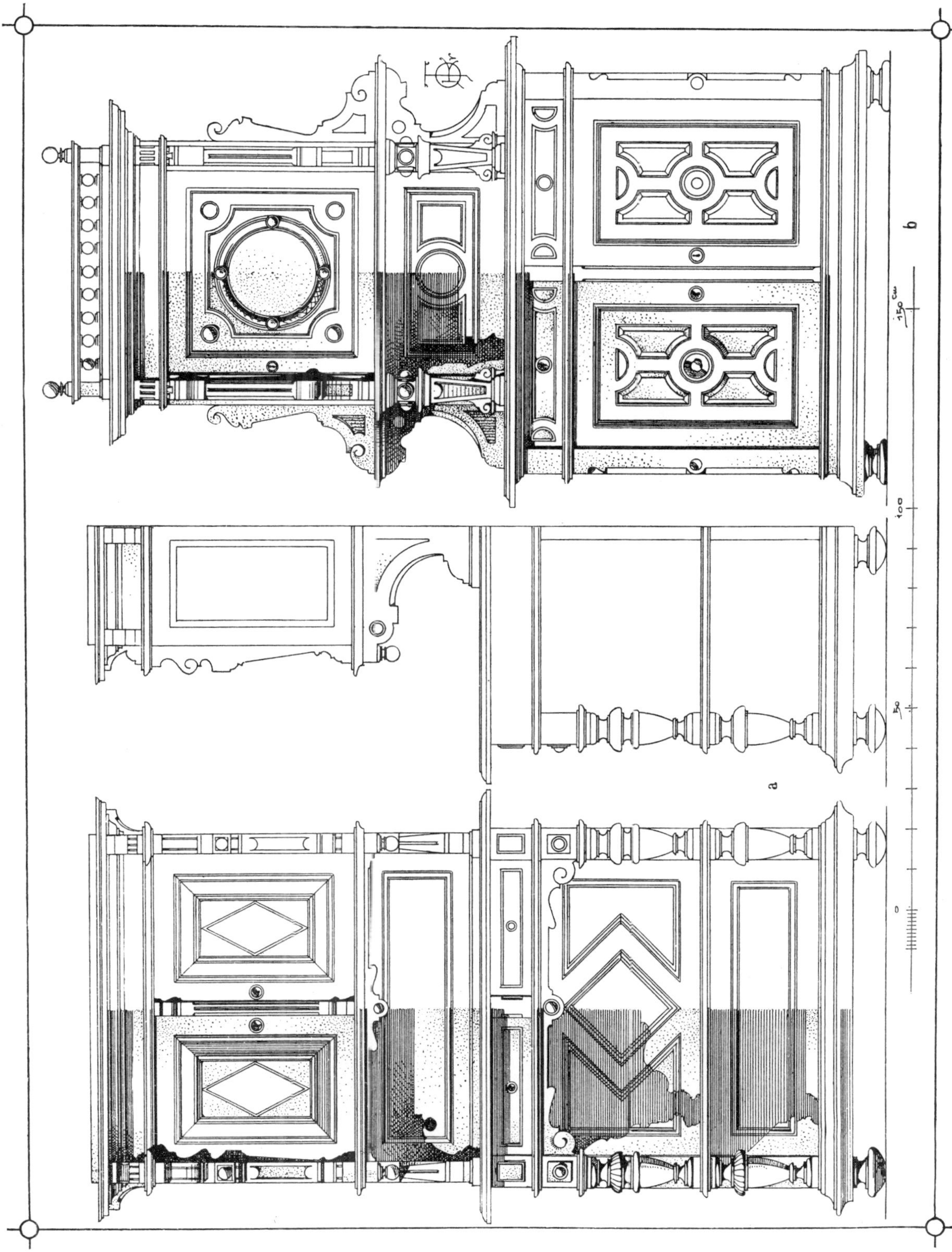

Speiseschränke (Buffets).

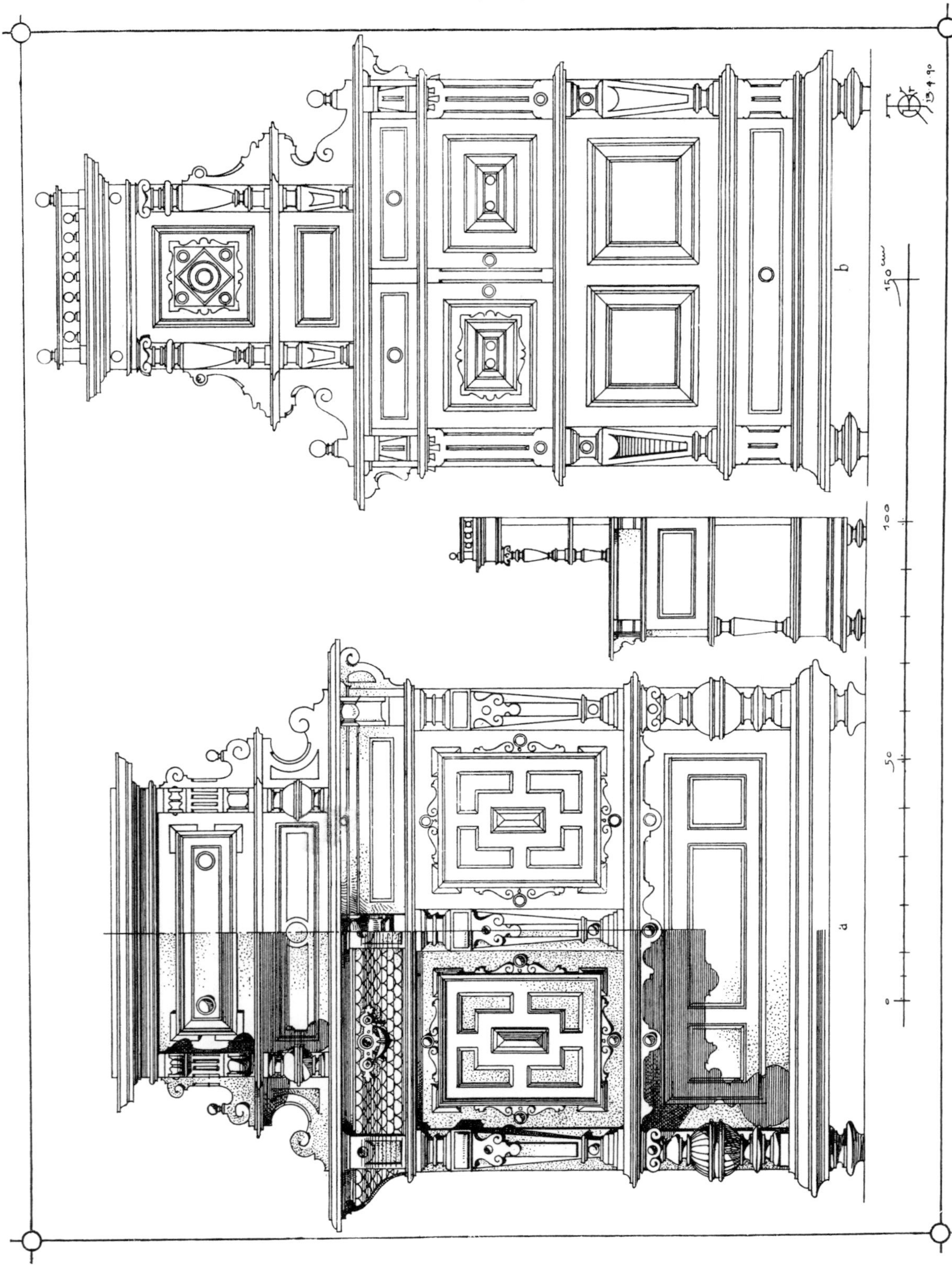

Speiseschränke (Buffets).

Tafel 55.

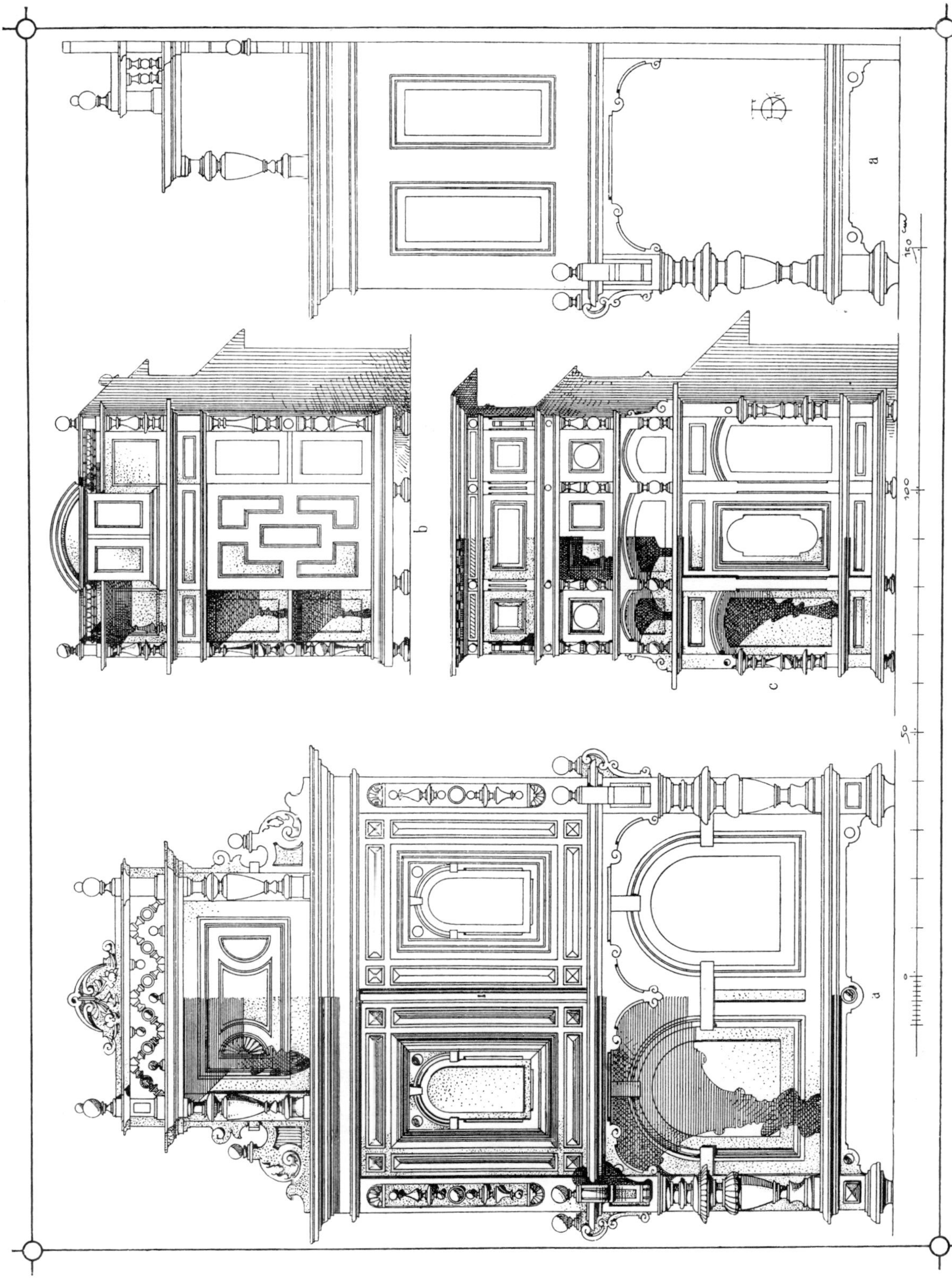

Speiseschränke (Buffets).

Speiseschränke (Buffets).

Speise- oder Kredenzschrank.

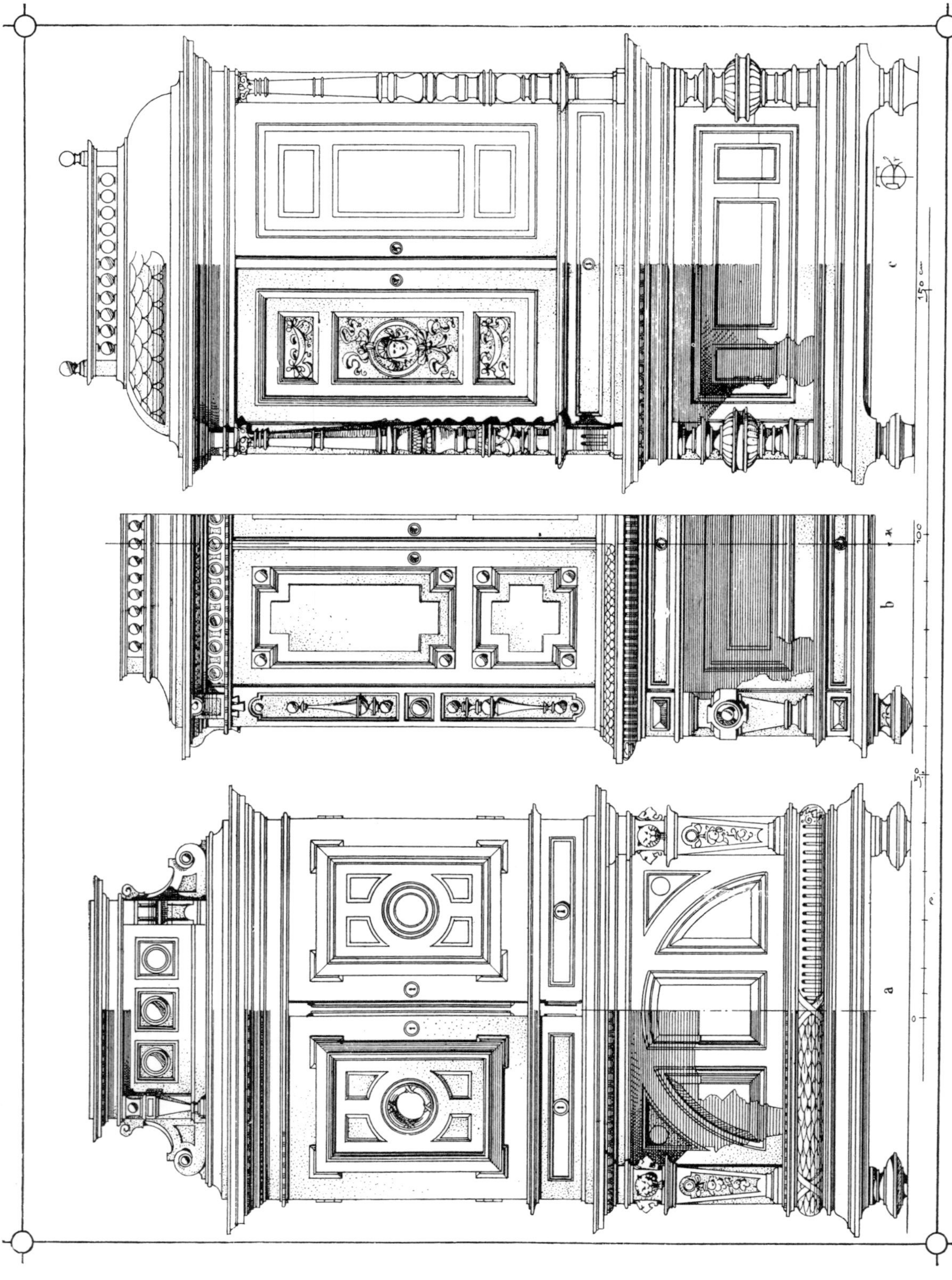

Zierschränke, Kabinettschränke.

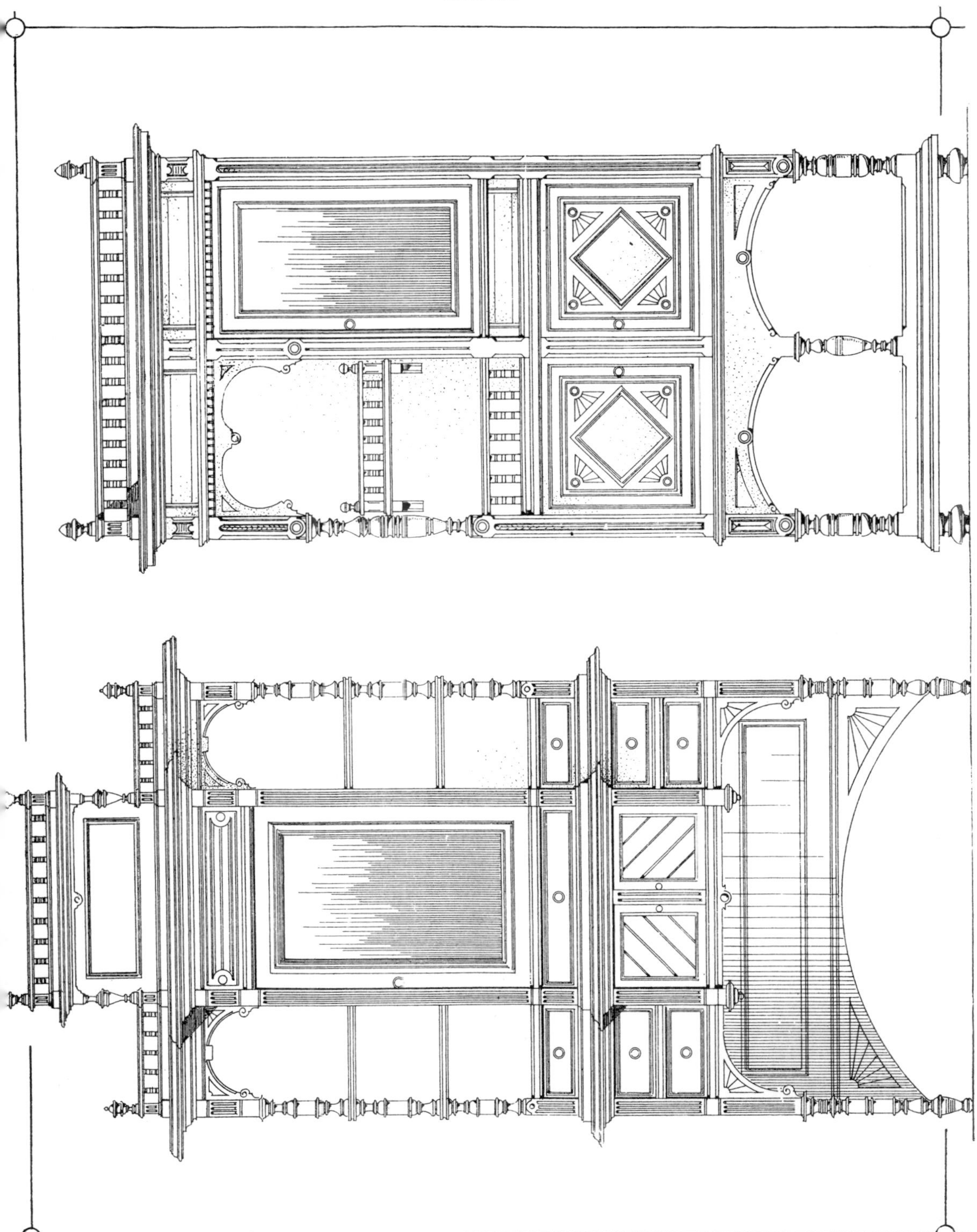

Zier- oder Silberschränkchen von L. J. Peter in Mannheim.

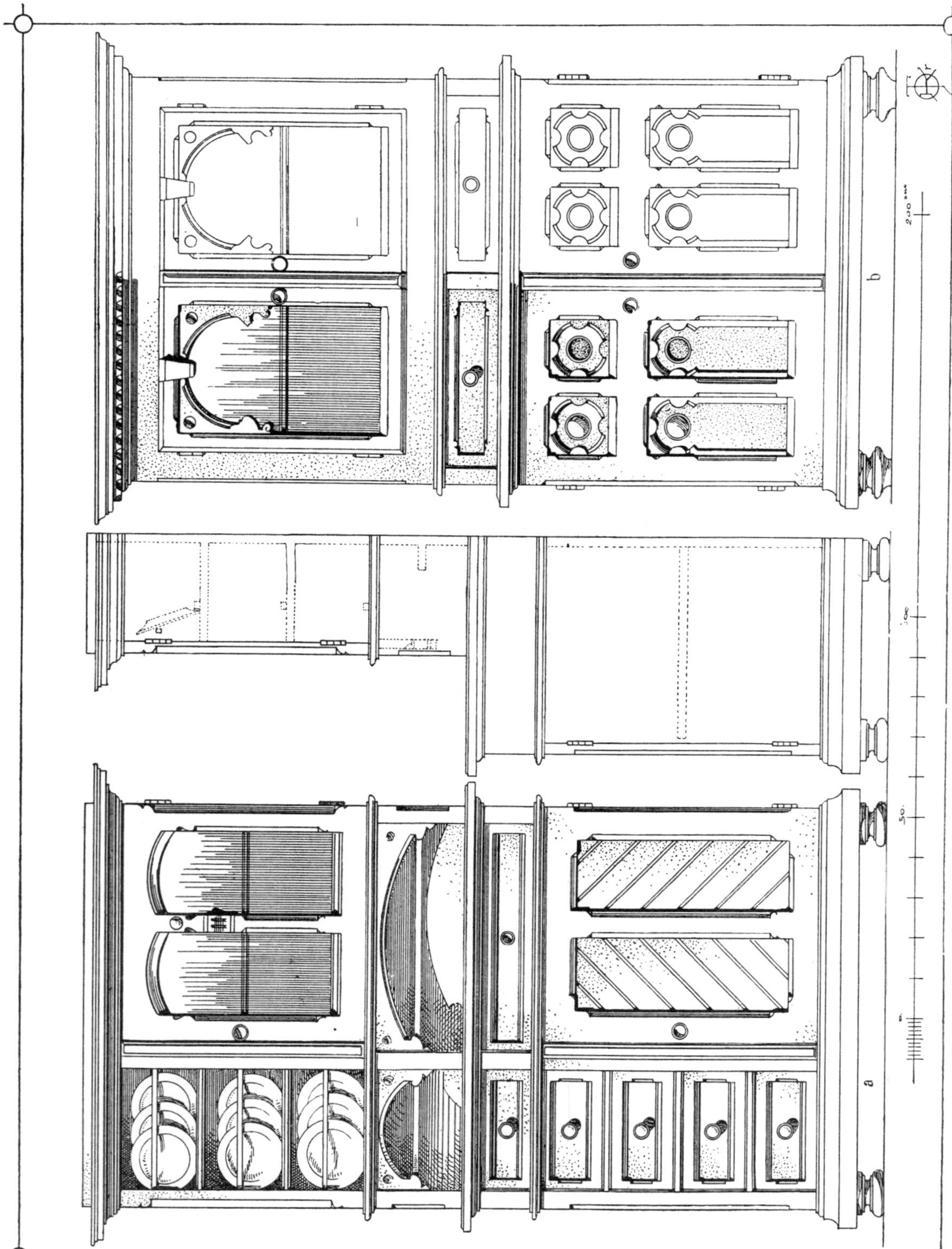

Küchenschränke.

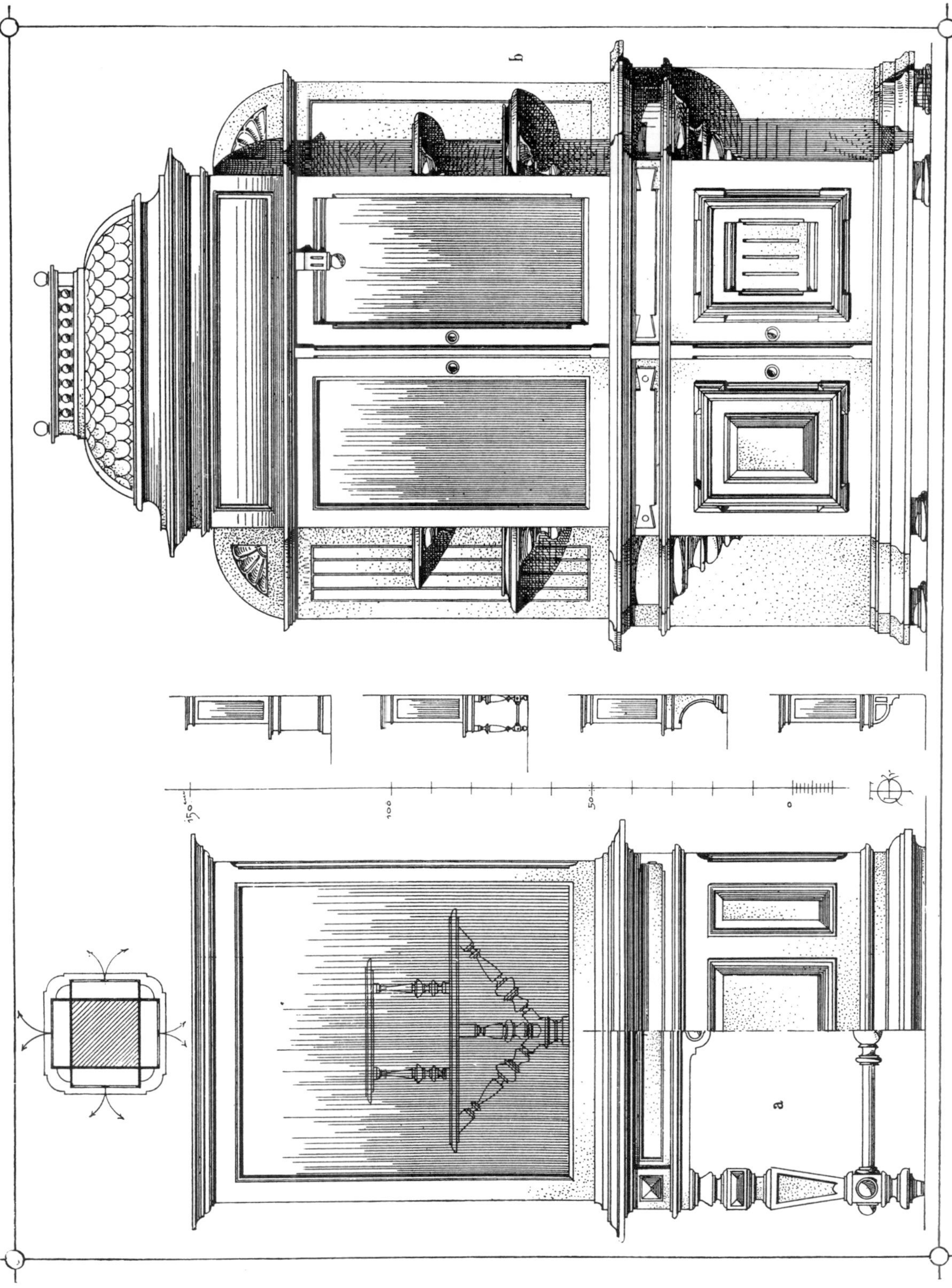

Ausstellungsschränke.

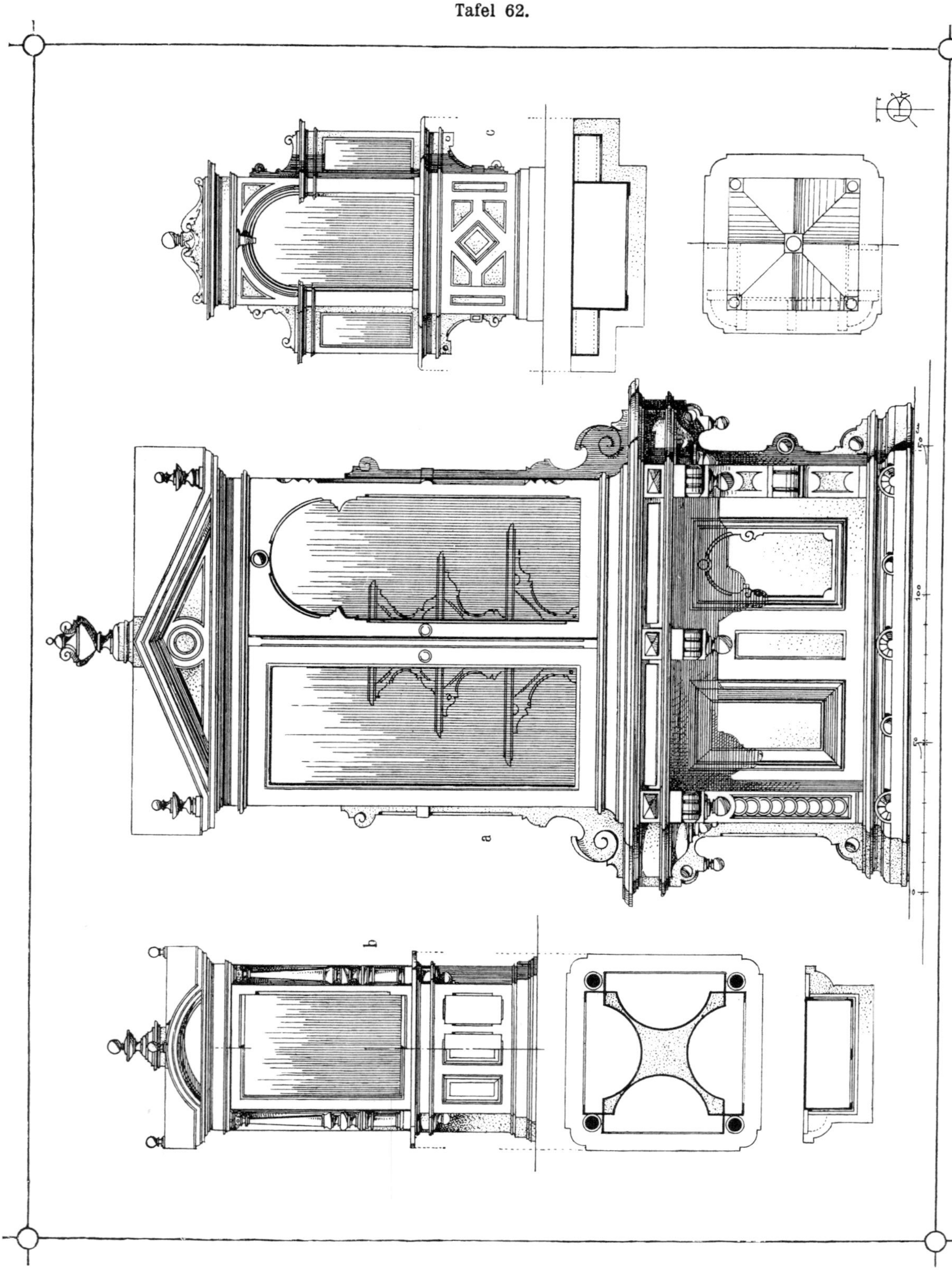

Ausstellungsschränke.

Ausstellungsschränke.

Kommode und Pfeilerschränkchen.

Tafel 65.

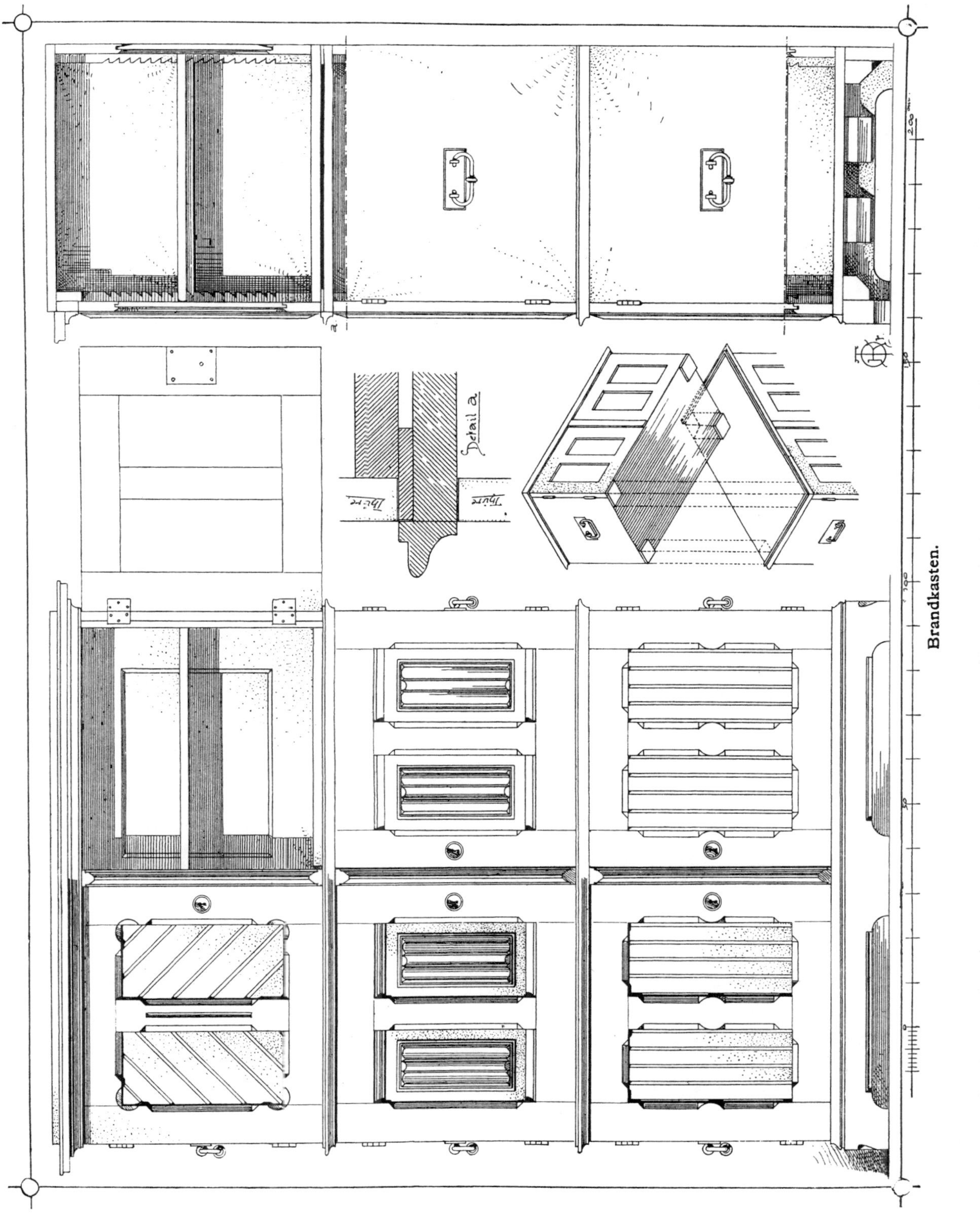

Wandschränkchen.

Schlüsselschränkchen.

Schreibtische.

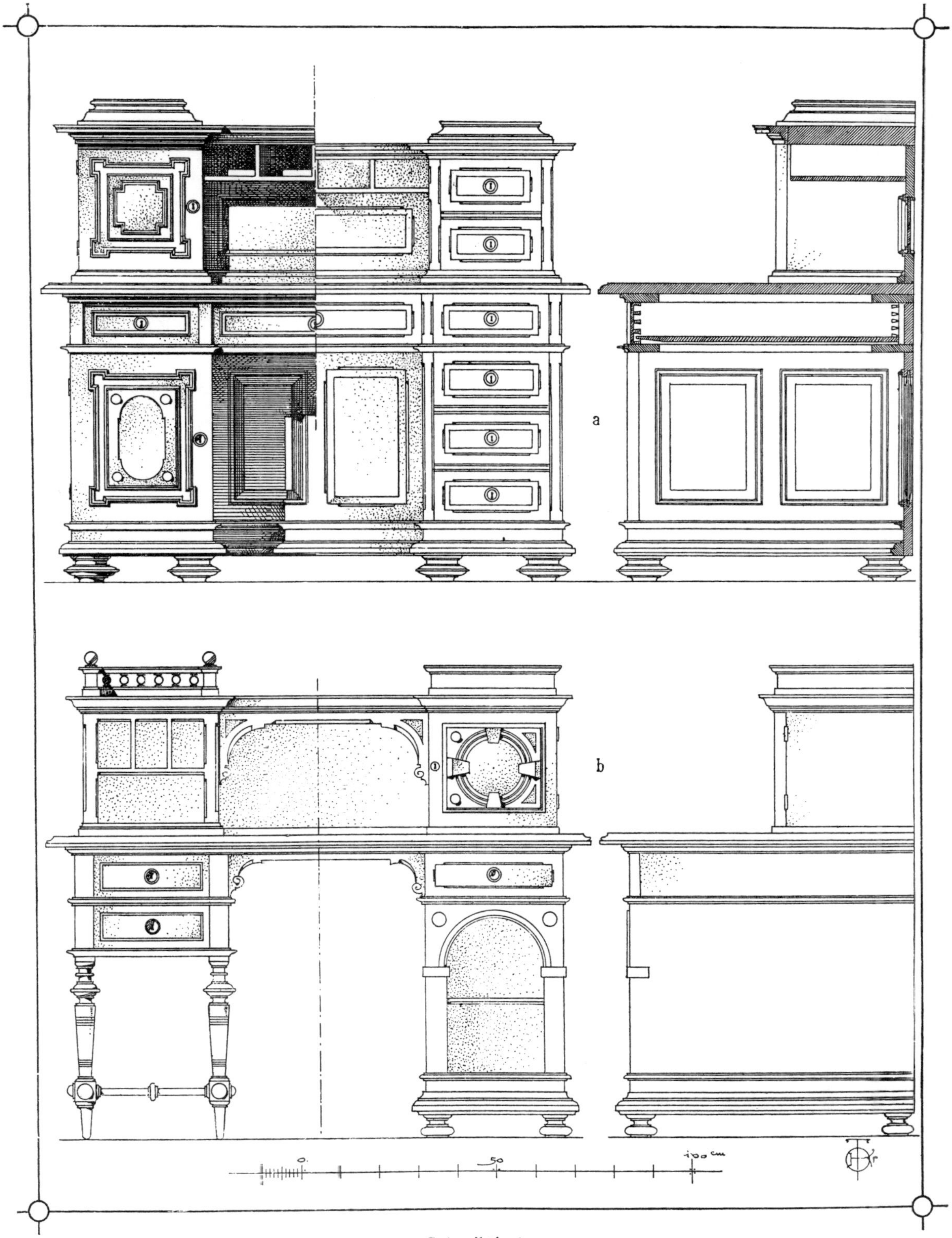

Schreibtische.

Tafel 70.

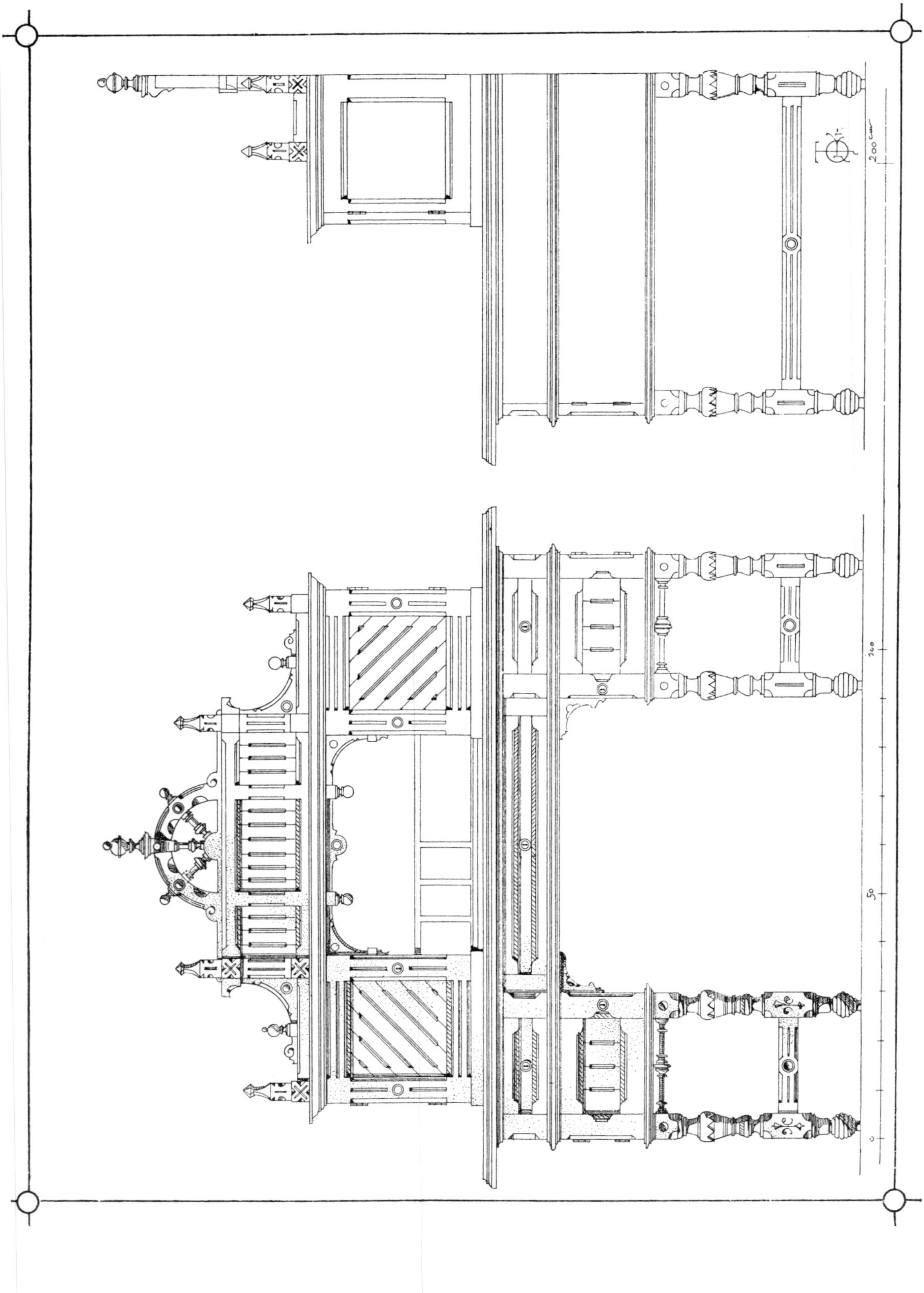

Schreibtisch.

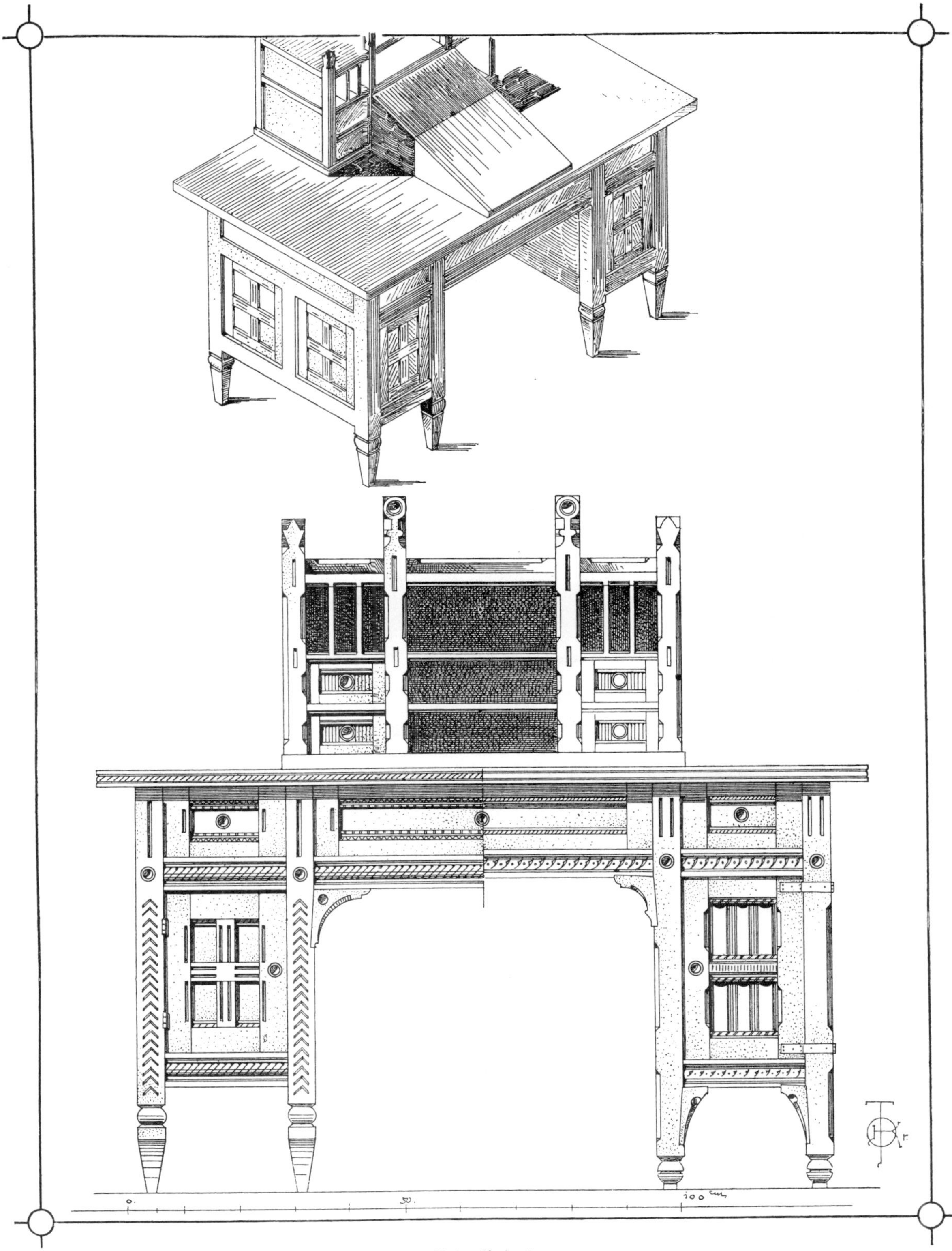

Schreibtisch.

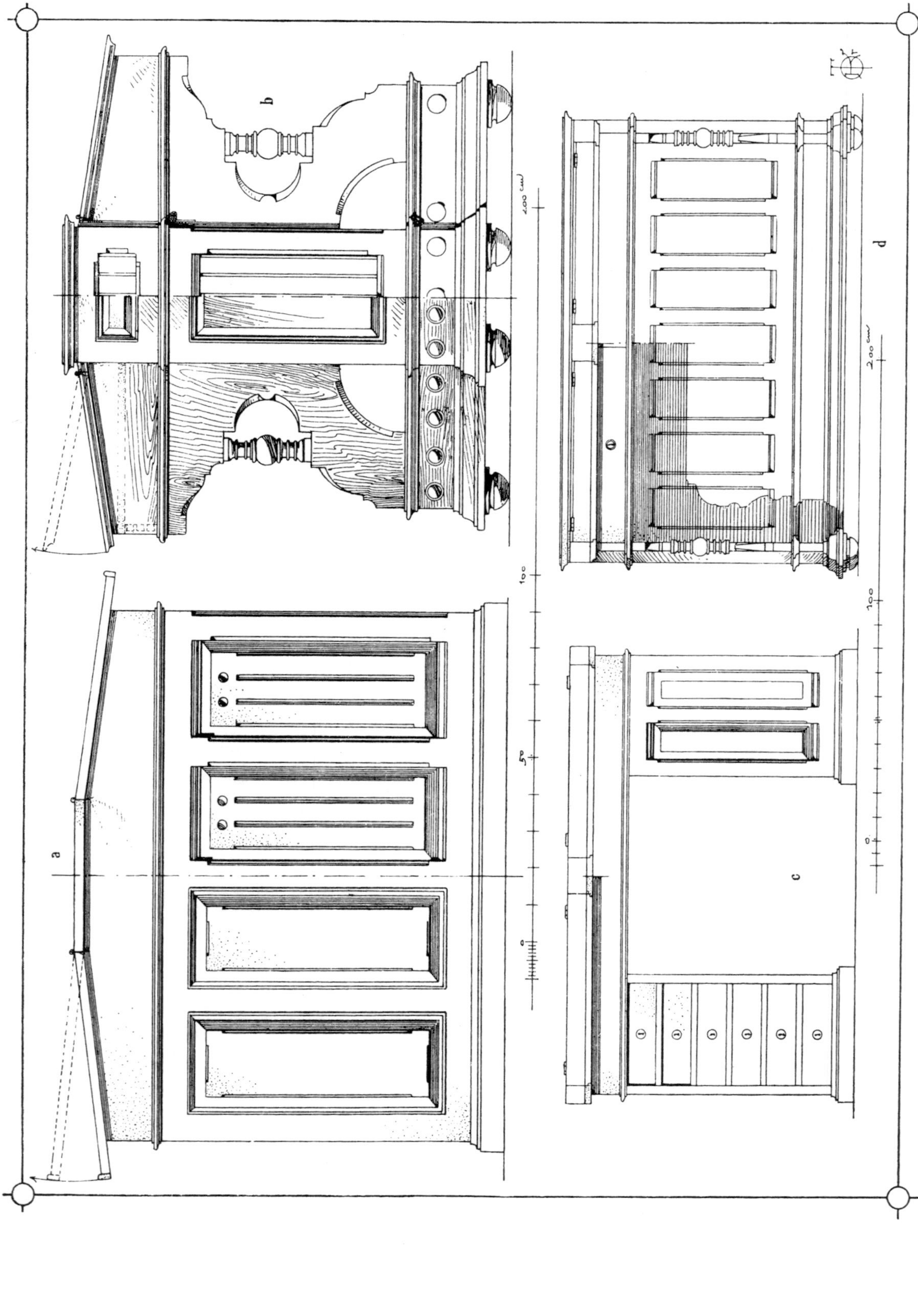

Schreibtische (Bureaux).

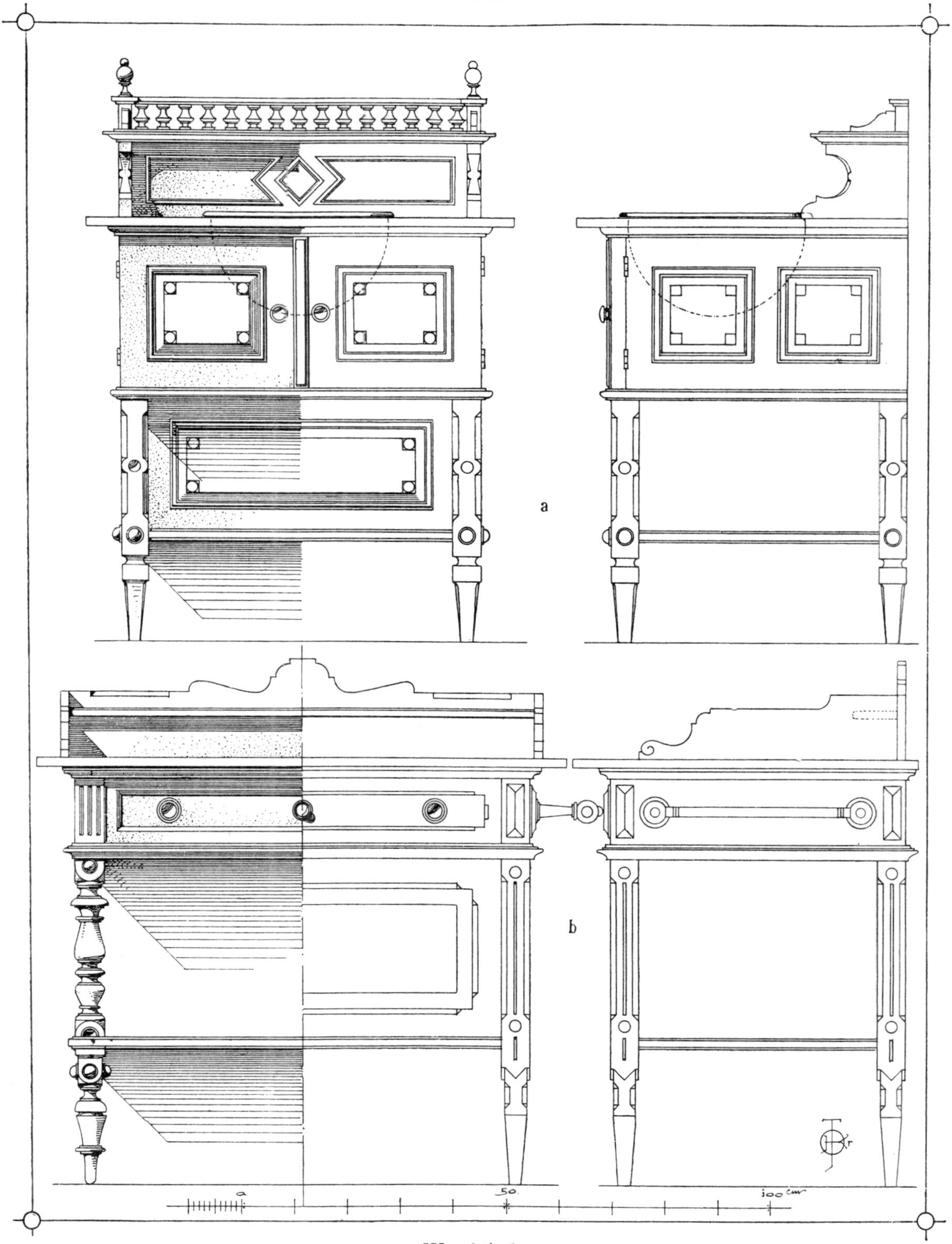

Waschtische.

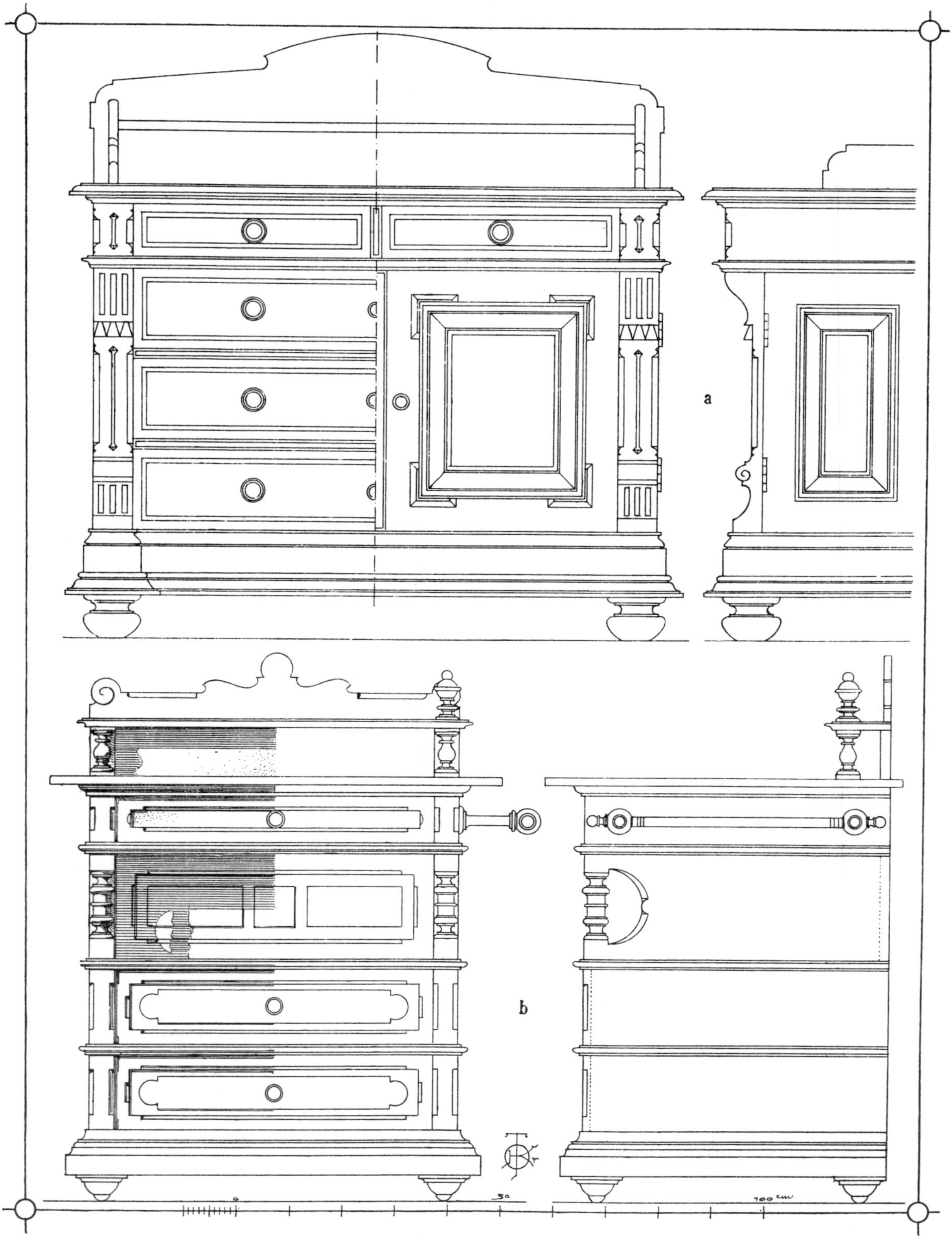

Waschtische.

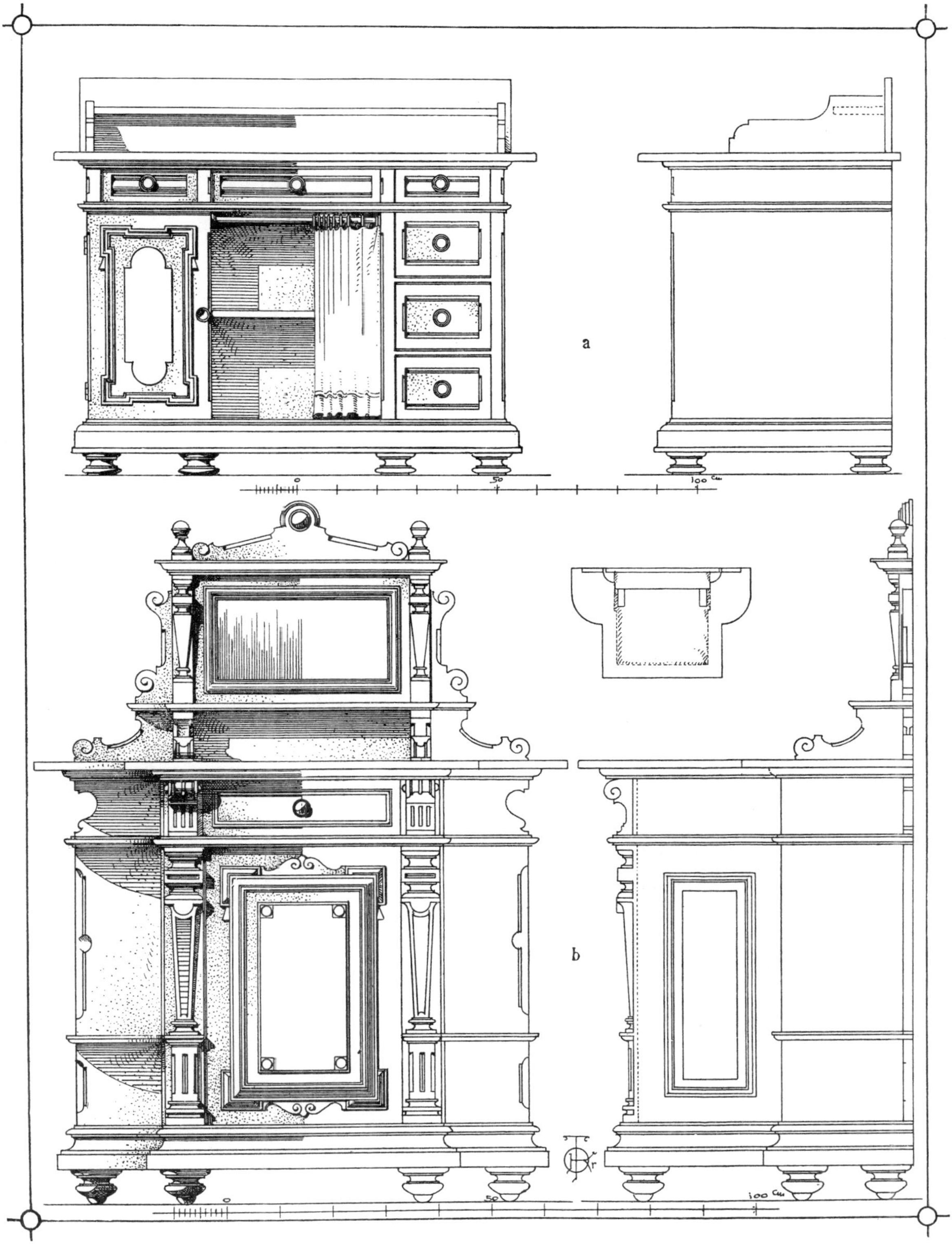

Waschtische.

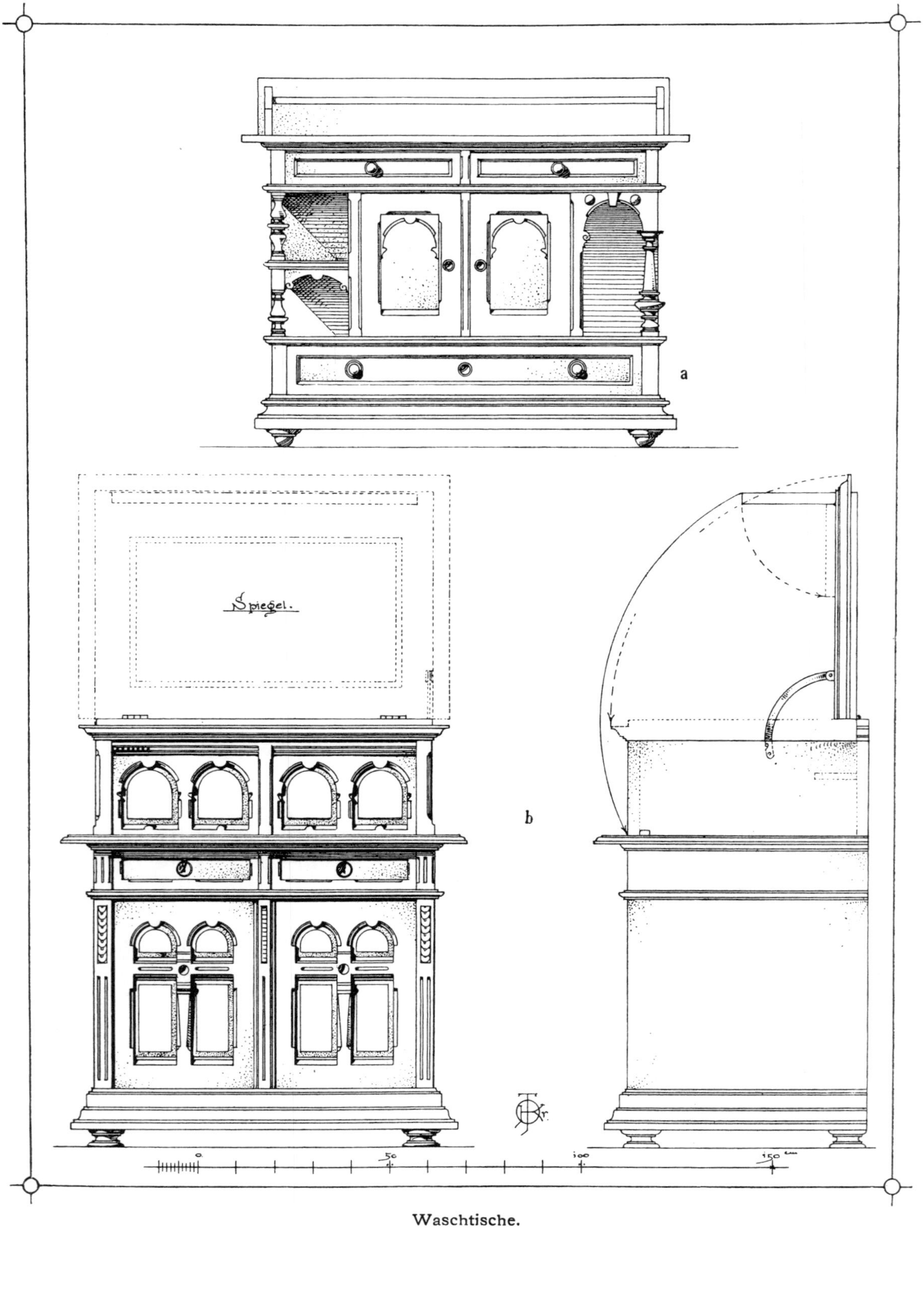

Waschtische.

Toilettentisch.

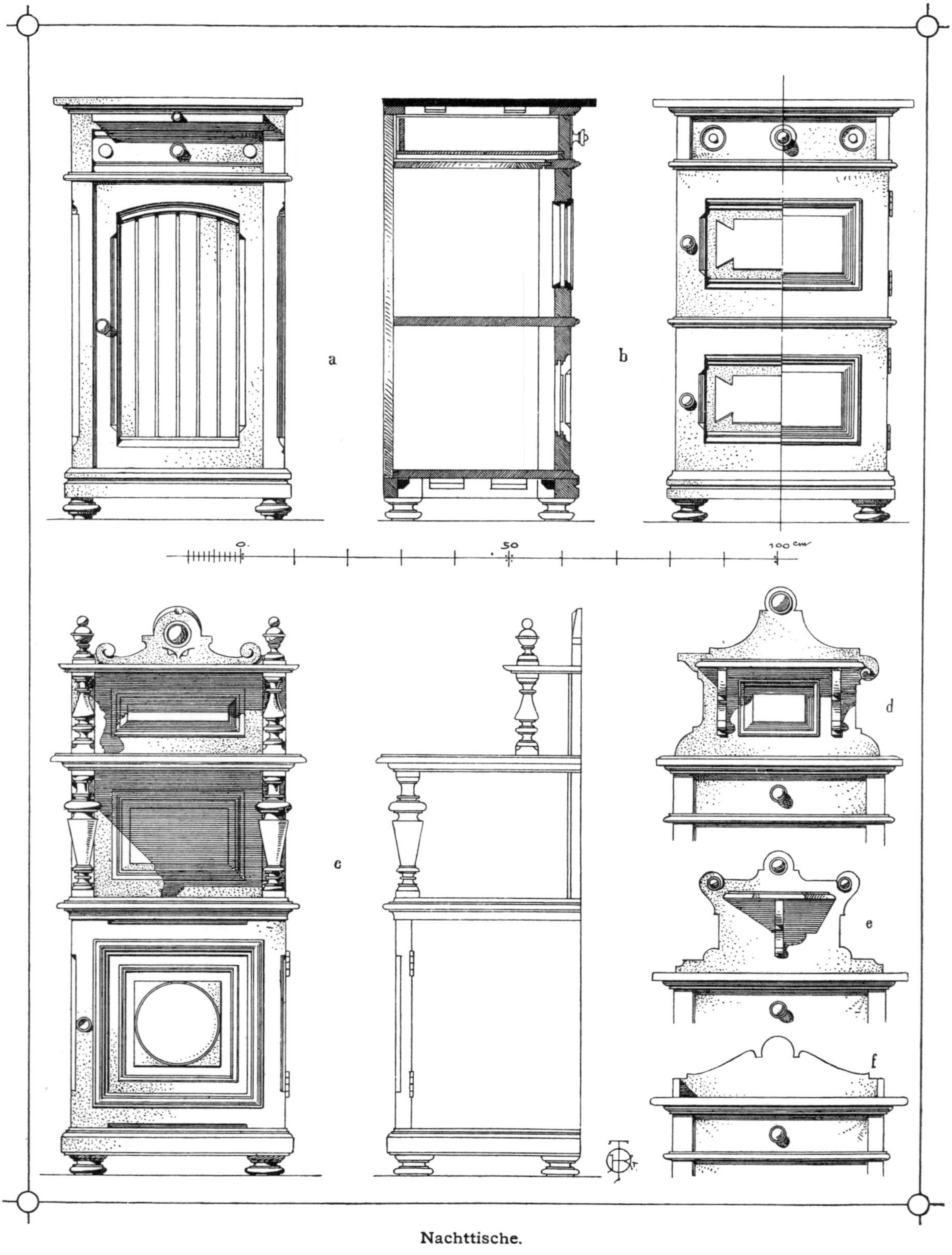

Nachttische.

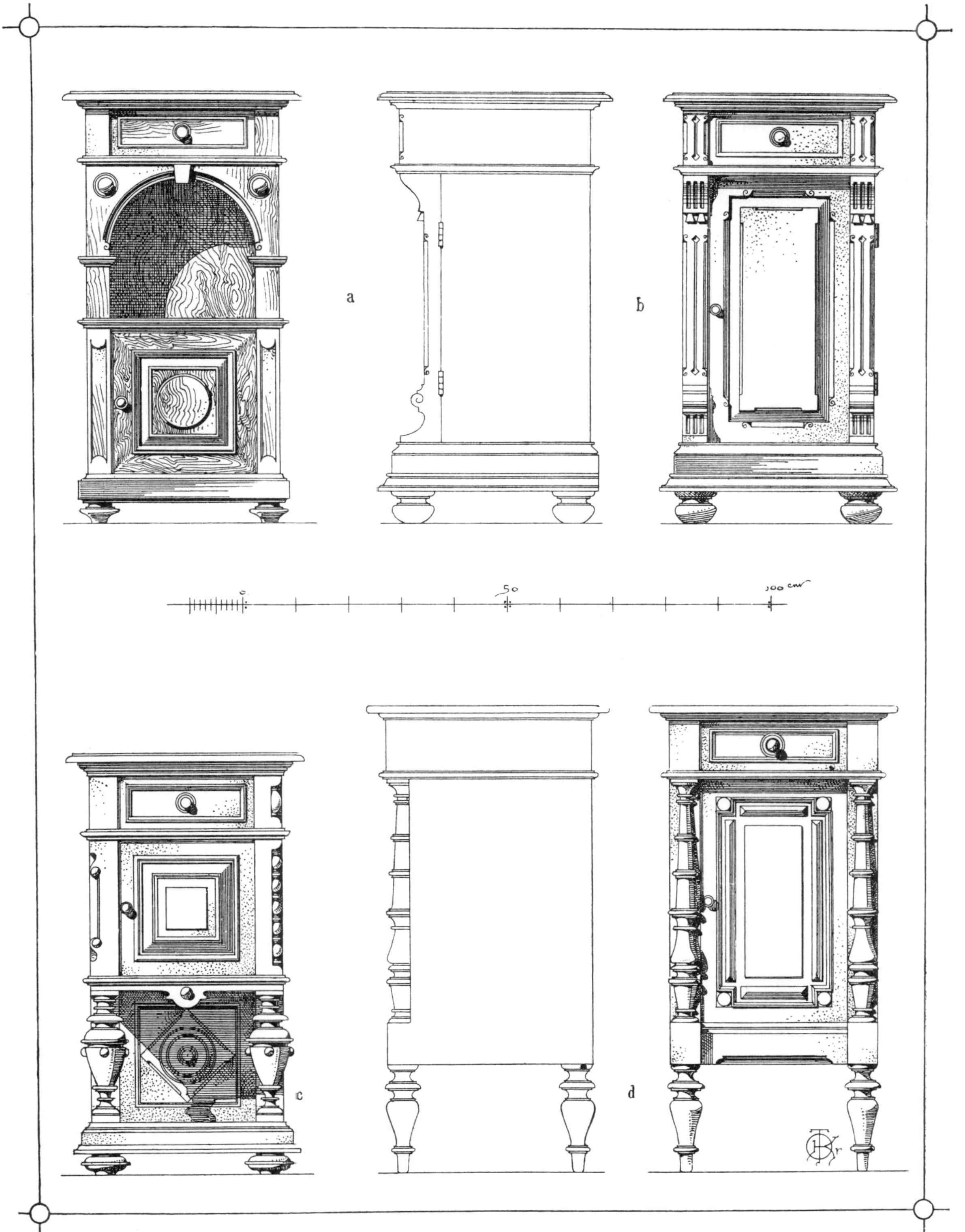

Nachttische.

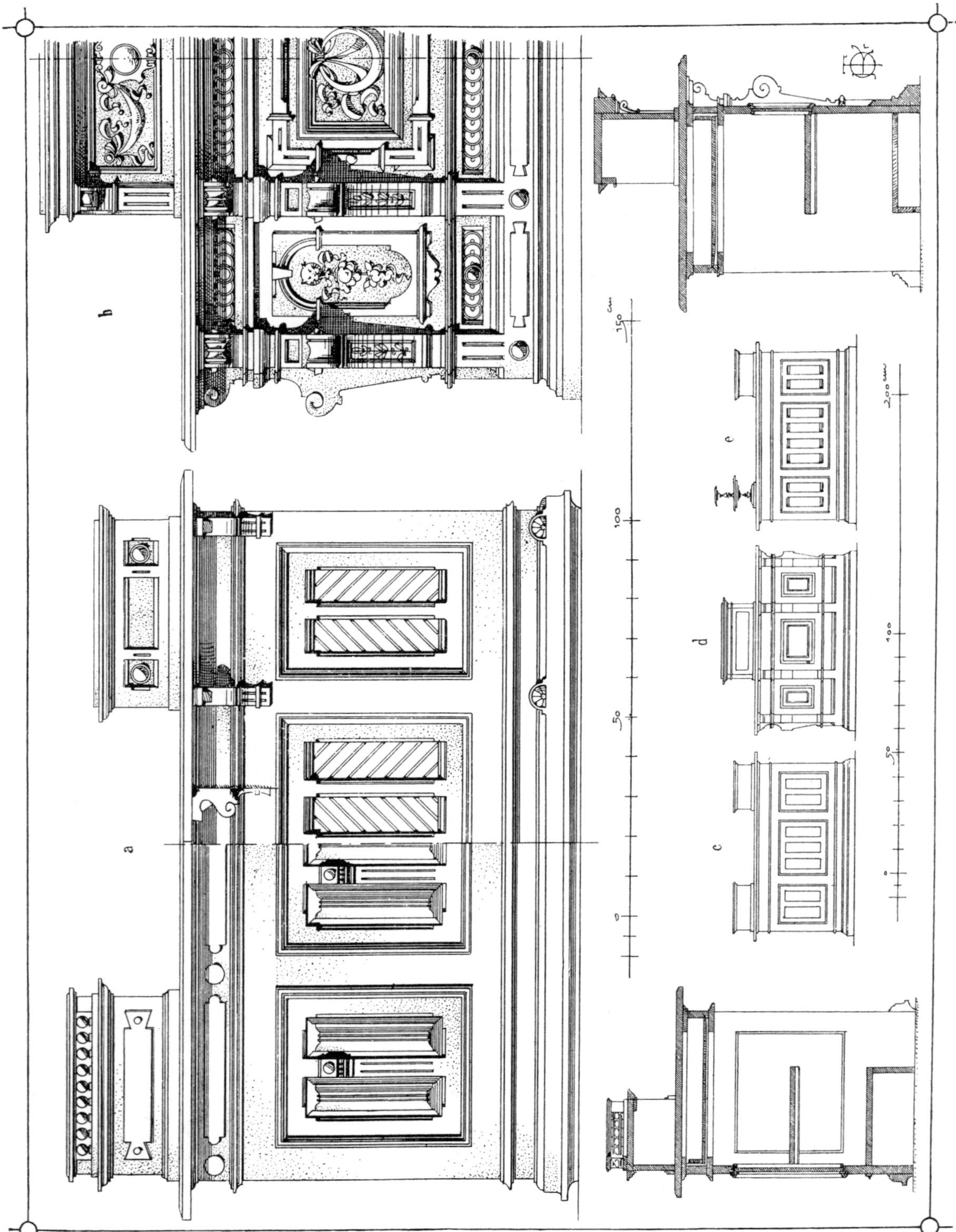

Laden- und Schenktische.

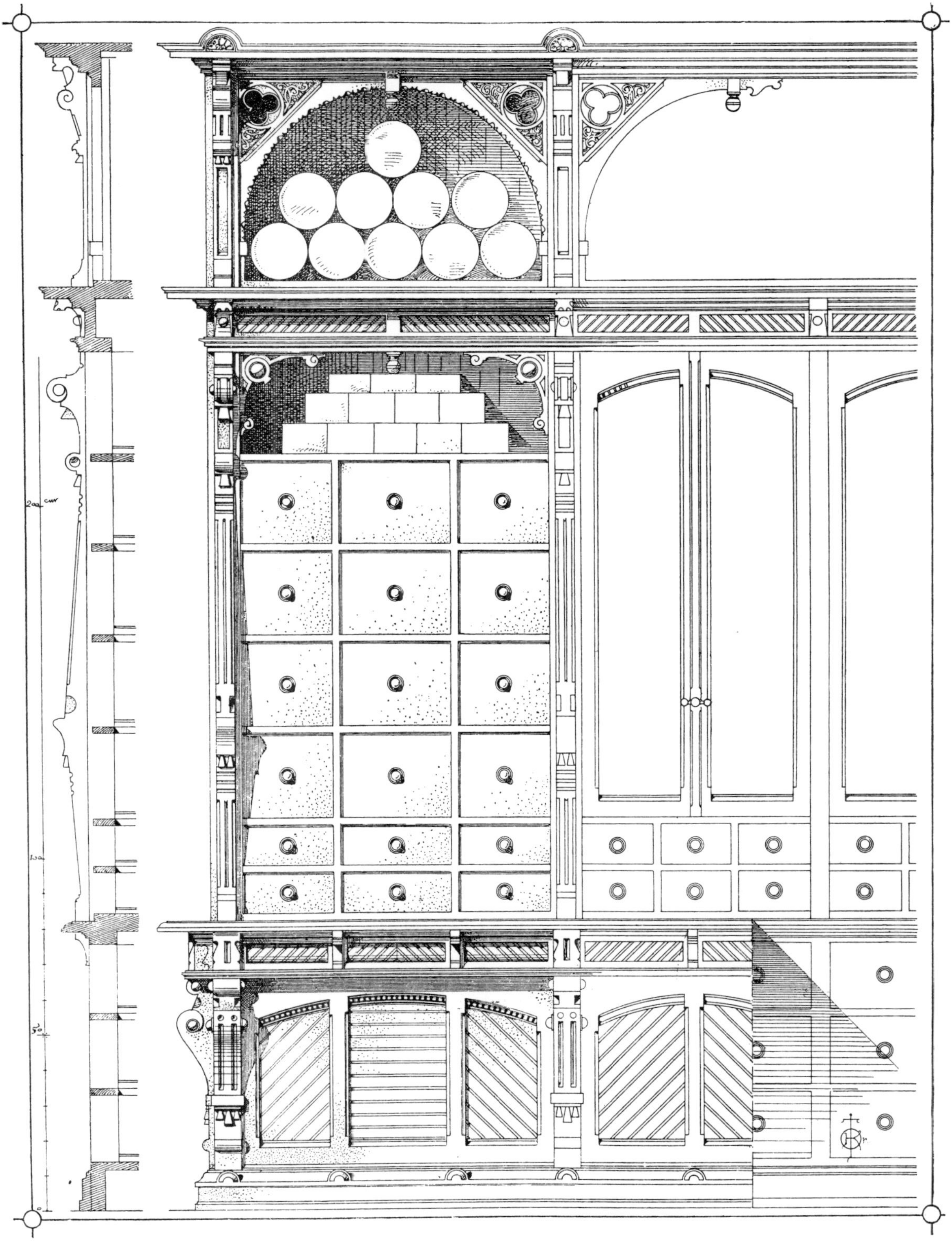

Ladeneinrichtung.

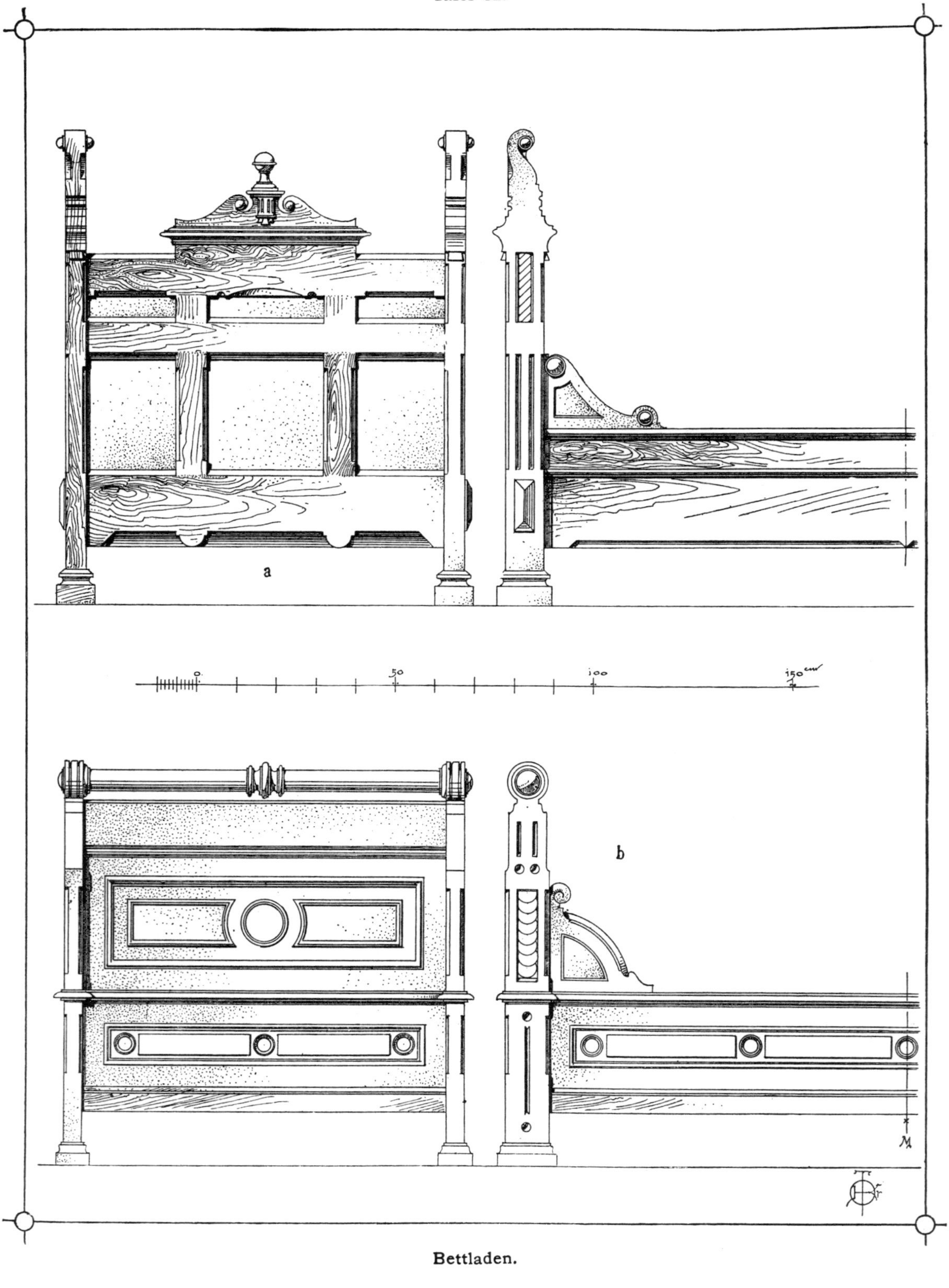

Bettladen.

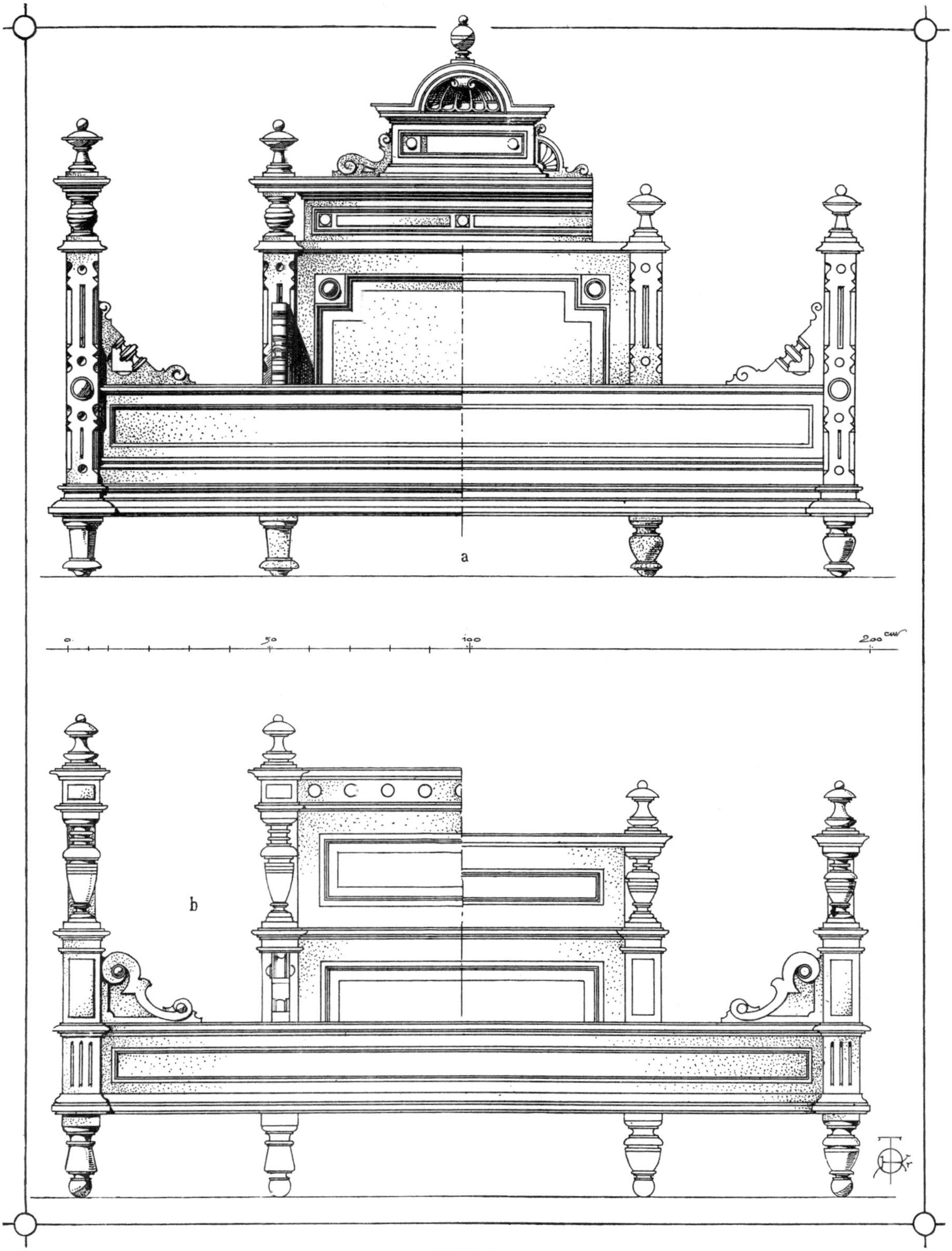

Bettladen.

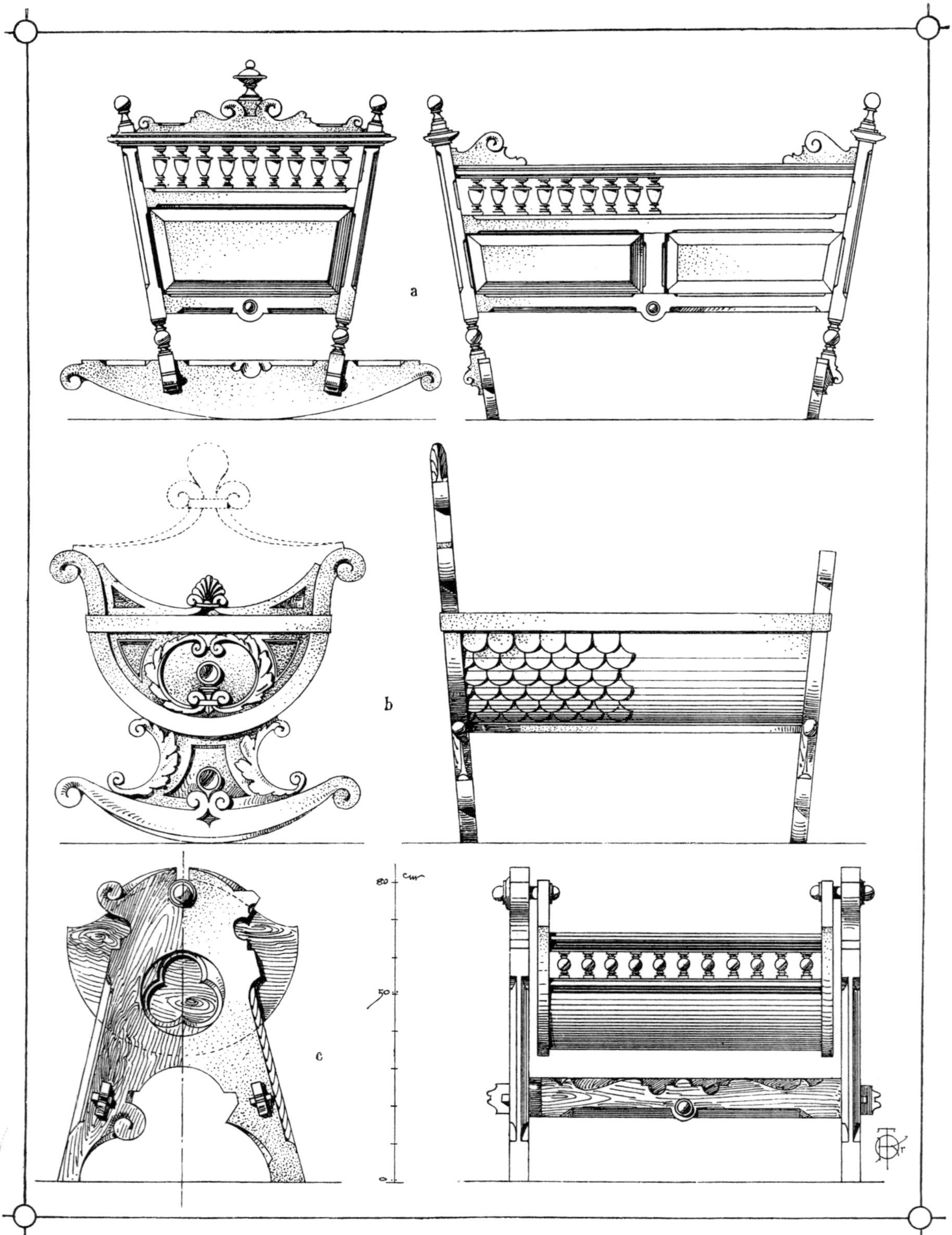

Wiegen.

Standuhren.

b
a
b
200 cm
100
50
0
entw. für hrn. Fabr.
Arth. Junghans in
Schrambg.
0
60 cm

Standuhren.

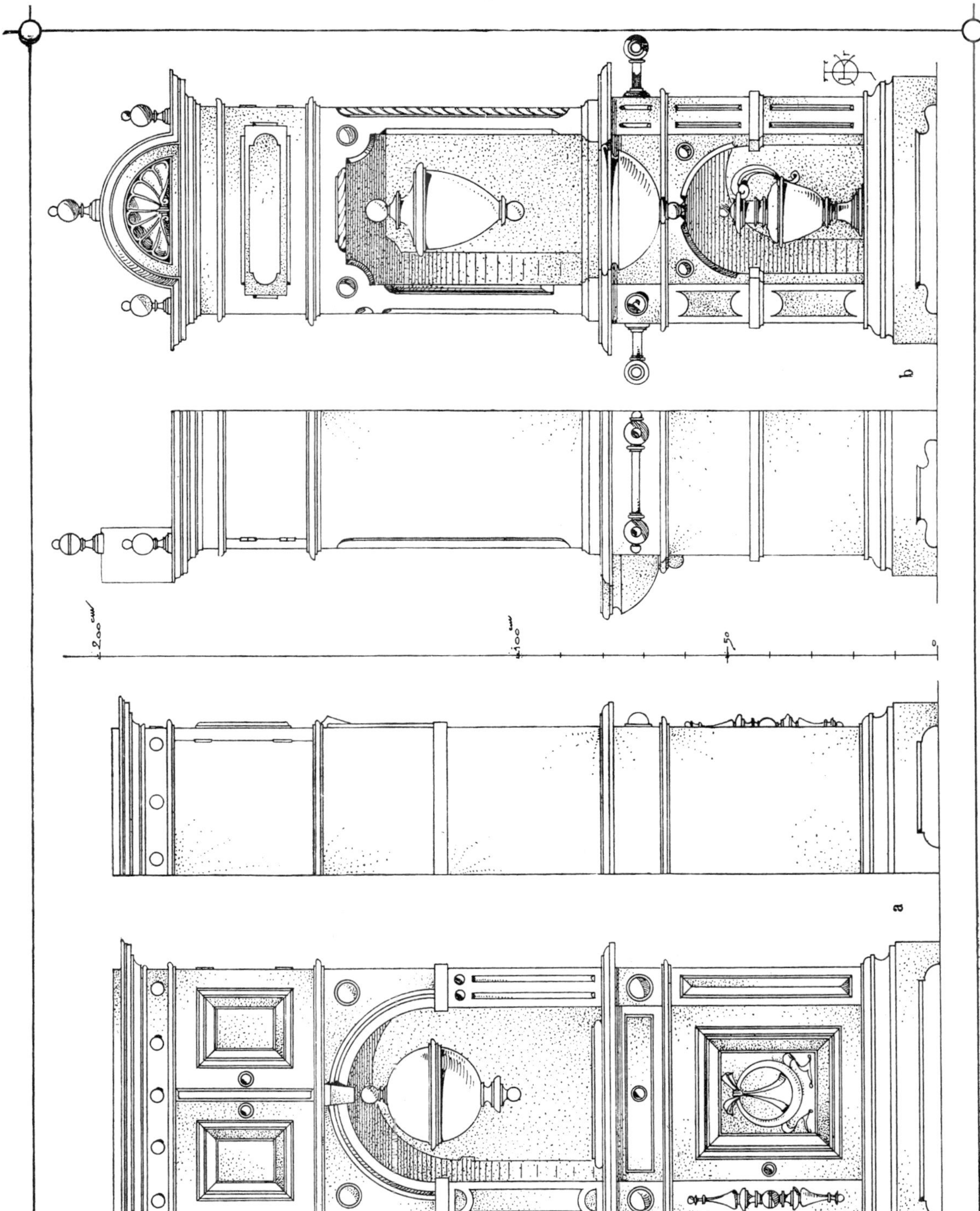

Waschschränkchen nach Art der Renaissance.

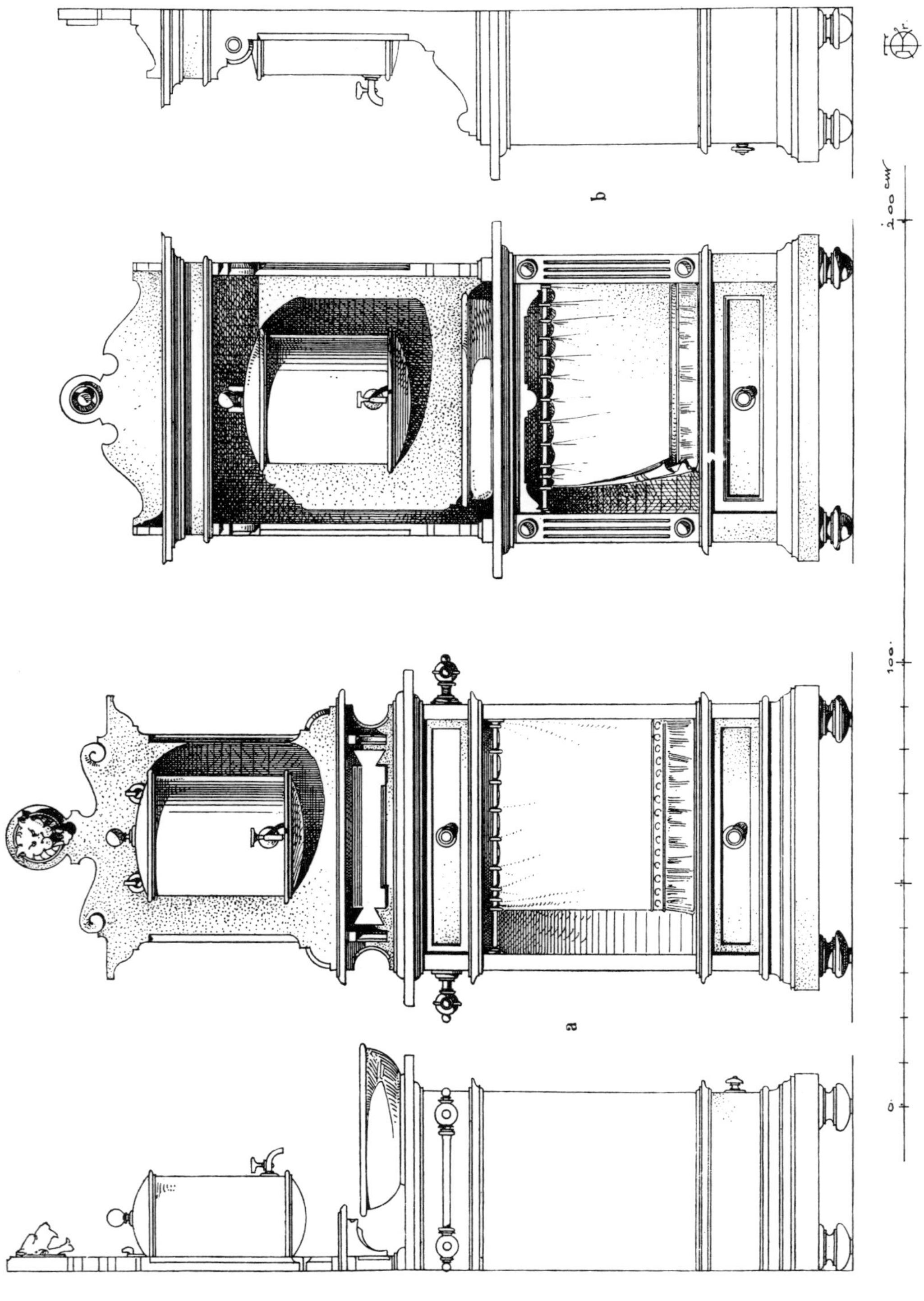

Gewöhnliche Waschschränkchen.

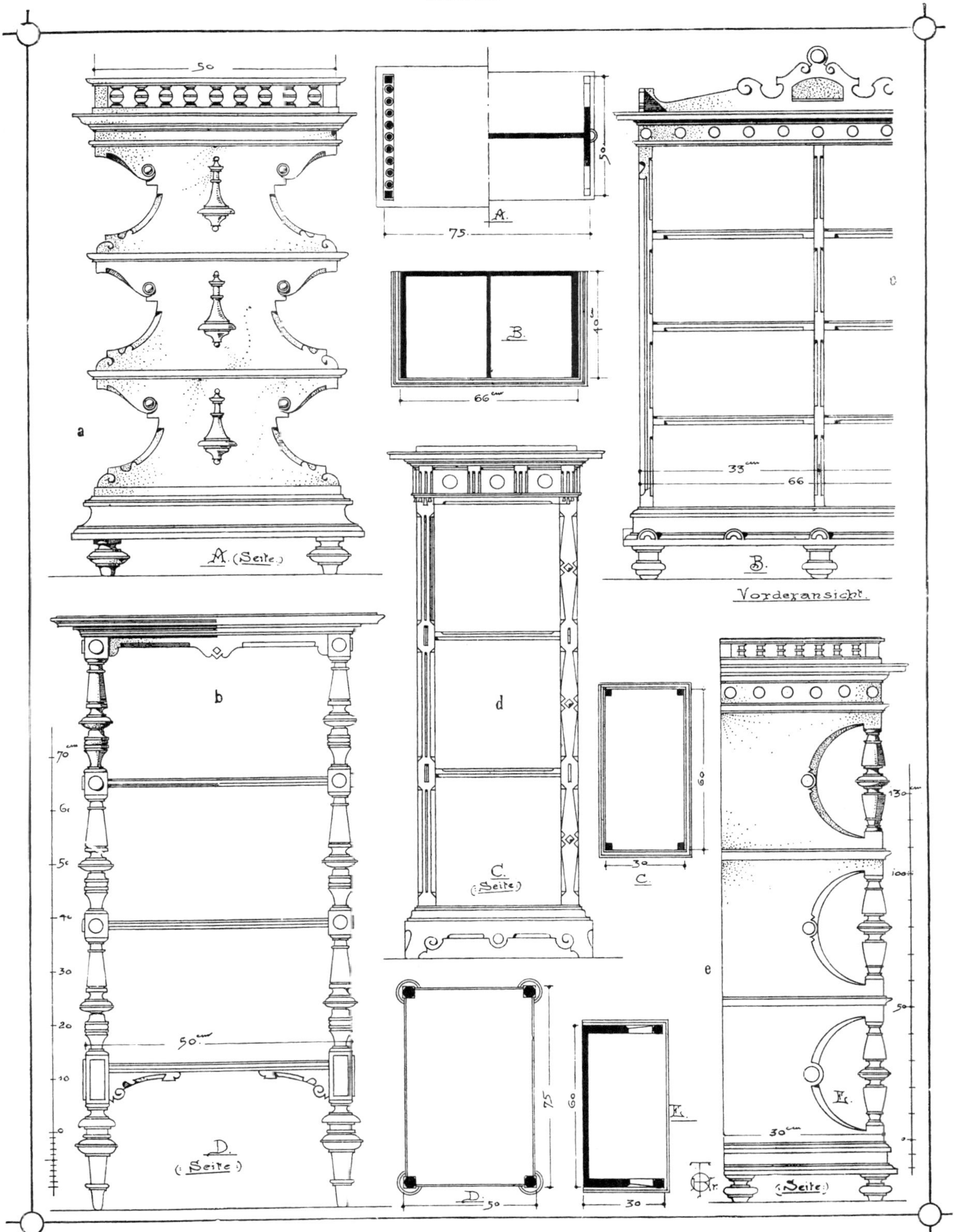

Noten- und Bücherständer.

Ständer für Büsten, Vasen und Lampen.

Topfständer.

Mappenständer.

Tafel 93.

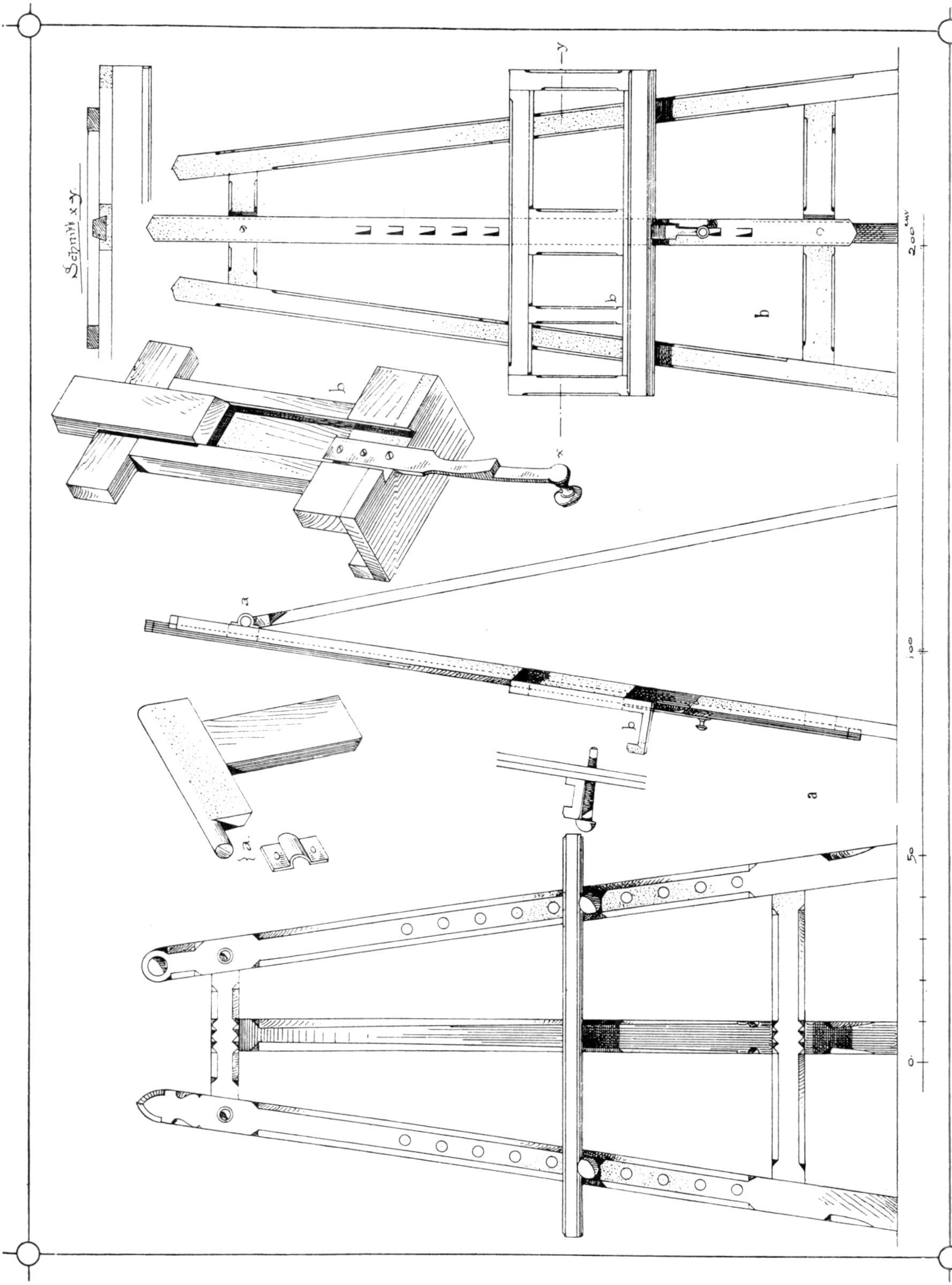

Staffeleien.

Tafel 94.

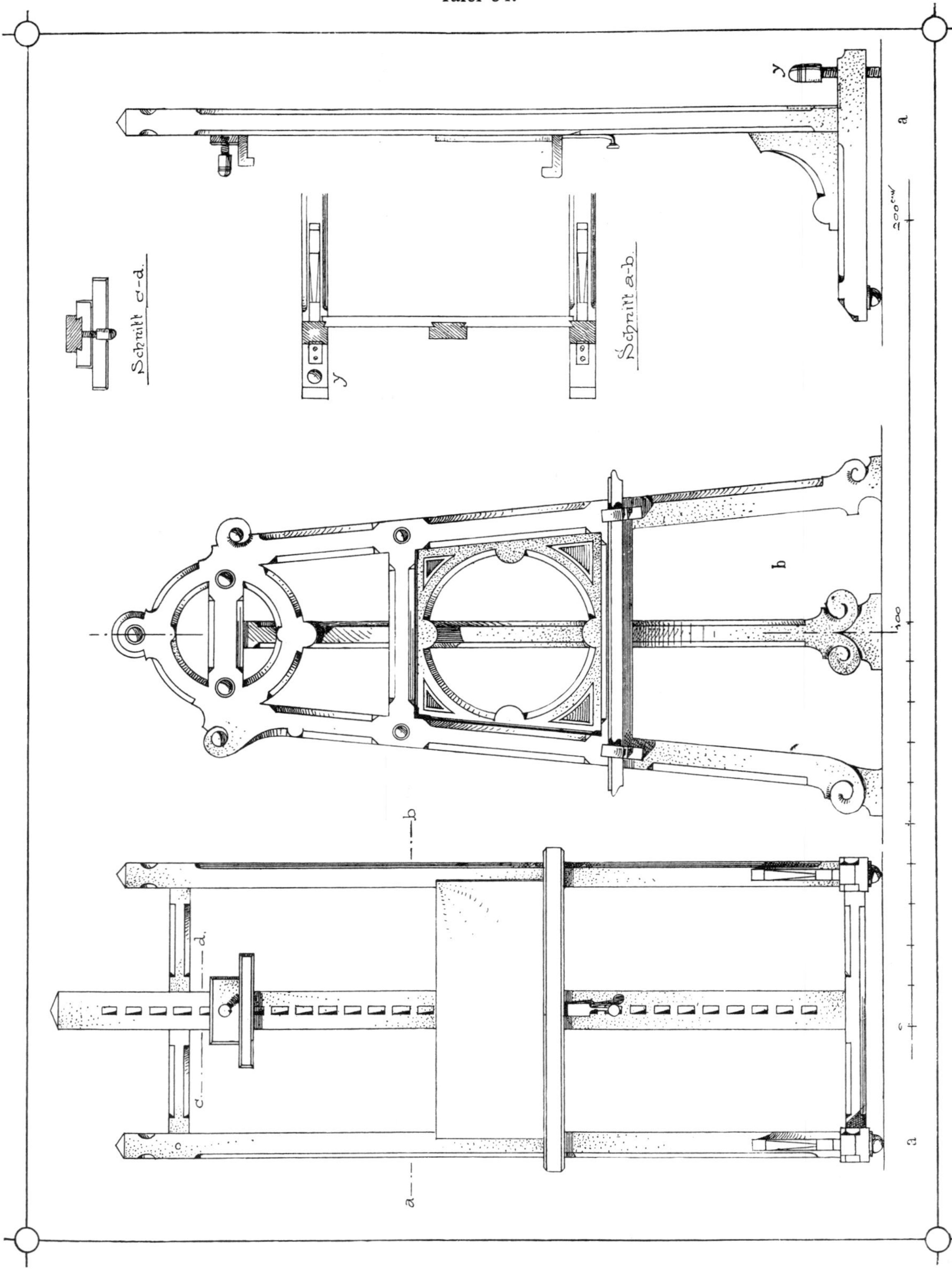

Staffeleien.

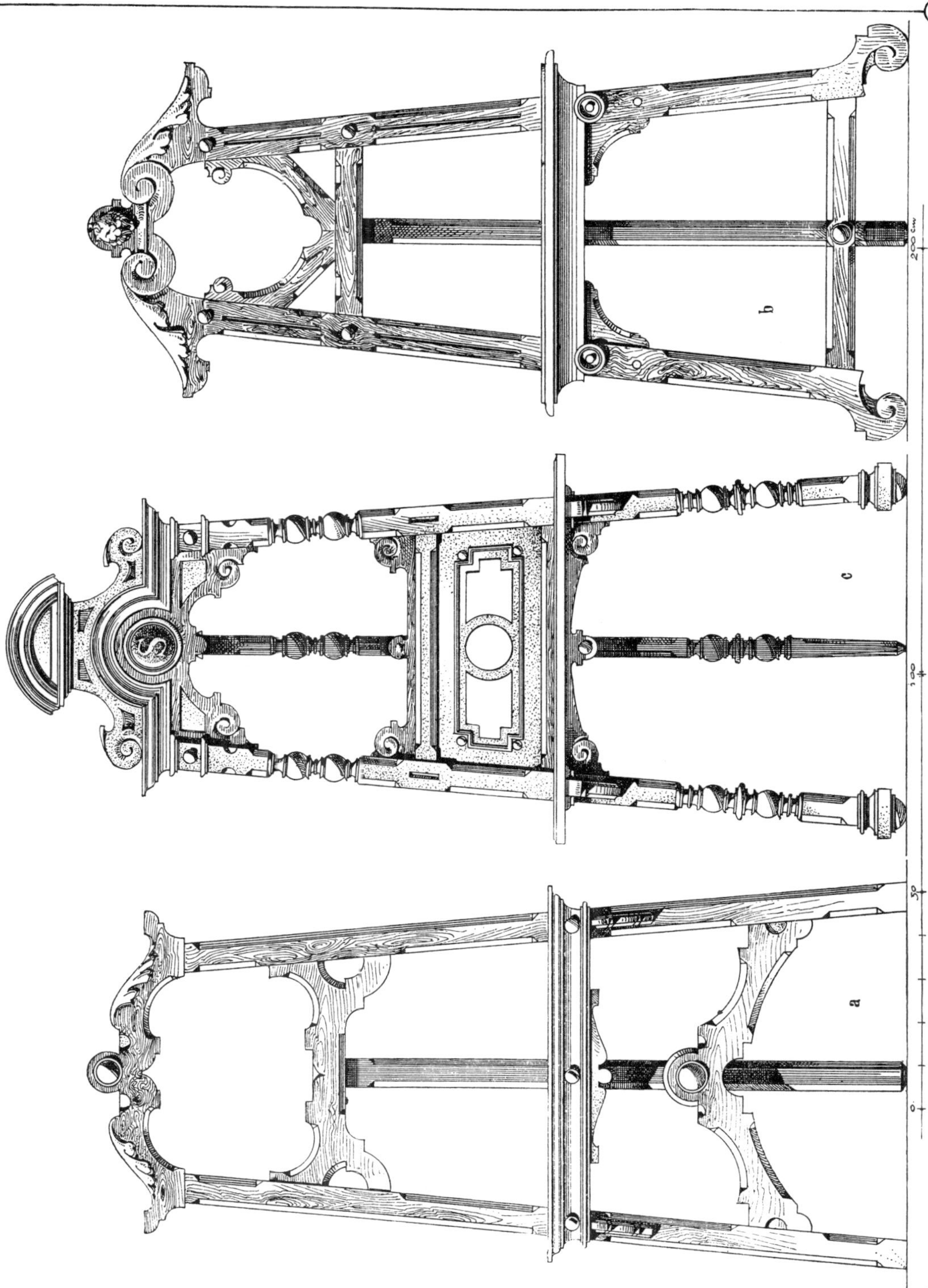

Prunkstaffeleien.

Tafel 96.

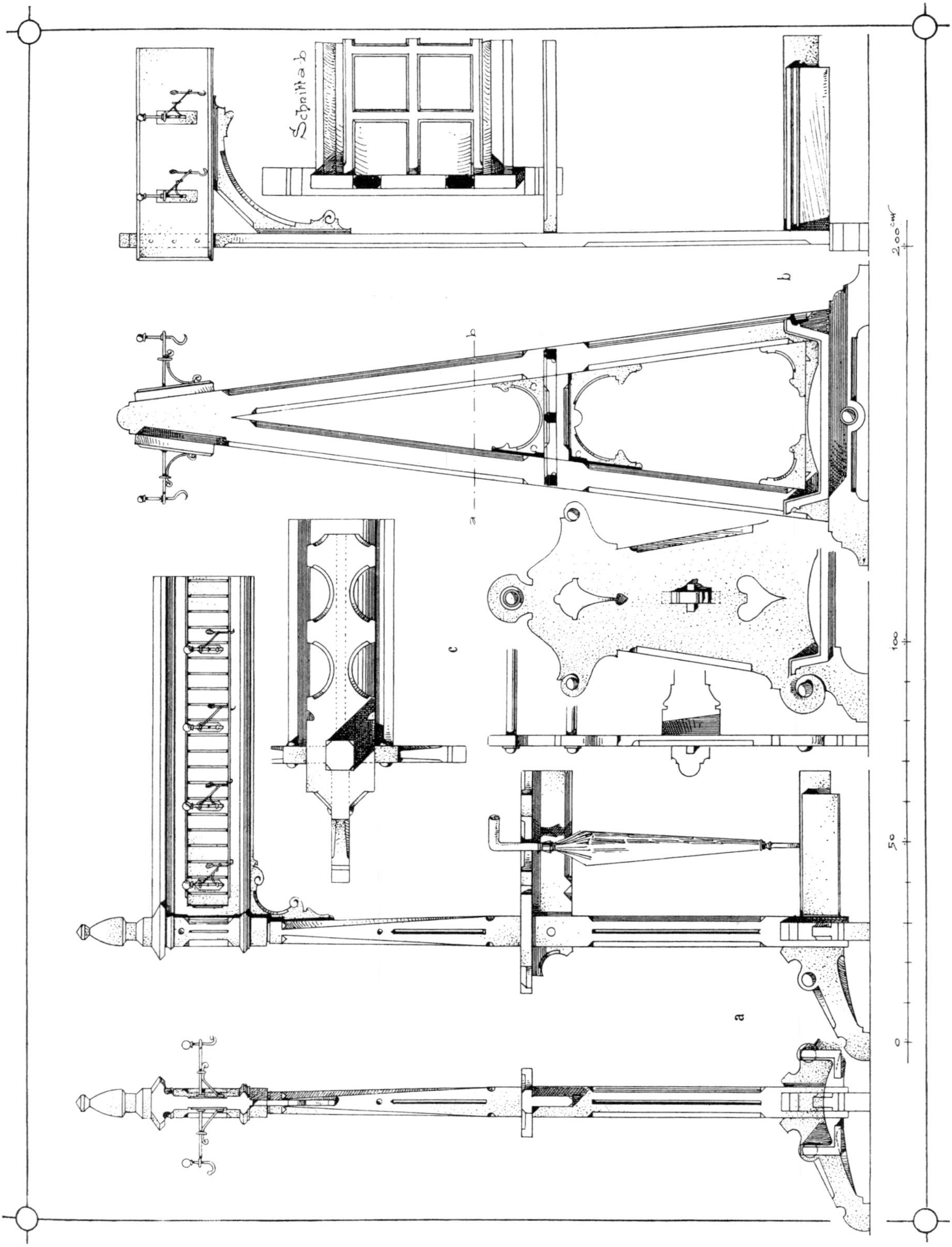

Kleiderständer.

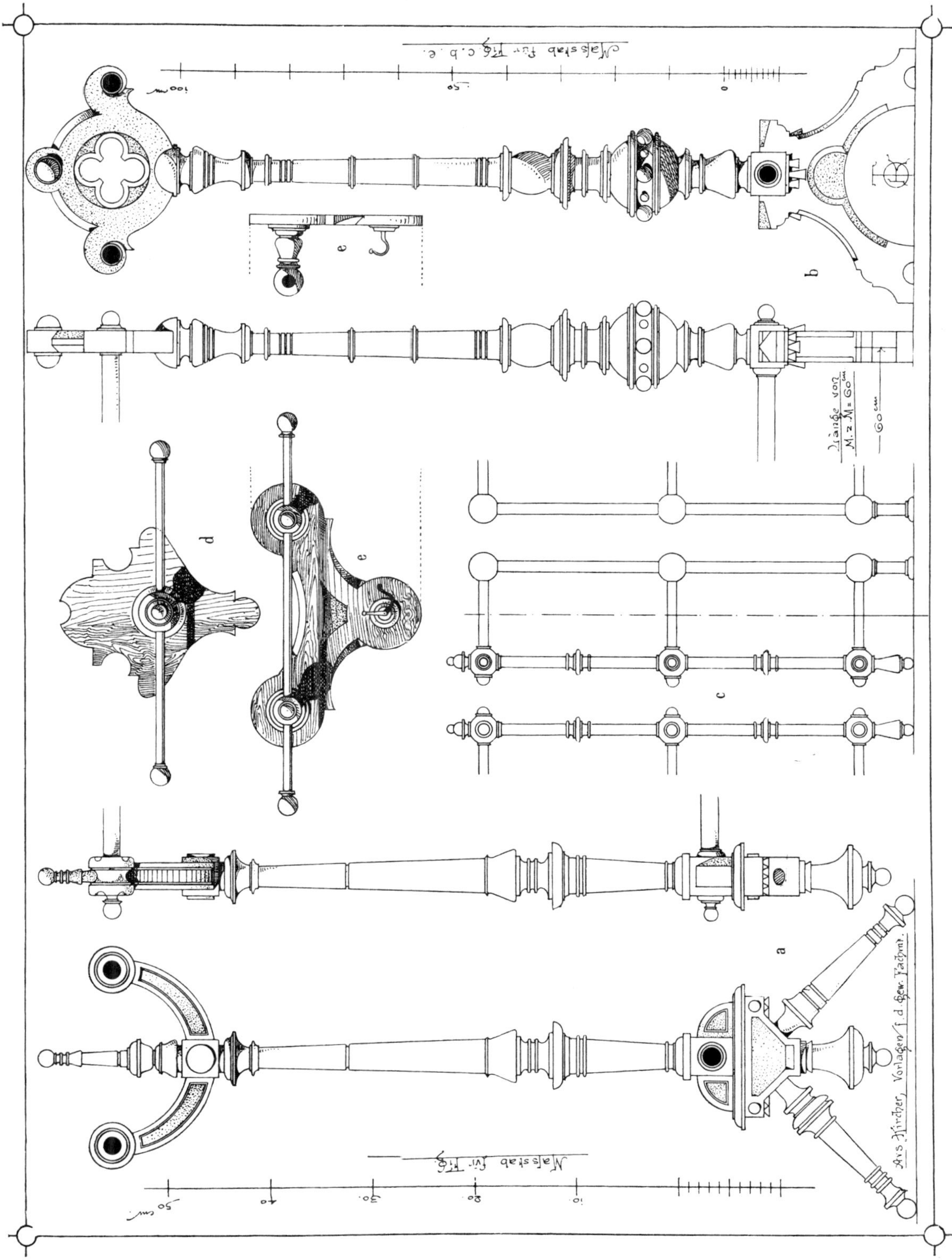

Handtuchhalter.

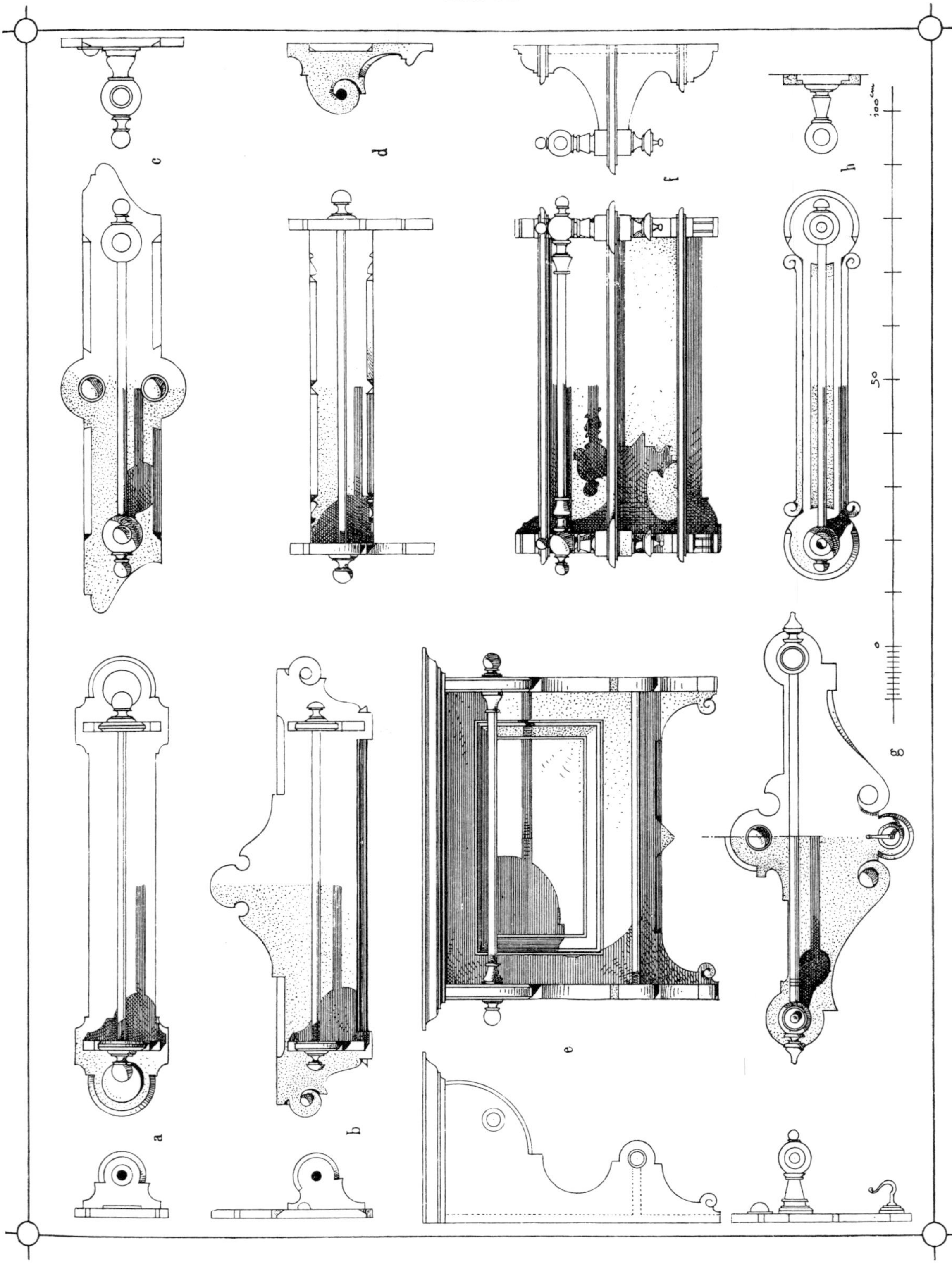

Handtuchhalter.

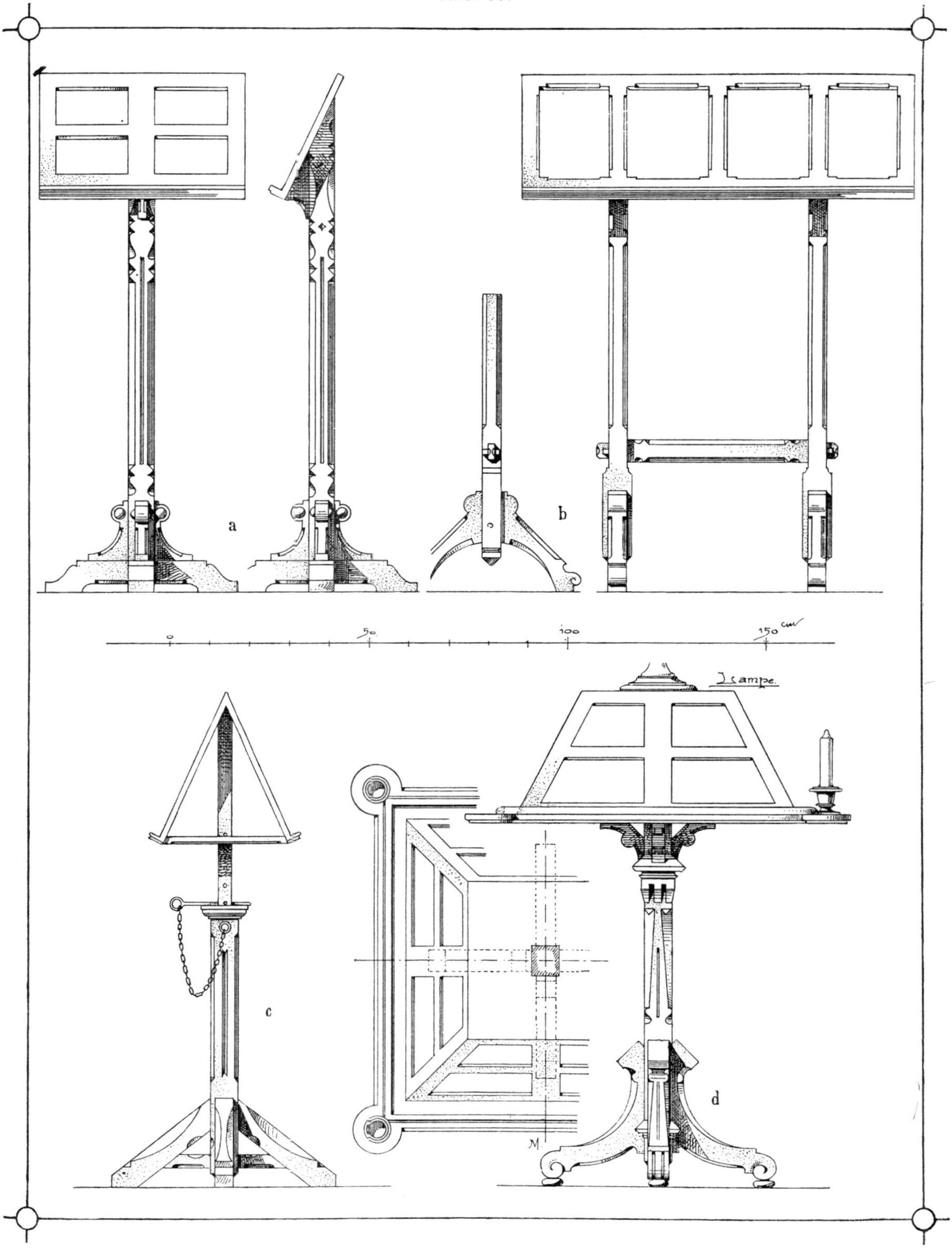

Notenpulte.

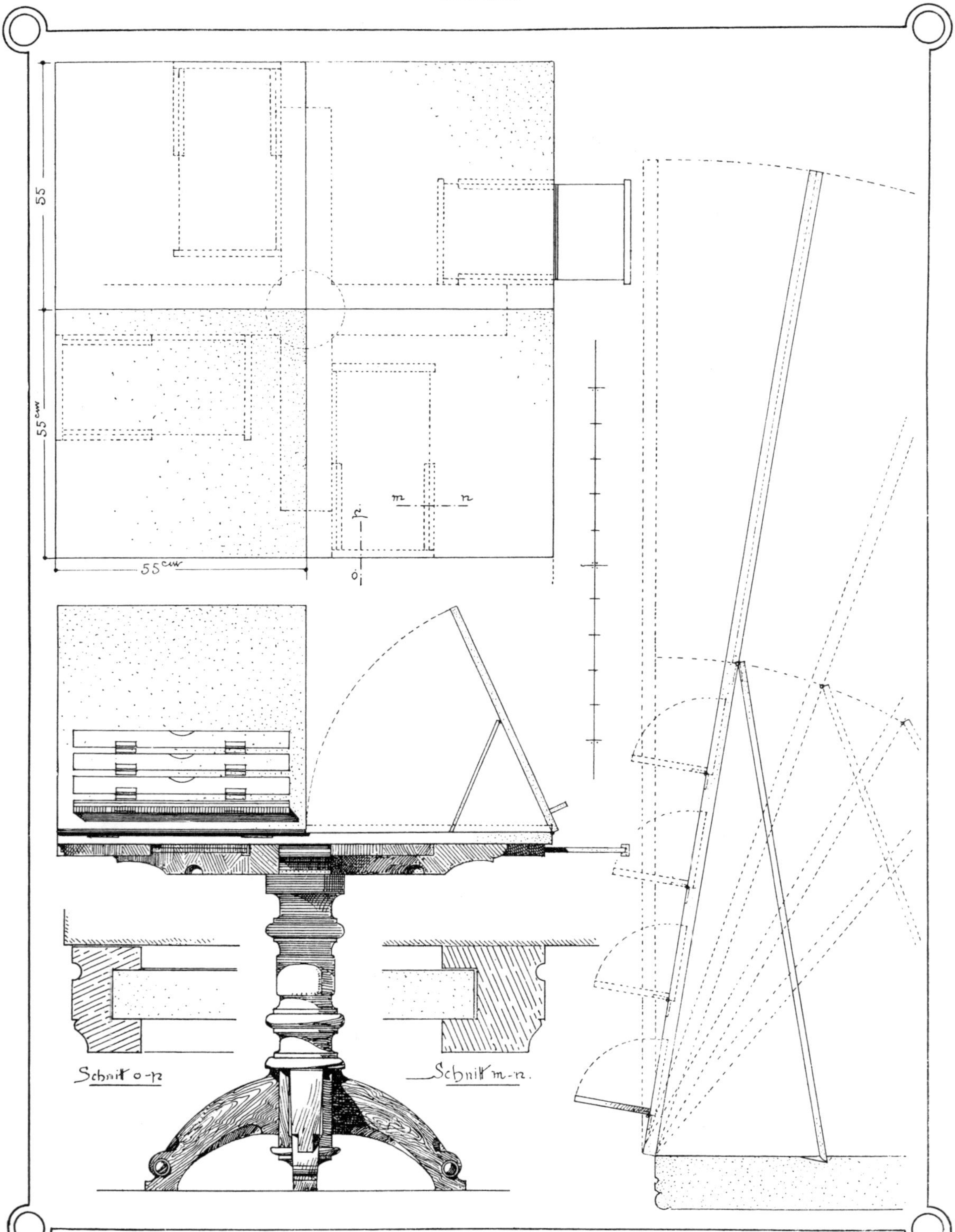

Quartetttisch mit zusammenfaltbaren Pulten.

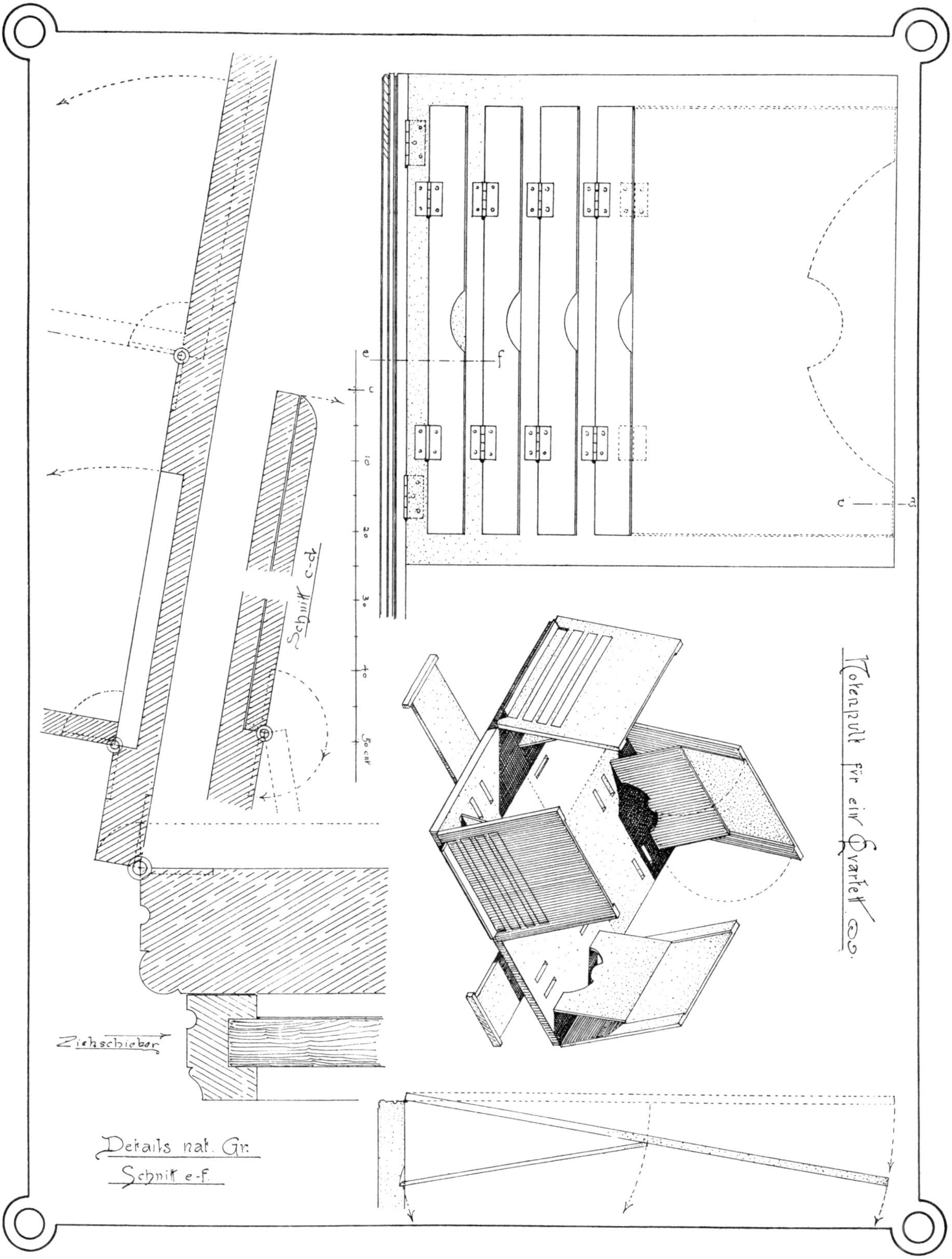

Notenpult für ein Quartett.

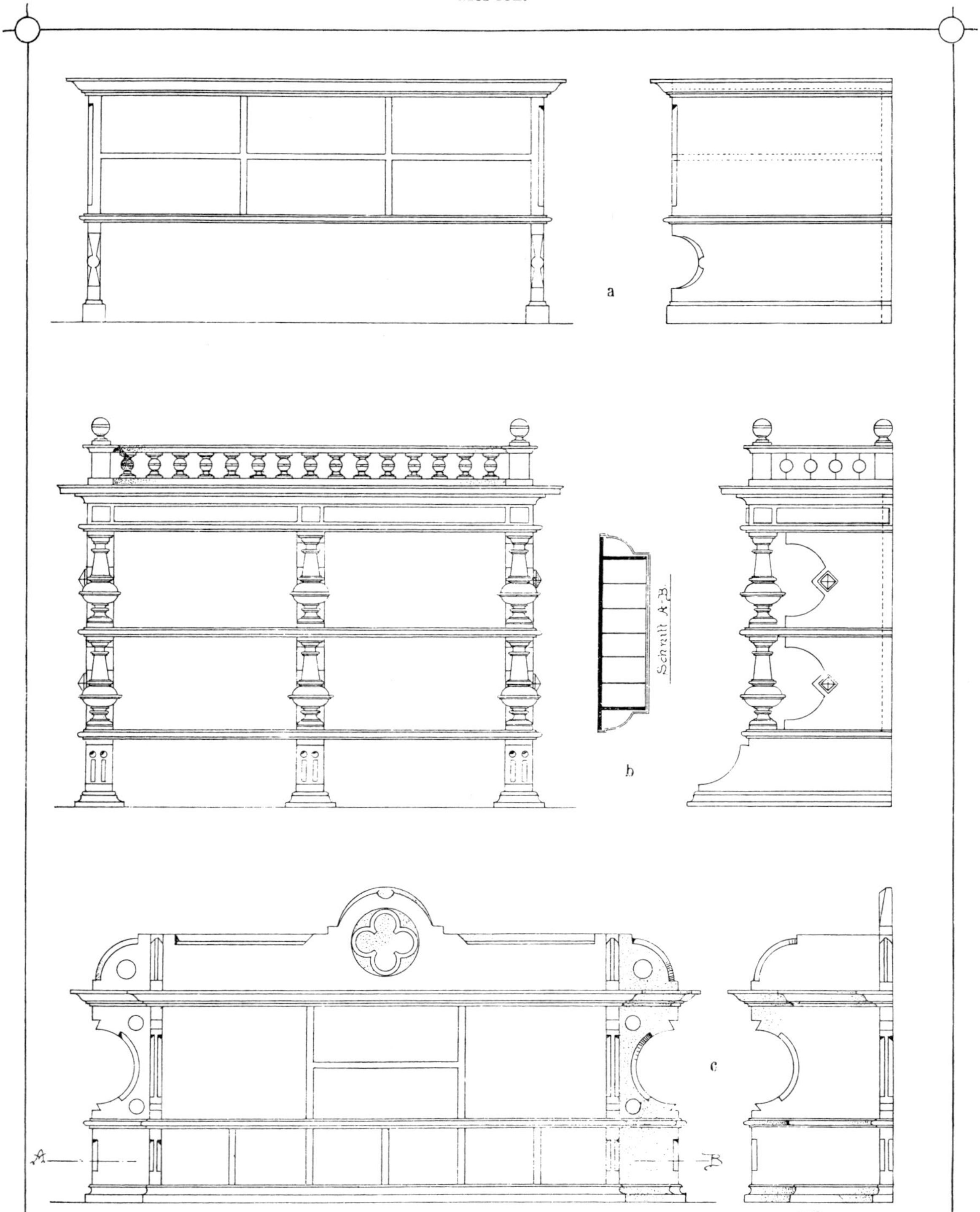

Stehregale.

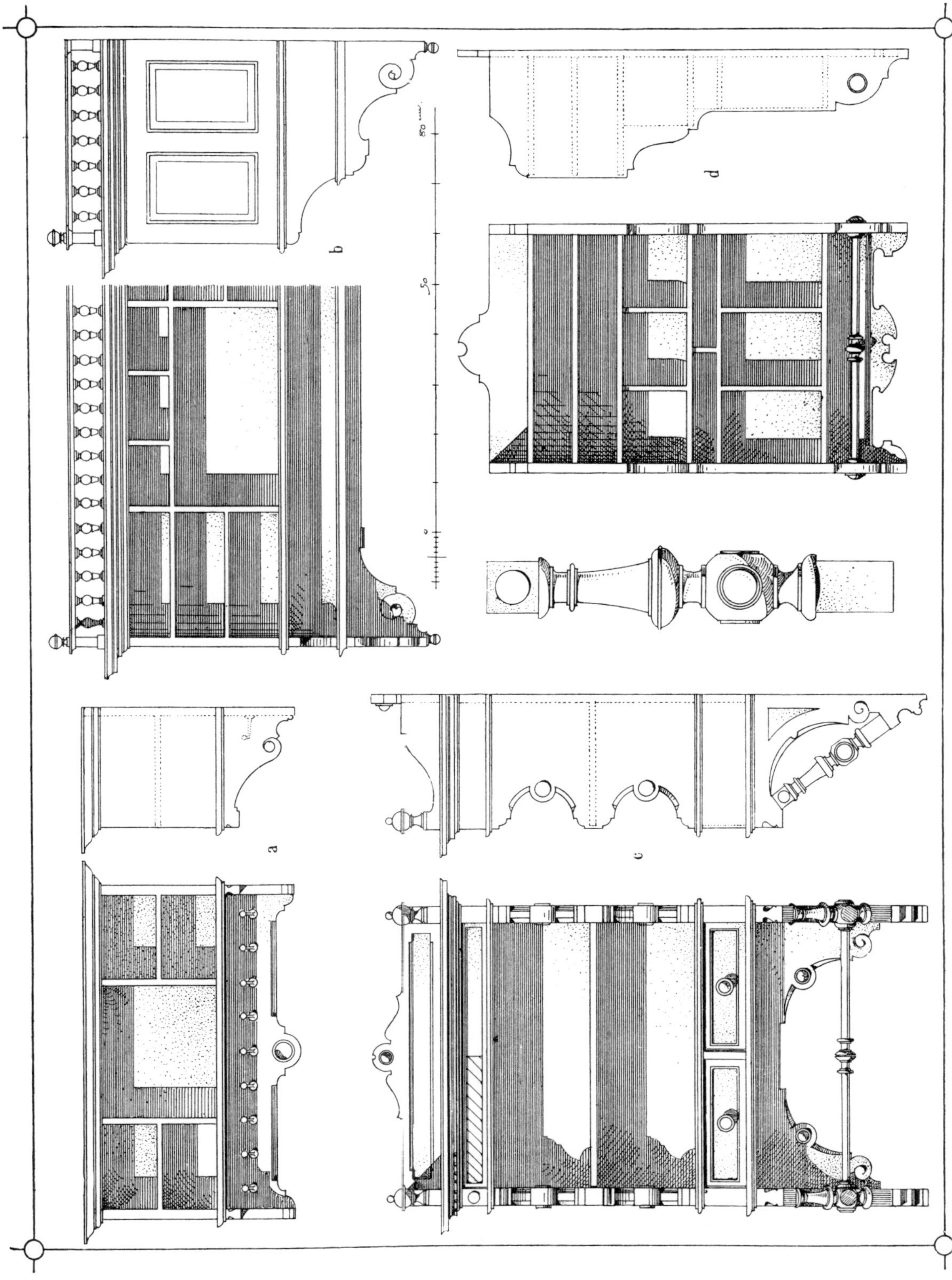

Hängeregale.

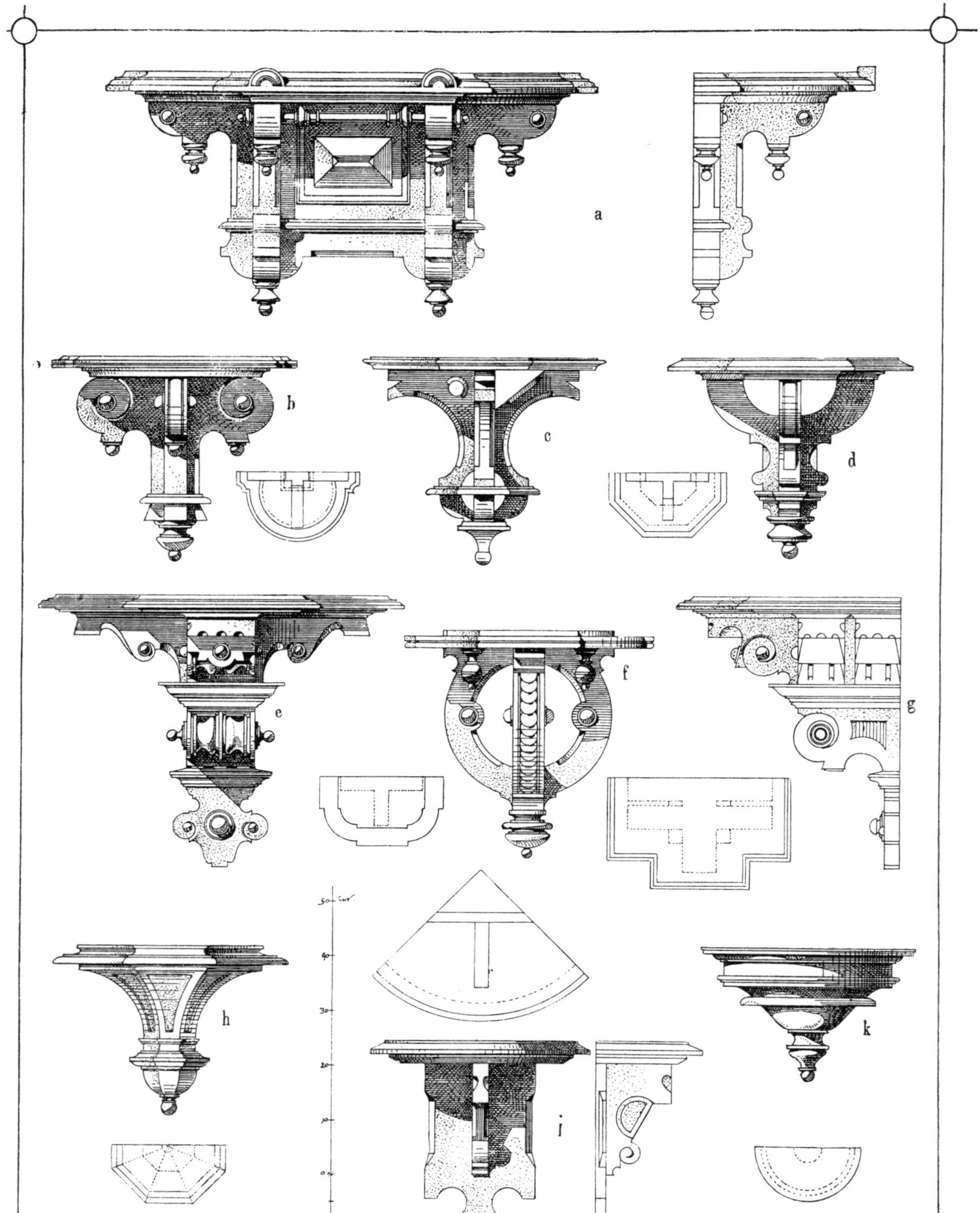

Konsolen.

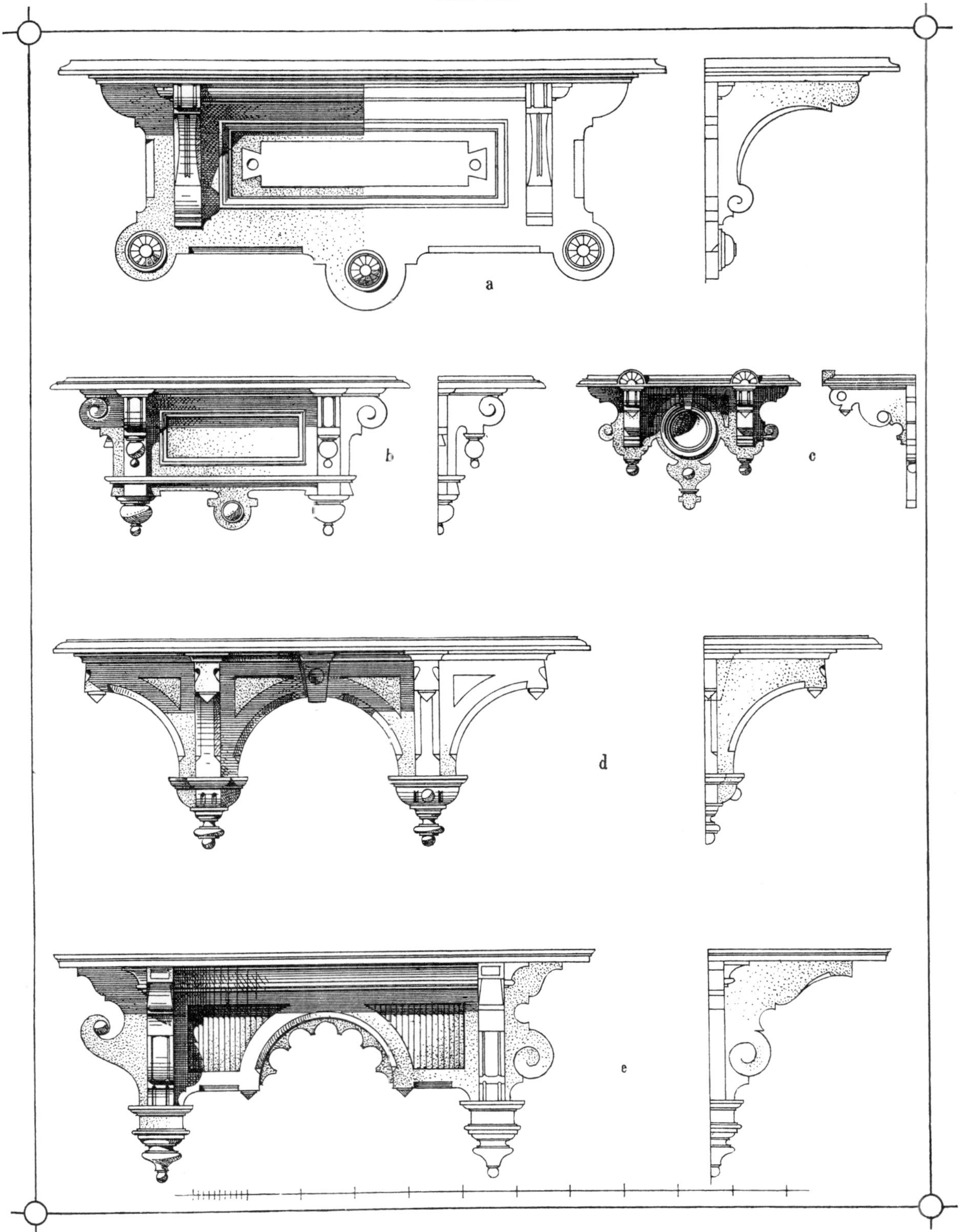

Konsolen.

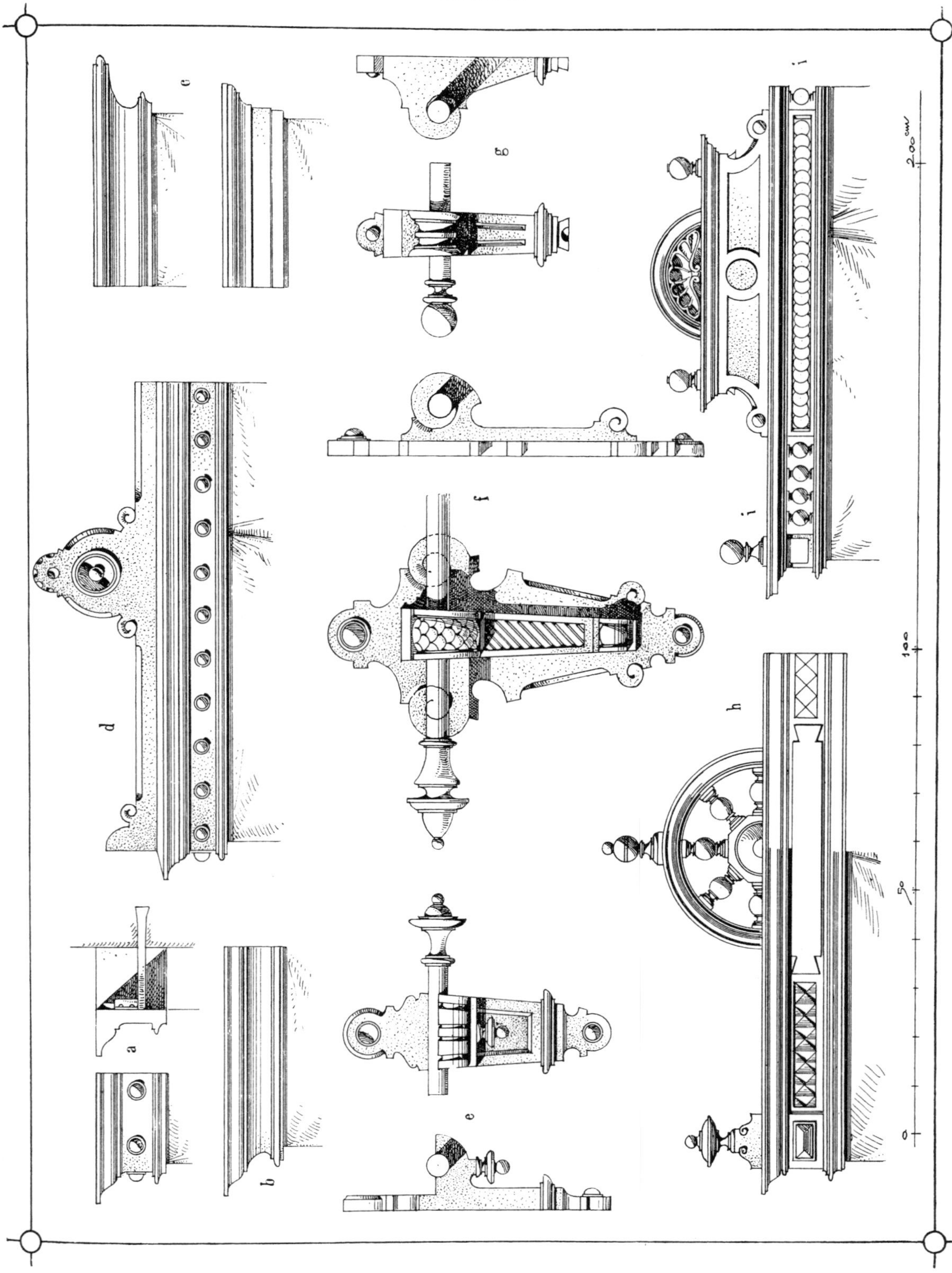

Vorhanggalerien.

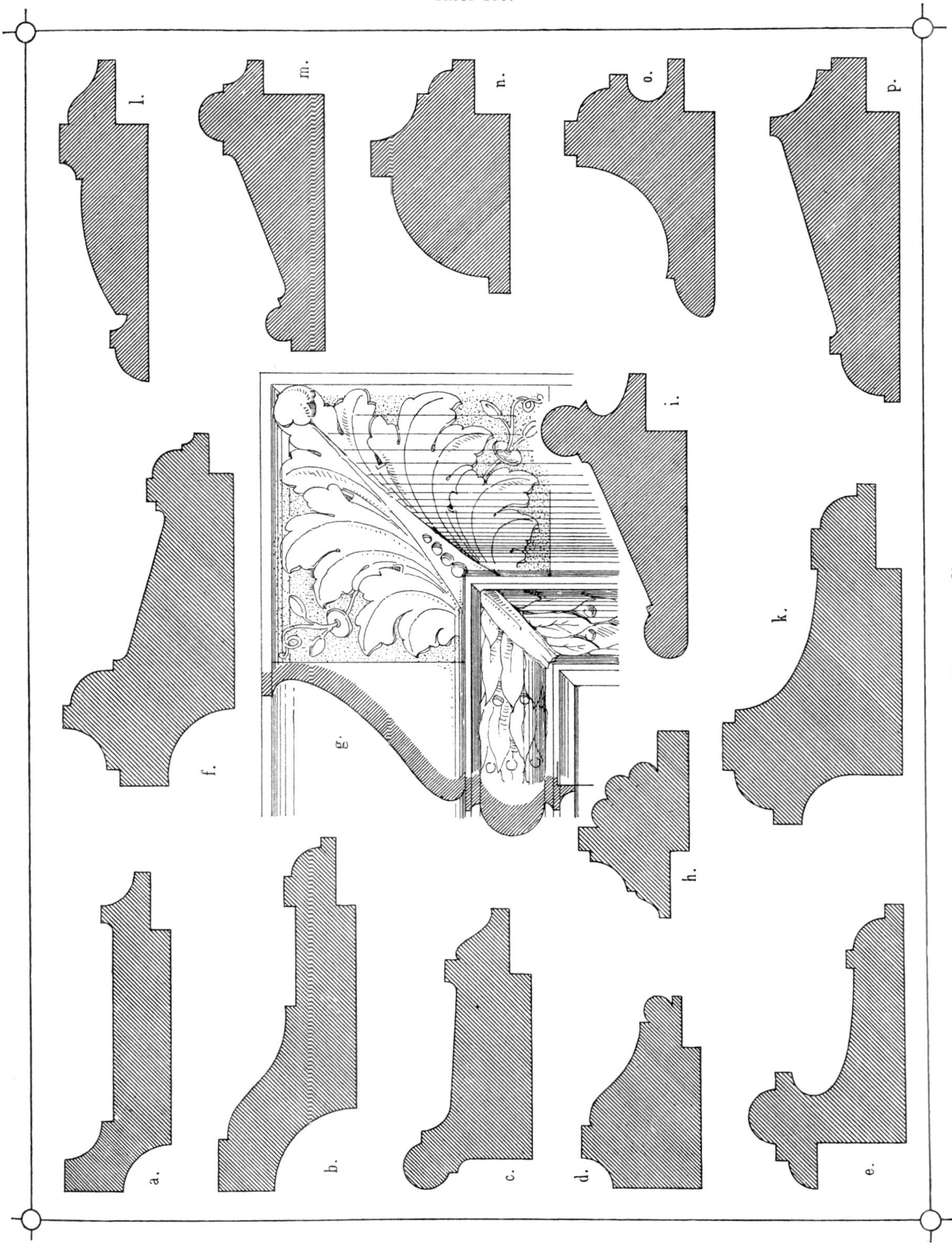

Rahmenprofile.

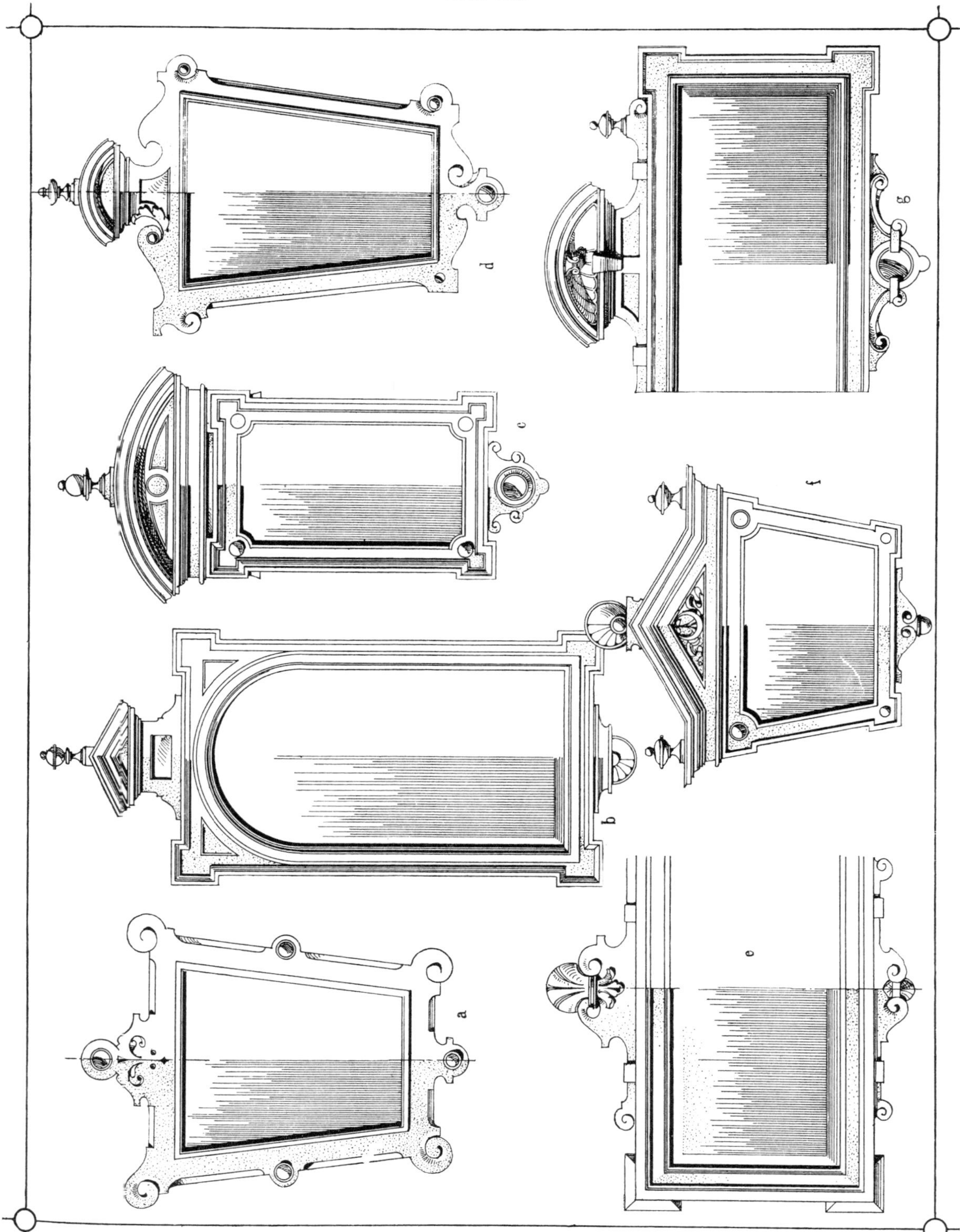

Rahmen.

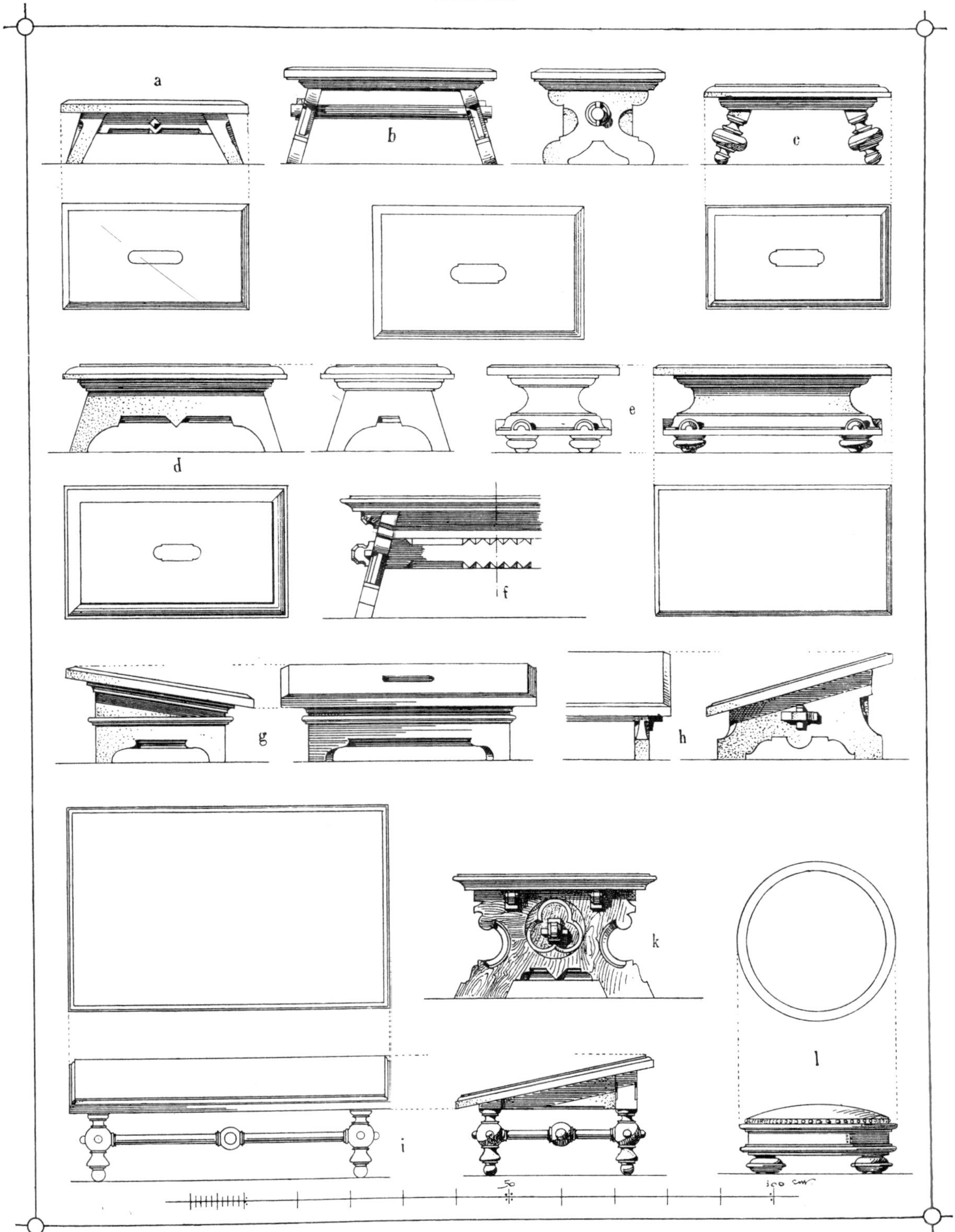

Schemel.

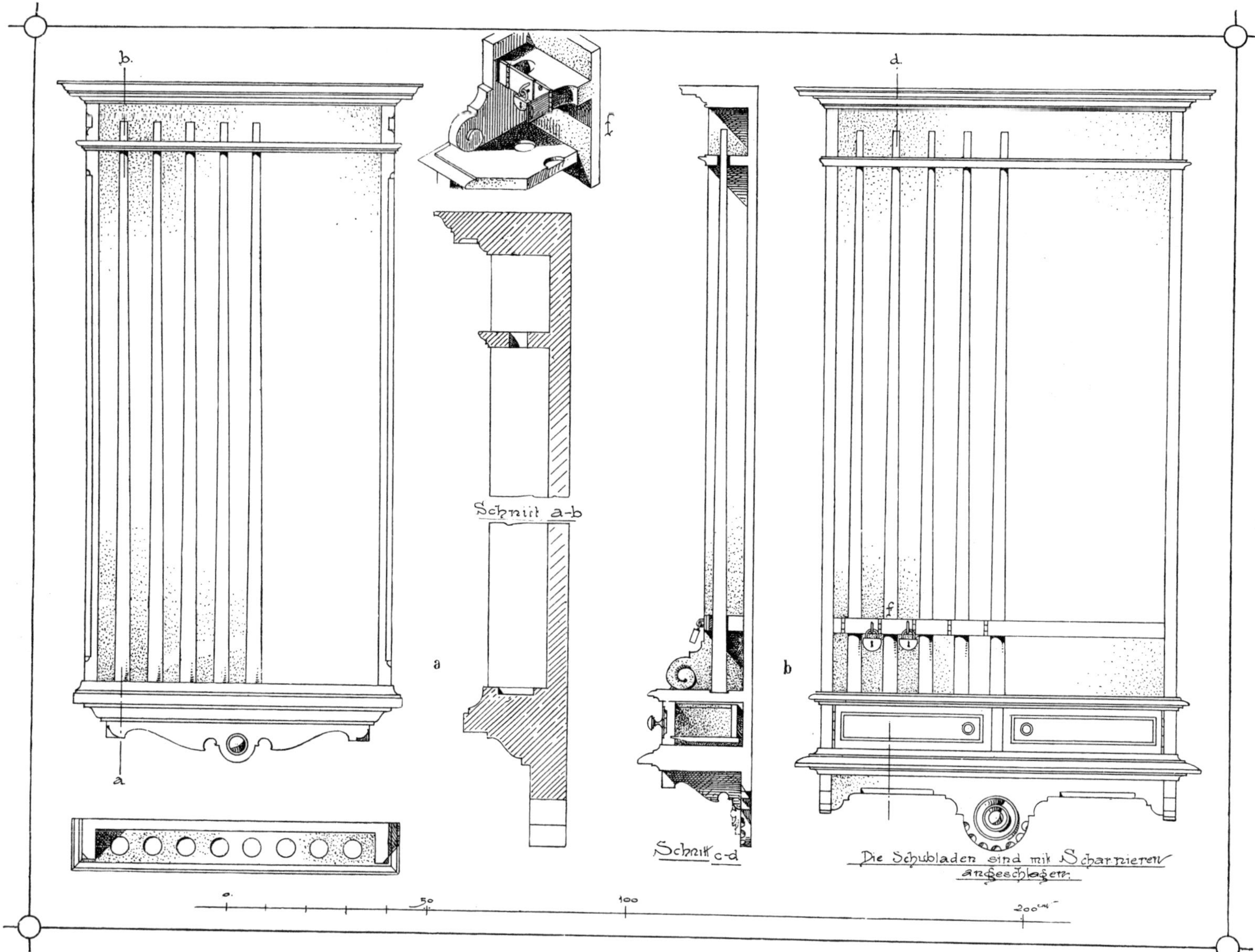

Repositorien für Billardstöcke.

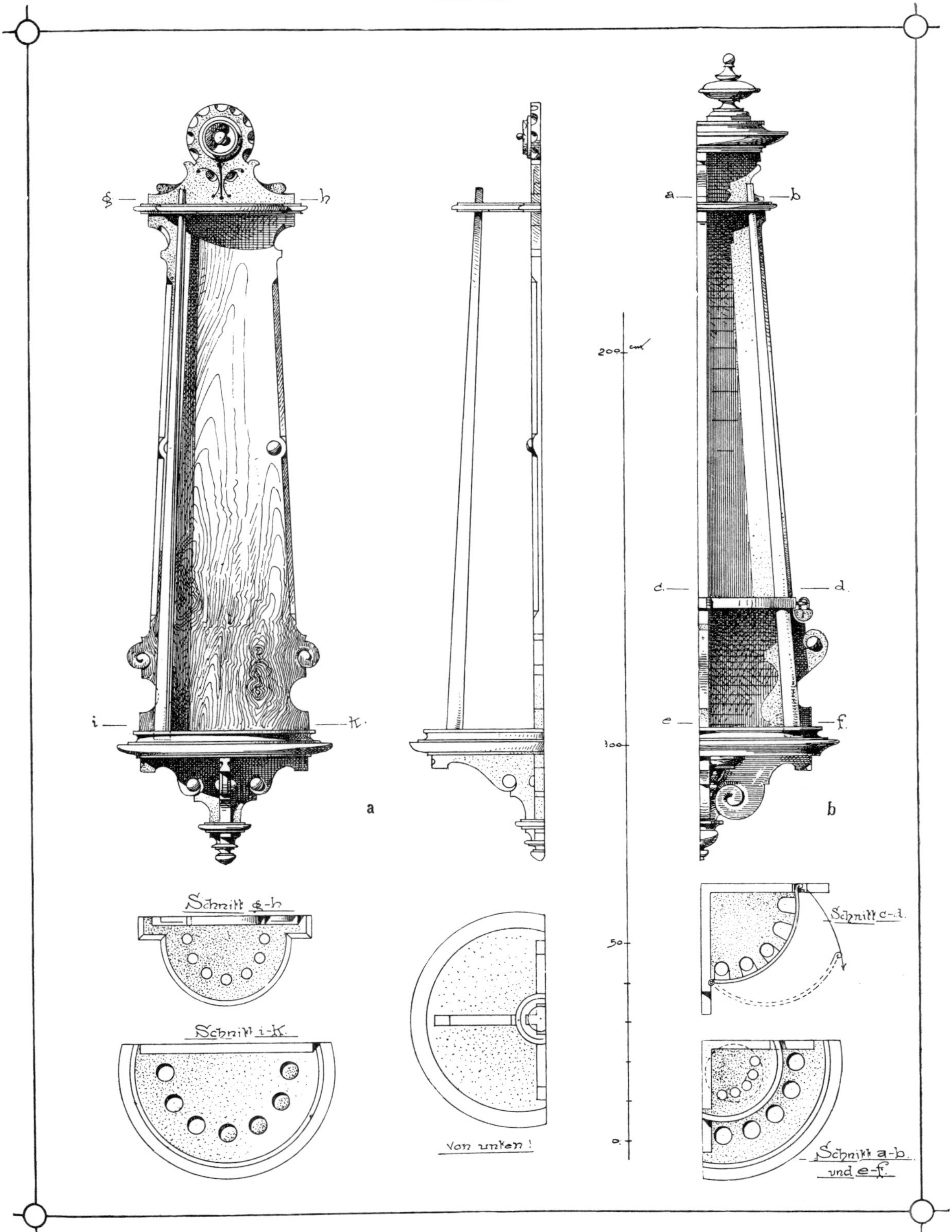

Repositorien für Billardstöcke.

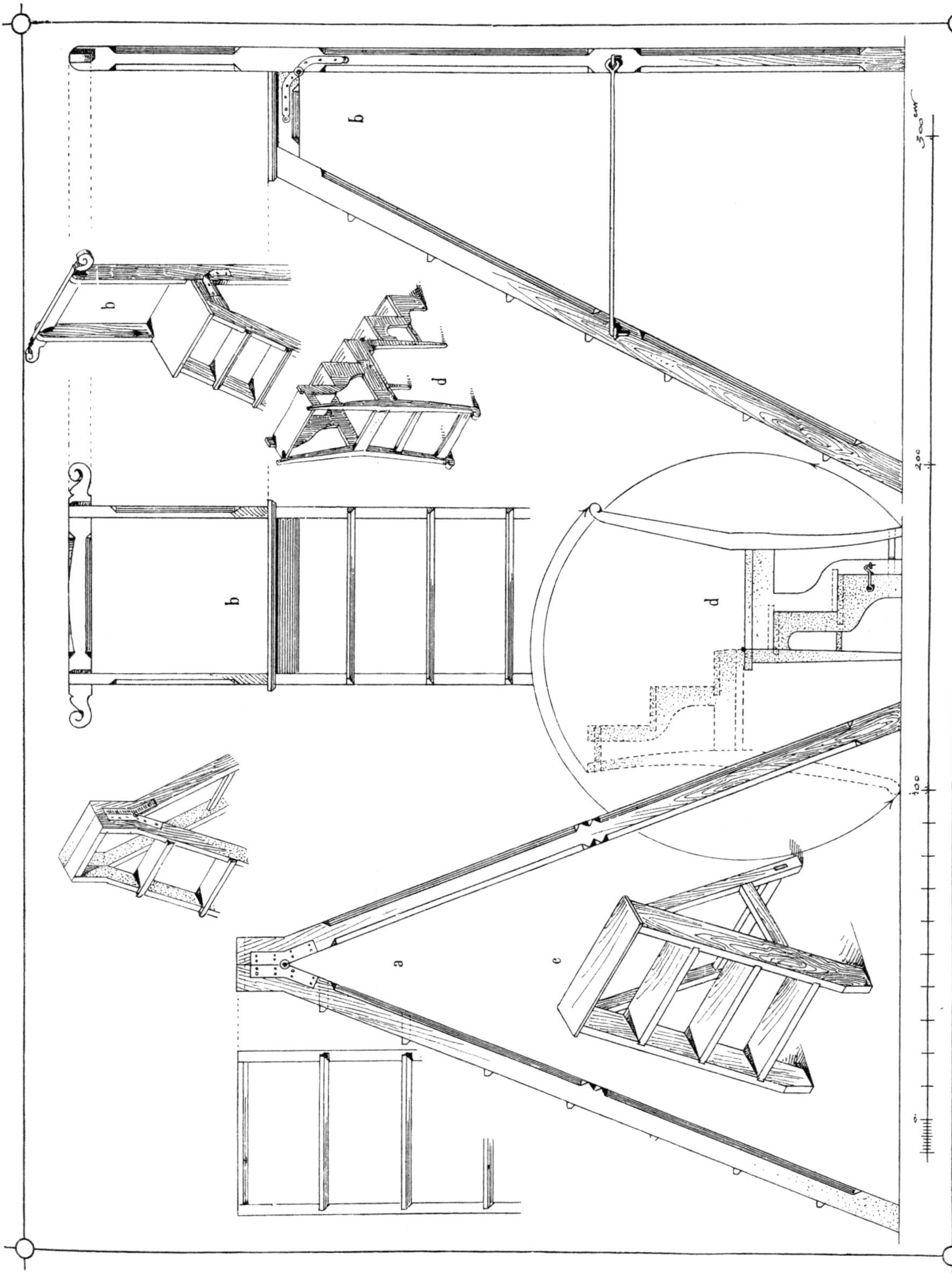

Zimmerleitern und Treppenstühle.

Tafel 113.

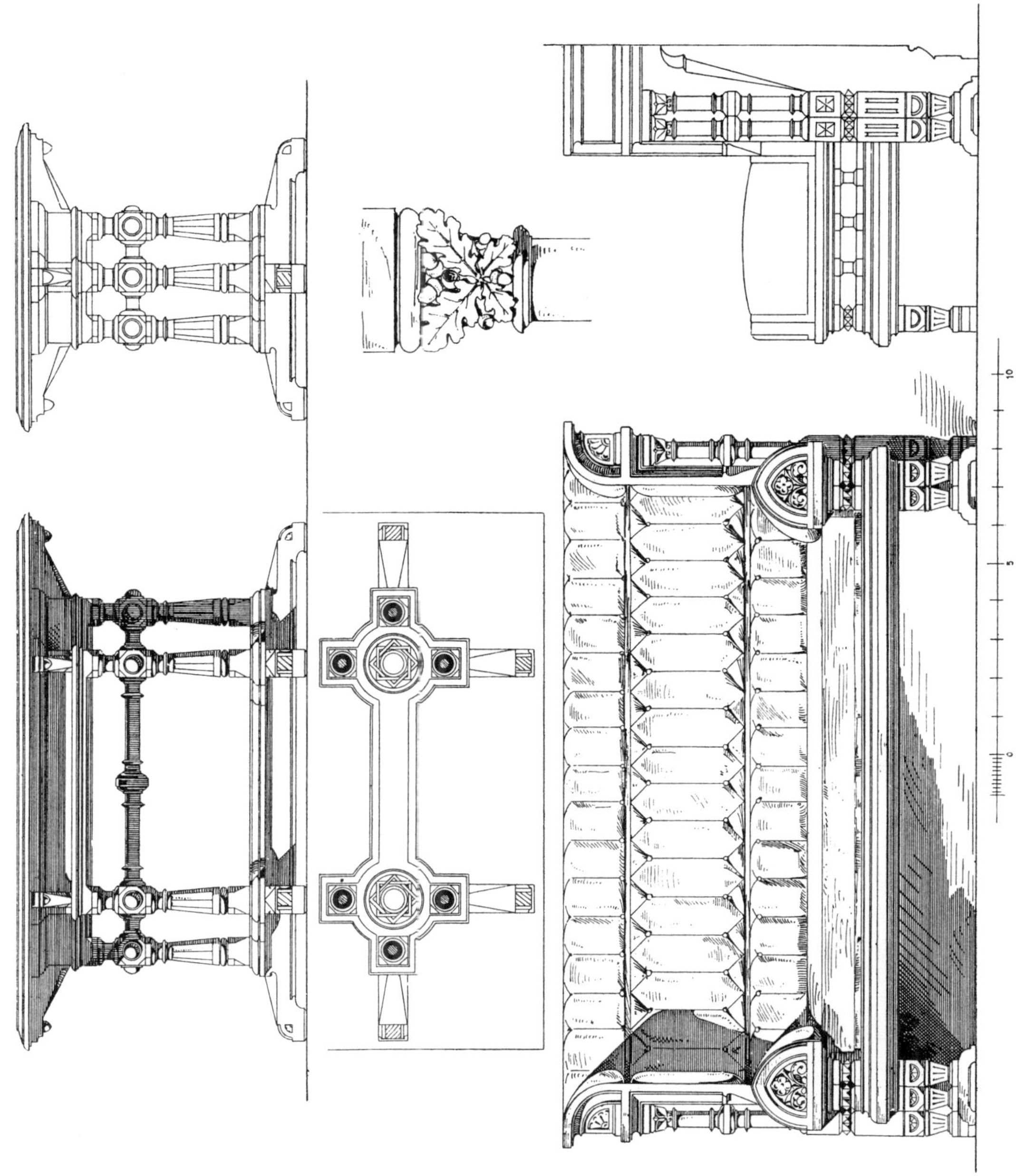

Sofa und Salontisch von Architekt Bichweiler in Furtwangen.

Pfeilerschränkchen, Tisch und Stuhl von Architekt Bichweiler in Furtwangen.

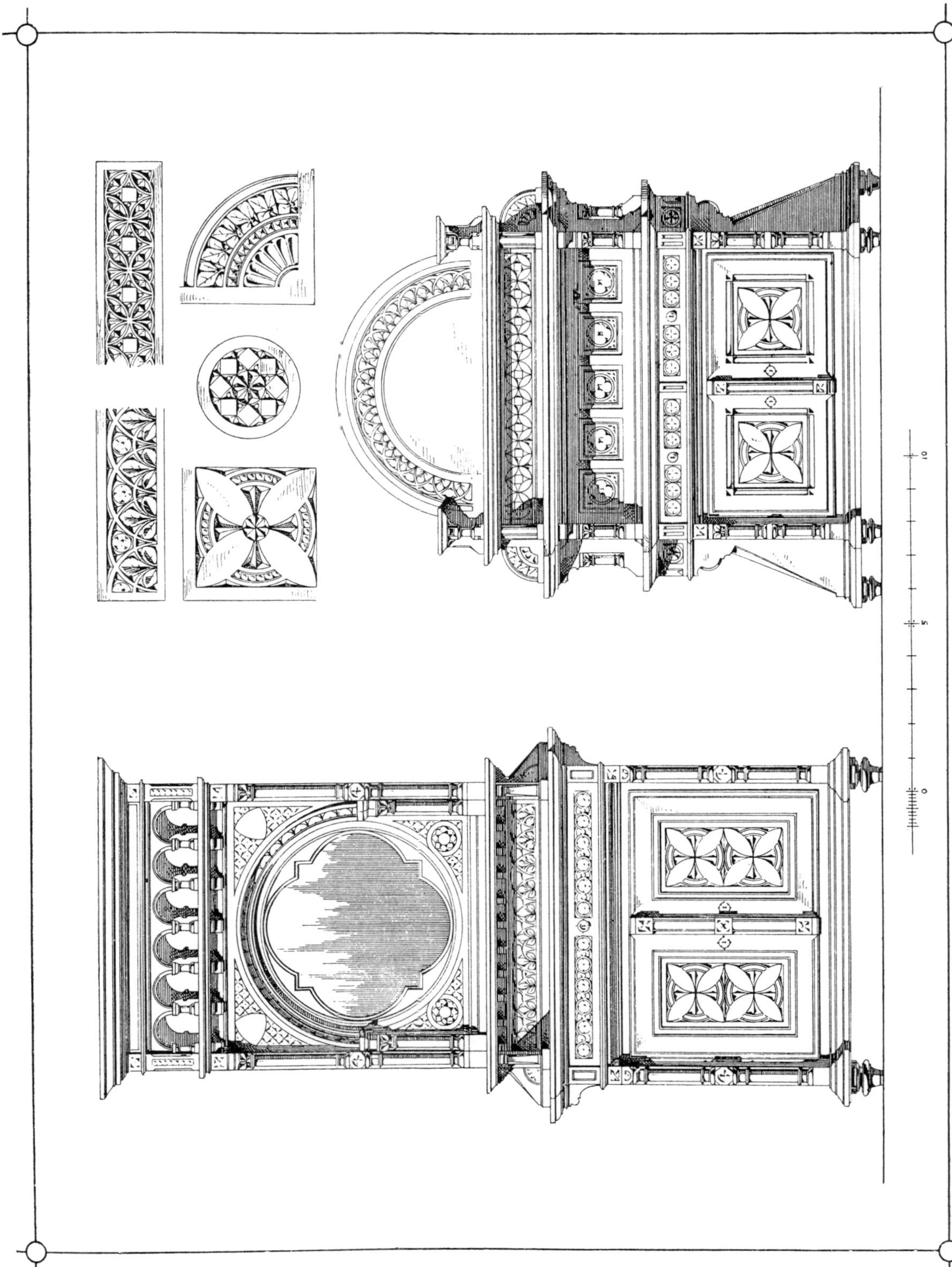

Pfeilerschränkchen mit Spiegel und Waschtisch von Architekt Bichweiler in Furtwangen.

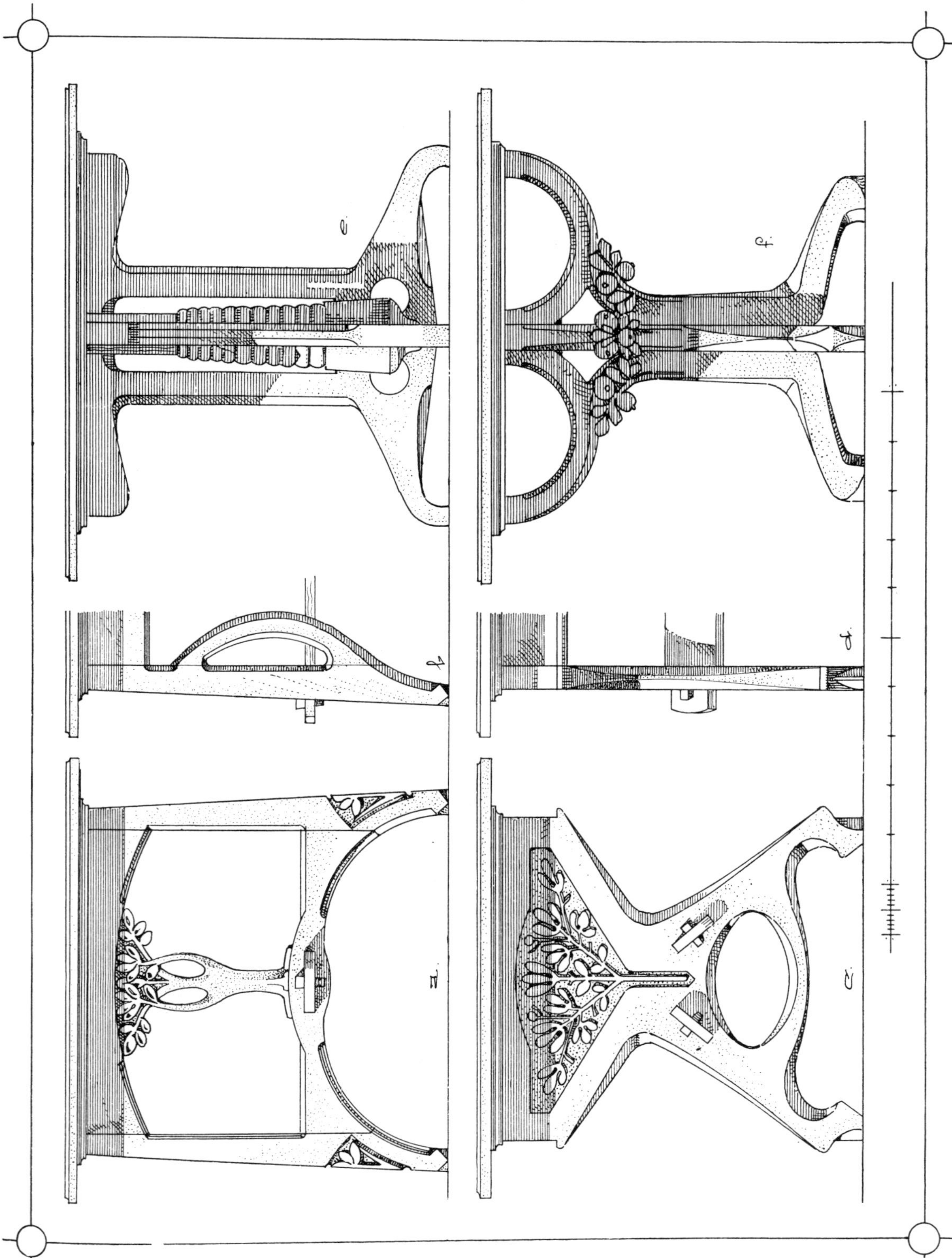

Tische.

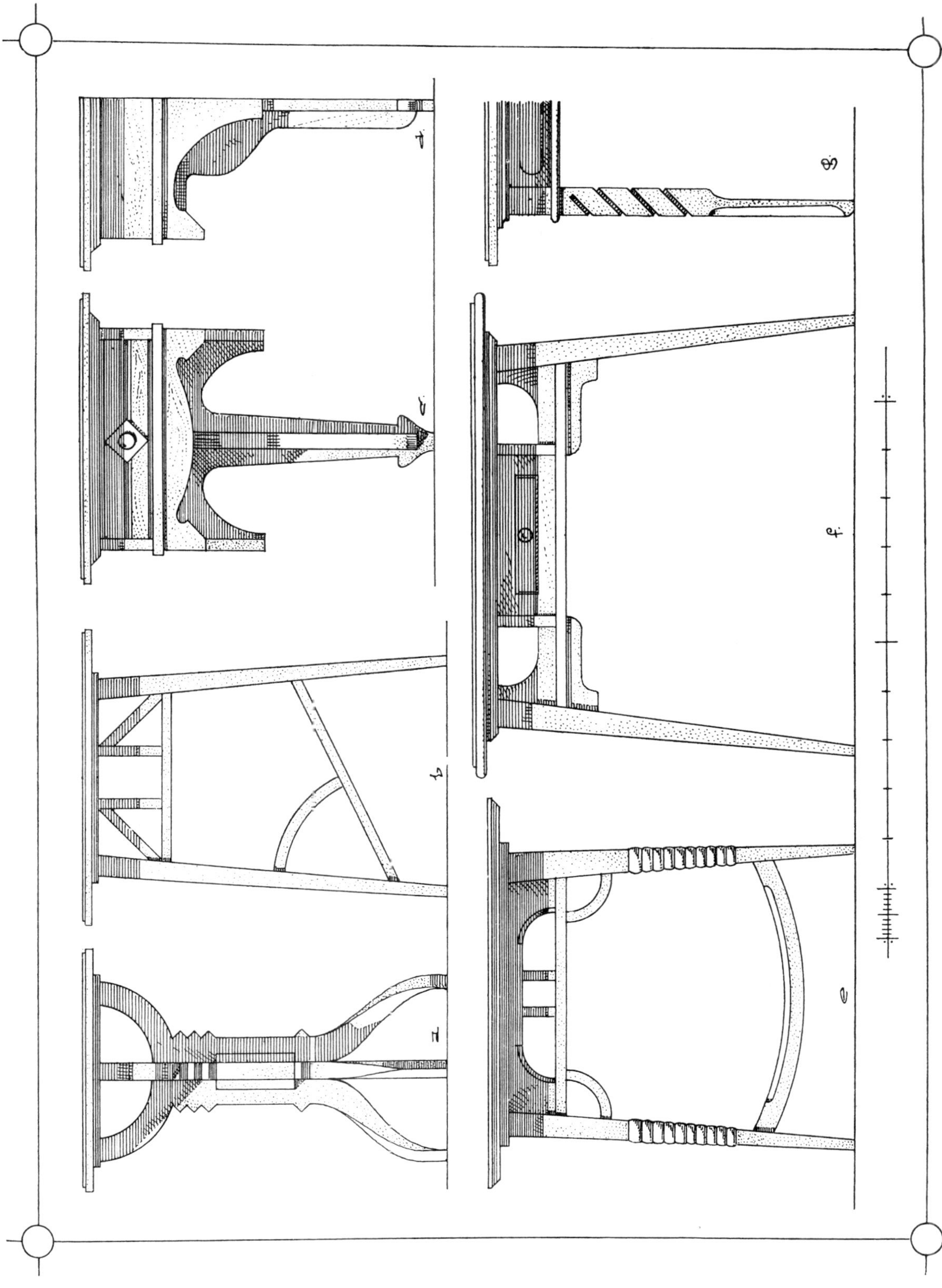

Tische.

Tafel 118.

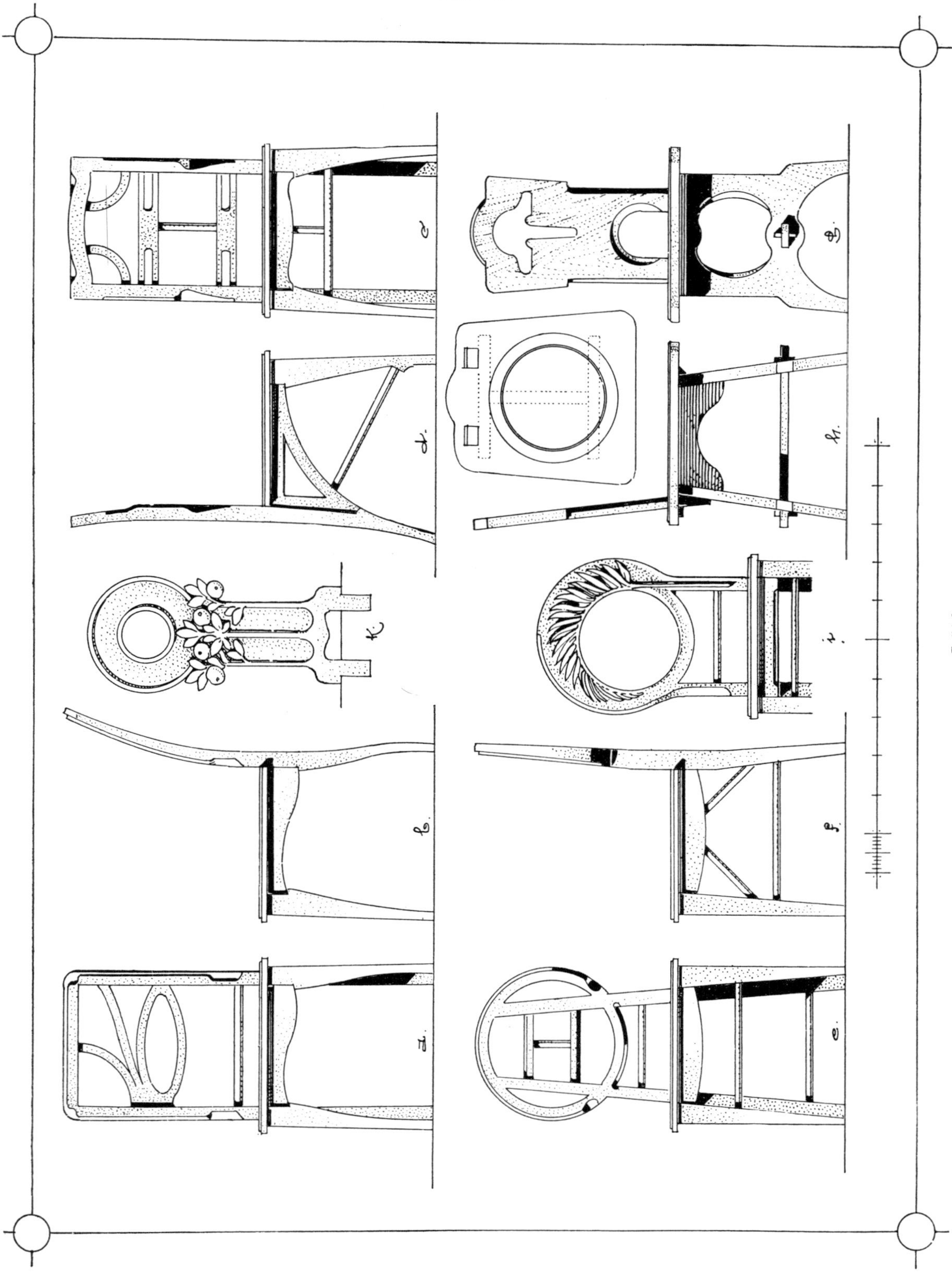

Stühle.

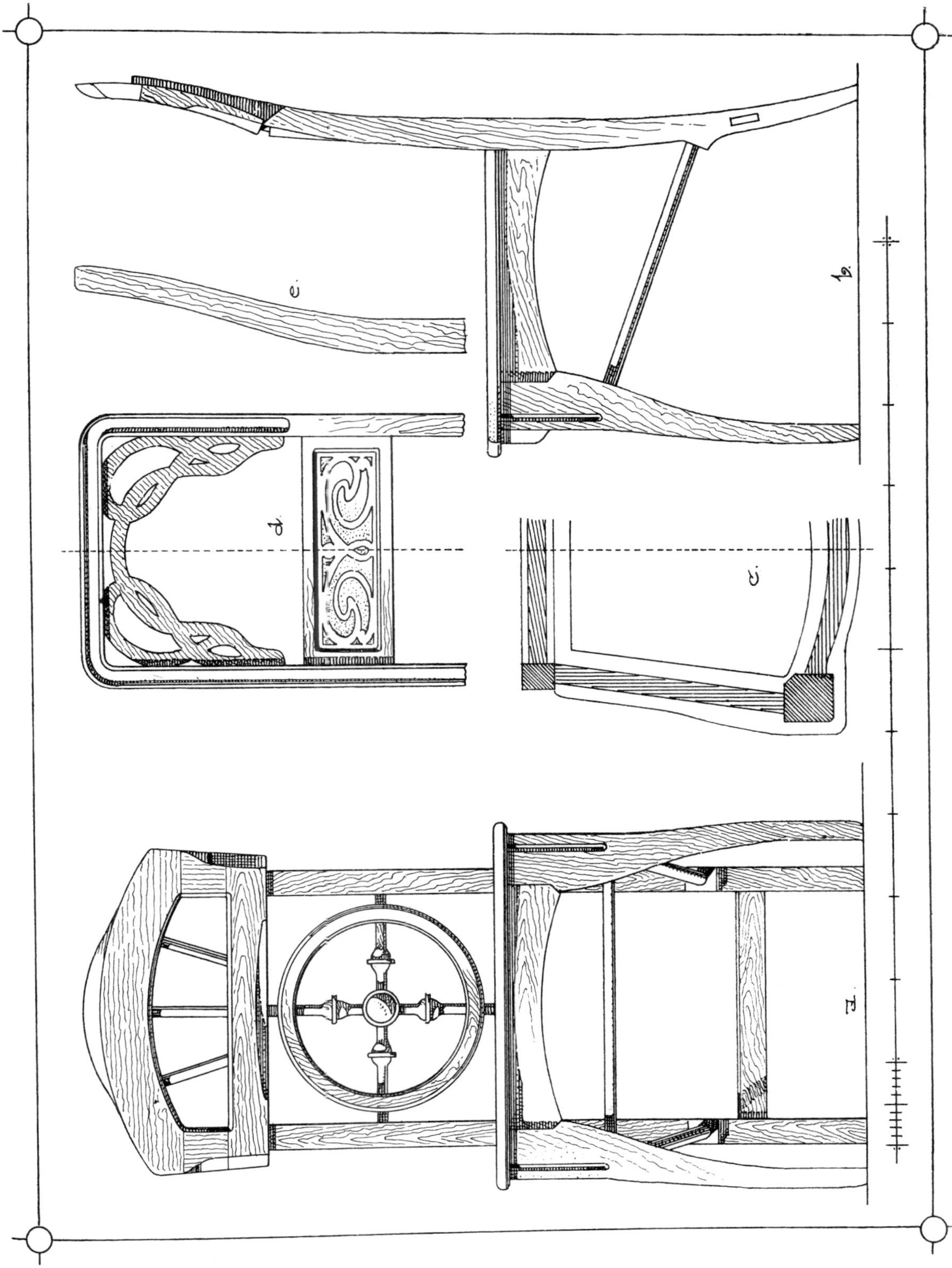

Zargenstühle.

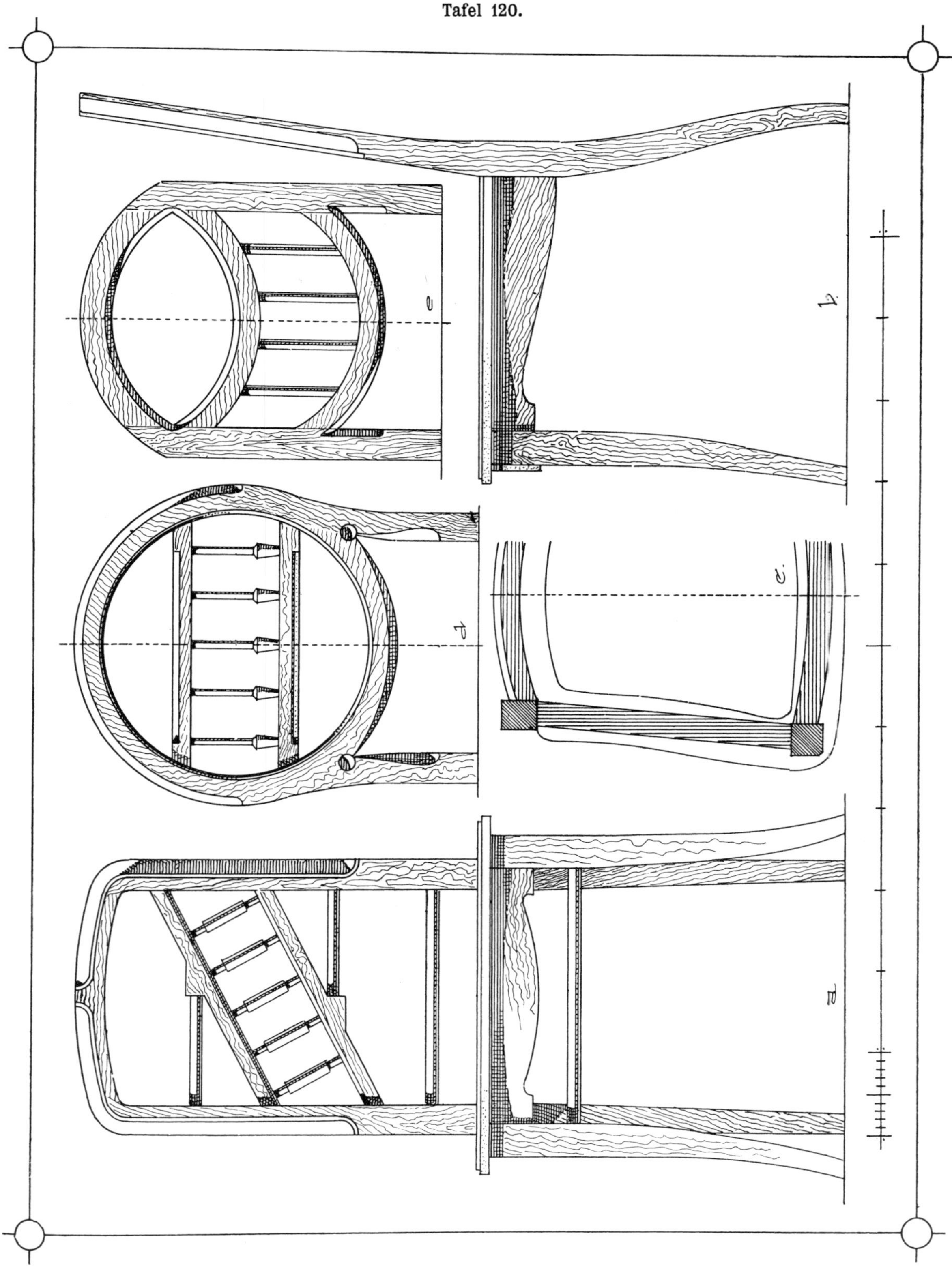

Zargenstühle.

Büffetschrank.

Tafel 122.

Kabinettschränke.

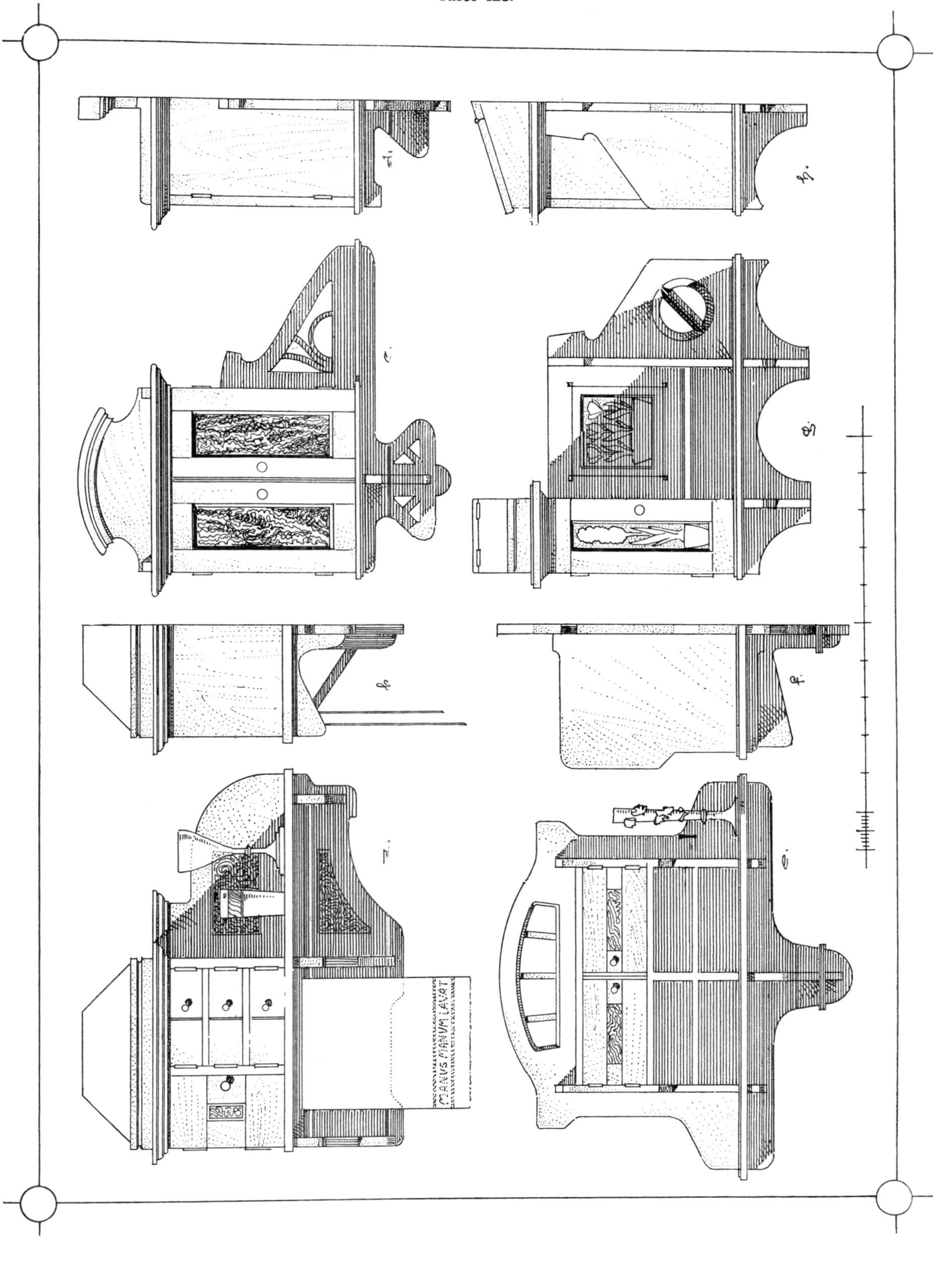

Wandschränkchen und Regale.

Tafel 124.

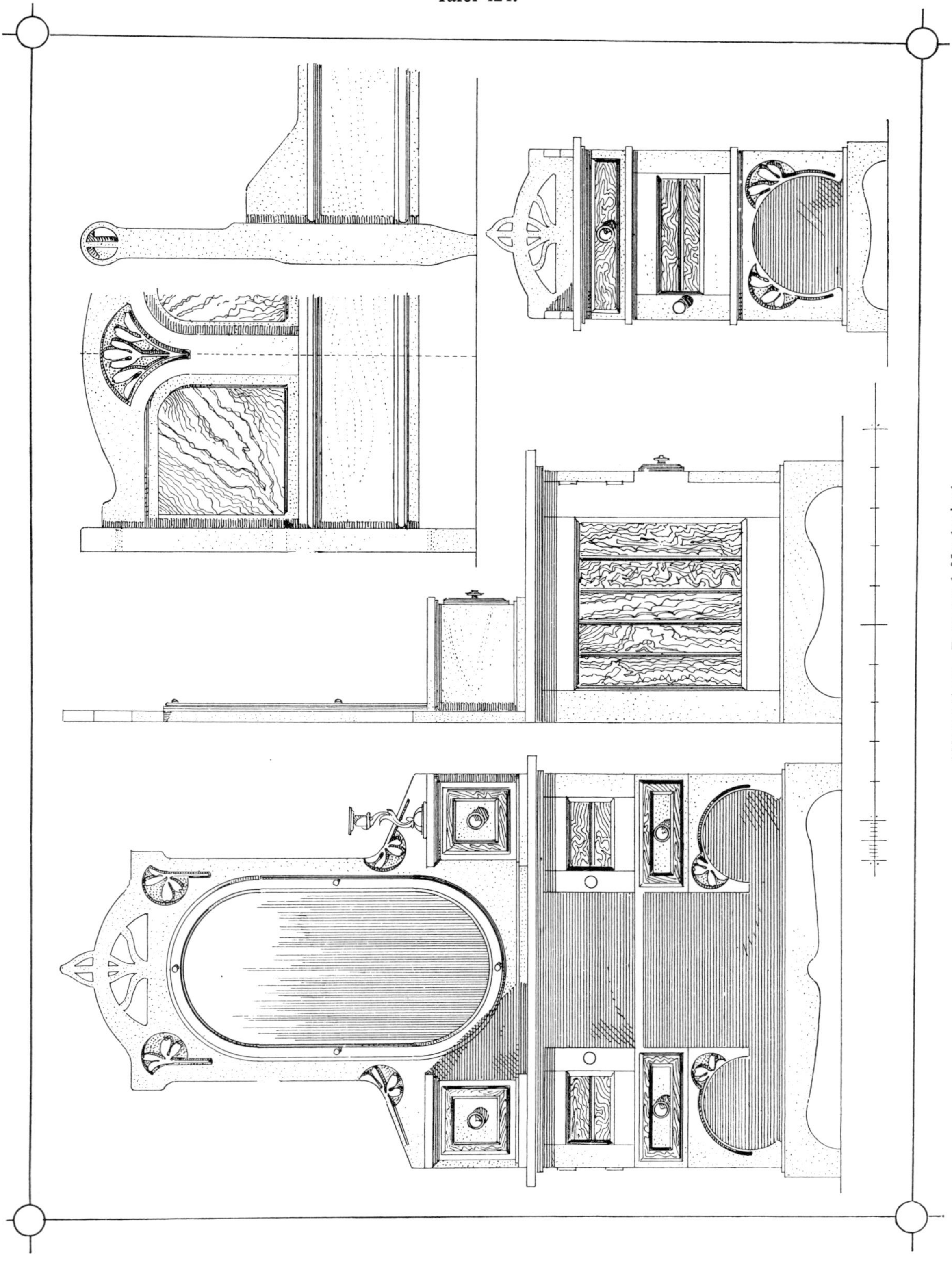

Waschtisch, Bett und Nachttisch.

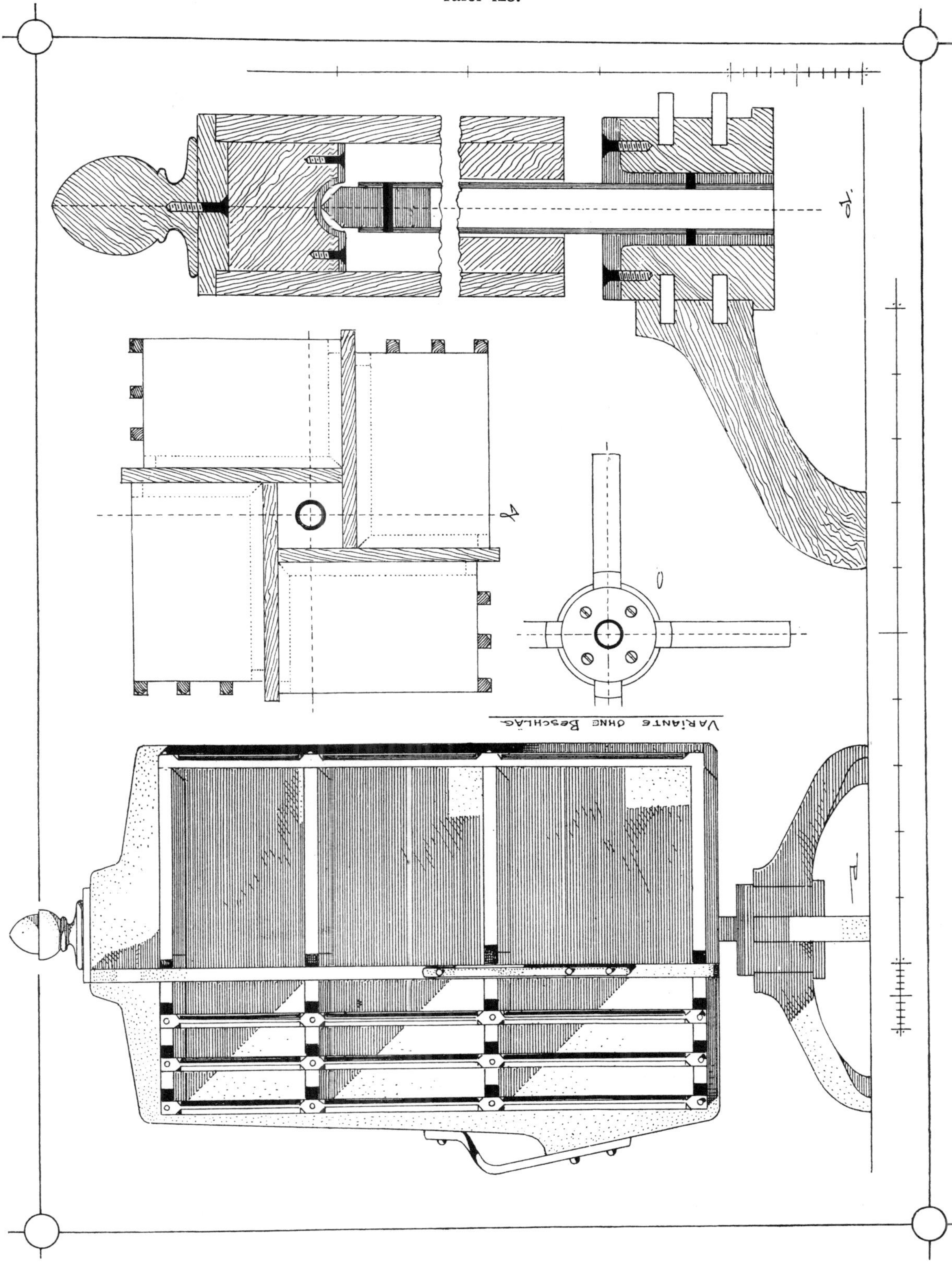

Drehbares Bücherregal.

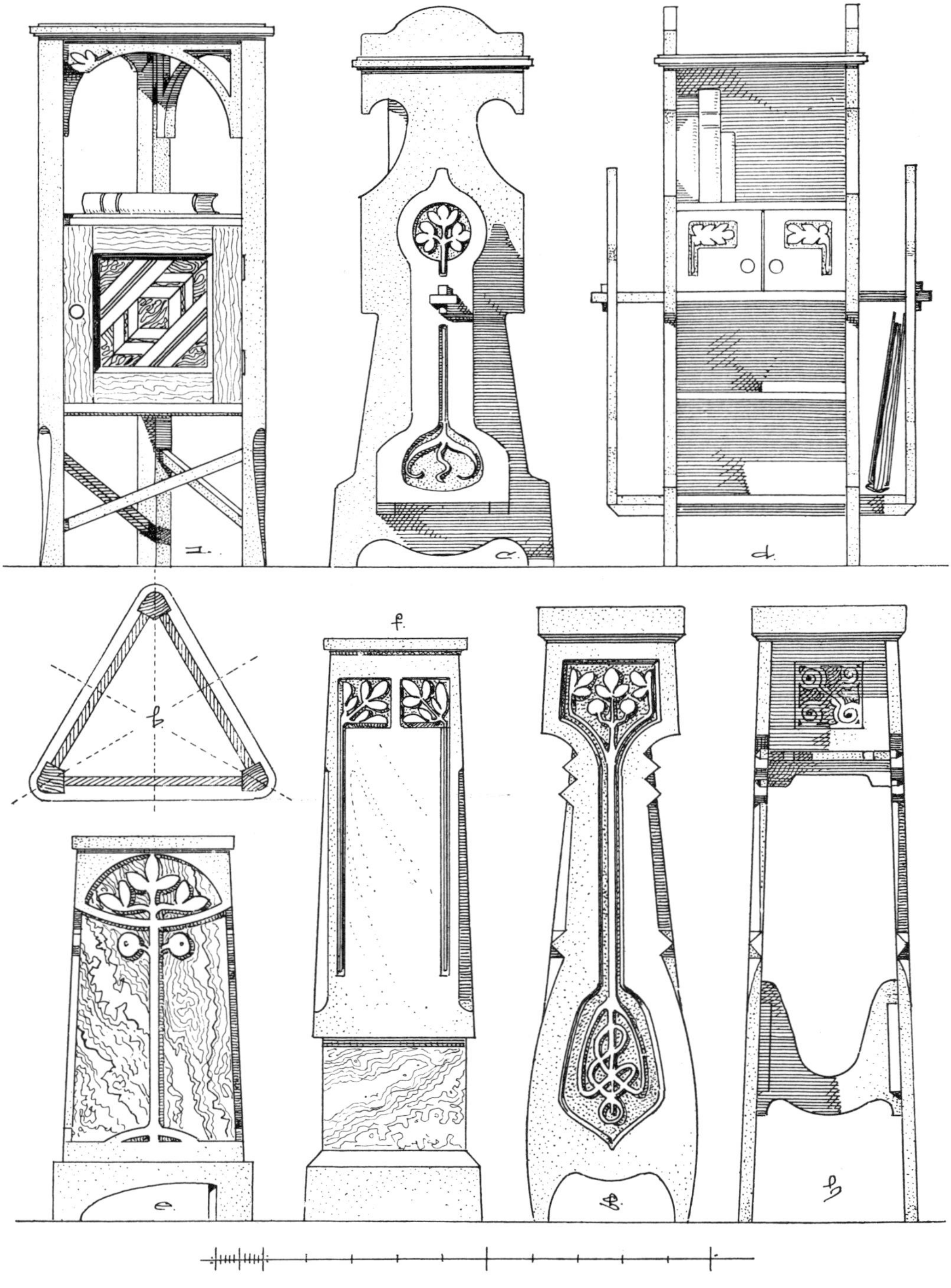

Ständer für Bücher, Büsten etc.

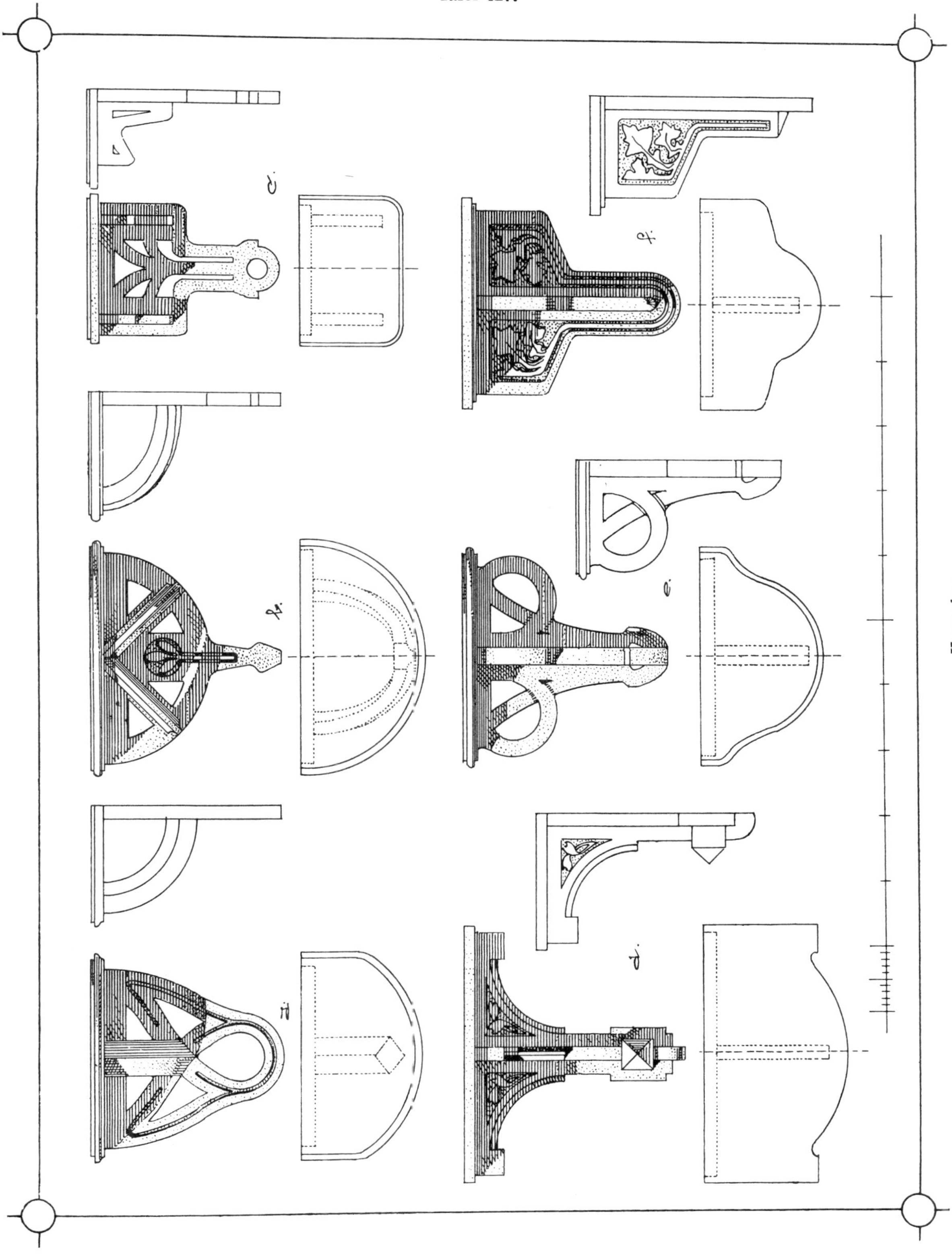
a.
b.
c.
d.
e.
f.
Konsolen.

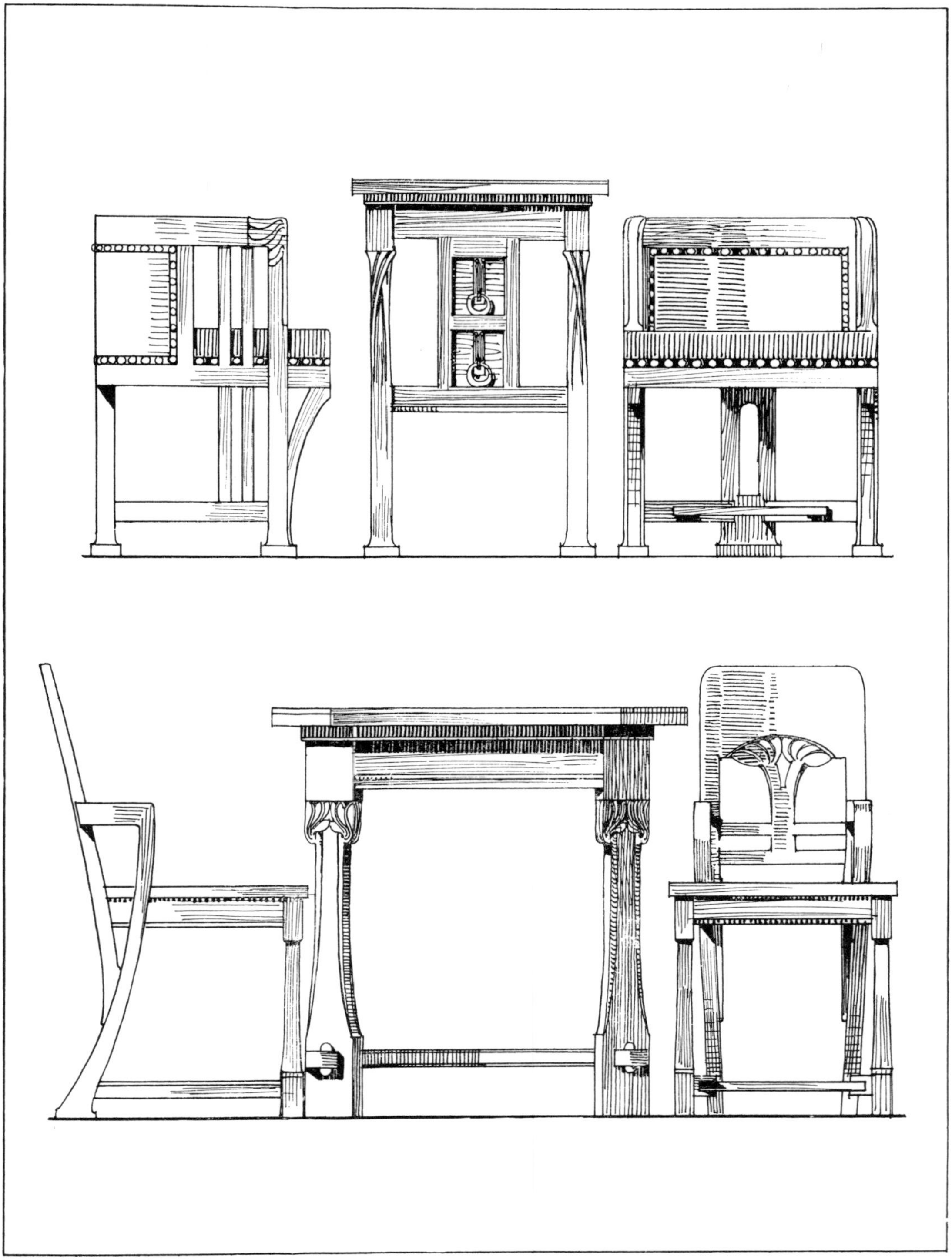

Tische und Sitzmöbel, entworfen von W. Michael.

Nach Entwürfen von H. van de Velde, Berlin.

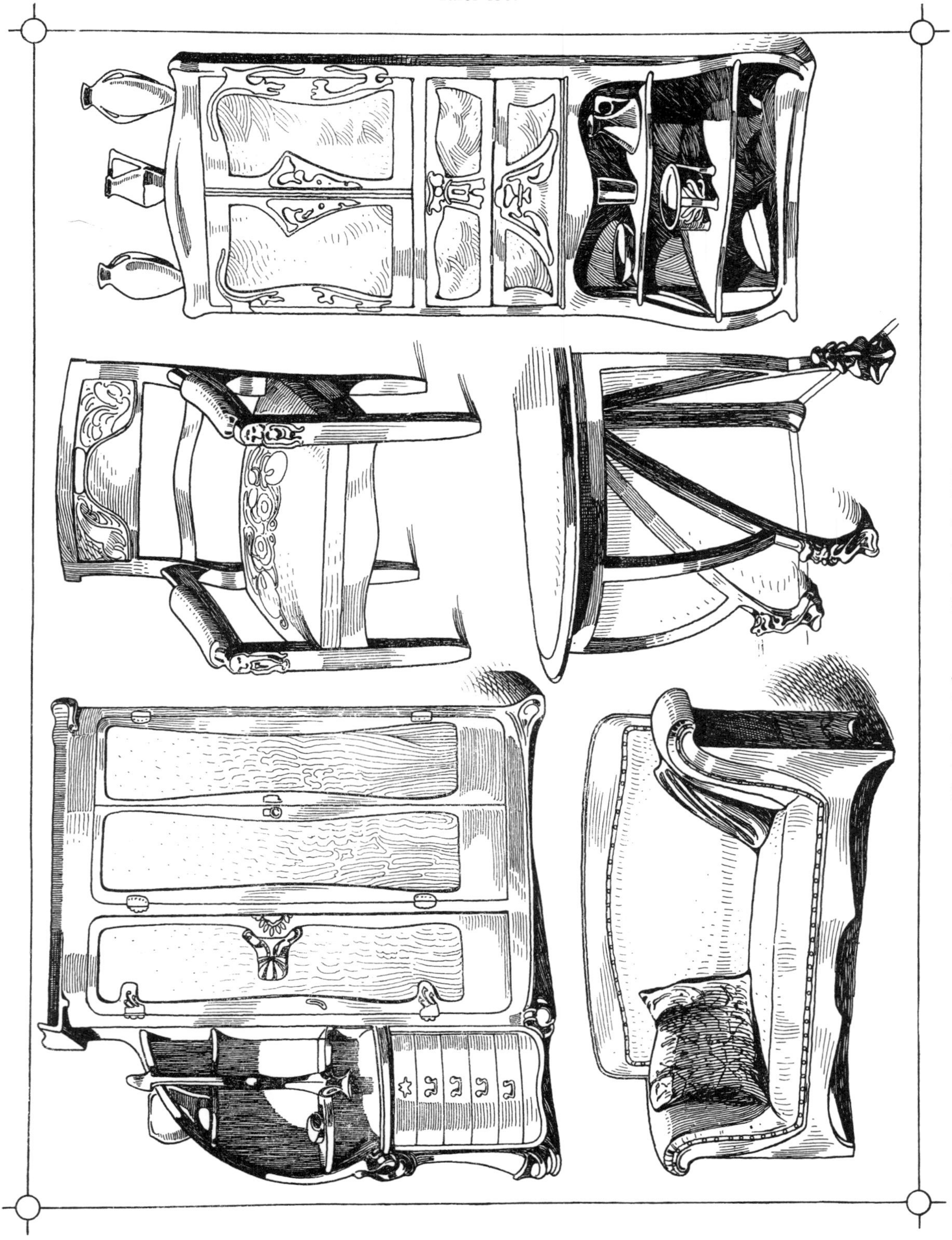

Nach Entwürfen von B. Pankok, München.

Nach Entwürfen von R. Riemerschmid, München.

Nach Entwürfen von P. Huber, Darmstadt.

Nach Entwürfen von J. Hoffmann, Wien.

Nach Entwürfen von Ch. Plumet und P. Schmersheim, Paris.

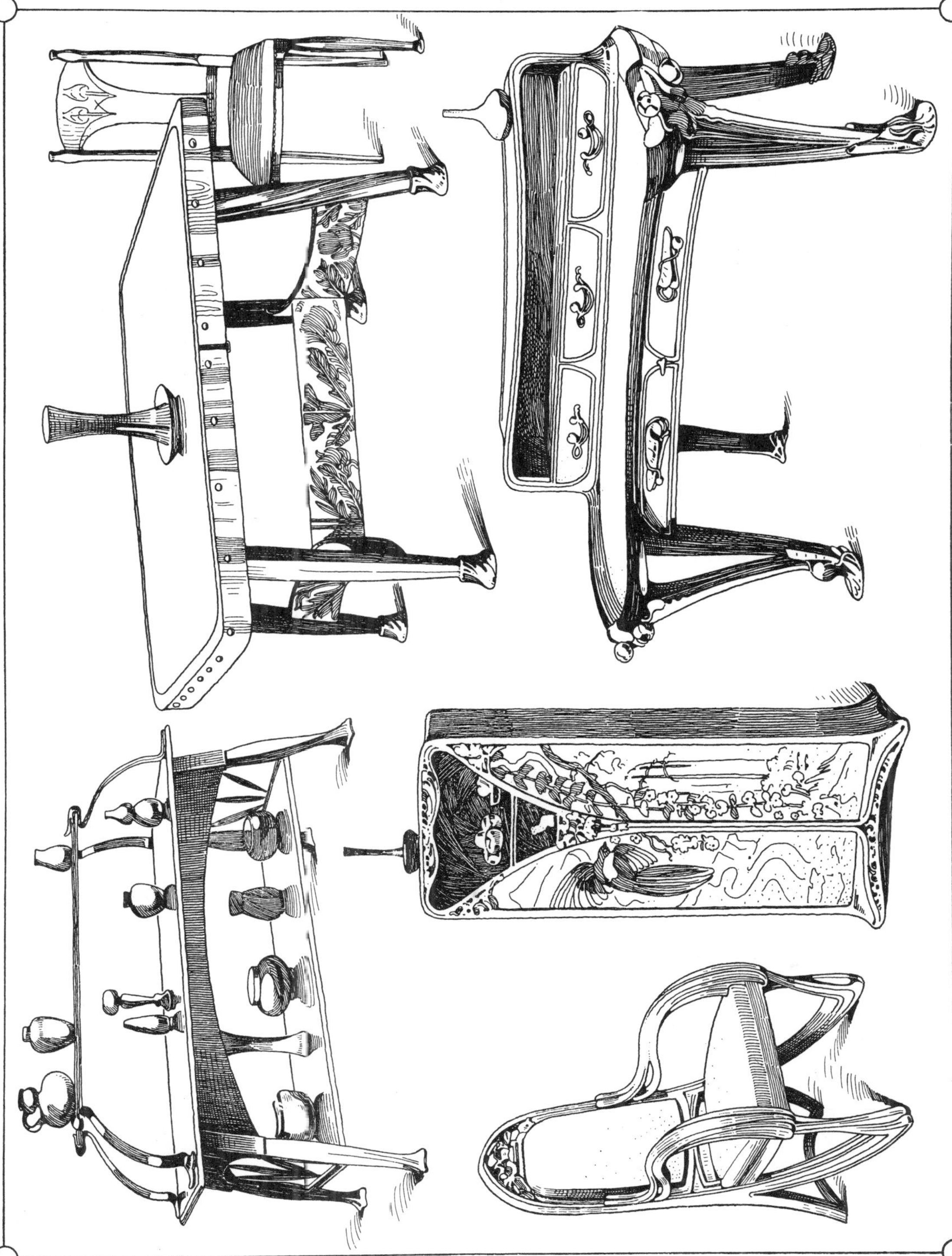

Nach Entwürfen von L. Majorelle, Nancy.

Nach Entwürfen von C. R. Ashbee, London.